A ORGANIZAÇÃO

MALU GASPAR

A organização
A Odebrecht e o esquema de corrupção que chocou o mundo

Copyright © 2020 by Malu Gaspar

Grafia atualizada segundo o Acordo Ortográfico da Língua Portuguesa de 1990, que entrou em vigor no Brasil em 2009.

Capa
Violaine Cadinot

Fotos de capa
Enrique Castro-Mendivil/ Reuters/ Fotoarena; Fernando Lemos/ Agência O Globo (Marcelo) Ricardo Mello/ Agência O Globo (Norberto)
André Teixeira/ Agência O Globo (Emilio)

Preparação
Lígia Azevedo

Assessoria jurídica
Taís Gasparian — Rodrigues Barbosa, Mac Dowell de Figueiredo, Gasparian, Advogados

Pesquisa
Simone Costa, Eduardo Sá, Clerismar Longo e Luiz Júnior

Checagem
Simone Costa e Érico Melo

Índice remissivo
Luciano Marchiori

Revisão
Ana Maria Barbosa, Isabel Cury e Angela das Neves

Dados Internacionais de Catalogação na Publicação (CIP)
(Câmara Brasileira do Livro, SP, Brasil)

Gaspar, Malu
  A organização : a Odebrecht e o esquema de corrupção que chocou o mundo / Malu Gaspar. — 1ª ed. — São Paulo : Companhia das Letras, 2020.

  ISBN 978-85-359-3399-4

  1. Brasil – Política e governo – História 2. Corrupção na política – Brasil 3. Fundação Odebrecht – História 4. Lavagem de dinheiro – Brasil I. Título.

20-46931   CDD-320.981

Índice para catálogo sistemático:
1. Odebrecht : Corrupção política : Brasil   320.981

Cibele Maria Dias - Bibliotecária — CRB-8/9427

[2020]
Todos os direitos desta edição reservados à
EDITORA SCHWARCZ S.A.
Rua Bandeira Paulista 702 cj. 32
04532-002 — São Paulo — SP
Telefone (11) 3707-3500
www.companhiadasletras.com.br
www.blogdacompanhia.com.br
facebook.com/companhiadasletras
instagram.com/companhiadasletras
twitter.com/cialetras

Para meus pais, Maria e Alberto

O empresário deve manter-se em guarda contra as ilusões, pois em seu mundo só há aspirações e audácia.
[...]
O que funciona está certo.

Norberto Odebrecht, em *Sobreviver, crescer, perpetuar*

Sumário

Nota da autora 11
Personagens 13
Prólogo 25

1. Marcelo sobe 31
2. Na lama, de terno branco 46
3. Apocalipse perfeito 60
4. No olho do furacão 83
5. O novo amigo 106
6. Questão de sobrevivência 119
7. O príncipe 135
8. Mais coragem do que análise 141
9. Nova ordem 157
10. Decolando 175
11. O príncipe na trincheira 194
12. "Tudo que é fácil, não é para nós" 217
13. Boca de jacaré 237
14. Pacto de sangue 264
15. Servindo ao rei 274

16. Vivendo perigosamente 294
17. Organizando a suruba 315
18. Uma general autista 332
19. Higienizando apetrechos 359
20. A casa cai 383
21. A rendição 418
22. A Mesa 442
23. Aos 46 minutos do segundo tempo 468
24. Deus perdoa o pecado, mas não o escândalo 487
25. "Enquanto tiver bala, atire" 513

Epílogo 554

Agradecimentos 561
Notas 563
Créditos das imagens 619
Índice remissivo 621

Nota da autora

A Odebrecht tem uma longa trajetória de conquistas e de realizações, mas será sempre lembrada como a empresa que engendrou o maior esquema de corrupção já descoberto. Reconstituir sua história foi um mergulho nos meandros do relacionamento do empresariado com o Estado na última metade do século xx, no Brasil e na América Latina. Foi, também, um dos desafios mais difíceis que um repórter pode enfrentar.

A Organização Odebrecht se autointitula uma "sociedade de confiança", e isso forjou uma cultura do segredo que não pereceu com a delação. Bem ao contrário. A confissão à Lava Jato alcançou governos e autoridades de variadas orientações ideológicas, em todos os níveis, em doze países nas Américas e na África. Mas também deixou lacunas — fortuitas e propositais. Tal contingência, mais as cicatrizes deixadas pelo episódio, fizeram com que muitos na organização preferissem simplesmente esquecer tudo. Para outros, era o caso de lutar a guerra de narrativas até o final. Felizmente encontrei quem acredite, como eu, que conhecer essa história é essencial para entender o Brasil. A própria empresa também se dispôs a prestar informações, e o fez ao longo de todo o processo, mesmo tendo ficado claro desde o início que não se tratava de um livro chapa-branca.

Para mover-me entre tantos e tão diversos interesses e chegar à versão mais acurada possível dos fatos, não havia outro recurso que não a apuração exaustiva. O conteúdo das delações da Odebrecht e de muitas outras foi só o ponto de partida. Ao longo de três anos, ouvi pouco mais de 120 pessoas, entre executivos e familiares, delatores, concorrentes, parceiros de negócios, políticos, advogados e investigadores de variadas instâncias. Contaram histórias sobre si próprios e sobre os outros, e em todas elas fiz dupla ou tripla checagem: em novas entrevistas, nas cerca de duzentas horas de depoimentos gravados em áudio e vídeo pelo Ministério Público ou pela Polícia Federal, em centenas de páginas de documentos, disponíveis ao público ou exclusivos, obtidos por mim ao longo do trabalho de pesquisa.

Dada a sensibilidade dos temas envolvidos, que até hoje mexem com a política brasileira e suas paixões, a maior parte consistiu em declarações prestadas em off, protegidas pelo sigilo da fonte. Pela grande quantidade de pessoas consultadas para confirmar cada cena ou diálogo, o leitor não deve supor que seus personagens foram, necessariamente, as fontes daquela informação. Em alguns casos sim, em outros não. Como se verá ao longo deste livro, a cultura do segredo não sobrepujou o jogo de interesses e a disputa de narrativas naquela que durante décadas foi a empreiteira mais poderosa do Brasil.

Muitos dos episódios retratados neste livro deram origem a ações judiciais em que se digladiaram Ministério Público e as defesas de centenas de acusados. O texto seguiu o caminho da apuração e dos fatos, independentemente do que digam ou concluam os processos. Mas as versões divergentes também foram contempladas, ou no corpo do texto ou em notas de rodapé. Afinal, elas também fazem parte da história. O que certamente não se encontrará, nestas páginas, são julgamentos peremptórios baseados em tópicos do Código Penal. Trata-se tão somente de uma reportagem. É vida real, com todas as suas nuances e imperfeições. A saga de pessoas que influenciaram os rumos do país e do continente ao longo de décadas, e assim nos ajudaram a chegar onde estamos.

Personagens

Os nomes indicados com asterisco fizeram acordo de delação.

A FAMÍLIA ODEBRECHT

Norberto Odebrecht   Patriarca da família e fundador da construtora que deu origem à organização, em 1944. Presidente do conselho de administração da Odebrecht S.A. até 1998. Morreu em 2014.

Yolanda Alves Odebrecht   Esposa de Norberto, falecida em 2014.

Filhos de Norberto e Yolanda

Emílio Alves Odebrecht*   Presidente da Odebrecht S.A (1991-2002) e do conselho de administração (1998-2018) da organização. Até 2019, presidiu a Kieppe Investimentos e

	Participações, holding familiar. Casado com Regina Bahia Odebrecht.
Ilka Odebrecht Queiroz	Sócia da Kieppe Participações e dona do hospital Cárdio Pulmonar, em Salvador.
Martha Odebrecht Queiroz	Sócia da Kieppe Participações.
Eduardo Odebrecht	Sócio da Kieppe Participações e dono da Riocon, administradora de haras e fazendas, sediada em Salvador.
Norberto Odebrecht Júnior	Sócio da Kieppe Participações.

Filhos e netas de Emílio e Regina

Marcelo Bahia Odebrecht*	Presidente da construtora (2002-9) e da Odebrecht S.A. (2009-15). Casado com Isabela Alvarez Odebrecht, pai de Rafaella, Gabriella e Marianna.
Mônica Odebrecht	Advogada da Odebrecht. Defensora de Marcelo na Lava Jato até 2017. Casada com Maurício Ferro.
Márcia Odebrecht:	Arquiteta, nunca trabalhou na organização.
Maurício Odebrecht	Sucessor do irmão mais velho como mandatário da Kieppe Participações, designado por Emílio em 2019.

OS EMPREITEIROS

Primeira geração

Vítor Gradin	Vice-presidente de finanças da Odebrecht nos anos 1970-80. Acionista desde 1974, em 2000 aumentou sua participação para 20,4% das ações da holding. Morreu em 2019.

Segunda geração

Ailton Reis	Diretor de relações institucionais da empreiteira nos anos 1980 e 1990.
Alexandrino Alencar*	Diretor de desenvolvimento da Odebrecht Infraestrutura até 2015. Diretor comercial da Odebrecht Petroquímica nos anos 1990 e diretor de relações institucionais da Braskem nos anos 2000.
Álvaro Cunha	Presidente da Odebrecht Química e da Odebrecht Petroquímica nos anos 1990. Tornou-se conselheiro da organização em 2001. Morreu em 2019.
Antonio Carlos Daiha Blando*	Diretor-superintendente da Odebrecht Angola (2013-6), primeiro chefe de Marcelo Odebrecht na construtora.
Irineu Meirelles	Diretor da Odebrecht para os consórcios das hidrelétricas do rio Madeira.
Maria da Glória Rodrigues	Ex-funcionária do Banco Central e da Câmara de Comércio Exterior, advogada e lobista da organização para financiamentos à exportação desde os anos 1990.
Newton de Souza	Acionista, presidente da Odebrecht S.A. (2015-8) e vice-presidente de assuntos judiciários e governança até 2015.
Pedro Novis*	Presidente da Odebrecht S.A. (2002-9) e conselheiro da organização até 2016.
Renato Baiardi	Acionista, presidente da construtora nos anos 1980-90. Membro do conselho de administração da holding.
Roberto Dias	Diretor de relações institucionais da Odebrecht desde os anos 1980 até 2016. Morreu em 2018.
Rubio Fernal	Relações-públicas da Odebrecht em Brasília.

Ruy Sampaio — Presidente-executivo da organização desde 2019. Presidente do conselho de administração da holding (2018-9), diretor da Kieppe Participações (2009-) e diretor de investimentos da Odebrecht S.A (2002-8).

Sergio Foguel — Vice-presidente do conselho de administração da holding (2018-9), membro do conselho de administração da organização (2002-17).

Terceira geração

André Rabello* — Diretor da Odebrecht no Panamá nos anos 2000-10.

Benedicto Júnior (BJ)* — Presidente da Odebrecht Infraestrutura (2009-17).

Bernardo Gradin — Presidente da Braskem (2008-10). Filho de Vítor Gradin. Os irmãos Bernardo, Miguel e Ana Gradin detêm 20,4% da Odebrecht S.A.

Carlos Armando Paschoal* — Diretor-superintendente da Odebrecht nos anos 2000-10.

Carlos Fadigas* — Presidente (2010-6) e vice-presidente financeiro da Braskem (2007-10), diretor financeiro da construtora (2002-6).

César Rocha* — Gerente da Odebrecht Engenharia Industrial, subordinado de Márcio Faria.

Claudio Melo Filho* — Diretor de relações institucionais da Odebrecht (2004-15).

Daniel Villar — Diretor de recursos humanos e comunicação da Odebrecht S.A. (2013-9).

Dermeval Gusmão — Dono da empreiteira DAG, parceira da Odebrecht.

Ernesto Baiardi*	Presidente da Odebrecht Infraestrutura para África, Emirados Árabes e Portugal até 2015, responsável pelas operações em Angola.
Euzenando Azevedo*	Presidente da Odebrecht Venezuela nos anos 2000-10.
Fabio Gandolfo*	Diretor-superintendente da construtora (2009-16) e diretor-superintendente da Odebrecht no Equador (2007-9).
Felipe Montoro Jens	Diretor da Odebrecht S.A responsável por supervisionar e fechar o Departamento de Operações Estruturadas a partir de 2015.
Fernando Reis*	Presidente da Odebrecht Ambiental (2008-16) e CEO de operações internacionais da Odebrecht (2000-6).
Henrique Valadares*	Ex-presidente da Odebrecht Energia. Morreu em 2019.
João Nogueira*	Ex-diretor de créditos à exportação da Odebrecht S.A.
Jorge Barata*	CEO da Odebrecht Latinvest (2012-5) e diretor da Odebrecht no Peru nos anos 2000.
José Carlos Grubisich	Presidente da Braskem (2001-8) e da ETH Bioenergia (2008-12).
Luciano Guidolin	Presidente da Odebrecht S.A (2017-9), diretor financeiro da holding (2011-3) e vice-presidente executivo da Braskem (2012-6).
Luiz Mameri*	Vice-presidente da Odebrecht para a América Latina e Angola e diretor da Odebrecht Internacional nos anos 2000.
Marcela Drehmer	Diretora financeira da holding (2015-8) e diretora financeira da Braskem (2010-5).

Márcio Faria*	Presidente da Odebrecht Engenharia Industrial até 2015, um dos responsáveis pelo relacionamento da construtora com a Petrobras.
Maurício Ferro	Vice-presidente jurídico até 2018, ex-diretor jurídico da holding e da Braskem. Casado com Mônica Odebrecht.
Paul Altit*	Presidente da Odebrecht Realizações Imobiliárias até 2016 e ex-diretor financeiro da Braskem e da construtora, criou as primeiras offshores usadas pelo Departamento de Operações Estruturadas.
Paulo Cesena*	CEO da Odebrecht TransPort (2011-6) e diretor financeiro da Odebrecht S.A. (2007-10).
Rogério Araújo*	Diretor da Odebrecht Engenharia Industrial, subordinado a Márcio Faria.

OS OPERADORES

Álvaro Novis	Doleiro e dono da transportadora de valores Trans-Expert.
Angela Palmeira	Secretária do Departamento de Operações Estruturadas, responsável pela operacionalização dos pagamentos no exterior.
Antônio Ferreira	Supervisor do órgão precursor do Departamento de Operações Estruturadas até 2006.
Bernardo Freiburghaus	Organizador de contas offshore para beneficiários de propinas.
Fernando Migliaccio*	Coordenador das offshores do departamento entre 2008 e 2015. Sócio do

	Meinl Bank. Ex-funcionário da área de comércio exterior da empreiteira em Brasília.
Hilberto Silva*	Diretor do Departamento de Operações Estruturadas (2006-15).
Luiz Eduardo Soares	Tesoureiro do departamento e sócio do Meinl Bank.
Luiz França	Ex-funcionário do Antigua Overseas Bank (até 2010), cônsul honorário de Antígua, diretor e sócio do Meinl Bank.
Marco Bilinski	Ex-funcionário do Antigua Overseas Bank (até 2010), diretor e sócio do Meinl Bank.
Marcos Grillo*	Responsável pela geração de caixa dois para o setor de propinas. Ex-funcionário da empreiteira.
Maria Lúcia Tavares*	Secretária do departamento, responsável pela distribuição do dinheiro no Brasil. Fez a colaboração premiada que revelou o funcionamento do setor à Lava Jato.
Olívio Rodrigues*	Doleiro e testa de ferro do Departamento de Operações Estruturadas. Principal acionista individual do Meinl Bank, sediado em Antígua. Irmão de Marcelo Rodrigues, seu sócio.
Rodrigo Tacla Duran	Advogado espanhol, operador e doleiro do Departamento de Operações Estruturadas.
Vinícius Borin	Ex-funcionário do Antigua Overseas Bank (até 2010), diretor e sócio do Meinl Bank.

OS ADVOGADOS

Adriano Jucá	Presidente (2019-) e diretor jurídico (2017-9) da Odebrecht TransPort. Diretor jurídico da construtora (2002--16). Responsável pelos processos da companhia no exterior, defendeu Marcelo até agosto de 2016.
Adriano Maia	Diretor jurídico e diretor executivo da Odebrecht S.A (2016-8), da Odebrecht TransPort (2013-6) e da Odebrecht Energia (2008-12). Coordenou, pela empresa, as negociações para a delação premiada da Odebrecht.
Augusto de Arruda Botelho	Advogado da Odebrecht, assessorou Marcelo até agosto de 2016. Sócio de Dora Cavalcanti.
Caio Rodriguez	Advogado da Odebrecht, negociador do acordo de leniência do grupo com a força-tarefa e o Departamento de Justiça dos Estados Unidos.
Dora Cavalcanti	Advogada de Marcelo Odebrecht até agosto de 2016. Sócia de Augusto de Arruda Botelho até 2018.
Eduardo Munhoz	Advogado da Odebrecht para assuntos societários.
Joana Batista	Advogada da construtora Odebrecht (2010-6), trabalhou pela empresa na defesa de Marcelo Odebrecht até 2019.
Luciano Feldens	Advogado de Marcelo a partir de setembro de 2016, ex-procurador da República.
Márcio Thomaz Bastos	Advogado da Odebrecht e da Camargo

	Corrêa, ex-ministro da Justiça do governo Lula. Morreu em 2014.
Nabor Bulhões	Advogado de Marcelo Odebrecht a partir de agosto de 2016.
Theodomiro Dias	Advogado de Emílio Odebrecht e de Hilberto Silva, um dos coordenadores do processo de colaboração premiada com a força-tarefa da Lava Jato (fevereiro a dezembro de 2016).
William Burke	Advogado do escritório Quinn Emanuel, representante da Odebrecht nos EUA.

A LAVA JATO

Juízes

Edson Fachin	Ministro do Supremo Tribunal Federal, relator dos processos da Operação Lava Jato desde 2017.
Sergio Moro	Juiz da 13ª Vara Federal de Curitiba, responsável pelos processos da Operação Lava Jato.
Teori Zavascki	Ministro do Supremo Tribunal Federal, relator dos processos da Operação Lava Jato. Morreu em 2017.

Procuradores

Rodrigo Janot	Procurador-geral da República (2013-7).
Carlos Fernando dos Santos Lima	Procurador do Ministério Público Federal, membro da força-tarefa da Lava Jato no Paraná.
Deltan Dallagnol	Procurador do Ministério Público Fede-

	ral, coordenador da força-tarefa da Lava Jato no Paraná.
Eduardo Pelella	Procurador do Ministério Público Federal, chefe de gabinete de Rodrigo Janot.
Julio Noronha	Procurador do Ministério Público Federal, membro da força-tarefa da Lava Jato no Paraná.
Marcelo Miller	Procurador do Ministério Público Federal, membro da força-tarefa da Lava Jato na Procuradoria-Geral da República.
Orlando Martello Júnior	Procurador do Ministério Público Federal, membro da força-tarefa da Lava Jato no Paraná.
Roberson Pozzobon	Procurador do Ministério Público Federal, membro da força-tarefa da Lava Jato no Paraná.
Sérgio Bruno Fernandes	Procurador do Ministério Público Federal, coordenador da Lava Jato na Procuradoria-Geral da República.

Policiais federais

Eduardo Mauat	Delegado da Polícia Federal, membro da força-tarefa da Lava Jato no Paraná responsável pela Operação Erga Omnes, que prendeu Marcelo Odebrecht e outros executivos da organização.
Filipe Pace	Delegado da Polícia Federal, membro da força-tarefa da Lava Jato no Paraná, conduziu inquéritos relacionados à organização.
Igor Romário de Paula	Delegado da Polícia Federal, chefe da Delegacia de Combate ao Crime Organizado (2013-9) e coordenador da Lava Jato no Paraná.

Renata Rodrigues — Delegada da Polícia Federal, membro da força-tarefa da Lava Jato no Paraná, conduziu inquéritos relacionados à organização.

Prólogo

Na cadeia, tudo muda. Na cadeia onde estava Marcelo Odebrecht, mais ainda. Cada um de seus companheiros de ala no Complexo Médico-Penal do Paraná, ou CMP, integrava um capítulo da história do dinheiro sujo que irrigou os governos recentes do Brasil. Eram ex-ministros, lobistas, empreiteiros, ex-deputados. Atrás das grades, adquiriam nova feição. Inimigos tornavam-se parceiros, subalternos convertiam-se em líderes, homens fortes desabavam diante de problemas comezinhos. Ali, mais do que o cargo ou do que o tamanho da conta bancária, o que valia era saber como conseguir a troca de uma lâmpada, conquistar a boa vontade do carcereiro ou convencer os outros a ajudar na limpeza da cela. Para sobreviver era preciso mudar — e talvez até entregar antigos companheiros à Justiça.

Só Marcelo, o mais célebre e poderoso deles, continuava o mesmo. O maior empreiteiro do Brasil, workaholic assumido, mantinha lá dentro os hábitos cultivados do lado de fora. Acordava de madrugada para a ginástica. Falava pouco. Lia processos. Preocupava-se com o que acontecia na empresa. E, acima de tudo, dava ordens. Dizia o que os colegas de cela deviam ou não comer. Determinava o que os advogados tinham de fazer, de que forma esperava que tocassem seus processos. E, como não renunciava ao cargo, ainda era formalmente o presidente da Odebrecht — para onde enviava determinações em bilhetes escritos à mão. Num gesto típico de quem encara a vida como prova de resistência, mostrava-se inabalável. Dizia ter confiança nos habeas corpus pedidos pelos representantes da companhia. E afirmava que, apesar dos percalços, a Lava Jato não teria provas contra eles: "Nosso sistema é acima de qualquer suspeita".

Lá se iam três meses em cana, porém, e os prognósticos não se confirmavam. Estavam entre o final de setembro e o início de outubro de 2015. Dois pedidos de habeas corpus já haviam sido negados por tribunais superiores. Apesar das seguidas demonstrações de força de Marcelo, cada derrota minava um pouco a vontade de seu pessoal de ficar calado. Desconfiavam que os homens da concorrente Andrade Gutierrez, presos na mesma cadeia, já estavam falando. Por isso, eles também haviam começado a contemplar a alternativa da delação premiada. Não ignoravam que, quanto mais o tempo passava, mais caro, mais complexo e mais improvável ficava um acordo com a Lava Jato. Eram dias difíceis, em que as brigas se repetiam com frequência, com os parceiros de cela apontando o dedo para o chefe, que consideravam ter cometido o erro maior — combater a Lava Jato com tal virulência e insistência que, quando ainda solto, se tornara o inimigo número um da operação. E, uma vez preso, o símbolo do combate à corrupção no Brasil.

Naquela tarde, porém, Marcelo Odebrecht entrou na cela com um jeito diferente. Tinha o tom de voz mais baixo, o gestual revelando abatimento. Em algum momento começaria entre os companheiros de cadeia a conversa de sempre sobre os processos. Cada um rabiscava argumentos para a própria defesa e tomava notas para discutir com os advogados, mas o trabalho lhes parecia em vão. "Podemos ter o argumento que for, o Moro vai nos condenar", dizia Márcio Faria, ex-presidente da Odebrecht Engenharia Industrial e responsável pelo relacionamento da construtora com a Petrobras. "Querem nos dobrar", repetia Alexandrino Alencar, famoso por ser o lobista número um da Odebrecht, a quem Emílio Odebrecht dera, havia quase uma década, a missão de acompanhar o PT e Luiz Inácio Lula da Silva. Os outros — Rogério Araújo e César Rocha, subordinados de Faria — concordavam, pesarosos. Marcelo sabia onde aquilo ia dar, mas permanecia quieto. Era o silêncio de uma mente atribulada, em que o filme dos últimos meses ia e vinha, para a frente e para trás. Por fim, olhou para os companheiros e desabafou: "Vocês sabem por que eu fui tão longe? Porque pensei que o sistema era blindado. Se soubesse que estávamos tão vulneráveis, não teria feito o que fiz".

Era tarde demais. Naqueles dias, o empreiteiro receberia uma notícia perturbadora. Pedidos de cooperação judicial haviam sido feitos pelo Ministério Público brasileiro aos governos da Suíça, do Panamá e da República Dominicana. Depois de um período de indefinição, agora estava evidente que as informações logo começariam a chegar. A situação seria apresentada na véspera em uma reunião do time de advogados do grupo, em São Paulo. Só pela leitura dos requerimentos era possível ver que os procuradores tinham amplo conhecimento da máquina de propinas da Odebrecht. Cada documento continha, como justificativa para a abertura do sigilo bancário, dados sobre a sistemática e as contas usadas para distribuir dinheiro a políticos, operadores e lobistas, e — mais preocupante ainda — menções à participação de Marcelo na cooptação de autoridades locais. Era apenas questão de tempo até que a investigação tivesse um retrato preciso de todo o esquema. Joana Batista e Adriano Jucá, os defensores do "príncipe dos empreiteiros" — alcunha que continha uma pitada de ironia, em virtude de sua postura muitas vezes arrogante —, foram a Curitiba só para repassar a informação. Ao ouvir o relato, Marcelo concluiu o óbvio: o Departamento de Operações Estruturadas, popularmente conhecido como o setor de propinas da Odebrecht, não era mais um segredo escondido a sete chaves, labirinto impenetrável e protegido contra a invasão das autoridades anticorrupção. Naquele momento, parecia mais uma sala com a porta arrombada.

Desde que ingressara no sistema carcerário paranaense, Marcelo via seu mundo desmoronar. Nascera para comandar o grupo fundado pelo avô, Norberto, e desde então todos os seus passos tinham sido dados nesse rumo. Servira no Exército, cursara engenharia em universidade federal, estudara no exterior e passara pelos principais ramos da companhia. De pequeno, antes mesmo de ter lido os livros do avô, já repetia as frases da TEO, a Tecnologia Empresarial Odebrecht, um código de conduta escrito pelo patriarca em três volumes que formavam a bíblia da organização — como eles próprios se referiam à Odebrecht. Casara-se cedo, com a primeira namorada séria, tinha três filhas e nunca mantivera interesses ou hábitos que não fossem ligados ao trabalho, à família ou à hora diária que dispensava à natação ou aos exercícios físicos. Não bebia, não tinha arroubos gastronômicos, não gostava de badalar. Faria, companheiro de cela, o chamava de "não come, não bebe, não fode". Na empresa, era um compulsivo criador de planilhas — de custos, de investimentos, de projeções. E estava acostumado a conseguir o que queria, mesmo que tivesse de insistir até vencer pelo cansaço. Se preciso, recorria a uma postura mais agressiva, estratégia que chamava de "entesar". "Tem de entesar, vamos entesar", dizia, quando encontrava qualquer resistência. Assim, havia ganhado o controle da Odebrecht — onde, para poder ascender ao comando, mesmo o predestinado precisava mostrar que sabia liderar. E foi com esse estilo que quase triplicou o faturamento do conglomerado, de 40,9 bilhões de reais em 2008, quando assumiu, para 107,7 bilhões, em 2014.[1] Lutando contra tudo e todos, angariou na mesma medida o respeito e a antipatia de concorrentes e políticos. Tornou-se o maior empreiteiro do Brasil, poderoso, e parecia inacreditável que tivesse perdido justo a maior batalha de todas.

"Ou faz um acordo, ou não tem como passar dessa", disse Joana. Marcelo respondeu friamente: "É. Pelo que vocês estão falando, a empresa precisa tomar uma decisão. Façam uma reunião. O que a empresa decidir, eu vou seguir". A reunião, porém, ainda demoraria. Na prática, ele não tomou decisão nenhuma. Primeiro porque, do lado de fora, várias outras engrenagens se movimentavam no sentido oposto: o de evitar qualquer colaboração. Na Odebrecht, advogados investiam na estratégia de explorar falhas formais nos inquéritos e nos processos para alegar a nulidade da Lava Jato. Para isso, valia tudo. Na planície, faziam reuniões na surdina em quartos de motéis com dissidentes da Polícia Federal, tentando obter informações para melar a operação. No Planalto, um ministro "garantista" havia sido nomeado para o Superior Tribunal de Justiça pela presidente da República, Dilma Rousseff. Naquele contexto, um garantista era alguém disposto a assumir o compromisso de soltar Marcelo e Otávio Azevedo, da Andrade Gutierrez.

Em Curitiba, tendo à disposição apenas a TV aberta e o *Jornal Nacional*, Marcelo por vezes se abatia, daí o momento de sinceridade extrema com os colegas de cela. Mesmo assim, dias depois, ele já confiava novamente no sucesso dos estratagemas bolados para contornar a delação. Voltou a ser contra qualquer colaboração com o Ministério Público. E a se comportar como sempre — com a certeza de que bastaria "entesar" e o mundo seria novamente seu.

A resiliência do filho parecia encher Emílio Odebrecht de orgulho. Embora fosse o presidente do conselho — Marcelo era o presidente executivo —, estava afastado do dia a dia do grupo. Quando ele foi preso, seu pai descansava com netos na fazenda da família em Itagibá, no sul da Bahia. Ele voltou para São Paulo e assumiu o comando. Nomeou um presidente interino, o até então vice-presidente de assuntos fiduciários e de governança, Newton de Souza, seu aliado de muitos anos. Mas não o efetivou porque, assim como quase todo mundo na Odebrecht, tinha certeza de que o filho logo seria libertado. Fosse por isso, por estar muito ocupado administrando o caos em que se convertera a companhia, ou porque não pretendia se expor entrando em uma prisão cercado por repórteres e câmeras, Emílio chegara ao fim de setembro sem ter visitado o herdeiro. Não sabia como era o local onde ele estava, não lhe dera um abraço. Ainda assim, quando perguntavam sobre o humor de Marcelo, batia no peito e dizia: "Meu filho aguenta!".

Apesar do propalado orgulho, a relação dos dois era tumultuada. Os conflitos se repetiam desde que Marcelo era pequeno. Continuaram mesmo depois de ele se tornar um dos principais executivos do império familiar e aumentaram quando atingiu o topo da hierarquia. Não eram poucas as ocasiões em que o filho criticava abertamente o pai e recusava suas orientações. Aos mais próximos, dizia que Emílio não era firme o suficiente no comando. Que era otimista demais e achava que os problemas se resolviam sozinhos. Irritava-se com a maneira como o pai conduzia os assuntos, sempre procurando um consenso e minimizando dificuldades, a ponto de se omitir diante de questões graves. Dizia que o pai distribuía dinheiro demais a quem não merecia. Ressentia-se do fato de que o pai não compartilhava suas opiniões, achava que ele não entendia seus raciocínios.

No final de setembro, enquanto os investigadores da Lava Jato tentavam trazer para o Brasil os dados das contas da Odebrecht no exterior, Emílio desembarcou em Curitiba no jato da empresa, acompanhado da esposa, Regina, da filha mais velha, Márcia, e da esposa de Marcelo, Isabela. Era uma da tarde de sexta-feira quando ele entrou no pátio do CMP para visitar o filho pela primeira vez. Fazia três meses que Marcelo havia sido preso. Os outros executivos estavam reunidos com as respectivas famílias. Emílio juntou-se ao filho, mas a conversa foi breve.

Naquele momento, os anos de conflito e disputa se fizeram sentir. Não houve abraços apertados, choro ou conversa íntima. Tampouco desabafos ou lágrimas. Só uma conversa tensa, entremeada de silêncios, observada de longe disfarçadamente pelos curiosos em todos os cantos do pátio — uma área de mais ou menos mil metros quadrados em formato triangular, com um único arbusto no canto de um gramado simples e bancos distribuídos lado a lado, rentes às paredes brancas, protegidos por uma cobertura de telhas onduladas. Embora, naqueles momentos, cada um ficasse com sua respectiva família, era possível circular livremente entre os grupos. Em poucos minutos, Emílio deixou Marcelo com Isabela e foi conversar com os outros. Abraçou Alexandrino, travou um papo caloroso com Márcio Faria e deu atenção especial a Rogério Araújo, de quem se dizia na Odebrecht que estava a ponto de explodir.

Já em São Paulo, quando lhe perguntaram como havia sido o reencontro com o filho, Emílio respondeu apenas: "Foi péssimo". De volta à cela, ao final da visita, Marcelo encontrou um clima de constrangimento. Os companheiros censuraram a forma como ele havia tratado Emílio. Márcio Faria, que perdera o pai fazia pouco tempo, lhe passou um pito: "Eu daria tudo para ter meu pai por perto num dia como hoje. E você fica aí, maltratando o seu". Não importava o que dissessem, daquele dia em diante Marcelo sempre se referiria à visita do pai com um misto de mágoa e desdém: "Meu pai não veio aqui para me ver. Ele veio encontrar os caras dele".

1. Marcelo sobe

Marcelo Odebrecht estava cansado quando chegou em casa naquela noite de dezembro de 2008. Tinha passado por um ano de brigas e crises sem trégua, no Equador, no Brasil e dentro da própria Odebrecht. Acabara de fazer quarenta anos, mas era como se tivesse muito mais. Ele estava prestes a deixar de ser o príncipe herdeiro para se tornar presidente do grupo familiar, assumindo o lugar que sempre julgara merecer. Mudara-se para uma casa ampla e sofisticada, num condomínio fechado exclusivo no bairro do Morumbi, em São Paulo, depois de meses de reformas e pequenos perrengues com a obra e a decoração. Na sala, em posição de destaque, uma parede imensa era ocupada por uma tela igualmente grande do artista plástico Carybé — argentino que se apaixonou pela Bahia e fez sucesso com os retratos de cenas cotidianas locais. O nome da obra, *A grande feira*, é autoexplicativo. Os traços econômicos e coloridos do pintor formam um mosaico de saias, rostos e pernas negros em uma cena típica de mercado de rua. Marcelo passou um bom tempo imaginando o quadro naquela parede, mas perdera a chance de comprá-lo. Achava demais os 500 mil reais que o galerista Paulo Darzé pedia. Duvidava que uma tela daquele tamanho coubesse em muitas outras casas, por isso acreditava que, mantendo-se firme na negociação, conseguiria um desconto. Não funcionou. Quando finalmente decidiu pagar o preço do galerista, soube que a tela já havia sido vendida. Logo descobriu quem eram os compradores. Em seu aniversário, em 18 de outubro, Emílio mandou entregar uma carta com o recibo do quadro no apartamento de Marcelo em Salvador, onde ele passava uns dias com a esposa e as filhas.

Marcelo nunca fez nenhum comentário sobre o presente. Em rodas de amigos, Isabela costumava se referir ao gesto do sogro como uma tentativa de ensinar uma lição ao filho — a de que há coisas mais importantes na vida do que ganhar uma queda de braço. O pai fora um dos obstáculos que Marcelo tivera de superar para chegar até ali. Emílio achava que ele ainda precisava ganhar maturidade antes de subir ao trono. Norberto, o avô, apoiava o neto. A questão dividira a cúpula da Odebrecht e desencadeara um processo delicado e difícil, que deixara vítimas pelo caminho. O quadro na parede mostrava que chegavam ao final do processo inteiros, mas não necessariamente pacificados.

Desde pequeno, Marcelo deixava claro que sua maior referência não era Emílio, e sim Norberto. Avô e neto tinham personalidades muito parecidas. Eram metódicos, diretos e não tinham paciência para firulas sociais. Detestavam perder tempo e confiavam muito mais em si próprios para tomar decisões do que nos outros. Além disso, tinha sido com o avô, já afastado de funções executivas na Odebrecht, que Marcelo mais convivera na infância e na adolescência. Nessa fase, Emílio — como todos os executivos de alto nível da empreiteira — quase nunca estava em casa.

Nas férias, Norberto levava os netos para a ilha de Kieppe, uma faixa de terra no meio da baía de Camamu, região paradisíaca do litoral sul da Bahia, concedida pela Marinha à família Odebrecht. Lá, criava um "programa" para as crianças, que incluía acordar cedo para colher amêndoas e recolher sargaço para adubar os coqueiros, jogar vôlei e ouvir suas histórias na varanda ou em volta de uma fogueira. As narrativas mais pareciam palestras, com Norberto misturando fábulas clássicas e histórias de sua vida empresarial. Marcelo era quem mais se empenhava para agradar o avô. Encantava-se com os causos e procurava seguir à risca suas orientações. Na adolescência, quando as temporadas na ilha já não incluíam fábulas ou amêndoas, Marcelo passou a visitar obras com o patriarca da família nos fins de semana. Depois, foi servir no Exército, o que Norberto considerava uma experiência fundamental para adquirir disciplina e método. Como primogênito de Emílio, ele já era o herdeiro natural do império familiar, mas a predileção do avô por ele também contribuía para isso. Só não seria o "Odebrecht III" se não quisesse ou se não tivesse aptidão.

Apesar de trabalhar muito, Emílio tinha um lado hedonista que faltava aos outros dois. Expansivo e carismático, gostava de boa comida, bebida, mulheres e arte. Cativava facilmente o interlocutor e era capaz de manter longas horas de conversa tomando vinho, se apreciasse a companhia. Além de se ressentir das prolongadas ausências do pai, Marcelo não se identificava com ele em quase nada. Por vezes até rechaçava sua autoridade de forma gratuita. Uma vez, aos doze anos, deu uma entrada mais forte na canela do pai numa pelada, na quadra do condomínio. Emílio caiu e, depois de se levantar, foi tirar satisfação com o filho — que revidou, para constrangimento dos presentes: "Aqui você não é nem meu pai nem meu chefe. Se vier para cima de mim, vai ter troco".

Tal postura se repetiria anos depois, entre carpetes e salas envidraçadas, na primeira ocasião em que pai e filho trabalharam juntos. Marcelo passara os três anos anteriores no exterior — primeiro estagiando em uma subsidiária da Odebrecht na Inglaterra, depois concluindo uma especialização na Suíça, e finalmente no escritório americano da empreiteira. Em 1998, estava de volta ao Brasil. Assumiu a diretoria de investimento e novos negócios da Odebrecht Química, empresa presidida por Álvaro Cunha, executivo trazido do governo da Bahia. Era a única área relevante da organização pela qual ele ainda não passara, e portanto uma etapa necessária em sua escalada ao topo. Chegava em um momento crucial, quando eram realizados os últimos preparativos para a compra da Companhia Petroquímica do Nordeste, a Copene. Era uma operação difícil, que dependia de uma intrincada engenharia financeira, mas fundamental, porque podia tirar a Odebrecht da crise e fazer dela uma das principais empresas do setor na América Latina.

Obsessivo e metódico, Marcelo conseguia tirar dos números o que os contemporâneos de Emílio, apesar da experiência e intuição, não sacavam. Na época, o pai comandava a equipe, e o filho era um de seus subordinados. Não cabia a Marcelo dizer o que devia ser feito, mas nem sempre era possível controlá-lo. Ele tinha mais certezas do que dúvidas, e nem sempre queria perguntar ao pai o que fazer. Toda reunião em que tinham posições divergentes terminava em discussões e gritos. Os conflitos incomodavam principalmente os contemporâneos de Emílio, que não entendiam por que ele não reagia às ofensas. Numa dessas ocasiões, Cunha, chefe direto de Marcelo, perdeu a paciência. "Você pode ser o delfim, o escolhido, mas é meu liderado", Cunha disse, usando uma expressão típica do odebrechês para se referir a subordinados. "Vá lá e peça desculpas a seu pai." Marcelo obedeceu.

"Pedro, que história é essa? Você não viu isso?! Como foi que você não viu?!" Em tese, Marcelo Odebrecht não deveria falar daquele jeito com Pedro Novis. Além de ser seu superior hierárquico, como presidente da holding, Novis, a quem Marcelo crescera chamando de tio, era acionista do grupo e um dos melhores amigos de Emílio. Mas se normalmente ele já não se incomodava muito com essas coisas, que diria naquele momento. Acabara de descobrir que, apesar do resultado negativo da Braskem em 2007, o presidente da companhia petroquímica, José Carlos Grubisich, distribuíra bônus altíssimos aos funcionários. Maiores até do que os que ele, Marcelo, dera aos seus executivos, num ano bastante bom para a construtora. A discrepância entre as generosidades estava criando problemas com seu time e aumentando ainda mais a desconfiança em relação à maior estrela corporativa da Odebrecht.

Grubisich, trazido por Novis, era o completo oposto de Marcelo, a começar pelo visual. O herdeiro dos Odebrecht era magro, moreno, vestia-se com discrição e tinha hábitos simples. O outro era um homem alto e corpulento, de olhos verdes, que viera direto da vice-presidência mundial da Rhodia[1] em Paris. Um usava terno sem gravata, o outro curtia abotoaduras e tratamentos estéticos. Marcelo preferia almoçar um sanduíche no escritório para não perder tempo; Grubisich privilegiava encontros de negócios nos restaurantes badalados pelo empresariado. Marcelo era focado em trabalho, não dava entrevistas e, quando o fazia, falava tão rápido que mal conseguia concluir as próprias frases. Já Grubisich era figura fácil tanto nas páginas de negócios como nas colunas sociais e revistas de celebridades. Não faltava quem achasse que ele estava muito mais preocupado em promover a si mesmo do que a própria Braskem. E nunca mencionava o nome Odebrecht, o que soava como afronta a Marcelo. A antipatia havia sido imediata, mas ele nada fizera a princípio. Primeiro, porque estava concentrado na organização da construtora. Segundo, porque, desde sua chegada, no final de 2001, Grubisich havia surfado ondas favoráveis. A petroquímica vivia um ciclo de alta. A Braskem se tornara na terceira maior petroquímica das Américas, respondendo por 70% das receitas do grupo Odebrecht. Entre 2002 e 2005, convertera um prejuízo de 800 milhões de reais em lucro de 677 milhões.[2] Grubisich se tornou um menino de ouro do mercado financeiro.

De 2006 em diante, porém, os ventos viraram. O preço da nafta, principal matéria-prima da petroquímica, subiu, ao mesmo tempo que o excesso de oferta começou a derrubar os preços dos produtos. O setor, movido a ciclos, começava a entrar na baixa, o que afetaria os bônus dos executivos — e, claro, do presidente da companhia. Grubisich, porém, não se apertou, e incluiu na conta da remuneração variável um possível crédito de 1 bilhão de reais[3] que a Braskem considerava ter pagado indevidamente em Imposto sobre Produtos Industrializados, o IPI. A companhia havia tido uma decisão favorável no Supremo Tribunal Federal, mas a União tinha recorrido, e não havia nenhuma garantia de vitória. O crédito, porém, vinha sendo contabilizado no balanço, com o amparo de pareceres de assessores jurídicos.

A manobra dava à empresa um lucro de 577 milhões de reais, mas Marcelo dizia que, seguindo um acordo antigo da empresa, não deveria ser considerado no cálculo do bônus. Afinal, era um resultado apenas virtual. Ao ignorar a regra, Grubisich concedera à própria equipe mais que o triplo dos bônus dos homens de Marcelo. A diferença ficou clara quando um executivo da Braskem se transferiu para a construtora, levando seu histórico de remuneração. A informação se espalhou assim que o dinheiro foi distribuído, em maio de 2008, e provocou uma enxurrada de reclamações. Marcelo não perdoou.

"Isso está me criando um problema interno, Pedro! Como você não viu isso?!" Novis reconheceu que não havia percebido a manobra; então Marcelo desferiu o golpe final: "Pedro, não tem condição de o Zé Carlos permanecer. O que você vai fazer com ele é problema seu, mas na Braskem ele não fica mais". Novis, sempre diplomático, saiu do sério. Marcelo estava passando por cima de suas atribuições, e aquilo ele não ia aceitar. Os dois se voltaram para Emílio, que até então assistia à briga em silêncio. O desconforto do pai era indisfarçável. Sem condições de defender Grubisich, porém, ele resolveu a disputa a favor do filho.

Os três sabiam que, em alguma hora, aquele momento chegaria. Novis fora nomeado presidente da holding no início de 2002, logo que Emílio deixara o cargo, em um arranjo concebido para que a transição ocorresse da forma mais suave possível. "Não quero repetir com meu filho todos os conflitos que vivi com meu pai", Emílio dizia, revelando um trauma do qual pouco se falava, até mesmo entre seus amigos mais próximos. Emílio não gostava de revisitar os tempos tumultuados da transição entre ele e Norberto, de quem muito discordou e por quem se sentiu humilhado diversas vezes, mas por quem, em público, sempre manifestou respeito reverencial. Emílio conhecia bem Marcelo. Sabia que não havia acomodação com ele. Precisava de um algodão entre os cristais, alguém que impedisse o confronto direto e a completa inviabilização da relação familiar.

Então com 55 anos, Novis estava posto em sossego, como se diz em certos círculos baianos. Formado em direito, assumira muito jovem um cargo executivo na Odebrecht e comandara operações no Brasil e no exterior. Ocupava um lugar no conselho, o que não lhe dava grandes preocupações, e administrava um respeitável rebanho de gado de elite no interior de São Paulo. Era um homem rico, graças aos bônus e ações que recebera, e poderia ter escolhido aproveitar a vida. Na Odebrecht, porém, as coisas não funcionavam bem assim. Mais do que uma empresa, a organização era uma "sociedade de confiança", na qual os laços e a lealdade entre os homens se sobrepunham a conveniências pessoais. Era como uma grande família, e pela família se fazem sacrifícios. Novis sabia que não seria fácil tutorar o herdeiro, mas também tinha consciência de que não podia negar o pedido de Emílio. Depois de muita conversa e ponderação, combinou-se que ele ficaria no cargo até 2010, quando, aos 42 anos, Marcelo assumiria o comando, esperava-se que com mais maturidade. A data também coincidiria com o final do governo de Luiz Inácio Lula da Silva, com quem Marcelo não se dava. Mas não foi possível cumprir o cronograma, porque a relação com Novis começou a desandar bem antes.

Novis era considerado o mais paulistano de toda a velha guarda da Odebrecht. Baiano castiço, de sobrenome tradicional, tinha passado boa parte da infância na fazenda da família, mas em Salvador enturmara-se com a vanguarda cultural local. Antes de concluir a faculdade de direito e entrar para a empresa, fora ativo entre os tropicalistas, amigo de Tom Zé e Caetano Veloso. Caetano e Novis até compuseram juntos uma música para Gal Costa, "Relance". Depois, a carreira de Novis o trouxe para São Paulo, ele se aclimatou e passou a integrar a elite local. Era um tipo diverso dos "engenheiros" da Odebrecht, meio aristocrata e mais afeito aos gabinetes do que à "linha" — os canteiros de obra onde, para

Norberto, se dava a real formação dos quadros da empresa. Por isso, estava longe de ser visto como executivo brilhante para Marcelo e seu grupo.

O que era apenas falta de admiração, porém, transformou-se em rixa na virada de 2006 para 2007, quando Emílio e Novis decidiram investir na produção de etanol, injetando 5 bilhões de reais na compra de usinas Brasil afora. Naquele momento, ancorado em duas grandes empresas, a empreiteira e a petroquímica, o grupo tinha saneado suas finanças e elaborava um plano de expansão com o objetivo de se tornar uma das cinquenta multinacionais mais admiradas do mundo até 2020. A decisão de começar pelo etanol estava em consonância com o plano de Lula de tornar o combustível verde uma fonte de energia renovável para o mundo, uma commodity integralmente brasileira.

Marcelo, porém, era contrário ao projeto. Achava um erro apostar tanto num ramo com que o grupo não tinha nenhuma familiaridade. Quando a subsidiária de etanol, batizada de ETH Bioenergia, foi formada, Novis convidou o herdeiro para integrar o conselho. Marcelo aceitou, mas participou de apenas uma reunião. "Pedro, eu vou sair, porque acho tudo isso uma grande barbeiragem. Esse negócio pode acabar quebrando a gente. Se eu ficar calado, vai parecer que estou consentindo. Se eu falar o que penso, vou discordar o tempo todo de você publicamente. Vai ficar chato." Novis assentiu e não criou marola. Mas também não escondeu dos mais próximos a irritação. A quem quisesse ouvir, insinuava que a implicância de Marcelo não tinha a ver com estratégia ou finanças, mas com o fato de não controlar o novo negócio. Em resposta, o herdeiro dizia que iniciativas como aquela demonstravam que passava da hora de substituir o comando da Odebrecht por gente mais moderna e preparada — ou seja, ele.

Quando Marcelo entrou furibundo na sala, Novis já havia pedido a Emílio para antecipar a troca de comando. Bem a seu estilo, o patriarca vinha resistindo. Marcelo, por sua vez, reclamava da desconfiança do pai, e nisso contava com o apoio do avô. A briga em torno de Grubisich era a prova de que não dava mais para esperar. Ao se ver vencido, Novis capitulou: "Já que vai me substituir, indique você o novo presidente da Braskem". Marcelo quis Bernardo Gradin, que estava no comando da área de infraestrutura. Os Gradin eram acionistas da Odebrecht desde os anos 1970, quando Vítor Gradin, pai de Bernardo, entrou na empreiteira a convite de Norberto. Descendente de espanhóis, ele já havia sido professor universitário, secretário da Indústria e do Comércio da Bahia e sócio de uma trading de produtos como fumo e cacau. Na Odebrecht, foi vice-presidente de finanças, acumulando ações recebidas como remuneração e comprando papéis na Bolsa. Assim, chegou a ter 10% da companhia. Em 2000, depois de uma reorganização societária que ajudou a salvar a Odebrecht da falência, sua participação passou a 20,6%.[4]

Novis, que também tinha ações da Odebrecht, não gostava de Bernardo. "Não me dou com ele. Se ele entrar, saio da presidência." Sugeriu outros nomes, mas Marcelo não cedia. "Sabe de uma coisa? Ponha Bernardo e assuma logo", disse Novis. Acabaram acertando que Grubisich iria para a empresa de etanol, abrindo espaço para Gradin na Braskem. O clima ficou ainda pior no mês seguinte, quando Novis teve um infarto e foi obrigado a fazer um procedimento de emergência para a colocação de duas pontes, safena e mamária. Ao sair da cirurgia, foi recebido no quarto por Emílio e fez um pedido ao amigo: "Vamos acelerar essa sucessão, por favor". Queria voltar a seus bois, à fazenda e à vida de conselheiro. Emílio entendeu que o sacrifício já estava de bom tamanho e aquiesceu. Dali em diante, ia se espalhar no grupo a blague de que Novis batizara a ponte de safena com o nome de Marcelo e a mamária, de Odebrecht.

Nos primeiros dias de setembro de 2008, Marcelo desembarcou em Quito preocupado. Os negócios da empreiteira no Equador estavam por um fio. Depois de meses de tratativas quanto à melhor forma de corrigir os problemas na hidrelétrica de San Francisco, na região central do país, as negociações com o governo do presidente Rafael Correa haviam atingido um impasse perigoso. A empresa tivera de parar a usina em junho depois de constatar, em uma inspeção de rotina, que as turbinas haviam sido danificadas pelos sedimentos de erupções vulcânicas acumulados no rio que alimentava o complexo. A obra havia sido a primeira a ser inaugurada por Correa em seu mandato, antes mesmo do prazo previsto. Rendera dividendos políticos, mas agora havia se transformado em motivo de transtorno. San Francisco já completava três meses parada, e o presidente do país exigia que a Odebrecht não apenas consertasse os defeitos na turbina, mas também compensasse o governo. A empreiteira aceitava pagar os reparos, mas dizia que não houvera prejuízo ainda, e sim lucro, pois a usina começara a gerar energia bem antes do previsto.[5] Correa, porém, não queria nem saber. Ou a empresa aceitava seus termos ou seria expulsa do país. Dias antes, Jorge Glas, presidente do Fondo de Solidaridad, entidade que controlava as estatais de energia e de telecomunicações, encerrara uma reunião com os representantes da Odebrecht gritando que suas propostas eram um "escárnio".[6] Nos bastidores, falava-se também em mandar prender os executivos da empresa. Aflito com a possibilidade, Marcelo decidiu ir ao Equador para falar pessoalmente com Correa.[7] Só havia um detalhe: o presidente não queria recebê-lo de jeito nenhum.

Correa vivia um momento político crucial. Em vinte dias, haveria um referendo sobre a nova carta magna do país, elaborada pela Assembleia Constituinte de maioria bolivariana eleita um ano antes. A Constituição ampliava os poderes do presidente, que dissolvera o Congresso Nacional, decretara estatização de 99% dos lucros das petroleiras que excediam o preço médio do barril de petróleo e estava em guerra com a imprensa, que vinha publicando denúncias de corrupção contra o governo. As pesquisas mostravam que Correa dificilmente perderia a votação. Ele não queria era um acordo que o deixasse vulnerável a mais ataques — inclusive porque sua plataforma política era justamente a guerra bolivariana contra potências opressoras. Comentaristas e políticos mais radicais do Equador se referiam ao Brasil como "os Estados Unidos da América Latina". E a Odebrecht, que tocava as cinco maiores obras em curso no país — com contratos que somavam 800 milhões de dólares —, era o símbolo do colonialismo brasileiro na região.

E agora Marcelo estava ali, arrumando suas coisas para deixar a suíte do Swissotel, num bairro nobre de Quito, depois de dias esperando um sinal. Tentara de todas as formas marcar uma audiência com o presidente equatoriano, acionando contatos do Itamaraty à Presidência da República, mas nem assim conseguira. Ao final, Correa mandara dizer que ele poderia falar com Glas — o mesmo que, dias antes, despachara o time da Odebrecht do palácio governamental aos gritos.

Irritado e frustrado, Marcelo foi para o aeroporto. Mas, nem bem chegara ali, entendeu que a situação era ainda mais grave do que imaginara. Já no controle de passaportes, notou que as baias de agentes da imigração tinham post-its pregados nos computadores com uma curta lista de nomes. Esticando o pescoço, conseguiu ver os nomes de executivos da Odebrecht.[8] Marcelo inventou uma desculpa e deixou o jato esperando no hangar, enquanto voltava até o hotel onde estava Luiz Mameri, vice-presidente da Odebrecht para a América Latina, para alertar seu pessoal. Não sabia o que os post-its significavam, mas, por via das dúvidas, era melhor se proteger. O diretor de desenvolvimento de negócios, Fernando Bessa, e o diretor jurídico, Eduardo Gedeon, preferiam se refugiar na embaixada do Brasil, se fosse necessário. Fabio Gandolfo e dois outros executivos deixariam o país de carro, pela fronteira com a Colômbia. Marcelo foi embora naquela noite. Os papeizinhos continuavam nas baias da imigração.

Dali em diante, a Odebrecht fez diversos acenos a Correa. Primeiro, propôs depositar 35 milhões de dólares em juízo como garantia para futuras perdas, além dos 25 milhões que gastaria com o conserto da usina.[9] Mas o presidente só aceitava dinheiro vivo na conta do governo e ameaçou revisar todos os contratos da empresa. Do Brasil, Marcelo mandava seu pessoal "entesar" e esperar. Achava que, depois do referendo, tudo se resolveria.

A questão é que ele não dominava o calendário. Depois de alguns dias de impasse, a reunião final entre o governo equatoriano e a Odebrecht foi marcada. Era a antevéspera da votação. Fazia sol, e Correa recebeu os brasileiros em mangas de camisa, cercado de ministros e assessores. Sobre a mesa, a minuta de um acordo em que a Odebrecht aceitava pagar tudo o que o governo pedia; se assinasse, ficaria livre de represálias. O time da Odebrecht, porém, havia passado as últimas horas num impasse. De um lado, Luiz Mameri temia que fechar o acordo antes do referendo deixasse a empreiteira vulnerável a novas chantagens. Gandolfo, o diretor no Equador, ponderava que a única forma de não serem expulsos era aceitar logo as condições do governo. No entanto, nem um nem outro queria assumir o ônus da decisão. Eram seis horas da manhã em São Paulo quando decidiram ligar para a casa do chefe. Sabiam que ele acordava cedo, mas ficaram surpresos quando Isabela Odebrecht disse que levaria o telefone até a piscina, porque o marido já estava nadando. Marcelo atendeu ali mesmo e, como sempre fazia antes de impor sua opinião, disse: "A decisão é de vocês". A seguir, abriu o jogo: "Mas eu sou contra. A questão deles é política. Se aceitarmos o que o governo quer, vamos criar um precedente. Vão enrolando. Depois do plebiscito, vai ficar mais fácil de negociar".

Eles disseram a Correa que a Odebrecht estava pronta para assinar o documento, mas que a Alstom e a Vatech, fornecedoras de equipamentos e sócias do empreendimento, precisavam de mais duas semanas para decidir se aceitavam as novas condições. Era uma desculpa. Quase todo o custo dos equipamentos já estava amortizado. Se quisesse, a Odebrecht podia ter compensado os sócios e bancado o acordo. Correa percebeu, ficou possesso e encerrou a reunião. Seus assessores tocaram os brasileiros para fora do palácio. Um ministro com quem ainda tinham uma boa relação os alcançou num pátio interno. "É melhor vocês saírem do país. O Rafael vai expulsar vocês", disse.

Horas depois, em São Paulo, o time mais próximo de Marcelo Odebrecht assistia vidrado na TV do escritório do chefe ao *Jornal Nacional* dar a notícia de que o governo equatoriano bloqueara os bens da Odebrecht no Equador, proibira seus executivos de deixar o país e mandara o Exército cercar as obras da companhia. Nos dias seguintes, William Bonner e Fátima Bernardes comunicariam aos brasileiros que Correa ameaçava não pagar o empréstimo de 243 milhões de dólares que o BNDES concedera ao Equador para pagar à empreiteira. O clima era de estupefação. Anos depois, a cena continuava vívida na memória de vários deles. Pela primeira vez na história, a Odebrecht era expulsa de um país com o rompimento das relações por parte de um presidente da República.

Brigar com quem detém a caneta, na cartilha da empreiteira, era pecado capital. Norberto escrevera em seus livros que os "empresários" da Odebrecht não deviam medir esforços para manter o cliente satisfeito. "Aquilo que o cliente exigente quer e precisa, aquilo que esse cliente considera valioso, é o decisivo." E o cliente, ele deixava bem claro, era o governante, não o Estado. "O cliente é sempre uma pessoa ou um conjunto perfeitamente individualizado de pessoas capazes de decidir se os serviços e bens produzidos representam, para elas, riqueza efetiva."[10] Marcelo conhecia a TEO melhor do que ninguém. Era como se tivesse ouvido o avô recitá-la durante toda a infância. Por isso mesmo, sabia que era "elástica" e podia ser usada a gosto do freguês. Para justificar suas decisões naquela crise, passou a evocar outro mandamento da bíblia odebrechtiana: não interessa quem está certo, e sim o que *é o certo*. Ele julgava que seu ponto de vista era o certo e estava pronto para defendê-lo até o final, mesmo que aquilo significasse brigar com o cliente.

Só que Correa também estava disposto a levar o assunto até o final. Pouco depois, numa reunião de líderes latino-americanos em Manaus, Lula defendeu pessoalmente a empreiteira, com o apoio do presidente venezuelano Hugo Chávez. Disse a Emílio que o equatoriano prometera suspender o calote ao BNDES e buscar um acordo com a Odebrecht. Contudo, se de fato prometera aquilo a Lula, Correa não cumpriu a palavra, e o impasse continuou. Em novembro, o chanceler Celso Amorim chamou o embaixador em Quito de volta ao Brasil para uma consulta — atitude que, na diplomacia, beira a ruptura — e ameaçou rever os convênios bilaterais. Correa ligou para Lula e tentou convencê-lo de que a disputa era apenas com a Odebrecht, mas ele não quis saber. No dia seguinte, os jornais diziam que o presidente brasileiro deixara claro ao equatoriano que a conversa não punha fim à crise.[11]

Era verdade que, como o Equador ameaçava parar de pagar os financiamentos concedidos pelo BNDES, Lula não estava fazendo nada mais do que defender os interesses nacionais. Não passaria despercebido, porém, que o governo não tomara a mesma atitude em outras ocasiões em que empresas brasileiras tiveram negócios ameaçados — como quando a Petrobras, anos antes, fora ameaçada de expulsão pelo presidente boliviano Evo Morales, ou quando a termelétrica que a EBX de Eike Batista construíra na Bolívia fora expropriada, na mesma época. O empenho atípico logo seria criticado como uma "privatização do Itamaraty". O termo foi cunhado pelo jornalista Elio Gaspari, num artigo em que lembrou que a empreiteira acabara de aceitar em São Paulo a mesma arbitragem a que se recusava no Equador. Um ano antes, um túnel do metrô em construção ruíra, provocando a morte de sete pessoas, mas a Odebrecht atribuíra aquilo a um incidente geológico — o deslocamento de uma rocha de 15 mil toneladas. Abriu-se, então, uma arbitragem para definir a indenização a ser paga pela construtora ao Estado, exatamente como se queria fazer no Equador. "Nosso Guia [Lula] aborreceu-se porque o presidente Rafael Correa recorreu à Corte Internacional de Arbitragem da Câmara de Comércio Internacional para discutir a fatura da empreiteira. Pois foi exatamente a essa instância que o consórcio Via Amarela aceitou submeter um litígio com o Metrô de São Paulo. O que vale para o Metrô não vale para o Equador?"[12]

Perto de outros países, como Angola ou Venezuela, as receitas do Equador tinham peso insignificante. E, no entanto, a crise havia sugado por meses a energia dos executivos e danificado a imagem da empreiteira. Internamente, começou a ganhar corpo a noção de que Marcelo tinha ido longe demais. Ao final do ano, a Odebrecht já havia demitido ou retirado do país seus quase 4 mil empregados. Ficou aberto apenas um escritório para administrar as pendências.[13]

Na época, quem conversava com o herdeiro da Odebrecht ficava impressionado com seu abatimento. Benedicto Júnior, chefe da construtora e um dos auxiliares mais próximos, disse aos colegas que nunca tinha visto Marcelo tão angustiado. Ofereceu ajuda, mas o chefe, arredio, recusou. Anos depois, num raro acesso de arrependimento, ele próprio admitiria, numa palestra a estudantes universitários: "Eu me meti mais do que devia. [...] Comecei a dar mais inputs, dar umas opiniões mais fortes do que eu devia e no fundo eu estava falando antes de escutar".[14]

O episódio ainda estava fresco na cabeça de todos na tarde de dezembro de 2008 em que Emílio Odebrecht subiu ao púlpito no auditório do complexo hoteleiro de Sauípe, no litoral sul da Bahia. O resort, construído e operado pela organização, era o local preferencial para os encontros de fim de ano, que reuniam cerca de mil pessoas — os principais executivos e suas famílias. Com atividades paralelas — naquele ano a grande atração era o técnico da seleção brasileira de futebol, Dunga, que comandou um treino com os executivos —, o evento era um misto de apresentação de resultados e confraternização de fim de ano. Por dois dias, cada "líder" (era assim que eram chamados os diretores e presidentes das subsidiárias) exibia diante de um auditório lotado por membros de todas as equipes o que havia conquistado no ano e quais eram os planos para o ano seguinte.

Havia nesses encontros um tom marcadamente motivacional: propunham-se metas ambiciosas e apelava-se não só ao espírito competitivo dos executivos, como também à lealdade e à coesão da organização. Certos códigos e ritos ficavam evidentes. A própria geografia da audiência já passava uma mensagem. Pela tradição da família, todos os Odebrecht que tivessem condições de participar, independentemente da idade, compareciam — incluindo esposas, noras e até as crianças —, mas sempre se postando atrás dos conselheiros de administração. Tal disposição visava passar a ideia de que a empresa era mais importante do que a família. Do lado esquerdo do auditório ficavam os executivos, distribuídos por hierarquia. Os principais nas primeiras fileiras, atrás os subordinados imediatos, e assim por diante. Era o único momento do ano em que os acionistas tinham contato com os executivos que administravam seu patrimônio. No resto do tempo, eram representados por Emílio Odebrecht, eleito ainda nos anos 1980 como "mandatário" da Kieppe, a holding da família que controlava o conglomerado.

A ordem das falas também seguia uma lógica. Primeiro, os chefes das subsidiárias. Depois o presidente da holding e o do conselho de administração. Por último, os conselheiros. A grande atração daquelas reuniões, porém, não eram os rituais e a discurseira corporativa, e sim o fato de que se podia ler, nos gestos dos comandantes e nas entrelinhas dos discursos, o que de fato se passava nas entranhas da organização. E se em geral já era um evento bastante aguardado, naquele ano era ainda mais. Esperava-se ansiosamente pela passagem do bastão de Novis para Marcelo. Norberto, empertigado em seu terno de linho, estava na primeira fila. Todos curiosos para ouvir os recados do príncipe — e, principalmente, saber o que ele tinha a dizer sobre as crises dos últimos meses.

O público já conhecia o estilo de Marcelo, mas naquele ano ele estava mais empolgado. Havia acrescentado sorrisos extras ao discurso milimetricamente ensaiado para parecer descontraído. O novo presidente da organização estava à vontade e parecia mesmo feliz sobre o palco. Só muito rapidamente, no final, mencionou o episódio do Equador. "Assumo a responsabilidade por essa frustração", disse. "Eu não tenho dúvidas de que foi em grande parte a rigidez de minhas convicções que influenciou os rumos que o evento tomou." Em seguida, apelou para um tom mais emotivo. "O espírito de luta e principalmente de lealdade demonstrado pelas pessoas que fazem essa organização [...] é algo vibrante e que ainda me emociona. [...] Comparem o que aconteceu com outras empresas que tiveram escândalos recentes de derivativos, que tiveram gente saindo, processos de governança interna... Aqui, pelo contrário, ninguém saiu, todo mundo foi até o final... A lealdade demonstrada, meu amigo..." Ele fez uma pausa, então seguiu, com a voz embargada: "Às vezes eu me pego desejando viver novas emoções para conhecer mais vocês. Isso foi fascinante". Recebeu aplausos entusiasmados.

O contraste entre o silêncio do público durante o discurso de Marcelo e o burburinho das conversas enquanto Emílio começava a falar deixava claro que a mudança de comando já era realidade. Além do mais, a performance do pai era bem mais simples, sem slides ou piadinhas. Emílio preparara um discurso de dezoito páginas, cheio de recados para a "nova geração" que assumia o comando. Mas não estava fora do jogo. Ainda teria muito poder por muito tempo. Aos poucos, foi conquistando a atenção da plateia. Principalmente porque, ao contrário do filho, dedicou uma parte importante de seu tempo à crise com Rafael Correa. "No Equador, reforçamos a nossa convicção de que a decisão de um cliente, mesmo que fortemente embasada em questões políticas e ideológicas, tem que ser respeitada e acatada." Todos ali sabiam quem havia desacatado a decisão do governo equatoriano. "Não percebemos a tempo as mudanças políticas que ocorreram no país. Diante de um problema, que de fato ocorreu, o cliente não considerou os propósitos nem os valores da nossa organização." E decretou: "Ficou evidente que as relações que tínhamos eram de interesse, e não de confiança".

Defendendo o próprio legado, Emílio passou a descrever os números que entregava ao filho — ou à terceira geração, como se dizia na Odebrecht. Depois de superar a dura crise de 2000, a gestão de Novis havia colocado a empresa nos trilhos. O faturamento de 8,2 bilhões de reais havia chegado a 40,9 bilhões, e a empresa saltara de 28 mil para 82 mil funcionários.[15] Fechava 2008 com operações em sete países e crescia aceleradamente, impulsionada pelo boom das commodities. Em julho, o barril de petróleo atingira o maior valor da história, 147 dólares. A alta certamente turbinaria as receitas da empreiteira, que tinha 63% de sua carteira de obras em países produtores[16] — como Venezuela, Angola e o próprio Brasil.

Quem conhecia bem Emílio sabia que era muito raro ele repreender alguém diretamente. Falava por metáforas ou indiretas, e quase nunca em particular. Não era preciso ser muito perspicaz para saber que era ao filho que ele se dirigia quando disse: "A manutenção da liderança exige maturidade empresarial e humildade. Vocês terão de desenvolver relacionamentos político-estratégicos próprios, indispensáveis para a continuidade do nosso compromisso de crescer servindo clientes. Estes relacionamentos serão legítimos e produtivos na medida em que sejam desenvolvidos com base na confiança entre as partes. De nada adianta ter um mero relacionamento comercial, baseado em interesses. Lembrem-se, confiança não se conquista apenas por meio de contatos rápidos, pontuais, em cima de uma agenda repleta de pedidos. A confiança se conquista antes de tudo pelo respeito, pelo convívio, pelo conhecimento mútuo. Nossa disposição em ouvir, atender e resolver as questões dos nossos interlocutores fatalmente se transformará, quando necessário, em disposição deles para entender e considerar nossas questões".

No fundo, era o mesmo recado que o pai havia dado ao presentear o filho com o quadro de Carybé. Era como se ele estivesse dizendo, com seu melhor sotaque baiano: "Meu filho, nem tudo pode ser contabilizado". Marcelo ouviu tudo calado. Ao deixar Sauípe, acreditava num grande futuro para a Odebrecht. Agora, as coisas seriam feitas do jeito dele.

2. Na lama, de terno branco

"Não é isso que minha equipe diz, Norberto", falou o presidente da Petrobras, Ernesto Geisel, olhando calmamente nos olhos do outro. "Meu pessoal diz que você está perdendo dinheiro por incompetência." O empreiteiro era orgulhoso e estava aflito com a disputa que travava com os técnicos da estatal, mas não perdeu a calma. Em vez disso, preferiu desafiar o general: "Quantos dias eu tenho para provar o contrário?".

As trajetórias de Norberto Odebrecht e Ernesto Geisel se cruzaram quando ambos viviam momentos decisivos. O general ressurgia com força no cenário político, depois de um período de ostracismo. Ele havia sido um dos homens mais poderosos dos primeiros anos da ditadura, como chefe do gabinete militar de Humberto Castelo Branco, primeiro presidente e um dos artífices do golpe de 1964. Mas fora para a geladeira do Superior Tribunal Militar quando seu sucessor assumira — Costa e Silva, que defendia o endurecimento do regime. Em 1969, com Emílio Garrastazu Médici no comando, o jogo de forças no interior do regime militar mudou novamente. A ida de Geisel para a Petrobras era um claro sinal de sua reabilitação.

Já Norberto estava diante da oportunidade de sua vida. A obra do edifício-sede da Petrobras era a primeira da Odebrecht fora do Nordeste. Desde que ele começara a erguer da falência a construtora do pai, na Bahia dos anos

1940, as grandes obras do governo federal eram distribuídas aos amigos do rei. Nos anos 1950, quando Brasília foi construída na gestão de Juscelino, predominavam os mineiros da Mendes Júnior e da Rabelo. Os anos 1960, das estradas e hidrelétricas, foram dos paulistas da Camargo Corrêa e da Companhia Brasileira de Projetos e Obras, a CBPO. A Odebrecht, empresa nordestina e sem musculatura financeira, ficara de fora da festa. Norberto explicava o fenômeno à sua maneira. "Sabe por que não participamos da construção de Brasília?", ele perguntava aos subordinados, já com a resposta na ponta da língua: "Eu não tinha apoio político".

A Odebrecht passou anos comendo pelas beiradas, fazendo obras privadas e disputando concorrências estaduais ou regionais da Superintendência do Desenvolvimento do Nordeste, a Sudene. Embora tivesse se tornado grande em Salvador, não conseguia ingressar no "clube dos barrageiros", o grupo das empreiteiras habilitadas a erguer hidrelétricas no Brasil, do qual faziam parte Mendes Júnior, Camargo Corrêa, Cetenco e Andrade Gutierrez. Por lei, para ser apto a construir uma usina, era preciso comprovar experiência em obras de certo porte, ter capital elevado e atender a outras exigências que formavam, na prática, uma barreira legal à entrada das pequenas.[1] Em várias oportunidades, Norberto tentou convencer o governo a alterar a lei e incorporar a ideia de que, em obras especiais, que exigiam tecnologia, era mais importante o conhecimento técnico do que o volume de concreto assentado. Encontrou muita resistência. Para os membros do clube, a Odebrecht nada mais era do que uma outsider petulante, a que eles se referiam apenas pela denominação genérica de "os baianos".

Até que surgiu a obra da Petrobras. A estatal, criada em 1953 com a missão de explorar petróleo em terra no Nordeste brasileiro, tinha forte presença na Bahia, desde quando era apenas um departamento do Ministério de Minas e Energia chamado Conselho Nacional do Petróleo, ou CNP. A Odebrecht construiu no estado o acampamento de operários da obra de um oleoduto, mais uma refinaria, duas fábricas de gasolina e a sede em Salvador. Em 1966, quando a Petrobras já havia assumido as atividades do CNP, Castelo Branco decidiu construir um edifício para a sede, transferida para o Rio de Janeiro em razão da perspectiva promissora de prospecção de óleo na costa que a transformaria em potência mundial do setor. Foi quando surgiu a chance que Norberto esperava. O edital dizia que só poderiam participar da concorrência empreiteiras que já tivessem erguido estruturas em concreto para a estatal. A Odebrecht, portanto, estava no jogo. E ganhou a obra — um prédio de 26 andares, 32 mil metros cúbicos de concreto e 3 mil toneladas de aço —, propondo concluí-la em 660 dias, a um custo de 80 milhões de dólares, algo como 560 milhões de dólares em valores de hoje.[2]

Os trabalhos começaram em setembro de 1969, quando o presidente da estatal ainda era o marechal Levi Cardoso. Geisel assumiu o cargo em novembro e logo foi apresentado à divergência com a Odebrecht. Segundo a concorrência, as faturas seriam calculadas de acordo com o volume de concreto usado na construção. Só que, uma vez assinado o contrato, os técnicos da Petrobras modificaram o projeto, reduzindo o volume de concreto na estrutura e aumentando as ferragens, bem mais caras. Como o material não entrava na conta, a Odebrecht começou a ter prejuízo. Por isso Norberto foi até o Rio de Janeiro falar com o novo presidente da estatal, o general Ernesto Geisel, a quem ainda não conhecia.

"Você tem quinze dias", respondeu o general quando Norberto perguntou quanto tempo tinha para lhe provar o contrário. Antes do prazo combinado, o empreiteiro estava de volta ao Rio, munido de documentos e plantas para sustentar seu argumento. Convencido, o presidente da Petrobras mandou refazer a fórmula dos pagamentos à Odebrecht.

Depois daquele dia, Norberto e Geisel mantiveram encontros periódicos, em audiências em que falavam da obra em curso e dos "grandes temas do país". Além de compartilhar as raízes germânicas, ambos haviam sido educados por um pastor luterano. Tinham temperamento fechado, mas inegável habilidade política. E construíram uma relação de respeito, que duraria muitos anos.

Com Geisel, Norberto finalmente conseguira o apoio político que tanto almejara. Estava começando o ciclo de crescimento que os historiadores convencionaram chamar de "milagre econômico", um período de fartura, com o Brasil crescendo 10% ao ano, inflação estável em torno dos 18% e fortes investimentos em obras de infraestrutura. Em 1969, os militares mudaram a lei vigente que permitia a empresas estrangeiras participar de obras públicas no Brasil, fechando o mercado para as companhias nacionais. Com tudo isso, surgiram mais obras do que o "clube" seria capaz de realizar. E, para a Odebrecht, já mais bem posicionada do que antes, sobrou um quinhão de contratos importantes.

Em 1971, os baianos venceram a concorrência para construir a primeira parte do novo aeroporto do Galeão, bem maior e mais moderno do que o que já existia no local, que o regime apelidou de "aeroporto supersônico". Em 1972, em sua conquista mais notável, a Odebrecht venceu a concorrência para a construção da Central Nuclear Almirante Álvaro Alberto, popularmente conhecida como Angra 1. Duas obras estratégicas, que fariam a empresa de Norberto mudar de patamar.

Até ganhar o Galeão, em 1971, a Odebrecht era a 19ª maior construtora do Brasil, segundo o ranking da revista *O Empreiteiro*, tradicional publicação do setor. Em 1972, com as novas obras, já era a 13ª maior. A ascensão impressionava. Em 1973, *O Empreiteiro* apontou Norberto Odebrecht como "homem de construção do ano" e, em 1974, escolheu a própria Odebrecht como "empreiteira do ano". Nessa escalada, o apoio de Geisel foi fundamental.

O primeiro impulso importante no governo veio justamente do presidente da República. Era o início de 1971, e a empreiteira tinha sido uma das nove habilitadas a participar da concorrência para a obra do Galeão. Estavam no jogo todas as grandes, incluindo as paulistas Camargo Corrêa e CBPO. Abertas as propostas, viu-se que a Odebrecht tinha oferecido o menor preço — 137 milhões de cruzeiros, ou cerca de 793 milhões de reais em valores de hoje[3] — para erguer o esqueleto do novo aeroporto, com a unidade operacional onde encostam os aviões, o edifício da administração e a torre de controle. Tudo em 28 meses. Só que a Hidroservice, consultoria do empresário Henry Maksoud — que tinha feito os estudos técnicos para o edital[4] e estava contratada para supervisionar a obra —, propôs desqualificar a Odebrecht, alegando falta de certificados e de experiência. Certo de que a Hidroservice trabalhava em favor das paulistas, Norberto reclamou com Geisel: "Ganhei e não vou levar. Gostaria do seu apoio". O presidente da Petrobras procurou o brigadeiro Araripe Macedo, que comandava a licitação. Não se sabe exatamente qual foi o teor da conversa. Mas, pelo resto da vida, Norberto contaria aos herdeiros a frase que Geisel teria dito a Araripe na ocasião: "Se eu fosse você, daria a obra para aquele baiano malcriado. Ele reclama muito, mas cumpre o que promete". A empreiteira voltou para a mesa e, em julho daquele ano, assinou o contrato em cerimônia com a presença da cúpula da Aeronáutica, no local do futuro aeroporto.[5]

Àquela altura, o governo se preparava para licitar as obras civis de Angra 1. A corrida nuclear, que movimentara as grandes potências nos anos 1960, chegava aos países em desenvolvimento, que buscavam quebrar o átomo para fins pacíficos. O Brasil tinha um acordo antigo de cooperação científica com os Estados Unidos e acertou com o país o fornecimento de tecnologia e equipamentos para a usina — via Westinghouse, uma das maiores do mundo, que tinha construído reatores para 45 usinas nucleares mundo afora.[6] Para as obras civis, diferente do que se fazia com as hidrelétricas, os critérios de qualificação valorizavam mais a experiência em obras industriais e prediais do que o volume de concreto utilizado, normalmente medido em metros cúbicos.

A norma ajudou a Odebrecht a obter a melhor nota entre as seis concorrentes: Christiani-Nielsen, Mendes Júnior, Cetenco, Alcindo Vieira e Hoffmann Bosworth. Contou pontos ter na equipe técnica a consultoria americana J. A. Jones, que já tinha prestado serviço à Westinghouse na construção de outras usinas. Mas o que desempatou mesmo foi o preço da mão de obra. Enquanto a Mendes Júnior apresentou um orçamento de 87,7 milhões de cruzeiros (427 milhões de reais em valores atuais) e a Christiani-Nielsen pediu 32,2 milhões (157 milhões de reais), a Odebrecht cobrou 28,5 milhões (139 milhões de reais). Até o final da obra, o contrato receberia vários aditivos, para incluir remuneração por itens, como quantidade de material escavado e aluguel de equipamentos. O custo final da obra seria de pelo menos 940 milhões de cruzeiros, 32 vezes maior que o inicial.[7]

Norberto gostava de ser tratado como "engenheiro Norberto Odebrecht". Ele havia se formado na Escola Politécnica da Bahia, que depois constituiria a universidade federal, em 1946. Tinha a fala empostada e um jeito formal. Desde que o primeiro Odebrecht chegara ao Brasil, no final dos anos 1850, a família seguia a tradição luterana segundo a qual crianças e jovens deviam trabalhar antes de brincar. Tinha sido assim com o avô, Emil, e com o pai de Norberto, Emílio. Nascido em Blumenau, o primeiro Emílio Odebrecht aprendeu com um primo a técnica do concreto armado e, depois de um período trabalhando no Rio e em São Paulo, mudou-se para o Recife e montou a própria empresa nos anos 1920. Norberto nasceu na capital pernambucana, em 1920, e aos cinco anos se mudou para Salvador com a família. Foi educado em casa por um pastor contratado como preceptor.

Na adolescência, passou pelo Centro de Preparação de Oficiais da Reserva (CPOR) da Bahia, onde adquiriu genuína admiração pela disciplina e pelo respeito à hierarquia dos militares. Na juventude um rapaz bonito e magro, ele se casou aos 23 anos com Yolanda Alves, moça de boa cepa que frequentava as colunas sociais baianas. Aos cinquenta, já ostentava uma circunferência abdominal avantajada e os cabelos começavam a rarear. Usava ternos impecavelmente engomados. E os tinha em várias cores, mas seria lembrado pelos claros — talvez pelo jeitão de coronel que lhe conferiam, ou porque costumava usá-los em ocasiões especiais. Não era homem de festas. Chegava a ser alvo de gozação por alguns pares, como o empresário, banqueiro, baiano e bon vivant Alexandre da Cunha Guedes. Sempre que o via se aproximar, Cunha Guedes cochichava com quem estivesse perto: "Chegou o tímido". Ainda assim, a presença de Norberto em eventos ou jantares era constantemente registrada nas colunas sociais de Salvador. Suas férias na ilha de Kieppe também eram devidamente informadas aos leitores.[8]

Embora reservado, Norberto sabia da importância da propaganda para os negócios. A seu modo e aos poucos, forjou para si próprio a aura de mito na Bahia. Gostava de repetir, em todos os círculos, a história de como tirara a empresa do atoleiro e a transformara na Odebrecht que todos conheciam. Emílio, pai de Norberto, fora à falência na esteira da crise econômica pós-Segunda Guerra Mundial. Desiludido com o fracasso, voltou para o Rio Grande do Sul, onde viviam os Odebrecht. Deixou para Norberto um legado de esqueletos de concreto, credores insatisfeitos e operários sem pagamento. Então com 23 anos, Norberto renegociou as dívidas com os bancos e assumiu o compromisso de entregar as construções no prazo. Em paralelo, reuniu os mestres de obras e conseguiu convencê-los a trabalhar mesmo sem salário, prometendo pagar-lhes no final, junto com um percentual do lucro obtido. Cada um receberia um prêmio pelos resultados alcançados — o que fez da Odebrecht uma das primeiras empresas do Brasil a adotar remuneração variável. O plano deu certo. Dois anos depois, em 1945, Norberto já tinha o respeito de banqueiros, clientes e operários.

Outra parceria que mudaria a vida e marcaria a imagem de Norberto foi Irmã Dulce, ícone da caridade na Bahia, que ele conheceu logo que concluiu o curso de engenharia. A amizade com a freira o fez construir o Círculo Operário da Bahia, em Salvador, centro de assistência social para o qual ela conseguiu dinheiro do governo federal. E deu a ele inspiração para montar o próprio projeto, uma fazenda-modelo no interior da Bahia, embrião da Fundação Odebrecht. Com o tempo, Norberto adicionou à imagem de empresário benfeitor um verniz de guru da administração, tornando-se uma espécie de Peter

Drucker baiano. Em 1968, publicou um livro com os textos de palestras que proferia em associações de classe e universidades, contando sua história e refletindo sobre os problemas que enfrentara. Vários outros se seguiram. Escritos em linguagem de autoajuda empresarial, seriam reunidos na Tecnologia Empresarial Odebrecht, a TEO.

Dentro da empresa, onde o viam chegar sempre ao volante, era chamado de "dr. Norberto". Era idolatrado pelos funcionários, que disseminavam histórias sobre sua simplicidade e humildade. Entrava cedo e saía tarde. Abria a porta para as mulheres e cedia a vez aos subordinados no elevador. Dizia-se que ele só preenchia bilhetes, documentos e ordens de pagamento a lápis, como prova de confiança no interlocutor. "Sabia que já estive pessoalmente com dr. Norberto?", gabavam-se os peões que haviam tido aquele privilégio.

Com tamanha "autoridade moral", Norberto não precisava mesmo assinar papéis quando queria ter uma ordem cumprida. Mas, se o assunto era propina, sua ética era um pouco diferente do senso comum. Nas histórias que contava aos engenheiros — e que vários me repetiram, nos mesmos termos —, ele diferenciava o que chamava de "ética da consciência" da "ética da responsabilidade". Norberto dizia que a última era "a ética do sujeito que tem uma fatura de 200 milhões de dólares e precisa do dinheiro para poder pagar 3 mil famílias. Esse empresário depara com um funcionário público que diz: 'Se você deixar 10% comigo, eu te dou o resto'. A ética da consciência diz: não dê. Mas a da responsabilidade diz: dê. Eu olhava pela janela do canteiro e decidia dar".

Situações assim aconteciam o tempo todo no mundo das empreiteiras. Na década de 1960, Walter Caymmi Gomes, um dos mais antigos funcionários de Norberto, certa vez chegou do Rio de Janeiro contando de uma visita sua à sede do Departamento Nacional de Estradas de Rodagem (DNER). Naquela época, era preciso ir ao Rio para receber as faturas, juntando-se aos grupos de engravatados que tomavam chá de cadeira na porta da autarquia. Caymmi Gomes era um deles. Quando apresentou a fatura ao tesoureiro do DNER, o sujeito lhe perguntou se ele e o cantor Dorival Caymmi eram parentes. "Não, senhor", respondeu o funcionário da Odebrecht. "Mas... solta uma nota?", mandou o burocrata, engraçadinho. Fez-se um silêncio, quebrado pelo barnabé. "Caymmi, vamos ali tomar um cafezinho." No bar, o preposto de Norberto soube que a fatura só seria descontada se ele desse uma "contribuição" à associação de funcionários do DNER. Ele pagou — e voltou para a Bahia com o dinheiro que fora receber.

A Caymmi, como a outros, Norberto dava sempre a mesma ordem: que nunca pagassem tudo o que pediam: "Se tiver que pagar, negocie para reduzir à metade". Recomendava também que avaliassem se a propina estava encaixada na tal "ética da responsabilidade". Com esses "princípios", pensava traçar os limites do que entendia ser a regra do jogo. "Entro na lama com os porcos, mas saio do outro lado limpo e de terno branco" era uma de suas frases preferidas para explicar a relação com a corrupção. A metáfora, ouvida tantas vezes pelos discípulos, causava impacto e seria repetida anos afora como medida da integridade do fundador — e, por extensão, da própria organização.

A prosperidade fez da Odebrecht a empresa em que os jovens da elite baiana queriam trabalhar. Ao longo dos anos, passaram por ali os filhos das mais tradicionais famílias do estado. Vários viriam a ocupar cargos em governos estaduais e chegariam a ministros. O exemplo mais reluzente foi Ângelo Calmon de Sá, que começou na empreiteira como apontador de obras e chegou a diretor. Saiu em 1967 para ser superintendente do Centro Industrial de Aratu, criado pelo governador Lomanto Júnior. Na gestão seguinte, de Luís Viana Filho, virou secretário de Indústria e Comércio. Quando Geisel assumiu, em 1974, Calmon de Sá foi nomeado presidente do Banco do Brasil e, em 1977, tornou-se ministro de Indústria e Comércio.[9] Para presidir a Eletrobras, Geisel nomeou o ex-deputado federal, ex-prefeito biônico de Salvador e ex-governador do estado Antônio Carlos Magalhães, o ACM.[10]

ACM tinha ótima relação com Norberto Odebrecht. Como prefeito de Salvador, no final da década de 1960 ele havia aterrado as chamadas "avenidas de vales", que atravessavam partes importantes da cidade e alagavam sempre que chovia um pouco mais forte. Também urbanizara bairros e modernizara a iluminação pública. Entusiasmados com as obras, os empreiteiros apelidaram o prefeito de "Pelé do Asfalto". Escolhido governador, em 1971, ACM levou para a Bahia o polo petroquímico de Camaçari — vencendo uma disputa interna com o ainda ministro Delfim Netto, que pretendia implantar o novo empreendimento em São Paulo. De estilo direto e comportamento despótico, por vezes vingativo, ACM despertava no empresariado temor proporcional à admiração — postura que lhe rendeu o apelido de Toninho Malvadeza. Fazia questão de conhecer todos os diretores da Odebrecht na Bahia e falava com eles sem intermediários.

Norberto sempre deu dinheiro para as campanhas de ACM. O político dizia o quanto queria e mandava que entregassem o dinheiro ao intermediário escolhido por ele. Não discutia nem regateava. Apenas determinava o valor, e ai de quem ousasse descumprir a ordem. Quando criou a TV Bahia, convocou a OAS e a Odebrecht para construir a sede — e nunca nem pensou em colocar a mão no bolso para pagar qualquer despesa, custeadas por vários outros empresários locais. Ainda assim, era bajulado até pelo austero Norberto, que o presenteava com gravatas e relógios caros — ele gostava especialmente de Rolex. Alguns eram entregues no aniversário, quando o político promovia em sua casa beija-mãos, aos quais o empreiteiro nunca faltou.

Nem sempre, porém, era possível agradar o governador. ACM abespinhava-se pelos motivos mais banais e, embora exigisse vassalagem absoluta, não gostava de ser cobrado nem de servir a um único senhor. Em 1976, com a criação da construtora OAS, passou a ter mais uma opção de "parceria" entre as empreiteiras. Formada por executivos da área imobiliária da Odebrecht, entre os quais César Mata Pires, genro de ACM, a OAS passou a abocanhar contratos com o estado e cresceu rápido nos anos 1980, chegando a dominar as obras públicas na Bahia. Tamanho sucesso fez surgir a blague de que a sigla OAS na verdade não era o acrônimo formado pelas iniciais dos fundadores Olivieri, Araújo e Suarez — estava mais para "Obras Arranjadas pelo Sogro", ou "Obrigado, Amigo Sogro". Com a ajuda de ACM, em 1984 a OAS chegou ao décimo lugar no ranking das maiores empreiteiras do Brasil.[11]

Em vez de protestar, Norberto trabalhou para reforçar as ligações com o velho aliado. Sabia, por experiência própria, que ACM podia ser implacável com os inimigos, mas extremamente generoso com os amigos.

Ernesto Geisel havia assumido o governo em uma fase de franca desaceleração econômica, provocada pelo primeiro choque do petróleo. O Brasil importava 80% do combustível que consumia, de modo que o presidente elegeu como prioridade a geração de novas fontes de energia. Os dois empreendimentos mais importantes do governo eram então a hidrelétrica de Itaipu e a central nuclear de Angra 1. Duas megaobras que, de acordo com especialistas da época, se ancoravam em projeções de demanda superdimensionadas.[12] Criticava-se também que o Brasil investisse em energia nuclear, bem mais cara, dado o enorme potencial hidrelétrico do país. Para os generais, porém, o Brasil não podia dispensar usinas nucleares. Precisava garantir sua segurança energética, e era muito complexo construir usinas na Amazônia. O plano podia ser exagerado, mas, para as empreiteiras, era a salvação da lavoura.

Com o clube das "barrageiras" ainda poderoso, um portento como Itaipu não era para o bico da Odebrecht. Norberto podia ter se tornado importante, mas não a ponto de furar o bloqueio. A licitação conjunta com o Paraguai para construir uma hidrelétrica binacional no rio Paraná foi realizada em meados de 1975.[13] Um consórcio que reunia as "barrageiras" brasileiras (Cetenco, CBPO, Andrade Gutierrez, Mendes Júnior e Camargo Corrêa) dividiu com uma coalizão de construtoras paraguaias o contrato de 1,6 bilhão de dólares.

Sem poder entrar no ramo das barragens, Norberto se aventurou a fazer outras obras complexas, como o aeroporto e a usina nuclear. Quase foi seu fim. A Odebrecht não estava preparada para executar missões tão gigantescas como o Galeão e Angra 1 ao mesmo tempo.[14] Foi preciso subcontratar dezenas de empresas menores e um enorme contingente de operários. Só no Galeão, no ápice, havia 180 subcontratadas e 10 mil peões. Para os militares, na comparação com a outra empresa que conduzia as obras do aeroporto, a CBPO, estava claro que havia funcionários demais, trabalhando de forma desorganizada. E a Odebrecht também penava em Angra dos Reis, com milhares de operários, dificuldades de acesso e falhas de projeto. Os atrasos e a inflação desenfreada implodiram o orçamento e o caixa. Norberto pediu socorro aos generais e conseguiu modificar a forma de remuneração tanto no Galeão quanto em Angra. Em vez de um preço fixo pela obra, a Odebrecht passou a receber pagamentos mensais até terminar o serviço. Os militares salvaram a empresa com os cofres do governo. Mas plantaram a semente de uma crise que terminaria em CPI, anos depois.

"Negócios nucleares: prejuízos bilionários no Brasil?", dizia o título da reportagem da revista *Der Spiegel* que chegou às bancas na Alemanha no dia 18 de setembro de 1978, um ano após o início das obras em Angra 2. O acordo nuclear com os americanos havia sido rompido em 1975, e o Brasil tinha fechado um novo com os alemães. Pelos termos da parceria, seriam construídas oito usinas nucleares em território brasileiro, por 10 bilhões de dólares, tudo com equipamento alemão. As obras civis das primeiras, Angra 2 e Angra 3, foram entregues à Odebrecht por 2,5 bilhões de cruzeiros — ou 3,6 bilhões de reais em valores de hoje. Um ano depois, a *Der Spiegel* expunha o programa nuclear brasileiro a um vexame internacional. "A parceria nuclear com o Brasil, anunciada com muita pompa e grande expectativa, ameaça naufragar logo após começar. Problemas técnicos atrasam e aumentam o custo da construção do primeiro reator. Os custos orçamentários extrapolam as previsões. E até os brasileiros agora parecem céticos", dizia a *Der Spiegel*. As fontes consultadas pela revista afirmavam não entender por que as usinas estavam sendo construídas em Angra, um local de logística difícil, com estradas e acessos viários precários e areias lamacentas que tornavam a obra uma odisseia. Para firmar as instalações, era preciso fincar no solo tubulões gigantes de aço — que, por erros no projeto de Furnas, estatal responsável pela usina, haviam sido comprados em modelo e formato inadequados. Segundo a reportagem, a instabilidade da construção foi tamanha que fez o eixo do reator se inclinar, girar como um saca-rolha e afundar na terra. Como não prestavam, os tubulões se amontoavam, sem uso, no canteiro. Um incêndio na obra já teria inclusive provocado a contaminação de alguns técnicos por material radioativo. Com tudo isso, a *Der Spiegel* afirmava que Angra 2 não tinha mais prazo para ser concluída e que o custo já teria quadruplicado. Um engenheiro alemão, falando sob anonimato, declarou: "Esse é provavelmente o trabalho mais absurdo que eu já realizei. Como isso vai funcionar, só Deus sabe".[15]

A publicação fez ainda uma revelação que espantou até mesmo os apoiadores do regime: o contrato para Angra 2 e 3 havia sido dado à Odebrecht sem concorrência, por influência do ministro Calmon de Sá.

Era um petardo capaz de causar um estrago irreversível no plano nuclear e que repercutiu no mundo todo. Nem mesmo a ditadura poderia fingir que não estava acontecendo nada. No dia em que a revista foi publicada, o governo brasileiro entrou em parafuso. Enquanto as cúpulas dos órgãos envolvidos se reuniam a portas fechadas, porta-vozes batiam cabeça em público. Alguns mandaram dizer que não iam comentar, outros rapidamente negaram tudo. Em dado momento, alguém notou que a reportagem não entrara na sinopse diária da Agência Nacional para leitura do presidente Geisel e distribuída à imprensa, o que agregou à crise acusações de censura. No Congresso, discursos a favor e contra a reportagem se sucediam, sem que se conseguisse nenhum esclarecimento objetivo a respeito das denúncias.[16] Foram necessárias 24 horas para o governo reagir, denunciando uma "campanha cujo objetivo é atingir o acordo nuclear Brasil-Alemanha" e chamando a *Der Spiegel* de "imprensa marrom". Como era de seu feitio, a Odebrecht se fechou. "Não costumamos falar por nossos clientes, sejam empresas particulares, de economia mista ou governamentais. Não vamos nos pronunciar, sobretudo quando diversas autoridades já emitiram suas opiniões a respeito",[17] disse o diretor de relações externas, João Sá.

Não adiantou. Em duas semanas, uma Comissão Parlamentar de Inquérito foi criada para investigar a obra. A CPI era presidida pelo senador Itamar Franco (MDB, oposicionista) e tinha Jarbas Passarinho (Arena, governista) como relator. Passarinho já assumiu a função dizendo não ver nada de errado nos acordos e nos contratos para a construção da nova usina.[18] Isso não diminuiu o interesse da imprensa, que transformou o caso de Angra 2 em pauta obrigatória de 1978 e de 1979, acompanhando intensamente depoimentos muitas vezes contraditórios e trazendo à luz novos detalhes do programa nuclear. Era um dos grandes escândalos da ditadura — e o primeiro da história da Odebrecht.

Em 17 de abril de 1979, um Odebrecht foi ouvido pela primeira vez em uma CPI no Congresso Nacional. Acompanhado de assessores, trajando um terno escuro e aparentando calma, Norberto falou durante toda a manhã e o início da tarde. Leu um longo texto sobre a história da empreiteira e defendeu a contratação sem licitação como "solução natural, técnica e economicamente mais indicada" para Angra 2. Afirmou que a empresa estava aberta à fiscalização dos parlamentares, para que fizessem "inspeção completa em sua vida, horizontal e vertical, societária e contábil, legal e técnica". E disse não ter nada a temer. Julgava-se "um cidadão tranquilo porque só age dentro da lei".[19]

Um trabalho de bastidores garantira tranquilidade extra a Norberto. Dias antes, uma comitiva da CPI havia visitado o canteiro de obras de Angra. O futuro presidente da construtora, Renato Baiardi, cicerorana os parlamentares e, com seu jeito habilidoso, conversara com cada um deles, buscando convencê-los de que não havia nada de errado com o contrato. Fez o mesmo no Congresso antes do depoimento, junto com outros executivos da Odebrecht bem relacionados no parlamento. Quando o empreiteiro se sentou à mesa para depor, encontrou uma plateia amaciada. Até mesmo o oposicionista e sempre explosivo Dirceu Cardoso estava afável, e alguns chegaram a fazer elogios à Odebrecht.

A empreiteira saiu ilesa do depoimento, mas não da CPI. Ficou claro, por exemplo, que a contratação havia sido contestada pelos técnicos, mas imposta pelo presidente da Eletrobras na época: Antônio Carlos Magalhães. O primeiro a se opor à empresa foi o chefe de obras de Angra 1, Emílio Cláudio Lemme, que numa carta a seu superior escreveu que a Odebrecht não conhecia as técnicas para instalar as tubulações no solo do local onde ficaria Angra 2. Ele reclamou que a empreiteira trocava os chefes de equipes com frequência e que, dois anos depois de firmado o contrato, só havia conseguido completar 10% das obras. Por sugestão do próprio Lemme, Furnas determinou a troca dos administradores da obra por técnicos de uma consultoria privada, numa espécie de intervenção branca. E ainda assim todos os escalões de Furnas concordaram em reajustar os pagamentos da empreiteira e conceder-lhe um adiantamento.

Depois do entrevero, o grupo de trabalho da estatal para a construção de Angra 2 e 3 decidiu abrir uma licitação e chegou a habilitar dez empresas entre 23 interessadas. Mas, de repente, um mês antes do prazo para emitir seu parecer, esses mesmos técnicos começaram a defender que não houvesse concorrência e que as obras fossem entregues diretamente à Odebrecht. Um dos argumentos era de que seria muito complexo ter dois canteiros de empresas diferentes trabalhando na mesma área (o que a CPI considerou falacioso). O outro era de que seria mais vantajoso contratar a Odebrecht em razão de sua experiência em Angra 1. Assim, trocavam o critério usado na primeira licitação, de privilegiar preço e assessoria técnica, pela experiência. Como só brasileiras podiam participar de obras estatais, e até então apenas a Odebrecht tinha experiência em usinas nucleares, ela acabaria sendo beneficiada pelo mesmo artifício que, no passado, a impedira de entrar para o clube das barrageiras. Na prática, a nova regra entregava todo o programa nuclear nas mãos da Odebrecht por notória especialização. E propunha que a contratação ocorresse no regime de administração — aquele em que a empresa recebe uma remuneração mensal até a obra terminar. Era o sonho de qualquer empreiteiro, já que, quanto mais tempo demorasse a obra, mais a empresa ganharia. No relatório para a CPI, o senador Milton Cabral ironizou: "Não haveria nunca mais no país uma outra empresa possuindo condições de concorrência".[20]

Sem questionar nada disso, o presidente de Furnas, Luís Cláudio de Almeida Magalhães, simplesmente encampou as conclusões dos técnicos. Mas, para não tomar a decisão sozinho, pediu ao presidente de sua controladora, a Eletrobras, que desse o parecer final: deveriam conceder a obra diretamente à Odebrecht ou deveriam fazer licitação? Pelo trâmite dos documentos, via-se que ACM já estava pronto para matar no peito. Em menos de 24 horas, a papelada desempatando a questão em favor da Odebrecht estava na mesa do ministro de Minas e Energia, Shigeaki Ueki — por lei, a única autoridade com poder para dispensar a concorrência obrigatória em obras públicas. Ueki tampouco teve dúvidas. Logo validou a posição de ACM, mesmo contra a recomendação de seu assessor para assuntos nucleares, o coronel Luiz Francisco Ferreira. O coronel sugerira uma solução intermediária: fazer uma licitação de "alto nível", só com as maiores empresas do Brasil, com a Odebrecht automaticamente qualificada para compor o consórcio construtor. Assim, a experiência da Odebrecht seria valorizada sem que lhe fosse concedido um monopólio — o que renderia muitas críticas, ainda mais se feito sem concorrência. Ueki, porém, estava decidido. Para prevenir problemas, mandou a Odebrecht contratar uma consultoria externa para orientá-la. Mas quem pagou foi o próprio governo, que adiantou 25,4 milhões de dólares (em valores da época) para trazer ao Brasil cinquenta técnicos da alemã Hochtief.[21]

Apesar da ampla cobertura da imprensa, o escândalo de Angra foi minguando aos poucos e o caso acabou em pizza, assada em forno lento. O documento final da CPI só foi divulgado quatro anos depois das denúncias da *Der Spiegel*, e não responsabilizou nenhum governante ou empresa. Virou, no entanto, um documento histórico importante, epitáfio de um enredo desastroso. Não restavam dúvidas de que a Odebrecht fora favorecida, tanto por ter sido contratada sem concorrência como pelas condições do negócio, que aumentaram seus pagamentos para além da alta da inflação. O próprio governo já havia recuado, rescindindo o contrato com a Odebrecht para as obras de Angra 2[22] e anunciando uma concorrência para a construção de Angra 3,[23] dessa vez com um regime de prazos e preços determinados em contrato. Ciente de que o dano poderia ter sido muito maior, a Odebrecht acatou a decisão sem protestar.

Nunca ficou provado se o favorecimento à Odebrecht ocorreu em troca de propina ou se foi uma ação exclusivamente movida por interesse político. O "apoio político" de ACM e dos militares rendera bons dividendos à organização, mas também o desgaste de um escândalo internacional. Os discípulos de Norberto constataram da pior forma que entrar na lama com os porcos e sair limpo do outro lado, mais do que uma utopia, era uma impossibilidade física.

3. Apocalipse perfeito

Os últimos cinco anos haviam passado em velocidade acelerada para Emílio Odebrecht, recém-nomeado vice-presidente executivo da Construtora Norberto Odebrecht, a CNO. Desde 1974,[1] quando o pai o mandara para o Rio com a missão de domar o caos nas operações da empreiteira, ele nunca mais teve sossego. Enfrentou credores furiosos, falta de organização, acidentes nas obras, roubos, armadilhas políticas e a constante ameaça de falência. Aos poucos, desarmou as bombas deixadas pelo time do pai. Com 32 anos, ao sair do Rio e voltar para Salvador, em 1977, o pior havia passado. Ele estava orgulhoso de suas conquistas, mas Norberto não lhe dava folga. Não reconhecia os acertos do filho e nunca estava satisfeito com os resultados. Ao contrário, dedicava boa parte das reuniões de cúpula da empreiteira, toda segunda-feira, a cobrá-lo pelo que não fizera. Quando aquilo acontecia, Emílio ficava vermelho, defendia-se, argumentava e por vezes chegava a se exasperar: "Meu pai, não é assim! As coisas mudaram!".

Ao final, continha-se. A figura monárquica de Norberto e sua autoridade impunham um limite natural à revolta. Os Odebrecht eram uma família antiquada. Mesmo já adultos, os cinco filhos — Emílio, Ilka, Martha, Eduardo e Norberto Júnior — só chamavam o pai de senhor. As mulheres não tinham opção a não ser cuidar da casa e da família. Incluindo Ilka, filha por quem

Norberto tinha predileção. "Se Ilka usasse calça, mandaria na empresa", ele costumava dizer. Norberto era o tipo de pai que valorizava o respeito mais do que o afeto e mantinha os Odebrecht sob controle, ao alcance de suas decisões — a ponto de construir um prédio com seis apartamentos, um para cada filho e um para ele, onde todos moraram juntos durante décadas.

Mesmo não sendo o favorito, Emílio era o primogênito e candidato natural à sucessão. Sabia que, se fizesse tudo direito, assumiria o comando. E entendia que a atitude de Norberto não era pessoal. Elogios não faziam parte de seu repertório. Para ele, seria equivalente a dizer que o sujeito podia se acomodar — algo que, definitivamente, não queria. Conhecendo o pai que tinha, Emílio nunca se queixou em público. Só muitos anos depois, ao planejar a própria sucessão, deixaria que soubessem da mágoa que carregara por tanto tempo em silêncio. "Não quero que Marcelo passe pelo que vivi com meu pai", começou a dizer, para surpresa até dos mais próximos. Se percebia como o filho se sentia, Norberto nunca demonstrou. Para o empreiteiro, as missões que dava ao herdeiro já demonstravam, por si, a confiança que depositava nele.

Emílio tinha sido enviado ao Rio junto com os parceiros Pedro Novis, Renato Baiardi, Luiz Villar, Caio Barros e Ruy Ferreira.[2] Recém-formados na Universidade Federal da Bahia, estavam unidos pela vontade de fazer a diferença e pelas farras da faculdade — não necessariamente nessa ordem. Chegaram à Guanabara casados, mas ainda jovens, em torno dos trinta anos. Emílio tinha 28. Levou a mulher, Regina, e os filhos Marcelo, de cinco anos, Mônica, de quatro, e Márcia, de dois. Maurício, o mais novo, era bebê. Instalaram-se em Copacabana, a uma quadra da praia. Às sextas, ele e Regina saíam para jantar e ir ao teatro com os Villar, os Novis e os Baiardi. No sábado de manhã, encontravam-se para jogar vôlei numa rede na praia de Ipanema. Afora esses momentos de lazer, a rotina de Emílio era pesada. Não fazia exercícios, fumava muito e desde pequeno comia com vontade — o que lhe rendeu na escola o apelido de Bolinha.

A situação que o grupo encontrou no Rio era muito grave. Como não tinha nada na cidade quando ganhou a obra da Petrobras, a Odebrecht havia contratado ali a maior parte do pessoal, quase todos egressos de uma construtora que estava quebrando. Quem viveu aquele tempo conta que eram até bons engenheiros, mas haviam sido chamados não necessariamente por competência. Seu ativo principal era serem proprietários de imóveis no Rio — e, portanto, fiadores em potencial dos aluguéis dos funcionários que a Odebrecht enviava de Salvador para se instalar na cidade. Sem o olho do dono, perante exigências de obras muito maiores do que os Odebrecht haviam feito até então, o descontrole e as dívidas se impuseram. Em pouco tempo, começaram a pipocar faturas de cobrança e de execução no escritório. Eram tantas, vindas de tantos lugares diferentes, que não se sabia ao certo quanto a empresa devia nem para quem. Foi preciso plantar um funcionário na boca do guichê do cartório onde se registravam os protestos para negociar com os credores antes que pusessem a construtora no pau. Assim, eles iam pagando as dívidas à medida que apareciam, reorganizando as operações e renegociando contratos.

Eram tempos de muitos acidentes. Os operários trabalhavam sem capacetes, botas ou qualquer proteção. E morriam aos montes, em explosões, atingidos por guindastes, soterrados por blocos de concreto. O caso mais traumático foi o desabamento de parte do elevado Paulo de Frontin, em 1971. A obra, da Sobrenco, já estava quase concluída, mas não aguentou a pressão causada por uma carreta que circulava com oito toneladas de concreto e caiu sobre os carros que passavam embaixo, matando 26 pessoas e ferindo outras 22.[3] Em 1970, oito pessoas já haviam morrido num desabamento na obra da ponte Rio-Niterói, tocada por um consórcio de empreiteiras médias, que por causa do acidente seriam substituídas por Camargo Corrêa e Mendes Júnior.[4] A Odebrecht não construíra nem o elevado nem a ponte, mas incidentes nas suas obras também eram frequentes. Os jornais da época registram o rompimento de encanamentos da companhia de águas que alagavam ruas e quarteirões inteiros, incêndios provocados pelo mau uso de maçarico e até a morte de um operário na obra do Galeão, em 1972, soterrado pelo concreto descarregado de um caminhão.[5]

Em 1974, depois de uma blitz pelos gabinetes militares, Norberto havia conseguido renegociar os contratos e garantir receitas até o final da obra, mas ainda assim era preciso melhorar a gestão dos canteiros, combater o desperdício e tornar a operação novamente lucrativa. Depois de uma breve análise da situação, Emílio e seus executivos decidiram demitir gente, reorganizar equipes e encomendar treinamentos para o grupo na Fundação Getulio Vargas, a FGV. Investir na formação do pessoal administrativo, que na construtora era chamado de apoio, nunca tinha sido prioridade para Norberto. "Numa construtora, o que importa é a linha", dizia ele, referindo-se ao pessoal que põe a mão na massa. No entanto, como as coisas começaram a funcionar,

Norberto foi se convencendo de que o filho poderia estar certo. Em 1977, com a situação no Rio mais ou menos encaminhada, ele chamou Emílio de volta,[6] já pensando na sucessão.

A volta de Emílio e seus companheiros para Salvador abalou as estruturas da Odebrecht. Seus métodos, considerados modernos para a época, ainda despertavam desconfiança e ciúme entre os mais velhos, e não apenas em virtude da predileção pelos treinamentos e métodos de gestão. Naturalmente mais expansivo e sociável, Emílio promovia jantares após os encontros anuais da empresa em que se tomavam muitos drinques, falava-se de trabalho e forjavam-se laços entre os executivos. Norberto implicava com aquilo. Não só não fazia tais encontros como os achava desperdício de tempo. Ia aos jantares, cumprimentava todos e, assim que possível, saía de fininho. Reuniões na casa de Norberto, só de trabalho.

As idiossincrasias do pai também enlouqueciam Emílio. Ele sempre tirava um mês de férias após a reunião anual da Odebrecht, em meados de dezembro. Semanas antes da saída, começava a mexer na empresa. Tirava pessoas de cargos, interferia na organização das obras, assumia uns compromissos e desistia de outros. Deixava uma celeuma para ser resolvida durante sua ausência. Até hoje ninguém sabe se ele fazia isso conscientemente, para testar a capacidade de seus homens de resolver os problemas, ou apenas para não ser esquecido durante seu afastamento. De tão recorrente, porém, a prática ganhou um apelido: era a "novembrada" de Norberto, que em geral se encerrava com um discurso de fim de ano bem rabugento. Como o de 1977, ano da volta de Emílio para Salvador. "Precisamos avaliar nosso tempo e destiná-lo a poucas coisas altamente produtivas. Precisamos praticar o uso eficaz do nosso tempo — agindo e construindo, e não esperando, conversando, especulando e criticando",[7] Norberto disse, já capturando o clima de hostilidade entre e a primeira e a segunda geração da empresa. "As férias que inicio amanhã visam interromper a marcha fúnebre das rotinas e do abafamento de papéis. Esta minha ausência deverá servir de motivo para vocês refletirem [sobre] tudo o que foi dito, escrito, produzido e distribuído neste exercício. [...] Estou certo de que os métodos passados não são mais aplicáveis. Este tipo de experiência não mais é produtiva. Mudar é uma imposição." E, encerrando, queixou-se: "Das vezes anteriores, tenho deixado missões e agendas. Desta vez, eu espero que vocês próprios produzam suas agendas. Estou cansado de criar e estabelecer obrigações, de dizer o que fazer. No nível em que nos encontramos, já tenho o direito de esperar a luz dos companheiros".

O fato é que, por mais que o patriarca se achasse insubstituível, uma nova geração se impunha, e não havia espaço para todos na liderança. Norberto ainda tinha 57 anos e estava relativamente jovem para pensar em se afastar. Mas convencera-se muito cedo, ao contrair uma séria infecção intestinal que quase o matou aos 25 anos, de que era preciso ter sempre um sucessor a postos. Em seus livros, dizia que os objetivos de um empresário deviam ser, nesta ordem: sobreviver, crescer e perpetuar o negócio. Tinha de praticar o que pregava e preparar o caminho para a nova geração. Depois da passagem de Emílio pelo Rio, duas coisas haviam ficado claras à cúpula: a primeira era que o herdeiro de sangue provara competência para assumir o trono dos Odebrecht; a segunda era que, mesmo sendo uma das maiores empreiteiras do país, se quisesse sobreviver à desaceleração econômica, à inflação e à escassez de energia, a Odebrecht precisava diminuir sua dependência do governo brasileiro. Era imperativo diversificar os negócios e buscar mercados no exterior.

Ao longo dos últimos meses de 1977, um grupo de executivos da Odebrecht se reuniu nos fins de semana para delinear o que depois chamaram de "Visão 1990" — um plano que consistia, basicamente, em determinar o que seria da empresa na década seguinte, para evitar crises como a que haviam acabado de superar. Se as lições deixadas pela tumultuada experiência dos anos anteriores pudessem ser resumidas em uma única constatação, seria a de que, apesar de terem se tornado grandes em faturamento, Norberto, Emílio e companhia ainda pilotavam um gigante de pés de barro. A Odebrecht crescera, mas continuava sendo, em essência, uma organização de alcance e competência limitados. As concorrentes tinham todas algum "seguro" contra a dependência excessiva dos governos e contra os altos e baixos da economia. A Mendes Júnior, a maior em hidrelétricas, estava em Itaipu, mas também empreendia um ambicioso plano de internacionalização. A Camargo Corrêa não era forte internacionalmente, mas, além de estar em Itaipu, tinha negócios em outros setores, como petroquímica, agropecuária, cimento, bancos e até shopping centers. A Odebrecht não tinha nada disso. Se continuasse atuando da mesma forma, com a mesma equipe, nos mesmos mercados, fatalmente sucumbiria às próprias fraquezas ou às intempéries econômicas.

O patriarca já vinha tomando algumas providências — como transformar em sócio, em 1974, Vítor Gradin, economista e professor universitário que tivera passagens pelo governo estadual e administrava uma empresa de importação e exportação na Bahia.[8] Para incrementar os processos de gestão e a organização interna, levou o gaúcho Sergio Foguel, ex-ativista estudantil que chegara pouco tempo antes de uma estada na Universidade Harvard. Para estruturar novos negócios e pensar em estratégias de internacionalização, absorveu todo o time de uma consultoria chamada Multitrade,[9] que assessorava empresas do polo petroquímico de Camaçari. Metido no escritório sábados e domingos a fio, enquanto as famílias curtiam os dias ensolarados nas praias de Salvador, o novo grupo estabeleceu uma meta ousada: chegar a 1990 com metade dos negócios fora da construção civil e metade das obras de engenharia no exterior. Outra meta importante para se firmar era adquirir a capacidade de fazer obras mais complexas, como hidrelétricas e instalações industriais.[10]

Nenhuma daquelas tarefas era simples, mas para a segunda logo surgiu uma oportunidade: comprar a Companhia Brasileira de Projetos e Obras, a CBPO, segunda maior construtora de hidrelétricas do país. Fundada nos anos 1930 por Oscar Americano de Caldas Filho, combatente da Revolução de 1932 e engenheiro formado na Universidade Presbiteriana Mackenzie, a empreiteira paulista participou das obras das usinas de Três Marias e de Itaipu e construíra as rodovias Imigrantes, Anchieta e Castello Branco. Oscar e a mulher, Maria Luísa, eram importantes mecenas e colecionadores de obras de arte. Moravam numa casa modernista construída pelo arquiteto Osvaldo Bratke, cercada por uma mata de 75 mil metros quadrados no bairro do Morumbi, para onde ainda migrariam os ricos da cidade. Eram a fina flor da sociedade paulista.

Quando a Odebrecht e a CBPO se encontraram pela primeira vez, dividindo as obras da nova pista do Galeão, a empresa baiana estava em crise. Alguns anos depois, porém, Oscar Americano morreu. Nenhum dos herdeiros — três moças e um rapaz — estava realmente interessado em manter o negócio deixado pelo pai. Por um tempo, funcionou um arranjo um tanto exótico, com um trio de administradores se revezando no comando — o advogado Mário Pimenta Camargo, o filho e o genro do fundador, respectivamente Oscar Americano Neto e Aluísio Rebelo de Araújo. Cada um passava dois anos na presidência. Os dirigentes das duas empresas se aproximaram com o trabalho no Galeão, e foi numa conversa sobre a obra que um dos diretores da CBPO, Alberto Maionchi, passou a dica a Emílio: "Os herdeiros estão querendo vender. Talvez seja uma oportunidade de vocês entrarem nos mercados do Sul". Coube a Norberto negociar com o presidente da vez, Aluísio Araújo, a associação entre suas empresas. A Odebrecht estava de novo com bastante dinheiro em caixa e, em 1980, numa primeira etapa, comprou 49% da CBPO por 100 milhões de dólares em valores da época. Em 1983, completou a operação e adquiriu o controle. No pacote, levou as certificações para a construção de barragens e as não menos valiosas relações políticas da empreiteira. Depois de décadas, a Odebrecht havia finalmente conquistado o passe para o clube das grandes.

Apesar de passarem a compor o mesmo grupo, as duas empresas mantiveram marcas e administração separadas. Subordinavam-se a uma mesma holding, a Odebrecht S.A., criada para abrigar as subsidiárias no exterior e as companhias de petroquímica e de perfuração de petróleo. Cada uma teria seu presidente. O da CBPO ficou sendo Aluísio Araújo. O próprio Emílio se mudou para São Paulo para assumir a vice-presidência da empresa, onde ficou até o final de 1981,[11] deixando Pedro Novis em seu lugar. Os antigos sócios da construtora paulista se tornaram acionistas da Odebrecht, e os executivos foram absorvidos. Por muito tempo, porém, a integração entre as empresas foi capenga, assim como o processo de aceitação dos "baianos" pela elite paulistana.

Nos primeiros anos, o clima no clube das empreiteiras foi parecido com o que tomou conta do auditório da Fundação Maria Luísa e Oscar Americano em uma noite de sábado, logo após a aquisição da CBPO. Convidados por Araújo para assistir a um concerto, Emílio e seus parceiros compareceram com as respectivas esposas e se sentaram em uma das fileiras de trás da plateia de umas 150 pessoas. Estavam todos bem-arrumados, de acordo com a ocasião, as mulheres com suas melhores roupas e joias. Ainda assim, não houve quem não esticasse o pescoço e lançasse um olhar curioso e blasé para os recém-chegados. "Ficava todo mundo olhando para trás. Os quatrocentões nunca nos aceitaram de fato", lembra um dos presentes naquela noite. Jamais esqueceram o episódio, que contavam como símbolo do preconceito de que se julgaram vítimas por décadas. Não havia nada de errado com eles, exceto o fato de não serem membros do clube restrito que se encontrava tanto nas antessalas de óperas e vernissages como nas reuniões fechadas para dividir as obras do setor público e determinar seus preços — o "combinemos", como chamavam na época. A sensação de que não eram verdadeiramente aceitos pela elite do Sul por serem nordestinos jamais abandonou os Odebrecht, nem mesmo quando já eram muito maiores e mais poderosos do que os tradicionais concorrentes.

Um curioso que tivesse visitado a sede da CNO, em Botafogo, e em seguida entrasse no edifício-sede da CBPO na avenida Paulista, no início dos anos 1980, logo sentiria o choque de culturas só observando a fauna que chegava toda manhã para trabalhar. Na CBPO, esperava-se que os funcionários estivessem sempre engravatados, usando terno impecável, sapatos engraxados e uma caneta metida a besta no bolso. Mantinham o andar apressado, um olhar sério e respeito reverencial pela hierarquia. Os funcionários chegavam às oito horas e os chefes, às dez. Já os da Odebrecht iam trabalhar na sede do grupo no Rio de Janeiro, nos arredores da praia de Botafogo, usando camisa e no máximo um blazer sem gravata. Chegavam muito cedo, independentemente do lugar que ocupassem no organograma, e ostentavam um ar autoconfiante — que tinha a ver, muito provavelmente, com a autonomia de que desfrutavam.

Na Odebrecht, cada obra devia funcionar como um empreendimento à parte. Os responsáveis eram chamados de empresários e tinham maior liberdade de decisão do que nas outras construtoras. A cada início de ano, eles combinavam suas metas com o superior hierárquico (ou líder, como chamavam) num plano de ação, ou PA, em odebrechês. A forma de atingir os resultados, porém, era problema de cada um. Não era necessário perguntar ao líder o que fazer nem como gastar o dinheiro. Com tamanho poder e rapidez de ação, os *odebrecht-boys* sentiam-se superiores ao resto do mercado e ostentavam um grau de liberdade de ação que irritava muitos concorrentes.

Era comum o espanto do pessoal da CBPO ao ver os colegas da CNO tomarem decisões milionárias para as quais dependiam da autorização de algumas camadas de chefes. Justamente por isso, aos olhos dos baianos, o que sobrava em formalismo e arrogância aos paulistas lhes faltava em arrojo. Levaria anos para a Odebrecht impregnar a nova empresa com sua cultura. Subsistiu por muito tempo a divisão mental entre os egressos da CBPO, filhos adotados, e os originais da CNO.

Em um quesito, contudo, não havia grandes diferenças. Na CBPO, Emílio e Novis encontraram um esquema de pagamentos a políticos e agentes públicos bem parecido com o da Odebrecht. Havia um funcionário destacado para administrar os pagamentos no caixa dois, primordialmente a políticos e agentes públicos. O modo de obter o "por fora" também era mais ou menos o mesmo, contratando subempreiteiras que superfaturavam serviços ou davam notas falsas, ou superfaturando a compra de terrenos para desviar parte dos recursos — manobras fáceis de justificar em tempos de inflação alta.[12]

O dinheiro do caixa dois tinha dois destinos básicos. O primeiro, molhar a mão de agentes públicos que pudessem garantir não apenas a vitória na disputa por contratos, mas também a liberação de faturas e reajustes dos valores. Considerados essenciais para a sobrevivência naquele ambiente de inflação galopante, os reajustes também serviam para gerar sobras a ser revertidas em mais propinas ou dinheiro para campanhas políticas. Embora o país ainda vivesse uma ditadura, havia eleição para vereador, prefeito, deputado estadual e federal. E, como no Brasil nunca se conseguiram votos sem dinheiro, a roda tinha que girar.

Novis não ficou propriamente surpreso com o que viu. Foi a primeira vez, porém, que teve sob seu comando uma operação como aquela. Ao contrário do que estava habituado a ver na Bahia, em que os pagamentos costumavam ser no varejo, na construtora paulista alguns políticos tinham porcentagem nos contratos. Era como se fossem sócios do governo nas obras. E, se havia um sócio guloso, esse era o governador Paulo Salim Maluf.[13] Também engenheiro civil de formação, Maluf tinha uma relação antiga com Oscar Americano — e pode-se dizer que, para a cbpo, sua atuação era bastante produtiva. Primeiro como prefeito nomeado pelos militares para São Paulo, entre 1969 e 1971, e depois como secretário de Transportes do estado, de 1971 a 1975, Maluf tinha uma predileção por obras viárias. Viadutos, pontes, estradas, eram com ele mesmo. Assim como grandes rodovias, como a Imigrantes e a Bandeirantes, e as marginais dos rios Tietê e Pinheiros. E rendiam ao político 3% de tudo o que o governo do estado depositava na conta das empreiteiras — que, já sabendo que teriam essa despesa, superfaturavam as obras para não ficar no prejuízo. Antes de chegar a contas do político no exterior, o dinheiro passava por empresas-fantasmas que supostamente prestavam serviços à cbpo nas obras.[14] Nos anos 1980, o sistema funcionou sem abalos. Mas, a partir dos 1990, em decorrência da reformulação e do fortalecimento do Ministério Público pela Constituinte, muitos contratos passaram a ser investigados, e o estratagema das empresas-fantasmas começou a ficar manjado. Foi o caso da Paubrasil, do pianista João Carlos Martins, que recebeu 19 milhões de dólares para campanhas em 1990 e 1992, camuflando a origem do dinheiro com notas fiscais de serviços nunca prestados.[15] Ou da Lavicen, que recebeu pelo menos 16 milhões de reais da cbpo em 1996, quando a empresa construía o túnel Ayrton Senna junto com a Constran, de Olacir de Moraes.[16]

O governador Maluf era profícuo em contratos, mas não tão bom em pagamentos. Quando seu governo terminou, em 1982, São Paulo estava endividado. Havia um grande número de obras, que o sucessor eleito — Franco Montoro — não pôde continuar por absoluta falta de recursos. As empreiteiras, que haviam mobilizado capital para iniciar as obras, começaram a ter grandes prejuízos, e iam bater à porta dos secretários de Montoro para tentar recuperar alguma coisa.

Primeiro governador eleito pelo voto direto, já na fase da abertura, Montoro era do PMDB, e seus secretários eram todos peemedebistas históricos, muitos dos quais recém-chegados do exílio. José Serra, secretário do Planejamento, era um deles. Embora no início tivesse jogado duro com os pagamentos, Serra e Novis se deram bem logo de cara, e ficaram ainda mais próximos quando o secretário se mudou para uma casa vizinha à do empreiteiro, no Alto de Pinheiros, em São Paulo. Serra nunca deixou de pedir dinheiro para as campanhas, e a Odebrecht nunca deixou de dar. A amizade se estendeu por décadas — até a Lava Jato se abater sobre os destinos de ambos.

Uma rolha de champanhe voou pelo hall do elegante hotel de Santiago do Chile onde estavam hospedados os times da Odebrecht e da Engesa, empresa brasileira de armamentos, numa noite de novembro de 1980. Além do próprio Norberto Odebrecht e três executivos da empreiteira, faziam parte da celebração o presidente da Engesa, José Luís Whitaker Ribeiro, e alguns homens-chave do presidente João Figueiredo, como os generais Danilo Venturini e Otávio Medeiros, respectivamente chefe do gabinete militar e chefe do Serviço Nacional de Informações. Pouco antes, um dos executivos da Engesa chegara dizendo que tinha recebido de "uma fonte da cúpula" do governo do general Augusto Pinochet a notícia que esperavam desde a véspera: o consórcio Odebrecht-Engesa vencera a disputa para construir as hidrelétricas de Colbún-Machicura, que abasteceriam a região central do Chile, entre Santiago e Concepción, e forneceriam um terço da energia consumida no país.[17] Era a mais importante realização de Pinochet e, para a Odebrecht, a maior conquista desde o início da internacionalização.

O contrato de 1 bilhão de dólares fora disputado por empresas do mundo todo, mas tanto a Odebrecht como a Engesa estavam em posição privilegiada para vencer a concorrência. A Odebrecht já trabalhava no local havia dois anos, executando a primeira etapa da obra: o desvio do rio Maule. A Engesa era a mais importante parceira do ditador chileno, desde que o governo do americano Jimmy Carter suspendera o fornecimento de armas ao Chile, como retaliação pelas violações de direitos humanos perpetradas por seu regime. Nos anos anteriores, os vínculos políticos entre Brasil e Chile haviam sido azeitados por um aplicado trabalho de lobby e uma delicada articulação entre os ditadores dos dois países. Dirigentes das empresas tiveram audiências com o próprio Pinochet[18] e receberam o sobrinho do presidente em visita às obras de Angra — contando com a ajuda do presidente da República, que entrou em ação diretamente. Os goles de champanhe, sorvidos com vontade, antecipavam o coroamento do trabalho. O anúncio do consórcio vencedor estava previsto para o dia seguinte.

Assim como tantas outras articulações dos gabinetes da ditadura, a que se deu no Chile teria sido mantida em segredo não fosse a "indiscrição" de dois diplomatas. Nos últimos dias de 1979, o embaixador do Brasil em Santiago, Raul de Vincenzi, foi ao chanceler chileno Hernán Cubillos entregar uma nota dizendo que o governo brasileiro gostaria que uma empresa nacional assumisse as obras, contando inclusive com financiamento do Banco do Brasil. Durante a visita, ouviu do chanceler algo que até então não sabia. Cubillos disse ter sido informado de que o presidente João Figueiredo tinha interesse especial na vitória do consórcio Engesa-Odebrecht. Vincenzi, que não sabia daquela informação, deu uma resposta evasiva, afirmando que as empresas eram muito competentes. Horas depois, encontrou-se num evento com outro membro da cúpula do governo Pinochet, o general Santiago Sinclair, que veio com a mesma história: "O governo brasileiro vai apoiar as iniciativas da Engesa e da Odebrecht?". Vincenzi respondeu apenas: "Hoje entreguei uma nota ao chanceler Cubillos sobre a participação do Brasil no projeto, mas nela não havia menção a empresas específicas". O general, com um sorriso, disse: "Ah, vocês ainda não estão dando nome aos bois!". Preocupado, o embaixador escreveu um longo e pormenorizado telegrama para o chanceler brasileiro, Ramiro Saraiva Guerreiro, contando o que acontecera e fazendo questão de deixar clara sua opinião. "Considero algo discutível afirmar que o referido consórcio detenha, como afirma, a única posição preferencial para a conquista do negócio para o Brasil."[19]

Ao receber a mensagem, Saraiva Guerreiro também entrou em alerta. Se pretendia favorecer a Odebrecht, Figueiredo teria de assumir a responsabilidade. O ministro escreveu um memorando "secreto exclusivo" para o presidente sobre o episódio, acrescentando a cereja do bolo: "Segundo informações oficiosas transmitidas à Embaixada em Santiago por autoridades chilenas, o coronel Sergio Arredondo, ex-adido militar do Chile em Brasília, teria aludido que a preferência de Vossa Excelência recairia sobre o consórcio Engesa-Norberto Odebrecht, dada a tradição mantida no Chile e o estrito relacionamento da primeira empresa com as autoridades militares chilenas".[20]

Os telegramas provocaram mal-estar no Palácio do Planalto. A Odebrecht mal tinha conseguido passar pela CPI de Angra e sua imagem continuava manchada pelas suspeitas de promiscuidade com o governo militar. Figueiredo não era nem um milímetro mais popular que a empreiteira. Escancarar a preferência pela Odebrecht num documento escrito definitivamente não era uma boa. Em uma nota redigida à mão, um assessor do presidente chamado Armando Malan de Paiva Chaves — que, por sua vez, era irmão de um dos mais próximos auxiliares de Norberto, João Batista Malan de Paiva Chaves — tentou botar panos quentes: "O Arredondo efetivamente tratou com o presidente da República do assunto Odebrecht-Engesa. Foi consultado sobre se tinha alguma restrição. Respondeu negativamente, dizendo que a Odebrecht era uma empresa de confiança. [...] Não me recordo de que o presidente da República tivesse feito qualquer manifestação de preferência pela Odebrecht. Apenas disse que veria com bons olhos a adjudicação da obra a uma empresa brasileira".[21] As negociações então prosseguiram mais discretamente, e tudo indicava que tivessem sido bem-sucedidas — pelo menos até o dia seguinte ao brinde no hotel.

O dia se passou sem nenhum anúncio sobre a concorrência, e os brasileiros começaram o dia seguinte já ansiosos, sem saber o que havia acontecido. Parecia ter havido alguma reviravolta nos prognósticos, mas nenhum dos canais de comunicação com o governo chileno deixava passar alguma informação adicional. Até que um executivo da Engesa voltou ao hotel com a bomba. Depois de uma peregrinação nos endereços mais frequentados por Pinochet, ele fora recebido por uma amiga íntima do presidente, que lhe esclarecera a questão. Segundo ela, Pinochet havia recebido uma ligação de Ronald Reagan, recém-eleito presidente, que prometera reatar relações com o Chile e sugerira aguardar um pouco mais para escolher o construtor de Colbún-Machicura. Ninguém mais sabia dizer quando o resultado da concorrência seria anunciado. E nem mesmo se poderia garantir que Reagan de fato telefonara para Pinochet.

O certo era que a Odebrecht estava fora do jogo. Perplexos e abatidos, os brasileiros fizeram suas malas e voaram de volta para casa. Um consórcio de que participava a americana Atkinson assumiu a obra,[22] e as relações entre Chile e Estados Unidos foram retomadas.

Além do gosto amargo da derrota, o episódio deixou lições importantes aos formuladores da política internacional da Odebrecht. A primeira, disse-me quarenta anos depois alguém que participou ativamente da negociação com o Chile: "Bom cabrito não berra". A segunda e mais importante: era preciso buscar negócios nos países que integrassem o que na Odebrecht se convencionou chamar de "base geopolítica brasileira" — algo que o Chile deixou de ser justo na concorrência de Colbún-Machicura. Dali em diante, pelo menos em tese, a empresa só iria na certa, concentrando-se em países sob inequívoca influência do Brasil. Ao longo do tempo, conforme as oportunidades foram surgindo e seu modus operandi foi se aperfeiçoando, a Odebrecht descobriu que também podia ajudar inclusive a forjar a influência política do Brasil sobre determinados países, como Angola. Só uma coisa era proibida, segundo o executivo que ajudou a delimitar o escopo de atuação da organização naquela época: "Em locais como Líbia, Emirados Árabes ou Estados Unidos, o governo não está interessado na sua nacionalidade. Só quer saber se você faz as obras e por quanto. Sempre que nos aventuramos por locais assim, deu errado. O que funcionava era apostar em países onde o fato de ser brasileiro faz diferença".

Ao decidir pautar sua expansão pela influência do Brasil no exterior, a Odebrecht colou ainda mais sua trajetória à do governo brasileiro e traçou uma estratégia que seria ao mesmo tempo o motor de sua ascensão e de seu fracasso. Em atitude inversa à da concorrência, que aportava num país, fazia a obra e desmobilizava o pessoal em seguida, a Odebrecht se estabelecia, contratando pessoal local e montando escritórios para se manter por um longo tempo. Seus dirigentes faziam-se amigos dos governantes e se mostravam interessados no desenvolvimento daquela nação. Era uma forma de vender os projetos de seu interesse como se fossem os melhores para o país, criando, inclusive, a demanda por novas obras. Assim, seguia-se o princípio que se tornou o pilar dos negócios da empreiteira: manter com cada governante uma relação de confiança e de lealdade que extrapolasse o âmbito dos negócios. Quando sintetizado na TEO, esse mandamento foi traduzido como "domínio do relacionamento político-estratégico", ou simplesmente "domínio do cliente".

O primeiro local onde a Odebrecht pôde pôr sua nova política à prova foi Angola, que no início dos anos 1980 era uma espécie de eldorado das empreiteiras. O país havia se tornado independente de Portugal em 1975, depois de uma guerra que destruíra a parca infraestrutura disponível. Mas era rico em petróleo e diamantes, portanto um mercado interessante a desbravar em tempos de crise energética. Em julho de 1981, enquanto se preparava para um mês de férias em Moscou, o diretor de relações institucionais da Odebrecht, Roberto Dias, recebeu um aviso da chefia: devia levar um terno, pois a empreiteira teria uma reunião importante na União Soviética, e ele poderia ser convocado a participar. Dias tinha um histórico político inusitado para uma empresa de relação tão próxima com a ditadura. Sobrinho de um conhecido dirigente comunista, Giocondo Dias, participara do movimento estudantil na época da universidade e fora membro ativo do PCdoB na Bahia. Era louco por cinema e estava indo para Moscou participar de um festival em que encontraria cinéfilos de países comunistas, socialistas ou simpatizantes.

Estava prevista para a mesma época uma missão do governo brasileiro à Rússia, comandada pelo então ministro do Planejamento Delfim Netto. Depois de passar um período como embaixador em Paris, num "exílio" forçado por Geisel,[23] no governo Figueiredo Delfim voltara a dar as cartas no regime militar. A Odebrecht integraria o grupo de empresários que acompanharia o ministro, e na programação estava uma reunião com uma estatal russa de equipamentos chamada Technopromexport, ou simplesmente TPE. Dois anos antes, em 1979, a TPE havia fechado uma parceria com a Odebrecht para a construção de um canal de irrigação na região no Peru. Mas a ditadura não alinhada de Francisco Morales Bermudez fora substituída por outra, do general Fernando Belaúnde, completamente afinada com os Estados Unidos, e o projeto fora congelado. "Olha, mudou tudo", disseram os comunistas. "Não vai ter mais nada no Peru. Nem eles nem nós vamos querer. Mas temos um projeto em Angola, a hidrelétrica de Capanda. Vocês não têm interesse em participar?"

O pessoal da Odebrecht não tinha a menor ideia do que era Capanda. Os russos explicaram que era uma grande hidrelétrica para a qual tinham assumido o compromisso de fornecer o projeto e os equipamentos. Precisavam de alguém para as obras civis. Os brasileiros ficaram de estudar a proposta, e Dias voltou ao festival de cinema, onde foi assuntar com os amigos angolanos que importância, afinal, tinha essa tal de Capanda. Um dos interlocutores era o vice-ministro da Educação do novo governo, Artur Carlos Maurício Pestana dos Santos, o Pepetela,[24] que lutara no Movimento Popular de Libertação de Angola, o MPLA, e vinha se firmando como escritor. Pepetela descreveu Capanda como "um sonho", o tipo de obra com potencial para se converter em ícone de um país. Com ela, o governo liderado pelo comandante do MPLA José Eduardo dos Santos pretendia iluminar toda a região da capital, Luanda, afetada por constantes apagões.

O empreendimento tinha os ingredientes que a Odebrecht buscava para implementar sua estratégia: um país destroçado e totalmente dependente de financiamento, com petróleo em abundância e forte identidade cultural com o Brasil, a começar pela língua. Angola se encaixava também na estratégia do Brasil grande, idealizada ainda sob Geisel, que previa a transformação do país em potência regional independente no cenário da Guerra Fria, com forte influência sobre a África. Geisel havia sido, inclusive, o primeiro governante mundial a reconhecer a independência de Angola sob o governo do MPLA. De volta da Rússia, Dias desembarcou em Salvador com uma certeza: "Angola é o nosso grande projeto de além-mar".

Não era uma decisão simples de ser executada. Embora se autoproclamasse não alinhada, a ditadura brasileira professava acima de tudo o anticomunismo e não tinha nenhuma intenção de criar ruído com os americanos em nome de uma oportunidade de negócios em Angola, por melhor que fosse. Seria preciso muito jogo de cintura para o Brasil esticar os tentáculos sobre uma potência petrolífera ascendente num continente que até pouco tempo antes era um feudo europeu. E não bastava solucionar o dilema político. No acordo com os angolanos, os russos dariam o projeto e os equipamentos de Capanda, mas não se dispunham a bancar as obras, que consumiriam metade do orçamento total de 800 milhões de dólares. O dinheiro teria de sair do governo brasileiro. Era preciso convencer os generais das vantagens da associação.

O pulo do gato se deu quando os executivos da Odebrecht desenharam uma alternativa de financiamento baseada naquilo que Angola tinha de mais valioso: o petróleo. Foi graças ao óleo angolano que eles convenceram o Brasil a embarcar na aventura de Capanda. A proposta era trocar obras por óleo — negócio que, avaliavam, em tempos de escassez da commodity se encaixava perfeitamente com os interesses do país. Afinal, até os americanos estavam explorando petróleo em Angola. O Brasil não poderia desperdiçar a oportunidade.

Houve dificuldades no começo e muito medo de retaliação por parte dos Estados Unidos. Em agosto de 1982, já com as tratativas em andamento, um memorando do Serviço Nacional de Informações, o SNI, registrava: "Deve ser considerada a existência de componente político-ideológica embutida no desenvolvimento deste projeto, que exigirá a necessária cautela na condução das negociações".[25] Por isso mesmo, os dirigentes da Odebrecht tiveram uma reunião com a chefia do SNI — que chegou a pedir que Emílio incluísse um de seus agentes entre os funcionários da obra. Ele se recusou. Temia que os angolanos descobrissem e o expulsassem. Foi preciso recorrer ao chefe de gabinete do presidente Figueiredo, Golbery do Couto e Silva, para contornar a exigência.[26] Em outra ocasião, Emílio tomou um pito do embaixador Paulo Tarso Flecha de Lima por ter contrariado as orientações do governo e fechado um contrato diretamente com a TPE. Ele havia recomendado que a Odebrecht só assinasse documentos com o governo angolano e não estabelecesse nenhum vínculo direto com os comunistas. "Converso com você depois", cortou, quando Emílio começou a se explicar.[27] Depois de muita conversa ao pé do ouvido com os áulicos do regime, venceu o pragmatismo. Uma vez tomada a decisão, Capanda virou assunto de governo.

Em setembro de 1982, pouco mais de um ano depois da visita de Delfim a Moscou, uma comissão de representantes do governo angolano veio ao Brasil para assinar o acordo que permitiu a construção de Capanda. O negócio previa que o Estado brasileiro asseguraria o financiamento dos 400 milhões de dólares em troca de petróleo. Funcionaria assim: o governo daria à Odebrecht um primeiro empréstimo, de 60 milhões de dólares, para a empresa se instalar em Angola, e a partir daí cada etapa da obra concluída corresponderia a um embarque de petróleo para o Brasil. Assim que se registrasse a chegada da commodity ao país, a Petrobras depositaria o valor correspondente no Banco do Brasil, que por sua vez o repassaria à Odebrecht. Em troca dos 400 milhões de dólares em obras, o governo angolano forneceria algo como 617 milhões de dólares em petróleo em valores da época, ao longo de cinco anos (a diferença incluía os juros da operação), além da concessão de um campo para a Petrobras explorar na região de Cabinda, na costa angolana.

Foi a primeira vez que se realizou um empréstimo lastreado em petróleo, tanto no Brasil como em Angola — uma inovação para a época, que foi copiada muitas vezes depois e permitiu aos angolanos financiar obras importantes num momento em que seu crédito junto aos organismos de financiamento internacional era próximo de zero.

Quem mais lucrou, contudo, foi a própria Odebrecht. A operação garantiu a gratidão e a confiança de José Eduardo dos Santos. Nos 38 anos de domínio do comandante, a aliança com a empreiteira só se fortaleceu. A Odebrecht se tornou sócia do Estado angolano em minas de diamantes, empresas de biocombustíveis e fábricas de açúcar. A pedido dos generais locais, instalou no país uma grande rede de supermercados, a Nosso Super. Construiu refinarias, estradas, ferrovias e outra grande hidrelétrica, Laúca. Tudo isso sempre escolhida sem licitação. A Odebrecht se transformou numa das maiores empregadoras de Angola, com mais de 12 mil funcionários, enquanto o país africano se transformou em seu principal mercado fora do Brasil.[28]

O ano era 1977 quando Maria Lúcia Tavares, então recém-formada em administração de empresas, bateu na porta da Odebrecht, em Salvador, e perguntou ao porteiro se havia vagas para trabalhar. As obras da Odebrecht no Rio estavam em plena expansão, a fase mais pesada da crise já havia passado e a estagnação econômica ainda não cobrava seu preço em empregos. Nos jornais do Sul, todos os dias se anunciavam novas posições às centenas — para peões de obra, principalmente, mas também para secretárias, contadores e assistentes administrativos. Maria Lúcia, uma moça baixinha, bonita e sociável, que curtia cada Carnaval de Salvador como se fosse o último, era uma delas. Começou cobrindo uma licença-maternidade, entendeu-se bem com o pessoal e, quando a titular do posto voltou, arranjaram outro lugar para ela. Com o tempo, transformou-se em preposta da empresa para assinar procurações em cartório, representar a empresa em ações trabalhistas etc. Anos depois, seria promovida a secretária executiva e, quase quarenta anos mais tarde, protagonizou uma guinada que mudaria o destino da maior empreiteira do país. Naquele momento, porém, Maria Lúcia era apenas uma das centenas de funcionárias que chegavam à Odebrecht otimistas com o futuro, enquanto os donos da empresa, andares acima, discutiam formas de atravessar uma década que se anunciava sombria.

Na mesma época, outra jovem como Maria Lúcia era admitida como auxiliar de serviços gerais na Odebrecht. Maria da Conceição Andrade tinha dezoito anos, cara de boneca e temperamento forte, e estava se preparando para o vestibular. Quarta dos seis filhos de uma dona de casa viúva que sobrevivia de pensão, ela bancava os próprios estudos e ainda ajudava a mãe a pagar as contas. Queria cursar economia e tinha a convicção de que estava iniciando uma promissora carreira na empresa mais importante da Bahia. Depois de alguns meses como auxiliar de serviços gerais, conseguiu uma vaga de secretária na gerência financeira. Conceição e Maria Lúcia se conheciam de longe, mas não eram amigas. Alguns anos depois de a primeira deixar a empresa, a segunda assumiu seu lugar. Tiveram o mesmo chefe, Antônio Ferreira. E se tornaram conhecidas, muitos anos mais tarde, por causa da Operação Lava Jato.

Todo dia, Ferreira ditava a Conceição uma lista de nomes, codinomes e valores. Ao lado de cada nome, quase sempre havia a indicação de uma obra. Ela anotava tudo, preenchia as ordens de transferência bancária e tomava providências para o dinheiro chegar ao destino. De todas as tarefas que realizava no departamento financeiro, essa era a principal. Se estivesse envolvida em outra coisa e surgisse um pagamento para fazer, a ordem era parar tudo. Ninguém nunca dizia que dinheiro era aquele, mas Conceição era suficientemente esperta não só para entender do que se tratava, mas também que, naquele setor, havia uma regra não escrita: encarar tudo como rotina, sem nunca perguntar como nem por quê.

Conceição fingia não reparar nem mesmo no barulho das risadas que vinha da sala envidraçada do chefe quando ele se reunia com alguns assessores para passar a lista a limpo. Enquanto iam anotando os pagamentos do mês, faziam chacotas e criavam os apelidos. As gargalhadas eram tão altas que às vezes eles colocavam a cara para fora da sala para ver se alguém estava ouvindo. São dessa época as alcunhas Almofadinha, para Antônio Imbassahy, então presidente da Companhia de Eletricidade do Estado da Bahia, a Coelba; Filhão, para Fernando Sarney, primogênito do presidente da República; Filhote, para Sarney Filho; Princesa, para Roseana Sarney; e Sonlo, para o ex-ministro Edison Lobão.[29]

A lista da Odebrecht nos anos 1980 tinha mais de quatrocentos nomes e codinomes. Um passeio por ela mostra que não havia nenhuma grande obra da empreiteira, no Brasil ou no exterior, que não estivesse associada a um grupo de agentes públicos, políticos ou lobistas. Em Capanda, eram oito — membros do governo angolano, um militar português e funcionários de Furnas, que tocava o projeto com a Odebrecht. A seção peruana tinha nove nomes, do tio do presidente Alan García, José Ramos Ronceros, ao dono de um canal de TV chamado Hector Delgado Parker, também próximo do presidente, passando pelo funcionário da agência que fiscalizava as obras, Ángel de la Torre. Até o então secretário de assuntos econômicos do Brasil para o Itamaraty, Roberto Abdenur, figurava na lista, vinculado à obra do Trasvase Santa Elena, projeto de irrigação da empresa no Equador. Eram dezessete pessoas, incluindo o governador da província de Guayaquil, Jaime Nebot, e o presidente da Federação Equatoriana de Futebol, Luis Chiriboga.[30]

No embrião do que viria a ser o "departamento de propinas", a maior parte dos pagamentos via caixa dois era por transferência bancária aos próprios políticos ou às contas dos gerentes das obras, que providenciavam a entrega dos recursos em espécie. Conceição telefonava para o gerente da agência do Banco Econômico instalada no subsolo do edifício e listava as remessas do dia. Depois, avisava os chefes das obras sobre o envio para que se programassem. Nessa época, os donos do poder eram caciques como Antônio Carlos Magalhães e José Sarney, que não frequentavam as planilhas. Entre os peões do departamento, dizia-se que os figurões tinham tratamento VIP. Eram recebidos no quarto andar, onde ficava o escritório de Norberto. Conceição nunca cruzou com eles, mas tinha razões para acreditar no que diziam.[31]

Do primeiro escalão para baixo, porém, muita gente preferia ir pessoalmente à Odebrecht receber o dinheiro — ou os presentes, como dizia o chefe de Conceição. Era o próprio Ferreira quem recebia os "convidados" em sua sala e entregava os pacotes. Os mais ansiosos preferiam acompanhar in loco, no próprio canteiro, os fechamentos semanais das faturas das obras de que eram "donos" — ou seja, para as quais haviam contribuído com influência política. Conceição Andrade era uma das funcionárias que os recebia, sempre à noite, quando o resto do pessoal já tinha ido para casa. Nessas ocasiões, os "donos" das obras se sentavam na sala do gerente financeiro enquanto esperavam que as faturas fossem fechadas. Assim ficavam sabendo exatamente quanto a empreiteira receberia naquela semana — e, portanto, o percentual que lhes caberia. Uma vez definidos os valores, as faturas eram imediatamente refeitas, de forma a acrescentar a propina ao valor a ser cobrado dos órgãos públicos. Se fosse o caso, Conceição já lhes pagava de uma vez. Todo o processo tomava tempo, o que obrigava a jovem secretária a deixar as dependências da Odebrecht já de madrugada. Saía exausta, mas pelo menos ia para casa em um táxi pago pela empresa. Já era figura conhecida dos taxistas da região. Afora esses benefícios, Conceição era vista como uma funcionária normal. "Naquela época, não havia investigação nem preocupação com nada. Eles sabiam o que estavam fazendo, mas tratavam com grande naturalidade. Tinham a certeza da impunidade." De vez em quando, porém, tomavam uns sustos.[32]

Era madrugada do dia 13 de maio de 1987 quando as rotativas da *Folha de S.Paulo*, na rua Barão de Limeira, imprimiram na primeira página a seguinte manchete: "Concorrência da ferrovia Norte-Sul foi uma farsa". Cinco dias antes da publicação e um dia antes de abertos os envelopes com os preços oferecidos pelas concorrentes, o repórter Janio de Freitas publicara um anúncio cifrado com os resultados da licitação para a construção da ferrovia de 1600 quilômetros que ligaria o Maranhão a Goiás — um negócio de 2,5 bilhões de dólares. O reclame, escondido em meio a anúncios de compra e venda da seção "Negócios e Oportunidades", antecipou com precisão as dezoito vencedoras, com seus lotes exatos. A reportagem desnudava de forma cabal a prática do "combinemos". Afirmava que todas as empresas haviam apresentado o mesmo desconto sobre o preço máximo previsto no edital, o que era um forte indício de cartel. E ia além: "O conluio é geral, porque o desempate, e portanto a definição dos vencedores, foi feito pela Valec [estatal responsável pela ferrovia] e pelo Ministério dos Transportes, atribuindo pontos a cada empresa. Pontos e bilhões. Só por patriotismo, com certeza".[33]

A ganhadora do lote 1A, o primeiro da Norte-Sul, era a Odebrecht. O clube havia sido amplamente contemplado: Mendes Júnior, Andrade Gutierrez, Queiroz Galvão, CR Almeida, Constran.

A denúncia era acachapante. Deputados e senadores ocuparam os microfones do Congresso para pedir providências, enquanto o governo tentava negar o inegável. A concorrência foi suspensa[34] e duas investigações foram abertas — não para apurar a fraude na licitação, e sim para saber quem tinha vazado a informação para o repórter da *Folha*.[35] O sindicato da construção civil publicou anúncios indignados contestando a reportagem. As empreiteiras submergiram. Pouco ou nada se ouviu delas. Ainda assim, o assunto rendeu. Era o primeiro grande caso de corrupção descoberto após a redemocratização do país, e a imprensa bateu firme no governo e nas empreiteiras. "Nosso partido não é a Arena. Temos compromisso com a moralidade. Entre o governo e a sociedade, o PMDB fica com a população", declarou o então senador Fernando Henrique Cardoso, do PMDB de São Paulo.[36] O deputado Luiz Salomão, do PDT, pôs a boca no trombone: "Esse conluio dos grandes empreiteiros com o Executivo, como estou informado, visa formar a maior caixinha eleitoral da história da República, orçada entre 150 e 200 milhões de dólares".[37]

O escândalo atingiu em cheio o mandato de Sarney, já politicamente desgastado, administrando um Estado quebrado e acossado por fracassos no combate à inflação. Como é comum em governos impopulares, Sarney havia lançado um plano de desenvolvimento que prometia fazer a economia decolar, e a obra da ferrovia Norte-Sul era uma de suas principais promessas.

No meio do turbilhão, a Odebrecht surgiu como protagonista. Em extensa e detalhada reportagem sobre o mundo das empreiteiras, a *Veja* dizia que a empresa de Norberto era "a mais bem equipada em matéria de lobistas", trazendo o relato de um funcionário não identificado da Secretaria do Tesouro: "É impressionante a quantidade de gente que eles têm só para conversar em Brasília. E todos os homens da Odebrecht são diretores".[38] O burocrata contou que fazia pouco tempo tinha viajado ao Maranhão do presidente Sarney para examinar uma questão que envolvia interesses tanto do governo do estado quanto da Odebrecht. "Pois a empreiteira não apenas descobriu o dia e a hora do meu voo, como apareceu um dos seus diretores aboletado na poltrona vizinha à minha, no avião. Em São Luís, esse diretor tratou o secretário da Fazenda do ex-governador Luís Rocha como um subalterno", contou o funcionário. A figura de Norberto também despertava interesse. "Ele se mantém longe das colunas sociais e das festas e mora num prédio de quatro andares, em Salvador, onde abrigou cinco filhos e doze netos, entre o conforto e o isolamento."

A reportagem explorava problemas como os do metrô do Recife, a maior obra pública do Nordeste, "uma linha moderna que ninguém sabe direito para o que serve". Construído para transportar 1 milhão de pessoas, o metrô não era utilizado por mais do que 100 mil. A Odebrecht ganhara a obra sem se submeter a concorrência, porque já levava os recursos — a garantia de financiamento de 425 milhões de dólares, reunidos por um pool de bancos alemães e ingleses. O superintendente do metrô, Wilson Campos Júnior, contava na reportagem que, ao assumir o cargo, em 1985, descobriu que 10% do orçamento havia sido destinado para a construção de outras obras viárias pela prefeitura em véspera de campanha eleitoral. E disse que só conseguiu renegociar o contrato depois de muita briga. "Nestes últimos anos, administrei o mais escandaloso contrato de um governo com uma empresa privada neste país."

A revista colocava no mesmo rol o emissário submarino de Maceió, "que foi transformado de submarino em superficial". Como só depois de iniciados os trabalhos as empresas descobriram que o local diante da praia onde a tubulação deveria ser enterrada era forrado por rocha calcária, e não por areia, o emissário ficou na superfície, lançando dejetos em alto-mar. Ocorre que na região havia uma corrente marítima que trazia tudo de volta, emporcalhando o litoral. Para resolver o problema, foi preciso gastar 40% a mais do que o previsto.

O escândalo da Norte-Sul fez o plano de desenvolvimento de Sarney minguar antes mesmo de nascer, e o governo não teve alternativa a não ser cancelar a concorrência. Com o caso já fora das páginas dos jornais, as licitações para a ferrovia seriam retomadas, agora por etapas. Desde então, já foram construídos 1575 quilômetros de ferrovia,[39] mas, como o projeto original foi sendo ampliado, ela até hoje não foi concluída. As apurações sobre o vazamento de informações à *Folha de S.Paulo* foram arquivadas um ano depois da reportagem.[40] Ninguém foi punido pela fraude. Como em tantos escândalos no Brasil, esse também iria para debaixo do tapete. Para a Odebrecht, porém, ficou o trauma da reputação abalada. Dali em diante, Emílio decidiu mudar a forma de lidar com a imprensa. Antes, a empreiteira só respondia a denúncias ou questionamentos incômodos com notas oficiais ou anúncios pagos. Seus executivos não falavam com jornalistas. Partia-se do princípio de que só o cliente ou o governo se pronunciavam. Até porque, na ditadura, não era necessário explicar muita coisa. Com a abertura democrática, as coisas se complicaram. Além de convencer os políticos, era preciso conquistar a boa vontade da sociedade, e a Odebrecht começou a desenhar uma política de relações públicas.

A nova postura coincidiu com a decisão de Norberto de se aposentar. Estava perto dos setenta anos e, pelas regras que ele próprio havia definido, chegara a hora de sair de cena. Não seria um processo fácil, uma vez que ele se sentia motivado, bem-disposto e cheio de energia. Mas estava cada vez mais deslocado no novo cenário. Era preciso dar satisfação aos acionistas, aos jornalistas, aos funcionários. Muitas das atividades que Norberto achava inúteis — como a comunicação — tinham ganhado importância que ele considerava exagerada. Foram anos difíceis, de muitos conflitos entre pai e filho, que só amainaram quando Emílio finalmente assumiu a presidência da holding e Norberto se retirou do dia a dia. Ainda assim, em todos os jornais que noticiaram a passagem de bastão, o protagonista era o pai, e não o filho.

A exceção foi a capa da revista *Exame* de fevereiro de 1990. Nela, a imagem de Emílio, sorridente, vinha emoldurada pelo título: "O tocador de obras quer mais". Dentro, outra foto mostrava o empresário carregando sua pasta executiva ao lado de um jatinho Learjet 35.[41] "Dono do maior grupo do país, Odebrecht quer polir a imagem do empreiteiro e ser grande lá fora", dizia o texto. O perfil favorável na maior revista de negócios do Brasil marcou o ingresso de Emílio no time dos grandes empresários nacionais e o reconhecimento que ele julgava apropriado à Odebrecht em sua posição de maior empreiteira do Brasil.

Descrito como "um dos quadros novos do ramo que não aceitam mais trancas em portas e silêncios constrangidos", o dono da Odebrecht fazia uma ampla autocrítica. Reconhecia que as empreiteiras haviam florescido à sombra de regimes politicamente fechados e não haviam se dado conta de que o país mudara. "Trata-se de um processo cultural herdado do autoritarismo. Em vez de fazer a política de avestruz e esconder-se, as empreiteiras devem buscar o diálogo. O silêncio acaba sendo interpretado como admissão de culpa." O que se lia a seguir era a narrativa de uma empresa de sucesso, que prosperara graças a seus métodos inovadores de administração, à diversificação dos negócios e a um estilo ao mesmo tempo despojado e agressivo. No discurso burilado em sessões de media training, Emílio reconhecia que as obras custavam mais caro no Brasil do que lá fora e admitia até defender o fim da reserva de mercado para as construtoras locais — o que nunca tivera realmente a intenção de fazer.

O grupo Odebrecht chegara, então, muito mais longe do que previra lá no final dos anos 1970. Tornara-se um conglomerado com trinta empresas e 43 mil funcionários distribuídos em doze países. Faturava 2,6 bilhões de dólares, dos quais 22% vindos do exterior.[42] Coroando as melhores oito páginas que a Odebrecht teria em uma publicação em décadas, vinha a afirmação: "Para um setor em que a regra número 1 é o segredo e a número 2 diz que não se deve nunca ficar longe do governo, qualquer que seja ele, Emílio Odebrecht, com suas ideias e iniciativas, rasga todo um estilo e constrói uma cartilha voltada para o futuro". A matéria foi comemorada pela Odebrecht como a obra inaugural de uma nova era, auspiciosa e moderna, livre dos escândalos que perseguiam a empresa e achincalhavam sua reputação. Infelizmente para os homens da organização, reportagens de revista nunca tiveram o condão de transformar a realidade. E a realidade cairia sem dó sobre as cabeças de Emílio e sua turma.

4. No olho do furacão

O auditório do hotel Deville, na praia de Itapuã, em Salvador, estava lotado para a reunião de final de ano da Odebrecht em dezembro de 1990. Desde a pajelança do final dos anos 1970, que definira a chamada "Visão 1990", tais reuniões haviam se tornado tradição. E tinham evoluído do austero encontro de uma tarde ou manhã para o novo formato, com apresentações de executivos, almoços e jantares. Depois do abalo provocado pelo escândalo da ferrovia Norte-Sul, a Odebrecht experimentara relativa calmaria. No início do ano, José Sarney passara o bastão a Fernando Collor de Mello. A República das Alagoas, como havia sido batizada a gestão do novo presidente, adotara uma política liberal, do chamado "Brasil moderno", acabando com a reserva de mercado a diversos setores, abrindo a economia e privatizando estatais. Se mesmo nos difíceis anos 1980 a Odebrecht crescia 19% ao ano,[1] imagine em uma década que prometia tanto. Além do mais, Collor era considerado amigo da Odebrecht. A organização estava confiante.

Contudo, apesar de ter avançado na internacionalização e nos movimentos de diversificação, o grupo que adentrava os anos 1990 era ainda bastante dependente das receitas da construtora. Seu presidente, Renato Baiardi, era a principal liderança do grupo depois dos donos, e possivelmente o parceiro de

Emílio que se tornara mais próximo de Norberto. Naquele ano o herdeiro era apenas um iniciante na cultura da organização, acompanhando do auditório.

De pé, discursando para os cerca de duzentos presentes, Baiardi já falara dos resultados obtidos naquele ano, que, sob todos os aspectos, fora muito bom. Mostrava fotos da equipe, citando o nome de cada um, e pedia aplausos aos que iam aparecendo na tela. Foi quando surgiu a figura de um senhor grisalho. "Gente, este é o Ferreira. Quem sabe o que o Ferreira faz bate palmas para ele! Quem não sabe... melhor continuar não sabendo!"[2] A plateia caiu na gargalhada. Praticamente todos sabiam quem era Antônio Ferreira da Silva Neto, responsável pelo acerto de propinas, chefe das secretárias Conceição Andrade e Maria Lúcia Tavares. E embora não fosse conveniente falar em alto e bom som o que ele de fato fazia, ninguém ignorava que Ferreira tinha uma função primordial. Apesar do apregoado liberalismo, Collor preservara em seu entorno uma senhora reserva de mercado, de que a Odebrecht estava se beneficiando bastante: a dos negócios subterrâneos. Seus lucros eram destinados àquele que dizia representar os olhos, os ouvidos e as vontades do presidente da República: Paulo César Farias, ex-tesoureiro da campanha. Sempre que um empresário abordava um presidente de estatal, um dirigente de banco ou de fundo de pensão ou qualquer outro órgão para resolver uma pendência, recebia a dica: "Procure o PC". Uma vez diante dele, a pessoa era informada das novas regras do jogo. Na República das Alagoas, para levar qualquer contrato, de qualquer tipo, era preciso pagar 7% de propina — para ele, PC, claro.[3]

No princípio, mesmo os cascudos empreiteiros haviam ficado chocados com a sem-cerimônia. Até então, embora o dinheiro rolasse solto entre essas empresas e os políticos, em geral havia uma espécie de protocolo. Pediam-se as contrapartidas sempre de forma oblíqua, com a desculpa de que o dinheiro era para a campanha ou ajudaria a resolver algum problema, e os valores nunca eram tão altos. A chegada do tesoureiro ao Planalto inaugurara um novo padrão: o da propina descarada e tabelada. Os Odebrecht estavam entre os que tentaram negociar, seguindo a máxima de Norberto: se tiver que pagar, pelo menos corte o valor pela metade. Mas PC era difícil de enrolar. "Olhe, você está muito nervoso. Se acalme, volte mais tarde", respondia a quem tentava regatear, no tom tranquilo de quem se sabe imbatível.

Coube ao próprio Emílio Odebrecht conferir com o presidente Collor se PC tinha mesmo todo aquele cacife. Ele contava aos auxiliares que havia perguntado: "Presidente, eu estou acertando os assuntos com o PC. É isso mesmo?". E contava também que, diante da resposta positiva, não tivera alternativa senão aderir. Se PC tinha as chaves do cofre, era melhor tratá-lo bem. Logo no início do governo, Emílio o convidou para um jantar em seu apartamento em Salvador, com a esposa, Elma, e outro casal.[4] Os dois se entenderam e desenvolveram uma relação cordial e produtiva. O primeiro-amigo tinha bom papo, era bom de copo e, diziam os homens da Odebrecht, cumpria o que prometia. A empreiteira se apoiava em PC para um amplo rol de assuntos e pagava regiamente, por meio de contratos falsos de consultoria, aluguéis de jatos executivos e outras transações supostamente rotineiras. Por vezes, fazia também agrados pessoais ao próprio presidente — como o Rolex de ouro que os assessores de Emílio mandaram entregar às vésperas do Natal na Casa da Dinda, a opulenta residência do presidente em Brasília, no primeiro ano de governo.

A Odebrecht não era a única a agir assim. Praticamente todas as grandes construtoras tinham seu canal privilegiado com PC — OAS, Andrade Gutierrez e Cetenco estavam entre as mais próximas. E não só empreiteiras, mas também laboratórios farmacêuticos, montadoras de automóveis, mineradoras, empresas de ônibus. Havia esquemas para todos os gostos e necessidades. E um punhado de operadores, como o secretário de Assuntos Estratégicos Pedro Paulo Leoni Ramos, o PP, o secretário particular, Cláudio Vieira, o secretário-geral, Marcos Coimbra, ou Lafaiete Coutinho, presidente da Caixa Econômica Federal. Todos, claro, prestando contas a PC Farias. Aos empresários mais chegados — incluindo os executivos da Odebrecht —, o primeiro-amigo costumava dizer que o presidente da República lhe impusera uma meta: "O Collor quer ganhar do Quércia, que juntou 1 bilhão com a política".

Isso até o dia em que um dos mandachuvas da construtora foi visitar PC na casa que ele mantinha em São Paulo, no bairro do Morumbi, para "reuniões de negócios". Ao rememorar o episódio anos depois, em uma entrevista, o empresário contou que chegou no final da manhã de um dia de semana e encontrou PC confraternizando com um grupo de pessoas, chacoalhando o copo de uísque à vontade e entre risadas. "PC, que diabo é isso aí?!", ele foi perguntando, enquanto o outro lhe estendia um copo. "Estamos comemorando 1 bilhão de dólares de arrecadação." Mais intrigado do que espantado, o empreiteiro fez de cabeça umas contas rápidas. "Mas com o que nós [as construtoras] lhe pagamos ainda não pode ter dado para juntar isso tudo." PC riu. "Vocês são bestas, vocês são merda! Nossa maior fonte [de propinas], sabe qual é? As telefônicas! A quantidade de equipamentos que essas telefônicas têm de comprar é uma enormidade!", respondeu PC, ligeiramente satisfeito por ensinar o pai-nosso ao vigário.[5] No Rio de Janeiro, o presidente da estatal de telefonia, indicado por PC, era um jovem economista chamado Eduardo Cunha.

Contudo, mesmo com tantas ramificações, o poder de PC nem sempre era absoluto. Um dos enclaves que resistiram, em princípio, foi a Petrobras. A estatal era presidida pelo advogado Luis Octavio da Motta Veiga, convidado para o cargo pelo próprio Collor, em busca de nomes que tivessem boa acolhida na sociedade e na mídia. Executivo de companhias privadas, Motta Veiga se tornara conhecido por sua atuação na Comissão de Valores Mobiliários, a CVM, órgão regulador do mercado financeiro. Ao adotar uma atitude rigorosa contra empresas que divulgavam falsas expectativas de lucro, ele ganhou o apelido de "xerife do mercado" — tipo de fama que fazia Collor querer a pessoa em sua equipe de governo.

Com o aval do presidente, Motta Veiga assumiu a petroleira e nomeou quem quis para a diretoria, mas sua liberdade de ação logo começou a incomodar. Uma das primeiras visitas recebidas pelo novo comandante da estatal foi justo a de PC Farias. O tesoureiro disse estar interessado em uma concorrência para a contratação de duas plataformas para o campo de Enchova, na bacia de Campos. Odebrecht, Andrade Gutierrez e Mendes Júnior estavam na disputa, e PC não fez segredo do que pretendia. "Estou conversando com a Odebrecht e com a Andrade Gutierrez. Mas a Andrade nos ajuda muito, colabora sempre com a gente. Seria importante que ganhassem." Motta Veiga despistou, disse que a decisão seria do conselho de administração, que se reuniria em breve para discutir o assunto. PC ainda pediu que a reunião fosse adiada. "Os estudos estão prontos, pareceres encaminhados, não há por que adiar", respondeu o executivo. Por fim, PC pediu que Motta Veiga o avisasse do resultado. O executivo deu uma resposta vaga e o dispensou, mas a história não lhe saiu da cabeça. No dia da reunião, a escolha recaiu sobre a Tenenge, subsidiária de montagens industriais da Odebrecht, que apresentara o menor preço.[6]

Antes mesmo do final da reunião, o presidente da Petrobras correu até sua sala e pediu que a secretária pusesse Emílio Odebrecht na linha. Os dois se conheciam superficialmente — só haviam se esbarrado em reuniões sociais e não tinham nenhuma intimidade. Isso não impediu Motta Veiga de ser direto:

"Emílio, você acaba de ganhar a concorrência. A decisão foi técnica. Se der dinheiro ao PC por isso, você é um babaca. Vai fazer papel de bobo". O susto do interlocutor transpareceu em seu tom de voz. "Não, imagine, o que é isso? Eu nunca faria isso! Mas obrigado por avisar, muito obrigado", respondeu Emílio, entre surpreso e constrangido. Motta Veiga não tinha ideia de que a Odebrecht e PC já estavam mais enredados do que parecia.

Um mês e meio depois, Motta Veiga pediu demissão, acusando PC de ter tentado forçar a Petrobras a conceder um financiamento de 50 milhões de dólares sem juros à Viação Aérea São Paulo, a Vasp, prestes a ser vendida ao empresário de ônibus Wagner Canhedo, financiador da campanha presidencial.[7] Foi o princípio de uma onda que levaria à queda do próprio presidente.

Em meados de 1992, a aprovação do presidente havia sido reduzida dos 71% dos primeiros dias do governo, antes que Collor confiscasse a poupança, a desoladores 9%, segundo o Datafolha.[8] A inflação subia, a economia encolhia e o combate à corrupção, bandeira mais vistosa da campanha, tinha sido descaradamente esquecido. O presidente eleito para acabar com os marajás e limpar o Brasil estava ilhado em um mar de denúncias, às quais reagia de forma errática, demitindo um e outro e esbravejando na TV. Seu isolamento político só aumentava. Em abril, ele ainda tentara superar a crise nomeando um "ministério de notáveis", com técnicos respeitados em seus campos de atuação.[9] Mas não teve tempo de desfrutar de uma trégua, porque as denúncias atingiram de forma acachapante o único personagem do governo que não podia ser descartado.

Foi Pedro Collor, irmão do presidente, quem puxou o gatilho. PC havia sido seu padrinho de casamento, e Pedro o responsável por aproximá-lo do futuro presidente. Mas as relações entre os dois haviam se deteriorado a ponto de o primeiro-irmão desencadear uma guerra pública contra o tesoureiro. Perto do tamanho dos interesses em jogo, o estopim da briga foi até prosaico. Numa entrevista à *Veja*, Pedro contou que queria montar um jornal em Alagoas, mas Fernando vetou, dizendo: "Não leve a ideia do jornal adiante porque eu vou montar uma rede de comunicação paralela em Alagoas com o Paulo César, e essa rede terá um jornal".[10] Pedro ainda disse à revista: "O PC seria o testa de ferro. Era uma empresa de testa de ferro, que teria o jornal e de doze a catorze emissoras de rádio". O irmão do presidente também queria licença para montar duas rádios FM em Maceió. Não conseguiu. O governo federal deu a concessão a PC. Revoltado, ele entregou à *Veja* um dossiê sobre o que a revista chamou de "tentáculos de PC".

Um desses tentáculos se movimentava para ajudar a Odebrecht. Além de extratos de contas no exterior, bastidores de negociatas e nomes do submundo de Brasília, o material incluía cópias dos bilhetes que PC Farias mandava para a ministra da Fazenda, Zélia Cardoso de Mello. Num deles, intitulado "Pendências", havia notas soltas que remetiam a verbas para escolas técnicas, medidas do BNDES, questões sobre depósitos de juros de bancos privados na conta do Banco Central e um rabisco que dizia apenas "Equador". Segundo Pedro, PC queria que o Banco do Brasil liberasse um empréstimo de 82,5 milhões de dólares para uma obra da Odebrecht no país sul-americano.[11]

A reportagem não se estendia sobre o assunto, mas a simples menção ao Equador causou preocupação na Odebrecht. A obra de que trata a anotação de PC era o Trasvase Santa Elena, canal de irrigação na região de Guayaquil, a maior cidade do país — que já gerava custos na planilha de codinomes dos anos 1980. O dinheiro para a primeira etapa do canal havia saído na gestão de José Sarney. A segunda etapa, sob Collor, ainda estava pendente. Aquela denúncia, naquele momento, era um estorvo para a negociação do empréstimo e para a própria concessão do contrato.

A avalanche de denúncias não parava, e não restou a Emílio alternativa a não ser falar. O silêncio pesava cada vez mais sobre a imagem da empreiteira, e esconder-se fazia parecer que era mesmo culpada. Em maio de 1992, ele recebeu o repórter do *Jornal do Brasil* Marcelo Tognozzi no escritório da empresa no Rio de Janeiro, escudado por dois assessores de imprensa e um discurso pronto. "Sou vítima de uma armação", disse, atribuindo as denúncias a um complô. O repórter perguntou quem conspirava contra a Odebrecht. Emílio enrolou: "No momento fico impedido de dizer. Mas está ligado ao setor de engenharia e há também políticos no meio". Em seguida, reclamou: "Já temos dois anos e meio numa recessão sem um projeto de crescimento. A sociedade, ao invés de estar gastando suas energias na direção da construção, está num processo destrutivo".[12] Aparentemente, porém, o treinamento de mídia de Emílio parou aí, porque o que veio depois foi de uma sinceridade surpreendente.

"O senhor já subornou alguém?", perguntou Tognozzi. Emílio vacilou. "Essa é uma pergunta que... primeiro vamos analisar o que é subornar..." O repórter insistiu, instando o empreiteiro a dizer o que era preciso fazer para conseguir recursos. Emílio reconheceu "ajudar" governadores e prefeitos em Brasília, especialmente os do Norte e Nordeste. "O negócio é não deixar que o processo durma na mesa. É fazer com que ele saia dali, vá para o outro andar. Se for preciso, a gente banca o funcionário para levar de um andar para o outro. [...] é feito um trabalho no sentido de ajudar esse cliente para que se viabilizem seus empreendimentos." Para ele, aquilo era muito natural. "O que mais impressiona é que fazemos tudo isso no exterior e não tem problema. Tudo o que fazemos no Brasil, fazemos no exterior."

A iniciativa, claro, não aliviou a situação. Àquela altura, as denúncias de Pedro Collor já haviam desencadeado investigações nos mais diversos âmbitos, da Receita Federal ao próprio Congresso. Caberia à Polícia Federal descobrir as evidências da relação entre a Odebrecht e PC Farias. A partir de documentos colhidos pela Receita em escritórios das empresas de PC em Alagoas e de um computador apreendido no escritório do tesoureiro em São Paulo, o delegado Paulo Lacerda, que comandava o inquérito aberto para investigar as acusações de Pedro Collor, mapeou todo o esquema. Ele contou com a ajuda da sorte — e de um grupo de peritos que conseguiu recuperar do computador aparentemente vazio as tabelas de entrada e saída de recursos que haviam sido apagadas do HD. Cotejando as tabelas com depoimentos de empresários e funcionários das empresas de PC, ficava claro que o tesoureiro justificava a dinheirama recebida forjando contratos e notas fiscais frias, além de usar uma rede de contas bancárias em nome de correntistas-fantasmas.

Todas as grandes prestadoras de serviço do governo federal estavam nas planilhas de PC — incluindo, obviamente, a Odebrecht. Só uma de suas firmas, a Empresa de Participações e Construções, ou EPC, recebera da empreiteira 3,2 milhões de dólares em valores da época.[13] A Mundial Aerotáxi, outra empresa do operador de Collor, mais 419 mil reais[14] — mas, nesse caso, em vez dos destinos dos voos ou dos nomes de passageiros, as tabelas listavam nomes de obras públicas ao lado de cada entrada de recursos: projetos Água Pirapama, Água Macapá, Nassau e Saneamento Belo Horizonte.

Com as informações do computador, a PF ia desvendando, aos poucos, a origem do dinheiro que irrigara o esquema PC. As informações eram repassadas à CPI e geravam inquéritos específicos para apurar a ligação de PC com cada empresa, empreendimento ou financiamento. No decorrer do inquérito, Lacerda chamou todos os grandes empresários para se explicar. Entre eles, Emílio

Odebrecht — que, ao chegar à PF, foi cercado por repórteres e câmeras de TV.[15] Uma vez na sala do delegado, prestou um depoimento acanhado. Manteve a versão de que os serviços declarados nas notas haviam sido de fato prestados, mas não foi capaz de comprovar o que disse.[16]

Entre tantos reveses, a Odebrecht conseguiu algumas vitórias. Uma delas foi evitar que Emílio fosse convocado a depor na CPI. O senador Eduardo Suplicy, do PT, aprovou por unanimidade a convocação do empreiteiro. Contudo, graças à ação dos homens da empresa no Congresso, sua presença nunca foi exigida. Em outra frente, os interlocutores junto a PC Farias conseguiram que o tesoureiro não contasse que falava diretamente com Emílio. Quando questionado sobre quem eram seus contatos na Odebrecht, PC citou apenas Renato Baiardi, presidente da construtora.

Nem todos os pesos pesados que haviam dado dinheiro a PC quiseram escapar da CPI. Antônio Ermírio de Morais, do grupo Votorantim, deu um depoimento didático. Disse ter contratado o tesoureiro por sua influência junto a Collor. Contou ter pago 238 976 dólares[17] por uma consultoria para a instalação de um polo cloroquímico em Maceió — dinheiro jogado fora, segundo ele, porque PC não fez trabalho algum, nem de lobby. Não era, porém, o que ele achava que ocorrera em outros setores. "Já ouvi dizer que, juntando-se cinco empreiteiras, pode-se controlar o Congresso", disse, em alto e bom som, diante dos parlamentares reunidos em uma das sessões da comissão.

Enquanto tentavam reagir isoladamente na arena pública, nos bastidores os grandes empreiteiros começaram a articular uma reação conjunta. A CPI havia gerado ainda mais ruído que o normal entre eles, que se acusavam mutuamente de vazar novas denúncias para tirar concorrentes do caminho. Se continuasse naquele rumo, a disputa certamente deixaria sequelas em todos. Até que foi tomada a iniciativa de reunir o clube, argumentando que a luta não deveria ser entre eles, mas contra os políticos. Décadas depois, um dos participantes relembrou a iniciativa: "Os caras [os políticos] é que tinham o poder, nós éramos subordinados a eles, obrigados a pagar fábulas ou não nos davam obras. Depois, na hora de pagar, eles nos cobravam de novo fábulas. Nós geramos um caixa dois do tamanho do inferno para atendê-los. E o Collor colocou a Receita em cima de todo mundo, com multas bilionárias. Não era possível continuar se submetendo a tudo aquilo. Era preciso conversar".

Foi para chegar a um acordo que Carlos Pires e Fernando Arruda Botelho, sócios da Camargo Corrêa, receberam na sede da empreiteira Sérgio Andrade e Roberto Amaral, da Andrade, César Mata Pires e Carlos Suarez, da OAS, e Murilo Mendes, da Mendes Júnior. Da Odebrecht iam Emílio, Renato Baiardi e Pedro Novis. Nas primeiras reuniões, passaram a maior parte do tempo lavando roupa suja. Depois, começaram a se entender e a cuidar do futuro.

Na visão dos empreiteiros, os achaques só aconteciam porque a lei que regulava as licitações deixava muitas brechas para acertos escusos. Primeiro porque as obras já eram licitadas com um preço-base sobre o qual as construtoras ofereciam descontos. Quem desse o maior abatimento ganhava — mas, se o preço-base viesse acima do mercado, ninguém ia reclamar. Outra questão eram os critérios técnicos, que podiam variar demais. Sem exigência de auditoria ou comprovação de capacidade, era comum as propostas técnicas serem extensas e muito detalhadas, mas completamente fictícias. As brechas também permitiam que os burocratas segurassem as faturas das obras e só liberassem o pagamento mediante propina.

Propor uma nova lei era imperioso, e em mais algumas reuniões os empreiteiros chegaram a um acordo sobre os pontos principais: trocar o preço-base pelo preço mínimo; associar as exigências técnicas à apresentação de certificados e comprovação de experiência; criar punições e multas para os estados que não pagassem as faturas em dia; e, por último, exigir que os concorrentes apresentassem um seguro-garantia para até 25% do valor das obras. Essa última ideia era uma adaptação do que se faz até hoje nos Estados Unidos, onde o seguro é obrigatório para toda obra. O mecanismo prevê que cabe à seguradora zelar para a obra não atrasar, não ter acréscimos de preço ou problemas de qualidade. Se alguma dessas coisas acontecer, a seguradora tem de bancar os prejuízos e terminar a obra.

Nem todos os empresários, porém, concordavam com a proposta. O presidente da Câmara Brasileira da Indústria da Construção, o deputado Luis Roberto Ponte, do PMDB do Rio Grande do Sul, era frontalmente contra. "Vocês querem dominar, acabar com as pequenas", dizia ele. A Câmara representava muitas pequenas e médias construtoras, e para Ponte as exigências de seguro e de atestados de experiência só poderiam ser atendidas pelas grandes empresas de engenharia. O deputado apresentou seu próprio projeto de lei sobre o assunto, adotando o preço mínimo, mas acabando com a obrigatoriedade de certificados. A proposta dos empreiteiros foi encampada pelo senador Fernando

Henrique Cardoso. Coube ao senador Pedro Simon, do PMDB gaúcho, juntar os dois projetos e produzir um novo texto. Ao final, prevaleceu o projeto de Ponte, que recebeu várias emendas.[18] O sistema de preço-base foi sepultado, mas o seguro-garantia não foi incluído. O atestado de experiência exigido passou a ser o do engenheiro, e não o da empresa, e a obrigação de pagar as faturas foi condicionada a uma ordem de prioridades orçamentárias. A lei nº 8666 recebeu mais de duas dezenas de emendas e alterações, e está em vigor até hoje.[19]

Muitos anos depois, alguns dos envolvidos naquela articulação ainda consideravam a derrota no Congresso a grande chance perdida de diminuir o espaço para a corrupção nas obras públicas. Embora tivesse representado um avanço, a nova lei ainda deixa margem para aditivos e superfaturamentos que turbinam os escândalos da política brasileira. Contrariados ou não, os empreiteiros se adaptaram à nova situação.

"Você acha que eu gosto de ter que pagar bandido para liberar o que os governos me devem?" Saída da boca de Norberto Odebrecht em um momento de inesperada franqueza, a frase espantou o interlocutor, o jornalista Juca Kfouri. Diretor de redação da revista *Playboy*, Kfouri dividia uma mesa com o empreiteiro no tradicional restaurante francês Le Coq Hardy, no bairro paulistano do Itaim. Tinha notado os dois seguranças postados na porta, ao entrar, e já chegara tenso para a conversa.[20] A edição de agosto de 1992 da *Playboy* ainda nem chegara às bancas, mas Norberto já lera o exemplar enviado aos assinantes, com uma reportagem de capa intitulada "Sangue, ouro, lama".[21] As nove páginas, assinadas por Fernando Valeika de Barros, traziam um relato abrangente e demolidor das empreiteiras brasileiras. Um setor que, segundo o texto, movimentava 5% do PIB brasileiro, ou 20 bilhões de dólares, e empregava 600 mil pessoas; em que apenas seis das 12 mil empresas de engenharia no país ficavam com 60% das obras; que produzira três das cinco maiores fortunas do Brasil, segundo a *Forbes* (Sebastião Camargo, da Camargo Corrêa; Cecílio do Rego Almeida, da CR Almeida; e a família Andrade, da Andrade Gutierrez).

Entre histórias de arrepiar os cabelos, a reportagem dizia que o poder das grandes empreiteiras era tão grande que nos seus escritórios se escreviam até as minutas com as quais os governantes propunham as obras. No exterior, dizia o texto, repetia-se a lógica. "Mesmo nos negócios internacionais, nos quais posam de empresas competentes, paira sobre as empreiteiras nacionais a suspeita de que há o auxílio da mão forte do governo brasileiro. O nome do ex-secretário de Assuntos Estratégicos Pedro Paulo Leoni Ramos está envolvido em denúncias de corrupção na Petrobras e estaria por trás de empréstimos de 100 milhões de dólares a juros menores do que os de mercado para financiar obras da Norberto Odebrecht em Angola."[22]

As consequências desse sistema promíscuo eram a proliferação de obras inacabadas e inúteis e a queda na produtividade das empresas brasileiras em relação às concorrentes internacionais. Citando estudos feitos pelo professor Reinaldo Gonçalves, da Universidade Federal do Rio de Janeiro, a reportagem dizia que "as empresas de construção brasileiras são competentes para conseguir obras e ruins para fazê-las". Segundo o professor, enquanto nos anos anteriores os japoneses haviam ganhado 170% de produtividade e os americanos 50%, as brasileiras estavam estacionadas.

Kfouri passara os três meses anteriores à publicação esperando a pressão dos empresários, mas até ali nada acontecera, provavelmente por não acreditarem que uma revista de mulheres nuas fosse capaz de fazer uma reportagem daquelas. Assim que a *Playboy* chegou à casa dos assinantes, porém, Norberto Odebrecht telefonou para a redação e convidou Juca para almoçar. Agora estavam ali, prestes a dividir uma refeição.

"Antes de escolher a comida, deixa eu lhe dizer uma coisa: a matéria que vocês fizeram é perfeita da primeira à última linha. Não tem o que tirar", começou o empreiteiro, para a surpresa do jornalista. Kfouri tentou descontrair: "Dr. Norberto, o senhor acaba de cometer um equívoco de me dizer isso assim logo de cara. Jornalistas são arrogantes". O outro, sério, apenas prosseguiu: "Eu só queria pedir que você se pusesse no meu lugar. O senhor sabe quantos operários eu tenho trabalhando no exterior?". Kfouri respondeu que sim. "Sabe que eu os pago a cada dia primeiro e dia quinze do mês? Sabe o quanto é difícil não atrasar o pagamento de gente que está trabalhando lá fora?" O jornalista fazia que sim com a cabeça. "Pois o senhor saiba que para pagar em dia preciso me sujeitar a certas regras que não fui eu quem inventou. São as regras de funcionamento do país." Ele continuou o quase monólogo: "Você acha que eu gosto de ter que molhar a mão de um cafajeste para o governo me pagar o que deve? Você acha que eu gosto de dar dinheiro para campanha política? Você não acha que eu gostaria muito mais que o preço das minhas obras fosse o preço justo e não tivesse que pôr um valor a mais para pagar essas propinas todas?".

Kfouri aproveitou sua vez de falar: "Dr. Norberto, entendo perfeitamente o que o senhor está me dizendo e acredito que o senhor gostaria que fosse diferente. Agora, com o poder que o senhor tem, se denunciasse, talvez conseguisse mudar a situação". Foi a única vez, em toda a conversa, que Norberto se alterou e bateu na mesa. "Juca, não seja ingênuo! Se eu fizer isso, os meus concorrentes me comem pelo estômago! Eles me destroçam!" O jornalista respondeu: "Pois é, dr. Norberto. O senhor age desse jeito, os seus concorrentes agem desse jeito, e nós, jornalistas, contamos para a sociedade que a coisa funciona desse jeito". Ficou claro que o assunto estava esgotado. Mudaram o rumo da prosa e o almoço seguiu entre amenidades. Nunca mais se viram.[23]

A CPI do PC encerrou-se alguns dias depois daquele encontro, no final de agosto de 1992, confirmando boa parte das denúncias publicadas na imprensa. As de Motta Veiga, as de Pedro Collor e as do motorista Eriberto França, que afirmava ter levado cheques de PC à secretária de Collor, Ana Acioli, para pagar despesas da Casa da Dinda. A CPI concluiu ainda que as secretárias do presidente e de Paulo César Farias tinham sacado dinheiro de suas contas bancárias dias antes do famigerado confisco da poupança promovido por Collor. Calculava-se que a parte visível do esquema PC, algo como um terço do butim, movimentara 230 milhões de dólares.[24] Era bem menos do que o bilhão que PC contara ao executivo da Odebrecht ter arrecadado. Ainda assim, uma dinheirama havia escoado dos cofres públicos para os da República de Alagoas, em uma história contada com provas suficientes para derrubar o presidente. E, de quebra, enlamear ainda mais a já suja imagem das empreiteiras.

No relatório final de 371 páginas, o senador Amir Lando também detalhava como funcionavam as engrenagens que permitiam o surgimento dos PCs da vida. Para ganhar as obras que desejavam, as empresas pagavam propinas a agentes públicos. E, para pagar as propinas, superfaturavam o valor das obras. O dinheiro desviado dos cofres públicos também azeitava o caixa dois de campanhas eleitorais, mas a fiscalização da Justiça Eleitoral era uma ficção e não punia ninguém. A CPI estimava que o superfaturamento, os atrasos e problemas de projeto dobrassem os gastos do governo com obras. O documento propunha limites para doações e gastos nas campanhas, e um controle maior de contas e seus correntistas pelo Banco Central para evitar os fantasmas. Os limites para doações não emplacaram, mas os controles do BC foram sendo implementados aos poucos. O inquérito da Polícia Federal sobre o esquema PC foi desmembrado em 113 apurações,[25] cada uma voltada a um elo da enorme teia de ilícitos do operador de Collor. O da Odebrecht morreu por inanição. A Receita chegou a multar a Odebrecht, que pagou sem reclamar. O Supremo Tribunal Federal manteve a perda dos direitos políticos de Fernando Collor até 2000,[26] mas o absolveu da acusação de corrupção passiva em 1994.[27] O Brasil não tinha, então, leis anticorrupção. A primeira lei só viria em 1995,[28] e em 1998 seria aprovada uma lei de combate à lavagem de dinheiro, criando o Coaf (Conselho de Controle de Atividades Financeiras). De imediato, o intenso esforço pela moralização da política rendeu pouco mais do que o expurgo de Collor e sua turma. Como as "regras do jogo" permaneciam, os jogadores fatalmente seriam substituídos por outros, com certeza mais adaptados às exigências dos novos tempos.

Havia um clima de comoção no país em 2 de outubro de 1992, quando Fernando Collor de Mello deixou o Palácio do Planalto pela porta dos fundos. Depois de uma sucessão de escândalos e em meio a uma grave crise econômica, o impeachment parecia expiar o trauma provocado por um longo período de tumulto institucional e político. A saída de Collor fez a opinião pública respirar aliviada, num misto de euforia cívica com a sensação de "agora vai". Itamar Franco reforçou o elã em sua primeira declaração após a posse, naquele mesmo dia. "A nossa vida e a vida daqueles que estarão comigo é uma vida limpa. A nação pode estar certa de que não haverá corruptos nesse governo",[29] proclamou, com os olhos marejados, o novo presidente da República.

A euforia durou pouco. Itamar passou a ser criticado por preencher postos-chave do governo com amigos de Minas Gerais e figuras consideradas sem estatura para o grave momento. Também era atacado pelo comportamento errático e pela falta de um plano sólido para a economia. O primeiro ministro da Fazenda, o pefelista pernambucano Gustavo Krause, deixou o governo em 75 dias, depois de uma série de rusgas privadas e públicas com Itamar, que desejava influir nos preços dos combustíveis, nas taxas de juros e no preço da casa própria — e, como não conseguia, reclamava publicamente. O segundo, o mineiro Paulo Haddad, durou mais 75 dias e saiu pelas mesmas razões.[30] O sucessor, Eliseu Resende, estava superando a marca dos anteriores quando foi alvejado por denúncias que o tirariam do cargo em duas semanas. De novo, a suspeita era de corrupção. E, mais uma vez, envolviam a organização.

Eliseu Resende era um amigo da Odebrecht desde o tempo em que Norberto e companhia eram chamados de "os baianos" no clube das grandes construtoras do Brasil. Ocupara a diretoria-geral do Departamento Nacional de Estradas e Rodagem, o DNER, no governo Costa e Silva, e sob Figueiredo fora nomeado ministro dos Transportes. Deixou o ministério para disputar o governo de Minas Gerais pelo PDS, o partido do regime, e perdeu para Tancredo Neves, do PMDB. Nos sete anos seguintes, tornou-se executivo da organização, onde foi vice-presidente da construtora e conselheiro de empresas do grupo. Só saiu em 1989 para voltar ao governo, já na gestão Collor, como presidente de Furnas e, depois, da Eletrobras.[31]

Itamar conhecia bem Eliseu Resende e não ignorava que o ministro havia sido homem da Odebrecht. Não esperava, porém, pelo escândalo que maculou a promessa de um governo limpo. Tudo começou quando o secretário executivo de Resende, Wando Borges, decidiu forçar a votação de um pleito da empreiteira no Comitê de Financiamento às Exportações, o CFE. Pelo comitê passavam todos os empréstimos que o governo dava a países estrangeiros para a contratação de obras e serviços de empresas brasileiras. O pedido que Borges queria aprovar a toque de caixa era de um empréstimo para um canal de irrigação de 115 milhões de dólares no Sul do Peru. Para ganhar o contrato, a organização precisava trazer o financiamento da obra já aprovado.[32]

O processo tramitava havia seis meses no comitê, formado por membros de diversos ministérios, mas só entraria na pauta em 18 de maio, e o prazo-limite para a Odebrecht entregar sua proposta era dia 17. Borges tomou uma atitude atípica: mandou um ofício aos membros do conselho pedindo que antecipassem seus votos por escrito. Isso chamou a atenção e a história se espalhou rapidamente nos corredores da burocracia federal. Não demorou até Resende ser pego com a boca na botija — ou melhor, no balcão de um hotel em Washington.

Enquanto a polêmica se desenrolava nos gabinetes, Resende embarcou num voo da Transbrasil rumo à capital americana, onde participaria de uma reunião do FMI. No mesmo voo, poltronas adiante, estava um velho amigo: Rubio Fernal, relações-públicas da Odebrecht. Fernal havia sido chefe de gabinete de Resende no governo Figueiredo, e Resende fora seu padrinho de casamento. Eles foram juntos para a Odebrecht, mas quando Resende entrou para o governo Collor, Fernal preferiu continuar na empreiteira. Nos Estados Unidos, os dois cumpriram o mesmo roteiro: ficaram três dias em Washington e de lá foram para Nova York. Pegaram o mesmo voo na ida e na volta e pernoitaram no mesmo hotel. No dia seguinte à chegada ao Brasil, *O Estado de S. Paulo* contou que os dois tinham viajado juntos e afirmou que as reservas do hotel tinham sido feitas pela Odebrecht. As contas do ministro, segundo o jornal, haviam sido pagas em espécie.[33] Indignado, Itamar Franco avocou para si a decisão sobre o financiamento para a obra no Peru e congelou todo o processo.

Resende ainda tentou se explicar, mas só se enrolou. Primeiro, disse que nem tinha visto Fernal no voo. Mas se esqueceu de combinar a versão com o amigo, que confirmou tudo. Ato contínuo, soube-se que, ao assumir a Fazenda, Resende determinara prioridade no financiamento a quatro hidrelétricas em execução no Brasil: três da Odebrecht e uma da CBPO.[34] Soube-se ainda que, para liberar um crédito de 18 milhões de dólares para uma obra no Equador, a empreiteira pagou ela mesma a dívida do país junto à CFE, o que não era permitido.

Entre as denúncias, uma em especial causou calafrios na cúpula da Odebrecht. Não era a mais barulhenta, mas era a que mais estrago poderia provocar. A *Folha de S.Paulo* revelou que a funcionária que redigira o voto da Fazenda a favor da liberação do empréstimo para o canal de irrigação no Peru, Maria da Glória Rodrigues Teixeira, era esposa de um ex-funcionário da Odebrecht. E que o marido de Glória abrira uma consultoria de negócios de exportação em sociedade com um ex-ministro de Economia do Peru, Guillermo Calderón, justamente durante a tramitação do pedido de financiamento.[35]

Na tentativa de conter a crise, Resende foi depor no Senado e prometeu devolver a funcionária à sua autarquia original, o Banco Central. O Senado então ameaçou convocá-la para dar explicações, mas ela rapidamente mandou, pelos jornais, um recado ao ex-chefe: não queria voltar a seu órgão de origem e, se fosse preciso, tornaria públicos os detalhes do empréstimo ao Peru, dando inclusive os nomes dos responsáveis pela manobra no comitê de exportação. Em seguida, vazou para a imprensa a informação de que, num depoimento a investigadores do caso PC, um concorrente da Odebrecht disse ter procurado

Glória para pedir financiamentos para sua empresa em Angola — e que ela dissera que os recursos do governo destinados ao país africano estavam totalmente comprometidos com a usina de Capanda, da Odebrecht.[36] Aquilo estava se tornando perigoso. Em poucos dias, Glória tirou uma licença médica e sumiu do mapa. Sua convocação para o Senado ficou para as calendas. Dias depois, Eliseu Resende pediu demissão.[37]

Itamar Franco nunca perdoou nem o ministro nem a Odebrecht. O mineiro reconhecia que Eliseu Resende tivera um papel fundamental na arrecadação de recursos para a campanha (embora estivesse na mesma chapa de Collor, a campanha à vice-presidência funcionava em paralelo, e Itamar tinha de financiar seus candidatos no estado) e que parte do dinheiro tinha vindo da Odebrecht. Mas sentiu-se traído por ter sido exposto daquela maneira. Com isso, Emílio sofreu o que para ele era a pior punição — o desprezo de um presidente da República. Até o fim do governo, batalhou por uma audiência com Itamar. Não conseguiu, mas não perdeu por esperar.

O substituto de Resende foi Fernando Henrique Cardoso, velho amigo da organização. O sucesso do Plano Real fez de FHC presidente da República, e os perrengues do governo Itamar viraram piada na Odebrecht. Pelos anos seguintes, o gaiato Emílio repetiria nas mesas de conversa que o Brasil lhe devia mais uma. "Se não tivéssemos derrubado Eliseu Resende, Fernando Henrique nunca teria sido eleito!"

A churrasqueira foi o primeiro local que os policiais federais vasculharam quando chegaram ao casarão no Lago Sul, bairro nobre de Brasília, onde morava o diretor de relações institucionais da Odebrecht, Ailton Reis. Era o final de novembro de 1993. Na véspera, tinham recebido uma denúncia anônima de que Reis estava queimando papéis comprometedores. Mas a verdadeira mina de ouro, descobriram logo, não era a churrasqueira, e sim o banheiro. Já fazia tempo que a direção da empreiteira ordenara a seus operadores que destruíssem todos os papéis que ainda mantinham com informação sigilosa. Ailton Reis, porém, não cumprira a ordem. Preferira guardar toda a sua papelada no banheiro de casa, espaçoso o suficiente para acomodar várias caixas de documentos. Reis não estava, naquela manhã. Os empregados informaram que ele tinha viajado. Depois de três horas de buscas,[38] a PF saiu com dezoito caixas de documentos e uma centena de disquetes cheios de informações.[39] Membro da CPI do Orçamento, o senador José Paulo Bisol, do PSB do Rio Grande do Sul, foi verificar o material. Quando entendeu o que tinha em mãos, achou que não podia segurar aquela batata quente sozinho e chamou o colega Aloizio Mercadante, do PT de São Paulo.

A CPI do Orçamento havia sido criada dois meses antes para investigar as denúncias de um economista chamado José Carlos Alves dos Santos. Antes de ser considerado suspeito do assassinato da própria mulher, Ana Elizabeth Lofrano, e de ser pilhado com mais de 1 milhão de dólares em dinheiro vivo e 30 mil em notas falsas, ele era o grande prestidigitador do orçamento da União, o sujeito que entendia de tudo e manipulava as emendas. Uma vez preso e abandonado pelos poderosos que antes o bajulavam, ele decidira contar à revista *Veja* tudo o que sabia.[40] Ele revelou como um grupo de deputados, quase todos baixinhos e por isso apelidados de "Anões do Orçamento", liderados pelo presidente da comissão, João Alves (PPR-BA), negociava a inclusão de emendas em troca de propinas. Seus principais "clientes" eram as empreiteiras, que pagavam para incluir suas obras na lista de prioridades. Parte do dinheiro ia parar nas contas de entidades reais ou de fachada, que desviavam o dinheiro das subvenções sociais para campanhas políticas. Ao quebrar o silêncio, Alves dos Santos jogou luz sobre um assunto de que muito se falava sem que algo fosse devidamente provado.

Os papéis de Ailton Reis traziam evidências de que Santos falava a verdade. E abriam a caixa-preta dos métodos da maior empreiteira brasileira — encrencando, por tabela, grande parte da elite dirigente. Folhas escritas à mão, listas impressas e documentos internos relacionavam nomes de 350 políticos — parlamentares, prefeitos, governadores[41] —, todos acompanhados por alguma anotação de brindes, porcentagens e valores, muitas vezes ao lado de nomes de obras ou programas do governo que recebiam verbas do orçamento da União. Numa das tabelas, ao lado da sigla FNS, de Fundo Nacional de Saúde, vinha o nome do deputado Jorge Tadeu Mudalen, do PMDB de São Paulo, e o registro "5%". Geddel Vieira Lima (PMDB-BA) e Pedro Irujo (PRN-BA), dois afilhados políticos de João Alves, apareciam ao lado da rubrica Sudene, com a anotação: 4%. Na mesma categoria, Sudene, estava Teotônio Vilela Filho, do PSDB de Alagoas, ao lado da porcentagem devida: "2 a 2,5%". Os sete Anões também estavam nas listas, ou citados nominalmente, como Genebaldo Correia, ou representados por anotações como "relator-geral", ao lado das respectivas porcentagens. Em alguns casos, o registro era preciso: José Geraldo Ribeiro, do PMDB de Minas, era relacionado a sete obras e um valor: 119,5 mil dólares.

Atas e relatórios internos descreviam reuniões com funcionários públicos, muitos deles técnicos do Congresso e de partidos como o PFL e o PSDB, que ensinavam aos funcionários da Odebrecht como arrancar mais verbas do orçamento. Minutas de pedidos de liberação de recursos a ministérios, que em tese deveriam ser elaboradas por prefeitos, deputados ou governadores, já estavam escritas e assinadas nos arquivos de Reis. Entre os signatários estavam prefeitos, como o peemedebista Jarbas Vasconcelos, do Recife, e deputados como Roseana Sarney, do PFL do Maranhão.[42] Encontraram-se até rascunhos do relatório de uma CPI que acabara em pizza — a que investigara falcatruas no Fundo de Garantia do Tempo de Serviço, o FGTS —, além de vários formulários da Caixa Econômica Federal, também em branco e já assinados, para a liberação de verbas.

Os documentos atestavam que o esquema criado na década de 1980 evoluíra de forma notável. A empreiteira se adaptara aos novos tempos, transformando o que antes era apenas uma lista de pagamentos combinados sob demanda em uma estratégia sofisticada de acompanhamento dos movimentos e interesses de prefeitos, governadores e parlamentares, cujos resultados impressionavam os concorrentes. A cultura empresarial da construtora determinava que os executivos preparassem pautas por escrito e relatórios detalhados de todos os encontros com "clientes". Como a Odebrecht funcionava de forma muito descentralizada, os documentos eram uma maneira de unificar a ação dos "empresários". Cada reunião tinha uma ata, e para cada encontro com político ou governante era feito um resumo (ou memorial, como eles chamavam). Ailton Reis, pela natureza da função, era um dos que mais produziam tais documentos. Quando os federais entraram em sua casa, toda aquela proficiência pesou contra a empreiteira. Um dos papéis, com o título "Apoio político Nordeste" e a data de setembro de 1993, expunha a diretriz para as contribuições da empreiteira nas eleições de 1994. Determinava destinar recursos aos parlamentares da situação e até da oposição, "apenas aqueles em quem confiamos", considerando o "grau de risco da vitória e definição clara dos nossos interesses futuros". Um exemplo de político com esse perfil era o governador de Pernambuco, Miguel Arraes, "que está com a campanha na rua e diz estar precisando de apoio mensal até janeiro". Valor do apoio: 30 mil dólares. O trecho destinado aos parlamentares os dividia em três grupos: "deputados amigos que nos apoiam em CPIs, projetos, emendas etc., sem cobrar e esperam por apoio nas próximas eleições"; "deputados que estão em postos-chave no Congresso"; e oposição, acompanhada da justificativa: "necessidade de composição com alguns, em função de reduzir áreas de agressão".[43] Havia nomes para todas as correntes e todos os partidos — incluindo o do próprio relator da CPI do Orçamento, Roberto Magalhães, listado entre os "deputados amigos que nos apoiam em CPIs".

Nos documentos não aparecia a palavra "propina". Para a Odebrecht, tal coisa não existia. O que existia era ajuda, apoio. Era mesmo difícil distinguir a propina de uma doação de campanha como forma de cooptação ou da contribuição pura e simples por afinidade política, por exemplo. A verdade é que, naquele ambiente de total impunidade, do ponto de vista prático importava pouco o nome que se dava à coisa.

O que interessava era o resultado. Segundo o relatório de desempenho de Ailton Reis, apenas no orçamento de 1992 a Odebrecht havia conseguido emplacar 63 emendas, seis destaques e vinte subprogramas destinando verbas para projetos de seu interesse. Obtivera também autorização do Banco Central para a ampliação do endividamento de prefeituras com pedidos de empréstimo na Caixa para pagar as obras da empreiteira. No cômputo final, haviam sido garantidos 646 milhões de dólares para 152 contratos da empresa.[44] Era um senhor desempenho, mesmo considerando que a própria Odebrecht estimava que só receberia cerca de 25% daquilo no ano de 1992.

O material era tão completo que incluía até uma estratégia para superar o próprio escândalo do orçamento. Um dos textos, "Análise de conjuntura — Congresso x CPI x empresas", todo organizado em tópicos, como se fossem ser discutidos em alguma reunião, começava com um diagnóstico: "fraqueza e omissão do governo; classe empresarial sem um rumo político claro [...]; o evidente caldeirão político esperava um motivo para definir um rumo. Ou explodir". Em seguida, vinham as causas: "luta estatização x privatização", "desdobramentos da época Collor", "ânsia da sociedade por segurança e Justiça em que não confia". A solução para sair daquela enrascada, segundo Reis, era a classe empresarial professar uma ideologia própria, que valorizasse "regras simples e claras com firmeza no controle dos desvios", em que o Estado ideal ficasse "fora do setor produtivo" e que valorizasse a competitividade. Caso contrário, ele mesmo relacionava os efeitos funestos — "se nada for feito: o PT no poder".[45]

Naquele final de 1993, vivia-se já o período pré-eleitoral. Ainda não havia o Plano Real, que liquidaria a fatura a favor de FHC. Luiz Inácio Lula da Silva e o PT destacavam-se como grande novidade, por catalisar a indignação com a corrupção e o desejo de ética na política. Nessa época, ao comentar as primeiras revelações da CPI do Orçamento, o líder petista cunhou uma frase que se tornou célebre: "Há uma maioria de uns trezentos picaretas que defende apenas seus próprios interesses".[46] Enquanto a Odebrecht lutava para sobreviver à crise de imagem, os petistas surfavam na popularidade da limpeza ética impulsionada pela atuação de parlamentares como Eduardo Suplicy, José Genoino e Aloizio Mercadante. O PSB de Bisol era então uma espécie de linha auxiliar do PT. O próprio Bisol já havia sido candidato a vice de Lula em 1989 e queria ser novamente em 1994.

Foi nesse contexto que o senador do PSB leu no auditório da CPI, no dia 1º de dezembro de 1993, um relatório preliminar só sobre os achados no banheiro de Ailton Reis. Num tom grave e inflamado, anunciou ter encontrado a prova de que uma sociedade criminosa formada por empreiteiras comandava as decisões e contratações do setor público, dirigindo licitações e superfaturando despesas de forma a desviar recursos para campanhas políticas. Bisol afirmava que o esquema Odebrecht era "mais relevante" do que o revelado na CPI do Orçamento, "um poder paralelo, uma sociedade secreta, que dominava as principais dimensões do poder nacional".[47] As afirmações eram fortes, e o Congresso entrou em polvorosa. Jarbas Passarinho, o presidente da CPI, teve uma crise de hipertensão.[48] Dizendo-se injustiçado, Geddel Vieira Lima saiu do plenário chorando, amparado por colegas. Irritado, José Sarney Filho, do PFL do Maranhão, chamava Bisol de "boneca", apoiado por Maviael Cavalcanti, do PFL de Pernambuco, que gritava que Bisol era gay[49] — e, momentos mais tarde, apareceu de arma em punho no restaurante do Senado, ameaçando o relator.

A tempestade, porém, durou pouco, porque o relatório de Bisol continha um erro primário, que foi bem explorado pela Odebrecht. Num trecho específico, dizia que um dos papéis encontrados, um documento interno com o organograma da empreiteira e a descrição do sistema de remuneração variável, era o "mapa da sociedade criminosa". No texto, o senador deduziu que a sigla DDPa, que no odebrechês significava "Dirigentes de Países", significava "Dirigentes Políticos de Áreas". E traduziu "Responsáveis por Área de Investimento" por "Representantes de Autarquias e Instituições". Assim, o diagrama de distribuição de bônus aos executivos parecia um esquema de pagamento de propinas. Era um erro banal num relatório caudaloso,[50] cheio de outras evidências de que a Odebrecht trocava doações de campanha por favores no Congresso, pagava propinas e traficava influência em bancos públicos e ministérios. O deslize de Bisol, porém, lhe custaria caro.

Na mesma tarde, em São Paulo, Emílio postou-se diante de uma tela branca iluminada por um retroprojetor. Com uma caneta nas mãos, falava com eloquência e indignação para um auditório cheio de jornalistas que anotavam em silêncio: "O documento do senador Bisol é de total irresponsabilidade. Sem dúvida nenhuma, o país não merece um senador como este. Ele parte de processos e do organograma da Odebrecht dando-lhes uma interpretação deformada ao seu bel-prazer. Une a ignorância com a má-fé". Emílio anunciou que ia processar Bisol, negou que sua empresa tivesse "condições" de liderar um cartel e minimizou os achados no banheiro de Reis. "A Odebrecht sempre deu presentes a parlamentares e ajudou políticos em suas campanhas eleitorais. Qualquer organização sempre ajudou candidatos em eleições. A nossa sempre colocou seus serviços, tecnologia e recursos humanos para contribuir com os candidatos que nos pediram ajuda e que mereciam a nossa confiança. Isso não é ilegal."[51]

A cena de Emílio com ar professoral diante de uma tela com a apresentação funcionou bem. Pela primeira vez naquele vendaval de crises, um contra-ataque da Odebrecht deu resultado. O argumento de que Bisol se excedera em suas declarações pegou e passou a ser repetido por toda a imprensa. Mesmo os jornais que mais exploravam em manchetes os documentos de Ailton Reis concediam que o senador havia exagerado. Os concorrentes, que assistiam quietos ao tiroteio, comentavam que a Odebrecht havia "se articulado" com a imprensa.

Dado o pânico generalizado de uma investigação mais profunda sobre o material, a brecha foi aproveitada ao máximo no Congresso. Deputados faziam coro às acusações contra Bisol e repetiam que ser citado em uma lista de forma unilateral não era crime nenhum. Benito Gama, do PFL da Bahia, declarou à *Folha de S.Paulo* que os exageros de Bisol haviam consolidado um "sentimento corporativista", a ponto de haver até trezentos parlamentares trabalhando contra a CPI naquele momento.[52] Gama, que havia sido um dos relatores da CPI do PC, afirmava ainda que o fato de o senador ter sido candidato a vice de Lula em 1989 fazia da comissão um instrumento político do PT e dizia que, se ela fosse encerrada naquele momento, ninguém seria cassado.

Gama estava quase certo. Para um pequeno grupo, a operação abafa não funcionou. No final de janeiro de 1994, quando a CPI foi encerrada, seis deputados foram cassados e quatro renunciaram ao mandato, incluindo João Alves, ex-presidente da Comissão do Orçamento. Os parlamentares que estrelavam as listas da Odebrecht, porém, não sofreram punição, e os papéis da empreiteira não foram considerados no relatório final. Numa típica manobra diversionista, os principais líderes da CPI passaram a advogar que, de tão importante, o material merecia uma comissão exclusiva para investigar seu conteúdo. Assim, em dezembro de 1993, foi criada a CPI das Empreiteiras — para dar em nada, já que todos no Congresso sabiam que nenhuma CPI funcionaria em 1994, que era ano eleitoral. Naquele mesmo mês, PC foi preso na Tailândia. A CPI, porém, nunca foi instalada.

Quando os executivos da Odebrecht começaram a chegar ao hotel Deville, na praia de Itapuã, em Salvador, o pior já tinha passado. Era o final de 1994, Fernando Henrique Cardoso havia sido eleito e o PT não tinha chegado ao poder. A Odebrecht saía da crise disposta a limpar sua imagem. Pesquisas de opinião tinham levado à criação de um programa de eventos universitários, com profissionais dando palestras em faculdades de todo o país, além de prêmios culturais e uma política de patrocínios às artes e à cultura. Executivos foram treinados para falar com a imprensa, por meio de workshops e palestras com jornalistas influentes, como Armando Nogueira, Paulo Nogueira e Luis Nassif. E não menos importante: Emílio Odebrecht passou a dedicar atenção especial aos donos de veículos de comunicação. Depois de muito tentar, desenvolveu relacionamento próximo com Manuel Francisco do Nascimento Brito, do *Jornal do Brasil*, os irmãos Roberto Irineu e João Roberto Marinho, da Globo, e os Frias, da *Folha de S.Paulo*.

Como parte da estratégia de aproximação, Emílio passou a oferecer aos donos de jornais negócios que pouco lhe interessavam do ponto de vista financeiro, mas que, ele achava, podiam trazer dividendos intangíveis. Como a construção do novo parque gráfico da *Folha*,[53] acertada em 1994, cujos custos de 10 milhões de dólares seriam abatidos em publicidade no jornal ao longo de dez anos. A Odebrecht sabia que teria dificuldade em gastar todo esse dinheiro em publicidade, mas isso não importava.[54] Para Emílio, era imperativo se aproximar dos donos de veículos de comunicação e passar a integrar a casta dos empresários formadores de opinião — o establishment que, na cabeça dele, desfrutava não só de prestígio como de proteção. Nessa época, a Odebrecht construiu também o Parque Gráfico do jornal *O Globo* (em Duque de Caxias),[55] e adiantou recursos tanto para o *Estadão* quanto para a *Gazeta Mercantil* e o *Jornal do Brasil*, comprando publicidade à vista por cinco anos. Muito tempo depois, em 2016, Emílio mencionaria os aportes no depoimento à Lava Jato, que perguntaram o que ele pedia em troca. Com um sorriso maroto e o característico sotaque baiano, o empresário explicou o que dizia aos donos de jornais: "Meu filho, você tem que me defender também! Eu não quero que você esteja tolhido de dar as informações, mas não explore as informações! [...] Não quero que vocês deixem de dar a notícia, eu só não quero que vocês fiquem explorando a notícia!".[56]

A experiência recente havia ensinado a Emílio que apenas se tornar "gostável" ou integrar o primeiro time do empresariado não era garantia contra novas denúncias. Ao longo de 1994, a Odebrecht continuara sob investigação, acumulara prejuízos com obras paradas e chegara a ser impedida de fechar contratos com o setor público por uma liminar depois derrubada.[57] Em entrevistas, Emílio tentava minimizar o impacto da crise ressaltando que as obras no exterior já representavam 39% do faturamento da construtora.[58] Só não dizia que o financiamento vinha quase sempre do Tesouro ou de bancos estatais brasileiros. Era fundamental mitigar o risco de novos ataques.

5. O novo amigo

"Você conhece o Lula?", perguntou o prefeito de São Paulo, Mário Covas, após um breve hiato na conversa. "Não", respondeu Emílio Odebrecht. "Não conheço pessoalmente, só de ouvir falar." Covas achava que Luiz Inácio Lula da Silva poderia ser a solução para os problemas de Emílio. O empreiteiro andava de cabeça quente, preocupado com a greve dos operários do polo petroquímico de Camaçari, naquele ano de 1985. Desde sua inauguração, em 1978, o polo enfrentara inúmeras greves, mas a última se arrastava além do normal. Os três meses de negociação das reivindicações salariais resultaram em impasse, e os trabalhadores, num movimento que os sindicatos não controlavam plenamente, ocuparam em 27 de agosto plantas industriais de duas empresas — entre elas a Copene, da qual a Odebrecht era sócia. Só deixaram as fábricas depois que a Justiça determinou a reintegração de posse e os policiais cercaram a ocupação, cientes de que um confronto armado naqueles locais cheios de produtos químicos poderia causar uma tragédia. A greve continuou do lado de fora das fábricas e mobilizou não só as autoridades estaduais, mas o próprio ministro do Trabalho. Movidos pelo lema "recuar é perder", os operários estavam irredutíveis. Além do evidente abalo que sempre representa para um patrão, a paralisação atrasa e encarece os planos de diversificação do grupo Odebrecht, ancorados na formação de uma cadeia de produtores de insumos petroquímicos. A greve tinha que acabar o quanto antes.

Lula estava em alta. Líder surgido na grande greve dos metalúrgicos de São Bernardo, em 1978, angariara o respeito dos intelectuais e políticos de todos os matizes ao comandar assembleias com mais de 80 mil trabalhadores e depois ao negociar o fim da greve com os patrões. Desde então, fundara o PT, fora candidato ao governo do estado de São Paulo, ajudara a organizar a campanha pelas eleições diretas e, na época da conversa de Emílio com Mário Covas, preparava sua candidatura a deputado federal para a Constituinte. O peemedebista Covas conhecia bem a força de Lula junto aos sindicatos. Os dois haviam trabalhado lado a lado na campanha de Fernando Henrique Cardoso para o Senado, em 1978 (sem votos suficientes para assumir a vaga, FHC se tornou suplente). Pensando em ajudar Emílio Odebrecht, de quem era próximo, o prefeito promoveu um encontro com o petista.

Os dois se conheceram num sábado à tarde, na casa de Covas, no bairro do Jardim Paulistano. Estavam apenas os três: Lula, Emílio e o anfitrião. Em seu relato sobre aquele dia, o empreiteiro contou que Covas buscou transferir para ele a relação de confiança que tinha com o líder metalúrgico.[1] Apresentou um ao outro, fez elogios a ambos e deixou rolar. Tanto Emílio como Lula gostavam de boa comida, de boa bebida e de boa conversa. Tiveram empatia imediata. Foram nove horas de um diálogo repleto de risadas e gentilezas, em que contaram casos, falaram de política e, claro, das greves em Camaçari.

Lula ouviu Emílio com atenção e prometeu ajudar. Disse que conversaria com os sindicalistas que conhecia para tentarem chegar a um acordo. O empreiteiro deixou a casa de Covas quando já era noite, encantado com o novo amigo. "Ele tem uma visão muito atualizada das coisas. [...] É um animal intuitivo", passou a repetir ao seu time. Habituado a identificar líderes com potencial nos quais pudesse apostar, o empresário tinha certeza de ter encontrado um sujeito diferente. "Ele pega as coisas rápido, ele percebe. [...] É um animal político!" A caminho de casa, satisfeito com a boa jogada que acabara de fazer, Emílio sorria, lembrando uma conversa com Golbery do Couto e Silva, ex-chefe da Casa Civil dos presidentes Ernesto Geisel e João Batista Figueiredo. "Lula não tem nada de esquerda, é um bon vivant!", dissera Golbery.[2] O homem sabia das coisas.

Emílio, porém, estava sozinho. Seus parceiros desconfiavam de Lula e do

PT. Durante anos tratariam a amizade com o sindicalista como um capricho do chefe. Eles consideravam petistas uma pedra no sapato: acusavam a empresa de corrupção, comandavam greves, propunham CPIs no Congresso para investigar as relações da organização com políticos. Para vários na Odebrecht, a pior coisa que podia acontecer seria o partido vencer as eleições.

No episódio da greve, porém, Lula os surpreendeu. Muitos anos depois, ao relembrar o caso, o próprio Emílio diria: "Ele não só me ajudou, como criou uma condição de eu poder ter uma relação diferenciada com os sindicatos. [...] E passei a ter um processo de convívio com ele, quase institucional".[3] Acostumado a lidar mais com políticos do que com engenheiros, Emílio não era um ás das finanças, mas sabia interpretar e antecipar movimentos da política. "Esse ainda vai se tornar presidente da República", dizia.

Era esse o modus operandi da Odebrecht. Emílio acreditava na potência dos relacionamentos pessoais, muito mais do que no convencimento técnico e racional. E era um mestre naquilo que o mercado financeiro chama de "comprar na baixa". Não foi por outra razão que a empreiteira sempre financiou candidatos a presidente ou governadores de oposição que, mesmo sem estar na crista da onda, pudessem ter alguma chance de vitória. Ou deu ajuda financeira a políticos que, embora importantes, passavam por alguma dificuldade. O próprio Emílio orientava seus homens a mapear figuras promissoras ou que estivessem no ostracismo para saber do que estavam precisando: "Amanhã, ele tem o potencial, volta [pro governo], ele vai olhar para a gente de forma diferente".[4] Lula entrava na categoria dos políticos de oposição com potencial. Disciplinado na prática que o pai, Norberto, havia batizado de "influenciar e ser influenciado", Emílio passou a ter encontros periódicos e frequentes com Lula.

Em 1985, a Odebrecht era uma holding com nove empresas, as principais delas construtoras — a Norberto Odebrecht (CNO), e a CBPO, adquirida dos herdeiros do empresário Oscar Americano no início da década. Tinha 17 mil funcionários, escritórios em Salvador, no Rio de Janeiro e em São Paulo e obras no Peru e em Angola.[5] Com a crise e a hiperinflação do início da década, o grupo havia passado por dificuldades, como a CPI de Angra e as denúncias da ferrovia Norte-Sul. Em meados dos anos 1980, estava voltando a crescer e não podia correr o risco de enfrentar prejuízos na área petroquímica, a grande aposta de Emílio para fortalecer a organização.

Nas décadas seguintes — até que a Operação Lava Jato os separasse —, o empreiteiro e o líder sindical (e depois presidente da República) almoçaram ou jantaram juntos pelo menos três vezes ao ano. Os encontros eram em geral longos, e o empreiteiro aproveitava para tentar incutir em Lula sua visão sobre os assuntos de Estado e de governo, o que ele chamava de "catequese". Com o tempo, o petista tornou-se também uma boa fonte de informações sobre o ambiente político. Em 1989, quando ocorreu a primeira eleição direta para a Presidência da República depois da redemocratização, a Odebrecht foi de Collor. O ex-governador de Alagoas venceu Lula no segundo turno, após uma campanha em que desestabilizou o petista com ataques pessoais. Na última semana da disputa, Collor divulgou um depoimento de Miriam Cordeiro, ex-namorada de Lula, em que ela dizia ter sido abandonada quinze anos antes pelo então metalúrgico logo no início da gravidez. Afirmava também que Lula pediu para que ela fizesse um aborto, acusação que o ex-presidente sempre negou. O voto declarado em Collor, porém, não impediu que Emílio liberasse recursos para a campanha do PT. E esse apoio não chegava só em dinheiro: apurados os resultados, o empreiteiro foi um dos primeiros a prestar solidariedade a Lula, como fez em todas as outras derrotas.

A partir dessa eleição, a Odebrecht contribuiria em todas as campanhas do partido — no início com valores não muito altos. A relação entre a empreiteira e o líder popular, entretanto, permaneceu clandestina durante anos. Em público, Lula não só dizia não ter nenhum relacionamento com a Odebrecht, mas detestá-la. Em 1993, quando Eliseu Resende, então ministro da Fazenda, foi pilhado aceitando favores de um lobista da empreiteira, Lula comentou com jornalistas da *Folha de S.Paulo* que o acompanhavam na Caravana da Cidadania, como ele chamava as viagens que fazia pelo Brasil: "Só um idiota não sabia que esse canalha do Eliseu Resende tem compromisso com empreiteiras. O filho da puta do Itamar jogou pela janela a chance de ouro, de formar uma boa equipe de governo".[6] Além da reação indignada de Itamar Franco, então presidente da República, a fala de Lula provocou muxoxos nos corredores da Odebrecht. Mas ninguém passou recibo. Se a ordem, como diziam os documentos da área de relações institucionais da empreiteira, era cativar membros da oposição para "reduzir áreas de agressão",[7] assim eles fariam, mesmo sendo obrigados a manter-se à sombra para não afrontar os valores do partido.

Poucos petistas colheram mais dividendos políticos da onda de denúncias que atingira a Odebrecht com o caso pc e o escândalo do orçamento no início da década de 1990 do que o então deputado federal Aloizio Mercadante, estrela da cpi e escudeiro de José Paulo Bisol na elaboração do relatório que classificou a empreiteira baiana como uma "organização criminosa". Então muito popular, Mercadante foi entrevistado pela revista *Playboy* em janeiro de 1994. "E se a Odebrecht oferecesse a você uma casa para passar o fim de semana e a Camargo Corrêa um helicóptero para você ir, você iria?", perguntaram os repórteres. "Não, não iria." "Por quê?", insistiram. "No caso da Odebrecht, de cada três crimes, eles estão envolvidos em quatro", respondeu Mercadante.[8] Em junho do mesmo ano, o senador Bisol, agora candidato a vice-presidente na chapa de Lula, foi acusado de incluir no orçamento da União emendas destinadas à cidade onde sua família tinha uma fazenda.[9] Anos depois, ele ganharia os processos contra os jornais que haviam publicado as reportagens. Mas o efeito político das denúncias foi o afastamento dos petistas, que começaram a fritá-lo — pegava mal ter um candidato à vice-presidência suspeito de deslizes éticos. Bisol não teve como se segurar e renunciou. Mercadante o substituiu.

A relação de Lula com a Odebrecht, porém, não permaneceria escondida por muito tempo. Finda a eleição de 1994, pouco antes de as contas serem apresentadas ao tse, veio à tona a informação de que a empreiteira havia dado dinheiro a campanhas vitoriosas do pt nos estados. Cristovam Buarque, eleito governador do Distrito Federal, recebera 200 mil reais; Vitor Buaiz, vitorioso no Espírito Santo, 35 mil.[10] Uma ala do próprio pt de Brasília vazou a informação, indignada com a contradição entre o discurso e a prática do partido.

A primeira reação de Lula e do pt foi negar a doação. O tesoureiro da legenda, Paulo Okamotto, tentou se fingir de morto. Recusou-se a responder aos chamados dos repórteres, mas não conseguiu evitar que o envolvessem no imbróglio. O coordenador da campanha de Cristovam Buarque, Hélio Doyle, afirmou que Okamoto o autorizara a receber os recursos. Segundo Doyle, o tesoureiro de Lula havia dito que a Odebrecht estava interessada em doar dinheiro ao pt para "limpar o nome".[11] Nos dias seguintes, os jornais divulgaram que, além da Odebrecht, empresas como a oas, o grupo Votorantim e o banco Itaú também haviam contribuído. Ao ser questionado a respeito, Lula disse não ver problema: "São empresas em funcionamento, não corrupção ou clandestinidade, o dinheiro é bem visível, trocado por bônus".[12] E, apesar de admitir que a

Odebrecht dera recursos às campanhas para governador, garantiu que a sua não recebera dinheiro da empreiteira: "Tudo isso é futrica. Não posso fazer polêmica com futrica. A informação que eu tenho é que não há dinheiro da Odebrecht. Isso é lorota".[13]

Dois dias depois, a Odebrecht divulgou uma nota confirmando ter feito doações a diversos partidos, incluindo o PT. "Quanto foi destinado por cada partido aos seus candidatos é uma decisão interna de cada um", dizia a nota.[14] Como as contribuições eram em bônus eleitorais, que funcionavam como recibos "vendidos" aos doadores, a empresa podia doar para uma campanha nacional e, sem que tivesse qualquer controle sobre isso, ter os bônus utilizados por candidatos a cargos estaduais. Aparentemente, foi o que aconteceu. A Odebrecht deu o dinheiro ao PT nacional, que por sua vez repassou aos candidatos locais. No dia seguinte à declaração de Lula, as contas nacionais do partido foram apresentadas ao TSE. De fato, entre as doações não havia nem um real vindo da Odebrecht.[15]

Estranhamente, porém, a prestação de contas da campanha de José Dirceu para o governo de São Paulo recebeu 478 mil reais — até então, o candidato dizia ter recebido de 60 mil a 100 mil reais da empresa. Não faltou quem detectasse nisso um indício de que a campanha de Dirceu fora "engravidada" na última hora, para proteger Lula de acusações. A insinuação, repetida não só nos outros partidos, mas até entre petistas, nunca chegou a ser comprovada. Se comparada à arrecadação oficial da campanha presidencial de Fernando Henrique Cardoso, de 33 milhões de reais, a de Lula, com seus 3,3 milhões, podia ser considerada modesta.[16] Muitos anos depois, Emílio Odebrecht disse ter tratado de dinheiro de caixa dois para a eleição de FHC com um operador financeiro que não quis identificar,[17] porque já havia morrido, mas até as copeiras da Odebrecht sabiam se tratar de Sérgio Motta, o Serjão, coordenador da campanha de reeleição de FHC ao Senado em 1986 e à Presidência, em 1994, que depois se tornou ministro das Comunicações.

Sempre que precisava responder sobre o assunto das contribuições, Lula recorria ao argumento de que os outros candidatos haviam recebido muito mais dinheiro que ele. Mas a questão, no caso do PT, era outra. Para uma legenda que tinha a ética na política e o combate à corrupção como bandeiras, era no mínimo constrangedor aceitar recursos de quem eles haviam enxovalhado por anos a fio, de modo que os tesoureiros de campanha eram explicitamente orientados a não receber dinheiro de empresas envolvidas em irregularidades. No caso da Odebrecht, que os próprios petistas qualificavam de "organização criminosa", ficava ainda pior.

O paradoxo não passou despercebido a jornalistas, políticos de outras legendas e outros empreiteiros em geral. Editoriais do *Jornal do Brasil* e do *Estado de S. Paulo* sustentavam que o episódio igualava o partido de Lula aos demais, e virou lugar-comum dizer, nos jornais e no Congresso, que a Odebrecht havia tirado a virgindade do PT.

A polêmica não afetou a relação de Emílio e Lula. A Odebrecht continuou doando recursos às campanhas do PT, e cada vez mais à medida que aumentavam as chances de o petista virar presidente. Para Emílio, mantê-lo por perto era uma tarefa tão importante que ele destacou um executivo só para ela: o diretor comercial da Odebrecht Petroquímica, Alexandrino Alencar, a quem os mais próximos se referiam como "o petista da Odebrecht".

Baixinho, gordinho e careca, sempre ostentando a barba bem aparada, Alencar era um tipo agradável e bem-humorado, cujas frases e observações frequentemente terminavam com "hein? hein?" — o que tanto podia denotar uma pergunta como ser um recurso para não terminar o raciocínio. Era um tique curioso, que não atrapalhava sua habilidade de fazer o interlocutor se sentir inteligente e especial. Nascido no Rio de Janeiro, Alencar foi morar com alguns primos em Porto Alegre quando seu pai assumiu um posto no exterior, como embaixador — e foi na cidade que mais adiante se formou em química.[18] Depois, mudou-se para São Paulo, para trabalhar em uma petroquímica do grupo Unipar. Atuou em diversas empresas do setor e morou por mais de uma década no ABC Paulista. Vivia encontrando Emílio Odebrecht em viagens a negócios, e a onipresença do executivo impressionou o empreiteiro, que resolveu contratá-lo, no início dos anos 1990.

A missão de Alencar era cuidar de Lula. Cabia a ele ficar na cola do político e se tornar seu amigo, ajudando "no que fosse preciso", exatamente como pregava a filosofia da empreiteira. Como o patrão e o petista, Alencar gostava de comer bem, beber e jogar conversa fora. Ele desempenhou a missão com prazer e sem esforço. Logo se enturmou com Lula, que vez por outra telefonava no fim de semana para fazer um convite que se estendia ao presidente da Odebrecht Petroquímica, Álvaro Cunha: "Tô dando um churrasco, venham pra cá". Assim, entre picanhas e maminhas, Lula e a Odebrecht fortaleceram um relacionamento que se revelaria providencial para ambos — mas se tornaria tóxico depois de o líder petista deixar o governo. A proximidade entre Lula e a empreiteira não demorou a dar frutos fora das campanhas eleitorais. Ainda no início dos anos 1990, as conversas do executivo com o líder político proporcionaram uma oportunidade que a cartilha da Odebrecht classificaria como imperdível. Greves na petroquímica continuavam frequentes e não se restringiam à Bahia. Repetiam-se nas fábricas geridas pela Odebrecht em outros estados, e a cúpula vivia preocupada, buscando formas de se antecipar a eventuais protestos de trabalhadores. A empresa estava investindo muito dinheiro nas privatizações iniciadas no governo Collor, várias delas no setor petroquímico — queria se ver livre de paralisações e tumultos.

Num papo com Lula, Alencar comentou que estava pensando em contratar uma pessoa para lidar exclusivamente com os sindicatos, e pediu uma indicação. "Olha, tem o meu irmão, o Frei Chico."[19] José Ferreira da Silva, três anos mais velho que Lula, emigrara de Pernambuco para São Paulo junto com ele e toda a família no início da década de 1950. Trabalhou numa metalúrgica no bairro do Ipiranga, ingressou no Sindicato dos Metalúrgicos e, em 1968, foi responsável pela entrada de Lula na chapa que concorreu à diretoria da entidade. Frei Chico, que tinha esse apelido por causa da careca franciscana,[20] era uma figura popular no sindicalismo. Mas o que interessava mesmo era que, sendo irmão de Lula, tinha ainda mais legitimidade para fazer o que esperavam dele.

Alencar imediatamente contratou Frei Chico como consultor. Ele dominava bem o serviço, pois, segundo disse na época ao executivo, já fizera o mesmo para outras empresas. Sempre que havia insatisfação, reivindicação ou greve em qualquer de suas plantas petroquímicas, a Odebrecht acionava o irmão de Lula, que dava um jeito de se aproximar dos operários — naturalmente sem dizer que estava a serviço da empreiteira. Tanto ele como a direção da Odebrecht sabiam que boa parte das reivindicações em uma greve servia apenas para "engordar a pauta" e dar aos sindicatos margem de manobra durante as negociações. Frei Chico mapeava essas filigranas e, ao chegar das viagens, dizia a Alencar o que tinha que ser feito para acabar com a greve. Era um arranjo duplamente útil. Além de ter um espião nos sindicatos, a empreiteira colocara o irmão de Lula em sua folha de pagamento.[21]

Após a eleição de Lula para a Presidência, o irmão não podia mais sair desmontando greves Brasil afora, e a Odebrecht teve de rescindir o contrato de consultoria. Não deixou, porém, de ajudar no sustento do ex-sindicalista. Até porque agora ele era mais valioso do que nunca nos quadros secretos da empreiteira. Pouco depois da vitória, Alencar — já então diretor de relações institucionais da Braskem — e Frei Chico se reuniram e redefiniram seu relacionamento em novas bases. Ficou acertado que o irmão do presidente não precisaria fazer mais nada, e ainda assim receberia 9 mil reais a cada três meses, sempre em dinheiro vivo, providenciados pelo Departamento de Operações Estruturadas, que cuidava dos pagamentos no caixa dois. Nos registros do setor, o codinome de Frei Chico era Metralha. A partir de 2007, o valor foi reajustado para 15 mil reais trimestrais. O dinheiro era entregue pessoalmente pelo próprio Alencar.[22]

O encontro em geral acontecia em bares e restaurantes, onde aproveitavam para colocar a conversa em dia. Alencar se atualizava sobre a política e os meandros do governo enquanto saboreavam uma cachacinha. Era uma relação conhecida de poucos dentro e fora da Odebrecht. Mas Lula, o maior interessado no assunto, sabia o que se passava. O próprio Alencar fez questão de deixá-lo a par da generosidade. Afinal, de que adiantava dar dinheiro ao irmão de Lula se o presidente não ficasse sabendo? A ajuda a Frei Chico duraria doze anos, e só seria encerrada depois da Lava Jato.

O investimento da Odebrecht em Lula foi constante e disciplinado. Mesmo quando a ascensão do petista ao Planalto ainda era uma possibilidade remota, Emílio não deixava passar muito tempo sem encontrá-lo. O empreiteiro pontificava sobre o Brasil, tentando prover o petista daquilo que, em sua opinião, lhe faltava: visão macro da economia e da política. O principal objetivo de Emílio era blindar o líder do PT contra a doutrina estatizante do partido. Ainda assim, apesar da boa relação entre os dois, a desconfiança entre a empreiteira e o PT permanecia.

Numa ocasião, em 2001, Emílio deu o recado de forma mais enfática. A Odebrecht estava orquestrando a operação mais importante do grupo em anos, central para sua sobrevivência: a formação da Braskem, a partir da junção das plantas petroquímicas da Odebrecht com as da Petrobras e do grupo Mariani. Os anos anteriores haviam sido de sacrifício e de brigas na empresa, que quase entrara em falência. O grupo só conseguiu recuperar-se graças à fusão das petroquímicas e à formação da Braskem. Era preciso garantir que não houvesse um retrocesso no setor. Daí a pressão interna que Emílio vinha sofrendo.

Para que tudo desse certo, seria preciso que a Petrobras concordasse em integrar seus negócios de petroquímica à Braskem e, no futuro, aumentar sua participação na nova empresa sem se tornar majoritária — deixando o comando com a Odebrecht. Corria o governo Fernando Henrique Cardoso, e as coisas pareciam caminhar bem. Emílio acumulara experiência suficiente para saber que boa parte dos problemas que enfrentara na relação com a Petrobras havia se originado nos sindicatos, associações de funcionários e fundos de pensão, dominados por quadros petistas. Num eventual governo do partido, esses quadros certamente ocupariam posições de comando na estatal. Se Lula, uma vez eleito, decidisse desfazer todo o arranjo, a empreiteira não aguentaria o tranco.

Logo no começo da campanha, quando Lula disse que estava contando com o apoio da Odebrecht, o empreiteiro foi direto: "Chefe, eu gostaria de ver se nós temos alinhamento pleno com referência a esse negócio da petroquímica. A Petrobras quer estatizar". Lula foi enfático em sua reação: "Emílio, você me conhece, você nem precisava fazer essa pergunta, porque eu não sou de estatizar". O empreiteiro não se deu por satisfeito: "Chefe, eu vou na confiança do que o senhor está me dizendo agora, porque sua estrutura não é assim que pensa...".[23] Lula esboçou um sorriso e encerrou o assunto: "Quem manda sou eu".

Emílio saiu um pouco mais aliviado da conversa, mas continuou com a pulga atrás da orelha. Ao contar os detalhes do encontro a Pedro Novis, então presidente executivo da Odebrecht, resumiu seu estado de espírito: "Se por qualquer circunstância houver um revertério nisso, a organização, apesar de toda a minha relação, não vai dar um tostão de ajuda [ao PT]". Tanto Novis como Lula tinham bem claros tais limites. Toda vez que encontrava o líder petista — e quase sempre ouvia dele um pedido de recursos para a campanha —, o empreiteiro explicitava que o apoio seria amplo e generoso, mas não irrestrito. Tinha uma condição: que o governo não bulisse com seus negócios na petroquímica.[24]

Lula fazia o possível para deixar Emílio tranquilo. Chegou até a assumir o compromisso de consultar a Odebrecht cada vez que o governo fosse fazer um movimento importante no setor.[25] Na eleição presidencial de 2002, o petista aparecia bem nas primeiras pesquisas, mas tinha medo de repetir o roteiro do passado e perder fôlego no final. Estava cansado de derrotas. Por orientação do marqueteiro Duda Mendonça, adotara uma postura mais serena e conciliadora, consagrada em slogans como "Lulinha Paz e Amor" e "A esperança venceu o medo". Desde o início, trabalhara para ter um vice-presidente empresário; fechou com José Alencar, dono da indústria têxtil Coteminas e ex-presidente da Federação das Indústrias de Minas Gerais.

Apesar de todos esses movimentos, Luiz Inácio continuava provocando arrepios no mercado financeiro. Em meados de 2002, quando as pesquisas começaram a mostrá-lo com 40% das intenções de voto, um clima de preocupação começou a reinar entre os empresários; a Bolsa caiu e o dólar subiu,[26] e os petistas entenderam que, se não quisessem morrer na praia, não poderiam desafiar o mercado. Foi quando surgiu a ideia de uma declaração que acalmasse o mundo financeiro e o empresariado em geral. Emílio fez questão de contribuir. Na chamada "Carta ao povo brasileiro",[27] com pouco mais de 1,7 mil palavras, o presidenciável prometia uma "lúcida e criteriosa transição", "respeito aos contratos", e um diálogo com todos os setores da sociedade. Mais importante, assegurava que manteria o superávit fiscal, a estabilidade das contas públicas e o combate à inflação. Em meio a intenções mais genéricas, um item em particular indicava a digital da Odebrecht: a criação de uma Secretaria Extraordinária de Comércio Exterior, ligada diretamente à Presidência da República. Isso interessava à organização porque facilitaria o financiamento a obras de infraestrutura e exportação de serviços. Apesar da reação ainda desconfiada do mercado financeiro, a carta foi bem recebida pelos industriais, que gostaram da ênfase dada à produção e à reforma tributária.

A celeuma se deu entre os petistas mais radicais, que reclamavam dos agrados ao mercado. A posição de Lula, entretanto, prevaleceu. E, aos poucos, os executivos da Odebrecht foram identificando no partido os melhores interlocutores para defender seus interesses. Logo se afeiçoaram a Antonio Palocci, que se tornara coordenador de campanha no início de 2002, no lugar do prefeito de Santo André, Celso Daniel, assassinado em janeiro daquele ano. Da primeira vez que solicitou dinheiro ao amigo, Lula pediu que Emílio acertasse os detalhes sempre com Palocci. Emílio, por sua vez, delegou a Pedro Novis a missão de negociar os valores e fazer com que o dinheiro chegasse à campanha.[28]

Novis recebeu Palocci pela primeira vez em São Paulo, em seu escritório na avenida Rebouças, num prédio anexo ao shopping Eldorado, no bairro de Pinheiros, onde ficava na época a sede da organização. Como tratavam sobretudo de assuntos práticos, em conversas breves e objetivas, o mais comum era se encontrarem ali mesmo, e não em almoços e jantares. Isso não impedia Novis de aproveitar a ocasião para, em suas palavras, alertar Palocci sobre como a ideologia do PT poderia atrapalhar a imagem de Lula no meio empresarial.[29] Sempre que tinham chance, os executivos de Emílio deixavam claro que o "apoio expressivo" ao PT não seria gratuito. Eles esperavam que o controle do setor petroquímico fosse mantido com a iniciativa privada — de preferência, concentrado na Braskem. Um dos negócios que tinham em mente era a compra do grupo gaúcho Ipiranga, do qual a Odebrecht já era sócia no parque petroquímico de Triunfo, no Rio Grande do Sul. Consultados, Palocci e Lula disseram ver o projeto com bons olhos.

Entre alertas e promessas, acertavam-se as doações, quase tudo no caixa dois. Uma vez fechados os valores, Palocci e Novis repassavam aos subordinados a tarefa de colocar tudo em prática. Pela Odebrecht, cabia a Antônio Ferreira providenciar o envio do dinheiro, segundo as instruções do tesoureiro do PT, Delúbio Soares, professor de matemática e sindicalista em Goiás.

Anos mais tarde, Novis estimaria em 20 milhões de reais as doações da empreiteira à campanha de Lula em 2002.[30] A quantia é quase a metade do que o PT declarou ao TSE ter gasto na campanha, mas na papelada a Odebrecht apareceu doando bem menos: 1 milhão de reais.[31] À medida que a vitória ficava mais palpável, mais empresários procuravam uma forma de se aproximar do PT. Vários deles recorriam à intermediação da Odebrecht, por suas relações com Lula. A empreiteira desempenhava esse papel com satisfação.

Em outubro de 2002, alguns dias depois do primeiro turno, Pedro Novis convidou Lula e Palocci para um jantar em sua casa. O candidato petista havia angariado 39,4 milhões de votos na primeira etapa das eleições e rumava como franco favorito para o segundo turno contra José Serra, ministro da Saúde de FHC. No espaçoso apartamento de Novis, em frente ao Parque Villa-Lobos, reuniram-se naquela noite Emílio, Luiz Fernando Furlan, presidente da Sadia, e Pedro Henrique Mariani, do grupo Mariani, antigo sócio e parceiro da Odebrecht. O então presidente da multinacional Dow Chemical do Brasil, José Eduardo Senise, também estava presente, bem como Alexandrino Alencar e Miguel Jorge, executivo do Santander que trabalhara na Volkswagen e já conhecia Lula dos tempos do sindicato. Para quase todos, era a última chance de conversarem com o futuro presidente antes da vitória.

Foi Emílio quem disparou as perguntas que os pares gostariam de fazer ao petista, até que os demais tomassem a iniciativa de falar. Furlan, que havia sido apresentado a Lula naquela noite, foi franco. Disse que o discurso do PT ainda provocava temores no empresariado e que o candidato precisava controlar seus radicais. Preocupado em agradar o mercado sem desencantar o público original, Lula dava uma no cravo e outra na ferradura. Na campanha, criticava setores do capitalismo brasileiro. Nos jantares com empresários, ostentava uma agenda pragmática e conciliadora. Dessa maneira, conquistou a todos naquela noite (e pelo jeito, também foi conquistado, já que dois dos presentes se tornariam seus ministros). Ao final, os empresários, bem-humorados, comentaram que o petista não comia criancinhas, não tinha o ranço da esquerda nem se alinhava a radicalismos antiquados, e que talvez viesse a ser um bom presidente.

Semanas depois, confirmada a vitória, Lula comemorou no Hotel Intercontinental, em São Paulo, cercado de correligionários e bajuladores. Emílio não apareceu. Não era necessário. O empreiteiro apostara em Lula quando ninguém lhe dava importância, superara as desconfianças e participara da construção daquele presidente da República. Como no dito popular, os dois haviam comido muito sal juntos, e aquilo bastava. No fundo, Emílio considerava-se, ele próprio, um vitorioso. Todo o investimento valera a pena. E os dividendos para a Odebrecht, ele tinha certeza, seriam mais do que recompensadores.

6. Questão de sobrevivência

O Palácio dos Bandeirantes, sede do governo paulista, estava em festa naquela tarde do início de setembro de 1997. Mais de quatrocentas pessoas, entre empresários, políticos e jornalistas, aglomeravam-se no hall principal, um amplo salão de paredes brancas e piso de mármore, dominado pelo painel colorido representando as plantações de café e de cana de São Paulo, para assistir à solenidade de assinatura de um contrato entre a Petrobras e a Odebrecht. O documento de sessenta páginas previa a construção de um polo petroquímico em Paulínia, a 130 quilômetros dali, e demandaria um investimento de 2,5 bilhões de dólares. A cúpula da Odebrecht compareceu em peso. Emílio, Álvaro Cunha, Alexandrino Alencar e companhia misturavam-se aos outros engravatados.

O momento deveria ser de comemoração: era o ato inaugural de uma estratégia capaz de resgatar o grupo da profunda crise em que se encontrava. Desde o início do governo Fernando Henrique, a organização havia investido o que não tinha nas privatizações de pequenas empresas petroquímicas e na compra de companhias sem nenhuma relação com seus negócios principais. Norberto também naufragara tentando negócios próprios. A Odebrecht que se apresentava para o evento com o presidente da República era um conglomerado esquizofrênico e endividado, em busca da sobrevivência.

O contrato a ser assinado ali com a Petrobras abria caminho para uma aliança mais ampla, com a formação de uma grande e hegemônica indústria petroquímica nacional. Só que os concorrentes não estavam dispostos a ceder espaço tão facilmente. Desde o dia anterior, Ultra, Ipiranga e Suzano haviam iniciado uma ofensiva contra o contrato nos bastidores do governo. Tinham descoberto que uma das cláusulas obrigava a Petrobras a oferecer sociedade primeiro à Odebrecht sempre que fosse participar de um novo projeto em petroquímica.[1] Na prática, o documento dava à organização uma vantagem insuperável e desleal, já que todos dependiam de matéria-prima da Petrobras e eram seus sócios em fábricas de resinas e plásticos Brasil afora. Se a estatal tivesse que consultar a Odebrecht a cada nova associação, em pouco tempo os concorrentes seriam eliminados do mercado. Como era impossível alcançar o presidente em Brasília, já que em algumas horas ele estaria no Palácio dos Bandeirantes, um dos controladores do Ipiranga, Eduardo Eugênio Gouvêa Vieira, pediu ao coordenador das ações do governo federal no Rio (e também amigo de FHC), Rafael de Almeida Magalhães, que enviasse por fax um arrazoado contra o contrato. O documento alcançou o presidente já no avião a caminho de São Paulo — onde o então controlador da Suzano, Max Feffer, fazia o mesmo apelo a Mário Covas.[2] A pressão funcionou. Enquanto a claque esperava no saguão, dois andares abaixo, uma discussão se desenrolava no gabinete do governador.

"Eu não me sinto confortável para assinar", alertou o secretário de Energia de Covas, David Zylbersztajn, que era genro de FHC. Como superior hierárquico da Cesp, a empresa de energia do estado, cabia a ele firmar um dos termos de compromisso previstos para aquele dia, garantindo a construção de uma termelétrica para abastecer o polo petroquímico. Zylbersztajn tinha ficado sabendo dos protestos dos empresários e percebera que aquilo ia dar confusão. Disse a Covas que o acordo podia até não ser o bicho feio que estavam pintando, mas que preferia analisar o assunto com mais calma.

A verdade é que, apesar de o contrato ter sido negociado durante meses, nem os diretores da Petrobras haviam tido acesso à sua forma final até a manhã do dia anterior, 11 de setembro. Normalmente, os documentos para a avaliação da diretoria chegavam 72 horas antes da reunião, mas esse chegou em cima da hora, sem qualquer parecer da área jurídica.[3] Todos sacaram que havia algo estranho, mas ninguém protestou. O presidente da estatal, Joel Rennó, tinha controle total da diretoria. Em minutos, o documento fora aprovado e liberado para FHC assinar na manhã seguinte, em São Paulo.

Covas e Zylbersztajn já haviam combinado de adiar a entrada da Cesp no negócio quando FHC chegou. O governador expressou suas dúvidas, e o presidente questionou o ministro de Minas e Energia, Raimundo Brito — que, além de ser baiano, havia sido indicado pelo PFL, de ACM, e tinha laços com a Odebrecht. Como era de esperar, ele tinha a defesa do contrato ensaiada e não abriu espaço para hesitações. Argumentou que as ressalvas eram choro de concorrente e que todos os contratos precisavam ter aquele tipo de dispositivo para proteger os investimentos, muito elevados. Disse que o verdadeiro inimigo da petroquímica nacional não era a Odebrecht, e sim a Dow Chemical, a quinta maior do mundo, que já controlava o setor na Argentina e no Chile, e tinha planos de crescer no Brasil. Mesmo sabendo que não era verdade, sustentou que o acordo valia só para Paulínia e não fechava as portas às concorrentes da Odebrecht em outros projetos no Brasil. Diante de tamanha convicção, FHC preferiu seguir com o cronograma. Mas pediu que o ministro repetisse em sua fala, lá embaixo, tudo o que havia dito ali para ele.[4]

Minutos depois, no saguão, o presidente fez um discurso ufanista sobre a importância da parceria para seu projeto de Brasil, "um grande país, tendo a estabilidade da economia como condição e o investimento continuado como instrumento, para obtermos o bem-estar da população".[5] Assinou o contrato, fazendo pose para os fotógrafos, e seguiu para outros compromissos.

Seis dias depois, Fernando Henrique recebeu no Palácio do Planalto a dupla Gouvêa Vieira e Almeida Magalhães, que chegou aflita, trazendo a tiracolo o governador do Rio e tucano Marcelo Alencar.[6] Eles contaram que o acordo havia sido aprovado a toque de caixa na Petrobras e ainda lançaram a suspeita de que ele fosse parte de uma operação de salvamento da Odebrecht orquestrada por Joel Rennó e Raimundo Brito. Para reforçar o argumento, contaram ainda que Brito era compadre do presidente da petroquímica, Álvaro Cunha, e amigo pessoal de Renato Baiardi, chefe da construtora. "Presidente, esse contrato é uma maracutaia histórica. O senhor não pode permitir que vá adiante", disse Gouvêa Vieira.

A aflição tinha uma razão adicional. O trio tentava fechar com a Petrobras um acordo para a criação de um polo petroquímico no Rio de Janeiro, e estava difícil fazer o projeto andar. Eles achavam que o presidente da estatal fazia corpo mole de propósito, atrasando os trâmites para conseguir financiamento do BNDES. Nos bastidores, haviam escutado mais de uma vez de executivos da Odebrecht que o polo do Rio nunca sairia do papel. O contrato de Paulínia parecia ser a confirmação disso. Só então Fernando Henrique pareceu se dar conta de que o caso ia lhe dar muito mais trabalho do que imaginava. Contudo, bem ao seu estilo, deixou que os interlocutores saíssem certos de tê-lo convencido, apenas para ganhar tempo para pensar.

Almeida Magalhães e Gouvêa Vieira conheciam FHC de outros carnavais. Sabiam que, se fossem esperá-lo tomar uma atitude, talvez ficasse tarde demais, e resolveram se antecipar. Naquele fim de semana mesmo, a *Veja* trazia uma reportagem intitulada "Contrato de pai para filho",[7] em que Gouvêa Vieira afirmava que o acordo era "escabroso". Armando Guedes Coelho, da Suzano, engrossava o coro: "Não entendemos e nem concordamos com um contrato que dá a uma empresa privada privilégio à custa de uma empresa pública".

Aceso o pavio, o caso pegou fogo. Depois do escândalo do orçamento, se um negócio envolvia a Odebrecht, automaticamente cheirava a mutreta. Os jornais repercutiram com tintas berrantes. Deputados e senadores — especialmente os do PT — tomaram os microfones do Congresso para atacar o acordo de Paulínia. José Eduardo Dutra, líder do PT no Senado, afirmou que o governo estava substituindo um monopólio público por um monopólio privado e denunciou o contrato à Secretaria de Direito Econômico. A Associação dos Engenheiros da Petrobras pediu à Justiça a anulação do contrato, e a Federação Única dos Petroleiros, ligada à CUT, fez uma representação ao Ministério Público. Em sua grita, expressava temor quanto a um cenário que também frequentava a mente de Emílio, mas em forma de sonho: que a Odebrecht se tornasse maior e mais forte que a Petrobras, a ponto de a primeira acabar comprando a segunda.

Desde o início do primeiro mandato de FHC, a privatização da Petrobras e a da Eletrobras eram assuntos correntes nas rodas de empresários, muitas vezes tratadas como uma possibilidade real em conversas informais de ministros (e por vezes também do presidente) com empresários e banqueiros. Naquele período, inclusive, havia um debate inflamado sobre um plano do BNDES de vender 30% do capital votante da Petrobras a investidores e — algo que então não havia sido divulgado — numa segunda etapa dividir a estatal em duas empresas e vender uma delas ao setor privado.[8] Foi nesse momento político que o contrato de Paulínia veio a público, transformando-se imediatamente em escândalo. Brito e Rennó foram convocados para dar explicações no Congresso. Repórteres assediavam os executivos da Odebrecht a respeito de uma possível compra da Petrobras, questionando a influência da organização sobre a estatal. No fim de semana seguinte, a *Veja* dizia que a Petrobras funcionava como partido político, "com bancada no Congresso e bênção de alguns caciques poderosos",[9] e que Rennó se tornara tão forte que nem o próprio presidente da República conseguia apeá-lo do comando.

FHC, de fato, não gostava de Rennó, que tinha herdado do governo Itamar, a pedido de ACM. Conhecia as histórias dos contratos de 2 bilhões de dólares que Rennó entregara à Marítima, quase quebrada e sem experiência na construção de plataformas. A empresa pegou o dinheiro, não entregou todos os equipamentos e ainda fez a Petrobras gastar mais 250 milhões de dólares só com a conclusão das obras de três das embarcações.[10] Ainda assim, Rennó só caiu em março de 1999. Alguns colunistas ironizaram a demora. Ao desabafar em seu diário, um indignado FHC acabou confirmando a força política do subordinado: "A explicação do por que 'agora' é: porque foi necessário primeiro passar a lei da exploração do petróleo, tínhamos que aprovar a MP, assim como tínhamos que fazer um novo estatuto, e não queríamos provocar uma briga imensa na Petrobras".[11] O próprio presidente dizia nas conversas de pé de ouvido: "Se eu o tirasse de lá, o PFL criaria uma crise".

No caso de Paulínia, porém, não era apenas o "medo" de Rennó que fazia o presidente da República tergiversar. FHC tinha uma relação estreita com Emílio Odebrecht, que conhecera vinte anos antes, quando ainda era apenas suplente do senador Franco Montoro. Na época, a Odebrecht tentava botar de pé um plano de importar gás da Bolívia para abastecer as indústrias de São Paulo. A iniciativa não deu certo, mas a relação entre o empreiteiro e o senador-sociólogo frutificou. Os dois mantiveram encontros periódicos, que por vezes incluíam a primeira-dama, a antropóloga Ruth Cardoso. O senador defendia no Congresso os temas de interesse da organização — como a Lei de Concessões e o Seguro Garantia em contratos de licitação.[12] Foi para seguir uma indicação de FHC que Emílio contratou, em 1994, a assessoria de imprensa da Companhia de Notícias, recém-criada por seu ex-auxiliar e então genro João Rodarte.

Em todas as campanhas do tucano — da disputa pela prefeitura de São Paulo, em 1985, às eleições presidenciais de 1994 e 1998 —, a empreiteira compareceu com doações generosas. Só nos registros oficiais, a Odebrecht doou 1,2 milhão de reais à campanha presidencial tucana de 1994. No caixa dois, provavelmente a ajuda foi muito maior. Mais de duas décadas depois, quando a Odebrecht fez a maior delação premiada da história do Brasil durante as operações da Lava Jato, Emílio contou aos procuradores como eram as conversas com Fernando Henrique. "Ele me pedia: 'Emílio, você pode me ajudar no projeto da campanha?'." FHC então indicava alguém de confiança para tratar do assunto, e Emílio repassava o contato a Pedro Novis, seu preposto no conselho da Odebrecht. Aos procuradores, o empreiteiro não quis revelar nem nomes nem valores.

Mas dinheiro era apenas um dos componentes do relacionamento entre o empreiteiro e o presidente. Emílio também sabia se fazer útil nas questões políticas e geopolíticas. Tinha consciência do quanto FHC gostava das fofocas de bastidores e valorizava seu rol de contatos na América Latina. Sempre que podia, trazia informações sobre os países em que a Odebrecht atuava — dos bastidores das eleições na Argentina ao humor do presidente da Colômbia. Em junho de 1999, depois que Emílio contou a FHC que alguns banqueiros internacionais estavam preocupados com o contágio do Brasil pela instabilidade política e financeira da Argentina, o presidente pediu ao ministro da Fazenda, Pedro Malan, que chamasse alguns desses financiadores estrangeiros para uma conversa.[13]

O empreiteiro também compartilhava suas informações da política nacional e, por vezes, tentava influir na nomeação de ministros. Em 1999, tentou dissuadir FHC de remanejar o ministro da Casa Civil, Clóvis Carvalho, para o Ministério do Desenvolvimento, da Indústria e do Comércio Exterior.[14] O presidente costumava receber com tranquilidade as sugestões. Mas, daquela vez, abespinhou-se: "É a visão parcial de um empresário, eles não têm que opinar nessas questões, têm é que se ajustar às nossas decisões de políticas econômicas". Mas reconheceu que, apesar dos palpites, Emílio não criava problemas. "Na verdade o Emílio nunca chia."[15]

O empreiteiro chegava para os encontros com uma lista de tópicos que FHC chamava de "papelzinho" — a "ajuda memória" inventada por Norberto Odebrecht para guiar toda reunião de executivos com autoridades. E levara ao estado da arte a tática inaugurada pelo pai de nunca apresentar os assuntos como pleitos da Odebrecht, e sim como temas de interesse do país. "Não existe empresa forte em país fraco", dizia. Fortalecer a Odebrecht era fortalecer o Brasil.

Raramente falhava. Cerca de um ano antes de o contrato de Paulínia ser assinado, o presidente registrou no gravador em que compilava suas memórias: "Almocei aqui com Emílio Odebrecht e a Ruth. Emílio veio trazer sugestões, nada para ele, só a respeito de vários temas de interesse nacional". E, com candura incomum para um sociólogo, observou: "É curioso. Tem um nome tão ruim a Odebrecht, e o Emílio tem sido sempre correto, e há tantos anos".[16] Em março de 1997, FHC anotou: "Falei longamente com Emílio Odebrecht sobre a Petrobras. Ele conhece bem". Com as discussões sobre o contrato de Paulínia a toda, FHC gravou: "Ele trabalha na petroquímica e tem certa visão de Brasil, não é simplesmente um ganhador de dinheiro. Ele também acha que se a Petrobras não entrar firme na competição ninguém a segura [ou seja, é preciso quebrar o monopólio para haver concorrência e assim dar parâmetros à empresa]".[17]

Quando a polêmica sobre o contrato de Paulínia veio à tona, o investimento de Emílio em expor sua "visão de Brasil" ao presidente se fez valer. "A pelo menos um seleto grupo, fazendo uma análise sociológica, FHC disse que a Odebrecht era uma das poucas empresas nacionais em condições de se adaptar às exigências de uma economia globalizada e se referiu especificamente ao setor petroquímico",[18] registrou a *Veja* em outubro de 1997. Reproduzia, assim, a tese difundida pelo próprio Emílio: a de que o Brasil precisava fortalecer os grupos nacionais para disputar mercados com concorrentes de países vizinhos, controlados por estrangeiros. "É uma visão extremamente nacionalista. Já me perguntaram até por que a esquerda não defende a Odebrecht neste momento. [É] claro que o corporativismo não deixa a esquerda se pronunciar",[19] disse Emílio à *IstoÉ Dinheiro* em novembro de 1997.

Se o critério fosse apenas participação de mercado, a Odebrecht podia mesmo se habilitar como o grande grupo a ser vitaminado. Depois de passar os anos 1980 comprando participações em petroquímicas de estrangeiros que se retiraram do país e os 1990 aproveitando as rodadas de privatização do governo Collor, a organização controlava 47% da produção petroquímica brasileira.

Contudo, agora que o governo FHC planejava reorganizar a petroquímica para possibilitar investimentos na modernização do parque industrial, a Odebrecht não tinha mais fôlego para manter a liderança sem a ajuda da viúva. Passou, então, a defender que o Estado subsidiasse a formação de grupos multinacionais brasileiros para competir no exterior. Contratou até um parecer do professor da Unicamp e consultor Luciano Coutinho, que havia coordenado um estudo sobre competitividade da indústria nacional. Nele, Coutinho defendia a política que chamaria de "campeões nacionais" décadas mais tarde, ao assumir o BNDES sob Lula.[20] Coutinho e a Odebrecht não eram os únicos a advogar a tese. No próprio PSDB havia uma ala "desenvolvimentista", para quem cabia ao Estado induzir o desenvolvimento, com foco na indústria. Nas conversas com FHC, Emílio reforçava o argumento, com o qual o presidente parecia concordar genuinamente.

Na teoria, portanto, estavam de acordo. Só que os recursos não eram infinitos. A guerra pelo comando da petroquímica ia se estender por vários governos, com lances ousados e por vezes subterrâneos. A Odebrecht, afinal, levaria a melhor. Naquele momento, porém, tudo o que Emílio tinha à sua frente eram planos grandiosos obscurecidos por um enorme passivo e um mar de incertezas.

No início de 1997, Emílio tinha diante de si o desafio de lutar para garantir a sobrevivência do império familiar. E, para fazer isso, precisava tomar decisões difíceis. A primeira foi a de afastar o próprio pai da organização. Depois que deixara a presidência, em 1991, Norberto passara a investir em negócios que nada tinham a ver com construção ou petroquímica, quase todos por meio de uma subsidiária chamada Serra da Pipoca,[21] criada para investir no setor de alimentos — ou "secos e molhados", como chamava Emílio com certo desdém. Quem cuidava da empresa era o filho de seu amigo e advogado Barachisio Lisbôa, Barachisio Lisbôa Filho. Com a assessoria do rapaz, Norberto comprou a rede de supermercados Paes Mendonça, a fabricante de conservas Peixe e a de sardinhas Gomes da Costa. E arregimentou 124 milhões de dólares em empréstimos, dando avais pessoais. Mas a empresa foi à bancarrota, deixando o prejuízo com os bancos e com a Odebrecht.

A implosão da Serra da Pipoca fez vir à tona não apenas dívidas, mas também trapaças — os Odebrecht descobriram que o protegido de Norberto recebera um "por fora" de alguns milhões de reais pela compra da Peixe — e mágoas antigas. Barachisio Lisbôa Filho desfrutava de um prestígio e de um poder que não eram compreendidos por Emílio e os irmãos. Quando o empreendimento afundou, o ciúme e a irritação de Emílio se fizeram sentir. E redundaram em discussões feias, em que o filho enquadrou o pai, ao contrário do que sempre ocorrera.

A partir daí, o patriarca da Odebrecht ainda continuou formalmente no conselho da organização, mas na prática afastou-se dos negócios. Na época, Antônio Carlos Magalhães o convidou para se candidatar a governador da Bahia pelo PFL. Ele ficou tentado, mas desistiu. Concluiu, sabiamente, que entrar na política àquela altura da vida — e ainda mais depois de um tombo tão grande — poderia prejudicar a organização mais do que ajudá-la. Concentrou-se na Fundação Odebrecht, que cuidava dos projetos sociais do grupo.

Mas havia outros problemas. A crise do México, no final de 1994, ajudou a piorar o estrago provocado pelas perdas em obras, como a barragem de Seven Oaks, que estava sendo construída na Califórnia para o Exército americano e já drenara 100 milhões de dólares do caixa; a hidrelétrica de La Miel, na Colômbia, que já consumira mais algumas dezenas de milhões sem retorno; ou uma plataforma de petróleo que a Tenenge vinha penando para terminar na Inglaterra. Comprada nos anos 1980, na mesma época que a CBPO, a companhia de montagem industrial acumulava tanto prejuízo que ganhou o apelido de "fundação", por ser a "empresa sem fins lucrativos" do grupo.

Tantos problemas racharam o time em duas facções: os da construção e os da petroquímica. Os primeiros se consideravam os responsáveis pelo sustento do grupo. Diziam que, mesmo na crise, eram eles que ainda punham dinheiro no caixa, enquanto os da petroquímica só gastavam. Não era bem assim. Em 1997, enquanto a empreiteira deu prejuízo de 25 milhões de reais, a petroquímica, embora em decadência, ainda arrecadou 61,7 milhões.[22] A questão é que a dívida acumulada de 2 bilhões de reais era majoritariamente da petroquímica. Com tamanho passivo, nem o BNDES queria mais financiar a Odebrecht.

Iniciou-se, então, um ciclo de enxugamento radical. Além de retirar-se de dez dos 22 países em que atuava, o grupo encolheu também no Brasil. Negócios não relacionados à construção ou à petroquímica foram vendidos. As três empresas de engenharia — CNO, CBPO e Tenenge — passaram a ter apenas uma estrutura de comando. O mesmo se deu na petroquímica, que juntou a Trikem, concentrada no Nordeste, à OPP Petroquímica.

Com a reestruturação, algumas carreiras foram abreviadas. A mais graduada foi a de Pedro Novis, presidente da CBPO. A nova empresa foi absorvida pela CNO, e o escolhido para comandá-la foi Renato Baiardi. Tão próximo de

Emílio quanto Novis, Baiardi era extrovertido e carismático, e exercia forte liderança sobre os executivos. Engenheiro, era da "linha". Novis, mais introspectivo e reservado, era igualmente próximo de Emílio, mas exercia uma liderança mais discreta e vinha do "apoio" — a parte financeira e administrativa do negócio, que desde a época de Norberto era tratada como um segmento menos nobre, coisa de almofadinha de escritório. Emílio precisava injetar energia e motivação nas equipes e achava que só Baiardi podia fazê-lo.

Sem função, Novis caiu para cima: foi para o conselho de administração e encerrou sua carreira de executivo precocemente, aos 54 anos. Já era rico e não criou caso, mas demorou a superar a mágoa por ter sido preterido. Na petroquímica, ocorreu a mesma coisa. Depois de anos de disputa para ver quem ampliava mais os domínios da organização, quem levou a melhor foi Álvaro Cunha, da Odebrecht Petroquímica — muito mais enérgico, carismático e agressivo que José Mascarenhas, recrutado nos anos 1990 do governo da Bahia para a Trikem e que, com a junção das empresas, também foi para o conselho.

Embora pudesse parecer arriscado demais, Emílio decidira fazer da petroquímica a grande aposta para assegurar a sobrevivência do grupo. A decisão era motivada por um misto de lógica empresarial e ambição pessoal. Nas últimas décadas, todas as empreiteiras haviam diversificado os negócios para diminuir a dependência das encomendas governamentais. A Camargo Corrêa, que vinha nesse movimento desde os anos 1950, convertera-se numa holding com negócios em mineração, siderurgia, concessões de rodovias e usinas, bancos, fábricas de cimento, calçados e têxtil. A Andrade Gutierrez se concentrara em concessões de rodovias e em telecomunicações, e acabava de comprar parte da Telemar, que prestava serviços em dezesseis estados. Recolher-se de novo à construção civil e voltar a depender do governo não era, portanto, uma opção. Além disso, para um grupo cuja meta permanente era ser líder — em odebrechês, ser hegemônico —, sair de um setor em que já se comandava quase metade do mercado era um pecado capital. Até porque a petroquímica era um estupendo gerador de caixa e fonte de novas obras para a própria construtora. Estimava-se, então, que a demanda por plásticos no Brasil equivalia a um quinto da europeia, e portanto havia ainda muito espaço para crescer.

O problema era que manter tais plantas e construir novas custava caro, e, mesmo com sócios em todos os polos para dividir o investimento, era arriscado contrair ainda mais dívidas. Emílio, no entanto, achava que as potenciais recompensas valiam o risco. "O momento exige mais coragem do que análise", disse ele, na época, invocando o mantra criado pelo pai e repetido sempre que os Odebrecht se viam diante de alguma dificuldade aparentemente intransponível. "A petroquímica é um negócio global. Ou estaremos na liderança ou não haverá lugar para nós",[23] ele declarou à *Gazeta Mercantil*.

Mas a insistência de Emílio tinha também um moto pessoal. Diferentemente da construção civil, que nascera e crescera sob Norberto, o avanço na petroquímica era obra de sua geração — como um filho, do qual ele não abdicaria. Além do mais, desde o escândalo do Orçamento, ele estabelecera uma meta que estava determinado a cumprir: fazer da Odebrecht "orgulho nacional". Sabia, contudo, que ninguém no Brasil manifestaria orgulho por uma empreiteira, por maior e mais internacionalizada que fosse — ao contrário do que ocorria, por exemplo, com uma Votorantim ou uma Gerdau, cujos donos eram celebrados e adulados como ícones do capitalismo nacional. A petroquímica era um negócio de escala e cifras globais. Se alcançasse o comando do setor, Emílio deixaria de ser "mero" empreiteiro para ser um industrial de peso.

Daí a aposta no contrato de Paulínia. Apesar dos riscos e da evidente fragilidade jurídica, o acordo podia dar a Emílio tudo de que ele precisava para consolidar seus planos. O cenário internacional, porém, era tão instável e perigoso como a situação financeira da Odebrecht. Dois meses e meio depois da cerimônia no Palácio dos Bandeirantes, a crise das economias asiáticas detonou uma fuga em massa de investidores da Bolsa de Valores de Hong Kong — e, por tabela, de todos os países emergentes. No Brasil, o índice Bovespa perdeu um terço do valor, e o Banco Central se viu obrigado a aumentar os juros de 19,05% ao ano para 45,9% de forma a manter o afluxo de capital externo. O abalo se espalhou por toda a economia, impondo uma agenda de ajuste fiscal e cortes de custos nas estatais — e empurrou o projeto de Paulínia para o fundo de uma gaveta em algum escritório no edifício-sede da Petrobras.

O tenente-coronel Hugo Chávez Frias entrou no hall do Hotel Nacional, em Brasília, cercado de seguranças e alguns assessores. À sua espera já havia algumas horas estava o presidente da Odebrecht Venezuela, Euzenando Azevedo. Tinha passado a noite no avião, num voo para o Brasil tomado às pressas em Caracas. Decidira viajar assim que ficara sabendo que o presidente eleito da

Venezuela ia visitar Fernando Henrique Cardoso. Era a primeira viagem internacional de Chávez, que acabara de ser eleito com 56% dos votos. Conquistara o público interno, mas ainda despertava calafrios no empresariado e na diplomacia internacional pelo discurso autoritário da campanha e pelo passado golpista.[24] Com o tour, pretendia vender uma imagem mais moderada, identificada com os governos de viés social-democrata que se autodenominavam terceira via. O Brasil era um parceiro de negócios importante, mas poderia ser ainda mais. A Venezuela era apenas o sexto maior comprador latino-americano de produtos e serviços brasileiros.[25] Chávez vinha tentando uma associação da petroleira estatal PDVSA, principal empresa venezuelana, com a Petrobras. E estava em campanha para incluir o país no Mercosul.

Se para Chávez o Brasil era uma espécie de maná, para o executivo da Odebrecht o tenente-coronel era quem tinha o caminho da salvação. Azevedo arriscara vir de Caracas a Brasília sem a certeza de ser recebido porque sabia que Chávez podia resolver os problemas que ele enfrentava na Venezuela. Desde que chegara ao país, em 1994, Azevedo tinha conseguido transformar uma operação moribunda numa subsidiária promissora. Passara os primeiros anos administrando um shopping que a Odebrecht construíra em Maracaibo, a segunda maior cidade da Venezuela, que depois recebera como pagamento quando o dono fora à falência. Enquanto isso, foi cavando espaços, até conseguir o primeiro contrato com o governo. Era ainda um serviço pequeno, para a instalação de tubos submarinos e reparos em um terminal de embarque de óleo cru de uma subsidiária da PDVSA. Até que, em junho de 1998, já nos estertores do governo do liberal Rafael Caldera, conseguira vencer a licitação para construir a linha 4 do metrô de Caracas. Com um orçamento de 180 milhões de dólares, seria a maior obra da estatal na Venezuela em dez anos. Ele conseguira oferecer o menor preço porque descontara do valor final o custo do equipamento de escavação dos túneis, chamado popularmente no Brasil de "tatuzão". Era um "investimento" da construtora para conquistar o cliente. Azevedo combinou com o chefe, Baiardi, de compensar o prejuízo nas obras seguintes. Mas a Odebrecht já tinha sido proclamada vencedora fazia seis meses e nada de o contrato ser assinado. As fontes do executivo diziam que Caldera cogitava dar um cavalo de pau no processo e entregar a obra a uma empreiteira espanhola. A se confirmar o rumor, era bem provável que ele tivesse que juntar as trouxas e voltar para o Brasil com um fracasso na bagagem.[26]

Foi essa a história que Azevedo contou naquela tarde, nos dez minutos de conversa que o tenente-coronel lhe concedeu, ali mesmo no hall do hotel. Depois de ouvi-lo, Chávez disse: "Vou falar com Caldera. Não seria ético que ele assinasse um contrato desse tamanho, o maior do país, quando eu já ganhei as eleições". E prometeu analisar todos os papéis da concorrência. Se a Odebrecht tivesse mesmo vencido, levaria a obra. Azevedo se despediu esperançoso, deixando seu cartão de visitas com o presidente. Não seria o único a terminar o dia com uma impressão positiva de Chávez. O venezuelano chegou para o almoço no Palácio da Alvorada com livros do colega sociólogo cheios de anotações, pedindo dedicatórias.[27] Em seu diário, FHC registrou: "Almocei com o presidente eleito da Venezuela, é o famoso Hugo Chávez. [...] Chegou aqui muito simpático [...]. Veio com os melhores propósitos de ampliar o relacionamento entre Venezuela e Brasil".

A relação entre os dois presidentes se estreitaria bastante e se estenderia até o final do mandato de FHC. Mas o grande parceiro que Chávez fez naquela viagem foi Euzenando Azevedo. O presidente ainda demoraria mais um ano para resolver a pendenga do metrô, mas em novembro de 1999 afinal assinaria o contrato. Aguardadas por décadas, as obras eram propagandeadas com frequência em um programa semanal de TV chamado *Aló Presidente*, em que Chávez prestava contas do mandato diretamente à população. Ele descrevia o andamento da obra nos programas, para os quais não raro convidava seu amigo "Euzenando", a quem citava entre outros políticos e apoiadores.[28] Azevedo também ciceroneava o comandante nas visitas às obras e era convidado para jantares, recepções e até reuniões de governo. Tamanha intimidade causava despeito, mas também rendia contratos polpudos.

Nos primeiros anos de Chávez no poder, o preço do barril de petróleo entrou em trajetória ascendente, e o Estado venezuelano aos poucos recuperou a capacidade de investimento. O tenente-coronel se tornou cada vez mais forte. Não só aprovou uma nova Constituição ampliando os próprios poderes como também um novo arcabouço legal que lhe permitia fazer contratações diretas, sem licitação, desde que houvesse um convênio de cooperação técnica com o país de origem da empresa que faria a obra — coisa que Venezuela e Brasil já tinham.

Assim, por escolha direta de Chávez, a Odebrecht ganhou uma nova encomenda: a obra da segunda ponte sobre o rio Orinoco. Batizada de Orinoquia, era a típica megaobra, das muitas que surgiriam na Venezuela e em toda a América Latina nos anos seguintes, com a bonança provocada pela alta do petróleo e das commodities. Como várias delas, seria financiada pelo BNDES, sob o guarda-chuva de um programa proposto pelo Brasil: a Iniciativa para a Integração da Infraestrutura Regional Sul-Americana, ou simplesmente IIRSA.

Com 3156 metros de extensão, sobre os quais passava também uma linha férrea, a ponte Orinoquia era a realização mais ambiciosa do governo Chávez, e custaria 1,2 bilhão de dólares.[29] Em abril de 2000, às vésperas das eleições gerais convocadas para legitimar os mandatos sob a nova Constituição bolivariana, Chávez aproveitou a visita de Fernando Henrique Cardoso para a assinatura de acordos bilaterais e organizou uma inauguração do canteiro de obra, com o lançamento de uma "boia fundamental" sobre o rio Orinoco, no local onde estava prevista a ponte. Do alto de um navio, depois de jogar a boia,[30] Chávez brincou com FHC, dizendo que quando a ponte ficasse pronta, os dois atravessariam o rio a nado.

Depois do ato, um almoço reuniu diplomatas, empresários e políticos em uma grande tenda montada nos arredores da obra. Afora a festa e o oba-oba em torno das relações Brasil-Venezuela, o evento marcaria a história da Odebrecht. Na ocasião, Emílio foi apresentado a Chávez — e, para o comandante, passou a ser simplesmente Don Emílio. Foi também nesse ano que o governo da Venezuela adiantou o equivalente a 1 bilhão de reais à Odebrecht pela obra da ponte. A injeção de recursos salvou a empreiteira da concordata, e deu origem à piada interna segundo a qual a empresa devia a Euzenando Azevedo a colocação de uma estátua em sua homenagem na entrada da sede.

A generosidade, obviamente, não era desinteressada. Desde o momento em que fechou seu primeiro contrato na Venezuela, a Odebrecht financiou todas as campanhas do Partido Socialista Unido da Venezuela, ou PSUV, de Chávez, com polpudas contribuições.[31] Num país que tinha eleições quase todo ano, o apoio era significativo. Para Chávez, a Odebrecht se tornara uma aliada. Já nos primeiros anos de governo do comandante, a empreiteira se tornou a principal prestadora de serviços do Estado venezuelano, acumulando mais de 1 bilhão de dólares em contratos. E, em 2002, quando Chávez enfrentou uma greve que durou quase todo o ano e culminou em tentativa de golpe, a Odebrecht não só manteve as obras da ponte sobre o Orinoco como trabalhou sem cobrar, retribuindo o favor do passado e "adiantando recursos" para o governo da Venezuela.[32]

Mesmo reconhecido como o presidente que promoveu a aproximação da empreiteira com Hugo Chávez, FHC não era unanimidade na Odebrecht. Muitos achavam que ele defendia pouco os interesses das empresas brasileiras no exterior, em especial os da organização. Referiam-se a FHC como "malandro" e "ingrato", por desfrutar da ajuda da empreiteira quando necessário, mas sair pela tangente quando era hora de defendê-la mais enfaticamente. A má vontade tinha a ver com a influência dos liberais ortodoxos do governo, que trabalhavam para restringir os subsídios estatais. Entre as várias batalhas que travaram no governo, uma das mais importantes se daria em torno de um subsídio vital para a empreiteira. O Convênio de Pagamentos e Créditos Recíprocos (CCR) era um aval que os Tesouros dos países latino-americanos davam para suas empresas venderem serviços no continente.[33] Por esse convênio, se uma companhia brasileira fosse contratada para construir ou vender na Venezuela ou na República Dominicana, por exemplo, e algum desses países desse calote, o Estado brasileiro cobriria o rombo e depois cobraria o prejuízo do país devedor.

Ao assumir a presidência do Banco Central, em março de 1999, Arminio Fraga — que tinha sido executivo do banco JPMorgan e administrado os fundos do magnata George Soros — considerou o instrumento arriscado demais, principalmente pelas instabilidades políticas e econômicas no Equador e na Venezuela. Se esses países dessem o calote, o Brasil teria de entubar o prejuízo, como já havia acontecido no passado com empréstimos a países africanos. Em maio de 2000, Fraga reduziu o aval do Tesouro a no máximo 100 mil dólares, o que na prática acabava com o convênio,[34] e criou uma seguradora para financiar os contratos acima desse valor. O preço do seguro era embutido no contrato. E a cobertura dos prejuízos, embora fosse ampla, não era total.

A grita dos exportadores brasileiros contra a medida foi violenta. Semana sim, outra também, havia lobistas de empreiteiras nas antessalas do Banco Central e do Ministério do Desenvolvimento. Artigos sobre o assunto foram publicados nos jornais pelos próprios donos das empreiteiras e por consultores contratados para isso. Dossiês contra diretores do banco foram preparados para acuá-los (mas, até onde se sabe, não chegaram a ser usados). A pressão foi pesada, porém o BC não cedeu. No final de 2001, o ministro do Desenvolvimento, Indústria e Comércio Exterior, Sérgio Amaral, chegou a anunciar que o governo restabeleceria o CCR, mas o convênio continuou funcionando com limites bem restritos. Só no fim de 2003, já sob Lula, o convênio voltou a funcionar.

O restabelecimento dos avais foi anunciado pelo petista em Santa Cruz de la Sierra, na Bolívia, durante a 13ª Cúpula Ibero-americana, que aconteceu em novembro de 2003. FHC também havia sido convidado para o evento, em que ele e Lula tiveram uma conversa privada — a primeira depois da troca de governo. Na meia hora em que conversaram, Lula contou que retomaria os avais às exportadoras e provocou: "Você viu que eu resolvi aí a questão dos seus amigos?". FHC ficou mordido, mas não retrucou. Ao sair da reunião com Lula, não quis contar aos jornalistas o que havia sido dito. "Foi uma conversa entre dois velhos e bons amigos. Conversa de velhos amigos não se pode contar. Pega mal", disse à *Folha de S.Paulo*.[35]

7. O príncipe

A capela do Museu de Arte Sacra da Bahia estava repleta de convidados, todos em pé, de olho no altar. De costas, Marcelo Odebrecht e a noiva, Isabela Alvarez, ouviam o sermão do padre, compenetrados e de mãos dadas. Ela usava um vestido de tafetá tomara que caia, bordado com pérolas, e um véu não muito longo que pendia atrás da cabeça. Ele, um terno risca de giz um tanto largo, à moda dos anos 1990, com gravata cinza-prata e um cravo na lapela. Apesar de ter apenas 26 anos, o noivo já trazia entradas pronunciadas e quase uma careca no topo da cabeça. A noiva, de 21, tinha as bochechas rosadas e as sobrancelhas grossas bem marcadas. No altar, entre os padrinhos, estavam Norberto e Yolanda, Emílio e Regina.

Apesar de terem convidado os mais ilustres endinheirados de Salvador e alhures, não estavam preparados para a chegada do fotógrafo da revista *Caras* que surgiu no salão da igreja, clicando todo mundo. Só quando ele se postou em frente ao altar para fotografar os recém-casados foi que se deram conta e o mandaram embora. Era tarde. Contra a vontade do clã Odebrecht, especialmente dos noivos, o casamento de Marcelo e Isabela foi notícia na edição da revista de dezembro de 1995.[1] Depois de informar que a festa para quinhentas pessoas era uma cerimônia íntima para os amigos e familiares mais chegados, com recepção no saguão do prédio da família, o texto terminava contando que os noivos haviam partido para uma "badalada" lua de mel em Cancún.

A reportagem seguia o mandamento maior da *Caras*: sempre retratar os personagens de suas coberturas em tons positivos e, de preferência, glamurosos. Mas era difícil imaginar Marcelo e Isabela badalando em algum lugar. Ao contrário do irmão, Maurício, que era boêmio e trocava de namorada com frequência, ou do pai, capaz de passar horas papeando diante de uma mesa com boa comida e bebida farta, Marcelo mostrava-se abstêmio e fiel. Não bebia, não varava madrugadas em noitadas e praticamente não frequentava festas, a menos que fossem de amigos muito próximos ou de integrantes da família. Ele e Isabela eram caseiros, católicos praticantes e muito reservados. Não compartilhavam segredos a não ser entre eles. Desde que se conheceram num ônibus, no trajeto entre Salvador e a cidade de Barra Grande, no litoral, os dois haviam transformado um namorico de férias em aliança sólida. Quem conhecia bem Marcelo costumava dizer que uma das coisas que o ligavam a Isabela era a devoção que ela dedicava a ele. É verdade que, desde o início, a vida do casal se voltou para o crescimento profissional dele. Mas também é verdade que, para um Odebrecht, ele até que dividia muito de sua vida com a mulher e se deixava influenciar por ela — a ponto de, bem mais tarde, já em plena Lava Jato, o próprio Emílio se declarar espantado com o quanto ela sabia sobre os negócios da organização.

Naquele início dos anos 1990, Marcelo não pensava em outra coisa a não ser tornar-se logo o líder que almejava para a Odebrecht. Era um desejo, mas também um imperativo do destino para o qual vinha sendo talhado desde a infância. Ter um "plano de vida e carreira", como dizia Norberto, era o primeiro passo para o sucesso. Neto e discípulo, Marcelo tinha o seu na cabeça desde a formatura. Previa passar por todas as etapas de uma obra, especializar-se em finanças, ganhar fluência em inglês e trabalhar no exterior.

Foi seguindo esse planejamento que o herdeiro da Odebrecht chegou à cidade goiana de Caldas Novas, onde estava sua principal obra naquele início de 1993: a hidrelétrica de Corumbá, construída no curso do rio de mesmo nome. Foi o próprio Marcelo quem decidiu por onde começaria a trabalhar na empresa. Além do tamanho e da importância de Corumbá, pesou na escolha também o fato de que, para os engenheiros, as hidrelétricas são consideradas obras completas, em que há diferentes especialidades e tipos de construção.

Um de seus primeiros pedidos ao chegar ao canteiro foi ser chamado apenas de Marcelo Bahia. "Eu quero ser igual a qualquer outro. Não quero ser protegido", disse ao então gerente comercial Antônio Carlos Daiha Blando, seu novo chefe. Daiha Blando sabia que aquele era um dos mandamentos mais importantes da TEO: o líder deve demonstrar humildade, abnegação e fazer sacrifícios em nome do trabalho. "É desonesto exigir-se dos outros o que não acreditamos poder fazer, se também habilitados."[2] Assim Norberto Odebrecht escrevera nos livros, e assim Marcelo havia aprendido desde pequeno. Se houvesse uma lista de mandamentos da Odebrecht, "liderar pelo exemplo" seria um deles. Por isso, mesmo tendo sido escolhido e preparado pelo próprio Norberto, Marcelo ainda precisava se provar capaz de assumir o comando.

Por mais que o príncipe pedisse, Daiha Blando considerava que sua missão não era tratá-lo igual aos outros, e sim colocá-lo em uma função que fosse útil à sua formação como futuro dirigente da organização. "O que você quer fazer?", foi a primeira pergunta que o gerente fez ao novo engenheiro. Marcelo protestou: "Você não pode me perguntar isso. O líder não pergunta ao liderado o que ele quer fazer". Daiha Blando foi franco: "Eu sei que não posso, mas você não é um funcionário qualquer". Se dependesse do chefe, o subordinado ficaria na área comercial, aprendendo a fazer as compras e a controlar os custos, bem como gerir o relacionamento com os fornecedores e com os subempreiteiros. Era o que lhe parecia mais útil e adequado a alguém que ia comandar uma grande empresa. Marcelo, porém, queria ficar na produção — nome que se dava ao setor que se envolvia diretamente na obra, coordenando a construção.

Ter experiência na engenharia era uma espécie de obrigação para o neto de Norberto, uma vez que o avô considerava "lixo administrativo" as funções desempenhadas no escritório. Na Odebrecht dos anos 1990, esse dogma já havia sido relativizado. O próprio Emílio, que também passara por algumas obras no início da carreira, tratou de valorizar as outras áreas que faziam da Odebrecht mais do que uma empresa de engenharia, como a petroquímica. Marcelo, contudo, era criado na fôrma do avô, e sentia-se na obrigação de seguir todos os passos que o patriarca considerava fundamentais para ser um líder genuíno.

"Não quero que inventem vaga para mim. Vou para onde estiver precisando", afirmou Marcelo. Em obras com prazo apertado, como era o caso, havia operários trabalhando 24 horas por dia, divididos em um turno do dia e outro da noite. Cada turno tinha um engenheiro de produção comandando a equipe da obra, e o da noite ia das seis da tarde até as seis da manhã. "O que eu estou precisando é de um cara para a noite. Mas se você disser que não quer trabalhar de noite, eu remanejo alguém e coloco você trabalhando de dia", explicou Daiha Blando. Posta daquela maneira, a missão era irrecusável pela cartilha de Norberto. "De jeito nenhum. Eu trabalho à noite sem problemas." Algumas semanas depois, Marcelo voltou ao chefe: "Eu posso mais que isso. É pouco pra mim". Daiha Blando perguntou o que ele tinha em mente. "Gostei da sua ideia de trabalhar na área comercial. Posso fazer as duas coisas. Acho que consigo chegar mais tarde de manhã, umas dez, fico no escritório até as 18 horas, de lá vou para a obra e volto para casa umas três da manhã. Durmo e volto pra cá." Assim foi, por uns seis meses, até o gerente mandá-lo parar: "Marcelo, você está com muita pressa. Vai estragar sua saúde. Você escolhe, ou um ou outro. Ninguém aqui faz isso. Você não diz que está querendo ser igual a todo mundo? Então, vai trabalhar como todo mundo".

O herdeiro da Odebrecht tinha apenas 24 anos, disposição férrea e disciplina incomum. Já metódico por temperamento, fora treinado pelo avô ao longo da infância, nas férias na fazenda, a cumprir tarefas que exigissem resiliência. Norberto também ensinou que servir no Exército seria fundamental para a sua formação, assim como fora para a dele e a de Emílio. Seguindo as orientações, Marcelo se alistou no Núcleo de Preparação de Oficiais da Reserva (NPOR) da Bahia, numa época em que a maior parte dos colegas era liberado do serviço militar por estar cursando faculdade (ele cursava engenharia civil na Universidade Federal da Bahia). Ali firmou o hábito de acordar bem cedo para fazer exercícios. Como em tudo, no Exército ele também fez questão de ser o primeiro da turma. Na cerimônia de formatura, no final do ano, ganhou a distinção de desfilar com a bandeira na frente da tropa. Na faculdade, tinha as melhores notas. Na obra, não aceitava menos do que ser o empregado número um.

A preocupação, porém, era mais dele do que dos outros. Para os simples mortais em Corumbá, era como se Marcelo já tivesse chegado sabendo tudo. Isso ficava evidente nas "rodas de conversa", um ritual estabelecido por Norberto para emular os diálogos em volta da fogueira que fizera com os primeiros mestres de obra, nos anos 1940, e que repetia com os netos na ilha de Kieppe. Esses momentos serviam para que os mais velhos passassem aos mais novos suas experiências que não estavam nos livros técnicos. Quando Marcelo estava na roda, porém, ninguém falava antes dele. Qualquer que fosse o tema, antes de abrir a boca, todos olhavam para o "príncipe" para saber o que ele tinha a dizer. Nessas horas, ele não se fazia de rogado. Não podia falar das melhores maneiras de erguer uma parede, agilizar uma obra ou fazer terraplanagem. Mas falava de postura, de valores, da história da empresa. Repetia com segurança os preceitos da TEO. Conhecia tão bem a bíblia da organização que não só recitava trechos inteiros de cor, como também sabia dizer exatamente em que página e em qual livro estavam. E, embora falasse o tempo todo do avô, nunca mencionava o pai. No período em que Marcelo esteve no canteiro de Corumbá, tampouco se ouvia dizer que Emílio procurara saber do filho. Quem sempre ligava era a mãe, Regina. Queria saber se ele estava comendo bem, dormindo direito ou exagerando no trabalho.

Daiha Blando lembrava sempre do conselho que recebeu de um respeitado veterano da Odebrecht quando, ainda jovem, tentava repetir ipsis litteris as frases e expressões de Norberto: "Daiha, a TEO só fica bonita na boca do dr. Norberto. Na boca de qualquer outro, fica ridículo". Depois disso, nunca mais havia recitado a TEO em público. Marcelo, obviamente, tinha salvo-conduto. A TEO e o odebrechês eram parte do seu vocabulário, e ao longo de toda a vida ele usou expressões como "influenciar e ser influenciado" ou "espírito de servir", sem nem sequer notar que não faziam parte do repertório das pessoas comuns. A verdade é que, embora até tivesse alguns amigos fora da organização, tivesse viajado o mundo todo e se relacionasse com gente de diversos setores, seu universo era a Odebrecht. Marcelo nunca imaginara viver fora daquela bolha. Se um dia tivesse que fazê-lo, certamente sofreria um bocado.

O herdeiro foi para Goiás passar seis meses, mas acabou ficando dois anos. Nesse período, ia para a Bahia de tempos em tempos ver Isabela, e um fim de semana por mês para o Rio de Janeiro, para o curso de mestrado em finanças na PUC. Em 1995, transferiu-se para Lowestoft, no Mar do Norte, a 167 quilômetros de Londres, onde a Odebrecht acabara de adquirir a empresa inglesa de construção de plataformas de exploração de óleo e gás SLP Engineering. Em 1996, já casado, partiu com a esposa para Lausanne, na Suíça, onde fez MBA em finanças no International Institute for Management Development, o IMD. No ano seguinte, foi para os Estados Unidos comandar a construção de um flat de 29 andares na orla de Miami, chamado Fortune House. Na Flórida, nasceram as duas filhas mais velhas do casal, Rafaella e Gabriella. A terceira, Marianna, nasceu no Brasil, quando Marcelo já estava de volta para a última etapa de sua preparação para comandar o grupo.

De todas as funções que desempenhou antes de comandar a construtora, o posto de assessor da presidência da Odebrecht Petroquímica foi o único que ele não escolheu. Foi Álvaro Cunha quem tomou a iniciativa de convidá-lo, até para garantir que sua área tivesse prestígio com o próximo dirigente da organização. Para quem o observava em ação, parecia o cargo em que Marcelo se sentia mais à vontade. Ele era um legítimo planilheiro, como os odebrechtianos se referiam aos executivos que conseguiam medir tudo em números, indicadores e tabelas. Quando Marcelo chegou, a petroquímica precisava muito de suas habilidades.

8. Mais coragem do que análise

A Odebrecht entrou no ano 2000 em crise profunda. As dificuldades financeiras que vinham desde meados dos anos 1990 se agravaram ainda mais até 1999, com a maxidesvalorização do real. Assim como outros grupos nacionais, como a Gerdau ou as Organizações Globo, a Odebrecht havia captado muito dinheiro no exterior, emitindo títulos em dólares sem nenhum tipo de hedge. De uma hora para outra, sua dívida saltou de 2,9 bilhões de reais para 4,6 bilhões.[1] A construtora estava estagnada, com faturamento próximo de 3 bilhões de reais.[2] Os prejuízos na área internacional e na petroquímica drenavam os parcos recursos ainda disponíveis. O grupo tinha iniciado um saldão de ativos para se desfazer de concessões de rodovias, empresas de equipamentos e participações em vários negócios,[3] mas ainda não conseguira sair do atoleiro.

Só a Kieppe, holding da família que tinha 86% do grupo Odebrecht, acumulava um rombo de 500 milhões de reais. Estava tecnicamente falida. Dos outros 14% do capital, uma fatia residual ainda era vendida na Bolsa, mas a maior parte estava nas mãos de treze executivos da geração de Emílio. E foi com esse grupo que ele se reuniu no final de 1999 para pedir que a organização assumisse o rombo da holding, livrando a família do endividamento.

O plano seria executado em duas partes. Primeiro a Odebrecht compraria de volta as ações em circulação na Bolsa, fechando seu capital. Depois, a família repassaria as dívidas à Odebrecht, pagando com suas próprias ações os sócios que assumiam o passivo, até que cada um dobrasse a participação na companhia. Para sacramentar a operação, seria feito um novo acordo de acionistas, estabelecendo algumas condições para quem quisesse deixar o grupo no futuro. Já que não seria mais possível vender as ações no mercado, seria permitido aos sócios vender seus papéis à organização e deixar o grupo, desde que seguissem determinadas regras. Primeiro, teriam de obedecer a uma carência de três anos. Depois, todo mês de julho o Credit Suisse First Boston, que financiava a operação, calcularia o valor da Odebrecht como referência para as negociações dos acionistas. Quem completasse setenta anos também poderia vender as ações à companhia.[4]

Apesar de não ficarem nada satisfeitos por ter de assumir a dívida alheia, os executivos aprovaram o acordo por unanimidade — até porque não adiantaria nada brigar. A família mandava na companhia e podia fazer o que quisesse. Pelo menos estavam oferecendo alguma compensação e liquidez para os papéis.

Com a reorganização societária, criou-se uma holding chamada Odbinv (Odebrecht Investimentos), em que a participação da família Odebrecht passou a ser de 62,3%. O resto das ações ficou com o grupo de executivos — 20,4% das quais nas mãos de um único acionista, Vítor Gradin, que já tinha 10% da empresa antes da reestruturação.[5]

A crise desencadeou entre os parceiros de Emílio uma profunda reflexão sobre os erros cometidos. Depois de certa resistência e de uns dias de imersão com um especialista em gestão e sucessão familiar na Suíça, Emílio reconheceu que o fato de ele ser ao mesmo tempo acionista, presidente do conselho e principal executivo da empresa havia levado a decisões desastrosas, tomadas única e exclusivamente por falta de contraponto. Não houvera ninguém suficientemente forte para fazê-lo refletir, por exemplo, sobre a real necessidade de comprar uma empresa de celulose. Ou sobre entrar no setor de telecomunicações. E menos ainda para demovê-lo de se endividar excessivamente em moeda estrangeira.

Sempre que alguém tentava alertá-lo sobre o tamanho dos riscos que assumia, Emílio lançava mão de um sorriso e do velho lema forjado por Norberto como receita contra o imobilismo: "Mais coragem do que análise".[6] Na origem, era uma forma de estimular os gerentes de obra espalhados pelo Brasil a tomar decisões quando era impossível ter um chefe por perto. Como vários outros mandamentos da TEO, porém, aquele também foi sendo adaptado conforme as circunstâncias. Aos poucos, passou a justificar iniciativas tomadas por impulso, arroubos de vaidade ou onipotência. Quando Emílio sacava a frase da cartola, os auxiliares já sabiam: na Odebrecht, contra a coragem não havia argumentos.

A crise, porém, era tão profunda que mesmo Emílio entendera que, para sobreviver, era preciso mudar. Numa Odebrecht saudável, ninguém mais poderia deter tantas funções ao mesmo tempo. Ele tinha de abrir mão de parte do seu poder. Depois dos dias em Lausanne, ficou decidido que voltaria ao Brasil para começar a organizar sua sucessão.

Oficialmente, o discurso no grupo era de que qualquer um poderia ascender ao comando. Na prática, todos sabiam que o rol de candidatos era muito, mas muito mais restrito. Falava-se então nas chances de Bernardo Gradin, filho de Vítor — um rapaz alto, gentil e um tanto cheio de si, que tinha como lastro as ações do pai e que também tomara lições com Norberto desde adolescente. Embora tivessem uma relação cordial, Bernardo e Marcelo não eram amigos. Bernardo tinha 35 anos e era superintendente da construtora para Bahia e Sergipe. Marcelo, que tinha 31 anos e seguia a carreira como assessor da presidência da Odebrecht Petroquímica, era o favorito absoluto, mas ainda inexperiente. Ficou combinado que, em algum momento de 2001, alguém da geração de Emílio assumiria a presidência do grupo numa espécie de mandato-tampão, com a missão de preparar o terreno para um jovem da geração seguinte — que só não seria Marcelo se algo muito extraordinário acontecesse.

Foi nesse contexto, num clima de incerteza e até certo baixo-astral, que os cinquenta principais executivos da Odebrecht se encontraram no Fiesta Bahia Hotel, em Salvador, em agosto de 2000, para um fim de semana de reuniões.[7] Estavam presentes os dirigentes da Odebrecht e meia dúzia de representantes das novas gerações, como Marcelo, Bernardo e alguns outros quadros promissores. O objetivo era elaborar a Visão 2010, documento com as metas para a próxima década. Logo no início, todos foram convidados a escrever o que gostariam de encontrar em uma matéria de capa da revista *Fortune* sobre a Odebrecht no final da década seguinte. Emílio circulava entre os grupos sorridente e animado, demonstrando um otimismo surpreendente. À noite, em seu quarto, escreveu à mão um resumo do que tinha captado nas conversas.

O manuscrito em letras grandes, elegantes e caprichadas, foi xerocado e distribuído aos grupos no último dia das conversas. Como se o fato de que a Odebrecht estava mergulhada em dívidas fosse um problema menor, ele apontava "a síndrome ainda presente em alguns companheiros pelo 'excesso de preocupação' que o passado recente da nossa alavancagem financeira deixou na organização". Reconhecia ter transitado "do delírio ao racional absoluto", reduzindo expectativas quanto a uma fusão da Odebrecht com a Bechtel, maior empreiteira do mundo, da Odebrecht Petroquímica com a Dow Chemical ou da Odebrecht Óleo e Gás com a Petrobras. Apenas uma ou outra parceria entre essas empresas já estaria de bom tamanho, Emílio concedia. Nada disso tirava dele a expectativa de que, em 2010, a construtora seria "líder na América Latina e na África", e a petroquímica, "líder na América Latina" e "player respeitado internacionalmente".[8] O faturamento do grupo, de cerca de 4 bilhões de dólares,[9] atingiria 18 bilhões, e seu valor de mercado chegaria a 25 bilhões. Apesar do ceticismo de vários ali, as metas de Emílio foram incorporadas à Visão. Na petroquímica, a oportunidade de atingi-las não demoraria a aparecer.

Arminio Fraga sentou-se à mesa de reuniões do Banco Central, em Brasília, curioso para saber o que o rapaz na outra ponta ia lhe apresentar. Emílio Odebrecht havia telefonado dias antes e informado que a organização tinha planos para o leilão da Companhia Petroquímica do Nordeste, a Copene. Se o presidente do BC pudesse receber seu filho, Marcelo, ele explicaria tudo. O herdeiro estava com 32 anos, era competitivo e ambicioso. Fraga percebeu de imediato que a operação que Marcelo estava para apresentar equivalia a uma prova de passagem para uma nova fase no grupo. Mas Marcelo parecia seguro. Conhecia bem os detalhes do esquema e sabia como defendê-lo.

Desde o final dos anos 1990, quando o Banco Central anunciara a intenção de vender a parte do falido Banco Econômico na Copene, Emílio acalentava o sonho de arrematar as ações e se tornar dono do polo de Camaçari, na Bahia. A empreiteira já tinha uma participação minoritária na Copene. Controlá-lo era o passo que faltava para a Odebrecht se tornar *o* grande grupo petroquímico nacional, mas não tinha cacife nem crédito para comprar a parte dos sócios na Copene. Os últimos anos haviam sido de ferrenhas batalhas de bastidores. A primeira delas fora para conseguir a ajuda do BNDES, que fechou as portas ao grupo temendo um calote. Outra, paralela, visava minar o plano do governo

FHC de reorganizar o setor em três polos, administrados por três grandes grupos. Por esse modelo, a Odebrecht ficaria no Rio Grande do Sul, onde já era sócia do Ipiranga e da americana Dow na Copesul. O complexo do Rio de Janeiro, a ser construído pela Petrobras em sociedade com a Suzano, seria o polo do Sudeste. O terceiro hub ficaria no Nordeste, em Camaçari — que, tudo indicava, passaria para as mãos do grupo Ultra, esse sim com o apoio financeiro do BNDES.[10] Tal desenho não interessava nem um pouco à Odebrecht. Caso se concretizasse, a Visão 2010 de Emílio para o grupo ia se tornar inviável.

Apesar disso, tinha ficado claro nas negociações com o governo que a única forma de obter apoio estatal a planos como a ampliação da Copesul e a construção de Paulínia seria abrir mão de Camaçari. Portanto, ao longo de todo o ano 2000 e o início de 2001, a Odebrecht esteve no grupo vendedor da Copene, junto com o Banco Central e o grupo Mariani. Só que os dois leilões realizados pelo BC no período tinham fracassado. No primeiro, em dezembro de 2000, o Ultra foi o único a fazer oferta, depois que a americana Dow saiu da disputa, pressionado pelo lobby dos aliados de Paulo Cunha no governo. O lance de 822 milhões de dólares, porém, ficou muito abaixo do mínimo estabelecido pelo BC, de 1,05 bilhão, e o Ultra foi eliminado pelas regras do certame.[11] Na segunda tentativa, em março de 2001, o preço mínimo pedido pelos ativos baixou de 1 bilhão para 923 milhões de dólares, mas Cunha refugou de novo, dizendo que considerava tal valor ainda alto demais.[12] Para os vendedores, estava claro que, apostando ser o único comprador possível para os ativos, ele tentava jogar o preço para baixo. A partir daí, disseminou-se na Odebrecht uma nova palavra de ordem: "Por esse preço a gente não vende, compra!".

Quando Arminio Fraga recebeu Marcelo Odebrecht em abril de 2001, faltavam poucas semanas para o terceiro leilão, marcado para junho. A notícia que o herdeiro trazia representava uma reviravolta. A Odebrecht não queria mais vender, e sim comprar a Copene. Marcelo disse que o grupo se aliara aos Mariani para adquirir as ações dos outros sócios, e juntos tinham conseguido um crédito de 500 milhões de dólares com o Citigroup e o ABN-Amro.[13] Seria uma solução privada, sem a ajuda do BNDES. Como juntos Odebrecht e Mariani já tinham 32% da holding que controlava a Copene, bastaria comprar as ações do Econômico. Era uma vantagem sobre o Ultra, que, para chegar ao mesmo resultado, precisaria comprar, além das ações do Econômico, as de Mariani e Odebrecht. Outra diferença relevante entre as duas propostas estava na ordem dos fatores: enquanto o plano dos paulistas era primeiro comprar a empresa-mãe para depois integrar todas as fábricas numa companhia só, o da Odebrecht previa fazer a integração primeiro, para depois comprar a empresa-mãe. Parecia um detalhe, mas não era. Ninguém naquele momento seria louco de enterrar 500 milhões de dólares em um grupo quebrado, muito menos os bancos. E de fato eles não ofereceram dinheiro à Odebrecht, e sim à Copene, que tinha muitos ativos e mais de 700 milhões de reais em caixa.[14] Desenharam, então, uma forma de injetar dinheiro na central petroquímica para que ela pudesse "comprar a si própria". Os bancos emprestariam dinheiro à Copene para que integrasse as fábricas, simplificando uma estrutura societária complexa em que cada fábrica tinha sócios diferentes, com participações interligadas. Nessa etapa, a Copene compraria as participações dos sócios de cada unidade com dinheiro ou troca de ações, para formar um "Copenão". Como Odebrecht e Mariani também eram sócios, receberiam parte do pagamento, que seria imediatamente usado para adquirir a fatia dos outros sócios na empresa-mãe, a Norquisa. Sobrariam ainda 100 milhões de reais para ajudar a Odebrecht a saldar suas dívidas. Em resumo, o dinheiro seria injetado pelos bancos na Copene, tendo como garantia os ativos da própria Copene, e pouco depois seria usado pela Odebrecht para pagar a dívida tomada para a aquisição da Copene (e com direito a troco).

Era uma jogada arriscada, mas viável. Embora certamente fosse enfurecer Paulo Cunha, a rigor nada seria feito de forma ilegal. Segundo o desenho da transação, todos os passos do negócio seriam referendados pelos acionistas nas assembleias gerais e reuniões de conselho tanto da Norquisa, a empresa-mãe, como da Copene. Primeiro os bancos dariam carta de fiança para a sociedade Odebrecht-Mariani apresentar no leilão e, após a compra, os novos donos aprovariam todos os atos necessários para a Copene integrar as fábricas e incorporar também as ações de Odebrecht e Mariani, assumindo a dívida dos compradores. Dessa forma, quando chegasse a hora de os bancos depositarem o dinheiro no caixa do BC, que era o vendedor, a dívida já estaria no balanço da Copene. Nessa operação, a ordem formal dos fatores fazia toda a diferença. Se a Odebrecht estivesse usando o caixa em seu benefício antes da aquisição, em prejuízo dos outros acionistas, seria roubo. Usá-lo logo após a compra, em acordo com a maioria dos sócios, era legítimo. Os Odebrecht poderiam ser acusados de muitas coisas, menos de burrice.

Fraga ouviu a explicação de Marcelo e deu sinal verde para continuarem negociando com os bancos. Para ele, bastava saber que o dinheiro que pagaria a compra da Copene sairia do caixa das instituições financeiras. Sentia-se aliviado por divisar uma solução para o mais imbricado problema societário que já enfrentara desde que trocara a vista dos arranha-céus de Manhattan pelo horizonte do cerrado brasiliense. No íntimo, também estava contente por poder se livrar das pressões de Paulo Cunha.

Na nova configuração, o preço do lote de ações havia diminuído, uma vez que outro acionista, a Suzano, havia desistido de vender sua parte.[15] No final de abril, o BC informou Paulo Cunha que a Odebrecht e o Mariani tinham se associado para comprar a Copene — e disse que, se ele tivesse interesse em participar, seguiria em frente com o novo leilão. Cunha confirmou que estava no jogo. Mas a paz não durou muito.

Mais coragem do que análise, dizia o velho mantra de Norberto. Havia um risco razoável de o plano naufragar se o grupo Ultra o descobrisse antes da hora e melasse o acordo entre os acionistas para que a Copene assumisse a dívida de Odebrecht e Mariani. O sucesso da operação, portanto, dependia de afastar Paulo Cunha e seus aliados do conselho. Até porque era preciso começar a preparar todos os atos societários para que estivessem prontos no momento em que o martelo fosse batido no leilão, já que teriam apenas alguns dias entre o leilão e a assinatura dos contratos. Com Paulo Cunha no conselho seria inviável. No final de abril de 2001, numa assembleia de acionistas, Odebrecht e Mariani se juntaram ao liquidante do Econômico e, com a maioria dos votos, promoveram uma dança das cadeiras[16] e tiraram Paulo Cunha do conselho. Sem o adversário por perto, teriam condições de preparar a operação.

Ao perceber que estava prestes a perder o negócio, Paulo Cunha não deixou barato. No início de maio, enviou uma carta indignada ao Banco Central, com cópias para FHC e para o ministro do Desenvolvimento, Alcides Tápias — e que foi parar nos jornais no dia seguinte.[17] No documento, dizia que o leilão já começava viciado e acusava o Banco Central de favorecer a Copene. Primeiro porque, para adquirir a central, o Ultra precisaria pagar o preço mínimo de 1,366 bilhão de reais,[18] enquanto Odebrecht e Mariani só teriam de comprar a parte do Econômico por 758 milhões de reais. Até aí, não havia o que fazer, uma vez que, juntos, os adversários tinham mesmo participação bem maior do que o Ultra na Copene. Já o golpe da assembleia causou impacto, porque Cunha disse que o BC havia sido conivente com sua destituição e deixado a Odebrecht assumir o controle da empresa antes da hora. "O BC não pode abdicar de isonomia e transparência, e isso não acontece no leilão da Copene", disse o próprio Cunha à *Folha de S.Paulo*.[19]

A pressão surtiu efeito, e os envolvidos saíram a campo para apagar o incêndio. Freitas, do BC, disse que a possibilidade de o caixa da própria empresa ser usado na aquisição nunca havia sido cogitada nas reuniões pré-leilão — o que, tecnicamente, era verdade, uma vez que o dinheiro que pagaria o BC viria dos bancos privados. O presidente da Odebrecht Petroquímica, Álvaro Fernandes da Cunha, também se apressou a dizer que "nunca mexeria no caixa da Copene". E manteve o discurso de que o projeto de integração dos ativos das empresas era exatamente o mesmo do Ultra. "O que estamos fazendo é uma consulta aos minoritários [...] para que se pronunciem no sentido de saber se isso é bom para todos, passo importante para obter o financiamento necessário no mercado privado; o Ultra não precisa disso porque tem o BNDES como parceiro."[20]

Até o presidente da República teve de entrar na história, mandando o porta-voz, Georges Lamazière, declarar que ninguém teria privilégio no leilão da Copene: "Em se tratando de dois grupos nacionais, a posição do governo é equânime".[21] Mas a temperatura não baixava. O Ultra ameaçava recorrer ao Supremo Tribunal Federal, o que poderia adiar o certame por tempo indeterminado. A Odebrecht reagiu mobilizando políticos amigos — como o então líder do PMDB na Câmara, Geddel Vieira Lima. O deputado da Bahia foi ao Planalto e, na saída, sugeriu que era o Ultra que estava querendo obter vantagens. "Fui cobrar do governo o compromisso de dar condições igualitárias aos grupos Odebrecht e Mariani."[22] O fuzuê estava formado, e o BC não sairia dele sem alguma ginástica política.

O primeiro movimento foi feito por Arminio Fraga, que chamou Paulo Cunha para conversar no Banco Central. Era uma conversa difícil, dados os antecedentes dos leilões fracassados. Depois de ter empurrado o preço para baixo em um leilão e faltado a outro, o Ultra era alvo de toda a má vontade possível no BC. Fraga até queria agir de forma isonômica, mas a verdade é que não tinha mais paciência para o lobby do "Brasil velho", como ele chamava, intramuros, os movimentos de Paulo Cunha. O encontro não trouxe grandes avanços, mas pelo menos serviu para Cunha entender que não teria alternativa a não ser brigar para ganhar.

Antes que o dono do Ultra se recuperasse da confusão com o BC, porém, a Odebrecht já havia saído na frente para conquistar o apoio de outro bloco importante de sócios da Copene — a Petrobras, seu fundo de pensão, o Petros, e a Previ, do Banco do Brasil. Juntos, Previ e Petros tinham 11,5% da Copene.[23] Eram menores, mas agiam em conjunto com a Petrobras e, se resolvessem encrencar, podiam inviabilizar toda a transação. Seus diretores — Eliane Lustosa, da Petros, e Sérgio Rosa, da Previ — tinham fama de ser tecnicamente rigorosos e à prova de maracutaia. Pois as negociações com os fundos, a cargo de Álvaro Cunha, Marcelo Odebrecht e alguns outros, começaram a ficar muito difíceis. A ponto de, numa reunião do conselho da Copene, Marcelo ter chegado a um impasse com o representante da Petros, o ex-diretor de política econômica do Banco Central Sérgio Werlang, sobre como calcular o valor das fábricas a ser integradas ao Copenão: "Ô Sérgio, essa conta até minha filha faz! Será que a gente vai ter que te ensinar a fazer fluxo de caixa descontado?!". Eliane, que travava uma dura batalha contra o dono do Banco Opportunity pelo controle da Brasil Telecom, não resistiu a fazer um comentário irônico: "Perto de Marcelo Odebrecht, Daniel Dantas é um lorde inglês".

Vendo que o caldo ameaçava desandar, Emílio Odebrecht procurou Lula. Faltava ainda um ano e meio para as eleições presidenciais de 2002, mas as conversas de Emílio com o cacique petista já haviam começado a girar em torno de contribuições e temas de interesse da empresa num futuro governo petista. Emílio foi visitar o candidato na sede do Instituto Cidadania, no bairro paulistano do Ipiranga, onde ele montava sua estratégia de campanha. Ali, encontrou também Palocci, que era o padrinho político de Sérgio Rosa, e pediu que convencessem os dirigentes dos fundos a fechar com a Odebrecht. A mensagem era a mesma das tantas reuniões entre eles, antes, durante e depois da vitória lulista. Controlar a petroquímica nacional era prioridade absoluta para a Odebrecht. Lula ajudou, e o acordo com o Petros e a Previ saiu.[24]

Ao final, produziu-se um acerto que deixou os dois lados confortáveis: os fundos e a Petrobras dariam aval à Odebrecht para comprar a Copene, desde que o grupo só pagasse pela empresa o preço mínimo. A única condição em que se poderia aumentar o valor seria para cobrir uma oferta do Ultra. E, nesse caso, a diferença seria paga pela Odebrecht, e não pela Copene. Ficou combinado ainda que, na etapa seguinte, quando todas as ações dos sócios seriam trocadas pelas da nova empresa, a relação de troca seguiria critérios estabelecidos por uma auditoria escolhida pelo conselho, entre cinco empresas que não tivessem trabalhado no caso Copene. Assim, depois de muita chuva e trovoada — e com o empurrãozinho de Lula —, a Odebrecht levou a melhor sobre Cunha e ganhou o apoio dos fundos.

Na madrugada de 24 de julho, enquanto quase todos os hóspedes do hotel Maksoud Plaza descansavam, algumas poucas janelas do vigésimo andar mantinham as luzes acesas. Cafeteiras e computadores funcionavam freneticamente em meio a um consumo irresponsável de pizzas e salgadinhos. Faltavam poucas horas para o leilão da Copene, e o time da Odebrecht acabava de montar dois envelopes com propostas e preços diferentes conforme o cenário que se desenhasse de manhã. De repente, o fax do hotel cuspiu uma carta assinada por Paulo Cunha. Como parte da guerra de nervos, Odebrecht e Ultra vinham trocando acusações e pedidos de liminar. A Odebrecht acabara de notificar os conselheiros da Norquisa e da Copene sobre a entrada suspeita dos Monteiro Aranha na disputa. Aquela devia ser a resposta. Curiosos, os executivos presentes se reuniram em torno da carta, que foi lida em voz alta:

Prezados senhores: A respeito do seu fax recebido agora sobre notícias de fontes anônimas de jornais de hoje especulando sobre o eventual formato de nossa participação no leilão, quero lembrar versos que minha avó recitava como cantiga de ninar:

Não tenho medo do homem
nem do ronco que ele tem
o besouro também ronca
vai se ver não é ninguém

Ninguém entendeu muito bem o que Cunha queria dizer. Mas deduziu-se, entre risadas e comentários jocosos sobre o desequilíbrio emocional do adversário, que ele muito provavelmente estava fora do jogo. O significado da mensagem só ficou mesmo claro quando o pregoeiro anunciou que estava encerrado o prazo para a entrega de propostas. Só ali Álvaro Cunha e Marcelo Odebrecht tiveram a certeza de que o oponente não apareceria. Por longos minutos, a ansiedade produziu uma espécie de pânico com a presença de um sujeito de traços asiáticos usando terno que chegou sozinho ao salão de reuniões do Maksoud com uma mochila nas costas. Num ambiente tão restrito, em que todos os cerca de cinquenta presentes se conheciam, um elemento estranho como aquele provocou estresse agudo, só desfeito quando a vitória da Odebrecht e dos Mariani foi anunciada pelo preço mínimo. O desconhecido continuou incógnito, mas certamente não era nenhum sabotador. O representante do BC, Natalício Pegorino, julgou o resultado decepcionante, uma vez que aliviava apenas 10% do prejuízo que ainda restava ao Tesouro com a intervenção no Econômico. "Me sinto frustrado. Esperava que aparecessem mais concorrentes."

A ausência de Paulo Cunha no leilão, depois de ter comprado tantas brigas pela Copene, permanecia um mistério para todos os envolvidos no episódio ainda décadas mais tarde, quando comecei as entrevistas para este livro. Cunha estava doente e não tinha mais condições de esclarecer seus motivos. Seus aliados na época sustentam que, por mais que ele quisesse assumir o polo de Camaçari e transformar o Ultra num grande player petroquímico, não podia se dar ao luxo de pagar pelas ações mais do que os modelos financeiros diziam ser o razoável. Apesar de todo o prestígio de que desfrutava no empresariado e no governo, Cunha não era o dono do Ultra, e sim o CEO. Já Emílio e Marcelo tinham o controle do grupo e encaravam aquela como uma batalha de vida ou morte.

Para os Odebrecht, foi uma vitória épica, daquelas que mudam o rumo das coisas para sempre. Emílio foi avisado pelo ramal em sua suíte no décimo andar e lá continuou, enquanto seu time comemorava efusivamente no salão do Maksoud. Alguns choravam, outros pulavam, e Carlos Mariani foi até Marcelo Odebrecht para lhe dar um abraço. O príncipe se desvencilhou sorrindo. Embora evidentemente feliz, ele se continha — e tentava em vão conter os outros, fazendo sinal de calma cada vez que alguém exagerava na euforia. Quando o repórter da *Folha de S.Paulo* quis uma declaração, Marcelo disse apenas: "Sabia que eles não apareceriam. Estou aliviado".[25]

Na saída do Maksoud Plaza, um grupo de mais ou menos dez executivos da Odebrecht se juntou para almoçar num restaurante.[26] Marcelo disse que não iria. "Comemorações só quando estivermos com as ações nas mãos." Os outros deram de ombros e partiram. Brindaram com vinho e deram muitas risadas, relembrando os lances do leilão. Marcelo foi direto para o escritório. Nos meses anteriores, ele se revelara um acionista incontentável, um filho impertinente, um executivo arrogante e um rival agressivo. Mas também se cacifara como um estrategista preciso, um negociador duro e um defensor incondicional dos interesses da Odebrecht. Passara pelo teste de fogo e se provara um sucessor à altura da organização.

A comemoração mesmo só ocorreu no final do ano, no apartamento de Emílio em Salvador, em um jantar farto em acarajés, vatapás, vinho, uísque e pinga da fazenda dos Odebrecht no sul da Bahia. Entre os convivas — banqueiros, executivos e algumas esposas —, uma ausência marcante: Álvaro Cunha. Ele havia se internado para fazer um exame cardíaco e ainda convalescia. Ao saber que haviam feito a festa sem ele, ficou chateadíssimo. Considerou uma desfeita que, depois de ter feito o projeto que salvaria a Odebrecht avançar a canceladas, acumulando tantos desgastes no mercado e com o governo, nem ao menos tivessem esperado que se restabelecesse para celebrar.

Na época, ele não imaginava que ser excluído do jantar era o de menos. Sua saída do comando da petroquímica começou a ser desenhada no momento em que o leilão foi encerrado, por razões ao mesmo tempo subjetivas e de negócios. No time mais próximo a Emílio Odebrecht, o diretor jurídico da holding, Newton de Souza, e o conselheiro Gilberto Sá não engoliam o chefe da petroquímica desde meados dos anos 1990, quando haviam tido discussões acaloradas a respeito de uma possível oferta inicial de ações da OPP na Bolsa. Como Emílio sempre bancou o subordinado, a tensão se manteve latente. Resolvida a compra da Copene, os dois ajudaram a difundir a ideia de que Álvaro Cunha não era o homem ideal para liderar a nova fase. Era considerado marrento de mais e sofisticado de menos para uma empresa que se pretendia uma grife internacional, modelo de governança, com ações listadas na Bolsa de Nova York. A truculência de Cunha tinha sido perfeita para ganhar a Copene. Mas, para o novo ciclo, era preciso trazer outro tipo de figura. Alguém que falasse várias línguas, usasse abotoaduras, tivesse olhos verdes e encantasse o mercado financeiro. Esse personagem era José Carlos Grubisich — pelos critérios odebrechtianos, um legítimo almofadinha —, recrutado da Rhodia, onde exercera o cargo de vice-presidente mundial.

Com a contratação, Cunha tornou-se conselheiro da nova empresa, seguindo o caminho de outros homens de confiança de Emílio que caíam para cima. Como os outros, passou um largo tempo magoado. Fazia questão de dizer que o único que reconheceu seus méritos e lhe deu atenção em sua fase mais difícil foi Marcelo. Foram necessários alguns encontros, muitos telefonemas e mesuras de Emílio para que ele afinal superasse o episódio.

Naquele período, a chegada de Grubisich à Odebrecht foi a notícia dominante sobre o grupo na imprensa especializada em negócios. Mas, para quem entendia o universo odebrechtiano, havia outras mudanças mais significativas em curso. Na reunião anual de 2001, em Sauípe, realizou-se a primeira troca de guarda prevista nos planos arquitetados por Emílio na Suíça. Ele passou a ocupar apenas a presidência do conselho. Pedro Novis — o ex-presidente da CBPO que se aposentara precocemente — ficara em seu lugar. Novis resistira bravamente a assumir a missão, mas acabou cedendo, em virtude dos apelos do amigo.

Novis aceitou fazer a ponte entre o reinado de Emílio e o de Marcelo — desde que o herdeiro participasse do acordo. Os dois fizeram um pacto, que partia da premissa de que Marcelo seguiria o comando de Novis como qualquer outro executivo faria. O herdeiro já provara ser bom de finanças, agressivo e criativo. Seu desafio agora era amadurecer para chefiar equipes grandes na construtora e, ao mesmo tempo, ter humildade para reconhecer a liderança do superior. A transição deveria durar até 2010, quando a sucessão estaria completa. Em dezembro de 2001, na reunião anual da Odebrecht, Novis assumiu a direção da nave-mãe, e Marcelo recebeu de Renato Baiardi o leme da construtora. Tinha 33 anos.

A novela da Copene só seria definitivamente encerrada um ano depois do leilão, em julho de 2002, no Rio de Janeiro. Com todos os ativos integrados, era hora de sacramentar a formação da nova grande petroquímica nacional. O nome, Braskem, já havia sido escolhido, e estava pronta a campanha grandiosa elaborada pelo publicitário Mauro Salles, que apresentaria a empresa como a "petroquímica brasileira de classe mundial". Tratando a nova companhia como um "projeto nacional", a propaganda ressaltava o gigantismo da empresa, que já nascia com faturamento de 9 bilhões de reais e 2,8 mil funcionários.[27]

Faltava apenas um passo, nada simples: fazer com que o bloco formado pelos fundos de pensão com a Petrobras aceitasse a relação de troca das ações das empresas de Camaçari pelas da Braskem. Durante todo aquele ano, eles haviam tido várias reuniões para acertar o valor e o tamanho da participação de cada um na Braskem. A questão é que, nesse assunto, os fundos de pensão seguiam a orientação da estatal. Caso se recusassem a entrar na Braskem, a companhia morreria antes mesmo de nascer. Francisco Gros, que havia passado do BNDES para a presidência da Petrobras, queria tudo, menos tornar-se sócio relevante em uma empresa que nascia gigante, mas cheia de dívidas assumidas em nome da Odebrecht.

Depois de muitas reuniões, documentos e análises, os times das duas empresas se reuniram em julho de 2002 para fechar a questão no hotel Caesar Park, na orla de Ipanema. Alugaram salões no terceiro andar e levaram seus PowerPoints, projeções financeiras e muitos argumentos. A Odebrecht precisava chegar a um acordo, mas os petroleiros jogavam duro. Se não fosse para a Petrobras ter lucro, não havia razão para entrar no negócio.

Sabendo desse espírito refratário, os homens de Emílio começaram os trabalhos desanimados. A programação previa três dias de reuniões, mas, já no primeiro, perceberam que teriam de suar muito para convencer os técnicos da estatal. Eles achavam que a Odebrecht queria jogar o valor das ações da Petrobras para baixo, e não gostavam da ideia de a Braskem nascer com todas as dívidas e passivos que a Copene assumira para que a empreiteira pudesse comprá-la no leilão. Queriam tentar aliviar essa carga, passando parte das dívidas para os controladores. Mas, para os novos donos, era impensável assumir qualquer novo passivo. Apesar de já ter superado a pior fase, a Odebrecht ainda penava para se recuperar. A discussão emperrava em vários pontos, mas o principal era a relação de troca das ações.

A petroquímica de classe mundial ameaçava desandar quando a cúpula da Odebrecht ficou sabendo que a Petrobras estava negociando exatamente naquele momento a compra da argentina Pérez Companc (que além de petroleira tinha uma operação petroquímica importante) por 1 bilhão de dólares.[28] A informação pareceu a Emílio uma ótima oportunidade de recorrer ao estratagema infalível da campeã nacional. Ele então procurou Fernando Henrique Cardoso. Como o presidente podia autorizar que a Petrobras gastasse tanto dinheiro para comprar uma empresa estrangeira e não tivesse nenhuma boa vontade com um grupo genuinamente nacional, que geraria empregos no Brasil?

A pergunta de Emílio refletia a permanente perplexidade do empreiteiro com o modo como as coisas funcionavam na Petrobras. A corporação petroleira resistia muito mais à venda de participação e à perda de poder do que as outras estatais, como as telefônicas. Sempre tinha sido assim e não mudaria nunca, mas, por vezes, o presidente da República conseguia impor sua vontade. Segundo Emílio relatou a seus executivos, FHC cedeu às suas queixas e disse que passaria o seguinte recado a Francisco Gros, que havia assumido recentemente o comando da Petrobras: se ele quisesse comprar a Pérez Companc, teria que entrar num acordo com a Braskem. Só aí o diálogo entre os dirigentes das duas empresas fluiu.

Ao final das conversas, foi fechado um acordo quanto ao valor de troca das ações, pelo qual a Petrobras, por meio da Petroquisa, ficou com 11% da Braskem; a Previ, com 3%; e a Petros, com 1%. Além disso, a estatal reivindicou (e levou) duas vagas no conselho, além do direito a veto em alguns temas e de se desfazer de suas ações junto com a Odebrecht em caso de venda. Ainda ficou com a opção de, até 2005, aumentar sua fatia na Braskem de 11% para os mesmos 38,5% detidos pela Odebrecht, e com os mesmos direitos. Em troca, ficou combinado que a Petrobras aportaria na Braskem todas as suas participações em ativos petroquímicos no Brasil. Nesse caso, a companhia seria o único veículo de investimento da Petrobras no setor.[29]

Se cumprido, portanto, o acordo representaria uma reedição do contrato de Paulínia. Uma espécie de versão 2.0, mais bem escrita e mais bem amarrada. Parecia representar o final feliz de uma novela rocambolesca. Logo, porém, a Odebrecht descobriria que se tratava apenas do começo de outra, ainda mais enredada e politicamente sensível, cujos desdobramentos acabariam provocando o maior escândalo de corrupção da América Latina.

Fazia poucos dias que Lula havia sido eleito quando Fernando Henrique Cardoso, já pensando no que faria depois do final do mandato, telefonou para Emílio Odebrecht: "Vou criar meu instituto, o instituto FHC, preciso de ajuda". O empreiteiro não titubeou: "Ajudo, presidente, claro". FHC estava montando um fundo, com doações de empresários, para comprar e reformar a futura sede do instituto, e depois organizar e manter o acervo do ex-presidente. FHC precisava de mais de 7 milhões de reais, e a cota de Emílio era de 800 mil.

A doação foi sacramentada dias depois, em um jantar no próprio Palácio da Alvorada, em torno de um menu preparado pela chef gaúcha Roberta Sudbrack. Além de Emílio, havia outros onze convidados, como o presidente do Bradesco, Lázaro Brandão, Jorge Gerdau, da Gerdau, Pedro Piva, da Klabin, e Benjamin Steinbruch, da Companhia Siderúrgica Nacional, a CSN. Entre o ravióli de aspargos que iniciou o menu e a rabanada de frutas vermelhas da sobremesa, eles ouviram o presidente explicar como funcionaria o instituto e contar os bastidores da transição com Lula. Acharam FHC relaxado e até feliz por estar passando o cargo ao petista.[30]

Emílio também estava feliz e confiante. Para ele, aquela troca de governo não poderia ser mais suave. Algumas semanas depois, no encontro anual da organização em Sauípe, o "campeão nacional" recorreu ao seu indefectível otimismo para afirmar: "A minha confiança quanto à nossa visão para 2010 e à superação de nossos desafios para 2003, este ano, está exponenciada pela confiança que tenho no novo governo do Brasil, que saberá, de forma análoga, implantar as mudanças necessárias, sem destruir a sólida base que já conquistamos como uma das principais nações do mundo contemporâneo". Encerrando os trabalhos, a organização ofereceu um grande jantar aos executivos e suas famílias sob uma gigantesca tenda montada nos jardins do resort. Mais de mil pessoas comeram e beberam à vontade, antes de chacoalhar, animadas, na plateia de um show especial da estrela do axé Ivete Sangalo.

9. Nova ordem

A luz solar que atravessava as paredes envidraçadas da biblioteca do Palácio da Alvorada ao longo do dia já estava esmaecendo quando o porta-voz da Presidência da República, André Singer, encaminhou Emílio Odebrecht e seu time para a mesa onde se reuniriam com o presidente Lula. O empreiteiro e seus executivos haviam desembarcado horas antes em Brasília, no jato da companhia, munidos de laptops, uma apresentação em PowerPoint caprichada e o roteiro detalhado do discurso que fariam. Embora aparentassem tranquilidade, Emílio, Pedro Novis, Alexandrino Alencar e José Carlos Grubisich estavam apreensivos. A conversa seria difícil. O novo governo tinha apenas seis meses, mas a promessa de convergência de propósitos feita na campanha não estava sendo cumprida.[1]

Logo que assumiram o governo, os petistas começaram a defender que a Petrobras retomasse o protagonismo na petroquímica, readquirindo participações relevantes e reivindicando voz ativa. Algumas conversas começaram a ser travadas nos bastidores para que a estatal se associasse a outras empresas, como a Basell, uma joint venture da Basf com a Shell que disputava mercados com a Braskem no continente. Sempre que interpelados a esse respeito, os diretores da estatal diziam que nada havia mudado. Que nunca houvera uma determinação explícita de ficar na petroquímica ou sair dela, e que portanto estavam apenas seguindo a missão de aproveitar boas oportunidades de negócio e garantir melhores retornos. Emílio e sua equipe, porém, tinham certeza de que estava em curso uma estratégia da estatal para crescer na petroquímica e desmontar a hegemonia da Odebrecht. Aquilo criaria uma esdrúxula situação, já que a Petrobras seria ao mesmo tempo sócia minoritária e concorrente da Braskem — o que poderia ser desastroso, uma vez que a estatal era a única fornecedora de matéria-prima para a indústria petroquímica e portanto capaz de interferir no destino das empresas do setor.

Era no tema da matéria-prima que se concentravam os maiores conflitos das reuniões entre os executivos da Petrobras e da Braskem. Historicamente, a estatal fornecia nafta e propeno, entre outros insumos, à petroquímica, e recebia o pagamento em mais ou menos duas semanas. Na prática, a Petrobras financiava a Braskem, que contava com esse prazo na gestão do caixa. Só que a alta do dólar havia levado a uma crise. Primeiro, porque o preço da matéria-prima acompanhava a moeda norte-americana; segundo, porque boa parte do endividamento da Braskem era em dólar. A dívida aumentou muito, e a empresa começou a pedir mais crédito e mais prazo para pagar as faturas. A Petrobras chegou a negociar garantias adicionais, novos prazos e condições de pagamento. Manteve, porém, certos limites ao "cheque especial", visando diminuir o risco de calote. Para a Petrobras, aquilo era um problema.

Sentado sobre o cofre estava Rogério Manso, diretor de abastecimento, que cuidava também da parte de petroquímica. Funcionário de carreira — concursado, formado em engenharia civil e com MBA em gestão —, ele ascendera ao cargo no governo FHC e continuava na posição, contra todas as expectativas. Não era petista — longe disso —, mas tinha boa relação com o novo presidente da estatal, José Eduardo Dutra, ex-senador pelo PT de Sergipe. Administrava uma área sensível, responsável pelo fornecimento de combustível para todo o Brasil. Como nem Dutra nem o PT acharam de imediato alguém para substituí-lo, Manso foi ficando, tocando os negócios como sempre fizera.

Às vésperas da visita dos diretores da Odebrecht ao Alvorada, Manso havia decidido cutucar uma velha ferida: o contrato de Paulínia. Firmado em 1997, durante o governo FHC, o documento que obrigava a Petrobras a oferecer sociedade primeiro à Odebrecht sempre que fosse investir em um novo negócio na petroquímica provocara grande escândalo. Anos depois, a Secretaria de Direito Econômico, a SDE, e o Conselho Administrativo de Defesa Econômica, o Cade, determinaram que o acordo fosse alterado para deixar claro que as condições do contrato se referiam somente à sociedade entre as duas empresas em Paulínia. De resto, a Petrobras poderia se associar a quem quisesse sem ter de pedir autorização à Odebrecht.[2] Àquela altura, porém, os planos de construir um polo petroquímico em Paulínia já haviam sido engavetados.

Com a mudança de governo, a Odebrecht propôs ressuscitar o negócio. Manso fez as contas e concluiu que a sociedade na fábrica de Paulínia com a Odebrecht só valeria a pena se a Petrobras pudesse cobrar mais pela matéria-prima fornecida. Foi o que ele disse ao presidente da Braskem, José Carlos Grubisich, nas diversas ocasiões em que discutiram o assunto. Do contrário, era melhor a estatal construir a fábrica sozinha ou buscar outros sócios.[3] Grubisich tentou argumentar, mas o diretor de abastecimento não cedeu um milímetro. Como não chegaram a um acordo, Manso denunciou o contrato, considerando-o cancelado. A atitude acendeu um alerta na sede do grupo baiano.

"O Emílio nunca chia",[4] disse Fernando Henrique Cardoso em seus *Diários da Presidência*. Na verdade, Emílio chiava bastante e chiava alto. Como agora, no início do governo Lula. Primeiro, ele procurou o presidente, e os dois combinaram que o executivo Alexandrino Alencar e o chefe de gabinete da Presidência, Gilberto Carvalho, tentariam resolver a questão. Não adiantou. Emílio enviou e-mails e foi pessoalmente se encontrar com José Eduardo Dutra — que, nas palavras do empreiteiro, só enrolava. Exasperado, ele voltou a Lula para uma conversa definitiva. "Presidente, o senhor se comprometeu com o nosso programa, mas a diretoria da Petrobras e o PT estão nos boicotando. Tenho uma proposta: em vez de eu estar aqui trazendo as minhas informações e conversando com o dr. Dutra e não dar em nada, vamos fazer uma reunião onde o senhor possa chamar os seus ministros, Dutra e quem mais o senhor achar que deve vir, e eu venho para cá e trago uma ou duas pessoas da minha parte",[5] começou Emílio. "Se o senhor estiver de acordo, é a melhor solução, porque a gente coloca isso na mesa, e temos uma discussão definitiva. Aí eu vou saber qual o meu programa para frente", ele insistiu. Agora ali estavam eles, enfileirados de um lado da mesa, prontos para o embate. Do outro lado, junto com o presidente, estavam Antonio Palocci, Dilma Rousseff e José Eduardo Dutra.

Vista aos olhos de hoje, a cena poderia ser tomada como um prenúncio do escândalo que arrasaria com a Odebrecht e com o PT, mais de uma década depois. Emílio tinha por hábito chegar rindo e puxar algum papo inofensivo antes de ir ao que interessava. Naquele dia, no entanto, estava bem mais formal e circunspecto. Sacou de sua pasta um texto de quatro páginas e pediu desculpas porque seu discurso naquela reunião seria lido. "Não tenho o dom do improviso do nosso presidente, e o assunto é muito importante para que eu cometa falhas que podem ser induzidas pelo coração."[6]

Emílio considerava a questão dramática e, diante de Lula, não economizou nas tintas. Declarou-se perplexo com os movimentos da Petrobras e disse que contrariavam toda a lógica que os tinha levado a investir no setor petroquímico, bem como as promessas feitas ao grupo durante a campanha. Também reclamou da falta de respostas dos escalões do governo a seus questionamentos sobre a estratégia da Petrobras e exortou Dutra a assumir uma posição. "Se, de fato, a intenção da Petrobras for voltar a intervir economicamente em um setor privatizado pelo governo do qual ela é controladora e de voltar a competir com empresas às quais fornece 70% da matéria-prima, é indispensável que possamos discutir com clareza e abertura o futuro do investimento nacional privado na petroquímica."

Quando chegou sua vez de falar, o presidente da Petrobras tampouco aliviou. Dutra não estava nada satisfeito com a Odebrecht. Dizia que, no governo anterior, a estatal havia sido forçada a sair do setor — um erro, em sua avaliação. Ele pretendia reverter aquele movimento. Todas as grandes petroleiras do mundo tinham seu braço petroquímico, e a Petrobras precisava ter o seu também. Ela não pretendia sufocar ou combater ninguém, mas tampouco queria ser prejudicada em nome dos interesses da Odebrecht. "O que estamos fazendo, por ora, são estudos. Não existe uma estratégia definida de atuação na petroquímica."

Emílio não aceitou as explicações. Afirmou que as iniciativas da estatal desmentiam as afirmações de Dutra. Repetiu que o compromisso estabelecido na época da campanha não estava sendo cumprido. Com volteios próprios de quem manda enquanto faz parecer que está pedindo, deixou claro que não só não aceitava aquela atitude como queria ver Manso, o diretor de abastecimento, fora do cargo. E ameaçou: se a Petrobras continuasse atuando contra a Odebrecht, o grupo sairia do setor petroquímico.

Lula ouvia a discussão quieto, cofiando a barba grisalha. Depois que todos falaram, tomou a palavra. Disse que não haveria retrocesso — em seu governo, o setor seria comandado por agentes privados, exatamente como havia prometido a Emílio. A Braskem seria fortalecida e sempre seria ouvida antes de qualquer nova iniciativa da Petrobras. O presidente mandou que Emílio e Dutra se encontrassem de novo a sós para acertar os ponteiros. E encerrou o assunto, para a absoluta contrariedade do presidente da estatal.[7]

A posição enfática de Lula fez com que os empreiteiros saíssem aliviados da reunião. A tranquilidade, contudo, duraria pouco. Logo eles perceberam que nem mesmo o presidente, com toda a sua força e popularidade, conseguia fazer com que suas ordens fossem sempre cumpridas — especialmente na Petrobras. A estatal, que se movia como organismo independente, resistia toda vez que um governante tentava colocar seus interesses à frente dos da empresa. Não era fácil dobrá-la, e tanto Lula como a Odebrecht passariam muito tempo tentando, sem nunca conseguir totalmente. A disputa de poder entre as duas companhias continuou ao longo dos anos, em sucessivos rounds. Ora vencia uma, ora outra. Sempre que chamado a reforçar seu compromisso com a Odebrecht, Lula o fazia. Ainda assim, a Petrobras se rebelava.

De seu lado, Emílio tampouco mudara de ideia: queria ser um player relevante na petroquímica brasileira e mundial. Contudo, apesar de ter conquistado o controle do setor, continuava endividado e seguia pleiteando o socorro estatal. No mundo ideal da Odebrecht, o Estado brasileiro seguiria injetando dinheiro no grupo sem tomar conta dos ativos. Como dizia o próprio Emílio quando a Braskem foi criada: "A Petrobras pode aumentar sua participação, desde que não seja majoritária".[8] Ele não se conformava com o fato de que, para Dutra e seu grupo, só faria sentido injetar dinheiro na Braskem se fosse para a Petrobras ter mais poder.

Foi o ministro da Casa Civil, José Dirceu, quem mostrou o caminho a Alexandrino Alencar, diretor de relações institucionais da Braskem. "Procure o Janene, com ele dá para conversar." Alencar estava aflito com as barreiras na Petrobras, e o ministro achava que o deputado paranaense podia ser um bom aliado. Aos 48 anos, José Mohamed Janene, alto e corpulento, com rosto de traços árabes e cor macilenta, nariz aquilino e duas grandes olheiras sob os olhos negros, estava em seu terceiro mandato e presidia a Comissão de Minas e Energia da Câmara dos Deputados, responsável por revisar leis para o setor e fiscalizar estatais, como as poderosas Eletrobras e Petrobras. Eleito pelo PPB, partido de Paulo Maluf, Janene havia sido por anos apenas um típico parlamentar do baixo clero fisiológico, mas nos últimos tempos vinha galgando degraus na escala de influência política do Congresso. Dono de várias empresas, inclusive uma firma de iluminação pública e uma fábrica de calçados,[9] era bom de cálculo e logo aprendeu a manejar a burocracia da liberação de verbas por meio de emendas parlamentares — a ponto de ser apelidado pelos colegas de "sr. Emenda".[10] Até 2002, integrava a base parlamentar de Fernando Henrique Cardoso. Logo após a vitória de Lula, liderou uma rebelião no PPB e assumiu o controle do partido para aderir ao novo governo, junto com os correligionários Pedro Corrêa, de Pernambuco, e Pedro Henry, do Mato Grosso. Eles rebatizaram a legenda de Partido Progressista (PP) e se bandearam para o lado de Lula. Em pagamento pelo apoio — é claro — exigiram cargos.

No momento em que Alencar se apresentou na sala de reuniões da comissão de Janene, num anexo da casa legislativa, o PP já tinha conseguido indicar o presidente da Transportadora Brasileira Gasoduto Bolívia-Brasil, a TBG, subsidiária da Petrobras que administrava o fornecimento de gás para o Sul e o Sudeste do país. Seu preposto no cargo era Paulo Roberto Costa, funcionário de carreira da Petrobras que era paranaense como Janene. Na TBG, ele se adaptara rápido ao esquema do deputado, que consistia basicamente em usar os contratos da diretoria para cobrar propina e desviar dinheiro. O problema era que a "arrecadação" — 200 mil reais por mês — vinha sendo considerada baixa demais em relação aos 43 votos que o PP garantia ao governo Lula na Câmara.[11] Como recompensa pelo apoio político, Janene ambicionava o comando de uma área mais poderosa e com mais contratos: a diretoria de abastecimento, ocupada por Rogério Manso. Quem o conhecia bem sabia que ele não sossegaria enquanto não conseguisse.

José Dirceu sabia do que estava falando. Janene era mesmo o aliado perfeito para enfrentar Manso. Grandalhão e mal-encarado, tinha temperamento difícil e acessos de truculência quando contrariado. Mas era ao mesmo tempo bom de negócio e de conversa, principalmente quando queria cativar o interlocutor. Interessava-se de forma especial por tudo relacionado à Petrobras e tinha sempre muitas perguntas e observações a fazer.

Naquela tarde na Câmara, o assunto rendeu. Alencar expôs ao deputado a enorme dificuldade da Odebrecht para fechar com a Petrobras o contrato de fornecimento de nafta. Segundo ele, uma petroquímica do tamanho da Braskem não podia prescindir de um contrato de longo prazo que garantisse o fornecimento de uma matéria-prima que representava cerca de 70% dos custos.

Tampouco podia aceitar que o governo, depois de passar anos dizendo para os empresários se endividarem para comprar os negócios da estatal da petroquímica, decidisse dar um cavalo de pau na estratégia e tomar tudo de volta de uma hora para outra. O jogo duro de Manso e sua turma tinha que acabar. Janene concordou em gênero, número e grau. Ao final, deixou claro que, caso alguém de sua confiança assumisse a diretoria de abastecimento, a Odebrecht teria um parceiro na Petrobras.

No fundo, o deputado e o empreiteiro precisavam um do outro para vencer a resistência do PT. Janene já vinha tentando apear Manso do posto havia meses, sem sucesso. Desde o início do governo Lula, José Dirceu havia autorizado o PP a se apossar do feudo. Só pedira ao grupo que antes tentasse se acertar com o próprio Manso, porque Dutra se recusava a demiti-lo. Embora aquele não fosse o acerto que tinha em mente, Janene preferiu ser pragmático e falar com o diretor na sede da Petrobras, no centro do Rio de Janeiro. Se ele concordasse em participar de seus esquemas, tudo bem: continuaria no cargo.

O encontro foi breve, mas decisivo. Janene chegou à reunião acompanhado dos deputados Pedro Corrêa e João Pizzolatti, ambos do PP, e não fez questão de sutileza. Depois de informar que estava ali porque o partido havia passado a apoiar o governo Lula, quis saber quais eram as atribuições da área de abastecimento. Manso começou a dar uma resposta bem longa e burocrática, de propósito.[12] Janene cortou a lenga-lenga: "O negócio é o seguinte: queremos uma lista de todas as empresas com as quais a sua área faz negócios". O diretor enrubesceu e mal conseguiu se conter: "Não vou entregar lista nenhuma. Eu não sei quem mandou vocês aqui, mas podem voltar para essa pessoa e dizer que não vai rolar". O trio deixou a sala revoltado, bradando protestos e ameaças.

Não demorou até que Janene fosse a Dirceu pedir a cabeça de Manso. Se quisesse o apoio de seu partido, o governo teria de demitir o diretor de abastecimento e colocar um apadrinhado seu, Paulo Roberto Costa, no lugar. O deputado encontrou o ministro assoberbado com uma rebelião parlamentar. Não era só a bancada do PP que via seus interesses represados pela barreira petista. PMDB, PTB e PL também pressionavam por recursos e cargos no governo — e, como não conseguiam o que queriam, os partidos simplesmente trancaram a pauta da Câmara. A legislação diz que o Congresso não pode votar outra proposta enquanto as medidas provisórias feitas pelo presidente não forem apreciadas. No final de abril de 2004, já eram vinte as MPs na fila da votação,[13] por isso havia duas semanas que não se votava nada. O governo se viu paralisado, e os neoaliados foram claros: só voltariam a trabalhar se seus pedidos fossem atendidos.

Foi mais ou menos nessa época que Dirceu capitulou. Assim como fez com as outras legendas, chamou as lideranças do PP e disse que já tentara tudo o que estava ao seu alcance, mas não conseguia transpor a blindagem da Petrobras. Só havia uma pessoa capaz de resolver o problema: Lula. Iniciou-se, então, uma romaria ao terceiro andar do Palácio do Planalto, onde despacha o presidente da República. Foi lá que Lula recebeu o pessoal do PP, o próprio Dirceu, o ministro das Relações Institucionais, Aldo Rebelo, e Dutra, da Petrobras — de quem cobrou a nomeação de Costa. Dutra tergiversou. "A indicação de um diretor tem que passar pelo conselho, presidente, e isso está um pouco complicado..."[14]

Lula não era bobo. Não era a primeira vez que pediam a cabeça de Manso, e Dutra tentava segurá-lo no cargo. Até então, havia feito vista grossa à resistência do companheiro. Mas a embromação já durava um ano, e as coisas estavam saindo dos trilhos. Ele não pretendia arriscar seu governo em nome de pruridos corporativos. "Dutra, se o Paulo Roberto Costa não estiver nomeado em uma semana, eu vou demitir e trocar todos os conselheiros da Petrobras", disparou. Dutra ainda tentou contemporizar: "Veja bem, presidente, eu entendo a posição deles [do conselho], não é tradição da Petrobras trocar um diretor assim, sem mais nem menos". Lula não quis saber. "Se eu fosse pensar em tradição, nem você seria presidente da Petrobras, nem eu era presidente da República!"[15]

Em 14 de maio de 2004, Paulo Roberto Costa finalmente foi nomeado diretor de abastecimento da Petrobras. Janene então chamou Alexandrino Alencar: "Agora tenho meu cara lá. Podemos conversar".[16]

Márcio Faria era um típico figurão do mundo da construção civil — poderia até ser confundido com um dos donos da Odebrecht. Estava na organização desde os anos 1980, quando a organização adquiriu a Tenenge, de montagem industrial. Ascendeu e chegou a presidente da área de engenharia industrial da organização, onde respondia a Marcelo. Aos cinquenta anos, alto, grisalho e boa-pinta, sempre com ternos bem cortados, Faria exalava poder. Em geral, era educado, gentil e tinha fama de saber lidar com pessoas, independentemente da origem social. Não precisava fazer esforço para ser obedecido — e, como bom mineiro, nas raras vezes em que perdia uma parada, recolhia os flaps e esperava o melhor momento para tentar de novo.

Entre as poucas pessoas de fora da Odebrecht que tinham feito Faria recuar estava Renato Duque, diretor de engenharia e serviços da Petrobras. Funcionário de carreira, chegara à diretoria por indicação de José Dirceu. Recebera um megaorçamento para administrar e um pistolão de respeito. Sua diretoria contratava obras, serviços e equipamentos para todos os demais departamentos — gás, abastecimento, exploração e pesquisa. Só em plataformas, principal produto da subsidiária da Odebrecht comandada por Faria, estavam previstos investimentos de quase 6 bilhões de reais. Todas as grandes encomendas passavam por Duque.[17] Faria não ignorava a ligação dele com o PT, mas tinha muito mais confiança nos elos entre Emílio e Lula.

Desde o início de 2004, a Odebrecht disputava as concorrências para construir os cascos das plataformas P-51 e P-52, que operariam na Bacia de Campos. As duas foram as primeiras concorrências a obedecer à nova política de conteúdo nacional mínimo obrigatório de 60% dos componentes e serviços de engenharia e montagem. Na Petrobras, a regra era que o primeiro colocado levava a primeira plataforma a ser construída, e o segundo ficava com a outra. Os técnicos da estatal tinham a expectativa de pagar no máximo 520 milhões de reais, e no entanto nenhum dos concorrentes havia sequer chegado nem perto desse valor. O mais barato que conseguiram foi uma proposta da Fels Setal (associação da cingapuriana Keppel Fels com a brasileira Setal), de 775 milhões de reais por plataforma. O consórcio da Odebrecht com a italiana Saipem ofereceu o segundo melhor preço, de 1 bilhão de reais.[18] Diante desses números, Duque tomou uma decisão radical. Contratou a Fels Setal e simplesmente cancelou a segunda contratação.

Márcio Faria ficou indignado. Desde que atuava na Petrobras, a regra fora sempre a mesma. O fato de o consórcio da Odebrecht, o segundo colocado, não ter sido chamado era uma virada de mesa que a líder absoluta do mercado não podia engolir. Duque recebeu Faria para uma reunião e ouviu impassível seus argumentos. Não pareceu preocupado. Sua palavra final foi: o contrato ia ser feito do jeito dele e pronto. Faria não teve alternativa a não ser engolir o revés e aguardar a hora certa de voltar à carga.

Pouco tempo depois, a conversa com Duque veio à memória do executivo, quando ele ouviu Rogério Araújo, seu subordinado direto, contar que havia recebido um pedido de propina do gerente de serviços, Pedro Barusco, número dois de Duque. A Odebrecht acabara de conquistar o contrato para a construção de parte da plataforma que escoaria o óleo produzido na Bacia de Campos, a PRA-1. Vencera a concorrência sem mutreta, num consórcio com a UTC (cuja participação era de 35%), do empreiteiro Ricardo Pessoa. Agora, Barusco queria 8 milhões de reais, ou cerca de 1% do valor da obra (989 milhões de reais), para assinar o contrato.[19] O gerente explicou a Araújo que os recursos seriam entregues ao PT, sem entrar em detalhes sobre quem ficaria com o dinheiro.

Era a primeira vez no governo do PT que uma proposta daquela natureza chegava à Odebrecht. Sempre havia algum risco de Barusco não estar falando a verdade — e de o dinheiro ir parar em outra conta que não a do partido. Faria, no entanto, nem pensou a respeito. Sabia que Barusco falava por Duque e que este tinha sido nomeado na cota do PT. Além do mais, sua última conversa com o diretor de serviços fora tão ruim que ele não podia desperdiçar a oportunidade. A propina milionária era uma ótima ocasião para recompor as relações com o poderoso diretor. "Pode pagar",[20] ordenou a Araújo.

O esquema dos novos hierarcas da Petrobras ainda estava em formação. Barusco já cobrava propinas havia algum tempo, mas ainda não tinha sua própria conta no exterior nem um "laranja" fixo que conhecesse o caminho das pedras. Foi preciso improvisar. Ele conseguiu que um amigo consultor topasse assinar um contrato fajuto de consultoria para justificar o pagamento.[21] Nos consórcios entre empreiteiras, a regra era dividir a propina na mesma proporção que cada uma detinha na sociedade. A UTC, portanto, depositou os seus 35% em contas de outras duas consultorias indicadas por Barusco.

O contrato da PRA-1 inaugurou uma prática nova até para o experiente Faria. Ele prestava serviços para a Petrobras havia décadas e já pagara propina a diversos funcionários públicos, em vários contratos. Eram, contudo, pagamentos avulsos, negociados caso a caso. A cobrança de uma porcentagem fixa de todos os contratos para o partido político era uma inovação. A primeira de uma série.

A Casa de Pizarro, como é conhecido o palácio do governo peruano, estava cheia de engravatados e mulheres em roupas elegantes, convidados para um coquetel oferecido pelo presidente Alejandro Toledo a empresários, parlamentares e membros do governo. O representante da Odebrecht no Peru, Jorge Barata, circulava cumprimentando, distribuindo sorrisos, parando para conversar em uma ou outra roda. Naqueles primeiros dias de 2004, Barata, que tinha duas décadas de construtora e havia sido diretor de contratos no Equador, batalhava para conseguir contratos no Peru. A Odebrecht atuava no país desde os anos 1970 e já fizera grandes obras. Mas tinha apenas 990 funcionários e um lucro pífio, de 10 milhões de reais. Ainda não era a potência em que se transformaria nos anos seguintes. O caminho até o topo começaria justamente naquele momento — quando um sujeito alto, corpulento e careca puxou papo com Barata. "Você sabe como está a licitação da Interoceânica? Conheço uma empresa de Israel que quer se associar com alguma firma com atuação aqui no Peru... Acha que a Odebrecht teria interesse?" Barata disse que sim, claro. Falou um pouco sobre as obras que a empreiteira já tinha feito no país e pediu que o procurasse para falar sobre uma eventual associação. Os dois trocaram telefones e ficaram de se encontrar.

A abordagem tinha sido atípica, mas Barata deixara a conversa rolar porque sabia do papel que o careca exercia nos bastidores. Avraham (Avi) Dan On, um israelense que havia anos acompanhava o presidente Toledo aonde quer que fosse, não era apenas seu chefe de segurança. Qualquer empresário com interesses no governo sabia que era também preposto do empresário israelense Josef Maiman. Filho de uma família de judeus poloneses refugiados da Segunda Guerra Mundial, Maiman fora criado no Peru. Ao voltar para Israel, nos anos 1970, prosperara com empresas de energia e construção que atuavam em diversos países do mundo, incluindo o Peru. Manteve boa relação com vários presidentes — chegou a ser cônsul honorário do país em Tel Aviv nos anos 1980 — e era amigo íntimo de Alejandro Toledo.

Barata recebeu dois enviados de Dan On no escritório da Odebrecht no bairro de San Isidro, em que estão quase todas as sedes corporativas das grandes empresas do Peru. O edital para a construção de dois trechos da rodovia Interoceânica acabara de ser lançado. A Odebrecht havia se apresentado em consórcio com a Graña y Montero, que mesmo sendo a maior empreiteira peruana faturava apenas uma fração da brasileira no mundo. Gideon Weinstein e Sabi Saylan se apresentaram como sócios de Josef Maiman, dizendo que gostariam de "participar" do consórcio. Nas primeiras reuniões, a coisa se encaminhou como se fossem mesmo ser sócios do empreendimento. Até que os enviados de Toledo fizeram a pergunta que Barata estava esperando: "Do que você precisa para ganhar a licitação?". A resposta estava na ponta da língua: "Se os prazos continuarem apertados, ajuda muito". Quanto mais curtos os prazos, menor seria a chance de outras empresas disputarem a licitação em condições realmente competitivas. Os israelenses fizeram seu preço: 35 milhões de dólares,[22] a título de "distribuição de lucros adiantada". O brasileiro se espantou. O que eles pediam equivalia a 10% do orçamento total de um dos trechos da rodovia. Mas Barata sabia que não estavam blefando. Se quisessem, poderiam simplesmente alijar a Odebrecht da disputa. Ele pediu um tempo para pensar.

Desde o começo do mandato de Toledo, em 2001, a Odebrecht vinha tentando estabelecer boas relações com o governo. O presidente tinha uma tremenda má vontade com as empresas brasileiras, por causa do apoio que haviam dado à campanha de reeleição de seu antecessor, Alberto Fujimori. Barata, especialmente, era visto como um fujimorista. Ele havia pedido a Marcelo Odebrecht, que não tinha a mesma pecha, que procurasse Toledo para uma reaproximação. Seu principal objetivo era tentar reativar uma obra de irrigação chamada Marca II, que estava interrompida desde o início do mandato.

Nas primeiras conversas, contudo, Marcelo chegou à conclusão de que estavam insistindo no projeto errado, já que Toledo não estava interessado em Marca II. O presidente queria uma grande obra para alavancar sua popularidade, que andava em níveis próximos do chão. "Barata, vamos trabalhar pelo que Toledo quer", orientou Marcelo. A eleição de Lula e sua meta de fortalecer a liderança do Brasil na América Latina abriam espaço para a Odebrecht tentar levar o financiamento do BNDES junto com a proposta — e a Interoceânica era a obra perfeita para começar o novo ciclo.

Depois da conversa com Avi Dan On e seus representantes, Barata passou a ser recebido com frequência pelo presidente no Palácio do Governo, para reuniões em que se falava principalmente da Interoceânica. Os encontros seguiam o mesmo rito: Avi chamava Barata, que entrava por uma porta lateral do palácio, sem passar pelos registros oficiais de entrada, às vezes no horário do expediente, às vezes não. Discutiam os pontos do projeto e as ideias para a estrada. Não se falava em propina, não era preciso.[23]

A Interoceânica era um desses projetos que frequentam os discursos dos governantes por décadas. Também chamada de Estrada do Pacífico, a rodovia de 2600 quilômetros ligaria a fronteira com o Acre ao litoral peruano e poderia no futuro se conectar com outro eixo que atravessaria a Bolívia até chegar ao litoral do Brasil. Além de uma via de escoamento de produtos brasileiros, especialmente a soja, através do oceano Pacífico, a rodovia prometia também conectar produtores agrícolas do Peru a portos no litoral brasileiro. Para Toledo, era uma oportunidade de redenção política.

O presidente se elegera ancorado em uma agenda de recuperação da economia e combate à corrupção, quando os vídeos que mostravam o chefe do serviço de inteligência de Alberto Fujimori, Vladimiro Montesinos, subornando toda a elite política peruana com pilhas de dinheiro vivo em troca de apoio para o governo, ainda estavam frescos na memória da população. Passados os primeiros anos, a economia se recuperava, mas a pobreza e o desemprego continuavam altos, e os escândalos de corrupção envolvendo membros do governo e da família do presidente eram frequentes.

Para o Brasil, também não poderia haver momento mais propício. A Interoceânica fazia parte da Iniciativa para a Integração da Infraestrutura Regional Sul-Americana, a IIRSA — plano apresentado no ano 2000 pelo governo FHC, com a promessa de apoio de vários bancos de fomento locais e regionais. Um deles era o BNDES, que no governo Lula havia assumido a missão de ser o grande indutor da integração regional da América do Sul. Só nos primeiros quatro meses do mandato de Lula, o banco se comprometeu a liberar até 3 bilhões de dólares para obras e serviços de empresas brasileiras na América Latina — 62% mais que o 1,85 bilhão da gestão de FHC.[24] Dada a penúria de algumas economias da região, críticos chamavam o novo BNDES de "hospital sul-americano". As empreiteiras, claro, não reclamaram. Para quem tinha passado o governo anterior tentando retomar o mecanismo de concessão de avais do Tesouro à exportação, a nova política era um presentão.[25]

Alejandro Toledo não se preocupava muito com as condições do financiamento ou com o planejamento da Interoceânica. Sua prioridade era a rapidez. Nas conversas com Marcelo, deixou claro que patrocinaria qualquer projeto, desde que pudesse inaugurar a obra, ou pelo menos parte dela. Não seria fácil. Faltavam apenas dois anos para o fim do mandato, e uma empreitada tão grande e complexa demandava tempo. Para agilizar o trabalho, Toledo permitiu que as empreiteiras que disputariam a licitação fizessem elas mesmas o projeto executivo da rodovia — determinando trajeto e especificações técnicas da construção, e estabelecendo até mesmo as justificativas econômicas.

Ainda em nome da celeridade, o presidente excluiu a estrada do sistema de monitoramento de obras públicas que ele mesmo havia criado no início do governo para evitar corrupção e superfaturamento. Sem subordinação ao sistema, o projeto não foi avaliado mais detidamente, e a licitação pôde ser feita a toque de caixa. Isso impediu as grandes construtoras internacionais que não tinham sede no Peru de se preparar a contento. Como os contratos foram divididos em trechos grandes, as firmas locais, bem menores e sem capital para investir no projeto, também ficaram de fora.[26]

Com tais condições de prazo, preço e risco, só as brasileiras seriam capazes de executar a obra. Para arrematar o pacote, a Odebrecht ainda incluiu as principais construtoras peruanas nos consórcios. Mesmo com uma porcentagem pequena, elas faturariam.

Quando os enviados de Avi Dan On lhe pediram os 35 milhões de dólares para manter as condições e os prazos previstos no edital, Barata sentiu o peso da responsabilidade e telefonou para Marcelo. Pela "cultura de delegação" do grupo, ele não precisava consultar o chefe. Cada um decidia o quanto deveria pagar em propinas e arcava com os custos — a menos, é claro, que se tratasse de um caso excepcional como aquele.[27] "Vá enrolando os caras", disse Marcelo. "Se a gente ganhar, tenta negociar um desconto."

A manhã ensolarada e os turistas que caminhavam pela orla de Copacabana formavam um cenário um tanto inusitado para a reunião de que Barata estava prestes a participar. Logo, porém, ficaria claro que a escolha do local não tinha nada de fortuita. Ali na suíte presidencial do Marriot, naquele início de novembro de 2004, seria decidido o rumo da concorrência da Interoceânica. Faltavam sete meses para o fim da licitação para a construção da rodovia — cujos custos, segundo os cálculos mais conservadores, seriam de 814 milhões de dólares, 417 milhões dos quais destinados às empreiteiras brasileiras.[28]

A suíte havia sido reservada por Joseph Maiman, mas ele só apareceu quando a negociação com seus prepostos Gideon e Sabi atingia o momento mais delicado. Os israelenses forçavam a barra pelos 35 milhões de dólares, mas Barata tentava regatear. Ao ver Maiman chegar, gelou. Junto com ele estava ninguém menos que o próprio Toledo. Os dois passaram pelo grupo e foram se acomodar em poltronas poucos metros adiante. Mal fingiam que conversavam enquanto acompanhavam ostensivamente a negociação. Ter o presidente do Peru no seu cangote foi um elemento de pressão incontornável para Barata. Sem mais resistência, ele concordou em pagar os 35 milhões,[29] despediu-se de todos (inclusive de Toledo) e saiu.

Em junho de 2005, a licitação foi concluída, e o consórcio da Odebrecht ganhou a concessão para fazer e explorar dois trechos da rodovia. O terceiro trecho foi para o grupo que reunia Andrade Gutierrez, Camargo Corrêa e Queiroz Galvão.[30] Nos meses seguintes, foram depositados 20 milhões de dólares em contas de Maiman no exterior — custo proporcionalmente repartido com as sócias peruanas. O resto acabou não sendo pago, porque Toledo deixou a presidência no fim de 2005 e perdeu influência.[31] Em sua gestão, a Odebrecht ganhou contratos de 1,2 bilhão de dólares, a maior parte relativa à Interoceânica.

No início de setembro de 2005, Lula, Toledo e o presidente boliviano, Eduardo Rodríguez, reuniram-se para inaugurar as obras da Interoceânica na cidade de Puerto Maldonado, na fronteira do Brasil com o Peru. Depois de desfilar em carro aberto pelas ruas, os mandatários subiram ao palanque. O escândalo do mensalão estava no auge no Brasil, e uma quantidade atípica de jornalistas seguia o presidente só para ver o que ele ia dizer. "Estamos aqui demonstrando que, quando o político é sério, conversa seriamente, transforma suas conversas em realidade", disse Lula. Toledo retribuiu: "A você, Lula, lhe digo: coragem, não tenha medo das pedras no caminho. Ladram, Sancho, porque estradas estamos fazendo",[32] disse, parafraseando um trecho de *Dom Quixote*.

Emílio Odebrecht circulava orgulhoso pelo amplo salão da sede da Confederação Nacional da Indústria, a CNI, ao lado de Lula, naquela noite quente de Brasília, no início de novembro de 2004. Equipes da Odebrecht e da Presidência da República haviam planejado tudo para que o evento fosse grandioso. Estavam presentes pelo menos quatro ministros de Estado, o presidente do Banco Central, Henrique Meirelles, o ex-presidente José Sarney, que então comandava o Senado, e políticos das mais variadas estirpes. Um batalhão de repórteres e fotógrafos acompanhava a comemoração de sessenta anos da Odebrecht. A empresa celebrada naquele evento tinha pouco a ver com a de 1985, quando Emílio e Lula haviam se conhecido — exceto pelo fato de que, de novo, emergia de uma crise. A Odebrecht de 2004 era uma multinacional com 50 mil funcionários distribuídos por quinze países, faturava 17,3 bilhões de reais e começava a colher os louros da proximidade com o governo petista.

No centro das atenções, Emílio e Lula passeavam pela exposição de painéis que narravam a história da organização, com o empreiteiro dando explicações e contando causos ao presidente. A certa altura, os dois pararam em frente a uma maquete de plataforma de petróleo. O presidente aproveitou a deixa para dizer: "Emílio, vocês têm que fazer essas plataformas todas que a Petrobras quer, vocês têm que ter estaleiro aqui!". O empreiteiro respondeu de pronto: "Sim, claro, presidente, vamos participar das concorrências, junto com as outras empresas brasileiras". E Lula reforçou: "Temos que tirar esses estrangeiros daqui do Brasil, pô! Me diga, onde é que você fez essa aí?". Emílio respondeu, sorrindo meio constrangido: "Essa nós fizemos em Cingapura, presidente". E Lula fechou questão: "Não, porra! Emílio, você tem que montar estaleiro e fazer essas plataformas aqui!".

A construção de plataformas de petróleo no Brasil havia sido uma das bandeiras de campanha de Lula. Chamara a atenção uma cena do programa eleitoral do PT em que o candidato, discursando para funcionários do estaleiro Brasfels, em Angra dos Reis, dizia que não ia mais aceitar que a Petrobras criasse empregos em Cingapura em vez de fazê-lo no Brasil. Aos jornalistas, depois da gravação, Lula afirmou que a Petrobras havia cometido dois crimes: "O crime de levar dinheiro para fora [do país] [...] e o crime de gerar empregos lá fora quando temos de criar empregos aqui".[33]

Quando ele assumiu a Presidência e os empresários nacionais foram convocados a fabricar os equipamentos, ficou claro que a falta de estaleiros no Brasil não era uma questão de simples má vontade. Em tese, pelo menos, a demanda era espetacular. As encomendas que a Petrobras previa fazer — 22 petroleiros até 2010[34] — eram mais do que tudo o que fora encomendado nos governos de Fernando Collor, Itamar Franco e Fernando Henrique Cardoso. Mas implantar uma nova indústria praticamente do zero envolvia custos e riscos que nem todos estavam dispostos a bancar. O último grande surto de construção de navios para a indústria petroleira havia ocorrido nos anos 1980, e os equipamentos daquela época nem de longe se comparavam aos utilizados agora pela Petrobras para prospectar em águas profundas. Endividados e defasados, os estaleiros locais não tinham crédito nem mão de obra treinada em quantidade suficiente. E, como se tratava de uma atividade completamente nova, era necessário ainda contratar diversos seguros e garantias para cobrir problemas derivados do que se costumava chamar de "curva de aprendizado" — a combinação de tempo e esforço necessários para atingir o padrão de competitividade internacional.

Caberia aos bancos dar o financiamento e à indústria, contratar os seguros. Os empresários nacionais, porém, recusavam-se a investir sem o apoio do governo. No momento em que Lula e Emílio confraternizavam em frente à réplica da plataforma cingapuriana, uma intensa discussão se desenrolava nos bastidores e na imprensa. O governo já havia direcionado o Fundo da Marinha Mercante para financiar a implantação dos estaleiros, mas ainda faltava muita coisa para fazer com que os empresários se animassem a construí-los. E Lula sabia que, apesar do sorriso de Emílio, a Odebrecht ainda não havia embarcado para valer no projeto das plataformas.

Depois do tour pela exposição, já no coquetel, Lula esbarrou em Marcelo e foi logo cobrando: "Ô Marcelo, seu pai disse que você não está querendo entrar no negócio dos estaleiros! Como é isso?". Ele não se fez de rogado. "Olhe, presidente, acho que não faz sentido entrar para perder dinheiro", disparou, sem se importar com a reação de Lula.

Àquela altura, Marcelo presidia a construtora, mas ainda devia obediência a Pedro Novis e ao pai, cuja relação com Lula talvez fosse até mais próxima do que era com FHC. No palco, ao discursar no evento dos sessenta anos, Lula chamou Emílio de "companheiro e amigo" e demonstrou conhecer bem o rol de atividades da empreiteira: "Quem viaja para a América do Sul ou para alguns países africanos, ou viaja muito pelo Brasil, normalmente encontra a mão da Odebrecht em alguma coisa. Eu penso que não são muitos os quilômetros de estradas brasileiras que a gente pode percorrer sem passar por um quilômetro de asfalto feito pela Odebrecht. Não são poucas as casas que recebem a energia elétrica, que não tenham um bom pedaço do trabalho da Odebrecht na construção das hidrelétricas brasileiras. Acho que mais da metade dos megawatts produzidos pelas hidrelétricas brasileiras, uma boa parte dos 80 mil megawatts, foi construída pela Odebrecht".

Animado com a Interoceânica, Lula disse que o programa de incentivo às exportações de serviços e o BNDES fariam pela América Latina "o que o Bolívar não conseguiu fazer com a espada". E bajulou a Odebrecht escancaradamente: "Eu acho, Emílio, que a Odebrecht é motivo de orgulho para qualquer brasileiro que viaje o mundo. Acho que a Odebrecht, em competência, não deve a país nenhum do mundo, a escola de engenharia nenhuma do mundo. […] E quando vocês completam sessenta anos, eu, como presidente da República, só posso dizer: Deus queira que eu viva até o dia em que a gente tiver que comemorar os cem anos da Odebrecht, ou quem sabe os nossos filhos estejam presentes, lembrando que um dia nós participamos da comemoração dos sessenta anos".[35]

As palavras de Lula ainda ressoavam nos ouvidos de Emílio um mês depois do evento, quando ele fez o discurso de encerramento na reunião de final de ano do grupo. Diante do auditório lotado, em Sauípe, litoral da Bahia, Emílio se declarou "otimista" e afirmou que a empresa havia superado a fase de dificuldades. E o Brasil, disse ele, havia quebrado de vez o tabu "quanto a um governo de origem de esquerda e trabalhista".

Depois de um primeiro ano de governo difícil, com alta acentuada dos juros e um forte ajuste fiscal, o país por fim voltava a crescer. A Odebrecht havia saído definitivamente da lama, e no mundo começava um novo ciclo de valorização das commodities — petróleo, minério de ferro e soja, principais produtos de exportação dos grandes clientes do grupo. Em seu discurso, Emílio disse esperar uma nova era de prosperidade, com a organização do marco regulatório e investimentos em infraestrutura, apostando em etanol, diminuindo a dependência do petróleo e tornando o Brasil ator relevante no cenário internacional. "Há quem diga que eu sou um sonhador, mas eu não sou o único", disse o todo-poderoso, parafraseando "Imagine", de John Lennon. O outro sonhador, certamente, era o presidente da República, que naquele ano de 2004 dera a Emílio uma das coisas que ele mais queria. "Ouvimos do presidente Lula que a Odebrecht é um orgulho nacional", o empreiteiro lembrou, emocionado.[36]

10. Decolando

"Zé, o Janene está te chamando para uma reunião com o Paulo Roberto Costa, para falar dos nossos problemas na Petrobras", anunciou Alexandrino Alencar, diretor de relações institucionais da Braskem, ao entrar na sala do presidente, José Carlos Grubisich. "Ele quer que o Novis vá também." Dias depois, numa noite de segunda-feira de meados de 2004, quatro engravatados sentavam-se em torno de uma mesa de reuniões no L'Hotel, na Bela Vista, em São Paulo: Grubisich, Pedro Novis, Paulo Roberto Costa e Janene. O petista Silvio Pereira estava no encontro, representando os interesses do partido. A conversa, porém, frustrou os executivos. Desde que assumira o cargo, Costa vinha reagindo de forma dura aos pleitos da Braskem, recusando-se a garantir uma cota fixa de nafta para as fábricas de Camaçari e relutando em fechar o acordo para a construção de Paulínia. No jantar, manteve a mesma postura, enquanto Janene assistia a tudo quieto. Em menos de uma hora já estavam à porta, sem entender nada. Se era para repetir o que já vinha sendo dito, por que o encontro? A conclusão era óbvia. O teatro só podia servir para que Janene estivesse lá, ouvindo tudo. Deixar claro que ele era a "sombra" com quem caberia negociar. Então decidiram esperar. Se estivessem certos, receberiam novo contato.[1]

Não deu outra. Poucas semanas depois, o deputado marcou nova reunião, daquela vez só com Alencar e Grubisich, num escritório no bairro do Itaim Bibi.

Ali, sim, começou a verdadeira negociação. Alencar foi direto ao ponto: "Janene, você sabe que eu quero essa fábrica, vamos acelerar isso aí". O deputado respondeu da mesma forma:"O.k., mas vai ter um pedágio". O executivo concordou, com certo alívio. Pelo menos estavam tendo uma conversa objetiva. Antes mesmo de decidirem os termos do contrato, já começaram a negociar a propina.

Para os padrões de Janene, a conversa com o pessoal da Odebrecht era até bem civilizada. O deputado era o terror dos empresários. Desbocado, gostava de mostrar quem mandava. Se fosse preciso, usava a força física. E tinha um método infalível para impor sua vontade. Certa vez, chamou o dono da Setal, Augusto Mendonça, para uma reunião sobre um assunto da Petrobras, e o deixou por um tempo na sala de espera. Até que, do nada, abriu a porta já aos berros e palavrões, enquanto expulsava outro empreiteiro aos tapas e empurrões. Sem pedir desculpas ou sequer mencionar o episódio, voltou para a sala de espera e conduziu um apavorado Mendonça para o local onde teriam sua reunião. Em outra ocasião, pulou a catraca do hall de entrada na sede da Camargo Corrêa, invadiu uma sala de reuniões lotada e foi logo botando o dedo na cara do presidente do conselho de administração, João Auler, que lhe devia dinheiro de propina. Auler não pagou na hora, mas depois deu um jeito de compensar Janene.[2]

Com o executivo da Odebrecht, porém, Janene costumava ser suave e cordial. Alencar tinha um talento especial para lidar com pessoas difíceis. Paciente mas decidido, entendeu-se bem com o deputado, que o convidava para cafés da manhã em sua casa e conversas noturnas nos hotéis de luxo em que Costa se hospedava em São Paulo, por conta da Petrobras — tudo parte do trabalho de construção da "relação de confiança", exatamente como mandava a TEO.[3] Ficavam os três tomando uísque, beliscando alguma coisa e falando de negócios, mas também de assuntos variados, que nada tinham a ver com a Petrobras ou política. Economia, petróleo, família e mulheres. Não raro, Alencar topava no corredor com garotas de programa chegando para um "segundo turno" quando deixava a suíte do hotel.

Assim, em reuniões, jantares, drinques e cafés da manhã, realizados entre 2004 e 2005, Janene e Alencar foram se acertando. Houve idas e vindas, e vários nós tiveram de ser desfeitos, até que, ao final, acertaram a sociedade entre a organização e a Petrobras na fábrica de polipropileno em Paulínia. A Odebrecht ficou com 60% do negócio e a estatal, com 40%.[4] A fábrica custaria cerca de 240 milhões de dólares. Lá por julho ou agosto, chegaram a um acordo sobre uma comissão de 4,3 milhões de dólares.[5] Não era da conta de Alencar, mas Janene disse que 30% iriam para Costa. O executivo impôs uma condição: só liberaria o dinheiro depois de fincada a primeira estaca na obra da fábrica. Havia quem se dispusesse a pagar propina adiantado. Não era o caso dele.

Uma vez fechada a cifra, entrou em cena outro personagem: Alberto Youssef, doleiro paranaense que ascendera no ecossistema do câmbio paralelo e da lavagem de dinheiro e que tinha com Janene uma ligação antiga. Os dois se conheciam havia duas décadas, da época em que Youssef era piloto no aeroclube de Londrina e Janene, um cliente constante.

O doleiro tinha história. Havia sido preso em 2003, durante a Operação Banestado,[6] que investigou e desmantelou uma extensa rede de evasão de divisas e lavagem de dinheiro a partir de contas no banco estatal. Fez um acordo de delação, entregou muita gente e conseguiu escapar da prisão.[7] Comprometeu-se, ainda, a nunca mais cometer crimes. Mas não cumpriu a promessa e voltou à ativa, tornando-se financiador do PP. Além da ascendência libanesa, Youssef e Janene tinham em comum o gosto pelo dinheiro e o fraco por mulheres. O doleiro, porém, exibia um temperamento um pouco diferente. Era habilidoso no trato com as pessoas, falava baixo e nunca demonstrava irritação. Resolvia os problemas na conversa. Só se tornava vingativo se tentassem lhe passar a perna — aí, transformava a vida do inimigo num inferno.

Alencar gostou de cara daquele sujeito branquinho, de cabelos e olhos claros e jeito elétrico, sempre carregando uma bolsa azul-marinho a tiracolo, onde levava uns oito celulares. O executivo ficou impressionado em ver como, mesmo concentrado em uma conversa ou almoço, Youssef era capaz de saber antes de pegar no telefone quem estava ligando e em qual aparelho. O doleiro ainda era rápido nas contas e demonstrou saber tudo sobre o mercado paralelo. Indicava o melhor jeito de fazer os pagamentos, e Alencar levava a proposta a Grubisich — a quem cabia aprovar os desembolsos.

Em tese, bastaria uma ordem sua para que o dinheiro fosse liberado. Ocorre que, naquele período anterior à formação do Departamento de Operações Estruturadas, só a empreiteira tinha caixa dois para sustentar as propinas. Ao saber que teria de arcar com as despesas, Marcelo, então no comando da construtora, mandou recado ao colega: quem paga gera. Se Grubisich queria pagar, que providenciasse os recursos.[8]

A Braskem era uma empresa relativamente nova e não tinha caixa dois. Era preciso criá-lo. Ocorre que não se tratava de uma operação simples para uma companhia aberta, com a obrigação de prestar contas aos milhares de acionistas no Brasil e no exterior. Não era coisa para ser decidida por um executivo. Tinha de ter o aval do controlador — no caso, a Odebrecht, representada por Novis. Era um risco, mas Alencar e Grubisich estavam certos de que não conseguiriam a fábrica sem aquele pagamento. Novis concordou.[9]

A Braskem então passou a "gerar" recursos com o mesmo modus operandi da Odebrecht — forjando operações de exportação para offshores sediadas em paraísos fiscais. Para a missão, destacou o diretor financeiro da petroquímica, Paul Altit, que já tinha feito o mesmo na construtora. Coube a Luiz Eduardo Soares, um gerente conhecido como Luizinho, que trabalhava na tesouraria da Odebrecht, resolver tudo com Youssef. Do confortável escritório em um bairro nobre de São Paulo, o executivo incensado pelo mercado e prestigiado na sociedade paulistana colocou sua marca na montagem de uma das mais amplas redes de corrupção já vistas no mundo.

Dali em diante, as relações de Alencar com Janene, Youssef e Paulo Roberto Costa fluíram perfeitamente. Se, como se diz em certos círculos, a propina é a graxa que faz rodar as engrenagens dos negócios e do poder, as da Odebrecht na Petrobras estavam bem lubrificadas.

Em fevereiro de 2007, numa solenidade com a presença de centenas de pessoas, entre políticos, empresários e funcionários da recém-criada Companhia Petroquímica de Paulínia, o presidente Lula discursou: "O lançamento dessa pedra fundamental de uma nova fábrica de polipropileno vai muito além do ato simbólico que marca o início de uma obra. Aqui, o público e o privado se deram as mãos para atender demandas reais da sociedade brasileira".[10] Só depois que as faturas começaram a ser pagas, o dinheiro passou a pingar na conta de Além (codinome de Janene) e Competitivo (Paulo Roberto Costa).[11]

"É um absurdo isso ter acontecido. Não vamos admitir mais, de forma alguma. Vocês querem que a gente comece a chamar os estrangeiros?!", exclamou Paulo Roberto Costa, à cabeceira da mesa de reuniões do 19º andar da Petrobras, diante de um grupo de empreiteiros. Era maio de 2006, e o diretor de abastecimento estava inconformado. Ao seu lado estava Pedro Barusco, o número dois de Renato Duque, a quem todos ali conheciam bem. Os executivos esperaram Costa terminar de dar a bronca para começar a falar. Desde que haviam sido convocados, sabiam que a conversa seria desconfortável, mas não imaginavam tamanha carraspana. O motivo era a licitação para a obra de uma unidade de transformação de gás liquefeito em propeno na Refinaria Henrique Lage, ou Revap, em São José dos Campos. Depois de três meses na praça, a concorrência terminara sem candidatos. Os empresários argumentaram que o projeto do edital estava muito vago, que o método de construção não havia sido especificado (o que alterava muito os preços) e que os prazos eram impraticáveis. "Paulo, da forma como está o edital, ninguém vai querer fazer proposta", disse Ricardo Pessoa, da UTC.

Costa não quis saber. "Se virem entre vocês, conversem, façam consórcios. O que não pode é uma licitação como essas ficar vazia."[12] Na nova ordem petista, a Petrobras era agente fundamental de investimentos e estava prestes a implementar um programa recorde. Seriam 56,4 bilhões de dólares em plataformas de petróleo, obras de refinarias, gasodutos e plantas industriais. E 60% teriam de ser contratados com empresas nacionais, por exigência legal. O objetivo era gerar empregos induzindo a criação de um parque industrial para a atividade petrolífera. Esse ponto era tão importante que até havia nas novas regras de contratação um item chamado "efeito macroeconômico", que media a quantidade de postos de trabalho criados por obra.[13] Só a área de Costa — ou Paulinho, como Lula o chamava — tinha poder de decisão sobre o orçamento de 8 bilhões de reais para a construção e a modernização de refinarias.[14] E Costa sabia que, propinas à parte, sua missão era fazer com que as obras acontecessem, e o mais rápido possível. Era isso que o presidente da República queria, e agradá-lo era tão ou mais importante do que atender a Janene e aos outros chefes do PP.

Se as empresas começassem a boicotar as licitações, os projetos se arrastariam ad aeternum, e nem as obras nem as propinas sairiam do campo das promessas. Enquanto deixavam a sede da Petrobras, ainda meio abalados com a descompostura, Ricardo Pessoa, que além de dono da UTC era presidente da associação de empreiteiras, anunciou a solução: "Vamos nos reunir e decidir quem fica com o quê. Não dá para ficar tomando esse tipo de esporro".

O clube das empreiteiras — aquele em que Norberto e Emílio haviam conseguido entrar na década de 1980 — atuava na Petrobras desde meados dos anos 1990. Na época, as nove maiores empresas de construção e montagem industrial sofriam com a falta de encomendas e se reuniram para tentar se proteger da bancarrota. Conseguiram melhores condições contratuais e fizeram um acordo de não competição, combinando sempre quem ficaria com o quê.[15] Mas, como as obras eram poucas, as empresas se reuniam pouco. Só com a multiplicação dos investimentos a situação começou a melhorar. Já em 2003, a diretoria de serviços, de Duque, estabeleceu uma mudança radical na forma de contratação. Até então, a estatal fazia o projeto de uma refinaria, um gasoduto ou uma plataforma e contratava fornecedores específicos para cada serviço: um para instalações, outro para turbinas, um terceiro para tubos, um quarto para unidades de processamento, e assim por diante.

Com Duque, a Petrobras passou a pagar uma única empresa para entregar toda a obra por um preço fechado. A essa firma caberia subcontratar o resto. Tal processo era conhecido como Engineering, Procurement and Construction, ou EPC, e amplamente usado por empresas mundo afora. Para a Petrobras, era uma forma de reduzir e transferir os riscos para o "epecista". Mas o modelo também restringia o universo de candidatas, uma vez que, nessas obras maiores, muitas vezes o epecista precisava suportar alguns meses de fluxo de caixa negativo antes de começar a receber as faturas — sem contar os gastos com seguro, a necessidade de muito capital para conseguir financiamento e de muita mão de obra qualificada. A iniciativa de Duque significava que haveria mais oportunidades com menos concorrência — a combinação perfeita para o cartel. As grandes empreiteiras apoiaram a mudança com entusiasmo.

A bronca de Costa fez Ricardo Pessoa entender que era preciso ativar a "mesa" — como as empreiteiras se referiam ao cartel —, antes que a estatal desistisse do sistema de EPCs. Ou pior: desistisse do conteúdo nacional e trouxesse os concorrentes estrangeiros para o Brasil. Pessoa sabia, no entanto, que sem o aval da Odebrecht o arranjo não funcionaria. Nunca trabalhara lá, mas era baiano e começara a carreira na OAS. Tinha consciência de que não era um bom negócio afrontar os agressivos e hegemônicos concorrentes. Na Odebrecht, quem resolvia aquele assunto não eram nem Emílio nem Marcelo, mas Márcio Faria, que foi direto: "Olha, eu tenho meus focos, nós sabemos as obras que queremos, então, desde que eu seja contemplado, eu topo".[16] Por um tempo, o próprio Faria frequentou as reuniões da mesa. E era ele quem decidia primeiro que obras queria e quem seriam os sócios.

Um mês depois da reunião com o diretor da Petrobras, em junho, o edital do "propeno da Revap" foi relançado. Trazia algumas modificações e um projeto ainda vago, que permitiria aos vencedores pleitear aditivos para recompor possíveis prejuízos — dispositivo que às vezes era mesmo necessário, mas que também podia servir como gatilho para aumentos injustificados. O Consórcio Propeno, formado pela UTC e pela Odebrecht, levou o contrato de 340 milhões de reais. Era menos do que pretendiam a princípio, mas, com os aditivos, o valor final da obra chegou a 450 milhões.[17]

"Hoje é um dia histórico nas relações entre Brasil e Venezuela. Nossos países nunca estiveram tão próximos e irmanados. Nossos mais ambiciosos projetos de integração começam a se materializar",[18] discursou Lula, em frente a uma tela retratando Simón Bolívar, para a plateia no saguão principal do Palácio de Miraflores, em Caracas. Autoridades, empresários e diplomatas estavam ali para a cerimônia de abertura do encontro empresarial Brasil-Venezuela. Naquele fevereiro de 2005, completavam-se quatro anos desde a última visita de FHC. Desde então, o fluxo de comércio entre os dois países estava em queda, e Lula tinha como prioridade reverter a tendência.[19]

Para o Brasil, a viagem era tão importante que pelo menos seis ministros, além dos presidentes da Petrobras e do BNDES, acompanharam Lula. Foram assinar mais de uma dezena de acordos comerciais,[20] um dos quais previa a formação de uma petroquímica binacional, numa sociedade Braskem-PDVSA.

Com sua presença e suas palavras, o brasileiro chancelava o regime de Chávez, que já sofria críticas da oposição pela restrição à liberdade de imprensa e de opinião no país. Estava mais interessado, porém, no resultado de sua própria política, que previa transformar o Brasil em uma espécie de potência regional, com influência decisiva nos rumos do continente. Na Odebrecht se costumava dizer que, antes de Lula, a Venezuela estava voltada para os Estados Unidos e de costas para o Brasil. Com Lula, fez o movimento inverso. Ocorre que tal movimento não saía de graça, daí os acordos bilaterais para grandes negócios (vários dos quais não sairiam do papel). Ao encerrar o discurso, tendo recebido o apoio de Chávez à pretensão brasileira de ocupar uma cadeira no Conselho de Segurança na ONU, Lula declarou triunfante: "Pode ter certeza [de] que Simón Bolívar estará dizendo: 'Valeu a pena morrer acreditando na integração da América do Sul'".

Na plateia, o time da Odebrecht comemorava mais um gol. A estratégia de priorizar a base geopolítica brasileira, que já tinha trazido ótimos resultados nos anos 1970 e 1980, ia de novo provar seu valor. Se Lula caminhava para se tornar o grande líder da América Latina frente ao mundo — "*o cara*", como definiria o presidente americano Barack Obama —, a Odebrecht estava para se tornar "*a* empresa". O que não sairia de graça.

Quando Lula desembarcou em Caracas, o BNDES planejava criar, junto com o governo venezuelano, um fundo com capital de 1 bilhão de dólares para financiar a compra de bens e serviços de empresas brasileiras.[21] O Brasil ainda financiava, via BNDES, um gasoduto no Peru e outro na Argentina, uma hidrelétrica no Equador e uma rodovia no Paraguai. Os recursos prometidos pelo governo estavam começando a sair, e a Odebrecht estava bem posicionada para recebê-los. A questão era que as concorrentes, até então com presença tímida no continente, também se assanharam. Andrade Gutierrez, Camargo Corrêa e OAS passaram a prospectar projetos na América Latina para pleitear acesso ao crédito do banco de fomento.[22]

Enquanto Lula era recebido com honras e salamaleques, as empreiteiras e seus lobistas se digladiavam nos bastidores. Marcelo detectou a movimentação inimiga e organizou seus exércitos para combatê-la. Determinou, por exemplo, que toda viagem do presidente ao exterior teria de ser acompanhada por alguém da Odebrecht. Era o que ele chamava de "marcar" Lula. Quando não ele, algum executivo próximo ao governo deveria se integrar à ala empresarial da comitiva — como Roberto Dias, que tinha contatos no Itamaraty, ou Alexandrino Alencar, próximo de Lula e seus assessores. Enquanto isso, os representantes da empreiteira em cada país monitoravam a concorrência por meio de suas fontes nos ministérios, embaixadas e associações empresariais.

Um dos focos de atenção era José Dirceu, que, depois de sair da Casa Civil alvejado pelo mensalão, em junho de 2005, passou a viajar pelos países vizinhos tentando emplacar concorrentes como a Camargo Corrêa, a OAS ou a Andrade Gutierrez. O ex-ministro nunca fora próximo da Odebrecht. Primeiro porque, desde o início, fora Palocci o interlocutor designado por Lula. Dirceu ocupava outros espaços. Aquilo era difícil de mudar, mas era possível ao menos não tê-lo como inimigo, e Marcelo escalou um de seus aliados mais próximos na organização, Fernando Reis, para se aproximar de Dirceu.

Ao contrário de muitos colegas, Reis não era baiano, mas tinha quase a mesma idade que Marcelo e uma história de vida parecida com a dele. Seu pai, Luiz Fernando dos Santos Reis, fora dono de empreiteira por muitos anos, antes de se tornar diretor da construtora Carioca Engenharia. O filho crescera visitando canteiros de obras e optara pela engenharia quase que por inércia. Mas não queria ficar à sombra do pai e foi fazer carreira na Odebrecht, onde se aculturou com facilidade e ascendeu rapidamente. Inteligente e discreto, com 36 anos chegou a presidente de operações internacionais da empresa, responsável por Equador e Panamá, e estava em uma diretoria da holding quando Marcelo lhe pediu que "marcasse" José Dirceu.

O ministro tinha deixado o governo havia poucos meses, em decorrência do mensalão, e andava pelo mercado oferecendo consultoria para empresas interessadas em prospectar negócios no continente. Reis o procurou para saber de suas pretensões. Disse que em princípio não tinha a intenção de contratá-lo, porque a Odebrecht já estava na maior parte dos países, mas expressou o desejo de estabelecer uma política de boa vizinhança. Reuniam-se a cada três ou quatro meses, em almoços ou jantares nos quais Dirceu contava seus planos de viagem e falava sobre política. Reis avisava o executivo da Odebrecht no país de destino do ex-ministro para que pudesse recebê-lo, marcar um encontro, apresentar alguém.[23] Era assim na República Dominicana, no Panamá ou no Equador, para onde Dirceu viajava a serviço de clientes como a OAS, a Engevix[24] ou a UTC. Para a organização, era importante mapear a movimentação de Dirceu, de forma a tentar inibir atitudes predatórias em favor dos concorrentes.

Numa demonstração de boa vontade, Reis combinou de apoiar campanhas de políticos indicados por Dirceu — como um candidato petista à prefeitura de Guarulhos que recebeu 1 milhão de reais ou o próprio filho do ex-ministro, Zeca Dirceu, que recebeu 500 mil reais divididos em duas campanhas para deputado federal, em 2010 e 2014. Tudo no caixa dois.[25] Por vezes, a empreiteira também atendia a pedidos pontuais — como a contratação de uma ou outra prestadora de serviços ou de funcionários. Foi o caso de um sobrinho de Dirceu que havia passado na primeira etapa de um processo seletivo para trabalhar no Aquapolo, unidade de reprocessamento de água para a petroquímica da Braskem na região do ABC. Ao ver que o rapaz estava quase conseguindo a vaga, Dirceu ligou para Reis, que garantiu o lugar, mas numa obra em Minas Gerais, para não dar problema com o governo de São Paulo, então comandado pelos tucanos.

Outro potencial foco de estresse era o titular da Fazenda, Antonio Palocci. O ministro, que na organização ganhou o codinome de Italiano, vinha sendo um bom parceiro. Tinha encaminhado as propostas da Odebrecht para as Parcerias Público-Privadas de Lula (várias aproveitadas), ajudava na liberação de recursos do orçamento da União e trabalhara pela aprovação da chamada MP do Bem, que reduzia impostos e mudava a tributação dos lucros de exportadoras como a Braskem.[26] Em troca, recebia dinheiro para campanhas petistas e muitos mimos. No aniversário de 43 anos, em 2003, Pedro Novis enviou uma caixa de charutos cubanos Opus 10, de 3 mil reais; no ano seguinte, uma caixa com doze garrafas de vinho italiano Barbaresco, um pouco mais cara: 10 mil reais.[27] Mas os presentes não compravam fidelidade absoluta.

Ia tudo bem até 2005, quando começou uma disputa pelos fundos da linha de crédito que Angola mantinha com o Brasil havia décadas — limitada, então, a 250 milhões de dólares para o país africano usar com serviços e produtos de empresas brasileiras. Em outros tempos, a Odebrecht não teria precisado se preocupar. Agora, porém, as coisas estavam diferentes. Depois de muitos anos contratando a empreiteira sem licitação, os generais angolanos comunicaram que passariam a fazer concorrências para obras e serviços a serem realizados com financiamento brasileiro. O ministro de Obras Públicas, general Higino Carneiro, dizia estar sob pressão do governo do Brasil para abrir o país a outras firmas nacionais. Também afirmava temer que as concorrentes da Odebrecht fossem reclamar contra o governo angolano na Organização Mundial do Comércio, a OMC, que estabelecia regras pró-concorrência para a participação de países-membros em contratos públicos de governos estrangeiros.[28]

Perto das gigantescas obras já erguidas pela organização em Angola, os contratos de cerca de 50 milhões de dólares[29] que estavam para ser disputados eram troco. Mas o simples fato de o governo angolano decidir fazer uma licitação foi considerado de extrema gravidade por Marcelo. Não se tratava apenas de abrir espaço para outras empresas (espécie de pecado capital na cartilha da empreiteira), mas também de abrir precedente para que os concorrentes tentassem impor licitações em países igualmente importantes para a Odebrecht, como a Venezuela.

Marcelo passou uma ordem às tropas: caso não conseguissem sepultar a ideia da licitação, deveriam trabalhar por uma concorrência internacional. "Ao transformarmos isto em uma licitação internacional (o que não muda em nada nossa vantagem competitiva), evitamos um vínculo direto de licitação para uso da linha de crédito no Brasil, o que criará certamente um desconforto para continuarmos usando a LC [linha de crédito] sem licitação",[30] explicou ele, num e-mail aos subordinados. "Outro ponto importante é que conseguimos estabelecer (se tivermos o domínio do cliente) critérios que eliminem/minimizem a concorrência do Brasil, mas que permitam a participação de empresas portuguesas e de outros países (na prática competidores virtuais). Em uma licitação para empresas brasileiras somente, se excluirmos algumas pelo critério do edital vamos (e também o cliente) sofrer pressões aqui e aí."

Marcelo mandou Luiz Mameri, diretor da Odebrecht para Angola, averiguar quem estava trabalhando para as lobistas das concorrentes. Foi o próprio ministro angolano quem deu nome aos bois: tinha enviado carta-convite para a Camargo Corrêa a pedido da Presidência da República do Brasil; a Queiroz Galvão e a empreiteira goiana Emsa haviam entrado no jogo por solicitação do embaixador angolano no Brasil, Alberto Correia Neto; a Andrade Gutierrez já tinha feito algumas obras no país, enquanto a razão da presença da Carioca permanecia um mistério. Marcelo não acreditou que a Presidência tivesse ajudado quem quer que fosse. Já o embaixador, ele não perdoou: "Ajudamos, ajudamos e ainda somos traídos. Acho que sutilmente devemos ter uma conversa com ele no sentido de que se quiser continuar tendo os nossos apoios para os pedidos que faz esporádicos, tem que se mostrar um parceiro fiel".[31]

Contudo, o maior perigo naquele momento era Palocci. No comando da Fazenda, ele poderia, se quisesse, dizer aos angolanos que não via necessidade de licitação. Acontece que, segundo o general-ministro, tinha sido o próprio Palocci quem pedira por uma concorrência. Mameri explicou: "Disse-me que foi feita uma consulta ao governo brasileiro. [...] Deu a entender que alguém daqui [Angola] falou com o Italiano". Os homens da Odebrecht estavam vendidos. "Italiano tem interesses específicos ainda não concretizados, [...] ainda se recusa a contar com nosso apoio e segue seus contatos diretamente",[32] lamentou André Amaro, vice-presidente de planejamento e desenvolvimento para Angola.

Os "interesses específicos" de Palocci tinham nome: o empresário José Roberto Colnaghi. Eles haviam se aproximado em 2001, quando o primeiro era prefeito de Ribeirão Preto. Colnaghi até emprestara seu jato Seneca para a campanha presidencial petista em 2002.[33] O retorno veio no governo. Só nos dois primeiros anos, a empresa de prestação de serviços de Colnaghi, a Asperbras, pulou da rabeira para o topo das listas de principais exportadoras de produtos e serviços brasileiros para Angola.[34] Preocupado, Marcelo pediu a Novis para procurar Palocci. "Tem uns amigos seus tentando furar nosso mercado lá em Angola, pegar um pedaço da linha de crédito", assuntou o executivo, adiantando que gostaria que Palocci contivesse o pessoal. Ele desconversou. Os Odebrecht sabiam que o Italiano era liso. Quando queria, ostentava sua melhor cara de paisagem. Enrolou, disse que ia ver, mas não se comprometeu com nada.

Afinal, a organização levou a melhor sem a ajuda de Palocci. Os anos dedicados a Angola, as variadas "contribuições financeiras" a gestores públicos e generais angolanos e as sociedades em subsidiárias da empreiteira no país se fizeram valer. Os escudeiros de Marcelo conseguiram as obras sem licitação e adiaram a batalha com a concorrência por alguns anos. Até porque surgiram questões bem mais urgentes para o governo brasileiro resolver.

Em fins de 2005, o governo Lula sangrava, atingido pelo escândalo do mensalão, que começara com uma reportagem da *Veja* sobre um flagrante de propina para um apadrinhado do PTB nos Correios.[35] Depois disso, o deputado Roberto Jefferson deu uma entrevista acusando o governo de pagar mesada pelo apoio de parlamentares no Congresso, uma CPI foi aberta, e o caso ganhou tantas ramificações que, mesmo com a saída de José Dirceu — o artífice do esquema — do ministério, Lula ainda balançava.[36] No começo, os empresários fizeram o que sempre faziam quando um escândalo abalava o governo da vez: reuniões e manifestos contra as investigações, que poderiam "contaminar a economia". Ainda assim, como a sequência de revelações não arrefecia, por alguns meses Lula se transformou em um pária político. Os pedidos de audiência, as homenagens e o beija-mão a que já se acostumara simplesmente minguaram. Então entrou em funcionamento outro mandamento básico da teologia odebrechtiana, no qual Emílio era craque: nunca abandonar um político quando ele está por baixo. O empreiteiro amiudou as visitas ao presidente, oferecendo um ombro amigo.

A situação ainda ia piorar. No início de março de 2006, quando o governo ainda enfrentava as revelações da CPI dos Correios, Antonio Palocci foi acusado pelo caseiro Francenildo dos Santos Costa de frequentar a Casa do Lobby,[37] onde alguns de seus homens de confiança circulavam com malas de dinheiro. O ministro negou tudo, mas, contrariando seu temperamento cerebral, cometeu um erro crasso. Numa tentativa de enterrar o escândalo, mandou quebrar o sigilo da conta do rapaz na Caixa Econômica Federal e divulgou que o caseiro havia recebido dinheiro para acusá-lo.[38] Não só era mentira como a aragonagem foi descoberta, e o ministro teve de deixar o cargo.

Preocupado com os aliados, Lula chamou o dono da Odebrecht. "Por favor, ajude os dois. No Palocci, confie com os dois pés. Com Dirceu, mantenha o pé atrás", disse o presidente, segundo Emílio contou a aliados. A Odebrecht já vinha "ajudando" José Dirceu por intermédio de Fernando Reis. Também apoiou Palocci, que, no ostracismo, se oferecia para fazer palestras sobre o surto de gripe aviária que atacava o país (ele era médico de formação). Pedro Novis contratou uma, a 30 mil reais, e encheu um auditório de funcionários para ouvir o ex-ministro.[39]

"Hilberto, você vai assumir o lugar do Ferreira", disse Marcelo Odebrecht assim que o sujeito gordinho e atarracado, com entradas bastante pronunciadas na testa, entrou em sua sala no edifício Villa-Lobos. Antônio Ferreira, que coordenara os pagamentos ilícitos da Odebrecht por pelo menos duas décadas, havia sofrido um AVC e não poderia mais voltar ao trabalho. Marcelo herdara Ferreira de Renato Baiardi ao assumir o comando da construtora. Agora, teria de substituí-lo.

Hilberto Mascarenhas da Silva Filho, conhecido internamente como Bel, tinha 51 anos de vida e 31 de Odebrecht. Não era propriamente um gênio das finanças, tanto que nunca passara de gerente. Sua maior credencial era a relação com os donos da organização. Afilhado de Vítor Gradin, frequentava as mesmas praias que os executivos mais importantes da empreiteira e tornara-se sócio de Emílio numa churrascaria de Salvador. Era considerado de total confiança pela família — requisito primordial para o cargo que estava prestes a ocupar.

"Eu não quero", respondeu Silva, tenso por dizer não ao príncipe. Marcelo nunca o chamava para sua sala, e quando chamou era para uma proposta daquelas. "Você não tem a opção de recusar. É um convite irrecusável", disse o chefe, já sem muita paciência. "Então não é um convite, é uma intimação",[40] devolveu o subordinado. "E qual é a diferença?", perguntou Marcelo. "A diferença é que um ultimato sai muito mais caro." O príncipe deu de ombros. "Não se preocupe. A gente acerta isso." Vendo que não ia poder escapar, Hilberto fez um último pedido: "Marcelo, todo mundo sabe o que o Ferreira fazia. Eu não quero ser chamado de pagador de propinas. Então me dá um título, alguma coisa que não remeta diretamente a isso". Marcelo assentiu, e eles inventaram o "Departamento de Operações Estruturadas".[41]

No jargão dos bancos, operações estruturadas são investimentos que combinam mais de um ativo para garantir que, se perder com um, o aplicador ganhe com os outros. O nome do departamento, portanto, sugeria um trabalho de apoio na montagem dos projetos de financiamento a ser apresentados aos bancos. Era pomposo e remetia a algo sofisticado. Hilberto se tranquilizou, achando que, no resto da empresa, não ligariam o nome à coisa. Teve o salário e os bônus multiplicados e passou a ser bajulado pelos pistolões do grupo que antes nem lhe davam importância. Não demorou para que o desconforto fosse substituído pela mal disfarçada satisfação.

Na nova função, em tese, cabia a Bel seguir as mesmas regras que Emílio e Renato Baiardi haviam estabelecido após os traumas dos anos 1990. Só se podia pagar propina se a obra ou o empreendimento estivesse no azul; era proibido pagar direto a pessoas politicamente expostas, ou PEPs, na sigla em inglês — nome que o compliance dos bancos dava a autoridades públicas, políticos ou a qualquer pessoa a eles relacionada, incluindo parentes e sócios. Nunca, em hipótese nenhuma, deveriam ser guardadas provas dos pagamentos (o trauma com o que havia ocorrido com Ailton Reis continuava bem vivo). E só podiam requisitar pagamentos os presidentes de subsidiárias e vice-presidentes da construtora.

Eram princípios bastante sólidos, mas já não eram suficientes. Primeiro porque o doleiro que sempre atendera a Odebrecht, Dario Messer — conhecido no mercado paralelo como "O Doleiro dos Doleiros" e um dos poucos capazes de movimentar grandes quantias de dinheiro em espécie no Brasil —, estava fora de circulação. Tivera seus negócios atingidos pela Operação Farol da Colina, da Polícia Federal — aquela desencadeada pela delação de Alberto Youssef.[42] Havia outra circunstância relevante: com o volume de contratos crescendo exponencialmente, era esperado que o desembolso de propinas aumentasse na mesma proporção — o que tornaria necessária uma nova sistemática de pagamentos, mais segura e consequentemente mais complexa.

Hilberto considerava de um amadorismo primário as planilhas armazenadas nos computadores da empresa para controle dos pagamentos. Se era proibido deixar registros, então não se podiam manter os arquivos — a menos que houvesse um sistema fechado e criptografado de controle, com servidor sediado fora do Brasil. Marcelo autorizou que Hilberto colocasse a ideia em prática, desde que os dados fossem apagados a cada seis meses.[43] Os técnicos da Odebrecht então adaptaram o sistema de pagamentos regular da empresa, o My Web Day, para que o time de Hilberto pudesse acessá-lo num ambiente fechado. Como era uma rede paralela, foi batizada de My Web Day do B. Além da equipe do setor de propinas, só tinha acesso a ela Ubiraci, o Bira, um senhorzinho que estava na empreiteira desde jovem e nunca trairia um Odebrecht. Era Bira quem conferia se o "centro de custo" de onde sairia o dinheiro estava no azul e dizia, em nome de Marcelo, os pagamentos que podiam ser feitos.

Por segurança, decidiu-se ainda que o servidor do My Web Day do B ficaria em local à prova de investigação: Angola. Com o passar dos meses, como os problemas de conexão no país eram frequentes, transferiu-se o servidor para a Suíça — então considerada quase tão segura quanto o país africano.

A equipe também foi reformulada — e turbinada. Silva herdara do antecessor a secretária, Maria Lúcia Tavares, e um assessor financeiro, Luiz Eduardo Soares. Funcionário da tesouraria internacional por muitos anos, era considerado um expert na criação de offshores e conhecia bem a legislação dos paraísos fiscais. Luizinho, como era conhecido, elaborou um esquema em que o dinheiro passava por quatro escalas — que ele chamou de níveis — antes de chegar à conta do beneficiário final.[44] O primeiro nível era o da geração dos recursos, com offshores sediadas em países como Angola e Venezuela. Com economias instáveis e dolarizadas, esses países não só tinham frágeis controles fiscais como também uma legislação que favorecia a transferência de recursos para o exterior. Do nível 1, o dinheiro partia para outras duas escalas de contas numeradas, em nome de offshores abertas em quatro países — Andorra, Áustria, Suíça e ilha da Madeira (Portugal). Haviam sido escolhidos a dedo, por dificultar a abertura de sigilo bancário e não ter arcabouço sólido ou acordo de cooperação internacional para troca de informações. A seleção dos bancos onde as contas seriam abrigadas também seguiu uma lógica. Buscaram-se instituições pequenas, em que se pudesse conhecer pessoalmente a cúpula — sempre generosamente remunerada para manter o sigilo e o sistema funcionando sem intercorrências.

Até 2008, era Luizinho quem controlava todas as camadas de offshores. Hilberto, porém, achava o subordinado um tanto desorganizado. Ficava aflito por ele não registrar na hora todas as entradas e saídas de dinheiro, e tinha medo de perder o controle dos gastos.[45] Afinal eram pelo menos vinte offshores e dezenas de milhões de dólares. Então chamou para a tarefa um ex-colega, Fernando Migliaccio, paulistano fissurado em histórias de guerra que havia sido educado em colégios de elite e se formara em economia na Universidade de São Paulo, a USP.

Bom com números e organizado, Migliaccio estava insatisfeito na área de comércio exterior da construtora, em Brasília, e aceitou de bom grado assumir o controle das contas, deixando Luizinho com os esquemas financeiros propriamente ditos. Sempre que era preciso fazer um pagamento sem usar doleiros ou quando não se podia depositar o dinheiro diretamente na conta de alguém, Luizinho bolava um contrato falso de prestação de serviços no exterior, ou criava um fundo de aplicação em construção civil, que recebia um "investimento" da Odebrecht e depois transferia o recurso para o beneficiário. O bom do novo arranjo era que Luizinho, sempre cheio de medo de ser descoberto, não precisava mais se expor tanto. E Migliaccio não só não tinha nenhum drama de consciência como não se preocupava nem de leve com a hipótese de ser pego. Todo mundo faz, dizia sempre. Hilberto se sentia mais seguro com ele por perto.

Para que o esquema ficasse perfeito, faltava ainda alguém para assumir a última camada de empresas, o nível 4, funcionando como testa de ferro e evitando que elas fossem diretamente associadas à Odebrecht pelos compliances dos bancos. Migliaccio foi quem sugeriu Olívio Rodrigues, ex-office boy que era dono de uma corretora de câmbio que atendia a organização. Já o contratara em Brasília e tinham ficado amigos.[46] Hilberto o chamou para trabalhar exclusivamente para seu setor, como terceirizado, e ele topou. Juntos, Migliaccio, Olívio e Luizinho funcionavam como uma central de inteligência de negócios sujos. Como de praxe na Odebrecht, eram competentes e agressivos.

Ao final de 2008, Hilberto finalmente podia dizer que tinha um verdadeiro departamento de "operações estruturadas", só que em sentido diferente do usado pelo mercado financeiro. E que, apesar do nome pomposo, continuava como nos tempos do velho Ferreira — quem sabia para o que servia, aplaudia. Seus clientes, os chefões da Odebrecht, eram exigentes e insistentes. Na época de Ferreira, se estivessem no vermelho, vira e mexe apelavam a Marcelo, que na maior parte das vezes os mandava dar meia-volta. Na gestão de Hilberto, a choradeira diminuiu. Marcelo reparou e, intrigado, foi falar com o subordinado: "Hilberto, você está fazendo tudo direito? Porque, antigamente, quase todo dia alguém vinha se queixar de que Ferreira não o estava atendendo. Com você, não". Só anos depois ele descobriria que Hilberto, vaidoso por ter os homens mais poderosos da organização bajulando-o em busca de recursos, fora aos poucos afrouxando os controles. Naquele momento, sempre que o chefe perguntava se estava tudo bem, a resposta de Hilberto era invariavelmente a mesma: "Claro, Marcelo, pode deixar. Está tudo sob controle".

Vivia-se a reta final do primeiro turno das eleições de 2006 quando Palocci recebeu o marqueteiro João Santana para uma conversa decisiva.[47] Superado o escândalo do mensalão, Lula reabilitara Palocci e o nomeara coordenador de campanha. Santana havia ganhado a confiança do presidente ao criar a estratégia que ajudara a tirar a imagem do governo da lama. Auxiliar de Duda Mendonça na pré-campanha de 2002, ele foi convocado a ajudar o governo quando o próprio marqueteiro-chefe se viu enredado no mensalão, obrigado a confessar o recebimento de caixa dois. Foi ele quem teve a ideia de reunir sob um nome imponente e "bem mais fácil de vender" todas as obras que o governo federal estava fazendo pelo Brasil. Assim nasceu o Programa de Aceleração do Crescimento, ou PAC. Na sequência, veio o Minha Casa Minha Vida, que, além de reunir todas as habitações populares sob um único guarda-chuva, deu um padrão visual a elas. Funcionou tão bem que agora Lula disputava a reeleição como franco favorito.

Santana estava empolgado. Era sua primeira campanha presidencial no Brasil, e Lula quase vencera no primeiro turno. Palocci, porém, não tinha boas notícias: "Olha, João, não vai dar para pagar todo o serviço por dentro. A coisa está pegando. Os financiadores não querem dar dinheiro oficialmente, tem toda essa dificuldade do mensalão...". Santana se preocupou. Desde que Duda Mendonça virara estrela de CPI, ele insistia para o PT não repetir o erro. Na crise do mensalão, fora pago por dentro, com nota fiscal. Agora aquilo... Palocci prosseguiu: "Mas há um meio seguro de vocês receberem no caixa dois. Você conhece a Odebrecht?".[48]

Aí o marqueteiro ficou realmente cabreiro. "Conheço como baiano, mas não tenho a menor relação com eles, ao contrário. Tenho é um grande problema. Quando eu trabalhava na *IstoÉ*, fiz uma matéria quando assassinaram o governador Edmundo Pinto, do Acre", contou ele, que havia sido repórter de política. "Talvez eu tenha sido o primeiro a mostrar que, na noite em que o governador foi assassinado, tinha funcionários da Odebrecht dentro do hotel. A matéria os irritou profundamente e eles protestaram contra a revista." Palocci não deu importância: "Não se preocupe, isso não é problema". Santana ainda observou: "E isso me surpreende, Palocci, porque, até onde eu sabia, a Odebrecht sempre financiou a direita. Aquele povo todo do DEM [antigo PFL], Antônio Carlos Magalhães...". O petista riu. "João, não tem gente que faz o tipo, *si hay gobierno, soy contra*? Então. Na Odebrecht é o contrário: *Si hay gobierno, soy a favor*". Os dois riram. "Mas fique tranquilo", disse o ex-ministro. "É seguríssimo. O diretor, Pedrinho Novis, me disse que até já te conhece de vista." Santana se lembrava de terem amigos em comum na juventude, quando ele era músico e Novis, aspirante a tropicalista. "Mas o pagamento tem de ser lá fora. Você tem conta no exterior?" Santana confirmou.

Os detalhes foram combinados com a esposa de João, Mônica Moura. Inteligente e despachada, Mônica conhecera Santana trabalhando para Duda Mendonça. Tinham se tornado namorados e sócios, e depois se casaram. Ela era o braço operacional do marido, que não tinha jeito com dinheiro e só queria saber da criação. Sem Mônica, Santana não saberia sequer o número da própria conta-corrente. Foi com ela que Palocci fechou o cachê do primeiro turno: 18 milhões de reais, dos quais 10 milhões pagos por fora — metade, pela Odebrecht. Mônica achou aquilo uma inovação.[49] Até então, mesmo que o dinheiro viesse de uma empresa, era o partido quem pagava o marqueteiro.

Dias depois, Palocci, Mônica e João Santana se reuniram no apartamento de Novis em São Paulo para sacramentar o combinado. Na condição de presidente da holding, era ele quem fazia o meio de campo. E, como de praxe, a Odebrecht financiou não só Lula, mas também José Serra. Cada um recebeu algo como 15 milhões de reais, a maior parte no caixa dois.[50] O pagamento aos marqueteiros, portanto, foi apenas um dos que a Odebrecht fez por Lula naquela campanha. Novis acertou com Mônica Moura que enviaria sua parte depois da eleição. Não era o ideal, e ela teve medo de que a empreiteira acabasse não pagando. Mas Palocci disse que não havia outro jeito. Mônica resignou-se. "Eu tinha que contar com Deus", disse, anos depois, às procuradoras que colheram os depoimentos de sua delação premiada.

Deus — ou Emílio —, felizmente, ajudou. A Odebrecht cumpriu o combinado em 2007, já por intermédio de uma das contas criadas sob Hilberto Silva. O PT, porém, atrasava seus desembolsos com frequência. Mônica cobrava Palocci, mas nem sempre adiantava. Quando a situação apertava, era João Santana quem apelava a Lula: "Presidente, os pagamentos estão atrasados. Não temos como continuar. Estou com dívidas muito grandes. Vou ter de parar a campanha".[51] Lula, então, fazia o dinheiro voltar a fluir. E assim, de atraso em atraso, João Santana e Mônica Moura foram remunerados. Em 29 de outubro de 2006, Lula foi reeleito com 58,3 milhões de votos. Palocci se elegeu deputado federal e voltou à Câmara (com a ajuda financeira da Odebrecht). E a empreiteira seguiu mais poderosa do que nunca, pronta para decolar.

11. O príncipe na trincheira

Dilma Rousseff deu uma tragada na cigarrilha. Soltou a fumaça, tomando fôlego para atacar. E atacou. "Marcelo, todo mundo sabe que a Odebrecht é careira. Você está é querendo me enrolar!" Sentados ao lado da ministra, na ponta de uma mesa comprida do gabinete da Casa Civil, os assessores Anderson Dorneles e Giles Azevedo observavam o embate em silêncio. Acompanhava Marcelo o executivo que dirigia o consórcio da Odebrecht para as hidrelétricas do Madeira, Irineu Meirelles. Estavam ali para tentar um acordo, depois de dias brigando nos bastidores quanto aos preços máximos a serem cobrados pela energia das usinas. Era um item crucial do edital a ser publicado semanas depois, em outubro de 2007. Pelas regras já estabelecidas, levaria a concessão para construir e operar as hidrelétricas quem se comprometesse a cobrar o menor preço pelo megawatt. O governo queria que o teto para a usina de Santo Antônio, a primeira a ser leiloada, fosse de 122 reais por megawatt-hora.[1] Mas o grupo de Marcelo dizia que, por menos de 130 reais a conta não fechava e não haveria interessados.

A Odebrecht tinha passado os últimos cinco anos trabalhando no estudo de viabilidade para a construção das hidrelétricas no curso do rio, que nasce nos Andes bolivianos e cruza o sul da Amazônia. No início, ninguém no setor acreditava que o Madeira fosse o local da retomada das grandes hidrelétricas no

Brasil, prevista no início do segundo mandato de Lula. Imaginava-se que as primeiras seriam no Tapajós, mais de mil quilômetros ao norte, no Pará. A Odebrecht, porém, concluiu seus estudos em parceria com Furnas antes das outras e furou a fila das licitações.

Desde então, as empreiteiras vinham se engalfinhando por qualquer naco de vantagem que pudessem conseguir no edital. A Odebrecht, que tinha parido o projeto, nem considerava a hipótese de ficar sem uma das usinas, e não só por questão de honra — havia sobretudo uma razão econômica. Administrando as duas, seria possível economizar nas obras e aproveitar o fluxo do rio de forma mais eficiente. E claro: controlando todo o sistema, ficava mais fácil determinar as tarifas. O plano, porém, começou a fazer água já no começo do processo, quando o governo decidiu licitar as usinas separadamente. Dilma queria que houvesse competição para garantir tarifas menores. E repetia sem reservas, nas reuniões do governo, a afirmação recebida com apreensão na Odebrecht: se dependesse dela, ninguém controlaria as duas hidrelétricas sozinho.

Naquele início do segundo mandato, sem Palocci e sem José Dirceu, a ministra da Casa Civil tinha ganhado poder e influência. O estilo duro e a fama de gerentona faziam sucesso com Lula, que começava a pensar nela como candidata à sucessão. Coube a Dilma comandar a execução da grande vedete do governo, o Programa de Aceleração do Crescimento. O PAC previa investimentos de 504 bilhões de reais até 2010, em mais de novecentas obras espalhadas pelo Brasil. O governo estimava que essa injeção de recursos levaria o PIB a crescer 5% ao ano,[2] o que, obviamente, aumentaria a demanda por energia, gasolina, cimento... Decidida a fazer o PAC deslanchar, a ministra pressionava os executivos da Petrobras, responsável por boa parte das obras, cobrava os diretores de agências reguladoras, dava bronca em empreiteiros e passava carraspanas até nos colegas de Esplanada. Era temida e detestada, mas poucos se atreviam a desafiá-la.

O mesmo se dava com os homens da Odebrecht. Eles não sabiam lidar com Dilma. Não tinham proximidade ou abertura para conversas informais e consideravam-na "difícil" e limitada. Nas reuniões técnicas, exasperavam-se com perguntas muito específicas sobre os projetos — para eles, detalhes irrelevantes pinçados de questões complexas apenas para fustigá-los. Só se referiam à ministra como "a dama", "a moça", "dona Terezinha", ou "a madame". Marcelo era um dos que achavam Dilma intragável. Mesmo assim, adotou um tom contemporizador na tensa reunião no gabinete na Casa Civil.

"Confie em mim, ministra", pediu ele, com a expressão mais cordial possível. Dilma não deu folga. Lembrou que a Odebrecht tinha fechado acordos de exclusividade com os principais fabricantes de equipamentos do mundo — que, se tivessem sido mantidos, impediriam a concorrência. Para Dilma, mais uma evidência de que a Odebrecht só queria levar vantagem em tudo. Marcelo retrucou que não era bem assim. Dilma se irritou. "Marcelo, você não passa de um falso malandro!" Ele foi tentar consertar, mas, sem se dar conta, já estava falando mais alto do que o desejável: "Chefe, a senhora não está entendendo o que eu tô falando!". O clima esquentou. "Tô entendendo direitinho, seu Marcelo. O senhor tá querendo me roubar!"

Por pouco a reunião não terminou ali. Meirelles fez um apelo, chamando Dilma por um aposto muito comum no odebrechês: "Chefe, a senhora já bateu tanto na gente... Faz três noites que eu não durmo, nervoso porque vinha conversar com a senhora. Trouxe um monte de papel para mostrar... Dá uma chancezinha de eu explicar aqui, senão vou ter a maior frustração!". Dilma deu nova tragada na cigarrilha e amansou: "Fala, santo".

Marcelo e Meirelles começaram tudo de novo. Disseram que o acordo de exclusividade com os fornecedores era só para impedir que os "turbineiros", como chamavam, passassem informações sigilosas do projeto aos concorrentes. Argumentaram ainda que, no local escolhido — em tese, para reduzir o impacto ambiental —, os custos de construção eram mais altos. E foram fazendo a ministra aceitar que, se não tinham razão, pelo menos estavam dizendo coisa com coisa.

Ao final, uma Dilma já bem mais tranquila conduziu os visitantes para a saída. A caminho da porta, ela jogou a isca, com seu sotaque mineiro inconfundível: "Aliás, ô Marcelo, eu tô sabendo que 'ocê' tá juntando todo mundo no consórcio, tá falando até com a Camargo Corrêa". Ele respondeu no mesmo tom: "Chefe, a Camargo tá bem longe de nós nesse assunto. Eu bem que convidei, mas eles não toparam". Dilma gostou: "Mas isso é muito bom para a concorrência!". O herdeiro teve um acesso de sinceridade: "Ô, chefe! Tudo o que eu não quero é concorrência!". Ao ouvir aquilo, a fisionomia de Dilma se transformou. Os olhos faiscavam enquanto ela fechava a porta quase na cara do herdeiro da Odebrecht, dizendo: "Acabou a conversa!".

* * *

Marcelo e Dilma viviam uma queda de braço a respeito das usinas desde o início de 2007. O governo queria que a Odebrecht abrisse mão de duas cláusulas de seus acordos prévios ao leilão que, na prática, impediam uma concorrência de fato. Uma era o contrato de exclusividade com os turbineiros. A outra, uma cláusula do acordo de sociedade com Furnas que vedava a participação de outras subsidiárias do sistema Eletrobras no leilão.[3] A briga já havia rendido acusações pela imprensa, abertura de investigações no Cade, o conselho de defesa da concorrência, e na SDE, a Secretaria de Defesa Econômica, e ainda liminares favoráveis aos dois lados. Até que, em agosto de 2007, Lula entrou no circuito. Chamou Emílio para o Palácio do Planalto e pediu, em caráter pessoal, que a Odebrecht desistisse. "Vocês vão receber em dobro", teria prometido o presidente, segundo o empreiteiro contou aos subordinados. Em outubro, a Odebrecht cedeu. Marcelo foi voto vencido. Acatou a ordem do pai, mas inscreveu para sempre o episódio em sua lista de favores injustificados — e bastante caros — do pai a Lula.[4]

Depois de alguns anos concentrado em pôr a construtora para funcionar "do seu jeito", Marcelo tinha entrado em uma nova fase. Passara a prestar mais atenção nos outros negócios, especialmente o de etanol, que considerava um erro. Dizia que não tinha nada a ver com os ramos em que a organização sempre atuara e conhecia bem. E temia que o investimento de pelo menos 5 bilhões de reais[5] ainda pudesse tragar as finanças do grupo. Emílio e Novis adotaram postura diametralmente oposta. A dupla acreditava que o álcool seria o grande produto de exportação brasileiro, graças ao estímulo de Lula.

As divergências entre pai e filho não paravam aí. Nem mesmo quando os métodos de Emílio funcionavam, ele conseguia convencer o filho a mudar os seus. Um exemplo era a forma de lidar com os concorrentes. O pai, político e gregário, achava importante cultivar boas relações com os outros empreiteiros. Enfrentara tempos de vacas magras e crescera nos negócios à base de cotoveladas, mas também aprendera a negociar, dividir e respeitar os acertos do "clube". O filho, além de competitivo ao extremo, já nascera dono de um império. Não gostava de repartir nada — menos ainda com alguém que tinha fama de sempre querer tirar uma casquinha dos negócios da organização: Sérgio Andrade, que naquela época pleiteou participar do consórcio que disputaria as usinas do Madeira.

No passado glorioso das grandes hidrelétricas, a Andrade Gutierrez havia sido muito mais importante que a Odebrecht. Os baianos, porém, já tinham deixado os mineiros para trás fazia muito tempo. Em 2006, enquanto a Odebrecht registrou receitas de 24 bilhões de reais, a Andrade faturou 6,3 bilhões.[6] Apesar da diferença, Marcelo sabia que a inclusão da concorrente no consórcio teria seu valor. Primeiro porque a Andrade também tinha uma relação próxima com Lula. Uma prima de Sérgio Andrade que era militante de esquerda, Marília, chegara a abrigar a filha de Lula com a ex-namorada Miriam Cordeiro depois do escândalo na campanha eleitoral de 1989.[7] Além disso, a AG, holding da família, era acionista importante da Cemig, a poderosa estatal de energia do governo de Minas Gerais. Além de atrair a Cemig para o negócio, poderia influenciar em decisões, como a compra antecipada de energia de Santo Antônio, pela qual a estatal ajudou a financiar uma tarifa competitiva no leilão.[8]

Ainda assim, nos primeiros meses de 2007, quando Andrade procurou Marcelo para reivindicar uma participação no consórcio que disputaria as usinas, o filho de Emílio não fez nenhuma questão de respeitar o rival. Andrade e Odebrecht haviam estabelecido, no passado, um acordo para trabalhar juntas em obras para o setor privado. No entanto, a primeira preferiu ficar de fora dos estudos para as hidrelétricas do Madeira — assim como a Camargo Corrêa, que apostava no Tapajós. O resultado foi que Odebrecht e Furnas gastaram mais de 100 milhões de reais para colocar o projeto de pé. Agora que o governo Lula decidira licitar o Madeira, Andrade evocava o acordo para entrar no grupo. Marcelo achou um desaforo. "Quando a gente precisou, vocês não fizeram nada pelo projeto. Agora, querem pongar na nossa obra!"

No dialeto dos empreiteiros, "pongar" significa pegar carona no projeto do outro. Acusar o concorrente de pongar na sua obra é uma ofensa equivalente a xingar a mãe. Para Emílio, Marcelo pegava pesado demais, exagerava nas demonstrações de poder. "Meu filho, você precisa se acostumar a não sentar sempre na cabeceira da mesa. Nós já somos os maiores", ele repetia nas reuniões de conselho. Marcelo, porém, não queria nem saber. E não só esbravejou em altos decibéis nos ouvidos do discreto Andrade como também deixou bem claro que, se quisessem fazer parte do consórcio, teriam que aceitar suas condições, como a de acompanhar a Odebrecht em todos os seus votos na condução da obra.

A insistência de Sérgio Andrade fazia todo o sentido. Quem ganhasse a concessão das usinas assumiria obras gigantescas e complexas, que alimentariam o caixa das construtoras por muitos anos. Só Santo Antônio custaria cerca de 10 bilhões de reais — e Jirau, a próxima, sairia por mais 9 bilhões. Tudo financiado pelo BNDES. Mais do que gerar e distribuir energia, a Odebrecht queria mesmo era fazer a obra. Além de prover o grosso do lucro dos grandes projetos, a construção era uma forma de pôr dinheiro no caixa rapidamente — bem antes da venda de energia, por exemplo, ou com a receita de pedágios nas estradas.

Para Marcelo, além de todas as razões empresariais, uma vitória em Santo Antônio teria importância especial. Já havia tempos que ele vinha insistindo com o pai para assumir logo a presidência do grupo — o que estava previsto para 2010. Emílio relutava. Achava que o filho ainda não estava pronto, e uma das principais razões era sua dificuldade de administrar aquilo que em odebrechês se costumava chamar de "relação político-estratégica": o acesso a autoridades, governantes e políticos. Sob tal aspecto, as usinas do Madeira eram uma pós-graduação. Seria preciso lidar com todos os atores políticos possíveis, de prefeitos ao presidente da República, passando pelas agências reguladoras e burocratas dos mais variados calibres. Se ele conseguisse superar o desafio, ganharia por mérito o que o pai não queria lhe dar por direito.

A sala da Agência Nacional de Energia Elétrica reservada ao time da Odebrecht mais parecia um bunker do Pentágono na manhã de 10 de dezembro de 2007, uma segunda-feira: logo cedo, a Polícia Federal fez uma inspeção em busca de grampos e restringiu a entrada a grupos de quatro pessoas por sala, levando apenas lápis e papel. Não se podia entrar com aparelhos eletrônicos, canetas ou latinhas. Uma vez lá dentro, só se podia sair para ir ao banheiro, com a companhia de um agente. Garçons só podiam entrar na sala acompanhados de um auditor e de um representante da comissão de licitação. Do lado de dentro, mesa, cadeiras, uma tela com um espaço para que se digitasse a proposta e um teclado. Mais de duzentos policiais e grades de ferro protegiam o edifício de manifestantes. Mais cedo, grupos de sem-terra e atingidos por barragens tinham invadido o saguão do prédio e sido afastados. Ao assumir seu lugar na saleta por volta do meio-dia, Marcelo estava tão pilhado que nem parecia ter passado a noite em claro.

A madrugada havia sido especialmente tensa. À uma hora, depois que a equipe já tinha revisado todos os dados das ofertas para o dia seguinte, o presidente de Furnas, Márcio Porto, chegou ao hotel com uma informação alarmante. Ele tinha acabado de sair de uma reunião convocada pelo presidente da Eletrobras, Valter Cardeal, com os dirigentes das subsidiárias. Furnas, a maior, era do consórcio da Odebrecht. A Companhia Hidrelétrica do São Francisco (Chesf) e a CPFL Energia eram sócias da Camargo Corrêa; a Eletrosul estava com a belga Suez.

Conhecido no governo como o braço de Dilma no setor de energia, Cardeal tinha tanto poder que muitos empresários o consideravam o ministro de fato. Porto contou que, na reunião, o presidente da Chesf, Dilton Oliveira, disse ter recebido uma orientação. "A ordem da Dilma é para eu mergulhar no preço e ir até o fim, que eu tenho de levar de qualquer jeito." O relato deixou o pessoal da Odebrecht ao mesmo tempo preocupado e desconfiado. Podia ser verdade, mas também podia ser blefe para forçá-los a baixar a oferta do preço a ser cobrado pelo megawatt-hora. O problema é que não havia como ter certeza antes da abertura dos envelopes. E como perder não era uma alternativa aceitável, Marcelo chamou um a um para discutir a menor proposta possível.

O número mágico, com o qual quase todos concordavam, era 85 reais por megawatt-hora. Por aquele valor, não havia como perder. Marcelo, porém, não estava tão certo. Passou a noite andando de um lado para o outro no corredor do hotel. Até a hora do leilão, não falou com mais ninguém.

Às 12h30, chegou o momento de apertar o botão. Surpreendendo seus companheiros, Marcelo disse que faria um lance ainda menor do que o sugerido na madrugada: 79 reais por megawatt-hora. Era muito arriscado, disseram os outros. Para vender a energia por aquele preço e ainda ter algum retorno, teriam de antecipar ainda mais a conclusão das obras do que já haviam previsto. Isso porque as regras do edital permitiam que, caso conseguissem colocar a usina para funcionar antes da data combinada no contrato com a União, que era 2013, poderiam vender a energia no mercado livre a preços flutuantes até a hora de começar a entregá-la à Eletrobras. Também teriam de ganhar a licitação para a segunda usina do Madeira, Jirau, e economizar com a sinergia. Se alguma dessas coisas não ocorresse, teriam prejuízo. A equipe ponderou que, por não controlarem as variáveis, era melhor não mergulhar tanto no preço. Marcelo, porém, não só insistiu como fez o presidente de Furnas assinar, ali mesmo na saleta, um papel concordando com a nova tarifa e se comprometendo a não fazer cortes no orçamento da obra. Era uma forma de a Odebrecht tentar compensar futuras perdas com a receita da construção — às custas dos sócios, claro. O diretor acatou a ordem, deixando claro quem mandava no consórcio. Desde o início da disputa, a Odebrecht liberara 20 milhões de reais para os diretores de construção e de engenharia de Furnas, Márcio Porto e Mário Hogar, comprarem apoio político para se manter no cargo.[9] Quando um assessor se preparava para registrar a oferta no computador, Marcelo ainda arriscou: "Baixa mais dez centavos".[10]

Em sete minutos, o resultado surgiu no telão do auditório da Aneel: o consórcio Madeira Energia S/A (Mesa), liderado pela Odebrecht, foi declarado vencedor, com uma oferta de 78,90 reais por megawatt-hora. Os lances dos concorrentes não haviam chegado nem perto. O consórcio da Camargo tinha proposto 94 reais por megawatt-hora. O da Suez, 98 reais.[11] Estava claro, agora, que Dilma blefara. Os 85 reais que eles haviam calculado teriam sido mais do que suficientes para vencer. Como ninguém sabia dessas preliminares, para todos os efeitos a Odebrecht saíra ganhando. A equipe que aguardava no auditório comemorou entusiasmada, com pulos, abraços e choro.

A entrevista coletiva dos vencedores seria logo em seguida, mas Marcelo não foi. Assim que teve certeza da vitória, virou-se para Meirelles e se despediu. "Irineu, você assume e eu sumo."[12] E saiu de fininho, despistando repórteres e fotógrafos que esperavam do lado de fora. Nem no carro, a caminho do aeroporto, permitiu-se comemorar. Passou quase todo o trajeto quieto, consultando o BlackBerry e digitando mensagens. Só abriu a boca para listar providências: preparar nota pública, reunir os documentos para o financiamento do BNDES...

O herdeiro da Odebrecht ignorava, então, que não tinha sido o único a passar o fim de semana preocupado. Lula também havia tido maus momentos, como ele mesmo contou a um empresário. Temia que a empreiteira estivesse falando sério ao dizer que o preço máximo de 122 reais por megawatt-hora tornava Santo Antônio inviável. Se fosse verdade, não haveria propostas, e o primeiro grande leilão de seu governo seria um fiasco. Por isso, ao saber do resultado, o presidente soltou um palavrão: "Porra, se 122 reais era inviável, como conseguiram 78?! Estavam de sacanagem?!". Evidentemente, em público, Lula não passou recibo. "Estou feliz porque [...] tivemos um deságio de 35%, que é uma coisa extraordinária",[13] disse aos repórteres.

Marcelo também sentia como se tivesse ganhado várias batalhas em uma só. Esforçava-se para fazer parecer que era apenas mais um dia de trabalho. Só quando o portão do desembarque se abriu, no aeroporto de Congonhas, em São Paulo, ficou evidente que não era. Num gesto incomum, sua esposa, Isabela, estava lá esperando. E o recebeu com um raro beijo em público e um longo abraço. Vendo a cena, os executivos que chegavam com o chefe de Brasília preferiram não se despedir. Saíram discretamente, em busca de seus táxis.

Aproximava-se o final do primeiro semestre de 2007, quando Marcelo chamou à sua sala o diretor financeiro da holding, Paulo Cesena. "Precisamos fazer um apoio à *CartaCapital*, o Mantega tá pedindo", explicou. Referia-se ao substituto de Palocci no Ministério da Fazenda.[14] Marcelo conhecia o diretor da revista, Mino Carta, e o conselheiro editorial Luiz Gonzaga Belluzzo, que era amigo de Mantega — e tão próximo de Lula que chegara a ser cotado para dirigir o Banco Central. O ministro disse que a revista tinha um plano de negócios ambicioso, mas precisava de capital para fazê-lo deslanchar. Marcelo enxergou ali uma boa oportunidade de ampliar o rol de aliados no entorno petista, para não ficar dependente de Lula e Palocci. Consideraria o aporte como investimento e nem o descontaria dos créditos do partido com a Odebrecht.

Lula tinha uma relação conflituosa com a chamada grande mídia, que acusava de "atacar" injustamente seu governo na crise do mensalão e de cobrir de forma parcial o julgamento do caso que se desenrolava no Supremo Tribunal Federal. A *CartaCapital* apoiava o governo, e o presidente queria resgatá-la.

Na conversa com o subordinado, o herdeiro disse que bancaria o "investimento" — com algumas condições: "Vamos fazer no caixa dois, porque eu não quero esse apoio aparecendo de forma ostensiva por aí. E é para eles pagarem, não é a fundo perdido não!".[15]

Cesena foi falar com a filha de Mino, Manuela Carta. Ela disse que o dinheiro financiaria um plano de marketing para aumentar a tiragem e fazer a revista se manter com receitas próprias. Cesena estimou que o tal plano custaria uns 3 milhões de reais, mas não sentiu firmeza no projeto. De volta ao escritório, escreveu um e-mail para Marcelo explicando que, se o plano desse certo, a *CartaCapital* atingiria um faturamento anual de 25 milhões de reais. "O problema é que a margem líquida é de no máximo 5%; portanto, teriam um lucro líquido de aproximadamente 1 milhão de reais. Daí se tira a expectativa de retorno da nossa aplicação." Marcelo então deu outra ordem: além do dinheiro, Cesena deveria pôr à disposição dos Carta um dos consultores da holding, para ensiná-los a controlar custos e ganhar produtividade. "Vamos criar um esquema de consultoria, para que depois eles não voltem pedindo mais." Mesmo assim, não adiantou. Toda vez que se reunia com Cesena, o consultor trazia más notícias. "Acho que dali não teremos nada de volta",[16] relatou o executivo a Marcelo.

A previsão se confirmou. Dois anos depois, em agosto de 2009, as coisas tinham piorado tanto que Belluzzo pediu novo socorro, dizendo que a gráfica ameaçava requerer a falência da *CartaCapital*. Cesena propôs a Marcelo: "500 mil pode ser o nosso último gesto de camaradagem para saírem do sufoco. Em algum momento poderíamos capitalizar nosso apoio junto aos amigos deles. Mas é praticamente a fundo perdido".[17] Assim, uma última remessa fluiu do Departamento de Operações Estruturadas para a *CartaCapital*. A revista — que elegeu a Odebrecht a empresa de construção mais admirada do ano em suas premiações de 2004, 2005, 2006 e 2007 — continuou em dificuldades, e Lula continuou pedindo ajuda a empresários amigos. A Odebrecht, porém, tinha esgotado sua cota de bondades. Os Carta não devolveram o dinheiro, mas converteram o aporte em créditos de anúncios e patrocínio a eventos.[18]

A manhã de 10 de outubro de 2008 foi agitada para a Polícia Federal. Logo ao amanhecer, dezenas de agentes batiam à porta de 33 endereços em São Paulo, Minas Gerais e Espírito Santo. Batizada de Operação Avalanche, a ação buscava evidências de um espraiado esquema de fraude fiscal, extorsão e espionagem envolvendo o Grupo Petrópolis, dono da cerveja Itaipava. Em meio às buscas, dezessete pessoas foram presas. Parte dos investigados foi apenas levada para prestar depoimento. Era o caso de Marco Bilinski, diretor do Antigua Overseas Bank (AOB), um pequeno banco especializado em operações com offshores com escritório em São Paulo.

Assim que foi liberado, ele correu para o escritório e ligou para um antigo cliente, Olívio Rodrigues, testa de ferro do Departamento de Operações Estruturadas: "Olívio, não dá mais para enviar dinheiro para a conta da Legacy. Não posso falar agora, mas não usa mais a conta".[19] Rodrigues se espantou, mas acatou a ordem e comunicou a Fernando Migliaccio: "É, não manda mais dinheiro, não. Nós estamos sabendo que existe um problema lá, e é grave. A partir de agora, Olívio, você vai sair do sistema da Petrópolis". Rodrigues desligou preocupado. Eles usavam o "sistema" havia dois anos, sem percalços. Para Migliaccio mandar parar tudo, devia ser algo realmente sério. Só depois, ao consultar o noticiário, Rodrigues entendeu o tamanho do problema.

A relação da Odebrecht com a Petrópolis começara em 2006, quando o pessoal do AOB apresentou a Olívio Rodrigues um ovo de colombo: eles sabiam que a empreiteira buscava uma forma segura de obter grandes volumes de dinheiro em espécie no Brasil, e ofereceram uma solução que não usava doleiros nem o sistema bancário local. "Olha, tem uma operação aqui, da Itaipava, e eles têm muitos reais que precisam transformar em dólares",[20] disseram.

Foi o contador, Pelegrini, quem explicou aos representantes da organização como a coisa funcionava. As fábricas da Itaipava tinham um desvio na tubulação que transportava a bebida para as engarrafadoras, alocado um ponto antes do medidor instalado pelo fisco para aferir os volumes a ser tributados. Pelo duto clandestino passavam todos os dias milhares de litros de cerveja. O dinheiro e os cheques arrecadados com a venda dessa bebida não podiam ser depositados nas contas da cervejaria, para não chamar a atenção da Receita Federal.[21] Até então, os Faria vinham armazenando os recursos nos galpões de uma transportadora de valores, mas fazer tudo aquilo brotar em dólares nas contas da família no exterior era uma trabalheira. Já a Odebrecht tinha dólares e operava à vontade lá fora, porém tinha dificuldades de obter reais no Brasil.

Era um casamento de interesses perfeito. Até porque a Petrópolis pretendia construir duas novas fábricas, uma em Itaipava, na região serrana do Rio de Janeiro, e outra em Alagoinhas, no sertão da Bahia. Se fechassem o esquema, a Odebrecht levaria as obras por tabela. E ainda poderia justificar qualquer movimentação atípica como sendo pagamento pelos serviços. Depois de alguns testes e reuniões de funcionários menos graduados, a aliança estava pronta para ser sacramentada. Mas, para isso, era preciso juntar os caciques.

Em setembro de 2006, o presidente da construtora, Benedicto Júnior, foi almoçar com Walter Faria na fábrica da Petrópolis em Boituva.[22] Se fechassem o acordo, Júnior construiria as fábricas. Além disso, por ser quem coordenava as doações de campanha, seria o maior cliente do esquema — principalmente naquele ano de eleições. Bons de negócio e de papo, com raízes comuns no interior de São Paulo, Faria e Júnior se entenderam bem logo de cara. Diante de uma galinhada de panela com arroz e salada, inauguraram uma profícua amizade.

Enquanto a Odebrecht erguia as fábricas, o "sistema Petrópolis" fornecia dinheiro vivo ao Departamento de Operações Estruturadas. Toda semana, um carro-forte da transportadora de valores Trans-Expert recolhia o produto das vendas clandestinas e levava a um galpão no bairro da Penha, no Rio de Janeiro. Seu dono era Álvaro Novis — sobrinho e homônimo de um alto executivo da Odebrecht e parente de Pedro Novis. Ele também tinha uma corretora, a Hoya, que atendia a empreiteira.[23] Novis informava as entradas de recursos à equipe de Hilberto Silva. Eles faziam a conversão do total para dólares e comunicavam a Olívio Rodrigues quanto ele deveria enviar de suas offshores para a conta da Legacy, a companhia dos Faria, em Antígua e Barbuda.[24] Maria Lúcia Tavares, que cuidava dos pagamentos da Odebrecht no Brasil, enviava então ao dono da Hoya a lista de entregas, com os valores, codinomes, senhas e contrassenhas. Entre 2006 e 2007, tudo passou a ser feito por um novo sistema criptografado de mensagens desenvolvido especialmente para o Departamento de Operações Estruturadas. Batizado de Drousys, ele permitia troca de e-mails e chat entre os usuários, que só se identificavam por codinomes. Recebidas as encomendas de Lúcia (Túlia, para o Drousys), Novis (o Vinho) mobilizava equipes no Rio (codinome Carioquinha) e em São Paulo (Paulistinha),[25] despachando emissários com mochilas e malas de dinheiro para os endereços indicados.

O esquema azeitou também a amizade entre Faria e BJ, que introduziu o dono da Itaipava nas rodas petistas. Começou por José de Filippi Júnior, ex-prefeito de Diadema que era então o tesoureiro da campanha à reeleição de Lula. Animado com o novo contato, o cervejeiro deu dinheiro ao PT já em 2006 — e quase meteu a Itaipava no escândalo que abalou a eleição.

Em meados de setembro, duas semanas antes do segundo turno, dois militantes do PT, um deles funcionário do comitê de campanha de Lula, foram presos em flagrante com 1,17 milhão de reais e 249 mil dólares em dinheiro vivo num hotel de São Paulo.[26] Tinham ido comprar um dossiê falso contra José Serra, que disputava o governo paulista pelo PSDB. A papelada acusava o tucano de integrar uma quadrilha que desviava verbas federais destinadas à compra de ambulâncias. As fotos das pilhas de notas apreendidas e a vinculação dos envolvidos com Aloizio Mercadante, candidato petista ao governo, fizeram um estrago na campanha de Lula. Até então, as pesquisas indicavam que o presidente poderia se reeleger no primeiro turno, bem à frente do principal adversário, Geraldo Alckmin. Lula tentou se distanciar do caso, chamando os petistas presos de "um bando de aloprados". Não adiantou. O escândalo empurrou a definição do pleito para o segundo turno e tirou o sono de Walter Faria. Ao separar — ele mesmo — o dinheiro para entregar aos petistas, Faria tinha esquecido o invólucro timbrado de sua distribuidora de bebidas num dos maços de notas apreendidos[27] e agora temia ser envolvido na confusão.

Transtornado, o dono da Itaipava recorreu a Benedicto Júnior. No dia seguinte à prisão, um sábado, o chefe da construtora se reuniu com Luizinho Soares e Filippi Júnior no comitê do PT, para avaliar o que fazer.[28] Cogitaram forjar um recibo de doação legal, mas desistiram, já que os investigadores poderiam tentar verificar a origem das notas apreendidas e descobrir o esquema de sonegação da cervejaria. Preferiram esperar. Deram-se bem. A investigação foi concluída nos últimos dias de 2006, com o indiciamento de apenas parte dos envolvidos no caso e sem apurar a origem do dinheiro.[29] Só no final de 2008, com a Operação Avalanche, a Itaipava teve de suspender definitivamente o esquema com a Odebrecht, porém já havia trocado mais de 200 milhões de reais por dólares e consolidado uma "relação de confiança" que daria frutos em outras eleições.

Era tradição na Odebrecht patrocinar tanto o candidato da situação como o da oposição. Em um estado como São Paulo, isso era ainda mais importante. A empreiteira tinha bons contatos dos dois lados. Se o interlocutor com os petistas era BJ, com os tucanos era Pedro Novis. Novis e Serra tinham se conhecido nos anos 1980 e desde então se encontravam algumas vezes ao ano. As conversas em geral aconteciam no final da tarde ou à noite, porque Serra raramente acordava antes da hora do almoço. O ex-ministro de FHC era de uma linha mais intervencionista, favorável ao "Estado indutor" de investimentos — crença que casava bem com a ideia da Odebrecht de que era preciso ter o Estado (ou seus agentes) próximo o suficiente para poder influenciar suas decisões, mas longe o bastante para não meter o bedelho nos negócios.

Porém Serra não falava apenas de ideias e projetos. Também pedia (e levava) dinheiro para as campanhas. Na eleição presidencial de 2002, recebeu da empreiteira 15 milhões de reais no caixa dois. Em 2004, quando disputou a prefeitura paulistana, também contou com a organização. O mesmo aconteceu em 2006, quando se elegeu governador de São Paulo. Agora que estava empossado, esperavam-se os dividendos do "investimento".[30] Em vez disso, surgiu um novo problema.

O Rodoanel era uma obra pela qual os paulistas esperavam desde o início dos anos 1990. Uma via expressa de 182 quilômetros contornando a região metropolitana de São Paulo e cruzando dez rodovias, que tinha como objetivo desafogar o trânsito nas marginais dos rios Tietê e Pinheiros. O segundo trecho, o sul, tinha sido contratado na gestão anterior, de Geraldo Alckmin — e os resultados, combinados no cartel e garantidos mediante o envio de alguns milhões de reais para o caixa do PSDB.[31] Por isso, ninguém entendeu o decreto que Serra publicou logo nos primeiros dias de 2007, suspendendo o início das obras para que os preços fossem renegociados. Se Serra e Alckmin eram do mesmo partido e, em tese, estavam no mesmo time (ou no mesmo caixa), como agora Serra queria cancelar tudo?[32]

A estranheza durou pouco. Logo um emissário do governador começou a procurar as empresas. Paulo Vieira de Souza, ou Paulo Preto, era o típico caso em que a fama precede o homem. Pelo menos desde 2002 já se ouvia falar dele na Odebrecht como arrecadador de recursos do PSDB. Era conhecido tanto pela competência como pela truculência. Alto, de pele bem morena, cabelos grisalhos e presença marcante, apregoava ter relação privilegiada com Serra, a quem dizia prestar contas. Ele explicou que o governador ia mesmo forçar uma queda nos preços, mas deixou claro que os descontos podiam ser compensados depois com modificações nos contratos — desde, é claro, que as empreiteiras aceitassem recompensá-lo também. "Já que vocês vão ter essa melhoria, eu preciso de 0,75% dos valores para poder pagar campanhas passadas e futuras."[33]

Depois de alguma negociação, ficou acertado que os preços da Odebrecht no Rodoanel Sul seriam reduzidos em 4%, mas o contrato permitiria mudanças nas técnicas de construção que diminuíssem o custo da obra, preservando a margem de lucro. Em compensação, a Odebrecht pagaria 0,75% de cada fatura a Paulo Preto. A construtora também poderia pleitear um aditivo mais adiante para aumentar o valor da obra. Se concedido, a propina subiria de 0,75% para 2% de cada fatura. A organização fez as contas. Trocando detalhes no traçado e nas técnicas de construção, pouparia cerca de 70 milhões de reais. Como a comissão seria de 2,2 milhões, sairiam todos no lucro.[34] Menos o caixa do estado.

O acordo foi fechado com a autorização de Benedicto Júnior, que por sua vez informou Novis. Na qualidade de "dono do relacionamento" com Serra, era importante que o presidente do grupo soubesse que já estavam pedindo dinheiro em nome dele. O Vizinho, porém, sempre agiu como se não soubesse de nada. Entre 2006 e 2007, ao mesmo tempo que arrecadava recursos na Dersa, o operador pediu pessoalmente a Novis mais dinheiro para a campanha. Embora a contragosto, o presidente do grupo Odebrecht liberou mais 1,5 milhão de euros, depositados na conta suíça de um lobista amigo, José Amaro Ramos, que operava para empresas francesas como a Alstom, fabricante de vagões usados no metrô de São Paulo.[35] Daquela vez, o pagamento foi para o codinome Cambada. Serra nunca explicou por que o depósito tinha de ser no exterior, se contas de campanha costumavam ser pagas no Brasil. Nem Novis perguntou. Além do Rodoanel, a Odebrecht construía a Linha Verde do metrô e a rodovia SP 255, em Araraquara. Tinha quase 900 milhões de reais em contratos com o governo de São Paulo. A TEO já ensinava: "Aquilo que o cliente exigente quer e precisa, aquilo que esse cliente considera valioso, é o decisivo".[36]

Era tal o silêncio nos corredores do Senado que os pensamentos de Henrique Valadares pareciam ditos em voz alta. Naquela primeira semana de janeiro de 2008, a Casa estava deserta — como toda a capital federal. O presidente da Odebrecht Energia, contudo, não podia adiar o encontro para depois do recesso. Em alguns dias, o senador Edison Lobão já estaria de gabinete novo, no Ministério de Minas e Energia. Ficaria bem mais difícil falar com ele. Alto, grandalhão e de olhos verdes, Valadares era um dos funcionários mais promissores da Odebrecht. Integrava o que os executivos da geração de Emílio chamavam de "turma do meio": não era dos mais velhos, mas também não era do pessoal do MBA, que regulava em idade e experiência com Marcelo. Já Lobão tinha 72 anos e pelo menos 23 a mais de experiência que o executivo. Franzino e feioso, tinha traços caricaturais e cabelos pintados de preto-acaju, mas sabia ser envolvente e agradável. Agitado e expansivo, mal recebeu o visitante e já foi confirmando que seria, sim, ministro. "Esse é o compromisso do presidente." Então apanhou um envelope gordo que estava sobre a mesa, tirou de dentro dele uns papéis e estendeu a Valadares. Era uma lista com todos os cargos do ministério, os nomes dos ocupantes e respectivos padrinhos políticos. "É isso mesmo?", perguntou, como quem afere as informações com um especialista.[37]

Valadares passou os olhos no material e ficou impressionado ao constatar que, antes de assumir, Lobão já tinha o mapa completo do ministério. Passou então a explicar o que o conduzia a Brasília em pleno janeiro. A Odebrecht, que já tinha levado a concessão de Santo Antônio, *precisava* ganhar Jirau, a segunda usina do Madeira. E queria que Lobão anulasse (ou ao menos mitigasse) a influência de Dilma sobre o setor. Se ele e o PMDB fossem eficientes, teriam chance. Lobão compreendeu perfeitamente o que estava em jogo. Citando a proximidade de Emílio com o ex-presidente José Sarney, seu aliado, prometeu ajudar. Dali por diante, passou a dispensar tratamento VIP ao executivo.

"Henrique, tem algum assunto que você precisa tratar antes que o fiscal chegue?",[38] dizia o ministro, com ar divertido, ao receber Valadares no ministério. O "fiscal" era um burocrata que participava das audiências, anotando tudo, e que Lobão suspeitava ser informante de Dilma. Os dois morriam de rir com a pergunta. Depois, o ministro pedia a um assessor duas tigelas de gaspacho — sopa fria de tomate com ervas, tradição espanhola pela qual era fissurado. A dupla tomava a iguaria enquanto compartilhava "segredos". Só então mandavam chamar o "fiscal" e começavam oficialmente a audiência. Orgulhoso do novo relacionamento, Valadares passou a levar Marcelo a audiências com o ministro. Os Odebrecht estavam dispostos a mobilizar todo o arsenal político disponível. Lobão era uma arma importante. A outra era Aécio Neves, governador de Minas Gerais. Mesmo na oposição, ele podia fazer diferença a favor da Odebrecht.

Marcelo conhecia Aécio desde o início dos anos 2000, quando estava começando na construtora e o então deputado se elegeu presidente da Câmara. Nutriam simpatia mútua e até certa identificação. Eram príncipes de dinastias poderosas, preparados a vida toda para as funções que ocupavam. O mineiro era o que na Odebrecht chamavam de "cara arrumado" — alguém razoável, com quem se podia conversar, que entendia as necessidades do grupo e as atendia sempre que possível. Mas não só: qualquer pessoa minimamente informada sobre a geopolítica do setor elétrico sabia da influência de Aécio. O mineiro comandava a Cemig e um ex-diretor de Furnas chamado Dimas Toledo — espécie de Rasputin do ramo, cujo poder perpassava mandatos e ideologias. Toledo transitou do reinado do PSDB para o do PT sem ser incomodado e ficou até 2005, quando foi o pivô da entrevista-bomba que desencadeou o escândalo do mensalão.

Roberto Jefferson havia tentado emplacar um apadrinhado em Furnas, mas não conseguira porque, segundo ele mesmo denunciou à *Folha de S.Paulo*, PT e PSDB estavam unidos em torno de Dimas Toledo. Jefferson disse ter ouvido do próprio ex-diretor que ele dava 1 milhão de reais mensais ao tesoureiro do PT, Delúbio Soares.[39] Toledo teve de sair, mas continuava mandando muito na estatal, que se preparava para repetir a dobradinha com a Odebrecht no leilão de Jirau. Marcelo temia que Dilma tentasse melar a sociedade, por isso toda ajuda nesse campo seria tremendamente útil.

Aécio Neves recebeu Marcelo e Valadares um mês depois da conversa com Lobão no Senado, no Palácio das Mangabeiras, residência oficial do governador de Minas, projetada por Oscar Niemeyer. Confortavelmente instalados em poltronas claras, na sala envidraçada com vista para um bem cuidado jardim de Burle Marx, eles conversaram sobre economia, política — e sobre Jirau. Marcelo explicou as dificuldades com Dilma. Aécio prometeu ajudar.[40] Com exceção de um momento em que se ausentou para ir ao banheiro, Valadares participou de toda a conversa. Por isso, estranhou o aviso do tucano, junto com os tapinhas nas costas da despedida: "Henrique, o Dimas, nosso amigo comum, vai te procurar".[41]

No carro, onde o motorista os esperava, Marcelo esclareceu a curiosidade do executivo: "Acertei com Aécio um 'compromisso' de 50 milhões de reais para campanha".[42] A divisão — 30 milhões da Odebrecht e 20 milhões da Andrade Gutierrez — correspondia à parte de cada empreiteira no consórcio. Valadares não escondeu a preocupação. Já saíam da conta dele os 20 milhões de reais com os quais os diretores de Furnas pagavam os políticos a quem deviam a indicação. Agora, mais 30 milhões para Aécio. Até o final do processo, provavelmente ainda teria que molhar a mão de muita gente. Em breve, não sobraria lucro para compor seu bônus. O chefe tranquilizou. Aquele pagamento seria descontado da contribuição de campanha, que ele teria de pagar de qualquer forma. "O Aécio vai ser muito importante ainda, vamos precisar dele." Valadares se resignou. Só esperava que valesse a pena.[43]

Já no Rio, dias depois, Toledo visitou Valadares no escritório. Levou pronto um cronograma de trinta depósitos de 1 milhão de reais em dois anos e meio, quase tudo em contas no exterior. Perto das datas de vencimento, ele aparecia de novo, levando as instruções para depósito em pedaços de papel. Tomara o cuidado de distribuir o dinheiro em várias contas diferentes, para diminuir o risco.[44] Para a Odebrecht, não fazia diferença. Compromisso assumido era para ser cumprido.

Mas nem toda articulação, nem os milhões empenhados foram capazes de modificar os desígnios da "mãe do PAC". Em 19 de maio de 2008, antes mesmo de deixar a salinha onde estavam isolados para participar do leilão de Jirau, o time da Odebrecht soube que sua oferta mais agressiva não fora suficiente para vencer. O consórcio formado pela Camargo Corrêa, pela Chesf e pela Suez levara a melhor, prometendo entregar o megawatt-hora a 71,40 reais, bem menos do que os 85,02 deles. A surpresa maior, porém, não foi essa. Horas depois, os vencedores disseram aos jornalistas que só haviam chegado àquele preço cortando 1 bilhão de reais dos custos de construção ao deslocar o local da barragem para nove quilômetros distante do previsto no edital.

Marcelo ficou possesso. A mudança não só ia contra as regras do leilão, como alterava toda a equação do negócio — alagaria uma área maior, demandaria um número diferente de turbinas, uma barragem de largura diferente, um novo relatório de impacto ambiental. Para a Odebrecht, aquilo era uma grande trapaça. E Marcelo estava convicto de que era uma trapaça patrocinada por Dilma. Na batalha particular que travavam, o empreiteiro vencera o primeiro round, mas a presidente acabara de ganhar o segundo — e o herdeiro não digeria bem as derrotas.

Na manhã seguinte ao leilão, às sete horas, ele começou a mobilizar suas tropas para a guerra. "Mais do que Jirau (e não podemos perder isto de vista), está em jogo nossa imagem",[45] disse num e-mail à equipe. "Precisamos combinar todas as ações/discursos junto a todos os interlocutores possíveis." Em seguida, distribuiu tarefas, dizendo quem deveria procurar políticos amigos, juízes e ministros de cortes superiores, o Ministério Público, a mídia e até ONGs de defesa do meio ambiente. Era preciso acionar o lobby na AGU, no Ibama. O assunto era de vital importância, por isso o próprio Marcelo entrou em ação. Naquele mesmo dia, ele tomou um avião para Brasília para encontrar-se com Edison Lobão. E foi direto: ofereceu 5,5 milhões de reais para o ministro trabalhar pela anulação do leilão. Deu o dinheiro "só na expectativa da ajuda",[46] segundo contou Valadares anos depois, em delação premiada. O ministro assentiu, satisfeito, e prometeu fazer tudo o que pudesse. Já em agosto de 2008, o dinheiro começou a sair do caixa dois da empreiteira para o codinome Esquálido.[47]

Por mais que se esforçasse, porém, havia uma porta que Marcelo não conseguia atravessar: a do terceiro andar do Palácio do Planalto, onde ficava o gabinete do presidente da República. Lula só falava com seu pai. Emílio, portanto, entrou em ação. Não sabia, ainda, que o Amigo não tinha a menor intenção de interferir no resultado de Jirau. Pelo contrário: saiu da conversa certo de ter convencido Lula. Satisfeito, contou a interlocutores a forma sui generis como o presidente traduzira a situação: "Quer dizer que eu compro um apartamento no Guarujá e eles querem me entregar outro, lá no caixa-pregos?".

Não demorou muito para o empreiteiro se dar conta de que, se Lula não estava fechado com o inimigo, o governo estava. A cada momento chegava uma informação diferente. Primeiro, disseram que o consórcio concorrente havia tido reuniões com Valter Cardeal antes do certame para obter aval à proposta de colocar a usina em local diferente. Depois, que Dilma ensaiava demitir os interlocutores da Odebrecht no Ibama e em Furnas, para impedir que melassem o resultado. Aflitos, eles pressionavam Lobão a fazer valer os 5 milhões prometidos por Marcelo, mas o ministro saía pela tangente. "Os obstáculos são muito grandes", dizia, empurrando a culpa para Dilma. "Vocês sabem, ela..." Marcelo tentava uma audiência com a ministra, mas ela o ignorava.

Como na conversa não funcionou, Marcelo e Emílio cogitaram entrar na Justiça contra o resultado do leilão. Boa parte do time resistiu. Márcio Faria, o presidente da engenharia industrial, foi um deles. Seu maior cliente era a Petrobras, de cujo conselho Dilma era presidente. Benedicto Júnior, que vivia principalmente de obras financiadas com dinheiro público, não queria a pecha de encrenqueiro. "Brigar com o governo na Justiça é roubada", diziam. Com Dilma Rousseff, pior ainda. Para eles, o problema tinha de ser resolvido nos bastidores.

Em busca de uma saída, Emílio voltou a Lula. O presidente andava arredio. Nos dois meses anteriores, o empreiteiro enviara diversas cartas pedindo ajuda, mas Lula respondia por intermediários, mandando-o se acertar com Dilma. Depois de muita insistência, o presidente por fim o recebeu — acompanhado da própria ministra. Ela foi contundente: disse que não cederia um milímetro e que a Odebrecht não levaria Jirau. Lula ouviu sem fazer reparo. Ali, Emílio percebeu que Dilma tinha muito mais poder do que ele pensava.

De volta a São Paulo, o patriarca relatou o encontro. Estava revoltado — afinal, considerava que Lula tinha uma dívida com ele por ter desistido dos contratos de exclusividade com os fornecedores. Nunca esquecia a frase do presidente: "Vocês vão receber em dobro". Sentia que tinha sido feito de bobo — e Marcelo sempre dava um jeito de lembrar que os concorrentes só haviam ganhado Jirau porque ele cedera, o que o constrangia. Mesmo assim, Emílio sabia que não valia a pena brigar. Além do mais, Dilma tinha boas chances de ser candidata à sucessão de Lula. Brigar com ela seria entrar em guerra com uma possível presidente — algo inaceitável pela cartilha da Odebrecht. E inédito, já que, até então, Marcelo ainda não havia brigado com Rafael Correa, do Equador.

No entanto, quanto mais o pai queria a paz, mais o filho insistia na guerra. Marcelo argumentava que em alguns meses haveria outro leilão importante — o da hidrelétrica de Belo Monte, no rio Xingu, um portento de no mínimo 19 bilhões de reais. Se abrissem o flanco, perderiam novamente. "Acho difícil retomarmos Jirau, mais [sic] temos que preservar nossa imagem, nos proteger/beneficiar e garantirmos que a Suez fique entalada para fugir de Belo Monte",[48] escreveu ele em e-mail para subordinados. Fechados numa sala com um grupo pequeno de executivos, na sede do grupo em São Paulo, os dois tiveram uma discussão nervosa sobre o assunto. "Meu pai, você não entende!", dizia Marcelo, cada vez mais alto, antes de cada argumento. "Meu filho, quem não entende é você!", respondia Emílio. Os dois já estavam de pé, aos gritos. Emílio, com as bochechas vermelhas indicando que o nível de exasperação havia chegado ao limite, tentava manter a linha. "Marcelo, você é o chefe do projeto, a decisão é sua, eu não posso e não devo me meter. Mas ouça o que estou dizendo: se continuar agindo desse jeito, você vai causar danos irreparáveis à organização!" Depois dessa, o pessoal foi saindo de fininho, até que o próprio Emílio deixou a sala. Em julho, a Odebrecht anunciou que recorreria à Justiça para tentar anular a concorrência.

A reação veio na mesma moeda. Dilma declarou que, se a Odebrecht cumprisse a ameaça, o governo cancelaria a concorrência de Santo Antônio e colocaria as estatais para fazer as usinas sozinhas: "O governo intervirá".[49] Nos bastidores, a Odebrecht acusava a Suez e a ministra de armação.[50] A concorrente, por sua vez, vazava documentos sugerindo que a Odebrecht tinha roubado informações sigilosas para municiar o Ibama e o Ministério Público.[51] A verdade era que todos tinham a perder com uma briga judicial.

* * *

Nas primeiras horas da manhã de 10 de dezembro de 2008,[52] Henrique Valadares se encontrou com um grupo de deputados para um café da manhã no apartamento de Eduardo Cunha, do PMDB do Rio. Cunha era um dos mais poderosos parlamentares do Congresso. Controlava não só o presidente de Furnas, Luís Paulo Conde, mas também cerca de cinquenta deputados de vários partidos. Era ainda especialista em fazer brotar escândalos no Congresso, convocando audiências públicas e abrindo CPIs, e em seguida achacar as empresas para acabar com o fuzuê. Daquela vez, porém, era o contrário. Cunha estava sendo pago para criar o tumulto, empurrando o governo para o corner.

Sua performance havia sido acertada dias antes, na sala VIP de uma empresa de táxi-aéreo no aeroporto Santos Dumont, no Rio de Janeiro — velho ponto de encontro entre Cunha e Valadares. O executivo ofereceu ao deputado 50 milhões de reais para que ele reunisse apoio no Congresso de modo a "neutralizar" o governo. O parlamentar não só aceitou a missão como especificou de que forma distribuiria o butim. Seriam 20 milhões de reais para sua "bancada"; 10 milhões para o presidente da Câmara, o petista Arlindo Chinaglia; 10 milhões para o líder do PMDB, Sandro Mabel; e outros 10 milhões para Romero Jucá, por quem passava todo o dinheiro para o PMDB no Senado.[53]

O café da manhã com os deputados no apartamento de Cunha era a preparação para a performance acertada no aeroporto. Todos ali eram membros da Comissão de Fiscalização Financeira e Controle da Câmara,[54] presidida por Cunha, que em algumas horas ouviria representantes das agências reguladoras sobre o leilão de Jirau. À mesa do café da manhã, Valadares explicou por que considerava que o projeto da Suez não podia ter sido aceito, afirmou acreditar que Dilma estava a soldo de seus inimigos e deu aos deputados uma lista de perguntas a ser feitas na audiência pública. Não foi difícil àquele time de profissionais entender a missão. Terminada a refeição, dividiram-se em táxis e carros oficiais e rumaram para o Congresso.

Valadares foi junto, mas não entrou no auditório. Acomodou-se na sala da liderança do PMDB e ficou vendo pela TV os deputados espremerem os representantes da Aneel, do Ibama e da Agência Nacional de Águas. Antes mesmo de a audiência começar, Carlos Willian, do PTC de Minas Gerais e membro da tropa de choque de Cunha, já acusava Dilma Rousseff de "rasgar o edital". "Eu, como advogado, como deputado e como representante do povo brasileiro, não posso deixar que editais de licitações sejam rasgados em benefício de um grupo econômico!", bradou, já ameaçando criar uma CPI para investigar o caso. Felipe Bornier (PHS-RJ) cobrou uma "satisfação ao povo": "O governo [...] ajuda certas empresas ou faz lobby para certas empresas. Quem está ganhando de fato com isso?". O clima se manteve nas quase duas horas de audiência em que o leilão de Jirau foi classificado como farsa, absurdo, "erro gravíssimo", e em que suspeitas de corrupção foram levantadas. Sites, rádios e canais de notícias repercutiram a pressão dos parlamentares, ajudando a criar uma onda de suspeita sobre a vitória do consórcio da Suez.[55]

Valadares não tinha ideia de que, enquanto trabalhava para fustigar o governo, conselheiros da Odebrecht se reuniam com Marcelo e Emílio para tentar parar a briga. Eles haviam concluído que a disputa já tinha ido além do razoável fazia tempo. O difícil era convencer Marcelo. Em tese, aqueles senhores eram a autoridade maior da organização. Na prática, o máximo que conseguiram era fazer "provocações", eufemismo do odebrechês para chamar a atenção de alguém sem que fique parecendo uma repreensão.

Naquela tarde, todas as "provocações" iam no sentido de acabar com a briga. Cada um que falava acrescentava um argumento. Até que Rubens Ricupero, diplomata e ex-ministro de Itamar Franco que era conselheiro da organização, sugeriu uma saída: reconhecer a derrota sem reconhecer o erro. A Odebrecht continuaria dizendo que tinha razão, mas abriria mão de Jirau "pelo bem do país". Pareceu uma boa alternativa aos presentes, com exceção de Marcelo. Nos dias anteriores, ele tinha ouvido apelos parecidos de parceiros próximos, como Benedicto Júnior e Fernando Reis, mas não dava o braço a torcer. Com a pressão do conselho, balançou. Ainda tinha fresca na memória uma cena passada logo depois de Emílio sugerir a Lula que Dilma se mancomunara com a Suez. Ao encontrar Marcelo em um almoço no Palácio Itamaraty, a ministra chegara bem perto e dissera baixinho, em espanhol e em tom de ameaça: "*Vosotros no hagan esas acusaciones, porque yo no me olvido*". Àquela altura, ele tinha acabado de viver o tsunâmi no Equador. Brigar com o governo do Brasil talvez fosse desgaste demais para um único ano.

Foi o próprio Marcelo quem telefonou para Valadares assim que a audiência no Congresso terminou. O executivo ainda comemorava o desempenho de sua tropa quando o telefone tocou. "Henrique, chegamos ao limite. Não podemos enfrentar o governo além desse ponto. Então, baixa a guarda. Vamos tirar nosso time de campo. Vamos esquecer Jirau. Jirau é passado. E vamos publicar uma nota nos principais jornais dizendo que não vamos judicializar."

Valadares ficou estupefato com o que ouviu, mas não disse nada. Experiente, logo concluiu que o recuo tivesse sido motivado pela pressão do governo. Sabia que a Odebrecht ainda precisava do governo em muitas frentes. Só naqueles dias, esperava resposta do BNDES para dois pedidos de empréstimo — 1,15 bilhão de reais para a empresa de etanol e mais 6,1 bilhões de reais para a usina de Santo Antônio. Era muito dinheiro para deixar na mesa. No dia seguinte, a organização publicou uma nota pública com a saída à Ricupero: "Em nome dos interesses do país, e para que sejam mantidos os cronogramas de obras governamentais, a Odebrecht não questionará na Justiça os posicionamentos assumidos pelos órgãos competentes em relação à instalação da usina de Jirau em outra localidade diferente da que foi prevista no edital do leilão realizado pela Aneel em 19 de maio deste ano. Não obstante, a Odebrecht mantém as suas convicções sobre os desdobramentos do referido leilão [...]".[56]

Emílio tampouco estava feliz de perder Jirau, mas não brigava com as circunstâncias. Preparava-se para "capitalizar" o recuo junto a Lula e cobrar a promessa de "receber em dobro". O saldo da disputa pelas usinas do Madeira era duvidoso. Incluía uma vitória cara no primeiro leilão, a derrota em Jirau e uma conta de 100 milhões de reais em propina e dinheiro de campanha. Pelo menos tinham o contrato de 9,5 bilhões de reais da obra de Santo Antônio.[57] Era a ele que os Odebrecht se agarravam para compensar a frustração.

Horas depois de a nota ser divulgada, Lula recebeu Emílio no Palácio do Planalto para selar a paz. Na semana seguinte, em Sauípe, Marcelo assumiu o comando do grupo Odebrecht.

12. "Tudo que é fácil, não é para nós"

"Meu filho, você está aí pra me ajudar ou para me criar problema?!" A voz de Emílio tinha um tom de irritação atípico na ligação para Hilberto Silva, nas primeiras semanas de 2009.[1] O diretor do Departamento de Operações Estruturadas caçava as palavras, enquanto tentava ganhar tempo para compreender do que o chefe estava falando. "Eu pensei que estava aqui para ajudar o senhor, chefe. Se eu estou lhe criando um problema, o senhor me diga, que eu tento resolver." O dono da Odebrecht não se comoveu com o tom subserviente. "Está tendo um problema aqui com um pagamento para a campanha de El Salvador, e eu fui chamado a Brasília só por causa disso!!! A mulher está reclamando!!!" O outro não precisou ouvir mais nada. "Ah, não é problema, não, dr. Emílio. O que existe é que a autorização foi para pagar só o que nós pagamos mesmo. Agora, se eu for autorizado a pagar mais, eu pago. O senhor resolva com seu filho..." Emílio decretou: "Pois então pague!". E desligou o telefone. Em tese, ninguém podia passar por cima das ordens de Marcelo. Ninguém. A não ser Emílio Odebrecht.

Silva estava certo de que Marcelo não ia gostar nada daquilo. Pelo que entendera, Mônica Moura tinha ido reclamar a Lula que a organização não estava liberando o dinheiro prometido para a campanha de Mauricio Funes, candidato a presidente de El Salvador pela Frente Farabundo Martí de Libertação Nacional. O casal de marqueteiros tinha aceitado a empreitada só porque Lula pedira, e agora não conseguia pagar as inserções de TV — chamadas de "pautas" no linguajar local. Sem aquela verba não haveria campanha, uma vez que, em El Salvador, assim como em boa parte dos outros países do continente, não existia horário de TV gratuito.[2]

Casado com a brasileira Vanda Pignato, fundadora do PT, Funes tinha no currículo uma bem-sucedida carreira como jornalista da CNN en Español e estava bem colocado nas pesquisas. Só faltava mesmo dinheiro. O casal apelou para Lula, que por sua vez se voltou para Emílio. A Odebrecht não tinha nenhuma obra no país nem queria ter. O país era pobre, com altas taxas de criminalidade, e perdia de longe para vários outros em potencial para investimentos na América Central. Para Emílio, no entanto, um pedido de Lula era uma ordem, e ele disse para Mônica Moura procurar Marcelo e acertar tudo com ele.

Hilberto Silva nunca soube em que termos Mônica se entendeu com o chefe, mas a autorização que recebera tinha sido de pagar 3 milhões de reais. Nos meses seguintes, várias vezes a marqueteira protestou, dizendo que o combinado eram 3 milhões de dólares. Naquele desencontro de versões, o executivo concluiu que muito provavelmente era ela quem falava a verdade. Marcelo era como o avô. Se recebia um pedido que não podia recusar, tentava reduzir o prejuízo. Era bem provável que ele tivesse se feito de bobo. Certamente não contava que o assunto fosse parar no Palácio do Planalto.

Com Emílio no circuito, só restava a Bel avisar Marcelo que ia liberar o dinheiro. O chefe estava no exterior e foi alcançado por telefone. "Diga a Mônica para parar de fazer fofoca. Que, se houver algum problema, me procure. E não vá reclamar em Brasília."[3] Dias depois, ao passar na Odebrecht para combinar o pagamento, ela jurou que não tinha nada a ver com a história: "Hilberto, não fui eu. Eu já falei inclusive para João parar de falar desse assunto de cobrança lá em Brasília". Ele acreditou. E formou a convicção de que a reclamação partira da esposa de Funes, e não da esposa de Santana.

A salvadorenha foi a primeira de cinco campanhas presidenciais feitas pelo casal de marqueteiros na América Latina e na África, das quais quatro com dinheiro da Odebrecht. Na primeira vez em que Mônica esteve na empreiteira para acertar os pagamentos, Marcelo fez as honras da casa e a apresentou a Silva, que por sua vez delegou a Fernando Migliaccio a função de atendê-la. Para o Drousys, Mônica Moura e João Santana passaram a ser Feira. O codinome veio da mera associação do sobrenome do marqueteiro com a cidade baiana de Feira de Santana.[4] Uma coisa não tinha nada a ver com a outra (ele nasceu em Tucano, também na Bahia), mas a criação dos codinomes era assim mesmo: se na maioria das vezes o apelido era óbvio e não raro embutia alguma gozação, podia também ser totalmente aleatório. O fato é que Feira ficou, e assim o casal passou a ser conhecido — primeiro, no setor de propinas; anos depois, por todo o Brasil.

Foi Migliaccio quem explicou a Mônica Moura a sistemática de trabalho do departamento. Se o pagamento fosse no exterior, bastava dar os dados da conta e eles fariam os depósitos, na quantidade de parcelas e nos valores previamente combinados. Se fosse no Brasil, era diferente. Como era preciso haver dinheiro em espécie disponível, era o departamento de propinas quem dizia quanto, quando e em quantas parcelas se podia entregar, dependendo da época e do local. O departamento tinha delivery em São Paulo, no Rio, na Bahia e em Brasília. No caso da marqueteira, pelas cifras envolvidas, só era possível entregar as quantidades pedidas em São Paulo, ou, quando muito, em Brasília. Como ela tinha escritórios nesses locais, aproveitava para já pagar os fornecedores.

A cada remessa, Mônica recebia da secretária Maria Lúcia Tavares as coordenadas de local e hora, e uma contrassenha a ser pronunciada diante do portador. As senhas e contrassenhas tinham, em geral, alguma ligação com o codinome. Numa das entregas a Feira, por exemplo, o portador tinha de dizer que estava ali para deixar "os legumes". Já quem ia receber só botava a mão no dinheiro se usasse a palavra "espinafre".[5]

Não fossem os convidados da Odebrecht, o Casa Grande, resort de alto padrão na praia da Enseada, estaria às moscas naquele final de semana cinzento e frio no Guarujá, no litoral de São Paulo, no início de agosto de 2009. À agitação do registro dos hóspedes somava-se o som da voz de um locutor que conduzia a atividade lúdica para entreter os recém-chegados: a troca de pneus de um carro de Fórmula 1. Grupos de "mecânicos" disputavam quem trocava os pneus mais rápido, numa brincadeira destinada a estimular o espírito de equipe. À noite, quando a grande maioria já havia se instalado, houve um coquetel de boas-vindas para os conselheiros, presidentes e diretores das empresas do grupo que haviam se reunido para projetar a Odebrecht de 2020.

Exceto pela presença de Norberto e pelo fato de serem quase todos homens, seria possível dizer que se tratava de uma organização bem diferente daquela de nove anos antes, que se reunira para desenhar a Odebrecht de 2010. Em 2000, eram quarenta sobreviventes, quase todos cinquentões, carregando uma dívida impagável e uma enorme incerteza quanto ao futuro. Agora, em 2009, eram sessenta executivos, mais perto dos quarenta anos do que dos cinquenta, de diferentes locais do Brasil e do mundo. Tinham cumprido com folga suas metas e chegavam cheios de otimismo. Vivia-se o grande momento dos países emergentes, mercados preferenciais da Odebrecht. O boom das commodities, grandes obras de renovação urbana e a tão decantada crise hídrica eram algumas das oportunidades que, imaginava-se, impulsionariam o grupo.

Respirava-se um novo ar, sob novo líder.

Desde o início da gestão de Marcelo, no início do ano, o grupo ganhara outra configuração. No comando da construtora, ele já tinha transformado as áreas de negócios em seis subsidiárias — Engenharia e Construção, Óleo e Gás, Engenharia Ambiental, Realizações Imobiliárias, Investimentos em Infraestrutura, Etanol e Açúcar. Ao se tornar presidente, ele as convertera em empresas autônomas, subordinadas à holding — ou seja, a ele mesmo. E a Odebrecht S.A., que já tinha três empresas, passou a ter nove, cada uma com seu líder.

As ideias expansionistas de Marcelo criavam oportunidades de crescimento para um número bem maior de executivos. A nova geração considerava seu estilo de gestão mais adequado aos novos tempos. Diziam que Emílio (e por extensão, Novis) era demasiadamente intuitivo e pouco analítico. Se achava que algo fazia sentido estratégico e político, ia em frente. Marcelo, ao contrário, queria ver os números, os estudos, as projeções. E, para os subordinados, era um empresário mais bem formado e completo do que o pai. "Marcelo tem cabeça de banqueiro" era uma frase comumente dita então, à guisa de elogio. "Com ele, vamos voar", pensavam.

É verdade que faltavam ao filho carisma e jogo de cintura, habilidades que o pai esbanjava. No Guarujá, enquanto Emílio circulava espalhando sorrisos e oferecendo-se ao beija-mão, Marcelo ficava restrito a um ou outro grupo. Se tinha chance, refugiava-se no quarto. O voluntarismo e a falta de traquejo político demonstrados na disputa do Madeira e na crise do Equador preocupavam os mais velhos. Sob o pretexto de assessorar o herdeiro na adaptação ao novo papel, Emílio formou um comitê com cinco conselheiros ligados à família Odebrecht: Luiz Villar, Gilberto Sá, Sergio Foguel, Renato Baiardi e Pedro Novis. O comitê poderia tomar algumas decisões sem submetê-las ao conselho — o que também ajudaria a evitar que as constantes brigas de pai e filho se dessem diante dos onze conselheiros, nem todos familiarizados com a intimidade da organização.

A dinâmica das discussões no Guarujá era a mesma do ano 2000. Dividia-se o pessoal em grupos e, ao final dos debates, cada um deveria escrever a manchete sobre a Odebrecht que gostaria de ver impressa num jornal de 2020. Os títulos serviriam como metas para a "Visão 2020", sintetizadas e apresentadas por Marcelo no final do ano. Ninguém imaginava que, depois de todo aquele falatório, ele apresentaria em Sauípe, em dezembro, apenas um slide e duas metas: chegar a 2020 com 200 mil funcionários e faturamento de 200 bilhões de reais. Não era pouca coisa para um grupo que tinha, então, pouco mais de 82 mil funcionários e faturava 40,9 bilhões de reais.[6] Mas Marcelo não dizia em que setores iam crescer nem como chegariam lá. Alguns interpretaram a falta de detalhes como uma forma de indicar que se podia aproveitar todas as oportunidades disponíveis. Outros entenderam que ele não queria se comprometer com metas específicas para não ser cobrado depois.

O mesmo não se podia dizer de Emílio, que só pensava em uma coisa, e fez questão de expressá-la ao final do evento na Baixada Santista: "Achei vocês muito pouco ambiciosos. Não vi ninguém falando em passar a mão na viúva… a Petrobras". Na plateia, ouviram-se risinhos tímidos.

Guido Mantega não era o ministro da Fazenda dos sonhos de Lula. Embora tivesse sido assessor econômico do PT desde a primeira campanha, não era identificado com a guinada liberal patrocinada por Palocci, que fazia sucesso com o mercado financeiro. Formado pela Universidade de São Paulo e professor da Fundação Getulio Vargas, era alinhado com as posturas intervencionistas da chamada "turma da Unicamp". E havia sido criticado, no Planejamento, por dificultar a criação de parcerias público-privadas. Só foi guindado à Fazenda depois que a quebra de sigilo do caseiro Francenildo dos Santos Costa derrubou Palocci. Mesmo assim, ao nomeá-lo, o presidente foi obrigado a assegurar publicamente a continuação da política econômica para acalmar o mercado.[7]

Tais percalços já haviam ficado no passado quando Marcelo chegou para reunir-se com o ministro em seu gabinete paulista, em agosto de 2009. O cacife de Mantega subia junto com os números da economia, que superara os efeitos da crise mundial e vivia um grande momento. O Brasil crescia 9% ao ano, fora escolhido para sediar as Olimpíadas e a Copa do Mundo, e sua imagem no exterior era a do Cristo Redentor decolando como foguete na capa da revista *Economist*.

Já fazia três anos que Mantega era o titular da Fazenda, mas até então era com Palocci que Marcelo discutia suas demandas no governo e combinava as doações de campanha. Era com ele que o grupo tentava uma solução para uma questão que classificava como de vida ou morte: um crédito de quase 2 bilhões de dólares em impostos que a Braskem questionava na Justiça.

O imbróglio era antigo e vinha se arrastando desde os anos 1980. Na época, o Ministério da Fazenda extinguiu uma norma que permitia aos exportadores descontar do Imposto sobre Produtos Industrializados pago no Brasil parte do valor arrecadado com vendas no exterior. Alegando que a medida era inconstitucional, as indústrias brigaram durante anos para tentar manter o crédito, mas ora os tribunais o autorizavam, ora o consideravam extinto. O assunto se mantinha nesse limbo judicial até que, em 2008, o ministro do Supremo Gilmar Mendes entendeu que o benefício realmente não valia mais.[8] A decisão ainda tinha de ser ratificada pelo plenário da Corte, mas tudo indicava que as empresas perderiam a parada. Grande parte havia contabilizado os valores em disputa como créditos em seus balanços e agora teria de transferi-los para a coluna dos passivos. Claro que nem todas. As mais cautelosas haviam feito provisões para cobrir uma eventual derrota e buscavam apenas um alívio nas contas. Mas também havia companhias que, fragilizadas pelo abalo de 2008, podiam quebrar caso tivessem de lançar como perda o que até então era contabilizado como crédito. Entre elas estavam CSN, Cosan e Braskem, que formaram um grupo para pressionar o governo por uma solução.

A primeira tentativa de resolver o problema quase funcionou. Entre 2008 e 2009, depois de um forte lobby, o Congresso enxertou em uma medida provisória do Minha Casa Minha Vida uma emenda perdoando as dívidas.[9] Estava combinado com Palocci e Lula que o presidente sancionaria a alteração, quando, oito dias depois, o plenário do STF julgou a questão e acabou com o crédito do IPI.[10] O presidente, então, vetou a conversão da MP em lei.[11]

A derrota abateu os espíritos na organização. Depois de tantos meses de negociações e com tanto dinheiro em jogo, a frustração tomou conta do time. Palocci sabia disso. Assim que a medida foi derrubada, telefonou para Marcelo. Pediu que ele fizesse uma lista de medidas que poderiam compensar financeiramente a Odebrecht e prometeu levá-la ao presidente. Mais animado, o chefe escreveu para a equipe um e-mail extraordinariamente longo: "Tudo que é bom é difícil. Tudo que é fácil, não é para nós. Acho que o 'muito pequeno' obstáculo de hoje abre uma avenida de oportunidade para sairmos ainda melhor do que se tivéssemos ganho. Hoje estávamos 'carregando' um mundo de gente, agora com a dívida (ainda que moral, e de contumazes [maus] pagadores) que nossos 'amigos' [têm] conosco, podemos tentar emplacar ganhos maiores só para nós". E finalizou: "Vamos sair melhor do que se tivéssemos ganho".[12]

O problema era que, embora ainda tivesse muito poder, Palocci já não era o único a mover as peças do jogo. Quem convencera Lula a vetar a medida provisória na última hora fora Guido Mantega. Se Marcelo queria avançar na questão, explicou Palocci, precisaria se acertar com ele. Antes de ir bater na porta do ministro, porém, Marcelo pediu ajuda a Emílio: "Meu pai, se o presidente pudesse dar um alô ao Guido para que ele pudesse olhar os interesses dessas empresas, seria bom".[13] O patriarca procurou Lula e perguntou se o ministro da Fazenda estava precisando "de força". "Ou se houver alguma coisa que possamos suprir a ele [...] para resolvermos esse assunto..." Lula prometeu falar com Mantega. Foi depois disso que ele recebeu Marcelo em seu gabinete.

A Odebrecht queria que o governo criasse um programa de refinanciamento de dívidas, permitindo a empresas com grandes passivos tributários descontar os créditos acumulados com o IPI e ainda pagar o restante em suaves prestações, ao longo de quinze anos. A medida, que ficaria conhecida como Refis da Crise, representaria um perdão de 4,6 bilhões de reais para a Braskem, que dependia apenas da caneta de Mantega. Depois da intervenção de Lula, estava mais inclinado a atender a Odebrecht, mas não de graça.

"Bem, Marcelo, você sabe que haverá uma expectativa de ajuda para a campanha dela", afirmou Mantega, referindo-se a Dilma Rousseff,[14] que já havia sido escolhida por Lula para disputar sua sucessão. Segundo o próprio Marcelo contaria anos depois, em delação premiada, Mantega fez um gesto que não deixava dúvidas sobre a natureza do pedido, estendendo ao empreiteiro um pedaço de papel onde havia anotado: "R$ 50 milhões".[15] Marcelo disse que ia ver. Afirmou que não podia autorizar sozinho o pagamento, já que o dinheiro sairia do caixa da Braskem — e, portanto, do caixa dois administrado por Bernardo Gradin. Balela. Internamente, já estava tudo resolvido entre eles. Marcelo apenas aproveitou a ocasião para estabelecer limites ao ministro: se o dinheiro saísse, Mantega teria um saldo de 50 milhões com a Odebrecht, que só ele poderia "movimentar". Depois, chamou Hilberto Silva e mandou que o subordinado abrisse em seu sistema um crédito para um novo codinome: Pós-Itália.

Manter um crédito amplo para ser usado ao longo do tempo era o tipo de arranjo de que Marcelo gostava. Ele conhecia bem seus "clientes" e sabia que, negociando no varejo, os pedidos de "apoio" ou "contrapartida" não cessariam. Daquela forma, ao menos, podia mandar que os petistas se acertassem com quem controlava o atacado — antes, Palocci, e agora, Mantega. Era também uma forma de criar a obrigação de sempre atendê-lo — como ocorreu logo depois, quando o empreiteiro quis incluir no Refis os prejuízos fiscais daquele ano. Pedido feito, pedido atendido, sem custo adicional. Já estava na conta.

Ao final de 2009, o PT já tinha pelo menos 114 milhões de reais de saldo acumulado com a Odebrecht, distribuídos nas rubricas Italiano, Pós-Itália e Amigo, codinome criado para Lula. E os resgates eram tão frequentes que elas naturalmente passaram a ser chamadas no grupo de "contas-correntes". Podia haver outras empresas tão próximas do governo, podia haver outros empresários muito enfronhados no ministério, mas, naquele momento, dificilmente alguma delas teria mais influência do que a Odebrecht.

"Marcelo, você acabou de me foder, cara!", protestou Hilberto Silva. "Você me tirou de um chefe para nove!" Marcelo respondeu impaciente: "Não, eu quero que você fiscalize eles!".[16] Bel não acreditava na providência que o herdeiro tinha acabado de tomar, nos primeiros meses de 2009. Como havia reorganizado o grupo, decidira dar aos líderes empresariais o poder de autorizar também os pagamentos do setor. Se tinham autonomia para cuidar dos negócios, deviam ter condições de gerenciar o caixa dois. Hilberto logo vislumbrou muitos problemas. Aqueles eram os bambambãs do grupo, comandavam orçamentos de bilhões de reais e milhares de pessoas. Não iam querer um assessor no cangote segurando despesas. Marcelo achava que ele estava se estressando à toa, mas Bel não se conformava: "E eu tenho como fiscalizar esses caras, rapaz?!

São eles que geram dinheiro para a empresa! Eu posso dizer que estão pedindo dinheiro demais, é a única coisa que eu posso dizer!".

Os tempos eram de bonança, mas nem sempre se conseguia abastecer o caixa dois na proporção da demanda. A Odebrecht tinha um funcionário dedicado exclusivamente à tarefa: Marcos Grillo. Ele passava o ano visitando os executivos para saber dos contratos e bolar formas de esfriar o dinheiro. Com o grupo crescendo, a cada ano ele gerava mais caixa dois. E mesmo assim faltava, porque o propinoduto crescia mais ainda. O setor de Silva, que tinha distribuído 60 milhões de dólares em 2006, chegou a 2008 consumindo o dobro. Em 2009, o valor passaria a 260 milhões de dólares.[17] O time de operações estruturadas vivia atarantado, tentando fazer o dinheiro chegar aonde tinha que chegar.

Era um trabalho de alto risco, mas também de grande poder, e tais circunstâncias se refletiam no estado de ânimo dos subordinados de Silva, que oscilavam entre a onipotência e o medo de serem descobertos. Pelas três salas que ocupavam, agrupadas num canto do 16º andar, passavam todos os pistolões do grupo, numa romaria observada com curiosidade pelos outros funcionários. Com ares misteriosos, Bel vivia dizendo que administrava um banco, e não admitia intimidades com colegas de fora do setor. Quando um deles perguntou, como quem não quer nada: "E aí, Hilberto, está rolando muita sacanagem?", ele respondeu: "Não falo sobre o que faço. Se quiser saber, pergunte a Marcelo". Nos escalões médios, eram comuns as gozações. Uma delas era tampar os bolsos das calças com as mãos quando Silva e seus homens se aproximavam. Em geral, eles fingiam que não viam. Exceto quando alguém os abordava de forma desrespeitosa. Aí, Hilberto saía do sério.

Um caso célebre aconteceu quando o trio de operações estruturadas topou com um grupo de conhecidos no elevador lotado. Um deles, gerente em Angola, perguntou na lata a Migliaccio: "Você não tem vergonha de ficar dando dinheiro para essa gente não?". O executivo respondeu, seco: "Eu não estou dando dinheiro para ninguém, não. Eu faço o que os outros mandam". O clima pesou. Horas depois, Bel pediu ao chefe a cabeça do rapaz. O sujeito acabou demitido.[18]

Mais de 2500 pessoas lotavam o Pavilhão Vera Cruz, em São Bernardo do Campo, para a pré-estreia de *Lula, o filho do Brasil*. Era novembro, e a cinebiografia do presidente, filmada por Fábio Barreto, só começaria a ser exibida no início de 2010, mas aquela sessão era especial. O próprio Lula assistiria à película pela primeira vez, acompanhado da mulher, Marisa Letícia, de ministros e de próceres do PT, especialmente do meio sindical. O tom emocional da narrativa levou o público às lágrimas. O presidente foi fotografado com os olhos vermelhos.[19] Dias antes, no Festival de Brasília, convidados tinham se aglomerado nas escadas e portas do Teatro Nacional. O grande público não reagiu da mesma forma. A bilheteria do primeiro fim de semana foi menor do que a esperada pelos produtores e nunca chegaria nem a uma fração da meta almejada. Isso não impediu que o "filme do Lula" já nascesse como um sucesso comercial.

A produção teve o maior orçamento da história do cinema brasileiro até então — de 12 milhões de reais, segundo alguns jornais, ou de 16 milhões, de acordo com outros[20] —, graças a patrocinadores generosos. Pelo menos sete prestavam serviços ao governo ou tinham algum interesse envolvido. Companhias como Oi, JBS, Estre Ambiental ou EBX, de Eike Batista — todas com empréstimos no BNDES —, concessionárias de energia (GDF Suez, Neoenergia e CPFL) e as empreiteiras Camargo Corrêa, OAS e Odebrecht tinham suas marcas expostas logo no início da exibição. A oposição bateu forte, dizendo que os patrocínios eram suspeitos e que o filme tinha propósitos eleitoreiros. Os petistas debocharam. "A oposição não está impedida de fazer um filme, que eles encontrem [um personagem] e façam um", disse o ministro do Planejamento Paulo Bernardo, à saída do Teatro Nacional.[21] Nas entrevistas, o cineasta Fábio Barreto se defendia argumentando que o filme não contara com renúncia fiscal, de modo que não via conflito de interesses.

Na Odebrecht, o assunto começou a ser discutido um ano antes, em 2008, depois de uma visita dos coprodutores Roberto D'Ávila e João Rodarte — este último também dono da assessoria de imprensa da Odebrecht. "Tivemos a confirmação de uma demanda de 1 milhão de reais para apoiar o filme de interesse do nosso cliente e cujo projeto está sendo coordenado pelo amigo do Alexandrino",[22] escreveu o vice-presidente de relações institucionais, Marcos Wilson, num e-mail a Novis e Marcelo. O "amigo do Alexandrino" era o chefe de gabinete de Lula, Gilberto Carvalho.

D'Ávila e Rodarte eram a ponta de uma estratégia de captação de recursos que começava no Planalto e passava por Antonio Palocci. Lula parecia decidido a transformar o filme num marco. Sabendo daquilo, empresários ávidos por bajular o presidente correram para ajudar. Marcelo resistia. Considerava arriscado apoiar o filme abertamente, lembrando a má repercussão da reforma que as empreiteiras haviam feito no Palácio da Alvorada no início do governo.[23] Na Odebrecht, porém, um pedido de Lula era uma ordem. O debate ali era apenas sobre como diminuir o potencial de danos.

Que Marcelo resistisse ao patrocínio era previsível, já que ele não costumava ter boa vontade com os pedidos de Lula. Daquela vez, porém, até os mais fiéis aliados do pai estavam com ele, como Novis e o próprio Wilson, que ponderou no e-mail: "Minha posição: embora seja um desejo do cliente e já esteja bem adiantado (o filme tem as características dos [Dois] *Filhos de Francisco*), acho que este tipo de louvação [é] maléfico e poderá vir a ser um tiro no próprio pé do cliente".[24] Como ninguém diria aquilo a Lula, Marcelo sugeriu uma alternativa: "Minha opinião é que AA [Alexandrino Alencar] construa com o Seminário [codinome de Gilberto Carvalho] para só participarmos se houver falta de recursos (o que não deve ser o caso)".[25] Emílio e Novis, porém, acabaram cedendo — como Wilson comunicou, duas semanas depois. "Nosso apoio será de 750 mil e não apareceremos."[26] Nem isso foi mantido. Ao final do processo, a produtora de Barreto alegou não aceitar patrocínios ocultos, e lá foi a marca da Odebrecht para os créditos na tela junto com os outros apoiadores.

Nem todos os que gravitavam em torno da película, porém, estavam preocupados com a transparência. Anos depois, soube-se pela Lava Jato que pelo menos uma companhia deu dinheiro ao filme por baixo dos panos. Tratava-se da Schahin, empreiteira que tinha também uma divisão de operação de sondas e plataformas. Naquela época, o dono da empresa, Milton Schahin, ofereceu a Palocci uma "retribuição" pela ajuda na obtenção de contratos com a Petrobras. O Italiano, que estava às voltas com os constantes pedidos de D'Ávila, aproveitou para se desincumbir deles e recomendou que Schahin procurasse o jornalista. Acertaram um aporte de 1 milhão de reais, disfarçado por um contrato para a realização de vídeos institucionais que nunca foram feitos.[27]

Quando o filme entrou em cartaz, houve grande pressão sobre os patrocinadores, que deram justificativas variadas para o apoio. A EBX, de Eike Batista, afirmou que dera 1 milhão de reais em razão do "profundo respeito e admiração que tem pela história de luta e superação do presidente". A JBS Friboi disse julgar importante ter a imagem ligada a uma produção "que passa mensagem positiva de perseverança". A Odebrecht escreveu que suas "decisões de patrocínio cultural não são pautadas por outros interesses além do compromisso de contribuir com a comunidade". A Oi recorreu ao argumento da "grande perspectiva de sucesso de público e bilheteria", assim como a Camargo Corrêa e a Caoa, representante da Hyundai no Brasil.[28] Talvez aí estivesse uma boa desculpa, já que a previsão era atingir 5,3 milhões de espectadores. Mas, mesmo tendo sido indicado pelo próprio governo para concorrer ao Oscar de filme estrangeiro, *Lula, o filho do Brasil* vendeu 850 mil ingressos e ficou entre os dez mais vistos de 2010. De qualquer modo, o presidente estava satisfeito. Depois da pré-estreia em Brasília, recebeu o elenco em um coquetel e distribuiu gentilezas. "Você é muito mais bonito do que eu quando era jovem", disse ao ator Rui Ricardo Diaz, que o representara. "Me faz aí para eu ver como é."[29]

Corriam os primeiros meses de 2009 quando Bernardo Freiburghaus, carioca naturalizado suíço com vários clientes no submundo da Petrobras, apresentou-se na sala do tesoureiro do Departamento de Operações Estruturadas, Luiz Eduardo Soares. Estava acompanhado do vice-presidente financeiro da Braskem, Carlos Fadigas. "Esse aqui é o Bernardo, representante do Paulo Roberto Costa. Vocês precisam resolver questões de pagamentos com ele",[30] disse Fadigas, antes de se despedir. Sentados em torno de uma mesa para receber Freiburghaus estavam Soares, o Luizinho, Fernando Migliaccio e o próprio Hilberto Silva. O visitante ainda era um desconhecido, mas PRC — como o diretor era chamado, nos e-mails internos — justificava a recepção VIP.

Até então, as propinas para Costa, Janene e companhia vinham sendo pagas via Youssef, o operador oficial do PP. Mas Costa acabara de fechar mais um negócio com a Odebrecht e decidira seguir o conselho que Rogério Araújo, o número dois de Márcio Faria, lhe dera: "Paulo, você é muito tolo. Você ajuda mais aos outros do que a si mesmo. E em relação aos políticos que você ajuda, a hora que você precisar de algum deles, eles vão te virar as costas". Araújo sugeriu a Costa organizar um esquema para receber o dinheiro sem ter que dividi-lo com os políticos. E passou a ele o contato de Freiburghaus,[31] que já prestava o mesmo serviço a outros funcionários da Petrobras.

Bernardo Freiburghaus estudou economia e trabalhou em bancos helvéticos antes de abrir a própria firma, a Diagonal, no Rio. Trazia "diretor de investimentos" no cartão de visitas, mas na prática era pouco mais do que um doleiro de luxo. Apresentava clientes a instituições na Suíça, cuidava das aberturas de contas e acompanhava a evolução das aplicações. Na visita ao Departamento de Operações Estruturadas, entregou um papel com os dados de uma conta, a Greybearn. Deram a ele uma senha no Drousys e o codinome de Volley,[32] em referência ao técnico Bernardo, da seleção brasileira de vôlei masculino.

Aquele encontro não estaria acontecendo se a equipe de Silva estivesse seguindo à risca o protocolo criado por Marcelo. Em tese, eles não deveriam nem saber quem eram os beneficiários das propinas, quanto mais receber os operadores na Odebrecht e fazer depósitos em contas de pessoas politicamente expostas, como um diretor da Petrobras. Mas ninguém parecia muito preocupado. Eram tantos os pagamentos e pedidos que tinha ficado impossível seguir todas as regras.

No caso de Paulo Roberto Costa, o controle era especialmente difícil. O diretor tinha interesses variados e diferentes fontes de "renda" na Odebrecht. Além de já estar recebendo propina pela fábrica de Paulínia, ele ainda tinha fechado com o grupo outros três grandes negócios: o Complexo Petroquímico do Rio de Janeiro, a refinaria Abreu e Lima,[33] em Pernambuco, e o contrato de fornecimento de nafta para a Braskem. Cada pagamento passava por um canal, que atribuía a PRC um codinome diferente. Para Araújo e Faria, ele era Volley se o dinheiro fosse via Freiburghaus. Ou Prisma, se recebesse junto com Janene. Se a negociação tivesse sido com Alexandrino Alencar, Costa era o Competitivo. Ele fazia o mesmo com as outras empreiteiras, usando diferentes canais e operadores.[34] E, apesar de pensar que ninguém sacava o modus operandi, Costa ficou tão manjado que seus operadores o apelidaram de PRC Holding.

Na negociação para a Abreu e Lima, no segundo semestre de 2009, a tática por pouco não provocou uma crise com Janene. As empreiteiras dividiram as obras no cartel: a Odebrecht formou um consórcio com a OAS e assumiu dois contratos, a Camargo Corrêa assumiu outro, e a Queiroz Galvão, outro. Como a parte da Odebrecht somava 4,5 bilhões de reais, Costa e Janene passaram a reivindicar 1%, ou 45 milhões. Márcio Faria chamou o diretor e avisou: já tinha conversado com a OAS e não topava pagar mais do que 30 milhões. Costa foi pragmático: "Então vamos fazer o seguinte: você vai me dar 15 e vai dizer ao Janene que só tem 15 milhões para ele". Faria concordou, e Costa marcou uma reunião com o deputado para sacramentar a combinação.

Faria chegou ao apartamento de Janene em São Paulo num dia de semana, depois do expediente. Encontrou o local em festa, cheio de gente bebendo e conversando em rodas ruidosas. Janene e Costa levaram o executivo a uma sala recolhida, onde o deputado foi logo dizendo que não abria mão de receber os 45 milhões. Faria segurou a onda. "De forma alguma, o contrato não permite. [...] O que tem para vocês são 15 milhões." Furioso, Janene começou a enfileirar ameaças — entre elas a de tirar a obra da Odebrecht. Costa interveio e amaciou o parceiro, dizendo que haveria mais contratos e não faltaria dinheiro para ninguém. Acostumado a mandar e ser obedecido, Faria não ia ficar ali ouvindo impropérios. "Olha, gente, tenho que ir embora. Não adianta ficar discutindo muito. É pegar ou largar."[35] Muito a contragosto, Janene pegou. O executivo se despediu. Na saída do prédio, cruzou com dois conhecidos da Camargo Corrêa que vinham chegando, provavelmente para o segundo round de negociações.[36]

Mas nem sempre PRC enganava Janene. Quando era conveniente, os dois faziam um jogo combinado, e Alexandrino Alencar sabia bem. Assim que terminou de resolver o nó de Paulínia, em 2008, ele procurou o político novamente. "Janene, você que tem influência sobre o Paulo, o convença a fazer o contrato de nafta. Nós precisamos disso!" A batalha por um contrato de nafta com garantia de fornecimento e longa duração era quase tão antiga quanto o próprio ingresso da Odebrecht na petroquímica. Extraída do petróleo, a nafta é o principal insumo para a fabricação de resinas plásticas, que dão origem a todo tipo de produto, de canos de PVC a para-choques de carro. Sua cotação no mercado internacional varia conforme o preço do petróleo e afeta diretamente o custo de produção. No exterior, as concorrentes equilibravam as flutuações de preço combinando contratos de longo prazo com compras no mercado spot, de varejo. No Brasil, porém, a Petrobras sempre foi a única fornecedora, e por muito tempo a importação de nafta foi proibida. Em busca de segurança de fornecimento e previsibilidade nos custos, não só a Braskem, mas todas as concorrentes reivindicavam contratos de longo prazo com a estatal.

Diante dos apelos de Alencar, o líder do PP fingiu solidariedade. "Eu sei, Alex, estamos tendo bastante dificuldade. Mas se tiver um bom prêmio, uma boa propina, eu posso estimular que aconteça."[37] O executivo topou negociar. Só aí o diretor da Petrobras começou a ver o assunto com olhos mais benevolentes. O tamanho da boa vontade, porém, ainda estava por ser determinado.

Na Petrobras, a discussão sobre a nafta era carregada de componentes emocionais. Para muitos petroleiros, impor exigências às petroquímicas era questão de honra. Esse grupo encarava a demanda da Braskem como mais uma tentativa de dobrar a estatal. O próprio Costa hesitava em mexer no vespeiro. Tanto que a primeira proposta da Petrobras, em maio de 2008, era cobrar da Braskem 102% do preço de mercado. Como o petróleo registrava cotações recordes, era tecnicamente difícil defender grandes descontos. Em julho, depois que José Carlos Grubisich deixou o cargo ao se desentender com Marcelo, Bernardo Gradin assumiu dizendo aos subordinados que faria uma negociação limpa. Confiava em seu poder de convencimento e desautorizou negociações por baixo do pano. Só que as contrapropostas da Braskem foram sendo rechaçadas uma a uma, mesmo depois que o preço do petróleo começou a cair. No fim do ano, com os negócios castigados pela crise mundial, Gradin chamou Alencar à sua sala. "As coisas não estão andando. Vamos tentar com o Janene." Estava dada a largada para mais uma ciranda propineira.

A primeira tentativa de Janene e Costa foi a de exigir da Odebrecht uma porcentagem sobre o valor total do contrato. Alencar recusou. "Nem por um cacete. Isso não é uma obra de preço fechado, é um processo. Não dá para pagar porcentagem sobre um contrato desse tamanho. Vamos estabelecer um valor fixo." Não foi fácil. Costa e Janene antecipavam um esforço e um desgaste político enormes na Petrobras, e queriam ser remunerados na mesma medida. Alencar, de seu lado, não queria deixar na mesa nada a mais do que o razoável — conceito bastante elástico, dependendo da posição que se ocupasse na negociação. Foram meses de discussões, até que se chegou a um número: 12 milhões de dólares, a serem pagos a partir do momento em que o acordo fosse assinado.

Costa havia prometido fechar com a Braskem um contrato de dez anos, com valor de até 92,5% sobre a cotação internacional. O diretor de abastecimento, porém, não decidia sozinho. Um assunto daqueles, que envolvia alguns bilhões de dólares por ano, tinha que ser ratificado pela diretoria, onde nem todos seguiam a cartilha da "PRC Holding". Em suas apresentações, Costa dizia que, com o Complexo Petroquímico do Rio de Janeiro, o Comperj, a Petrobras produziria muito mais nafta do que poderia consumir. Nesse caso, ou a estatal exportaria o excedente ou teria de transformá-lo em produtos químicos. Sairia mais barato dar o desconto que a Braskem estava pedindo.

Podia até fazer sentido. Só que, além de não apresentar estudos lastreando seus argumentos, Costa se baseava em uma premissa arriscada. Empreendimentos gigantescos como o Comperj costumavam atrasar, por isso alguns diretores achavam que seria melhor esperar o avanço das obras, que ainda estavam no começo, antes de passar a conceder os descontos. Além disso, PRC queria dar à Braskem um prazo de 180 dias para pagamento (o chamado cheque especial), o que parecia inaceitável, principalmente para o diretor financeiro, Almir Barbassa. Enquanto pelejava com seus pares na Petrobras, Costa tentava acalmar a Odebrecht fechando contratos de curto prazo, em que a fórmula de cálculo resultava em desconto no preço da nafta.

Até que, em 13 de março de 2009, quase um ano depois de iniciadas as negociações, a diretoria aprovou a proposta final para a Braskem. A Petrobras se dispunha a fechar um contrato com preços variando entre 97% e 103% da cotação internacional, por cinco anos, renováveis por mais cinco.[38] Não era o que estava combinado. Alencar não gostou e chamou Janene. "Ou chegamos aos 92,5%, ou a gente não vai assinar esse contrato, e você não vai receber os seus 12 milhões de dólares."[39] O argumento era bem convincente.

Costa decidiu arriscar. Chamou um de seus subordinados e disse que as conversas haviam continuado e que a Braskem havia oferecido novas contrapartidas à Petrobras. Com aquilo, ele afirmou, a diretoria aprovara extraoficialmente uma nova fórmula — chegando ao piso de 92,5% do preço de mercado. Costa mandou que o gerente alterasse o contrato para incluir o novo índice. Aos executivos da Odebrecht o diretor afirmou que tinha conseguido aval da diretoria para a mudança. O fato é que a alteração foi feita e, não fosse a Lava Jato, o truque de Costa nunca teria sido descoberto. Em 24 de julho de 2009, o contrato foi assinado. Em agosto, o primeiro depósito de 300 mil dólares entrou na conta de Além — codinome de Janene no Drousys.

O Comperj seria abandonado.[40] Em 2011, a Petrobras começou a ter de importar a nafta a preço de mercado para vender com desconto à Braskem. Até hoje há divergência no cálculo do prejuízo da estatal com o contrato. Em sua confissão ao Departamento de Justiça americano, a Odebrecht o calculou em 70 milhões de dólares, com base num relatório encomendado a uma auditoria independente. A própria Petrobras estima as perdas em 1 bilhão de dólares e a força-tarefa da Lava Jato, em 6 bilhões.

"Eu estou aqui, vocês sabem em nome de quem, para tentarmos um acordo", disse Luciano Coutinho, abrindo a reunião que Lula e Dilma haviam pedido a ele para fazer, tomando o cuidado cirúrgico de não citar nem o nome dele nem o dela. Já passava das dez da noite de um dia de dezembro de 2009. Estavam todos exaustos, mas o assunto não podia esperar. Do lado do presidente do BNDES, que ocupava a cabeceira da mesa, estavam Marcelo, Bernardo Gradin, Carlos Fadigas e os diretores jurídicos Maurício Ferro e Newton de Souza. Do lado da Petrobras estavam seu presidente, José Sérgio Gabrielli, o chefe da área de novos negócios, Rogério Mattos, e o responsável pela petroquímica, Paulo Cezar Amaro Aquino. Depois de anos guerreando pela primazia na petroquímica, Odebrecht e Petrobras dividiam sozinhas o mercado. A Braskem, que já tinha o comando do polo da Bahia, comprara a Ipiranga e assumira o do Rio Grande do Sul em 2007. A Petrobras havia tomado conta do polo do Sudeste, com fábricas em São Paulo e no Rio, e integrara todas as fábricas em uma única empresa, a Quattor. Agora, as circunstâncias empurravam as duas companhias para uma fusão, mas elas não se entendiam de jeito nenhum.

Embora tivesse diretores da Petrobras em sua folha de pagamento, a Odebrecht vivia às turras com Gabrielli. O que já era ruim havia piorado desde que a estatal comprara a Suzano Petroquímica, em 2007. O negócio surpreendeu e revoltou a Odebrecht. Até então, a Petrobras estava negociando comprar a Suzano junto com a Unipar, petroquímica da família Geyer sediada em São Paulo, com a ideia de formar uma grande companhia controlada pelos sócios privados. A Odebrecht vinha acompanhando tudo por intermédio de Paulo Roberto Costa e Frank Geyer, da Unipar. De repente, porém, Gabrielli surpreendeu todo mundo ao comunicar que já tinha decidido comprar a Suzano sozinho, sem a Unipar — e por mais que o dobro do valor de mercado.[41] O choque de Emílio foi grande. Ele tinha certeza de que, por trás daquela história, havia uma grande negociata. "Era dormir com Maria e acordar com João",[42] diria, tempos depois. E o pior nem era o preço. Para Emílio, o negócio representava um rompimento do acordo com Lula. Era praticamente uma reestatização da petroquímica, e aquilo ele não ia permitir.

Dias depois do anúncio, o empreiteiro desembarcou em Brasília disposto a impedir o estrago. "Emílio, o que você está me trazendo é isso mesmo?", perguntou Lula, ao ouvir o relato. Embora não tivesse prova de corrupção, o empreiteiro carregou nas tintas da suspeita. "Presidente, eu já trouxe alguma coisa pro senhor que depois não foi a verdade? Se eu tivesse vindo aqui no quente, como eu queria vir dois dias atrás... mas eu queria vir aqui com a certeza, por isso eu atrasei num assunto de extrema importância como esse." O presidente prometeu: "Se é isso mesmo, esse negócio vai ser desfeito".[43]

Desfeito, não foi. Mas, à sua maneira, pode-se dizer que o presidente cumpriu a promessa. A compra da Suzano foi mantida, porém o plano de reestatizar o setor foi sepultado. Alguns meses depois, a Petrobras (junto com a Suzano) se associou à Unipar para formar a Quattor. Por meio de uma complexa combinação de ações, deu à sócia 60% da nova empresa, ficando com uma participação minoritária de 40%. Claro que um negócio desse tipo, desvantajoso para a estatal, não sairia sem o pagamento de generosas propinas da Unipar a Paulo Roberto Costa.[44] O importante para a Odebrecht era que, naquela configuração, a Quattor continuava privada, e Emílio se deu por satisfeito. Ele achava que, com um interlocutor do setor privado no comando, pelo menos tinha como manobrar a situação. Até porque esse interlocutor seria um velho conhecido da Odebrecht. Frank Geyer Abubakir havia nascido no Rio de Janeiro e sido criado na Bahia. Tinha 37 anos e nutria admiração por dois executivos mais velhos, que conhecia das rodas de bem-nascidos de Salvador: Marcelo Odebrecht e Bernardo Gradin. Geyer agora ombreava com eles. Passara do comando da conflituosa Unipar à presidência de uma companhia de 15 bilhões de reais por ano — algo que talvez não tivesse acontecido, não fosse a insistência dos Odebrecht em fazer da Quattor uma empresa privada. A nova companhia já nascia carregando o peso da dívida contraída na compra da Suzano. E, embora fosse formalmente o presidente, Geyer na prática tinha pouco poder. Era um peixe pequeno mandando num gigante que tinha como fornecedora a própria sócia, a Petrobras. Geyer também não tinha força para conter decisões erradas de investimento — como a de pisar no acelerador nas obras do Comperj em plena crise de 2008.

Um ano depois de criada, a Quattor estava afundada em dívidas, com patrimônio negativo, precisando de cerca de 5 bilhões de reais para não ir à bancarrota. Só que a Petrobras não podia mais colocar nenhum real na empresa. Se o fizesse, esta voltaria a ser uma estatal, justamente o que o presidente não queria. Sem contar que pôr mais dinheiro na Quattor seria admitir o fracasso da empreitada e dar o braço a torcer — o que Gabrielli nunca faria.

Foi nessas circunstâncias que surgiu a ideia de uma fusão com a Braskem, ainda nos primeiros meses de 2009, com o beneplácito de Lula. As tratativas haviam consumido o ano todo, mas os negociadores chegavam em dezembro a um impasse que Luciano Coutinho estava ali para desfazer. Um dos nós era a divergência entre Petrobras e Odebrecht sobre quanto cada uma deveria aplicar na sociedade. De um lado, a Braskem argumentava que, por assumir uma empresa quebrada, era justo aportar um valor menor. Já o time da estatal acusava a Odebrecht de subavaliar a Quattor para desembolsar menos pela participação na "nova Braskem". Sabendo que a Petrobras era quem mais precisava do negócio, a Odebrecht havia incluído na pauta das conversas a revisão do contrato de nafta, para obter novos descontos e melhores condições de pagamento.

A desvantagem da Petrobras era evidente. Ninguém tratava do assunto naqueles termos, mas todos sabiam que estava sendo negociada uma capitulação. Uma década depois do frustrado contrato de Paulínia, a Odebrecht finalmente dobrava a espinha da estatal. Mas Gabrielli não ia se entregar sem luta.

"Gabrielli, você precisa mesmo disso?", apelou Coutinho. Já era quase uma da manhã, e a reunião empacou num ponto aparentemente insolúvel. Depois de três horas de discussões, já haviam concordado em deixar o contrato de nafta para um segundo momento. Tinham acertado também que a Petrobras colocaria 2,5 bilhões de reais na "nova Braskem" e a Odebrecht, 1 bilhão.[45] Ao final, as fatias da Petrobras e a da Odebrecht na Nova Braskem seriam muito semelhantes, entre 36% e 38% para cada sócia. Como os ex-Unipar venderiam sua parte e sairiam do negócio, deixando o resto das ações disperso no mercado, na prática Petrobras e Odebrecht teriam cada uma metade do controle da Braskem. Contudo, enquanto Gabrielli queria dividir o comando da nova companhia com a Odebrecht, Marcelo não abria mão de indicar o presidente do conselho de administração, o presidente executivo e o diretor financeiro.

Com a Odebrecht ocupando tais cargos, ficava caracterizado que o grupo controlava de fato a Braskem, e nessas condições poderia continuar contabilizando em seu balanço as receitas da petroquímica. A incorporação da Quattor certamente aumentaria o faturamento da organização. Como já estava certo que a Petrobras não controlaria a nova empresa para não transformá-la em estatal, Gabrielli não estava brigando para ampliar os domínios da Petrobras, e sim para impedir que a Odebrecht ampliasse os seus. As relações entre o chefe da Odebrecht e o da Petrobras nunca tinham sido muito boas, mas agora estavam ainda mais desgastadas. Emílio se queixava tanto de Gabrielli ao presidente que se habituara a só se referir ao dirigente da estatal como "aquele moleque". Dilma, que em geral tomava partido de Gabrielli, havia começado a se preocupar com a octanagem do conflito.

"É, Gabrielli, pô! Para que você precisa disso?", disparou Marcelo, repetindo de um jeito rude a pergunta de Coutinho. Gabrielli encrespou: "Olha aqui, você acha que é dono, mas não é! Você acha que manda, mas não manda! E por acaso essa bosta quem construiu fomos nós!".

Foi preciso muito tato por parte do presidente do BNDES para acalmar os ânimos. Ao final, a Odebrecht teve o que queria: 50,1% do capital votante e os três cargos que mandariam de fato na nova empresa. A Petrobras ficou com 49,9%, o diretor de investimentos e mais dois outros, menos importantes. Das onze cadeiras no conselho, seis ficaram para a Odebrecht, quatro para a estatal e uma para os sócios minoritários. Combinou-se que o negócio seria apresentado ao mercado como um "controle compartilhado". E nunca, em hipótese alguma, se diria publicamente que a Petrobras havia quebrado a Quattor.

Quando todos os nós pareciam desatados e a transação estava prestes a ser fechada, Frank Geyer procurou Marcelo Odebrecht e disse que precisava corroborar um acordo que fizera com Bernardo Gradin. O presidente da Braskem havia prometido pagar-lhe por fora 100 milhões de dólares por sua parte da companhia — fora do Brasil e escondido dos outros acionistas da Unipar, seus tios. O executivo temia que, uma vez formada a nova Braskem, a promessa ficasse para as calendas. "Você me dá a sua palavra de que o pagamento vai ser feito?"[46] Marcelo deu. A propina privada foi paga ao longo de dois anos, em catorze vezes, em remessas registradas no sistema para o Colombiano — que o time de Marcelo chamava, nos e-mails, de Menino Maluquinho. Depois da pendência resolvida, a papelada era o mais fácil.

No dia 22 de janeiro de 2010, Gradin e Gabrielli anunciaram a compra da Quattor em uma entrevista coletiva em São Paulo. A "nova Braskem" nascia com faturamento de 26 bilhões de reais, 26 fábricas, capacidade para processar 5,5 milhões de toneladas de resina por ano e um poder de mercado impressionante. Dominava toda a oferta nacional de polipropileno e de polietileno, que serviam de base para quase todos os produtos de plástico. A fusão foi aprovada pelo Cade e pela SDE. Nunca no Brasil uma empresa privada havia tido um domínio tão grande sobre um único mercado.

Aquela era uma vitória maiúscula. Emílio realizara o velho sonho. A Odebrecht finalmente havia passado a mão na viúva.

13. Boca de jacaré

"Por que não botamos uma estátua do Luciano Coutinho na porta da Odebrecht?" O tom de impaciência da provocação de Renato Baiardi, na reunião do comitê executivo do grupo, quase ofuscou o toque de humor do que dizia. Marcelo não achou graça nenhuma. Já não era muito afeito a ironias — muito menos se faziam pouco de sua solução para um dos problemas que mais o perturbavam: a situação periclitante da ETH, empresa de etanol criada por seu pai e Pedro Novis, que já consumira bilhões de reais, acumulava dívidas igualmente bilionárias e não decolava. Marcelo sempre achara que os dois haviam confiado demais na palavra do governo, empenhando esforço e dinheiro em um negócio que não conheciam a fundo e sem relação com infraestrutura, construção ou petroquímica, as prioridades da organização. Por isso, os conselheiros de Emílio se surpreenderam quando ele apareceu com um plano que parecia redobrar a aposta no erro: juntar a quebrada ETH à igualmente quebrada Brenco, outro empreendimento criado no boom do etanol. As empresas do setor viviam um momento de crise, sem perspectiva de melhora, e assumir mais dívidas e mais obrigações de investimento não parecia estratégia muito inteligente. Melhor seria vender tudo e sair do setor, argumentavam.

Acontece que a Brenco não era um mico qualquer. Era um mico de costas quentes. O BNDES era seu sócio mais relevante, com 16,3% das ações.[1] Desde a criação, o banco presidido por Coutinho já havia empenhado 1,8 bilhão de reais na companhia, em empréstimos e em compra de ações. Com a empresa em péssima situação financeira, o BNDES estava numa sinuca. Se não conseguisse passar a Brenco adiante, teria de assumir o prejuízo e a barbeiragem, às vésperas de um ano eleitoral. Daí por que os diretores do banco procuraram a Odebrecht, no final de 2009, em busca de socorro. Colocar mais dinheiro em uma empresa quebrada não dava. Mas investir em uma "campeã nacional" do etanol, sim. Se conseguissem montar uma fusão das duas empresas, teriam uma desculpa para renegociar a dívida, estendendo prazos de pagamento e diminuindo os juros. Tais condições, é claro, passariam a valer também para os débitos da ETH, que somavam 1,9 bilhão de reais. Seria um abraço de afogados, e tanto Baiardi como outros conselheiros achavam que a Odebrecht só tinha a perder. Se o negócio realmente naufragasse, a organização teria que arcar com o prejuízo. Marcelo e Coutinho, porém, viam o arranjo como tábua de salvação.

Salvamento, por sinal, era o termo usado sempre que a cúpula da organização se referia ao negócio. Da forma como Marcelo o apresentava, ele não estava salvando apenas a ETH ou a Brenco, mas também o presidente do BNDES, que ajudara a Odebrecht a negociar a fusão com a Quattor e certamente seria influente num futuro governo Dilma. Baiardi, porém, insistia que comprar uma empresa igualmente endividada não era forma de resolver o problema da ETH. Se a intenção era agradar o presidente do BNDES, ficava mais barato mandar fazer uma estátua. Apesar da oposição, porém, a fusão seguiu adiante. Em fevereiro de 2010, foi anunciada à imprensa e ao mercado como um lance de ousadia, tão visionário que seus sócios se dispunham a fazer investimentos de 3,5 bilhões de reais para transformar a nova empresa em líder mundial em etanol. Tais planos nunca se concretizariam. Cada vez que se comentava o caso nos corredores, Baiardi lembrava uma de suas histórias preferidas para ilustrar a relação da Odebrecht com o governo petista, sobre o judeu que toda noite rezava a mesma oração: "Deus, há dois mil e tantos anos o senhor diz que somos seu povo escolhido. Já chega, por favor. Escolha outro!".

A briga envolvendo a Brenco era apenas mais uma entre muitas na cúpula da Odebrecht. Desde que Marcelo assumira a presidência, as reuniões mensais do "comitê de assessoramento" vinham sendo cada vez menos produtivas, e não raro terminavam em impasse ou mal-estar. Dos cinco membros, três — Novis, Baiardi e Villar — conheciam Marcelo desde a infância. Ele costumava chamá-

-los de tios, mas agora os tratava com impaciência e, por vezes, indiferença. Eles se queixavam de que o herdeiro só ia às reuniões para constar — na prática, fazia o que queria. Nos últimos tempos, para arbitrar as constantes divergências, Emílio passara a participar dos encontros — o que piorara a situação, porque Marcelo brigava também com o pai.

A relação dos dois vivia um momento especialmente tenso. Tinha a ver não apenas com a vontade de Marcelo de mandar sozinho na empresa, sem precisar do aval de Emílio para cada movimento, mas também com o momento do Brasil. As eleições daquele ano fariam a transição entre o reinado de Lula e, muito provavelmente, o de Dilma Rousseff. Ao contrário de Emílio, para quem um possível mandato de Dilma seria mera continuação do governo Lula, Marcelo apostava que o ex-presidente não teria tanta influência assim sobre ela. Estar colado a Lula não garantiria o "domínio" de Dilma. Ele precisava construir seu próprio círculo de aliados no futuro governo — e sabia que não conseguiria isso de graça.

Naquele ano de 2010, todas as decisões, no governo e na Odebrecht, embutiam um cálculo político de olho na sucessão. O "fator Dilma" pesara na decisão de fundir a ETH à Brenco da mesma forma que guiava a decisão de investir 2 bilhões de reais na construção de um estaleiro no leste da Bahia. Por ser uma sociedade com outras duas empreiteiras baianas, a UTC e a OAS, o Enseada do Paraguaçu foi logo apelidado de "estaleiro Acarajé". Oficialmente, a decisão de entrar no negócio foi unânime. Na prática, a história foi outra.

Desde o primeiro mandato, Lula cobrava dos empreiteiros que construíssem estaleiros para fabricar sondas para a Petrobras, mas eles resistiam, em razão dos muitos riscos e dificuldades. Era preciso adquirir tecnologia avançada, qualificar uma enorme massa de trabalhadores e fazer um alto investimento em instalações, peças e equipamentos. Um trabalho muito complexo e caro, que, dadas as condições de produtividade da economia brasileira, dificilmente (talvez nunca) resultaria na produção de navios competitivos em qualidade e preço como os da Coreia do Sul ou de Cingapura. Não eram poucos os que acreditavam que a exigência genérica de 60% de conteúdo nacional, sem foco em nenhum tipo de tecnologia, equipamento ou metas de ganho de produtividade, levaria apenas a aumento de custos. O governo dizia que preços altos seriam naturais no começo. Com o tempo, os estaleiros ganhariam prática e os valores baixariam ao padrão internacional. A ideia, porém, era tão mal-ajambrada que os próprios empresários — em tese, os maiores beneficiados pela política — se assustaram. "Se a Coreia do Sul, que é o maior fabricante de sondas do mundo, trabalha com 35% de conteúdo nacional, como pode o Brasil, que nunca produziu nenhuma sonda, querer 60%?",[2] perguntava Marcelo nas conversas com seus pares.

Para a Petrobras, o assunto também era espinhoso. Mesmo na diretoria majoritariamente petista havia quem se incomodasse com o fato de que caberia à estatal custear o aprendizado da indústria. O problema é que essa questão era ponto de honra para Lula e Dilma. O pré-sal prometia duplicar a produção brasileira para 5,4 milhões de barris ao dia até 2020[3] e demandaria uma quantidade recorde de sondas. Eles se recusavam a terminar o segundo mandato sem cumprir a promessa feita ainda na campanha de 2002. Ficou famosa, na crônica da Petrobras, uma reunião realizada no Planalto em 2008 em que a ministra, impaciente, exortou os empresários a fazer os investimentos necessários e ordenou que José Sérgio Gabrielli pusesse na rua a concorrência para as embarcações de perfuração. Nenhum deles esqueceu o momento em que Gabrielli, ao tentar expor suas ressalvas, foi de tal forma enxovalhado por Dilma que saiu dali com lágrimas nos olhos, consolado por um pequeno grupo.

Apesar da pressão, as primeiras doze sondas foram mesmo encomendadas a fabricantes estrangeiros. Só em outubro de 2009 a Petrobras lançou o edital da primeira concorrência para a contratação no Brasil. Eram 28 navios, divididos em quatro pacotes de sete. Quem se dispusesse a construí-los teria acesso a crédito do Fundo da Marinha Mercante, a juros camaradas, e o auxílio de um programa massivo de formação de mão de obra custeado pelo governo — desde que tivesse um parceiro estrangeiro que lhe transferisse tecnologia. Com os incentivos, o pessoal passou a considerar o investimento — mas previam tanta dificuldade para fechar as contas que nem cogitaram a possibilidade de se reunir num cartel para dividir os contratos previamente. "Só queríamos fazer uma conta que pelo menos empatasse o capital aplicado. No fundo, alguns até torciam para perder a licitação e ficar livre do pepino", disse um concorrente da Odebrecht anos depois.

Como não houve acerto prévio, a concorrência acabou sendo tumultuada por uma guerra de recursos questionando os critérios do edital e as qualificações dos oponentes — foram quarenta entre a fase de qualificação e o anúncio dos resultados. Em novembro de 2010, quando terminou a etapa de classificação, o Estaleiro Atlântico Sul, da Camargo Corrêa com a Queiroz Galvão, havia apresentado o menor preço, de 664 milhões de dólares por sonda,[4] seguido por Alusa, Keppels e Jurong. O estaleiro do consórcio Odebrecht/UTC/OAS, com o quinto maior preço, corria o risco de ficar de fora, assim como Eisa e Andrade Gutierrez/Mauá. Politicamente, era um problema para o PT e para o governador Jaques Wagner, da Bahia, que sem o estaleiro ficaria de fora da festa do pré-sal. Era preciso dar um jeito de incluir a Odebrecht no jogo.

Já na Petrobras o problema era outro: cumprir a meta de fazer 28 sondas, que poderiam custar até 30 bilhões de dólares.[5] O peso do compromisso financeiro era grande para a estatal, que via seu endividamento crescer ano a ano[6] e poderia ter rebaixada a nota de crédito. Enquanto as empreiteiras se digladiavam nos bastidores, ganhou corpo a ideia de criar uma companhia separada para terceirizar os contratos e as dívidas, preservando o balanço da Petrobras. Seria uma empresa de controle privado, capitaneada por bancos e fundos de pensão, que não precisaria se submeter à lei de licitações — e poderia não só fechar os contratos mais rapidamente, mas também incluir a Odebrecht entre os fornecedores de sondas mesmo com preço maior.

A criação da empresa, batizada de Sete Brasil, foi anunciada ao mesmo tempo que os resultados da concorrência. Os sócios seriam os principais fundos de pensão de estatais, o Fundo de Investimento do FGTS (FI-FGTS), os bancos Santander, Bradesco e BTG, e a Petrobras — que, numa jabuticaba societária só explicada por razões políticas, teria apenas 5% das ações, mas indicaria o presidente da companhia. Com o dinheiro aportado pelos sócios, a Sete Brasil compraria todos os navios. O primeiro lote seria o do Estaleiro Atlântico Sul, que apresentara o menor preço na licitação. As outras 21 sondas seriam distribuídas entre outros grupos. Em contrapartida, a Petrobras garantia um contrato de afretamento das embarcações a uma diária de 530 mil dólares ao longo de quinze anos,[7] valor compatível com o do mercado internacional.

Os números expostos nos PowerPoints da época eram vistosos. A Sete se propunha a pagar até 800 milhões de dólares por sonda e calculava receber da Petrobras 82 bilhões de dólares até 2020.[8] Quem conhecia bem o ramo tinha certeza de que a conta não fechava. Não foram poucos os que consideraram a equação da Sete Brasil megalômana, argumentando que não haveria demanda para todos aqueles navios de perfuração. Para se ter uma ideia da enormidade que representavam as 28 sondas previstas pela Petrobras, naquele momento havia trinta novas sondas entrando em operação em todo o mundo.[9]

Havia, na atitude dos sócios e fornecedores da Sete, uma dose de autoengano misturada à mais pura malandragem. Com o pré-sal, o Brasil era a bola da vez no mercado internacional, e todos queriam faturar com a sofreguidão do governo em financiar a criação de uma indústria nacional de embarcações de alta tecnologia. Os magnatas da indústria e do setor financeiro tinham plena consciência do risco de fracasso, mas apostavam que o governo não deixaria quebrar uma empresa em que havia sido aplicado o dinheiro dos fundos de pensão, do FGTS e da Petrobras. Se algo desse errado, bastaria recorrer à viúva.

Nas reuniões internas, Marcelo dizia que se havia chegado a um ponto em que não construir o estaleiro significaria romper com a Petrobras, com Lula, com Dilma e com os governadores dos estados que receberiam os empreendimentos. Mesmo assim, os membros do comitê executivo se recusavam a aprovar o investimento. Foi o que aconteceu no final de 2010,[10] quando Marcelo se reuniu com o comitê para discutir o assunto pela enésima vez. Daquela feita, porém, ele deu de ombros. "Mas eu já me comprometi com a Dilma e já aprovei", disse, admitindo ter tomado uma decisão à revelia do comitê. Ao ouvir aquilo, Emílio ficou vermelho da cabeça aos pés. "Rapaz, isso não se faz! Se era assim, começasse a reunião dizendo que já aprovou! Você me aprova um assunto desses sem antes submeter ao conselho e ainda quer engambelar que estamos tomando uma decisão?!"

Discussões assim eram cada vez mais frequentes. Os "tios" alertavam para a grande quantidade de investimentos novos, especialmente com os que visavam agradar governantes. Além da Brenco e das sondas para a Petrobras, havia ainda a compra da Supervia, concessionária de trens urbanos do Rio de Janeiro, e o investimento em estádios para a Copa do Mundo. Marcelo invariavelmente respondia que sabia o que estava fazendo e que os financiamentos não traziam maiores riscos para o grupo, pois em geral eram garantidos pelas receitas ou pelos ativos do próprio empreendimento em construção. "O projeto se paga", dizia. Isso, porém, só seria verdade se o governo continuasse entregando contratos, aditivos e financiamentos subsidiados à organização. O dinheiro novo que entrava pagava a dívida velha — e assim, pedalando, se ia longe. O mundo financeiro parecia também acreditar que o governo brasileiro nunca deixaria a

Odebrecht pelo caminho. A organização era uma cliente cobiçada pelos bancos, que ofereciam créditos generosos.

Apesar da segurança que demonstrava nas reuniões, Marcelo não se conformava com as cobranças. Ele não se importava de ser o policial mau diante de Lula e Dilma, e o pai ser o bom. Sabia que tinha imagem de encrenqueiro e inflexível no governo, mas gostava de pensar que era ele o consequente e responsável da dupla, a quem cabia zelar pela sobrevivência e perpetuidade do grupo. O que o incomodava de verdade era o fato de Emílio dar corda a seus planos nos bastidores, para depois desautorizá-lo diante do comitê. Dizia, por exemplo, que o pai nunca se manifestara desfavorável à construção do estaleiro, pelo contrário. Ele era quem mais se agoniava com a pressão de Lula e queria atendê-lo. Assim, se havia algum responsável pela decisão de enterrar bilhões de reais num estaleiro que nunca daria lucro, era Emílio. Para Marcelo, os "tios" do comitê só o atacavam porque não tinham coragem de confrontar Emílio diretamente. Então, rebatia: "Vocês têm outra alternativa? O que sugerem? Dizer não para o governo? Por que vocês não falam com meu pai, para ele dar um fora em Lula?!". Não havia resposta fácil, e nenhum deles estava realmente interessado em encontrá-la. Sabendo disso, Marcelo desafiava: "Se vocês discordam, vamos levar o assunto ao conselho". Certa vez, Baiardi perdeu a paciência: "Porra, Marcelo, você tá maluco?! Acha que ninguém vai parar você? Sabe quem vai lhe parar? Os bancos!".

As broncas, contudo, não tinham nenhum efeito. Uma das crenças mais arraigadas da cultura empresarial criada por Norberto era a de que as decisões deviam ser tomadas por quem estava com a mão na massa, à frente do negócio — a linha. Marcelo era a linha, Emílio e os conselheiros eram o apoio. Além disso, parte deles achava que não compensava brigar demais. Quando o assessor de um dos conselheiros lhe perguntou por que não reagia de forma mais enfática aos arroubos de Marcelo, o chefe foi sincero: "Ele é o dono, quem mais tem a perder é ele. Não vou me desgastar à toa".

Mais do que o conflito geracional, havia uma questão bastante prática a azedar a relação de Marcelo com os parceiros de Emílio. Ao assumir a presidência do grupo, ele começara a tomar pé dos desembolsos que o pai havia feito para os oito executivos e ex-executivos de sua geração que tinham, juntos,

37% da Odebrecht S.A. Pelo acordo de acionistas de 2000 — quando aceitaram assumir a dívida dos controladores em troca de mais ações para salvar o grupo da bancarrota —, todos tinham direito de vender seus papéis de volta à Odebrecht a partir de 2003. Nos primeiros anos, com os negócios ainda em dificuldade, ninguém reivindicou nenhum pagamento. Só quando o grupo voltou a crescer e a se valorizar foi que eles começaram a pensar no assunto. O primeiro foi Gilberto Sá, que tinha sido diretor financeiro da holding e revendeu todas as ações em 2007. Em seguida, Sergio Foguel, Ruy Sampaio, Álvaro Novis e Newton de Souza se desfizeram de parte dos papéis. Juntos, arrecadaram cerca de 400 milhões de reais. Os outros mantiveram as participações. Preferiram receber apenas os dividendos e aguardar um pouco mais.[11] Emílio não se opôs, pelo contrário. Pedia sempre que todos mantivessem pelo menos 1% das ações para continuar ligados ao grupo.

Marcelo achava a postura do pai um disparate. Por suas contas, se tivesse recomprado as cotas de todos eles a partir de 2006, como previsto, a Odebrecht teria desembolsado os mesmos 400 milhões de reais e retomado o controle total do grupo. Como não o fizera, criara um problema. Agora, se quisessem recomprar as ações de todos os sócios, gastariam o triplo. "Meu pai acha que o almoço é grátis, que sempre vai ter dinheiro", reclamava Marcelo. Em resposta, Emílio lembrava que os amigos haviam assumido uma dívida gigantesca em socorro à família, no momento mais difícil da história da organização. Achava justo que compartilhassem os dividendos do crescimento. Os "tios" achavam que o que preocupava Marcelo era outra coisa: com mais de duas dezenas de herdeiros, o clã Odebrecht estava cada vez mais numeroso. Assim, a tendência era a fatia de cada um nos dividendos ir diminuindo progressivamente, o que dificultaria o controle dos parentes.

Havia mais um fator de incômodo. O Brasil vivia um clima de euforia no ambiente corporativo. Cada vez mais empresas abriam capital na Bolsa de Valores, e ofereciam aos executivos programas de remuneração baseados em ações. Os generosos pacotes de Eike Batista, que levara as companhias X à Bolsa e tornara muitos de seus homens milionários, faziam crescer os olhos do time da Odebrecht. Marcelo precisava recompensar os funcionários de sua geração — como Benedicto Júnior, Euzenando Azevedo, Henrique Valadares, Fernando Reis, Márcio Faria e Luiz Mameri —, mas dizia não ter como fazê-lo enquanto as reservas financeiras estivessem comprometidas com a compra das participações dos mais velhos. "Meu pai inventou um processo em que a riqueza que nós criamos vai para os caras dele. A minha geração está trabalhando para fazer os amigos de meu pai ganharem rios de dinheiro."

Foi nesse contexto que, em outubro de 2010, Marcelo comunicou aos acionistas da holding a revisão do acordo que, a rigor, valia até 2021. Sua proposta estendia de quatro para seis anos os prazos de pagamento pelas ações a serem revendidas à empresa e destinava os papéis recomprados a um programa de remuneração variável para os executivos mais jovens. Na prática, Marcelo obrigava os mais velhos a vender suas ações e receber em prazos mais longos. A quem perguntava, ele dizia que era sua "reforma da Previdência". Preocupados, os "tios" abordavam Emílio: "Marcelo não quer mais acionistas na empresa?! Está jogando fora toda a história de parceria que construímos?". O patriarca dizia para não se importarem. "Porra nenhuma. Ele não manda aqui."

Um deles, porém, decidiu agir: Bernardo Gradin, presidente da Braskem. Os irmãos Gradin — Bernardo, Miguel e Ana — tinham juntos 20,6% da holding, participação recebida pelo pai, Vítor Gradin, em 2000. Assim que a minuta do novo acordo foi distribuída aos acionistas, Bernardo começou a procurá-los para reuniões individuais. Disse achar que Marcelo estava criando muitas empresas ao mesmo tempo e assumindo riscos desnecessários. E propôs uma aliança para contê-lo. Sua proposta era incluir no novo acordo uma cláusula prevendo que os sócios com pelo menos 20% das ações teriam direito de veto sobre as decisões do executivo principal. Era evidentemente um dispositivo para dar mais poder à família Gradin, minando a autoridade dos Odebrecht.

A proposta foi muito mal recebida. Pelo menos um dos interlocutores, Renato Baiardi, rechaçou a iniciativa no mesmo momento: "Isso é uma tentativa de golpe, a mesma que seu pai tentou no passado. Não conte comigo". Baiardi nunca esquecera o dia em que, nos anos 1980, depois de várias divergências sobre o ímpeto expansionista de Emílio, Vítor Gradin propusera se juntarem para tirá-lo da presidência. Ele encerrou o assunto: "Eu vou sair daqui de sua mesa e vou para a sala de Emílio agora contar a ele o que ouvi". Foi o que ele fez. Desse dia em diante, os Gradin se tornaram inimigos a serem combatidos pelos Odebrecht.

Como os Gradin não aceitavam a nova ordem, Marcelo anunciou que a organização compraria a parte deles. Em princípio, Bernardo e Miguel toparam negociar. O acordo de acionistas dizia que os controladores podiam reivindicar a compra da parte dos sócios, e portanto eles não tinham o que fazer. Mas a conversa empacou no valor do negócio. Os Gradin não aceitaram o 1,5 bilhão de dólares proposto com base na avaliação anual do Credit Suisse. Diziam que o banco havia reduzido suas estimativas para ajudar os Odebrecht a pagar menos, e reivindicaram novos pareceres.

Os Gradin afirmavam que investidores privados haviam acabado de comprar fatias das subsidiárias do grupo por valores muito maiores do que os usados na avaliação do Credit Suisse. Argumentavam também que, considerando os valores já pagos pelo mercado em aquisições recentes de participações em empresas do grupo, o conglomerado deveria valer pelo menos 15 bilhões de dólares, e não os 9,8 bilhões estimados pelo Credit Suisse.[12] Caso aceita, a nova cifra elevaria em mais 1 bilhão o que os Gradin tinham a receber pela venda de sua parte na companhia.

No final de 2010, ficou claro que não haveria acordo. Marcelo então demitiu Miguel da presidência da Odebrecht Óleo e Gás e Bernardo da presidência da Braskem. Na primeira semana de dezembro, os Gradin protocolaram na 10ª Vara Cível da Bahia o pedido para a instauração de uma arbitragem. A disputa ganhou as páginas de jornais e revistas, que frequentemente retratavam os Gradin como Davis em guerra contra os Golias. Nas entrevistas, eles acusavam os Odebrecht de tentar retirá-los do grupo no melhor da festa. No fundo, a briga era em torno de valores. Mas, nas conversas com os jornalistas, os Gradin se recusavam a comentar as questões pecuniárias. "Não queremos sair da Odebrecht. Estivemos com a empresa nos momentos difíceis. Queremos estar com ela nos bons também",[13] repetiam. Seja porque publicamente os porta-vozes da holding se limitavam a informar que não comentariam o assunto, ou porque os jornalistas achavam que o tom de Marcelo nas conversas reservadas era muito prepotente, a balança pendeu sempre para os Gradin. Mas a eficiência na ofensiva de relações públicas não alcançou a Justiça.

A disputa durou nove longos anos, os dois primeiros de muita tensão e guerrilha interna, com liminares e embargos impedindo o início de uma negociação. Só em 2012 ocorreria a primeira audiência de conciliação, que fracassou. Em 2013, os Gradin já haviam vencido na primeira e na segunda instância e a disputa chegou ao STJ, que levou mais dois anos para tomar sua decisão. Só no final de 2015, quando a Lava Jato estava consolidada e Marcelo já estava preso, o STJ finalmente determinou que fosse realizada uma arbitragem para definir o valor a ser pago aos Gradin. Em 2019, o grupo entrou em recuperação judicial e, em setembro de 2020, as duas famílias concordaram em encerrar a pendenga, sem que os Gradin tivessem recebido nenhum real.[14]

Nada na fachada do discreto sobrado bege com grades brancas indicava que ali funcionava o escritório político de Michel Temer. Parecia apenas mais uma das tantas casas elegantes da região da praça Panamericana, em São Paulo, muitas usadas como sedes de empresas e escritórios de advocacia. Temer era candidato a vice-presidente na chapa com Dilma Rousseff e se encontrava em plena campanha eleitoral. Naquela manhã de julho de 2010, porém, o lugar estava tranquilo. O deputado Eduardo Cunha chegou quase ao mesmo tempo que a dupla Rogério Araújo e Márcio Faria, e eles não precisaram esperar muito para passar à sala de reuniões. Temer já os esperava, acompanhado de João Augusto Henriques, ex-funcionário da Petrobras que se tornara lobista do PMDB, e Henrique Alves, líder do partido na Câmara. À sua direita sentaram-se os homens da Odebrecht. À esquerda, os do PMDB.[15] O assunto, todos sabiam, era o contrato de serviços de segurança, saúde e meio ambiente da Petrobras, chamados de PAC-SMS, nas nove unidades da petroleira no exterior — que deveria render à organização 825 milhões de dólares em três anos.[16]

Apesar de Temer ser o mais graduado ali, foi Cunha quem conduziu a conversa, falando para os colegas do PMDB, mas olhando nos olhos de Faria. "O pessoal aqui está no processo de licitação para o serviço de segurança na diretoria internacional. Está tudo caminhando bem, o contrato deve ser assinado em breve. O João Augusto aqui está monitorando tudo, está acompanhando para garantir que saia e, evidentemente, o PMDB conta com o apoio da Odebrecht, uma importante contribuição para o partido." Faria respondeu de pronto: "Exatamente. Se todos os compromissos forem cumpridos, estou de acordo, e vamos contribuir com o que o deputado falou". Temer, bem ao seu estilo formal, deu a bênção à operação: "Está bem, fico feliz. A Odebrecht é uma grande empresa, preparada para trabalhar no exterior".[17]

Não se falou em valores, tampouco era necessário. O que interessava ali era o olho no olho. De seu lado, o PMDB queria a garantia de pagamento, e a presença de Temer, prestes a ser eleito vice-presidente da República, era uma ótima forma de enfatizar que o compromisso era sério. Para os executivos da

Odebrecht, o aval de Temer era importante para evitar que dessem dinheiro a Cunha e fossem, depois, surpreendidos por novas cobranças do PMDB. Negociando em conjunto, ficava claro que o dinheiro iria para toda a legenda.

A ideia de fazer um contrato único para todas as unidades da empresa no mundo — no lugar de uma licitação em cada país — foi do gerente-geral da área internacional, Aluísio Teles, que, antes mesmo de abrir a concorrência, já procurou a Odebrecht para oferecer um acordo.[18] Eles sabiam que as instalações da Petrobras no exterior estavam em péssimo estado, e precisavam de um upgrade em equipamentos e segurança. Algumas delas, como a refinaria de Pasadena, nos Estados Unidos, e a de Okinawa, no Japão, haviam sido compradas sucateadas, em negociatas nas quais já se previa uma segunda rodada de propinas sobre os contratos de reformas.[19]

No caso de Pasadena, a obra já havia sido até combinada pelos executivos da Petrobras, também com a Odebrecht. O negócio, porém, não saiu, porque a sócia da estatal em Pasadena, uma trading chamada Astra Oil, não concordou com os valores propostos e iniciou uma disputa societária que inviabilizou o esquema.[20] Para a empreiteira, esse novo contrato com a área internacional era uma forma de compensar a expectativa frustrada. Feito o acerto, a equipe de Márcio Faria não só participou da elaboração do edital como também determinou um prazo de vinte dias para a apresentação de propostas, de modo que nenhuma empresa estrangeira tivesse tempo de se preparar. Propositalmente vago e com erros de projeto, o edital abria brechas para superfaturamento de até 1600% em alguns itens.[21] Em troca desse negocião, a empreiteira concordou em pagar 3%, ou 25 milhões de dólares, aos gerentes da estatal, e outros 5% (40 milhões de dólares) ao PMDB. A reunião com Temer apenas coroava o processo.

Como estavam todos de acordo, foi tudo rápido e cordial. Houve até um momento de descontração, quando Faria quis sanar uma curiosidade: "Doutor, como é ser vice-presidente da Dilma? Eu não a conheço, dizem que é uma pessoa muito complicada…". Temer, divertindo-se, respondeu: "Que nada! Não estou preocupado". E, apontando para Cunha e Henrique Alves, continuou: "Se acontecer alguma coisa, esses rapazes aqui sabem resolver". Depois, dando tapinhas sobre as próprias pernas: "Pode deixar que ela vem e fica aqui, ó!".[22] Todos riram.

De volta ao escritório, o executivo achou que devia avisar Marcelo. Ele não era dono do "relacionamento político-estratégico" com o PMDB, o que podia acarretar brigas sérias no grupo. O partido era território de Claudio Melo Filho, diretor de relações institucionais em Brasília. E Cunha era interlocutor frequente de Benedicto Júnior e Fernando Reis. Marcelo achou estranho que nenhum deles tivesse sido envolvido na conversa. Quem mais estava? Como foram as combinações? Ao final, como não conseguiu detectar grandes riscos, não esticou o assunto.[23]

Passavam-se os meses e eles não eram chamados para fechar negócio. Um dia, Henriques disse a Araújo ter desvendado o mistério: os petistas tinham ficado sabendo do acerto e exigiam receber também sua parte — 1% do valor do contrato. O executivo consultou Faria, que foi direto: "Rogério, eu posso pagar a quem quer que seja, desde que seja do mesmo dinheiro. Não vai ter dinheiro novo". Araújo conversou com os representantes dos partidos e acomodou a situação. Os peemedebistas liberaram um naco de 8 milhões de dólares, que foi incluído na conta-corrente do PT com a Odebrecht.[24] Só depois disso, no fim de outubro de 2010, o contrato foi assinado.

A maior parte do dinheiro seria paga no exterior, ao longo de 2010 e 2011. Foi o caso dos operadores do PMDB, Ângelo Lauria e Mário Miranda (codinomes variando entre Mestre, Tremito e Acelerado). Já o pessoal do PT, que tinha despesas de campanha para quitar, preferiu pegar a grana no Brasil mesmo — caso de Drácula (Humberto Costa, de Pernambuco), Ferrari (Delcídio do Amaral, do Mato Grosso do Sul) e Camponez (João Vaccari Neto, tesoureiro do partido).

Até Rogério Araújo decidiu participar do acerto e receber, escondido, parte da dinheirama. Obviamente, tratava-se de uma transgressão. Numa "sociedade de confiança", como a Odebrecht se autointitulava, era a última coisa que se esperava de um executivo. Assim que o Departamento de Operações Estruturadas liberou o dinheiro, Miranda, o operador do PMDB, repassou 6 milhões de reais a Araújo.[25] Anos depois, ele próprio confessou o acerto à Lava Jato. Não era o primeiro nem o único a tirar uma casquinha do caixa dois da Odebrecht.

A demora de Lula em surgir no salão onde seria assinado o acordo para a ampliação do crédito do Brasil a Angola já começava a afligir o time da Odebrecht. Chegavam ao final de junho de 2010, já fazia dois anos que o assunto era negociado arduamente nos bastidores,[26] e aquele ato era bastante aguardado. A linha de crédito existia desde o início dos anos 1980, quando foi criada a "conta-petróleo" para financiar a construção da hidrelétrica de Capanda. Por esse mecanismo, a petroleira estatal Sonangol depositava parte de suas receitas com a venda da commodity, em troca de financiamento do Brasil para obras e serviços de que necessitava. O limite de crédito era fixado a cada cinco ou dez anos, com base em métricas que incluíam projeção de receita e cálculo estimado do barril de petróleo. A partir dali, cabia ao BNDES avaliar o custo e o risco de cada empreendimento e coordenar a liberação dos recursos e a execução dos pagamentos, assim como nos outros empréstimos para obras e serviços no exterior.

Cada vez que se completava uma tranche, a linha de crédito era reavaliada e novos limites de financiamento eram estabelecidos. Nesses momentos, o governo de Angola e a organização faziam de tudo para ampliar o novo limite. A negociação, porém, era complexa. Os dois países tinham de concordar com as variáveis usadas no cálculo, como a projeção para o preço do petróleo e a taxa de conversão do dólar. Sem contar o nível de risco, sempre levado em conta pelo BNDES. Assim, um estica-e-puxa entre credor e devedor era inevitável.

A etapa que estava para terminar ali, na cerimônia com a presença do presidente angolano, José Eduardo dos Santos, começara em 2008, quando a cotação do barril chegara ao pico de 140 dólares. Na época, o crédito de Angola com o Brasil somava 1,7 bilhão de dólares. Só que, com o petróleo bombando, o país passou a querer mais. Na ocasião, Emílio aproveitou um encontro com Lula para pedir que ele autorizasse um aumento: "Se o senhor puder nos prestigiar, para que não tenhamos dificuldades...".[27] Lula disse que ia ver o que dava para fazer, mas orientou Emílio a pedir ao filho que procurasse o ministro do Planejamento, Paulo Bernardo, para conversar sobre "um apoio". Marcelo estranhou o pedido, já que, até então, o único interlocutor do presidente junto à Odebrecht era Antonio Palocci. Depois, deduziu que, naquele caso, era preciso ter alguém de dentro do governo cuidando do assunto. E Palocci, naquele momento, era um simples deputado.

O encontro com Paulo Bernardo aconteceu em março de 2008, no gabinete dele em Brasília. O ministro foi claro: o aumento da linha de crédito com Angola custaria 40 milhões de dólares.[28] Marcelo disse que não podia garantir a quantia de imediato. "Se tiver um contrato lá em que meu pessoal possa incluir esse valor, tudo bem." Tratou do assunto normalmente, mas saiu de Brasília encafifado.[29] A Odebrecht vinha dando dinheiro ao PT havia anos, mas sempre com a desculpa de ser para as campanhas. Era a primeira vez que alguém do partido lhe pedia propina sem nem disfarçar. Na Petrobras, Marcelo sabia que era assim que funcionava, mas ele mesmo nunca tinha recebido um pedido tão direto, muito menos de alguém designado por Lula.

Por isso, dias depois, ele procurou Palocci. Queria saber se era mesmo para pagar o que Paulo Bernardo pedia. Palocci confirmou o pedido, mas disse que na verdade o partido precisava de mais dinheiro ainda, e assim começou um cabo de guerra.[30] Marcelo explicou que tinha restrições, porque os recursos seriam retirados dos pagamentos recebidos do governo de Angola pela linha de crédito. Portanto, para que a Odebrecht pudesse sacar 40 milhões de dólares, era preciso garantir um limite de gastos de pelo menos 300 milhões. A negociação durou muitos meses e, conforme foi avançando, definiu-se um "plano de incentivos". Se conseguisse aumentar o crédito para 700 milhões de dólares,[31] o PT receberia 40 milhões de "rebate" — tradução para o odebrechês do termo *kickback*, que em inglês é sinônimo de propina. Para ter 50 milhões, precisavam liberar 1 bilhão de dólares em até dois lotes de 500 milhões.

As combinações, porém, eram seguidamente frustradas pelos técnicos do governo brasileiro, que não conseguiam chegar a um acordo com os angolanos sobre as projeções de valor para o petróleo, as quais afetavam diretamente o tamanho das garantias e, em consequência disso, o limite de crédito. Para dobrar a área técnica, foi preciso acionar contatos capazes de influenciar os escalões inferiores. Naquela tarefa, poucos eram tão eficientes como a lobista-mor do grupo para financiamentos à exportação: Maria da Glória Rodrigues.

Glória trabalhava para a Odebrecht desde os anos 1990, quando comandara, de dentro do Ministério da Fazenda, o lobby pelo financiamento a uma obra da empreiteira no Peru. O caso ajudou a derrubar o ministro de então, Eliseu Resende, mas Glória continuava na ativa. Gostava de apregoar em Brasília que ninguém mais do que ela conhecia os caminhos do crédito à exportação. Afirmava, inclusive, que tinha desenhado todos os seus regulamentos. Loira, vistosa e sempre emperiquitada, ganhou o codinome de Barbie no sistema de pagamentos paralelos da organização. Por ele, recebeu mais de 10 milhões de reais,[32] com os quais foi capaz de antecipar atas de reuniões, minutas de projetos e portarias, bem como adaptar os pedidos de Angola às exigências dos burocratas brasileiros.

Claro que a Odebrecht não era a única interessada no aumento da linha de crédito. Mas, para se manter dominante no país, o grupo tinha todo o interesse em manter o governo angolano dependente de seu poder de convencimento.

A empreiteira não só influenciava na decisão sobre quais obras deviam ser feitas, como ajudava a fazer o edital, associava-se aos indicados pelo presidente Santos e ainda conseguia o crédito. Se "domínio do cliente" era a palavra de ordem, a relação da Odebrecht com Angola atingira o estado da arte.

Depois de muita pressão e negociação, chegaram àquela manhã de junho de 2010 com um acordo para a liberação de 1 bilhão de dólares. Mas a burocracia federal resistia. A missão só foi cumprida no último minuto, graças a Lula. O presidente se preparava para a cerimônia de assinatura do acordo quando foi informado de que a Procuradoria-Geral da Fazenda Nacional (PGFN) ainda tentava limitar o crédito a 700 milhões de dólares. Do lado de fora do gabinete, representantes da Odebrecht e do governo angolano esperavam ansiosos. Lula chamou para si a responsabilidade, segundo Glória relatou por e-mail aos superiores. "Na última hora, ainda tentaram enrolar e o presidente Lula disse que, com PGFN ou sem PGFN, ele ia rubricar o memorando e fez o Melin trazer o documento", contou. "Como na hora o José Eduardo [dos Santos] acabou assinando, ele brincou que o Lula também tinha que assinar, porque ele iria levar para Angola a cópia assinada pelo Lula. Foi fantástico! Sem querer humilhar os 'adversários', mas esta eu ganhei de lavada!!!!"[33]

Na semana seguinte, Marcelo mandou Hilberto Silva registrar um novo crédito para Palocci em sua contabilidade. Depois de converter os 40 milhões de dólares em reais e descontar a taxa a ser paga para internar dinheiro no Brasil, sobraram 64 milhões de reais, registrados na planilha Italiano para serem pagos por Luiz Mameri (o LM), chefe da área internacional da Odebrecht.[34]

Paulo Bernardo não era o único personagem novo no rol de interlocutores do governo com a Odebrecht. Com a troca de Lula por Dilma, houve um rearranjo nas funções-chave das campanhas — e no partido, que elegeu para a função de tesoureiro o ex-secretário-geral da CUT, João Vaccari Neto. Até então, o ex-sindicalista só havia figurado no noticiário político pelo envolvimento em escândalos. Primeiro, foi citado no mensalão como operador de propina de fundos de pensão e, depois, por ter dirigido a Bancoop, cooperativa imobiliária do Sindicato dos Bancários de São Paulo que foi à falência, deixando na mão mais de 8500 mutuários. Discreto e de total confiança de Lula, Vaccari era também o típico boa gente, paciente e de bom papo, que não arrumava encrenca com ninguém. Mas também sabia pedir, e não se acanhava se tivesse de cobrar propina por algo que não ajudara a conseguir.[35]

Foi o que se deu em agosto de 2010, quando Vaccari visitou Benedicto Júnior em seu escritório na praia de Botafogo. Foi tentar tirar uma lasca de um dos filés-mignons do ano: o contrato de 6,8 bilhões de euros para a construção de cinco submarinos, fechado pela Marinha com um consórcio da estatal francesa de defesa DCNS com a Odebrecht. O contrato havia sido fechado em setembro de 2009, mas o primeiro adiantamento, de 650 milhões de reais, havia sido pago por aqueles dias. "Você recebeu um valor expressivo, agora tem de dar a parte do PT." Júnior conhecia bem Vaccari e achou a iniciativa de uma cara de pau inacreditável, mas respondeu calmamente: "Vaccari, nós nunca conversamos desse assunto. A gente tem uma agenda de contribuições ao partido, você tem agenda na Petrobras com meus executivos lá, mas nós nunca conversamos sobre o submarino. Eu entendo que não te devo nada desse contrato". O tesoureiro insistiu: "Não, mas esse é um projeto grande, muito importante para o país, vocês já tomaram uma dimensão...". BJ resistiu. "Olha, eu não tenho delegação para essa decisão, até porque existe uma coordenação da organização com o partido. Isso é atribuição de Marcelo. Mas eu vou ver com ele e te falo."[36] A Odebrecht devia a conquista daquele contrato a um bocado de gente, mas não a João Vaccari.

As alianças que levaram à formação do consórcio com os franceses haviam percorrido outros caminhos, e neles quem reinava era um lobista chamado José Amaro Pinto Ramos, de 74 anos. Amaro era elegante e bem-apessoado. Morava em São Paulo, mas tinha apartamentos na Quinta Avenida, em Nova York, e nos Invalides, em Paris, e presenteava seus contatos nas empresas e no governo com opulentas cestas de fim de ano. Acumulava décadas de experiência na venda de produtos franceses para o Brasil — especialmente armamentos, mas também trens de metrô ou o que quer que fosse possível vender —, arrecadando comissões milionárias. Sua relação com José Serra era tão próxima que ele chegara a emprestar sua conta na Suíça para que o governador recebesse sua parte na propina do Rodoanel. E foi ele quem aproximou a Odebrecht da DCNS lá atrás, em 2007.[37]

Naquela época, vários países disputavam a preferência das Forças Armadas brasileiras, de olho no plano de Lula de investir 12 bilhões de dólares para reequipá-las e obter tecnologia para montar uma indústria bélica nacional. Amaro marcou uma reunião no Rio de Janeiro com BJ e mais cinco almirantes franceses. O Brasil havia acabado de comprar um submarino alemão e cogitava comprar mais. Os franceses tentavam entrar no mercado brasileiro oferecendo algo que os alemães não davam: transferência de tecnologia. Era preciso, portanto, escolher um parceiro local para receber a expertise da DCNS. Os franceses consideraram que a parceira ideal, pela experiência, pelo tamanho e pelo poder político, era a Odebrecht. A negociação foi difícil, cheia de impasses, mas ao final chegaram a uma associação em que a organização ficou com 60% do empreendimento, que incluía a construção do estaleiro, e os franceses com 40% — mas mantendo a liderança do projeto de construção do submarino.

Até que, na reunião para assinar o contrato, em Paris, o dirigente da DCNS, Philippe Sauvageot, colocou as cartas na mesa: "Júnior, está tudo tranquilo, tudo bem, mas eu preciso que você faça um contrato com o José Amaro Ramos e se prepare para pagar alguns recursos a ele. Essa é a nossa condição para que a parceria evolua". Naquele dia e nas conversas subsequentes, embora sem apresentar nenhuma evidência concreta do que dizia, Amaro sempre sugeria nas entrelinhas que precisava molhar a mão dos almirantes franceses, e insinuava que parte do dinheiro iria para o próprio presidente Nicolas Sarkozy. Entre 2010 e 2014, o time de Hilberto Silva depositou 40 milhões de euros numa conta mantida por Ramos no Uruguai. Anos depois, em sua delação premiada, Júnior disse acreditar que o dinheiro também chegou a almirantes e outros oficiais brasileiros responsáveis pela escolha da DCNS.[38]

O acordo entre Lula e Sarkozy para a compra de cinco submarinos e cinquenta helicópteros franceses a serem construídos no Brasil foi assinado em dezembro de 2008. O financiamento foi concedido pela França já com a condição de que fosse contratado o consórcio DCNS/Odebrecht para a construção do estaleiro e dos submarinos. Por isso, não houve licitação.

O contrato dos submarinos ainda rendeu dividendos a outro personagem bastante conhecido das empreiteiras — Othon Luiz Pinheiro, o "almirante Othon". Famoso no meio militar por ter desenvolvido nos anos 1980 uma nova tecnologia de enriquecimento de urânio chamada de ultracentrifugação,[39] Pinheiro fora muito poderoso na ditadura, e dizia-se que ainda detinha segredos militares. Ao entrar para a reserva, tornou-se consultor e amargou um período de ostracismo, depois que Fernando Henrique Cardoso decidiu deixar de lado o programa nuclear brasileiro. Foi reabilitado no governo Lula, que decidiu retomar a construção das usinas de Angra dos Reis e o convidou para comandar os trabalhos na presidência da Eletronuclear.

A estatal nada tinha a ver com a obra do submarino, mas, quando o almirante foi à sede da Odebrecht cobrar que o contratassem para uma "consultoria", Júnior entendeu o recado. Sabia que ele era muito próximo de Amaro Ramos e vivia colado aos franceses e ao comando da própria Marinha. Se quisesse, poderia criar problemas para a Odebrecht. Dizia-se que, para fazer qualquer negócio com a Marinha, era preciso garantir o apoio do almirante. Dar dinheiro a ele, portanto, era quase um imperativo na lógica da Odebrecht. BJ fechou com ele.[40]

Embora Othon Pinheiro insistisse num contrato formal de consultoria, alegando querer garantia de pagamento, Júnior achou melhor não colocar nada no papel.[41] Imaginava o tamanho do escândalo, se soubessem que a Odebrecht pagava ao presidente de uma estatal para fazer lobby num projeto da Marinha. Resolveu a questão de forma bem mais simples: batizou o almirante como Mergulhador no sistema de propinas da Odebrecht e, entre 2010 e 2014, mandou entregar a ele 1,2 milhão de reais em dinheiro vivo no Brasil. Depositou ainda 1,5 milhão de euros em contas indicadas por ele no exterior.[42] A Lava Jato contabilizou mais 4,5 milhões de reais em propina pagos a Pinheiro por empreiteiras contratadas pela Eletronuclear para a construção de Angra 3. Em agosto de 2016, ele foi condenado a 43 anos de prisão pela Justiça Federal do Rio de Janeiro.[43]

Considerando todo o esforço que já tivera de fazer, Júnior achou o pedido de Vaccari bem abusado. Como o petista insistia, ele decidiu avisar Marcelo, que foi falar com o Italiano. "Olha, Palocci, houve esse pedido, não tem nenhum cabimento. Eu já acertei com você o valor global, não vou ficar te passando valor por projeto."[44] Palocci concordou e fez Vaccari sossegar. Mas não por muito tempo. Semanas depois, o PT precisou de dinheiro, e o Italiano autorizou Vaccari a pegá-lo de sua conta-corrente com a Odebrecht. Aí Marcelo teve de liberar os recursos. Júnior então autorizou o pagamento de 16,5 milhões de reais entre 2012 e 2014.[45]

Como se não bastasse todo o frenesi de final de governo e da campanha eleitoral, uma terceira prioridade dos petistas viria a tomar o tempo da cúpula da Odebrecht: o plano para garantir financeiramente o futuro de Lula depois de deixar o Palácio do Planalto. Desde meados daquele ano, o círculo mais próximo ao presidente vinha discutindo a formação de uma entidade nos moldes do Instituto FHC, financiada pelo empresariado, para ser o veículo de atuação política do presidente após o final do mandato. Na cúpula petista, o assunto era uma das preocupações de Palocci, Gilberto Carvalho e Paulo Okamotto, amigo antigo de Lula e presidente do Serviço Brasileiro de Apoio às Micro e Pequenas Empresas, o Sebrae. O presidente havia delegado a eles e à primeira-dama, Marisa, a missão de escolher um local para instalar a entidade. Participavam do esforço conjunto outros dois amigos pessoais de Lula — José Carlos Bumlai e o advogado Roberto Teixeira —, que já haviam começado a trabalhar. Antes que Palocci fizesse qualquer movimento, eles já haviam achado um terreno com um prédio antigo no bairro de Indianópolis, na Zona Sul de São Paulo, que parecia ideal para abrigar o instituto.

Em meados de julho, Bumlai procurou Marcelo. Queria que a organização comprasse o imóvel por 10 milhões de reais e permanecesse proprietária no papel enquanto o instituto não estivesse criado. Só depois, com a entidade em funcionamento, dariam um jeito de transferir a escritura do prédio. Marcelo não acatou o pedido de imediato. "Primeiro eu preciso da aprovação de Palocci, porque já combinei com ele um valor para atender Lula. Se ele concordar, por mim não tem problema nenhum."[46]

A objeção era também uma desculpa. Marcelo ficou cabreiro. Achava arriscado demais a Odebrecht comprar um prédio para Lula às escondidas. Uma transação daquele tipo tinha grandes chances de ser descoberta pela imprensa. Melhor seria fazer uma doação pública diretamente ao instituto, como quando FHC criara o seu. Depois, a entidade usaria o dinheiro para comprar o que quisesse. Haveria, certamente, barulho na imprensa e na opinião pública, mas passaria logo, pensava o empreiteiro. Seria um prejuízo mais tolerável do que o risco de tentar esconder a transação.

Foi o que Marcelo disse ao Italiano dias depois. "Palocci, eu prefiro doar o dinheiro. Acho arriscado comprar o prédio. Dá uma checada nisso. O que você disser, eu faço." O Italiano já sabia da história pelo próprio Bumlai, e tampouco tinha gostado da ideia. Foi tirar satisfação com o empresário. "Eu não estou

Norberto e Yolanda Odebrecht se casaram meses antes da fundação da empreiteira, em 1944. Falecidos em 2014, não assistiram ao colapso da organização familiar.

Norberto se prepara para o depoimento na CPI do programa nuclear brasileiro, em 1979. As obras de Angra 1, a cargo da Odebrecht, acumulavam erros de projeto e acusações de superfaturamento. Mesmo assim, a empreiteira obtivera os contratos de Angra 2 e 3 sem concorrência.

Em 1990, Emílio estreou na capa da maior revista de negócios do Brasil, distinção reservada aos grandes empresários nacionais. Ele se preparava para suceder Norberto e trabalhava para resgatar a imagem da organização, atingida pelo escândalo da ferrovia Norte-Sul.

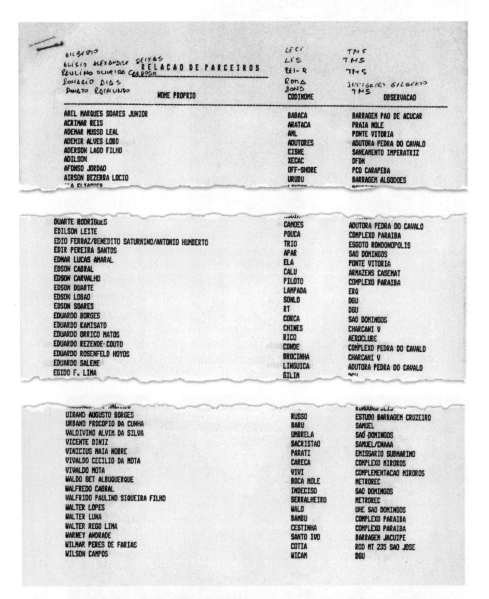

Nos anos 1980, era Maria da Conceição Andrade, secretária do departamento financeiro, quem cuidava dos pagamentos secretos da Odebrecht. Seguia as ordens de Antônio Ferreira, que se manteve na ativa até 2006. Nessa época, o grupo já mantinha listas de "parceiros" com os respectivos codinomes.

Em 1992, a CPI do esquema PC Farias descobriu pagamentos milionários da Odebrecht a empresas de fachada do "primeiro-amigo" do presidente Fernando Collor. Emílio conseguiu evitar a convocação pela CPI, mas teve de depor à Polícia Federal, em São Paulo. Foi acompanhado pelo advogado José Carlos Dias (à direita) e pelo diretor jurídico do grupo, Newton de Souza. O inquérito não prosperou.

No final de 1993, a PF apreendeu várias caixas de documentos na casa de Ailton Reis, diretor de relações institucionais da empreiteira em Brasília. A CPI do Orçamento revelou um esquema de superfaturamento de obras públicas e pagamento de propinas a políticos, estrelado pela Odebrecht, mas a organização e seus dirigentes escaparam de indiciamentos e condenações.

Marcelo e Isabela Odebrecht se casaram no final de 1995, na capela do Museu de Arte Sacra da Bahia, quando ele tinha 26 anos. Emílio e Regina Odebrecht ofereceram uma recepção para quinhentas pessoas. Contra a vontade da família, conhecida pela discrição, a revista *Caras* publicou uma matéria elogiosa sobre a "boda".

Em 2000, o presidente Fernando Henrique Cardoso inaugurou a duplicação da Copesul, com Emílio e o governador gaúcho, o petista Olívio Dutra. Associada à Dow Chemical e à Ipiranga, a Odebrecht Petroquímica controlava o polo de Triunfo (RS) desde 1992. Nos bastidores, articulava sua grande tacada no setor: a compra da Copene, na Bahia, que originou a Braskem.

No início daquela década, a Odebrecht atravessava uma das maiores crises de sua história. O contrato para a primeira ponte sobre o rio Orinoco, na Venezuela, injetou 1 bilhão de dólares no caixa. Na foto, FHC e Hugo Chávez (à esquerda) inauguram o canteiro de obras, ao lado do chefe da Odebrecht no país, Euzenando Azevedo (terceiro à direita, na sombra), que anos mais tarde delataria dirigentes chavistas.

Ao lado de Emílio, o presidente Luiz Inácio Lula da Silva foi convidado de honra do evento comemorativo de sessenta anos da Odebrecht, em novembro de 2004. "Eu acho, Emílio, que a Odebrecht é motivo de orgulho para qualquer brasileiro que viaje o mundo."

O publicitário João Santana começou a assessorar o PT em 2002, auxiliando Duda Mendonça. Em 2006, à frente da campanha da reeleição de Lula, passou a receber da Odebrecht, via caixa dois. Na foto, o marqueteiro e a ministra Dilma Rousseff (à direita) acompanham o presidente-candidato em debate. Santana fez ainda outras cinco campanhas eleitorais na América Latina e na África — das quais quatro pagas pela Odebrecht.

O presidente do Peru, Alan García (à esquerda), com Marcelo e Jorge Barata, diretor da Odebrecht no país, em dezembro de 2009. Seu governo contratou a empreiteira para as obras do metrô de Lima. Dez anos depois, quando a polícia bateu em sua casa para prendê-lo, acusado de receber propinas da Odebrecht, ele se suicidou.

Marcelo com o ex-presidente peruano Ollanta Humala, visitando as obras da hidrelétrica de Chaglla, em 2012. A promotoria do Peru acusa Humala e sua mulher de receber propinas milionárias da organização. Suas penas podem passar de vinte anos de cadeia.

Em outubro de 2010, o presidente Lula inaugurou uma fábrica da Braskem em Triunfo (RS). No fim do segundo mandato, o petista tinha aprovação recorde, e a organização investia pesado na cadeia do etanol, afundando-se em dívidas.

Em setembro de 2011, o ex-presidente Lula visitou as obras do estádio do Corinthians com o presidente do clube, Andrés Sanchez, Emílio e Marisa Letícia. A Odebrecht ainda buscava empréstimos estatais para o projeto, que custou quase três vezes mais que o previsto.

Os presidentes Lula e José Eduardo dos Santos, de Angola, assinam acordos de cooperação no Palácio Itamaraty, em junho de 2010. Na cerimônia também foi assinado o contrato de liberação de uma linha de crédito de 1 bilhão de dólares do Brasil para Angola, alvo de intensas negociações nos bastidores.

Em maio de 2014, Lula visitou Luanda para dar uma palestra paga pela Odebrecht. O ex-diretor de relações institucionais da Braskem, Alexandrino Alencar (segundo à esquerda, de camisa azul), o acompanhou na viagem.

Marcelo fala aos "integrantes" da organização em uma das tradicionais reuniões de fim de ano do grupo, em Salvador. Na era pré-Lava Jato, o presidente da Odebrecht S.A. comemorava sucessivos recordes de lucro e faturamento. Em 2010, com 77 mil funcionários, faturou 53,8 bilhões de reais.

Pedro Novis, Vítor Gradin e Emílio Odebrecht assistem ao discurso de Marcelo da primeira fileira do auditório, onde ficavam os conselheiros de administração — à frente dos acionistas, para passar a mensagem de que a empresa era mais importante que a família.

Engenheiro que começou na Odebrecht junto com Emílio, nos anos 1970, Renato Baiardi se tornou acionista da holding e presidiu a construtora Odebrecht até 2001, quando passou o comando a Marcelo. O herdeiro o chamava de tio.

Em 2010, Marcelo e seus executivos desfrutavam de prestígio e poder. Anos depois, muitos fariam acordo com a Lava Jato. Da esquerda para a direita, de cima para baixo, os "líderes de negócios": Benedicto Júnior, de Infraestrutura; Miguel Gradin, Óleo e Gás; Felipe Jens, Participações e Investimentos; Fernando Reis, Foz do Brasil; Bernardo Gradin, Braskem; José Carlos Grubisich, ETH; Marcelo Odebrecht; Márcio Faria, Engenharia Industrial; Luiz Mameri, Odebrecht América Latina e Angola; Luiz Teive, Odebrecht Internacional; Euzenando Azevedo, Venezuela; Paul Altit, Odebrecht Realizações Imobiliárias.

Como ministros de Dilma e Lula, Antonio Palocci, Guido Mantega e Fernando Pimentel — ou Italiano, Pós-Itália e Do Reino, respectivamente, segundo o sistema das operações estruturadas — eram os principais interlocutores da Odebrecht no governo federal durante a era petista.

A presidente Dilma Rousseff, o governador Jaques Wagner, a presidente da Petrobras, Graça Foster, Marcelo, o presidente da OAS, Léo Pinheiro, e o dono da UTC, Ricardo Pessoa, no lançamento da pedra fundamental do estaleiro Enseada do Paraguaçu, na Bahia, em julho de 2012. A Odebrecht injetou 700 milhões na joint venture, que pediu recuperação judicial em 2019, sem nunca ter entregado uma sonda.

Marcelo ao lado de Dilma e Raúl Castro, na inauguração do porto de Mariel, em Cuba, em janeiro de 2014. Beneficiada com financiamento de quase 1 bilhão de dólares do BNDES, a Odebrecht tocou a obra de olho nas boas relações com a esquerda continental.

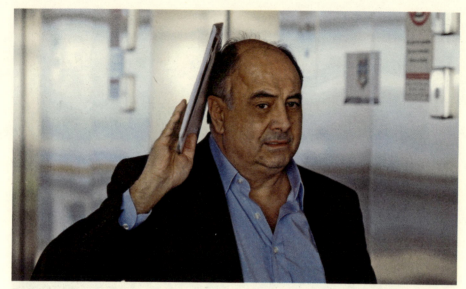

Em 2006, Hilberto Silva assumiu o caixa dois da organização. Sob seu comando, o Departamento de Operações Estruturadas montou um sofisticado esquema de offshores que distribuiu mais de 1 bilhão de dólares a políticos, lobistas e funcionários públicos de vários países.

Num gesto kamikaze, em novembro de 2013 Hilberto assinou um documento atestando que a Odebrecht era a verdadeira controladora da Smith & Nash, no banco suíço PKB, que transferira recursos para Paulo Roberto Costa e outros personagens do petrolão. Assim deu à Lava Jato as primeiras pistas do envolvimento da organização no esquema.

Com o avanço da Lava Jato, a Odebrecht alugou servidores na Suécia, instalados no mesmo subterrâneo fortificado que guardava os dados do Wikileaks. Não adiantou. As planilhas das operações estruturadas acabaram nas mãos do Ministério Público Federal.

Sede do Meinl Bank em St. John's, na ilha de Antígua. A partir de 2010, a filial caribenha do banco austríaco se tornou o principal hub financeiro do Departamento de Operações Estruturadas no exterior.

Em 19 de junho de 2015, a 14ª fase da Operação Lava Jato, intitulada Erga Omnes, prendeu Marcelo Odebrecht e Otávio Azevedo (de casaco bege), da Andrade Gutierrez. O presidente da organização passou dois anos e meio na cadeia.

Isabela Odebrecht na PF de Curitiba, em 2016. Em dois anos e meio, ela viajou 132 vezes ao Paraná para visitar o marido.

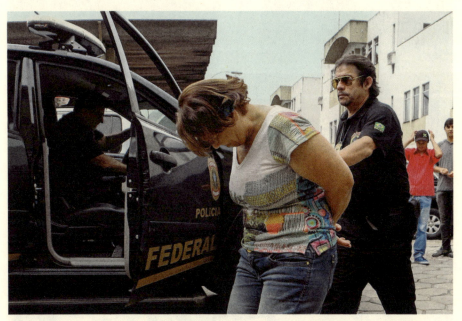
Maria Lúcia Tavares foi presa em fevereiro de 2016 pela Operação Acarajé, 23ª fase da Lava Jato, em Salvador. A secretária do Departamento de Operações Estruturadas, que organizava as entregas de dinheiro vivo, firmou uma colaboração premiada independente que levou à derrota definitiva da Odebrecht para a Lava Jato.

Em fevereiro de 2016, Fernando Migliaccio, coordenador das offshores do Departamento de Operações Estruturadas, foi à Suíça resgatar alguns quilos de ouro guardados num banco. Não conseguiu, e acabou preso na fronteira italiana com pen drives, celulares, chips e notebooks.

Ladeado por Maurício Ferro (à esquerda), seu cunhado e vice-presidente jurídico da holding, e pelo advogado Nabor Bulhões, Marcelo depõe à CPI da Petrobras, em Curitiba. Mesmo depois de dois meses preso, ele continuava tão confiante que cometeu um deslize, ao declarar: "Quando lá em casa as minhas meninas tinham uma discussão, falavam e tinham uma briga, uma dizia: *Olha, quem fez isso?* Certo? Eu diria o seguinte: eu talvez brigasse mais com quem dedurou do que com aquele que fez o fato".

COMO CONTINUO SENDO PRETERIDO A TUDO E A TODOS, SÓ ME RESTA, ESTANDO PRESO, 3 ALTERNATIVAS PARA QUE MINHA DEMANDA DE 14 MESES SEJA FINALMENTE PRIORIZADA POR EO E SUA TROUPE:

• GREVE DE FOME, O QUE POR MOTIVOS ÓBVIOS NÃO É O CASO... ATÉ PELA MINHA HIPOGLICEMIA (RESES).

• "AMEAÇAR" OS QUE ESTÃO AÍ FORA, ENQUANTO PAGO POR ELES, COMO FIZERAM TODOS OS EXECUTIVOS PRESOS. ÓBVIO, QUE É UMA ALTERNATIVA QUE NÃO ENCONTRA RESPALDO NO MEU CARÁTER

• FAZER BOICOTE, NÃO FALANDO COM OS

3553
16/08/16

ADVOGADOS E ATRASANDO/PERTURBANDO TUDO. QUE É JUSTAMENTE O QUE VOU FAZER CASO A MISSÃO DE MONCA NÃO SEJA IMEDIATAMENTE RESOLVIDA!

UM PONTO QUE A MEU VER PODE COMPROMETER NOSSO ACORDO É O FATO DE EO, CONFIRMANDO SUA COVARDIA E OMISSÃO, ESTAR RESISTINDO A COLABORAR. COM ISTO FICA UM HIATO NOS NOSSOS RELATOS, POIS FICA FALTANDO OS RELATOS SOBRE LULA. ISTO VAI NOS COMPLICAR BEM (E NOS CUSTAR MUITO) PODENDO ATÉ IMPEDIR O ACORDO, OU AUMENTAR PENAS E MULTAS.

ISTO SEM CONTAR QUE ME DEIXA EM UMA SITUAÇÃO DIFÍCIL, SEM TER COMO RESPONDER MUITAS VEZES. SEM EXPOR MEU PAI.

> PARECE QUE ESTAMOS EM UMA GUERRA ONDE JÁ NO INÍCIO O COMANDANTE FOI CAPTURADO.
> ISTO, PORÉM, NEM É O PIOR, JÁ QUE NINGUÉM É INSUBSTITUÍVEL.
> O PROBLEMA QUE ESTAMOS VIVENDO É QUE NO LUGAR DESTE COMANDANTE, ENTROU UM IMPOSTOR, INCOMPETENTE, COVARDE, OMISSO E CHEIO DE RABO PRESO COM UMA CORJA QUE O INFLUENCIA

> 13:35, IMPEACHMENT DA DILMA

Na prisão, Marcelo escreveu mais de 7,2 mil páginas de cartas, diários e bilhetes destinados a familiares, colaboradores, amigos e advogados. Numerava todas as páginas, meticulosamente preenchidas com letra de forma e enviadas à mulher, Isabela.

Os procuradores da força-tarefa da Lava Jato no Paraná se tornaram celebridades nacionais por desvendar os esquemas do petrolão. Da esquerda para a direita: Athayde Ribeiro Costa, Roberson Pozzobon, Januário Paludo, Carlos Fernando dos Santos Lima, Deltan Dallagnol, Paulo Roberto Galvão, Orlando Martello, Diogo Castor e Antônio Carlos Welter.

Em 2016, os advogados e a cúpula da Odebrecht instalaram seu QG no hotel Windsor, na região central de Brasília, para a fase final das negociações do acordo de delação premiada. O processo envolveu a colaboração de 78 executivos da Odebrecht.

A rotina de Marcelo na cadeia, conforme seus registros detalhados, incluía "banhos de gato" e sessões de pilates, além de inúmeras reuniões com seus advogados.

Em 1º de dezembro de 2016, a Odebrecht fechou um acordo com a Lava Jato. Enquanto os executivos assinavam seus acordos individuais em Brasília, advogados e procuradores assinavam o termo de leniência da pessoa jurídica em Curitiba. Os 78 delatores cumpriram ao todo 353 anos de pena e devolveram 1,1 bilhão de reais aos cofres públicos.

Assistido pelo advogado Adriano Maia, Emílio depôs à PGR em dezembro de 2016 como colaborador da Justiça. O presidente do conselho de administração da Odebrecht detalhou seu relacionamento com Lula e outros políticos.

Marcelo deixa a prisão em dezembro de 2017 para a reclusão domiciliar em regime fechado. Ainda na cadeia, começou a traçar uma estratégia para derrotar Emílio e seus aliados e reconquistar o controle da organização. Suas penas de regime semiaberto e aberto terminam em 2025.

Marcelo entre a advogada Joana Batista (primeira à esquerda), a presidente da Atvos, Juliana Baiardi, o diretor de comunicação da Atvos, Genésio Lemos Couto, e o gerente de recursos humanos Marcos Sabiá, na primeira visita à sede do grupo, em São Paulo, depois de deixar a prisão. Em setembro de 2019, ele passou do regime domiciliar fechado para o semiaberto.

Um dos "alvos" de Marcelo Odebrecht depois de deixar a prisão, seu cunhado Maurício Ferro foi preso em agosto de 2019, na 63ª fase da Lava Jato. Foi acusado de obstruir a Justiça e de receber dinheiro não declarado na Suíça. Passou duas semanas na carceragem da PF em Curitiba.

Com ele, foram apreendidos tokens com chaves de criptografia, entre os quais a força-tarefa esperava encontrar o meio de acesso ao My Web Day do B, sistema de controle do caixa dois da organização. Como o material da operação foi remetido à Brasília, os tokens não foram testados e até hoje o sistema continua impenetrável.

Em dezembro de 2019, Marcelo foi demitido por justa causa pelo presidente da holding, Ruy Sampaio. A empresa o acusou de chantagem. Para Sampaio, Marcelo agia como um menino que "fura a bola e diz: se eu não posso jogar, ninguém joga".

O ex-diretor jurídico e acionista da Odebrecht Newton de Souza assumiu a presidência do grupo após a prisão de Marcelo. Quando o antecessor saiu da cadeia, o acusou de conhecer os esquemas de propina.

Ao saber que o filho seria demitido da Odebrecht, Regina escreveu um bilhete para Marcelo. Os dois haviam brigado e não se viam, mas ainda se falavam por telefone e por mensagem.

> **Marcelo** ① 19/03/20
>
> As netas pedem dinheiro aos avós para coisas de subsistência e você fica pedindo a vários integrantes da Organização ajuda financeira, procurando constranger 3ºs. Desça do pedestal e peça a seus pais as necessidades de sobrevivência da família, enquanto persistir as ações (méritos) entre a Organização e você e sobre as quais, já disse, várias vêzes, não interferiremos.
>
> De seus pais, Regina e Emílio

Depois que a Justiça bloqueou as contas de sua esposa e das filhas a pedido da própria Odebrecht, Marcelo teve de emprestar dinheiro de amigos. Na carta de março de 2020, Emílio e Regina se dizem dispostos a um acordo com o filho, mas pedem: "Desça do pedestal".

entendendo o que vocês estão fazendo. O Instituto não vai ser feito para receber doações de empresas? Não é para isso que estamos fazendo esse instituto? Por que vamos inaugurá-lo já com uma ilegalidade desse tamanho?"[47]

Palocci ainda tentou fazer com que Lula abortasse a operação, mas não conseguiu. De volta a Marcelo, chegou a sugerir que ele batesse pé pela doação. Depois de considerarem as consequências, desistiram. O próprio Palocci concluiu: "Foi ideia do Roberto Teixeira, já convenceram lá a dona Marisa e o Lula, se você ficar criando caso, vão dizer que você tem má vontade com o Lula, sabe como é. Aí vai resolver na marra". Com "na marra", o Italiano queria dizer que o presidente recorreria a Emílio, e eles teriam de comprar o terreno de qualquer maneira. "É melhor você liberar."

Resignado, Marcelo chamou Paul Altit, que estava no comando da Odebrecht Realizações Imobiliárias, e ordenou que comprasse o imóvel. Para a organização não constar como proprietária, o herdeiro pediu a um amigo que era dono de uma pequena empreiteira, Dermeval Gusmão, para ser o testa de ferro. Depois, determinou a Hilberto Silva que liberasse 10 milhões de reais para Teixeira e Bumlai. O dinheiro seria registrado na cota do Amigo e debitado dos créditos de Palocci.[48]

"Vocês têm de entrar", decretara Lula. Foi o que Emílio contou, logo ao chegar de uma reunião com o presidente em Brasília, sobre a participação da Odebrecht no leilão da usina de Belo Monte. A conversa havia sido tensa. Nos primeiros meses de 2010, governo e empreiteiras viviam uma queda de braço em torno do leilão. O motivo da discórdia, mais uma vez, era preço.

As grandes construtoras calculavam em 30 bilhões de reais o valor final da obra da hidrelétrica — um portento com capacidade de geração de energia equivalente à de Itaipu, duas barragens e um canal de dezesseis quilômetros de extensão e 25 metros de altura, encravado na Amazônia paraense. Comparavam o esforço de engenharia ao empregado no canal do Panamá. O governo, porém, sustentava que seria possível construir a usina por 14 bilhões de reais, preço-base que constaria do edital. Quando perguntavam aos técnicos como haviam chegado àquele valor, os empresários ouviam que saíra da cabeça de Dilma. Depois de muita negociação, os representantes do governo ainda aceitaram aumentar para 19 bilhões. Naquelas condições, Odebrecht e Camargo Corrêa, os representantes do governo que cogitavam formar um consórcio, diziam que não compensava nem participar do leilão. Poucos dias antes da conversa com Emílio, no Palácio do Planalto, em 29 de abril, as duas empreiteiras anunciaram que estavam fora da disputa.

Lula e Dilma ficaram furiosos. Depois das experiências com os leilões de Santo Antônio e Jirau, tinham motivos para pensar que se tratava de mais uma jogada para emparedar o governo. Sem o consórcio Odebrecht/Camargo Corrêa, sobrava apenas o grupo da Andrade Gutierrez. Não só não haveria mais competição, como se temia que o preço da usina acabasse escalando até o patamar desejado pelas construtoras. Naquele mesmo dia, Lula mandou um recado aos empresários, numa entrevista rápida e improvisada no hall do Palácio do Planalto: "Uma coisa vocês podem estar certos: nós vamos fazer Belo Monte. Isso é importante que fique claro em alto e bom som. Entrem [consórcios na disputa] ou não entrem. Nós precisamos encontrar o preço justo e não o preço que alguém quer nos impor".[49]

Apesar da firmeza em público, nos bastidores o governo acendeu o alerta máximo. Faltavam pouco mais de dez dias para o leilão, e o plano de Lula de encerrar o mandato dando a partida para a construção da hidrelétrica estava em risco. Lula e Dilma não queriam arcar com um fiasco daqueles no início da campanha eleitoral. Era preciso garantir um leilão competitivo — mesmo que fosse uma competitividade cenográfica, forjada à base de subsídios e concessões de última hora. Mesmo que tivessem que estatizar Belo Monte.

O presidente escalou para a missão o primeiro-amigo José Carlos Bumlai e o ex-ministro da Fazenda Delfim Netto, de quem se aproximara nos anos anteriores.[50] Determinou que os dois percorressem os guichês do mercado de energia buscando interessados em compor um consórcio de última hora. Com as grandes construtoras comprometidas entre si, só restavam as menores — e eles foram a todas, uma a uma. A movimentação provocou um frisson entre os empresários. Ao mesmo tempo que se empolgaram com a oportunidade, desconfiavam estar sendo usados como isca para desafiar as grandes. De seu lado, ao saber que o governo formava um consórcio alternativo, os dirigentes da Andrade Gutierrez, que negociavam uma sociedade com a Vale, ficaram preocupados.

Desnorteados, os empresários foram pedir ajuda a Palocci. Ele estava enfronhado na coordenação da campanha de Dilma, mas fez uma pausa e foi à Casa Civil falar com a substituta e braço direito da presidenciável no ministério, Erenice Guerra. Voltou com dois recados para os empreiteiros. Para os menores, disse que o governo queria mesmo o consórcio alternativo — tanto que colocaria as estatais de energia para participar. Ao mesmo tempo, Palocci tranquilizou o presidente da Andrade Gutierrez, Otávio Azevedo. Mesmo que perdesse o leilão, a Andrade seria incluída depois, na execução da obra.[51]

No fundo, o governo sabia que não conseguiria fazer Belo Monte sem as grandes construtoras. Não só porque eram elas que tinham a experiência e a capacidade — equipamentos, mão de obra, experiência e crédito para bancar os gastos iniciais —, mas também porque, àquela altura, já estavam todos umbilicalmente presos numa corrente que não podia mais ser rompida. Tirar a Andrade Gutierrez, por exemplo, provocaria um prejuízo à máquina partidária. Na conversa com Palocci, Azevedo explicou já ter combinado com o presidente do partido, Ricardo Berzoini, uma propina de 1% do valor da obra, a ser dividido entre PMDB e PT.[52] Falava-se, ali, de 190 milhões de reais. E mais uma vez seria contrapartida por negócios conseguidos no governo, em forma de doação de campanha. Anos depois, com a Lava Jato em curso, as empreiteiras insistiriam na distinção entre as duas coisas, mas o fato é que elas com frequência se misturavam. Diante de Palocci, o presidente da Andrade não só reafirmou o compromisso como insistiu em pagar um adiantamento para "convencer" o governo a deixá-los ganhar o leilão.[53]

Palocci achava arriscado receber a parte do PT antes de saber quem seria o vencedor. Preferia esperar o resultado a ser cobrado depois pela Andrade por uma eventual derrota. Afinal, ele sabia que Erenice estava fazendo jogo duplo. Se Azevedo queria tanto pagar, que adiantasse a cota do PMDB. O partido vinha cobrando Palocci. Além de colocar Temer como vice, os peemedebistas prometiam ser um pilar de sustentação do governo no Congresso. Sem grana para a campanha, porém, ficaria difícil. Se não podia garantir que a Andrade ganharia o leilão, pelo menos garantiria um bom dote a Temer, Lobão e cia.

"Juntaram toda a gataiada", comentavam os homens de Marcelo, em tom de blague, ao ver a comemoração dos concorrentes quando o resultado do leilão de Belo Monte foi anunciado, em 20 de abril. "Gata" era a forma como os empreiteiros se referiam às próprias empresas. "Gataiada" eram as outras. O consórcio montado por Bumlai e Delfim Netto, que reunia firmas como Malucelli, Cetenco, Contern e Gaia,[54] acabara de vencer a disputa prometendo cobrar

77,97 por megawatt-hora gerado na futura usina — contra o lance de 82,90 do consórcio Andrade-Vale. Para viabilizar o leilão, o governo havia fornecido às concorrentes financiamento do BNDES para 80% da obra e isenção de 75% no Imposto de Renda.[55]

Pouco importava, porém. Todos sabiam que era uma vitória relativa. Metade do consórcio vencedor era da Chesf, distribuidora de energia estatal. O Bertin, grupo privado, já não conseguia cumprir os compromissos de construção de termelétricas assumidos com a Petrobras. Da "gataiada", só a Queiroz Galvão tinha porte para participar da obra, e mesmo assim nunca haviam feito algo sequer parecido.

Por isso, embora cantassem vitória diante dos holofotes, nos bastidores Lula e Dilma pediram arrego às grandes. Oficialmente e para a opinião pública, sustentaram que a usina sairia por 15 bilhões de reais,[56] mas, na prática, para convencer Camargo e Odebrecht a integrar o consórcio das pequenas e construir a usina, propuseram um truque para permitir que fossem atingidos os famigerados 30 bilhões de reais: adotar no contrato de construção o critério de "preço unitário" — em que se paga pela quantidade de itens usados na obra. Quanto mais terra, mais cimento, mais gente e mais equipamentos empregassem, mais as firmas de engenharia receberiam. Quando o distinto público se desse conta, os 15 bilhões já teriam ficado para as calendas.[57]

Mesmo assim, Marcelo resistia. Dizia que o desgaste do custo maior recairia sobre a Odebrecht. Além do mais, já estava cheio de pepinos para administrar e andava irritado com o pai e com o PT. Resistiu o quanto pôde, mas cedeu ao apelo de sempre: não era um bom momento para arrumar briga com o governo. Os Odebrecht estavam aterrorizados com a possibilidade de Dilma ganhar a eleição e passar a boicotá-los. Nas mesmas reuniões em que Lula pressionava Emílio a entrar em Belo Monte, o empreiteiro pedia que o presidente marcasse uma reunião antes do final do mandato para "transmitir a relação" dos dois a Marcelo e Dilma. O herdeiro protestou até o final. Emílio, porém, fechou questão. Em 26 de agosto, a Odebrecht assinou o contrato para integrar Belo Monte e assumiu, ao lado da Camargo, 16% do consórcio construtor.

O ano de 2010, definitivamente, não era para os fracos. Corria o mês de agosto, ainda faltavam dois meses para a eleição, e a lista de compromissos acumulados pela Odebrecht com o PT já era gigantesca. Mesmo com tudo o que havia sido pago e negociado nos dois anos anteriores, os petistas continuavam a pedir recursos. Ao decidir com Palocci que compraria o terreno para o Instituto Lula, Marcelo aproveitara para listar os compromissos que assumira com o PT. Nos últimos tempos, já tinha se comprometido a dar aos petistas 50 milhões de reais em propina pelos créditos de IPI, mais 64 milhões de reais em troca da liberação da linha de crédito de Angola, e havia combinado com Benedicto Júnior que reservaria 50 milhões de reais dos recursos do submarino. Acertou, ainda, que separaria 35 milhões para as despesas que Lula certamente teria depois que saísse da Presidência. Somando tudo, chegava-se a 200 milhões de reais, dos quais 100 milhões já haviam sido gastos desde a campanha de 2008. Sob qualquer critério, era muito dinheiro. Muito mais do que a Odebrecht já tinha dado a qualquer partido político em qualquer momento.[58]

Já no escritório, Marcelo chamou Hilberto Silva à sua sala. Diante dele, rabiscou em uma folha de papel os valores, fontes e destinações dos recursos que já havia prometido ao partido; então ordenou: "Faça uma planilha com esses dados. Precisamos controlar o dinheiro que estamos dando ao PT". Hilberto pegou o papel e entregou a Fernando Migliaccio, que criou no computador um arquivo chamado "Planilha Italiano".[59] Então Marcelo procurou Emílio. "Meu pai, avisa Lula que é o seguinte, que a gente já vem contribuindo desde 2008, para ele não achar que o que a gente está contribuindo agora é tudo", alertou. "Na verdade, desde 2008, nós doamos já 200 milhões de reais, 100 milhões que eu fechei com o Palocci e mais 100 milhões que foram fechados pelos executivos",[60] continuou Marcelo. "O negócio está ficando demais. Estão querendo coisas que não podemos dar."

Em sua primeira chance de conversar com o presidente, Emílio foi mais explícito do que de costume. Enganou-se, porém, com os números, e disse que o pacote para o PT era de 300 milhões de reais. Lula, por sua vez, mencionou a cifra a Palocci, que desfez o mal-entendido com Marcelo.[61] Apesar de contrariado com a confusão, pelo menos ele teve certeza de que, naquele assunto, o pai o apoiava.

A verdade era que até mesmo Emílio, calejado por décadas de tratos com políticos, estava impressionado: "Chefe, eu sei que o meu pessoal tá querendo o mínimo e o seu pessoal está querendo o máximo. Faça um trabalho com seu pessoal, que eu vou fazer com o meu, para que eles possam efetivamente chegar a uma conclusão, procurando compreender que um precisa se aproximar do outro. Porque no fundo, no fundo, quero lhe dizer: no início eles tinham uma postura de jacaré. Agora estão tendo de crocodilo! Estão muito mais gananciosos do que estavam no passado!".[62] E prosseguiu: "Esse pessoal parece que está querendo jogar para cima da Odebrecht todo o custo da campanha do PT. Isso tem um limite. Tem várias outras empresas no Brasil e elas precisam contribuir também. Nós não podemos ficar aí atendendo ilimitadamente as necessidades do partido".[63] Lula, como sempre, disse que ia dar um jeito. Nunca se soube se realmente tomou qualquer iniciativa.

A eleição de 2010, além de ser a última antes do terremoto Lava Jato, foi também a última do ciclo de bonança econômica nacional. O partido de Lula e Dilma surfava na onda do Brasil-potência. Tinha dez candidatos competitivos a governador e apoiava mais dezesseis em coligações.[64] Outros 990 correligionários disputavam vagas em assembleias legislativas, na Câmara Federal e no Senado.

Em ano eleitoral, gente das mais variadas legendas ia bater à porta dos gerentes, superintendentes, diretores e até conselheiros da Odebrecht. Nos meses antes da votação, os escritórios da empreiteira concentravam mais políticos que gabinete de ministro em época de liberação de emendas. Iam todos figurar nas planilhas de Luiz Eduardo Soares, o Luizinho, que naqueles períodos ficava especialmente focado na eleição. E passavam pelo crivo de Benedicto Júnior, que se tornava ainda mais poderoso.

Mais até do que Marcelo, era Júnior quem tinha na cabeça o mapa eleitoral da Odebrecht. Embora não negociasse diretamente com todos os beneficiados, sabia quanto cada um tinha levado e por quê. Cabia a ele controlar se os limites para doação legal por partido ou candidato estavam sendo obedecidos e se o dinheiro estava sendo bem distribuído entre os mais de quinhentos CNPJs disponíveis[65] para doações (os recursos de caixa dois eram computados à parte, no sistema das operações estruturadas). Sabia, por exemplo, que os irmãos Viana, petistas do Acre, haviam recebido 2 milhões de reais no caixa dois, a pedido de Palocci, e que o dinheiro fora debitado da conta-corrente do Italiano. Conhecia de cor a negociação que levara a Odebrecht a enviar 3 milhões para o caixa dois da campanha de Gleisi Hoffmann ao Senado, pelo Paraná. Dominava as cifras das doações feitas pelo representante da Odebrecht em Brasília, Claudio Melo Filho, para mais de vinte congressistas, em especial os do PMDB: Romero Jucá (Caju, 22 milhões de reais), Geddel Vieira Lima (Babel, 5,8 milhões de reais), Renan Calheiros (Justiça, 2,8 milhões), e o petista Jaques Wagner (Polo, 3 milhões).[66] E tinha suas próprias apostas, todas muito bem tratadas: Aécio Neves, Sérgio Cabral ou Eduardo Campos, Paulo Hartung, Eduardo Paes e Rodrigo Maia tinham espaço garantido em sua planilha.

14. Pacto de sangue

A maior estrela eleitoral na Odebrecht, porém, não era nenhum político e muito menos algum executivo. Quem estava com tudo era João Santana, cujo cacife vinha crescendo na América Latina, junto com o de Lula. Depois de eleger o presidente brasileiro em 2006 e Maurício Funes em El Salvador em 2009, Feira havia se tornado o sonho de consumo de todo líder com grandes pretensões no continente. Obviamente, não tinha como atender a todos. Por isso, quem queria um espaço na agenda do marqueteiro oficial do PT acabava tendo que recorrer a Lula. Entre 2009 e 2014, Santana faria cinco campanhas presidenciais fora do Brasil: El Salvador, Venezuela, República Dominicana, Panamá e Angola. Delas, só a dominicana não foi feita a pedido de Lula. Mesmo no Panamá, onde o petista não tinha afinidade ideológica com o candidato José Domingo Arias, foi ele quem garantiu a presença de Feira na campanha, a pedido da Odebrecht. Arias havia sido ministro de Ricardo Martinelli, um presidente de centro-direita que tinha relação profícua com a empreiteira, mas não conseguia sequer marcar uma reunião com João Santana.[1] Só quando Emílio pediu a Lula para interceder o marqueteiro sentiu-se obrigado a atender Arias. O candidato perdeu, mas a relação do casal com a organização saiu fortalecida.

Quando Mônica Moura apareceu para acertar os recebimentos de 2010, perguntou para Hilberto: "Você já sabe de tudo?". Ele respondeu: "Já, já sei, nós vamos atender como você precisa".[2] E orientou Migliaccio: "Agora acerte com Mônica como vai pagar". A esposa e sócia de Santana havia combinado com Palocci receber 36 milhões de reais no primeiro turno e mais 18 milhões no segundo. Do total de 54 milhões de reais, 25 milhões foram pagos pela Odebrecht, parte em contas do casal no exterior e parte em dinheiro vivo no Brasil. O resto vinha de outras fontes e foi sendo entregue diretamente pelos petistas em sacolas cheias de dinheiro, em cafés de shopping e na sede do PT.[3]

Durante a campanha, a marqueteira vivia uma vida semiclandestina. Enquanto o marido se enfurnava no estúdio produzindo um vídeo atrás do outro, Mônica se hospedava em flats em São Paulo, onde passava o dia trabalhando no computador, à espera de portadores com bolsas de viagem e maletas carregadas de notas. Era tanto dinheiro que, por vezes, quem o entregava era obrigado a colocar as notas que sobravam dentro das meias e jaquetas, que esvaziavam em cima das camas e poltronas, diante dela.

Mesmo que quisesse, Mônica não teria como conferir ali, na hora, se o que estava sendo entregue correspondia ao combinado com Migliaccio. Para dar conta da tarefa, foi obrigada a comprar uma máquina de contar dinheiro, que botava para funcionar assim que os entregadores viravam as costas. Com exceção de umas poucas vezes, em que faltaram alguns mil reais, os valores sempre batiam. Segundo os cálculos da marqueteira, cerca de 5 milhões de reais foram entregues dessa forma em 2010.[4] Ao saber como o esquema funcionava, o tesoureiro do PT, João Vaccari, espantou-se: "É você mesmo quem recebe?! Cuidado, você não pode fazer isso sozinha!". Ela admitiu que, às vezes, tinha medo de ser atacada por algum entregador ou de ser assaltada ao sair dos hotéis. Vez ou outra, usava um portador enviado por Vaccari. Mas, como nunca tinha acontecido nada e não havia ninguém a quem pudesse confiar a tarefa, Mônica manteve tudo como estava e procurou não pensar demais nos riscos.

O ambiente delirante da campanha não contaminava apenas os políticos, executivos e marqueteiros. No Departamento de Operações Estruturadas, os efeitos da eleição também se faziam sentir. O pequeno grupo de executivos era cada vez mais requisitado. Se por um lado sentiam-se poderosos, andavam angustiados. O Antigua Overseas Bank, ou AOB, em que trabalhavam seus parceiros Marco Bilinski, Vinicius Borin e Luiz França, havia acabado de quebrar.

Desde que Hilberto Silva recrutara Olívio Rodrigues para prestar serviços exclusivos como testa de ferro, o AOB havia sido o canal preferencial para lavar o dinheiro. Pelo banco, cujo quartel-general ficava numa rua pacata e sem charme da pequena e ensolarada St. John's, capital da ilha caribenha de Antígua, haviam passado mais de 1 bilhão de dólares desde 2006. O dinheiro vinha de contas como a da Klienfeld Services, Fastracker Global Trading, Trident e Fincastle Enterprises, que pertenciam à quarta camada de offshores, e delas seguia para as contas dos beneficiários finais dos pagamentos. Graças à Odebrecht, o AOB vivera uma era de prosperidade. Mas a incúria dos controladores empurrou a instituição para o buraco. Quando perceberam que o banco estava para quebrar e poderia sofrer intervenção, França e Bilinski se mudaram para Antígua e lá ficaram por quase um ano, numa intervenção comandada pelo setor de propinas. Retirando o que podiam e enviando para o panamenho Credicorp, conseguiram salvar a maior parte do dinheiro. Não tudo, porém. Quando o AOB foi finalmente liquidado, em meados de 2010, ainda havia 15 milhões de dólares presos na conta da Klienfeld Services.[5]

Pior do que perder o dinheiro, contudo, era ficar sem um meio seguro para movimentar os recursos sem passar pelo compliance das instituições maiores. No começo, o grupo chegou a pensar em comprar o AOB. Depois de avaliar a situação em detalhes, desistiu. Não só porque o rombo já havia se tornado incontornável, mas porque, na ânsia de limpar a barra antes da investigação que certamente viria, o setor de compliance do AOB já comunicara operações suspeitas da Odebrecht às autoridades.[6]

Estavam nesse pé quando Luiz Eduardo Soares chegou ao Brasil com uma solução. A duzentos metros da sede do AOB na ilha de Antígua, havia uma filial de um banco austríaco, o Meinl Bank, inativa e à venda. Soares tinha ficado sabendo pelo próprio diretor do banco, Peter Weinzierl, em um almoço em Viena. E farejou um bom negócio, não só para a empresa como para si próprio. A filial do Meinl Bank consistia então em algumas poucas salas em um casarão de cor clara, cheio de janelas e com jeito de igreja evangélica, numa rua sem movimento. Tinha menos de dez funcionários, que matavam o tempo preenchendo papéis e cumprindo tarefas menores, apenas para obedecer às exigências da lei local. O plano de Luizinho era reabrir no Meinl Bank todas as contas fechadas no AOB. Só que, daquela vez, não seria preciso negociar comissões e vantagens com o dono do banco para driblar o compliance. Porque *eles* seriam os donos do banco.

Comprar um banco era um plano ousado, que implicava riscos altos. A ideia já havia sido proposta à empresa, mas Hilberto Silva a descartara. Para ele, era melhor e mais seguro apenas operar com algum banco pequeno de paraíso fiscal, como o AOB. Os executivos, porém, tinham suas razões para preferir a aquisição. A primeira era ter total controle da instituição, para impedir novas perdas e manobrar o compliance conforme a necessidade. A segunda era ganância mesmo. Desde que haviam começado a operar com o AOB, os executivos haviam instituído um esquema sub-reptício de remuneração que drenava parte dos recursos sujos da Odebrecht para suas contas pessoais, sem que ninguém desconfiasse. Por esse acerto, metade dos 2% de comissão que a organização pagava ao banco para movimentar o dinheiro ia parar nas contas de Olívio, Migliaccio e Luizinho. Comprando o Meinl Bank, eles poderiam embolsar toda a comissão sem ter que dividi-la com ninguém. Então decidiram seguir com o plano, mas por conta própria. Para todos os efeitos, apenas trocariam o AOB por outra instituição. Ninguém precisava saber que o banco seria deles de fato.

Foi o próprio Luizinho quem fechou o negócio com Weinzierl, em Viena. Por uma entrada de 3 milhões e mais quatro parcelas de 246 mil dólares, Olívio Rodrigues tornou-se o principal acionista individual do Meinl Bank de Antígua. Os três do AOB também se tornaram sócios, gerindo o novo banco por salários de 10 mil dólares.[7] O Meinl Bank passou a hospedar a maior parte das contas da quarta camada de offshores — pelo menos 71 contas, irrigadas por 33 outros bancos ao redor do mundo[8,9] especialmente os sediados em paraísos fiscais como Suíça, Panamá, Andorra e República Dominicana.

O dinheiro vinha de pagamentos por contratos fictícios entre as offshores com as subsidiárias de Angola, Panamá, República Dominicana e principalmente Venezuela. Nesse quesito, o país de Hugo Chávez era campeão. Era das obras venezuelanas que saíam cerca de 40% do dinheiro que fazia políticos e autoridades públicas felizes mundo afora.[10] As que mais se prestavam à geração de caixa dois eram as pontes sobre o Orinoco. O grande número de fundações a ser fincadas no fundo do rio servia para justificar uma quantidade abissal de contratos falsos de serviços de dragagem, que iam sendo feitos e pagos sem qualquer conferência ou fiscalização. Dinheiro não era problema. Só com a

Odebrecht, a Venezuela contratou obras e serviços de 40 bilhões de dólares entre 1999 e 2013.[11]

A crise no AOB, no entanto, não era a única a atormentar o time das operações estruturadas. Havia também um problema típico de ano eleitoral: escassez de reais. Os doleiros nacionais não conseguiam produzir dinheiro vivo na velocidade em que o mercado negro precisava. O esquema com a Itaipava havia implodido, e eles precisavam de uma alternativa. Foi quando Migliaccio se lembrou de um contato que podia resolver o problema: Adir Assad, empresário que, para o mundo exterior, era promotor de grandes eventos, mas que no submundo financeiro tornara-se um grande lavador de dinheiro. Suas dezessete firmas forneciam notas frias e superfaturavam serviços para um sem-número de empresas, políticos e partidos. Entre 2006 e 2014, passariam por essa rede cerca de 1,8 bilhão de reais, travestidos em pagamentos por obras, eventos e consultorias. Samir, irmão de Adir, também atuava no ramo havia décadas.[12]

Migliaccio sabia que, naquele momento, Assad tinha acesso a uma bolada de pelo menos 40 milhões de reais em espécie, guardados em diferentes locais de São Paulo. Sabia também que o dinheiro era do PSDB, sob a responsabilidade de Paulo Vieira de Souza, o Paulo Preto. Logo vislumbrou uma chance de fazer um bem bolado com os recursos. Luizinho não gostava muito de Assad, a quem julgava presunçoso e enganador. Mas a escassez era braba, e ele não estava em condições de escolher demais. Só ficou um pouco mais aliviado quando conheceu o parceiro de Assad no esquema, batizado internamente de Operação Kibe: Rodrigo Tacla Duran, um advogado espanhol que atuava no mesmo ramo e prestava serviços a empreiteiras, como a UTC. Seu papel seria emprestar a uma de suas companhias, a Vivosant, para receber na Suíça os dólares que a Odebrecht receberia de Assad em reais no Brasil — mediante uma comissão de 5%, a ser dividida entre os dois.

Educado e, nas palavras de Luizinho, "de bom nível",[13] Tacla Duran se deu bem com o time de Hilberto Silva, e em pouco tempo passou a trabalhar diretamente com eles. Seus codinomes nos sistemas da empreiteira passariam a ser Vampeta, em referência ao jogador de futebol de quem o advogado era amigo íntimo, e BlackZ, homenagem a um ator pornô bastante conhecido entre os aficionados. Com o tempo, ele passaria a administrar ainda algumas offshores da Odebrecht. Criou, também, o próprio esquema de lavagem de dinheiro, em parceria com o chinês Wu-Yu Sheng, que tinha uma trading e trocava cheques para boa parte dos lojistas da rua 25 de Março, a meca do comércio popular de São Paulo. E batizou o arranjo de Operação Dragão.

Uma vez acertados os detalhes, em agosto de 2010, Migliaccio e Luizinho passaram a receber as remessas de dinheiro vivo de Assad — e a roda das campanhas voltou a girar. Se tivessem investigado um pouco mais, descobririam que, de onde vieram aqueles 40 milhões de reais, podia sair muito mais — pelo menos mais 100 milhões, segundo estimaram os próprios funcionários de Assad, anos depois.[14] O operador do PSDB escondia esse recurso em dois imóveis, um apartamento e uma casa, que mantinha com o maior cuidado. Como o quarto do apartamento onde ficava o dinheiro era úmido e passava a maior parte do tempo fechado, vez por outra Paulo Preto ia lá só para abrir as janelas e botar as notas para secar ao sol. Se não o fizesse, perigava tudo embolorar, o que seria uma tragédia. O esquema com a Odebrecht facilitou bem a vida do operador: além de reduzir o risco de ter tanto dinheiro guardado, ainda liberava mais espaço no apartamento. Era um negocião.

Ao final de 2010, o pessoal do Departamento de Operações Estruturadas pôde, enfim, respirar aliviado. As eleições haviam acabado, Dilma tinha vencido, e eles haviam conseguido repor as engrenagens que faziam girar o dinheiro sujo. Quando fechou a contabilidade para prestar contas a Marcelo, Hilberto Silva sentiu um misto de orgulho e espanto. Só naquele ano ele havia distribuído 420 milhões de dólares, ou 740 milhões de reais. Se fosse um negócio estabelecido, o setor teria o sétimo maior faturamento do grupo Odebrecht.[15]

Gilberto Carvalho, Alexandrino Alencar e a primeira-dama, Marisa Letícia, tomavam cafezinho e jogavam conversa fora na antessala de Lula enquanto esperavam o fim da audiência do presidente com Emílio Odebrecht. Era início de dezembro, o último mês do segundo mandato do presidente. A agenda tinha sido pesada, com compromissos de despedida internos, uma reunião com a bancada do PT e a apresentação de um balanço do PAC. Antes de subir para o gabinete, o presidente fez piadas com a plateia e com os ministros. E, mesmo admitindo não ter conseguido cumprir algumas promessas, dizia-se satisfeito. "Se a gente quiser procurar buraco com lupa, a gente acha [...]. Levantem de manhã procurando defeito na sua mulher, para ver quantos ela tem. E se ela se levantar procurando defeito no marido, então é que vai ter."[16] O bom humor era mais do que justificado. O presidente acabara de eleger a sucessora. Deixava o governo com uma aprovação de 87%[17] e a economia no auge.

"Alexandrino, estou precisando de um favor seu", disse a primeira-dama. "Estou fazendo uma reforma no sítio e estou tendo dificuldades. Quem está lá é o pessoal do Bumlai, mas o cronograma está muito lento. Eu preciso terminar para ele [Lula] poder usufruir o sítio depois do final do mandato."[18] Alencar pensou tratar-se de uma propriedade do casal em Taboão da Serra, que ele já conhecia. Marisa explicou que não. Era outra, em Atibaia. Anos depois, em suas delações, Alencar e Emílio diriam que a primeira-dama pediu para não comentarem sobre a reforma com Lula. Seria uma surpresa. A obra tinha que acabar em dezembro.

Faltavam apenas vinte dias para o fim do mandato. O prazo era apertado, e Alencar disse que precisava consultar Emílio — o que fez no jato da Odebrecht, na viagem de volta a São Paulo. "Vamos fazer", autorizou o chefe. "Mas diga para identificarem uma pessoa para o serviço, que eu não quero envolver a Odebrecht."[19] Só depois, conversando com o funcionário da Presidência que estava em Atibaia cuidando da reforma, Alencar soube que o sítio era de Lula, mas, no papel, pertencia a Fernando Bittar, filho do ex-prefeito de Campinas Jacó Bittar e sócio de um filho do presidente em uma empresa de video games.

A Odebrecht não fazia aquele tipo de obra, mas o superintendente em São Paulo, Carlos Armando Paschoal, ordenou a um subordinado, Emyr Costa, que averiguasse o serviço. "Não é muito simples, não", relatou, ao voltar de Atibaia. "Vamos ter que juntar gente. É algo para uns 500 mil reais."[20] Paschoal procurou Ubiraci, o cão de guarda de operações estruturadas: "Bira, vai te procurar um engenheiro meu, o Emyr, com um pedido. É um assunto muito importante, de interesse da holding. Atenda o mais rápido possível e não faça perguntas".[21]

Já eram meados de dezembro quando o serviço começou. Tudo foi feito como Emílio ordenara. Costa destacou para a missão Frederico Barbosa, um dos engenheiros que trabalhavam para a Odebrecht em São Bernardo. Ele, por sua vez, subcontratou uma empresa pequena que já o atendera antes, a qual, para todos os efeitos, seria a "dona" da obra. Só que, como o prazo era apertado, teve de agregar gente sua à equipe. No dia seguinte, desembarcaram em Atibaia quinze pedreiros e dez profissionais de acabamento e instalações elétricas — parte da Odebrecht, parte terceirizados. Nenhum usava uniforme ou crachá. A tarefa era terminar várias instalações deixadas inacabadas pelo pessoal de Bumlai: uma pequena casa para alojamento dos seguranças, edícula com quatro suítes, adega, sauna, o conserto de um vazamento na piscina e ainda a conclusão de um campo de futebol soçaite com gramado natural e alambrado. Como era serviço urgente, os homens trabalharam sem descanso por trinta dias — com exceção do Natal, do primeiro dia de 2011 e de uma ocasião em que foram dispensados para que Marisa desse uma olhada na obra. Embora todos ali soubessem que aquele era o "sítio do Lula", ele mesmo não apareceu por lá.[22]

Para pagar as despesas sem deixar rastro, o Departamento de Operações Estruturadas mandou entregar a Emyr Costa 500 mil reais em espécie. Aquilo era novidade para ele, soldado raso. Nunca tivera tanto dinheiro vivo à disposição e, como não sabia onde o guardar, comprou um cofre numa barraca de beira de estrada e colocou dentro do armário de sua sala. A cada semana, colocava 100 mil reais num envelope e entregava a Barbosa, que pagava o pessoal.[23] Combinaram de falar a quem perguntasse que estavam ajudando um amigo numa obra particular. Para poder comprar e encaminhar todo o material, Barbosa teve de se instalar no depósito da região e trabalhar dali algumas horas por dia. Quando o serviço finalmente acabou, no dia 15 de janeiro, os emissários da Odebrecht dispensaram todo mundo e respiraram aliviados, considerando o assunto encerrado.[24] Quase 1 milhão de reais havia sido gasto, mas, pelas circunstâncias do pedido, a verba não foi descontada do saldo de Palocci. Saiu do caixa dois pessoal de Emílio.[25]

O Palácio do Planalto vivia um momento histórico e confuso em 30 de dezembro de 2010, o penúltimo dia de Lula como presidente, quando Emílio e Marcelo Odebrecht se apresentaram para uma audiência. A agitação de funcionários passando com caixas de documentos e objetos, as pequenas confraternizações vistas dos corredores pelas portas abertas dos gabinetes e o fato de ninguém estar usando terno e gravata lembravam a Marcelo o ambiente de uma prefeitura do interior. Ele e o pai estavam ali para a passagem de bastão, um encontro simbólico destinado a marcar a "transferência do relacionamento" de Emílio e Lula para Marcelo e Dilma. Era um gesto típico da cultura odebrechtiana, que servia para apresentar o executivo de turno ao governante que entrava. Como os sucessores já eram velhos conhecidos, em tese o salamaleque não era necessário. Emílio, porém, insistia. Achava que uma conversa a quatro, olho no olho, poderia ajudar a amenizar os temores e as desconfianças de ambas as partes.

Na Odebrecht, o medo de um governo Dilma era tanto que eles só se referiam ao mandato da "madame" com termos como "tragédia", "desastre" ou "perigo". Para Emílio, o presidente seria fundamental no novo contexto. "Lula é nosso seguro contra a Dilma", dizia. O patriarca era dos poucos que professavam otimismo e confiança na capacidade de Lula de controlá-la. Marcelo, por sua vez, era cético, temendo que as brigas do passado cobrassem um preço.

Na pasta que levava, Emílio tinha uma folha de papel impressa com a tradicional lista de assuntos a tratar com o presidente. Eram seis itens. "Quem fala em nome dela e para que tema", ou "disponibilizar 'apoio' junto ao Congresso". Mais abaixo, separados por um espaço, quatro pontos sob o título "Com ele": "Estádio Corinthians; Obras sítio (15/1); 1ª palestra Angola; Instituto".[26] Foram recebidos por um Lula simpático e afável — e uma Dilma um tanto indiferente. Sentaram-se em torno da mesa redonda de madeira que havia num canto do gabinete e gastaram alguns minutos com amenidades, enquanto o garçom servia café e água. Emílio introduziu o assunto. "É importante que vocês mantenham a relação que há entre nós." Lula corroborou, olhando para a sucessora. "Esses aqui têm sido nossos amigos sempre, e espero que você, Dilma, tenha com eles a mesma relação que eu tive." Dilma e Marcelo assentiam, mas nem de longe demonstravam o mesmo entusiasmo. Não tinham talento ou paciência para cenas como aquela, e no fundo sabiam que não faria diferença. Alheio ao enfado dos dois, Emílio percorreu o roteiro que trouxera impresso. Ao acabar, pediu uns minutos a sós com Lula.

Enquanto o empreiteiro e o presidente iam para o fundo do gabinete, Dilma e Marcelo continuaram sentados à mesa redonda, conversando sobre qualquer coisa. Não ouviram o que foi dito pelos dois, que praticamente cochichavam, mas o herdeiro sabia que falavam da entrega do sítio, porque estava na lista. "Olha, chefe, o senhor vai ter uma surpresa. Nós vamos garantir o prazo que havíamos dado lá no programa do sítio", informou Emílio, descumprindo a recomendação de Marisa. Lula não pareceu surpreso, mas não disse nada. O empreiteiro supôs que ele não queria falar do assunto e se calou.[27]

De volta ao carro, a caminho do aeroporto, Marcelo e Emílio pareciam ter participado de reuniões diferentes. O pai estava eufórico. "Fique tranquilo, estamos com o seguro garantido!", falou. O filho balançava a cabeça. "Meu pai, você acha que essa reunião adiantou alguma coisa? Adiantou foi nada! A Dilma é a mesma de sempre, não vai virar outra pessoa por causa disso..." Emílio mantinha o tom positivo: "Marcelo, ela vai ficar quatro anos, depois ele volta! Ele controla!". Marcelo balançava a cabeça, inconformado. "Meu pai, não é assim, ela não vai querer sair..." E repetiu uma frase que dizia sempre que achava que o pai entrava em atitude de negação: "Olhe, meu pai, você tem um otimismo que não é positivo". Besteira, dizia Emílio. Em quatro anos, Lula estaria de volta. E tudo voltaria a ser como antes.

15. Servindo ao rei

"Meu pai, eu nunca trouxe para você um problema de Aécio. Por que você quer que eu resolva seus problemas com Lula?!" A discussão entre Marcelo e Emílio já levava alguns minutos, galgava os decibéis e ameaçava terminar mal. Então o pai sacou uma de suas frases-coringa: "Rapaz, nós vamos ganhar muito mais lá na frente!". Marcelo detestava quando Emílio dizia aquilo. Ouvira o mesmo nos embates das usinas do Madeira, quando tinham começado as perdas com etanol, e em várias outras ocasiões em que o grupo perdera dinheiro. E agora Emílio insistia em construir um estádio para o Corinthians, contra todos os obstáculos, só porque Lula queria. Naquele início de 2011, enquanto pai e filho tinham acirradas discussões, o time da construtora vinha tentando montar uma equação financeira que viabilizasse a construção da arena, mas estava difícil.[1]

Da primeira vez que o ex-presidente pedira a Emílio para fazer um estádio para seu time do coração, em 2009, pensava-se numa arena para até 40 mil pessoas. Obra privada, a ser paga pelo próprio Corinthians, a um custo de cerca de 400 milhões de reais — o que já era muito para as condições financeiras do clube. Para cobrir os gastos, seria necessário vender o direito sobre o nome do estádio a alguma grande marca e promover eventos e shows no local. Não se falava ainda em fazer do campo corintiano uma das sedes da Copa do Mundo de 2014. Ao longo de 2010, porém, uma disputa de forças entre o São Paulo e a Federação Internacional de Futebol (Fifa) fez com que o Morumbi perdesse a primazia de sediar o jogo de abertura. Numa puxada de tapete típica do mundo dos cartolas, a Fifa tirou o São Paulo da jogada e deu a estreia do Mundial ao Corinthians. O clube, que não tinha o projeto aprovado nem o financiamento garantido, impôs uma condição para aceitar o "presente": não gastaria nenhum real além dos 400 milhões previstos.[2]

O motivo da ressalva era simples: quem conhecia um pouco a preparação de uma Copa sabia que o custo de um estádio para abrigar o jogo de abertura era muito maior. Para começar, o estádio precisaria ter capacidade para pelo menos 60 mil espectadores, 20 mil a mais do que previa o projeto original. Tinha também que oferecer conforto e condições de segurança a dezenas de chefes de Estado — o que alterava até a largura dos corredores, uma vez que as autoridades andavam cercadas por um batalhão de seguranças. Era preciso ainda proporcionar espaço e infraestrutura para o trabalho de cerca de 10 mil jornalistas e realizar obras para facilitar o acesso e o trânsito no entorno. Assim, o orçamento pulava para no mínimo 800 milhões de reais, valor impagável para o clube.

Até então, estavam todos muito interessados em participar da construção da arena — que, por ser localizada no bairro de Itaquera, na Zona Leste de São Paulo, ficou conhecida como Itaquerão. Marcelo andava empolgado com o negócio. Tempos antes, havia ido a Los Angeles e voltara convencido de que, se bem administradas como espaço de entretenimento, as arenas dariam até mais dinheiro do que as obras. Ele montara uma equipe para batalhar por contratos de concessão que incluíssem a obra e a gestão das arenas. O programa do Brasil para a Copa previra a construção de doze estádios, e a Odebrecht assumira, sozinha ou em consórcios, as obras de outros três: Fonte Nova, em Salvador; Arena Pernambuco, no Recife; e Maracanã, no Rio de Janeiro. Liderava o setor junto com a Andrade Gutierrez, que também participava de obras em quatro futuras sedes da Copa.

Construir estádios era uma das ideias que o comitê executivo da Odebrecht mais combatia, por considerar arriscada demais. Os "tios" sabiam que o BNDES tinha linha de financiamento específica para a Copa, mas o limite de crédito era de 400 milhões de reais por arena, insuficiente em casos como o do Itaquerão. Mesmo que o Corinthians obtivesse esse empréstimo, ainda ficaria faltando arranjar verbas para as obras do entorno e para a adaptação para a cerimônia de abertura. Seria preciso bater à porta da prefeitura de São Paulo, do governo do estado e do próprio governo federal. Eram tantas dificuldades que, na Odebrecht, ninguém acreditava muito que o Itaquerão sairia. Mesmo assim, Marcelo foi em frente, uma vez que São Paulo não tinha ainda um local para a abertura da Copa e as autoridades interessadas ainda poderiam encontrar uma solução.

Em janeiro de 2011, ele reuniu para um jantar em sua casa o presidente do BNDES, Luciano Coutinho, o governador Geraldo Alckmin, o prefeito Gilberto Kassab e os dirigentes do Corinthians Andrés Sanchez e Luis Paulo Rosenberg, além de executivos da empreiteira e de um convidado especial: o jogador Ronaldo Nazário.[3] Já em fim de carreira mas sempre uma estrela, ele atuava no Corinthians e era membro do Comitê Organizador Local da Copa no Brasil. Sua presença no jantar simbolizava a chancela da entidade ao acordo que se pretendia fazer ali.

A conversa foi produtiva. Alckmin prometeu que o governo estadual assumiria as obras do entorno, avaliadas em 400 milhões de reais. Kassab prometeu pagar pela adaptação à partida de abertura, que custaria entre 60 milhões e 100 milhões de reais. E levou também a proposta de usar um mecanismo já existente, que concedia incentivos fiscais para empresas cujos investimentos ajudassem a desenvolver a região leste da capital paulista: os Certificados de Incentivo ao Desenvolvimento, ou CIDs. A esses investidores, a prefeitura dava um lote de certificados valendo até a metade do total aplicado, que poderia ser vendido a interessados em quitar dívidas de impostos municipais. Assim, a arena teria mais 400 milhões de reais em CIDs — metade do orçamento da obra e exatamente a quantia que excedia o limite máximo para o financiamento do BNDES.

O empréstimo do banco de fomento, aliás, era uma questão que vinha atormentando tanto a equipe da Odebrecht como os corintianos. No modelo adotado pelo banco, o financiamento dos estádios era concedido a estados e municípios, que contratavam a obra. Só que o caso do Corinthians era especial: nem os governos estaduais e municipais estavam dispostos a dar aval ao empréstimo nem o clube tinha patrimônio para dar como garantia.

No jantar, Marcelo ofereceu a solução: montar uma sociedade de propósito específico, uma empresa só para construir e administrar o estádio. Era um recurso comum em projetos de infraestrutura, em que o empréstimo era pago com a própria renda do empreendimento. No caso, a Odebrecht daria ela mesma o aval, até a obra ser concluída. Depois de pronto, o estádio seria dado como garantia, e o Corinthians passaria a pagar o financiamento com o dinheiro arrecadado nos jogos. O presidente do BNDES aceitou a proposta e sinalizou já ali que o dinheiro sairia pela Caixa Econômica Federal. Se todas as promessas feitas naquela noite fossem cumpridas, estariam assegurados 800 milhões de reais — o suficiente para cobrir as contas.

Tudo parecia razoável e factível. Mesmo sabendo que muitas coisas poderiam dar errado no caminho, cada um ali tinha razões para querer muito que desse certo, e todos se deram por satisfeitos. Depois do cafezinho, de algumas selfies com Ronaldo Fenômeno e da distribuição de garrafas da cachaça produzida nas fazendas de Emílio, despediram-se leves e confiantes.

Só que o otimismo durou pouco. Já nos dias seguintes ficou claro que seria preciso muito mais do que promessas e boa vontade para o negócio deslanchar. Na primeira reunião sobre o projeto depois do jantar, no Palácio dos Bandeirantes, Alckmin quase perdeu os poucos fios de cabelo que lhe restavam quando viu o slide com os custos estimados por Benedicto Júnior para a nova versão da arena: 1,1 bilhão de reais.[4]

Júnior disse que o aumento decorria das mudanças de projeto para adaptar o estádio à abertura e aproveitou para cutucar os dirigentes do Corinthians, afirmando que certamente ficaria mais barato se pudessem retirar da obra alguns "luxos" incluídos pelo arquiteto — como pias de mármore branco e preto, vasos sanitários importados do Japão ou a fachada de vidros belgas em forma de rede estufada pelo gol, toda curva, que exigia cada placa de vidro em um formato. Aí foi o diretor de marketing do clube, Luis Paulo Rosenberg, quem chiou: "Eu não esperei tantos anos para abrir mão de fazer o que a torcida quer".[5]

O embate no Palácio dos Bandeirantes foi o primeiro de uma longa série. O Corinthians achava que a Odebrecht estava superfaturando a obra e duvidava que o novo formato justificasse a elevação do preço de 400 milhões de reais para 1,1 bilhão. Já a Odebrecht achava que o Corinthians estava se aproveitando da situação para fazer um estádio nababesco. As negociações andavam lentamente, e o início das obras já estava atrasado.[6]

Para acrescentar outro complicador, no início de maio o presidente da Caixa, Jorge Hereda, mandou chamar Marcelo: "A presidenta mandou cancelar. Não vai ter mais financiamento. E não vai ter financiamento do Banco do Nordeste para a Fonte Nova nem para a Arena Pernambuco". Segundo Hereda, era uma reação de Dilma à queixa de Orlando Silva, então ministro dos Esportes, de que o estádio de Brasília não tinha o mesmo acesso ao crédito que os outros.

Apavorado, Marcelo acionou todos os políticos que pôde: Palocci, então ministro da Casa Civil, e os governadores Eduardo Campos, de Pernambuco, e Jaques Wagner, da Bahia. Eles insistiram até que a presidente aceitou ouvir os argumentos do empreiteiro. No final da tarde de 11 de maio, ele estava a caminho do aeroporto de Guarulhos para ir com a esposa a Nova York, comemorar o aniversário dela, quando recebeu uma ligação do Palácio do Planalto. Dilma o convocou para uma reunião na manhã seguinte. Isabela embarcou sozinha, e ele fez um desvio até Brasília. Ia encontrá-la depois.

Na biblioteca do Palácio da Alvorada, Palocci, Luciano Coutinho e Marcelo trabalharam duro para convencer a presidente a voltar atrás na suspensão dos financiamentos.[7] Dilma desconfiava que houvesse algum esquema de favorecimento na Caixa, achava que o banco era relaxado demais nos critérios, que a Odebrecht estava mais uma vez tentando levar vantagem sobre o governo. Marcelo se exaltava, tentava explicar, mas não convencia. Palocci e Coutinho apelavam para a lealdade dela ao antecessor: "Presidente, nós assumimos um compromisso com eles, se não fosse assim eles não tinham começado a trabalhar!". Ela resistia: "Eu não assumi compromisso nenhum!". Depois de quase três horas de discussão, Dilma aceitou autorizar o empréstimo. "Mas eu não confio na Caixa! Vocês vão ter que fazer com o Banco do Brasil!" Horas depois, Marcelo embarcou para os Estados Unidos com vontade de desistir do Itaquerão.

Poucos dias após esse entrevero, Lula entrou em cena pela segunda vez. Se no início o estádio era um projeto pessoal, fruto do entusiasmo alvinegro do presidente da República, agora havia se convertido em assunto de "interesse nacional". Fora do governo, Lula se tornara um palestrante requisitado e faria naquele mês uma aparição em Comandatuba, no sul da Bahia, num evento promovido pelo empresário mexicano Carlos Slim para bilionários latino-americanos e suas famílias. Ao saber dos choques nos bastidores, ele mandou um recado a Marcelo e Emílio: queria aproveitar o encontro para tentar resolver a situação de uma vez por todas.[8]

Lula chegou no final do dia, de jato particular fretado pela empreiteira, trazendo Sanchez de carona. A palestra, também paga pela Odebrecht, aconteceria à noite. Nem bem guardou as malas, o ex-presidente recebeu os convidados em seu bangalô, em volta da mesa redonda que ficava a um canto do quarto principal: Sanchez, o assessor Paulo Okamotto e o time da Odebrecht. Acompanhando Emílio e Marcelo estavam Benedicto Júnior, Alexandrino Alencar e outros executivos ligados ao estádio. Lula começou falando de suas expectativas com Dilma. Depois, segurando a mão de Emílio, disse: "Emílio, o que você precisar falar com a Dilma, você me fala que eu vou com você". Emílio respondeu que, como haviam combinado, agora quem falava com a presidente era seu filho. Lula não gostou. "Não, não, quem tem que ir é você." Marcelo ouvia calado. O ex-presidente continuou: "Eu queria aproveitar essa chance que eu tinha de encontrar Emílio e pedi para vocês estarem aqui porque queria ver uma forma de resolver o problema do estádio". Marcelo foi logo avisando que pensava em desistir. O risco era muito alto e o financiamento não estava garantido.

A vontade de pular fora existia mesmo, mas Marcelo sabia que era quase impossível dar para trás. Só queria que Lula se mexesse, mas ele cortou o assunto: "Vocês têm que fazer o estádio, olha quantas coisas você ganha aqui, pô!".[9] Na prática, o que o ex-presidente estava dizendo era: virem-se. Emílio garantiu que dariam um jeito. De volta a São Paulo, dias depois, Marcelo ainda tentou argumentar com o pai, e reclamou: "Por que você quer que eu resolva seus problemas com Lula?". Mas aí foi Emílio quem não aceitou recuos. "Eu estou dizendo que vamos fazer. Está decidido!", decretou ele.

Na manhã do dia 30 de maio, bem antes de o empréstimo sair, sem CIDs e nem mesmo um contrato de construção assinado, a empreiteira mandou as máquinas para Itaquera e começou a fazer a terraplanagem. Só três meses depois, no início de setembro, o vínculo contratual foi formalizado, num evento em que Lula foi a grande estrela. Ele fez questão de que Emílio e Marcelo comparecessem para, diante da torcida, manifestar sua gratidão. "Eu quero agradecer ao presidente do Corinthians, à diretoria do Corinthians, aos conselheiros do Corinthians, mas quero agradecer sobretudo ao dr. Emílio Odebrecht, presidente do conselho da Odebrecht, e ao Marcelo, presidente do grupo Odebrecht, porque foram duas pessoas que começaram a construir essa obra ainda sem o contrato assinado. Eles já estão trabalhando há noventa dias, e o contrato foi assinado hoje." Quando terminou, a torcida gritava entusiasmada: "El, el, el, o Lula é da Fiel!".[10]

Foi um dos poucos momentos festivos para a Odebrecht na novela do Itaquerão. Alguns meses depois, o Banco do Brasil informou que não aceitaria as garantias oferecidas e vetou o empréstimo. Marcelo teve de recorrer novamente a Dilma, para que ela autorizasse a Caixa a fazer negócio. Daquela vez, foi categórico: ou ela colocava a Caixa na jogada, ou ele parava as obras.[11] Só então Dilma cedeu. O financiamento foi aprovado em novembro de 2013, sete meses antes do início do campeonato mundial. Na mesma época, um acidente com o guindaste que içava o último módulo da cobertura metálica do estádio destruiu parte da arena, causando a morte de dois operários.[12] A repercussão mundo afora foi péssima. O dinheiro da Caixa só entrou na conta da construtora em março de 2014, quando o Itaquerão já estava praticamente pronto.[13] A empreiteira ainda teve de arcar com os 100 milhões de reais necessários para adaptar o estádio ao jogo inaugural da Copa, porque o novo prefeito, o petista Fernando Haddad, não manteve o compromisso firmado por Kassab e se recusou a pagar as despesas. A Odebrecht também passou anos sem poder usar os certificados concedidos à prefeitura, porque a iniciativa foi contestada pelo Ministério Público estadual.

O Itaquerão foi inaugurado em maio de 2014, um mês antes do primeiro jogo da Copa, sem que nem o Corinthians nem a Odebrecht tivessem conseguido equacionar suas dívidas. Em 2016, o clube parou de pagar as parcelas do financiamento, e a empreiteira mergulhou na espiral de crise financeira e prisões da Lava Jato, deixando um rastro de centenas de milhões de reais de prejuízo. Só em 2018 os CIDs foram liberados para uso pela Justiça. Em 2019, já com a Odebrecht em recuperação judicial, o clube e a empreiteira fecharam um acordo pelo qual o Corinthians assumiu a dívida com a Caixa e parcelou o débito de 160 milhões de reais com a organização.[14]

Enquanto o imbróglio corintiano ocupava a agenda da cúpula da Odebrecht, outra questão sensível se desenrolava nos bastidores. No final de fevereiro de 2011, Alexandrino Alencar recebeu uma chamada de Roberto Teixeira, compadre e advogado de Lula: "Agora que a obra de Atibaia terminou, nós precisamos formalizar". Ele estava apreensivo. Sabia que o ex-presidente não desembolsara um tostão pelos serviços e que não havia sequer uma fachada para justificar o trabalho feito no sítio. Precisavam de documentos que dissessem que a obra havia sido paga pelo próprio Fernando Bittar, dono formal da propriedade, para que no futuro não se pudesse acusar o ex-presidente de ter recebido vantagem indevida de uma empreiteira.

Alguns dias depois, em 1º de março, Alencar chegava ao escritório de Teixeira, nos Jardins, levando a tiracolo Emyr Costa, que havia tomado conta da obra. A pedido de Teixeira, o engenheiro contou, em detalhes, como tudo acontecera — da contratação do subempreiteiro cujos funcionários trabalhavam sem identificação à compra de material na loja de Atibaia.[15] "Esse subempreiteiro poderia emitir uma nota?", perguntou o advogado. Emyr disse que sim. Teixeira afirmou que seria preciso que ele assinasse um contrato fictício justificando os serviços. "Quanto vocês pagaram a ele?" Emyr respondeu: "Uns cento e poucos mil".[16] Teixeira aquiesceu. Não seria um problema para Fernando Bittar declarar tais gastos. O próprio advogado elaborou a minuta. Emyr ficou de colher a assinatura do subempreiteiro nos contratos e de juntar ao pacote as notas fiscais de material recolhidas na época da obra. Alguns dias depois, a missão estava cumprida.

"Lula deveria ser presidente do mundo",[17] discursou o presidente do Panamá, Ricardo Martinelli, para a plateia de autoridades, empresários e jornalistas. Assim como Martinelli, quase todos usavam *guayaberas* ou camisas brancas para diminuir o impacto do calorão. Lula estava sentado na primeira fileira, sob a tenda montada pelo cerimonial. Ainda assim, tinha a camisa empapada de suor. Atrás do panamenho, postado sob o sol inclemente, viam-se os barcos de pescadores sobre o mar e a segunda etapa da Cinta Costera, obra de urbanização da orla construída pela Odebrecht, que estava sendo inaugurada naquele momento.

Nos dezessete minutos de discurso, o mandatário panamenho elogiou Lula e a Odebrecht e comparou-se ao brasileiro. "Lula elaborou todo um plano [...] para levar o Brasil a se tornar uma grande potência", disse. "Como governante, tenho muito o que aprender [...] porque ele nos deu uma lição muito grande: que sempre se deve priorizar o povo."[18] Muitas das menções aos feitos de Lula haviam sido tiradas da palestra a que o panamenho assistira horas antes para convidados da empreiteira, na sala de conferências do hotel Sheraton.[19]

As palestras para a Odebrecht inauguravam um novo ciclo na vida de Lula. Desde que começara a planejar o futuro pós-governo, o petista pensava em seguir o caminho de ex-presidentes como Fernando Henrique Cardoso ou Bill Clinton, que haviam se tornado palestrantes famosos. Alexandrino Alencar foi um incentivador de primeira hora do projeto. "Acho que é importante, o presidente está precisando de recursos para ele",[20] dizia o executivo, preocupado com o fato de que o salário que o PT pagaria a Lula seria de 13 mil reais. No pacote desenhado por Alencar e Paulo Okamotto, o cachê seria de 200 mil dólares — o mesmo de Bill Clinton e mais que o dobro do de FHC —, mais hospedagem e deslocamento, em geral em aviões fretados, acompanhado de uma pequena comitiva.

Não só para a Odebrecht, mas para muitos dos que haviam surfado a bonança econômica de seu governo, não havia melhor garoto-propaganda. Ele só precisava fazer o que havia feito durante o mandato, em viagens internacionais destinadas a promover o Brasil. Só que agora a soldo e com emissão de nota fiscal. Foi assim desde as primeiras palestras, uma delas encomendada pela fabricante coreana de eletroeletrônicos LG. "Quando a gente distribui, as pessoas vão consumir. E vão comprar os produtos da LG logo, logo",[21] disse, numa referência ao Bolsa Família. Os eventos faziam sucesso com o público e viraram febre entre os empresários. Só em 2011 Lula fez 31 aparições, que renderam 6,2 milhões de dólares, ou 10,4 milhões de reais em valores da época. A Odebrecht, com quatro palestras, foi sua maior contratante no ano.[22]

Para a empreiteira, Lula não era mero palestrante. Era um parceiro de negócios e merecia tratamento VIP. Naquele ano de 2011, Alexandrino Alencar passou boa parte do tempo trabalhando para atender o ex-presidente. Além de cuidar da reforma do sítio de Atibaia, foi o primeiro a montar uma programação para Lula. Assim, pensava, garantia a primazia da Odebrecht na agenda dele e lhe dava uma renda certa, mesmo que ninguém mais quisesse contratá-lo (o que, naquele momento, era altamente improvável).

Na tarde do dia 31 de maio de 2011, um jato fretado pela Odebrecht pousou no aeroporto José Martí, onde o chanceler cubano e representantes da embaixada do Brasil em Havana esperavam à beira da pista. Lula desceu do avião acompanhado dos jornalistas Franklin Martins, ex-ministro de seu governo, e do assessor

Ottoni Fernandes.[23] José Dirceu e Marcelo Odebrecht já o esperavam no hotel. O ex-presidente viajara a convite da organização, mas daquela vez não para uma palestra. O objetivo em Cuba era tratar de política e de negócios.

Lula era um ídolo para os cubanos e ganhou recepção de chefe de Estado, com jantar promovido pelo próprio Raúl Castro, irmão de Fidel e então presidente de Cuba. Foi um encontro restrito, só para os dirigentes e seus diplomatas, em que Castro e os petistas lembraram as visitas passadas de Lula, o percurso de sindicalista do ex-presidente e o treinamento em táticas de guerrilha que José Dirceu recebera na ilha no início dos anos 1970.[24] Entre uma reminiscência e outra, Lula encaixou os recados que precisava dar.

O primeiro foi sobre o porto de Mariel, que a Odebrecht construía em uma área de 465 quilômetros quadrados a oeste de Havana. Mesmo sendo muito menor do que o porto de Santos ou o do Rio,[25] Mariel teria capacidade para receber navios do tipo Panamax — o que, dizia-se então, ajudaria a movimentar a economia do país quando a ampliação do canal do Panamá, ainda em obras, aumentasse a circulação daqueles navios pela região. Com orçamento de 957 milhões de dólares, 71% dos quais financiados pelo BNDES, o porto era a maior obra de infraestrutura da história de Cuba.[26] E só estava sendo realizada graças a Lula.

Tudo começara por iniciativa de Hugo Chávez, que em 2007 chamou Emílio a Caracas para pedir que fizesse a modernização do porto — na época, pouco mais do que um deque caindo aos pedaços, de onde os balseiros embarcavam em suas fugas para Miami. O venezuelano tinha com Cuba uma relação umbilical, não só pela proximidade com Fidel, mas também porque o país era um enclave importante para a estratégia de consolidar uma área de influência política e ideológica na América Latina e no Caribe, distanciando-se dos Estados Unidos. Em nome daquela relação, a Venezuela fornecia petróleo barato à ilha, e em troca recebia médicos, enfermeiras, professores e atletas.[27] Chávez considerava fundamental que Cuba tivesse um porto com capacidade razoável para impulsionar a economia local e atender à própria Venezuela.

Inicialmente, Emílio resistiu, temendo problemas para seus negócios nos Estados Unidos, que mantinham o embargo a Cuba. Além do mais, seria um tiro no pé.[28] A ilha de Fidel não tinha condição de arcar com os custos de um empreendimento daquele porte. O BNDES, que financiava os países que contratavam obras de empreiteiras brasileiras, tampouco teria como justificar um empréstimo, porque Cuba não tinha o que dar em garantia. Para atenuar tal relutância, o presidente venezuelano procurou Lula, que convocou Emílio a Brasília para dizer que seu governo bancaria Mariel. Com o aval do presidente, pensou o empreiteiro, a coisa mudava de figura.

A Odebrecht já tinha financiamento do BNDES para construir uma extensão da Autopista Nacional, principal estrada do país — que, agora, não parecia mais tão estratégica quanto Mariel. O dinheiro para a estrada saía de uma linha de crédito de 600 milhões de dólares concedida a Cuba pelo Brasil. O BNDES até chegou a liberar 43,4 milhões de dólares para a estrada. Mas, em setembro de 2009, depois do acerto entre Chávez e Lula, decidiu-se que o resto do dinheiro seria remanejado para o porto. Liberaram-se, então, 108 milhões de reais para o início das obras.[29] Até 2013, o BNDES havia destinado 682 milhões de dólares à construção do porto de Mariel.

Quando Lula desembarcou em Cuba, em maio de 2011, o BNDES tinha acabado de aprovar a destinação de mais 150 milhões de dólares para o empreendimento. Mas a questão da qualidade das garantias ainda não estava resolvida. Nas primeiras etapas do empréstimo, o Estado cubano deu como garantia ao banco de fomento as receitas de exportação de tabaco do país, depositadas em uma conta em Cuba, em pesos cubanos conversíveis. Depois, por exigência do BNDES, foi adicionada uma contragarantia composta pelas receitas do próprio porto. O seguro da operação para o caso de calote, também exigência das regras do financiamento à exportação de bens e serviços, guardava uma particularidade. Enquanto em operações como aquelas o prêmio chegava a no máximo 7% do valor do empreendimento, no caso de Mariel era de 50%, tamanho o risco de inadimplência. Em tese, ter de pagar um prêmio tão alto poderia impedir Cuba de fazer o negócio. Mas o BNDES concordou em incluir aquele pagamento no escopo do empréstimo, o que deixou os Castro confortáveis — e empurrou para o banco a responsabilidade de lidar com o risco da operação.[30]

No jantar, Lula falou em nome de Dilma e assegurou que o financiamento brasileiro a Mariel seria mantido, apesar da eterna insegurança em relação às garantias. "Dilma é amiga de Cuba", declarou, para a alegria dos comensais.

O programa de Lula previa uma visita a Mariel, seguida de uma apresentação sobre o empreendimento. Tudo filmado pela TV estatal, que aproveitou para propagandear as obras e levantar a bola da Odebrecht. Depois da visita, Raúl Castro elogiou o fato de o trabalho estar dentro do cronograma e criticou os dirigentes das estatais locais. "Eles têm de aprender com vocês", disse Castro a Marcelo, diante dos repórteres.

"Lula é um líder de estatura mundial. [...] Ele segue sendo um ator político, muito mais do que no Brasil, na América Latina",[31] disse Chávez, diante do Palácio de Miraflores, para uma plateia em que estavam Emílio, Marcelo e uma pletora de ministros, assessores e políticos. A chegada do ex-presidente brasileiro havia sido acompanhada por uma banda e cobertura da TV estatal ao vivo. O locutor explicou que o ex-presidente e Chávez discutiriam três "projetos e megaprojetos" a unir os dois países: a terceira ponte do Orinoco, o metrô de Caracas e a Central Hidrelétrica de Tocoma, todas obras da Odebrecht. Depois de meses tentando receber faturas em atraso, a empreiteira comemorava o fato de Chávez ter anunciado a liberação de 281 milhões de dólares para a obra da ponte.

A proximidade da visita de Lula — para um evento promovido pela Odebrecht — certamente contribuiu para a generosidade chavista. No governo venezuelano, porém, conseguir a liberação de recursos não era só questão de boa vontade, e o chefe local da organização, Euzenando Azevedo, sabia bem disso. Como as obras de infraestrutura não estavam garantidas no orçamento aprovado no Congresso, a decisão de destinar ou não a verba dependia de uma cadeia de burocratas, do barnabé que administrava a obra até o presidente. Assim, era preciso garantir que nenhum pedido ficasse para trás e, uma vez na mão de Chávez, que fosse prontamente assinado.

Em geral, Azevedo não precisava de intermediários para falar com Chávez. E gostava de dizer internamente que resolvia as coisas com o mandatário "no amor". Dinheiro pesado ele admitia enviar para a campanha. Às vezes, porém, tinha de se valer de lobistas para conseguir liberar os recursos.

Um deles era Luis Delgado, advogado e homem de confiança de Haiman El Troudi, presidente da companhia de metrô e, anos mais tarde, ministro dos Transportes da Venezuela. Delgado apareceu no escritório da Odebrecht em Caracas na mesma época da visita de Lula. Azevedo vinha tendo dificuldades em resolver alguns assuntos, porque Chávez havia descoberto um câncer pouco tempo antes e estava mais afastado do dia a dia do governo. Já fazia seis meses que a empreiteira não recebia as faturas, e Delgado se propôs a ajudar. Em troca, porém, exigiu uma comissão de 2% de tudo o que a empreiteira recebesse por sua interferência. Várias vezes afirmou que tinha de distribuir o dinheiro entre outras pessoas. Embora sua ligação com o ministro dos Transportes fosse conhecida, ele mesmo nunca disse com quem dividia o butim.

O fato é que Delgado era bastante eficiente. Além de fazer o lobby, levava as minutas confidenciais das ordens de liberação para o pessoal da empreiteira revisar e, se necessário, fazer alterações. Também avisava dos programas semanais de TV em que Chávez anunciaria os desembolsos. Para facilitar os pagamentos das comissões, o Departamento de Operações Estruturadas abriu uma conta para Delgado no Meinl Bank. Foi por essa conta que Camelo — seu codinome no Drousys — recebeu 100 milhões de dólares entre 2011 e 2015. O lobista foi um dos maiores beneficiários do caixa dois da Odebrecht na Venezuela, o mercado mais rentável da empreiteira na América Latina.[32]

Mas quem mais faturou com o caixa dois venezuelano, ao que tudo indica, foi um lobista chamado Héctor Dager Gaspard, que Azevedo contou ter contratado para ajudar a liberar os pagamentos pelas obras da hidrelétrica de Tocoma, na região Sudeste do país. Mas que — descobriu-se depois — também ajudou o executivo a engordar suas próprias contas bancárias. Em sua delação, o chefe da Odebrecht na Venezuela afirmou ter repassado a Dager 28 milhões de dólares. Só em 2018, com o avanço das investigações das autoridades suíças sobre o esquema da empreiteira, constatou-se que o lobista havia recebido bem mais do que isso. O Ministério Público suíço encontrou, em contas ligadas a Dager, depósitos de 180 milhões de dólares provenientes de contas vinculadas à Odebrecht e à hidrelétrica de Tocoma.[33] Desse dinheiro, 64,8 milhões caíram em contas que tinham Azevedo e familiares como beneficiários.[34] A descoberta causaria enorme constrangimento no grupo e transformaria o executivo em um pária mesmo entre seus colegas delatores. E a hidrelétrica de Tocoma até hoje não começou a funcionar.[35]

Por muito tempo, porém, Azevedo se manteve poderoso e respeitado não só na Venezuela como na Odebrecht, pelas receitas fabulosas que trazia. Era comum, no período, brincarem que ele merecia uma estátua na frente da sede do grupo (quem sabe ao lado da do presidente do BNDES, Luciano Coutinho).

Dias depois de voltar da Venezuela, Lula embarcou de novo em um jato fretado pela Odebrecht. Daquela vez, para um tour que começava pela Guiné

Equatorial e terminava em Angola, dois países em que a organização tinha interesses de sobra. A passagem pela Guiné Equatorial durou apenas um dia. Lula tinha marcada uma conversa com o vice-presidente Ignacio Milán Tang sobre uma concorrência que se faria no país para a construção de um aeroporto na terra natal do ditador Teodoro Obiang — de que a Odebrecht participaria, assim como outras empresas brasileiras.[36] Como haveria uma assembleia da União Africana no país naqueles mesmos dias, o ex-presidente emendou os compromissos e aproveitou para representar o Brasil, a pedido de Dilma.[37]

Em Angola, Lula era só da Odebrecht. Além de visitas à obra, faria também uma palestra na Assembleia Nacional de Angola, contratado pela empreiteira, sobre o tema de sempre: o sucesso de seu governo e de políticas sociais como o Bolsa Família. A agenda havia sido feita junto com o staff do presidente angolano, José Eduardo dos Santos, e previa momentos de lobby explícito — tanto dos homens de negócios e políticos que ficavam esperando por Lula no hall do hotel, como o lobby que ele mesmo fazia junto à Odebrecht. Na manhã de 1º de julho, horas antes da palestra no Parlamento, o ex-presidente tomou café da manhã com executivos da empreiteira numa sala de reuniões do hotel Talatona, edifício ao mesmo tempo imponente e estranho, com janelas de vidro colorido azul, verde, amarelo e vermelho, numa grande avenida de Luanda. A sessão, programada para o pessoal expor o trabalho que se fazia no país, acabou servindo também a outro objetivo: apresentar a Emílio e seu time o sobrinho de Lula, Taiguara Rodrigues dos Santos, de 37 anos.

Embora a rigor não fosse de fato sobrinho — era filho do irmão da primeira mulher de Lula, já falecida —, na prática Taiguara era mais próximo dele do que muitos parentes consanguíneos. O rapaz, que não tinha formação universitária e até dois anos antes era dono de uma firma que instalava vidros em varandas de Santos,[38] decidira se aventurar prestando serviços para empreiteiras em Angola, como sócio de uma empresa sediada em Portugal, a Exergia.[39] Seu parceiro de negócios, João Pinto Germano, era um advogado ligado ao Partido Socialista português, do primeiro-ministro José Sócrates, amigo de Lula e José Dirceu.

Já fazia dois anos que Taiguara vinha tentando conseguir contratos em Angola, especialmente na Odebrecht. Primeiro solicitara uma reunião com Ernesto Baiardi, filho de Renato e chefe da empresa no país africano, mas o executivo nem sequer respondera. Só depois que Lula pediu ajuda a Alexandrino Alencar o sobrinho foi atendido. Mesmo assim, até então não havia conseguido nada de concreto.

Naquela manhã, Taiguara acompanhou a exposição dos executivos ao lado de Lula, que o apresentou a todos como empresário com negócios em Angola. Ao final, o ex-presidente se achegou a Baiardi: "Meu sobrinho é honesto, trabalhador, está iniciando uma carreira empresarial. Veja, por favor, se pode ajudá-lo". E fez o mesmo apelo a Alencar, que prontamente falou com Emílio, que mandou atender o pedido. Dali em diante, a Exergia passou a ter as portas abertas na Odebrecht Angola — e, pelo menos por um tempo, prosperou.

Entre junho de 2011 e janeiro de 2015, Taiguara fechou dezessete contratos de consultoria, realização de projetos, fiscalização, sondagem e perfuração — somando 20 milhões de dólares. Em 2015, uma investigação da Polícia Federal e do Ministério Público constatou que alguns dos serviços foram prestados por subcontratadas, e outra parte — pela qual a Exergia recebeu 2,7 milhões de dólares — não foi sequer realizada. Numa apreensão no escritório da Exergia em São Paulo, não foi encontrado nenhum material relativo aos serviços de Angola[40] nem indicando a existência de outro trabalho, para nenhum outro cliente.[41]

O que era visível, naquele período, era o sucesso pessoal de Taiguara. De uma hora para outra, ele trocou o quarto e sala em Santos, onde morava com a mulher, por uma cobertura duplex de 255 metros quadrados, comprou uma Land Rover e passou a viajar na cola de Lula e seus filhos, em busca de novos contratos em Cuba, no Panamá e em Portugal. As excursões, porém, não deram o resultado esperado. Mesmo em Angola, havia muitas reclamações a respeito dele. Como não tinha equipe e trabalhava com terceirizados, os preços incluíam a remuneração do sobrinho de Lula — o que mordia os resultados e os bônus dos executivos da Odebrecht. Além disso, os serviços eram ruins e tinham de ser constantemente refeitos. Logo, apesar da ordem de cima para contratá-lo, os gerentes de obras começaram a boicotá-lo.

As receitas foram minguando, e o relacionamento com os portugueses degringolou. Os sócios passaram a falhar nas remessas de dinheiro para Taiguara, que enviava e-mails de cobrança em tom ameaçador. "Precisam das imagens para lembrar a sociedade com a Exergia Brasil?", escreveu numa mensagem, anexando fotos dele e de Lula com os sócios portugueses.

Até que, em 2014, Taiguara apelou. Escreveu ao tio queixando-se de dificuldades financeiras, que atribuía à pouca demanda por parte da Odebrecht. Na primeira visita que Emílio e Alencar fizeram ao Instituto Lula, em fins de agosto, o ex-presidente contou da carta e lançou seu clássico pedido: "Vejam o que podem fazer".[42] Uma admoestação daquelas era praticamente uma ordem. Alexandrino Alencar recorreu a Marcelo, que refugou: "Não podemos obrigar nosso pessoal a prejudicar o andamento das obras. Se meu pai quer dar dinheiro a Lula, que dê". Pouco tempo depois, a Odebrecht repassou 700 mil dólares à Exergia a título de "adiantamento" e sem exigência de prestação de contas.

O problema era que Lula tinha muitas necessidades. Quando se atendia uma, logo aparecia outra. Depois de todo o trabalho que a Odebrecht havia tido para comprar o imóvel escolhido para a nova sede do Instituto sem dar na vista, o ex-presidente e a ex-primeira-dama desistiram do local, e a empreiteira acabou ficando com o imóvel. Alencar, a quem tinha sido delegada a tarefa de encontrar outro lugar, já tinha avaliado mais de uma dúzia sem que nenhum fosse considerado adequado. Na última reunião de 2011, o ex-presidente veio com outra questão para Emílio: o futuro empresarial do filho Luís Cláudio Lula da Silva — e isso justo quando o assunto que levava o empreiteiro ao instituto era o próprio rebento.

Emílio andava aflito com a dificuldade de Marcelo em se entender com Dilma Rousseff. Estava habituado à suavidade das conversas com Lula, em que um nunca dizia não ao outro — mesmo que não tivesse a intenção de ceder. Tanto o ex-presidente como o empreiteiro evitavam o conflito direto. Marcelo e Dilma eram o total oposto. Tinham pontos de vista arraigados, muito pouca paciência para tergiversação e diziam bem mais "não" do que "sim". A presidente costumava ser refratária não apenas aos pleitos de Marcelo, mas do empresariado em geral. Já o filho de Emílio não media palavras para falar com ninguém, nem com Dilma, e não raro a conversa terminava em ruído.

Mas não era só por isso que a adaptação dos Odebrecht ao novo governo vinha sendo dura. O primeiro ano de mandato de Dilma coincidiu com um momento em que as faturas das apostas que a Odebrecht fizera sob a batuta lulista começavam a ser cobradas, e o ex-presidente não estava mais lá para eliminar os obstáculos. E a presidente também não estava a fim de descascar determinados abacaxis. Um deles era o dinheiro para os estádios da Copa. Outro, bem espinhoso, era a crise do etanol brasileiro.

Em 2011, depois de anos de dificuldades, usinas começaram a fechar ou ser vendidas país afora. As restrições de financiamento pós-crise de 2008, a concorrência do etanol americano em mercados internacionais, a aposta do governo federal no pré-sal e a política de subsídio aos preços da gasolina foram minando as chances de recuperação do setor. Naquele início de ano, a quebradeira das usinas e problemas climáticos levaram a uma queda brusca na produção. Como o álcool era misturado à gasolina, a alta dos preços do primeiro elevou também o preço da segunda, pressionando os índices de inflação.

A reação do governo foi confusa. Para conter a alta de preços e impedir que contaminasse o resto da economia, Dilma zerou a cobrança da Cide, um dos impostos sobre a gasolina. Também diminuiu a quantidade de álcool a ser misturada no combustível, ao mesmo tempo que abria uma linha de crédito subsidiado aos produtores de álcool. Ou seja, enquanto reprimia a demanda pelo etanol, o governo agia para estimular os usineiros a continuar plantando cana. Dizia-se que os subsídios ajudariam a forçar uma queda nos preços do etanol — o que as empresas afirmavam não ter como conseguir naquela situação.

As medidas assustaram os produtores, Odebrecht incluída. Naquela toada, a ETH Bioenergia, fusão da divisão de etanol com a Brenco, que já nascera endividada, fatalmente iria à lona.

Marcelo aproveitava todas as reuniões com Dilma para insistir que ela mantivesse os impostos e deixasse o preço da gasolina flutuar. E se exasperava, por julgar que a presidente não tinha a menor noção do que estava fazendo. "Como é que você discute com uma pessoa que acha que o preço do etanol tem que baixar na canetada e não considera em nenhum momento as condições do mercado?" Ele apelava: "Presidenta, nós só investimos nesse setor por causa de Lula! Apoiamos todas as campanhas do PT, somos parceiros do governo!". Dilma fechava a cara. "Não assumi compromisso nenhum, não prometi nada a vocês." Marcelo reconhecia que ela tinha um ponto. Na campanha de 2010, as conversas sobre doações e apoio tinham sido com Lula e Palocci. A presidente sempre soubera do que se passava, mas não participava dos acertos. Julgava-se liberada para agir como quisesse, mesmo que contra os interesses de Lula.

Emílio não era o único a recorrer ao ex-presidente em busca de conselhos para lidar com o novo governo. Nos últimos meses de 2011, o Instituto Lula tinha virado destino de romarias de políticos, empresários e autoridades, todos na mesma situação. Poucos interlocutores, porém, tinham a mesma intimidade com Lula. Emílio sabia que o Amigo não simpatizava com Marcelo e por vezes desconfiava que ele atiçava Dilma contra o filho. Mas, quando pediu que ele ajudasse a amainar os atritos entre os dois, Lula concordou imediatamente. "Ajudo, claro. Essa briga é ruim para o Brasil, é ruim para ela", disse ele. Emílio sabia que Lula andava preocupado com o filho caçula, Luís Cláudio, e fez uma proposta: "Vamos fazer o seguinte: o senhor me ajude, porque santo de casa não faz milagre, a mudar essa forma de Marcelo agir, inclusive, de ajudar a ele perante Dilma, para que a relação dele com Dilma seja um negócio natural. E eu vou ajudar na formação do seu filho".[43]

Luís Cláudio, de 26 anos, era o caçula do ex-presidente, acabara de abandonar uma carreira iniciante como preparador físico de times de futebol e dizia ao pai que queria ser empresário. Estava convencido de que o grande negócio no Brasil era o futebol americano, e Lula queria muito que a Odebrecht o ajudasse. Embora não pudesse haver assunto e negócio mais distante dos ramos de atividade da organização, Emílio nunca diria não a Lula.

No mês seguinte, após nova visita ao instituto, Emílio e Alencar já iam se preparando para sair quando o ex-presidente acessou uma sala lateral e chamou Luís Cláudio, que já estava ali de prontidão, com o laptop. Numa breve apresentação, o rapaz explicou que pretendia investir num torneio chamado Touchdown.[44] Era um campeonato bastante amador, que já fora o maior do Brasil, mas enfrentava um êxodo de equipes para uma liga alternativa e não reunia mais do que 10 mil espectadores por temporada.[45] Ainda assim, o filho de Lula afirmava que o fato de o público brasileiro proporcionar a segunda audiência do Super Bowl no exterior, depois apenas do México, era um indicador inequívoco do potencial do negócio.

Emílio disse que a Odebrecht faria o que fosse possível para ajudar. Dali em diante, assessorar o filho de Lula na implantação do negócio tornou-se mais uma atribuição na já extensa lista de tarefas de Alexandrino Alencar. O executivo contratou uma agência, a Concept, para cuidar de todo o marketing do torneio, inclusive a busca de patrocinadores. Tudo por baixo do pano, claro. Se vazasse, seria escândalo na certa.

O futebol americano podia não ter apelo, mas o nome Lula da Silva tinha. Os patrocinadores vieram: Caoa, Budweiser, Qualicorp, JHSF, GOL, Sustenta Energia e energético TNT, da Cervejaria Petrópolis.[46] Só que a Touchdown não decolava. Alencar havia combinado com o filho de Lula que o "apoio" da organização duraria dois anos. Depois, a liga deveria ser capaz de se financiar sozinha. Luís Cláudio, porém, sempre dizia que precisava de mais dinheiro e de mais tempo. A empreiteira acabou estendendo a ajuda por mais um ano. Gastou, entre 2012 e 2015, 2,1 milhões de reais, sem que a Touchdown tivesse conseguido se consolidar como negócio. O campeonato de Luís Cláudio acabou por implodir no final de 2015, quando a Polícia Federal fez uma apreensão no escritório dele, no âmbito da Operação Zelotes, que investigava um esquema de compras de emendas provisórias no governo Lula.

Por ironia, a operação se deu justo porque, ao se debruçar sobre os negócios do filho de Lula, a PF e o Ministério Público descobriram que ele não estava tão mal assim. Entre junho de 2014 e março de 2015, outra empresa de Luís Cláudio, LFT Marketing Esportivo, recebera 2,5 milhões de reais do lobista Mauro Marcondes Machado, da consultoria Marcondes & Mautoni Empreendimentos. Machado, por sua vez, tinha recebido 16,8 milhões de reais das montadoras Caoa e MMC Automotores — esta, braço da Mitsubishi no Brasil — para fazer passar uma medida provisória prorrogando incentivos fiscais ao setor automotivo, além de outros 2,8 milhões de reais da sueca Saab, que também disputava uma concorrência para a compra de caças para a Força Aérea Brasileira. Em dezembro de 2016, a Justiça Federal de Brasília acatou a denúncia do MP e abriu um processo contra Lula, Luís Cláudio, Machado e sua esposa, Cristina Mautoni, por tráfico de influência e lavagem de dinheiro. Lula classificou as acusações como "uma grande mentira". Em outubro de 2020, o processo ainda estava em curso.[47]

Marcelo não via suas brigas com Dilma da mesma forma que o pai. Encarava o embate como parte do jogo e costumava dizer que, em comparação com a forma como a presidente tratava seus pares, ele até que não estava tão mal. Gabava-se internamente, inclusive, de ser o único empresário do Brasil que tinha coragem de falar com ela sobre dinheiro. Em 2010, durante a campanha, mesmo sabendo que ela se mantinha afastada das finanças, fez questão de conferir com a candidata: "A senhora sabe que eu estou conversando tudo com Palocci. É ele mesmo a pessoa?". Dilma dissera: "É". Nos primeiros meses de mandato, o Italiano fora uma espécie de coringa, a quem Marcelo recorria quando encontrava as portas do Planalto fechadas. Em junho de 2011, porém, Palocci foi novamente expelido do governo. Dessa vez, teve de pedir demissão da Casa Civil, alvejado pelas denúncias de que vendia serviços de consultoria mesmo ocupando o ministério. Marcelo então se voltou para Dilma: "Ô presidenta, até agora tudo o que eu conversava, pagamentos e contribuições, tudo, era com Palocci. Agora é com Guido?". Dilma respondeu: "É com Guido".[48] Era o máximo a que ela se permitia. Para ele, não tinha importância. Bastava saber que ela tinha ciência — e autorizava.

16. Vivendo perigosamente

Marcelo Odebrecht esperava sozinho na antessala do gabinete pela audiência com Guido Mantega. Corriam os primeiros meses de 2013, e a lista de pendências a tratar era longa. Um funcionário surgiu por uma porta lateral e estendeu um papel: "Olha, Marcelo, esse é o decreto que vai sair amanhã". O empresário passou os olhos pelo texto e balançou a cabeça, contrariado. "Olha, isso não resolve, não é nada disso! O governo vai dizer que fez o pacote do etanol, que desonerou, e não vai resolver", reclamou. Assim que entrou para falar com o ministro, Marcelo repetiu o diagnóstico e foi além: "Guido, segura esse negócio, e vamos botar os técnicos da Unica[1] e seu pessoal para resolver esse assunto e vir um pacote razoável". Guido obedeceu.[2]

O pacote do etanol que Marcelo acabara de revisar era mais uma das muitas medidas de desoneração fiscal a que o governo Dilma vinha recorrendo desde 2011 para reativar a economia, sem sucesso. Os efeitos da crise de 2008, a desaceleração da China e a consequente redução da taxa de investimentos das empresas vinham frustrando as expectativas de crescimento do país.[3] Em 2012, o PIB registrara um aumento pífio, de 0,9%, o menor desde 2009. A dívida pública só aumentava.[4] Em resposta, Dilma havia editado quinze pacotes de estímulo e aberto mão de mais de 100 bilhões de reais em arrecadação.[5] Ainda assim, os resultados eram decepcionantes. Os críticos diziam que o governo errava ao insistir em cortes de impostos no lugar de adotar medidas para aumentar a produtividade da economia, enquanto os empresários corriam para tentar garantir o seu benefício antes que a porteira se fechasse. Era esse o maior medo de Marcelo. Se aquele fosse o último pacote[6] do governo Dilma, seus negócios tinham que ser contemplados.

Dessa vez, porém, não dependia do pai ou de Lula. O "relacionamento político-estratégico" era dele, e o "domínio do cliente" estava garantido. Lula continuava sendo um ator político importante, só que menos. Estivera ausente nos primeiros meses de 2012, tratando um câncer de laringe, e só mais para o fim do ano voltara à rotina de viagens, palestras e reuniões políticas. Embora vários ministros fossem ligados a ele ou viessem do governo anterior, a gestão agora era muito mais dilmista do que lulista. Dilma já havia deixado claro, por exemplo, que tentaria a reeleição, e não abriria espaço para a volta de Lula. Nesse contexto, figuras como Mantega e o ministro do Desenvolvimento, Fernando Pimentel, tinham peso decisivo — o que, para Marcelo, era ótimo. Eles tinham a confiança de Dilma e atendiam os pedidos do empreiteiro como ela mesma nunca faria.

Dias depois da visita a Mantega, Marcelo o encontrou novamente no Palácio do Planalto, na audiência em que Dilma apresentou aos usineiros o texto definitivo dos incentivos ao etanol, a ser anunciado no dia seguinte.[7] Só que, além do etanol, a Odebrecht tinha sobre a mesa de Mantega outro pleito de redução de impostos — o Regime Especial da Indústria Química, ou Reiq, feito sob medida para a Braskem. Na saída do evento, Marcelo se aproximou do ministro: "Guido, veja bem. Se você vai anunciar o pacote do etanol, o Reiq já está mais do que discutido com as equipes técnicas. Anuncia junto! Porque, se você não anunciar junto, vai ter bombardeio em cima do pacote de etanol, e aí vai ficar mais difícil".[8] Guido obedeceu de novo.

No final de abril de 2013, o governo enviou ao Congresso uma medida provisória reduzindo impostos para os dois setores, etanol e indústria química. No caso do álcool, além de cortar tarifas, cortou também os juros dos empréstimos para a renovação de plantações e criou uma nova linha de crédito para a compra de equipamentos. No total, o alívio para os empresários (ou a queda na arrecadação) foi de mais de 9 bilhões de reais entre 2013 e 2015.[9]

Era o segundo socorro à petroquímica na era petista. Como sempre fazia quando pleiteava um subsídio, o empresariado o classificou como "questão de sobrevivência". Dizia-se que a crise, a falta de competitividade da indústria nacional frente aos produtos importados e a emergência do gás de xisto americano, bem mais barato do que a nafta usada como combustível pela petroquímica local, poderiam minar a liderança da brasileira no continente. Era uma parte da verdade. Algumas das maiores concorrentes da Braskem no mundo estavam investindo em novas fábricas à base de gás de xisto, mas só entrariam em operação em 2016 e 2017, e portanto os preços dos produtos finais ainda não haviam sido afetados.[10] Considerando que a companhia já havia sido beneficiada em 2009 com a redução no IPI e obtivera o acordo que queria para o preço da nafta comprada da Petrobras, a reivindicação de mais desonerações tinha jeito de reivindicação típica de certos capitalistas brasileiros, que preferem socorrer-se no Estado a fazer sacrifícios e buscar ganhos de competitividade em tempos de crise.

Quem é do ramo sabe que a petroquímica funciona em ciclos, e a Braskem desenvolvia um programa ambicioso de investimentos em pleno período de baixa. Só no México, seriam empenhados 3 bilhões de dólares em uma nova unidade, a Etileno XXI, com 700 milhões de dólares em financiamento do BNDES. A empresa já tinha fechado fábricas e vendido ativos, mas a dívida ainda pesava a ponto de ameaçar derrubar a nota de crédito junto às agências de classificação de risco. Se isso acontecesse, os juros para futuros empréstimos também subiriam, o que poderia causar sérias dificuldades com os credores. O novo regime de tributação, que cortava impostos sobre a importação de insumos e a venda de parte das matérias-primas,[11] injetava dinheiro "na veia" — ou no caixa — da Braskem. Algo entre 3 bilhões e 4 bilhões de reais até 2017.

Mantega conhecia o valor das medidas para a Odebrecht. Por isso, não hesitou em cobrar o favor. Quando chegou a hora, ele foi direto: "Marcelo, a campanha está se aproximando, eu tenho uma expectativa de contribuição. Cem milhões".[12] Ainda faltava bastante tempo para a eleição, mas talvez Mantega não viesse a ter ocasião mais propícia para pedir tão alto. Afinal, não era todo dia que se dava um benefício bilionário a duas empresas do mesmo grupo empresarial. Marcelo aquiesceu. Na verdade, já esperava pelo pedido. Havia até se programado para dar 100 milhões à reeleição da presidente.

Marcelo nunca daria à transação o nome de propina. Caixa dois de campanha não era propina, diria ele, numa tentativa de relativizar o caráter do pagamento. Porém, anos mais tarde, quando os procuradores da Lava Jato lhe perguntaram se teria dado os recursos mesmo sem ter conseguido o pacote, ele admitiu que não: "Se não tivesse saído o Reiq, provavelmente eu não teria doado 100 milhões de reais".[13] Além disso, o dinheiro saiu do caixa da petroquímica, maior beneficiada pelo pacote de desonerações da presidente.

O saldo de Mantega com a Odebrecht, que já era gordo, ficou ainda mais polpudo. A um ano e meio da eleição, a organização já tinha reservados 173 milhões de reais para a campanha de reeleição da presidente da República. Além dos 100 milhões que acabavam de ser combinados, os 50 milhões destinados a Mantega pela aprovação do Refis da Crise, em 2009, continuavam no caixa. Outros 23 milhões haviam saído de uma negociação intermediada pelos deputados petistas Cândido Vaccarezza e Carlos Zarattini com a Previ.[14] Em 2012, a Odebrecht vendera ao fundo de aposentadoria dos funcionários do Banco do Brasil um shopping e uma torre comercial[15] no Parque da Cidade, um condomínio de alto padrão na Marginal Pinheiros, em São Paulo. O negócio saíra por 890 milhões de reais, dos quais 3%, ou 27 milhões, foram repartidos por ordem do ministro: os deputados ficaram com 4 milhões e outros 23 milhões foram alocados na conta Pós-Itália. Mantega, portanto, chegava com o caixa abastecido às vésperas da campanha de 2014. E tornou-se tão próximo da Odebrecht que, nos e-mails internos, não raro Marcelo o chamava de "meu amigo". Lula era o amigo do pai, Mantega era o amigo do filho.

Contudo, se era verdade que sem ele não teria havido a "MP do etanol", também era um fato que Mantega, sozinho, não podia garantir sua aprovação no Congresso. Sem o aval, todo o esforço teria sido em vão. Para vigorarem de forma definitiva, as MPs têm de ser ratificadas pelo Parlamento em, no máximo, 120 dias após a publicação. Naquele período, podia acontecer de tudo, a depender da habilidade política do governo e da generosidade da Odebrecht. A própria empreiteira estava decidida a tentar incluir no texto mais alguns itens que não haviam entrado no texto do Executivo, e para isso precisava da boa vontade de outro grupo de políticos. De modo que Marcelo convocou seu operador no Congresso.

Claudio Melo Filho era um baiano de estirpe, filho dileto de uma das famílias que compunham a elite da Odebrecht. Seu pai, Claudio Melo, fora diretor por quase três décadas, sempre trabalhando em Brasília. Na ativa, havia sido o grande lobista da empreiteira no Legislativo. Tinha na cabeça o mapa das duas casas, e na agenda todos os telefones importantes. Quando Claudio Melo pai foi obrigado a parar, em decorrência de um derrame, Emílio pediu ao filho que o substituísse, numa sucessão bem ao estilo da organização.

Melo Filho era da mesma geração de Marcelo. Ambos haviam estudado no Colégio Marista de Salvador, trabalhavam na organização desde a formatura e usavam o vocabulário odebrechtiano como se fosse sua primeira língua. Bon vivant, tenista amador e dono de restaurantes japoneses em Salvador e em Brasília, ele não teve dificuldades em honrar o sobrenome. Adotou, logo de início, uma estratégia pragmática e eficaz, mirando em quem mandava no Congresso: o PMDB, que tinha as maiores bancadas no Senado e na Câmara e sem o qual ninguém aprovava lei alguma no Brasil.[16]

No organograma paralelo da Odebrecht, aquele em que cada executivo era responsável por um nicho de "relacionamento político", Melo Filho era o dono do PMDB. Mais especificamente, de sua cúpula. E, na cúpula, de um de seus membros mais poderosos: Romero Jucá. Nascido em Pernambuco mas eleito por Roraima, Jucá era um cacique político clássico. Tinha uma repetidora da Rede Globo em Roraima, aliados espalhados em cargos relevantes da máquina federal e parentes nos principais postos de seu curral eleitoral (a ex-mulher, Teresa, era prefeita de Boa Vista; o filho, Rodrigo, era deputado estadual). Mas, ao contrário de muitos de seus pares, era economista formado e entendia de fato do assunto. Por sua habilidade incomum para desatar os nós da política, fora líder de FHC, Lula e Dilma no Senado, e ganhara do empresariado o apelido de "Resolvedor da República". Não escondia de ninguém que falava em nome do presidente do Senado, Renan Calheiros. E tocava de ouvido com o deputado Eliseu Padilha, que representava na Câmara os interesses do vice-presidente Michel Temer.

Não era exagero dizer, portanto, que, nos primeiros anos do governo Dilma, Jucá detinha o poder no Congresso. Em seu gabinete, Melo Filho — e, por consequência, a Odebrecht — tinha deferência especial. Naquele mandato, ele já havia conseguido a aprovação de outras medidas de interesse da organização.[17] O pacote do etanol, porém, era mais importante do que todas elas, e o experiente Jucá sabia daquilo. Por isso, nas conversas com Melo Filho, prometeu repetir o bom desempenho. Mas ponderou que um trabalho daquela envergadura merecia generosa recompensa. "Claudio, imagino que certamente você vai nos olhar com carinho, vai falar com a turma para nos ajudar."[18]

Não havia por que negar o pedido de Jucá. Assim que teve chance, Melo

Filho tratou do assunto com Carlos Fadigas, o presidente da Braskem, que liberou uma cota de 7 milhões de reais para serem distribuídos no Congresso. Já escolado nos assuntos do Parlamento, o diretor calculava que Jucá levaria a maior fatia da bolada, mas não seria o único agraciado.

O primeiro a postular sua parte foi o peemedebista Lúcio Vieira Lima, da Bahia, que presidia a comissão mista (formada por senadores e deputados) da MP do Etanol. Em 7 de agosto, dia em que o relatório sobre a MP seria votado na comissão, Vieira Lima foi convidado para um café da manhã com executivos da Braskem, onde se apresentou, reticente. "Olha, essa matéria não havia sido discutida ainda na Câmara, não está madura. Vamos ter que ver, precisamos analisar. Não sei se vai dar..." Como a votação estava prevista para aquela mesma tarde, o time da Braskem se apavorou. Assim que saíram do café, telefonaram para Melo Filho, que ligou para Vieira Lima e pediu uma nova conversa com a equipe. Daquela vez, ele iria junto.

Àquela altura, a votação já havia sido adiada. Mas o deputado recebeu o grupo na Câmara e, mais uma vez, ouviu toda a explicação acerca da importância da medida "para o Brasil". Da manhã para a tarde, o humor do parlamentar havia mudado. Estava mais falante, sorridente — e pidão: "Poxa, a gente vai resolver isso aí para vocês, mas veja se consegue uma ajuda para nós, né?". Melo Filho disse que o deputado podia contar com ele. Sem demora, inscreveu Vieira Lima no sistema de propinas como Bitelo. E destinou a ele uma "ajuda" de 1,5 milhão de reais, entregue em espécie em outubro de 2013.[19]

O diretor da Odebrecht saía da reunião aliviado quando se encontrou com o deputado Rodrigo Maia, do DEM do Rio de Janeiro. Em colaboração premiada, anos depois, Melo Filho contou que os dois já haviam conversado sobre o pacote, e ele reforçou o pedido para que Maia votasse a favor na comissão. O deputado disse estar atento ao assunto — e rapidamente emendou: "Claudio, ficou uma dívida de campanha para eu pagar, você tem como me ajudar?". Referia-se, obviamente, à disputa pela prefeitura do Rio, em 2012, em que ficara em terceiro lugar, com menos de 3% dos votos. Melo Filho sabia que o deputado não tinha feito nada para merecer a "ajuda", mas se comprometeu a repassar o recurso. Maia estava em ascensão, era o tipo de político que a Odebrecht classificava como tendo potencial. O executivo tascou em sua cota de gastos com a MP mais 100 mil reais para Botafogo, codinome de Maia. O dinheiro saiu na mesma leva de Vieira Lima, em outubro de 2013. Também em espécie, entregue no Rio.[20]

A festa, porém, só termina quando acaba. E a festa do etanol ainda não havia acabado. A MP foi aprovada na Câmara, mas empacou de novo no Senado. Quando estava pronta para ser ratificada no plenário, outro peemedebista guloso, Eunício de Oliveira, do Ceará, declarou discordar de uma das emendas e travou a votação. Marcelo, por e-mail, quis saber o que estava acontecendo. Melo Filho respondeu: "Ele destacou para retirar a emenda 22 (Única). Já mandei via Raizen a Beth procurá-lo... mas no fundo a razão é outra...". Marcelo se exasperou. "Que maluquice! O que ele ganha com isto?" O executivo foi direto: "O de sempre".[21] Resumo da ópera: naquela mesma tarde, Melo Filho reuniu-se com Renan Calheiros e Jucá na presidência do Senado e saiu levando mais um no bonde da propina. Eunício, o Índio, ficou com 2 milhões de reais. Caju, codinome de Jucá, levou 4 milhões. Só então a MP foi aprovada.[22]

No dia seguinte à votação, preparando-se para uma reunião com Mantega, Marcelo perguntou por e-mail aos subordinados: "A festa nas 2 casas custou algo a CF [Carlos Fadigas] e ou LDM [Luiz de Mendonça, presidente da Odebrecht Agroindustrial]? Importante eu saber para a minha conversa amanhã com meu amigo".[23] Foi Melo Filho quem passou a fatura ao chefe, pelo telefone criptografado de voz sobre IP, ou VOIP, que chamavam de "o preto": os 7 milhões de reais de Fadigas haviam sido integralmente gastos. A balada tinha sido das boas. Mas a Odebrecht tinha garantido um alívio de alguns bilhões no caixa.

Acontece que nem só de problemas, de etanol e de resinas petroquímicas vivia o grupo de Marcelo e Emílio. Se no Brasil o ambiente econômico era desafiador, no exterior a Odebrecht prosperava com obras grandiosas na América Latina e na África — e com financiamento brasileiro. Desde o início do governo Dilma, em 2011, a empreiteira já havia conseguido a aprovação de créditos para dezessete projetos em Angola, Argentina, Cuba, Equador, Guatemala, Honduras, México, Peru e República Dominicana. Juntos, somavam uma receita de 3,7 bilhões de dólares para a organização e correspondiam a 70% de todos os créditos à exportação concedidos pelo Brasil. Tamanho domínio tinha a ver com a extensa e eficiente rede de contatos que compunham a engrenagem dos financiamentos, todos devidamente coordenados por Barbie, a advogada Maria da Glória Rodrigues. Mas aquilo também podia ser creditado a uma figura crucial: o ministro de Desenvolvimento, Indústria e Comércio Exterior, Fernando Pimentel.

Outra figura-chave no governo Dilma, Pimentel não era só um ministro poderoso. Era um amigo pessoal da presidente desde os tempos do movimento estudantil, nos anos 1970, em Minas Gerais. Também fora seu companheiro no Colina, grupo armado de esquerda que combatia a ditadura militar. Marcelo o conheceu em 2008, pouco antes de ele deixar a prefeitura de Belo Horizonte, e o colocou na lista de prioridades assim que Dilma o convocou para o ministério. Coube ao diretor de créditos à exportação, João Nogueira, a missão de acompanhar Pimentel de forma sistemática. Filho do embaixador Ruy Nogueira, que foi secretário-geral do Itamaraty nos dois primeiros anos do governo Dilma, João tinha 36 anos, era inteligente, metódico e habilidoso, e se tornara um dos homens de confiança do chefe. Cabia a ele visitar Pimentel, informá-lo sobre o andamento dos negócios da organização e marcar os encontros com Marcelo. Pimentel apoiava Marcelo não só em questões de crédito, mas também no relacionamento com a presidente da República.

Depois dos sobressaltos do primeiro ano de mandato, Marcelo e Dilma pareciam mais adaptados um ao outro. Ela o recebia para reuniões fechadas no Planalto e comparecia a inaugurações de obras e empreendimentos do grupo. Ele também fazia sua parte. Quando a economia começou a ir mal e a presidente passou a ser fortemente criticada por medidas como a intervenção no câmbio e nas tarifas de energia, Marcelo manifestou apoio público ao governo. Sempre que ganhava força a ideia de que a presidente estava encastelada e não conversava com os homens de negócios, ele estava entre os convocados para reuniões sobre conjuntura e crescimento econômico que visavam provar a disposição da presidente para o diálogo. "As pessoas podem argumentar: 'Eu teria feito isso de uma maneira diferente'",[24] disse ele ao sair de um desses encontros, em março de 2013. "Mas nos conceitos e nas intenções, eu acho que é difícil criticá-la. O que ela está fazendo é certo para o Brasil."

Contudo, como nem ela deixara de ser Dilma Rousseff, nem ele de ser Marcelo Odebrecht, por vezes a interação entre os dois produzia faísca. Quem socorria Marcelo então era Pimentel, desfazendo mal-entendidos ou ajudando a convencer a presidente de alguma coisa. O ministro tratava Marcelo com deferência. Chamava-o de "caro amigo", cobrava sua presença ("Tá sumido!") e encerrava as mensagens com "abraço fraterno". Marcelo, que se referia a Pimentel como "um parceiro", retribuía com carinho incomum. No dia do aniversário do ministro, escreveu num e-mail: "Que a lembrança deste dia seja de justas homenagens a quem deixará um legado ainda maior ao país (e felizmente já não olha mais só a nossa sortuda Minas)".[25]

De fala mansa e estilo conciliador, Pimentel se dava bem com todo o empresariado, como era de esperar de um ministro de Indústria e Comércio. A questão é que ele se dava bem até demais — e, por causa disso, já quase havia perdido o cargo. No final do primeiro ano de governo Dilma, o jornal *O Globo* descobriu que, entre a saída da prefeitura e a chegada ao ministério, ele havia recebido 2 milhões de reais da Federação das Indústrias do Estado de Minas Gerais por serviços de consultoria que nunca conseguiu comprovar.[26] Na época, não faltou quem pedisse sua saída do governo. Dilma, porém, nem pensou em demiti-lo. Ele tampouco se intimidou. Ao longo da campanha municipal de 2012, passou o pires entre os empresários que necessitavam de apoio do ministério. Dizia estar preocupado com a formação de uma boa base de prefeitos para apoiar sua candidatura ao governo, em 2014. Entre eles estavam Eike Batista,[27] dono do grupo X, e Joesley Batista, da JBS. A própria Odebrecht contribuiu com 1,5 milhão de reais no caixa dois, entre setembro e outubro de 2012.[28]

Naquele início de 2013, porém, não estavam em jogo apenas questões paroquiais. A organização tinha diversos pedidos de financiamento à exportação pendentes de aprovação na Câmara de Comércio Exterior.[29] Como presidente da Camex, era ele quem decidia o que entrava em pauta e o que ia para a gaveta. Pouco depois de a empreiteira encerrar os pagamentos da campanha de 2012, o chefe de gabinete de Pimentel, Eduardo Serrano, avisou a João Nogueira que o ministro queria continuar contando com o apoio da empresa — agora para as eleições de 2014. Assim como Mantega e os peemedebistas do Congresso, Pimentel já usava a campanha eleitoral como pretexto para encher o cofre, mesmo um ano e meio antes do pleito.

Então entrou em ação outro personagem: Benedito Rodrigues, o Bené, dono de uma gráfica em Belo Horizonte que era mais conhecido por ser o "amarra-cachorro" de Pimentel. No jargão popular, o amarra-cachorro é um auxiliar a quem são delegadas tarefas sem importância. No submundo da política, é o sujeito que acerta o "lado prático" de uma negociação em nome do chefe. Foi Bené quem explicou a Nogueira, num almoço em Brasília, a razão de tanta antecedência:[30] os petistas previam uma campanha dura em Minas, reduto eleitoral do tucano Aécio Neves, e precisavam se preparar a contento. Além disso, como tinham de eleger não só Pimentel, mas deputados estaduais e federais e a própria Dilma, a fatura sairia bem mais salgada. Segundo Bené, Pimentel queria nada menos do que 15 milhões de reais, muito para os padrões de uma campanha estadual. Nogueira se espantou: "De onde é que saiu esse valor?!". Já se começava a regatear, quando Bené jogou na mesa a carta decisiva: "Eu entendo que o ministro Pimentel fez as contas com base em Sarmiento".

Sarmiento era o maior projeto que a Odebrecht tinha pendente na época. Era uma obra de 1,5 bilhão de dólares, que compreendia a construção de um túnel e a modernização de uma linha de trem em Buenos Aires. Para consegui-la, a organização já havia distribuído um quinhão razoável de propinas aos pistolões do governo da presidente argentina, Cristina Kirchner. O projeto já fora submetido ao comitê da Camex, que avaliava os pedidos de financiamento, mas ele vinha sistematicamente sendo retirado de pauta. Até então, pensava-se que a protelação tinha a ver com alguns conflitos bilaterais, mas o pedido de Bené deu outro sentido ao adiamento. Era preciso falar com Marcelo.

Para surpresa dos subordinados, o chefe não titubeou nem reclamou. Apenas mandou que Luiz Mameri, o presidente da Odebrecht Internacional e chefe de Nogueira, reservasse o dinheiro. Pimentel merecia. Se tivesse pedido mais, teria levado. Os executivos, porém, demoraram a providenciar os pagamentos, e o ministro foi ficando inquieto. No início de maio, dois meses depois do almoço com Bené, ele recebeu o diretor da Odebrecht para uma audiência e disse que precisava conversar diretamente com Marcelo. Em 20 de maio de 2013, o ministro e o empreiteiro se reuniram para um jantar na casa de Nogueira no Lago Sul, em Brasília.

Ambos defenderam Sarmiento como uma obra boa para o Brasil, que geraria divisas e cerca de 300 mil empregos diretos e indiretos na cadeia produtiva local. Pimentel justificou a demora no processo pelos entreveros comerciais com a Argentina, que teriam feito Dilma chamar para si, em caráter pessoal, a decisão sobre aquele financiamento. Mas é claro que, convencido, ele poderia mudar a situação. "Vocês têm um ponto importante, eu vou conversar com a presidente." Ato contínuo, cobrou o dinheiro para a campanha. Marcelo deu sua palavra. O "apoio" sairia.[31]

Menos de dois meses depois, em meados de julho, o empréstimo foi aprovado na Camex, mas o dinheiro da Odebrecht não saiu. Seguindo a norma da organização, Nogueira e Mameri tentavam adiar o pagamento ao máximo. Sabiam que, se liberassem a grana cedo demais, logo viriam mais pedidos. O ministro, porém, não estava de brincadeira. Esperou que viesse o próximo requerimento da Odebrecht — o aumento da linha de crédito para Moçambique, onde a empreiteira queria fazer o BRT da capital, Maputo — e jogou na gaveta.

O ritual se repetiu: almoço com Bené, audiência com Pimentel e jantar com Marcelo na casa de Nogueira em Brasília. O petista pressionou pela verba de campanha, e dessa vez Marcelo teve que cumprir a promessa. Já haviam arriscado demais. No final de outubro de 2013, Bené Rodrigues — ou Conterrâneo, para o Drousys — recebeu a primeira remessa de 500 mil reais em dinheiro vivo num hotel de Moema, em São Paulo. Pimentel fez sua parte e aprovou a autorização para o crédito no Cofig.[32] A obra em Moçambique acabou não saindo. Mas não foi por falta de ajuda dele.

Entre agosto de 2012 e janeiro de 2014, a Odebrecht entregou ao então ministro de Desenvolvimento, Indústria e Comércio Exterior de Dilma 12 milhões de reais em dinheiro vivo. Foram debitados da conta da Odebrecht Internacional e destinados ao codinome Linha (de linha de crédito). No mesmo período, o Cofig e a Camex qualificaram mais 21 projetos da Odebrecht para receber de 4,9 bilhões de dólares. Nos quatro anos de gestão de Pimentel, todos os 8,6 bilhões pedidos pela organização foram aprovados.[33] Nenhum projeto foi rejeitado ou teve o escopo reduzido — nem mesmo o porto de Mariel, cujas garantias eram consideradas frágeis pelos técnicos do BNDES. O ministro era mesmo um parceirão.[34]

Marcelo entrara em 2013 com a corda toda. Depois de anos de trabalho, o grupo tinha agora a configuração que ele planejara quando assumiu o comando. Já não tinha mais que pedir ao pai para resolver com Lula todo problema que aparecia no governo. Construíra seu próprio círculo de influência e era citado na imprensa e pelos políticos como um dos empresários mais próximos da presidente da República. Tinha batalhado para aquilo. No processo, conquistara um aliado importante no Palácio: Anderson Dorneles, assessor direto e responsável pela agenda da presidente, a quem Dilma chamava de Bebê e Meu Menino. A Odebrecht mimava o rapaz, ora com amenidades, como ingressos para o Carnaval do

Rio de Janeiro, ora com dinheiro mesmo — mais exatamente 350 mil reais entre fins de 2013 e o início de 2014,[35] que ele pediu para "ajudar um amigo".

Dorneles tinha uma visão privilegiada da intimidade de Dilma, com quem se entender bem era prioridade zero para Marcelo. Por isso, ao se preparar para suas reuniões com a presidente, ele não apenas reunia informações sobre os temas a serem tratados, mas também colhia dicas com Dorneles — que assistia às conversas, e não só comentava os resultados com Marcelo como também dava recomendações sobre como se comportar na próxima vez. Empenhado, ele anotava à mão, junto das pautas impressas, indicações como "Estilo/Postura", "+ Ouvir e Perguntar", "Ñ falar 1º", "Dialogar encima [sic] Opinião Dela" e "Flexível".[36]

Marcelo era um anotador compulsivo. Chegava ao paroxismo de escrever no celular lembretes como "Carinho em Bela/Kids", para não se esquecer de pedir desculpas à esposa no fim do dia, depois de uma briga. Ou "wii, detetive sério e running club", em referência às brincadeiras que faria com as filhas no fim de semana. Na época, o hábito de escrever tudo o salvava de situações difíceis. Anos depois, acabaria criando enormes problemas.

A relação com Dilma ia bem e a Odebrecht crescia em ritmo acelerado, exatamente como planejado. Em 2012, tornara-se o segundo maior grupo privado brasileiro, atrás apenas da Vale. Marcelo passou a ser incensado por jornais, revistas de negócios e entidades empresariais, e a colecionar prêmios e homenagens (como o título de cidadão paulistano, concedido pela Câmara Municipal de São Paulo).[37]

Estava tão confiante que, quando surgiram as primeiras reportagens sobre as viagens de Lula a serviço das empreiteiras, publicou na *Folha de S.Paulo* um artigo intitulado "Viaje mais, presidente", em que se mostrava orgulhoso de financiar as excursões: "Lula tem feito o que presidentes e ex-presidentes dos grandes países do hemisfério Norte fazem, com naturalidade, quando apoiam suas empresas nacionais na busca de maior participação no comércio internacional. Ou não seria papel de nossos governantes vender minérios, bens e serviços que gerem riquezas para o país?".[38]

Assim como o pai em seu auge, Marcelo havia se convertido em membro cativo e destacado do seleto grupo dos donos do Brasil. Era ouvido, respeitado e bajulado como um dos "mais poderosos", "o construtor da Copa", "a nova cara do capitalismo brasileiro". Mas não estava satisfeito. Carregava um sentimento de inconformismo com o ranço de corrupção e coronelismo que julgava injustamente associado à organização. "Somos um grupo diversificado, com atuação no mundo todo. Ainda assim, toda vez que vão falar da gente, dizem que a Odebrecht é uma 'empreiteira baiana'", reclamava. Para ele, já passara da hora de acabar com o estigma.

Ele resolveu colocar em prática um plano que vinha amadurecendo, fruto da convicção disseminada internamente de que o principal motivo pelo qual a Odebrecht não era reconhecida em toda a sua grandeza era o preconceito. "A imprensa é assim", dizia Márcio Polidoro, diretor de comunicação do grupo. "Ninguém diz Jorge Gerdau, empresário gaúcho, Sebastião Camargo, empreiteiro paulista... Mas, quando falam de um Odebrecht, é sempre 'empreiteiro baiano." Marcelo tinha uma explicação adicional: "Como se chama a empresa de álcool? ETH. E qual o nome da petroquímica? Braskem, Foz do Brasil... Nenhuma traz o nosso nome!". E continuou: "Inclusive temos empresas que têm Odebrecht no nome, mas não usam. A Odebrecht Realizações é OR, a Odebrecht Internacional é OI. Elas não assumem o nome da Odebrecht!".

A solução, para ele, era unificar a marca das empresas do grupo de modo a reforçar a imagem da Odebrecht multinacional e diversificada, com negócios de alta tecnologia — e não apenas uma empreiteira. O modelo seria o da americana GE, cujas subsidiárias todas traziam essa sigla no nome: GE Saúde, GE Energia etc. Para o trabalho, foi contratada a Interbrand, uma das maiores empresas de *branding* do mundo.

Seis meses depois, o presidente da agência, Alejandro Piñedo, voltou à sede do grupo para apresentar sua proposta final a Marcelo, numa reunião com Marcos Wilson, Polidoro e André Amaro, assessor da presidência que cuidava de assuntos de imagem e recursos humanos. Levava uma coleção de slides caprichados e um roteiro que previa expor o conceito, o processo percorrido até o resultado final e as opções de marca que havia preparado. O publicitário planejou falar por uns vinte minutos, mas não conseguiu completar nem dez.

Marcelo prestava mais atenção no celular do que nas telas do PowerPoint e não respondia mais do que "sim", "tá", "sei". Lá pelo segundo ou terceiro slide, parou, pegou uma folha de papel que estava em cima da mesa e disse: "É o seguinte". Desenhou um retângulo, escreveu Odebrecht dentro e fez um risco embaixo das letras. Depois estendeu o papel a Piñedo: "É isso que eu quero. O.k.? Obrigado". Levantou-se e foi embora com o celular. O publicitário virou-se para Polidoro, incrédulo: "Essa foi a reunião mais estranha de que eu já participei". Resignado, o executivo perguntou: "Você tem alguma dúvida?". O outro fez que não. "Então, vamos implementar."

Em fevereiro de 2013, quase todas as quinze empresas do grupo passaram a ter Odebrecht no nome e marcas praticamente idênticas, como Marcelo desenhara. Só a Braskem não adotou o novo padrão. Impor o nome Odebrecht a uma companhia cuja dona de metade das ações era a Petrobras teria sido prova contundente de ousadia. Nem Marcelo tinha tamanho cacife.

"Ligação urgente para você." Eram quase dez da noite em Luanda, e Marcelo estava à mesa de jantar da casa de Ernesto Baiardi, presidente da companhia no país africano. Ele havia passado o dia em reuniões com autoridades angolanas e pela manhã partiria de volta para o Brasil. Pediu licença, levantou-se e foi para outra sala atender ao telefone. Maria das Graças Foster, presidente da Petrobras, estava inquieta. Os dois haviam trocado e-mails ao longo do dia, em que ela deixara claro que gostaria de falar de um contrato, sem dizer qual. Na ligação, foi mais explícita. Disse que estava ao lado de Dilma Rousseff e emendou: "Marcelo, que história é essa que a gente soube, que teve pagamentos para o PMDB nesse contrato do PAC-SMS? Isso inclusive chegou nos ouvidos dela!". Ele não tinha informações suficientes nem condições para discutir o assunto pelo telefone. "Graça, deixa eu me inteirar do assunto. Eu estou voltando para o Brasil e te procuro."[39]

Marcelo desligou ao mesmo tempo intrigado e preocupado. Ele conhecia Graça Foster havia pelo menos sete anos, desde que participavam juntos do conselho da Braskem. Funcionária de carreira da Petrobras e muito ligada a Dilma Rousseff, Graça era turrona e temida como a chefe, e não tinha histórico de envolvimento com esquemas. Nunca, naquele tempo todo, haviam falado de nada que tivesse a ver com propina ou acertos políticos. Para ela querer tratar do assunto por telefone e daquela forma abrupta, devia estar mesmo aflita. Estava claro que, quando se encontrassem, ia querer saber não só se a propina havia sido paga, mas também *quem* no PMDB havia recebido. Nomes. A questão era que Marcelo não podia dizer nada antes de avaliar o tamanho do estrago que a resposta poderia provocar. Não tinha dúvidas de que o chefe da área industrial, Márcio Faria, havia distribuído um bom dinheiro para conseguir o contrato de mais de 800 milhões de reais com a Petrobras, pouco antes da eleição de 2010. Só não sabia quanto e para quem. Dependendo de como tudo tivesse acontecido, eles podiam se dar muito mal.

Uma vez em São Paulo, Marcelo chamou Faria para entender melhor o caso. O executivo contou a história da reunião com Temer, Henrique Alves e Eduardo Cunha às vésperas da eleição de 2010, e do acerto para o pagamento de propina de 5% dos 825 milhões de dólares do contrato para o PMDB. "Márcio, foi só PMDB? Porque, se foi, eu vou ter problema com Graça." Faria finalmente disse o que ele precisava ouvir: "Não, Marcelo. O PT sabia e também recebeu uma parte". A reação foi de alívio. "Bom, agora eu tenho um argumento para conversar com ela."[40]

O contrato em questão havia sido, desde o início, uma pedra no sapato da alta cúpula da Petrobras. O escopo — prestação de serviços de segurança, saúde e meio ambiente para nove unidades da petroleira no mundo[41] — e o valor, próximo do bilhão de dólares, eram tão fora do padrão que logo chamaram a atenção. No final de sua gestão, José Sérgio Gabrielli havia autorizado a abertura de uma auditoria interna, que durou nove meses e terminou em agosto de 2012.[42] O trabalho constatou desvios, como o direcionamento do edital, superfaturamento e falta de um projeto detalhado para os serviços, que só foi feito (por uma terceira empresa, de consultoria)[43] depois de fechado o contrato.

Uma semana após voltar de Angola, em 7 de novembro de 2012, Marcelo encontrou a presidente da Petrobras numa sala reservada do hotel Transamérica, em São Paulo, onde ela acabara de dar uma palestra.[44] "Graça, veja bem. Eu tenho que ser totalmente franco com você. Eu sempre fui franco, a gente sempre teve uma relação aberta. Não vou mentir. Houve, sim, pagamentos", começou ele. "Sei que foi conduzido por um pessoal do PMDB, não conheço detalhes. [...] Mas uma coisa eu posso te dizer: o PT sabia. Márcio me disse que Vaccari sabia e recebeu uma parte."

A afirmação fez a postura inquisitiva de Graça Foster esvanecer. O que quer que ela tivesse planejado fazer quanto àquele assunto, decerto não incluía providências contra Vaccari e o PT. Marcelo aproveitou para falar do que realmente o preocupava: o temor de que o contrato fosse cancelado por causa da auditoria interna. "E aí, Graça, como a gente resolve? Eu e você não estávamos envolvidos na época. Mas ocorreu, tá aqui, eu disse pra você. O PMDB recebeu, o PT recebeu. E aí, como a gente faz? A gente vai ter prejuízo agora?!" Ela se conteve, e apenas disse: "Eu vou botar uma pessoa de confiança para administrar o assunto".⁴⁵

Vendo que Graça e Dilma queriam encurralar o PMDB, Marcelo chamou Claudio Melo Filho: "Avisa lá, faça chegar no ouvido de Temer que ela está desconfiada de que algumas pessoas [...] receberam valores. Eu não sei quem foi que recebeu, mas que ela está desconfiada dele". Dilma estava mesmo tão encafifada que foi perguntar diretamente ao ministro de Minas e Energia, Edison Lobão, se ele havia recebido dinheiro pelo contrato. Preocupado, ele quis saber de Marcelo o porquê da abordagem. O herdeiro botou panos quentes: "Lobão, eu não tenho nada com isso, você não tem nada com isso, vamos nos fingir de mortos".

Em janeiro de 2013, Petrobras e Odebrecht concordaram em reduzir o valor do contrato de 825 milhões de dólares para 481 milhões e cancelar os serviços em quatro países. Não era o ideal, mas pelo menos o contrato estava de pé. Só que os problemas não haviam terminado.

"As denúncias do operador do PMDB na Petrobras", dizia o título da reportagem que a revista *Época* estampava, com uma chamada na capa, em agosto de 2013. Nela, o lobista João Augusto Henriques contava ao repórter Diego Escosteguy como havia arrecadado subornos com o afretamento de sondas, com a compra da refinaria de Pasadena e com a negociação do PAC-SMS. Explicava, também, ter dividido o dinheiro entre PMDB e PT, via João Vaccari. "Odebrecht? Eu montei tudo",⁴⁶ dizia ele em texto e áudio, gravado num café barulhento do Leblon, no Rio. As revelações provocaram pânico no mundo político, entre os empreiteiros e nos corredores da estatal.

Apavorado, Rogério Araújo procurou o lobista para entender o que acontecera. Henriques disse que não sabia que estava sendo gravado, e contou que só conversara com o repórter porque o deputado Eduardo Cunha o apresentara como alguém de confiança, pedindo para "tratar bem dele".⁴⁷ A interlocutores mais íntimos, confessara acreditar que havia sido vítima de uma armadilha de Cunha, com quem vinha se desentendendo quanto à divisão de alguns "lucros" auferidos nos contratos da área internacional.

Depois da reportagem, Graça Foster não teve alternativa senão abrir uma investigação interna para apurar as denúncias. Concluído no final de outubro de 2013, o trabalho reforçava e aprofundava as constatações da auditoria anterior,[48] mas permaneceria um bom tempo dormitando nas gavetas da estatal. Só emergiria no ano seguinte, em plena Lava Jato.

"Marcelo, ó pra isso! Não tem condição! Setecentos e trinta milhões de dólares é mais de bilhão de reais! Nenhum mercado tem essa disponibilidade de dinheiro por fora, e nem tem como você operar isso, rapaz! Isso aqui é suicídio! Suicídio financeiro, de risco, de segurança, de tudo!" Quando Hilberto Silva ficava nervoso, seu sotaque baiano, já pronunciado, ficava ainda mais forte. Os tais 730 milhões de dólares correspondiam a tudo o que a Odebrecht desembolsara em 2013 no caixa dois. Exatos 1,711 bilhão de reais, ao câmbio da época. Dinheiro que Marcos Grillo havia tido que "gerar" em operações contábeis mundo afora e que a equipe de Silva dera um jeito de distribuir, em malas e mochilas cheias de notas ou por depósitos em contas offshore. Tudo sem passar pelo sistema bancário brasileiro, para não atrair a atenção das autoridades.

A roda do caixa dois na Odebrecht vinha girando a um ritmo cada vez mais veloz desde 2006, quando Silva assumira as operações estruturadas. Dos 60 milhões de dólares iniciais, dobrara para 120 milhões em 2008, atingira 260 milhões em 2009, 420 milhões em 2010 e 520 milhões em 2011. Até chegar ao pico de 730 milhões de dólares em 2012, repetido em 2013. Ao todo, já haviam sido distribuídos quase 3 bilhões de dólares. Silva sabia quanto esforço e criatividade haviam sido necessários para fazer o dinheiro chegar a tantos e tão variados destinos em segurança e sem despertar suspeitas. Eles estavam desafiando a probabilidade estatística de serem pegos. E, dependendo do tamanho da ganância dos líderes da Odebrecht para aquele ano eleitoral de 2014, desafiavam também o equilíbrio das finanças.

"Vamos segurar, vamos pedir aos caras para segurarem", respondia Marcelo. Silva não duvidava da preocupação do chefe. Mas via que, na prática, ele pouco fazia para conter o ímpeto dos líderes de negócios. Em parte porque eles tinham autonomia para decidir como usar o dinheiro — desde que houvesse caixa disponível, segundo mandava a regra na Odebrecht. Mas também porque tinham metas agressivas a cumprir. Como eram empresas altamente dependentes do setor público, era bem provável que, para conquistar novos contratos, tivessem que oferecer ou pagar mais propina. Essa lógica tornava inadministrável o DGI, ou Despesas Gerais Indiretas, nome eufemístico do caixa dois na organização. Se para conseguir novos negócios era preciso pagar propina, como se podia querer que o grupo crescesse sem aumentar o DGI?

Sempre que podia, Silva abria os números do departamento para os outros diretores. Achava que ser realista ajudava a pressionar o pessoal a economizar. Marcelo não gostava. Temia que informação demais provocasse efeito inverso. "O que você vai ganhar mostrando que gastou 420 milhões de dólares? Vai é deixar os caras querendo mais!"[49] Ainda assim, Bel repetia constantemente o alerta nas reuniões trimestrais que juntavam membros da diretoria e do conselho no 15º andar da sede da Odebrecht em São Paulo. Quando não dava os números exatos, ele expunha o aumento na demanda e a quantidade de operações realizadas a cada ano (eram milhares). Raramente deixava de chamar a atenção para a escalada dos gastos. "Vocês estão pedindo muito! Mesmo que eu receba tudo isso, não consigo distribuir!",[50] protestava.

O que ele não contava aos outros é que, para dar conta da demanda, o setor já havia comprado um banco, contratado uma transportadora de valores e trocado dólares por reais com a cervejaria Petrópolis e com o operador Paulo Preto. E isso além do tradicional esquema de doleiros, incluindo os que arrecadavam dinheiro no comércio popular da rua 25 de Março, em São Paulo, e do Saara, no Rio de Janeiro. Algumas vezes, autorizava-se Grillo a fabricar contratos de serviços fictícios no Brasil (o que em tese era proibido) para poder gerar caixa em território nacional.[51] Ainda assim, faltava dinheiro para atender a todo mundo.

As reações aos protestos de Bel, porém, variavam. Em geral, os diretores jurídicos da Odebrecht S.A., Newton de Souza, e o da Braskem, Maurício Ferro, faziam cara de paisagem. Ambos conheciam bem os esquemas do setor e sabiam dos riscos envolvidos, mas agiam como se o assunto não lhes dissesse respeito. Uma única vez, depois de uma das reclamações de Bel, Souza repreendeu o grupo, lembrando a CPI do Orçamento: "Prestem atenção, eu já tive de livrar Emílio da prisão e foi muito difícil! Não quero ter que fazer isso com vocês!".

Havia, sim, os que se mostravam preocupados com os riscos e sensíveis à necessidade de reduzir as despesas — dos outros. Esses aproveitavam o momento para dar vazão a picuinhas internas, publicamente ou pelos corredores. Márcio Faria, da área industrial, que pela natureza de seu negócio recebia polpudos adiantamentos da Petrobras, achava que o maior culpado da gastança era o rival Benedicto Júnior, presidente da construtora: "O Júnior fica gastando e não traz resultado. Eu gasto muito menos e olha o resultado que eu dou!". Júnior, por sua vez, responsabilizava os colegas do exterior, especialmente Euzenando Azevedo, o comandante das operações na Venezuela, que havia gasto mais de 50 milhões de dólares só em campanhas presidenciais nos últimos dois anos.

Quem conhecia bem a dinâmica daquele grupo sabia que era tudo jogo de cena. Por mais enfáticos que fossem, os alertas de Bel não tinham maiores consequências. Alguns achavam que ele carregava nas tintas para valorizar o próprio trabalho. Outra facção ficava esperando a reação de Marcelo para saber como se comportar. No mais das vezes, porém, o chefe só dizia: "O.k., mais alguma coisa? Olha, vocês viram aí o recado do Hilberto, vamos maneirar". Todos ali sabiam que Marcelo podia ser bem convincente quando queria. Se não estava preocupado, eles também não precisavam se aperrear.

Aos mais próximos, Marcelo demonstrava considerar que a escalada dos valores era condizente com o crescimento da empresa. Dizia que, como os pagamentos representavam apenas 1,8% do faturamento do grupo, a coisa não era tão grave assim. Era o mesmo argumento de Emílio, quando confrontado com as cifras da propina. Depois de uma das reuniões daquele ano, quando todos se reuniram para comer uma pizza na casa de Marcelo, formou-se uma rodinha em volta do patriarca, a quem Silva expunha suas angústias: "É muito dinheiro, Emílio. As coisas estão saindo do controle!". Emílio não se abalou: "É assim mesmo, Bel. O caixa dois é proporcional ao negócio".

Claro que a questão poderia ser vista de maneira mais realista, embora não tão conveniente. Naquele ano, ao saber quanto o Departamento de Operações Estruturadas havia gasto, alguns poucos críticos aos excessos decidiram fazer alguns cálculos. Estimando que mais ou menos 80% do caixa dois ia para os políticos e considerando que toda a organização havia gerado 12,9 bilhões de reais de caixa em 2013, dava para dizer que os subornos comiam mais de 10% do caixa do grupo. Era o triplo do lucro líquido da organização. Considerando apenas a construtora, os 3% de propina correspondiam a 37% de tudo o que sobrava no caixa da empreiteira, depois de descontados os impostos e todas as outras despesas. "Os políticos hoje ganham mais do que nós, acionistas", dizia Newton de Souza.

Meses depois, em abril de 2014, o conselho e a diretoria se reuniram para avaliar em detalhes os resultados do ano anterior. A virada do ano tinha sido revigorante. A Odebrecht havia promovido o maior encontro anual de sua história, com 2 mil pessoas, comemorando o bom momento com opulência e muito axé.

Longe do espetáculo corporativo, os dados já não inspiravam tanto otimismo. Em três anos, a dívida do conglomerado mais do que dobrara, chegando a 73,2 bilhões de reais.[52] Podia não parecer muito, uma vez que o faturamento era de 96,9 bilhões. Só que, desse total, 16% correspondiam à dívida da empresa de etanol,[53] que agora se chamava Odebrecht Agroindustrial — e que, mesmo depois do socorro do governo, continuava prestes a quebrar. Para tentar mitigar o problema, a organização estava transferindo parte das dívidas para outras subsidiárias — o que ajudava a aliviar as finanças daquela companhia, mas contaminava o resto do grupo. Tentava-se, também, convencer os outros acionistas a injetar mais dinheiro. Os sócios privados, minoritários, já haviam se recusado. O BNDES resistia. Nem mesmo o governo queria arriscar colocar mais alguns bilhões de reais em uma empresa que já tinha salvado da falência duas vezes.

Outro dreno financeiro era a usina de Santo Antônio, mais um empreendimento financiado pelo BNDES.[54] Pelas contas feitas para o leilão de energia, a usina só daria lucro se conseguisse antecipar a entrada em funcionamento em pelo menos um ano, para 2012. Só que a instalação das linhas de transmissão estava atrasada. Para completar, um erro de projeto acabou atrasando a colocação das turbinas, que trepidavam nos testes,[55] e outro erro, de contrato, obrigava a Odebrecht a comprar energia no mercado livre e fornecer ao preço combinado e com prejuízo aos clientes que haviam comprado a energia com antecedência. O rombo acumulado já somava 1 bilhão de reais.

Marcelo estava a par de tudo, mas, sempre que o questionavam a respeito, minimizava os riscos. Dizia que os problemas estavam segregados nas empresas de álcool e de energia. As outras estavam razoavelmente seguras, pois suas dívidas eram lastreadas na renda dos próprios projetos. Era um argumento apenas parcialmente válido, já que a própria holding entrara como fiadora em vários dos financiamentos das subsidiárias. E mesmo a suposição de que os projetos se garantiam era duvidosa, porque eram de empreendimentos muito grandes e arriscados. Como o Galeão, pelo qual o grupo pagara um bônus de concessão de 19 bilhões de reais, 294% acima do valor mínimo, prevendo uma explosão na movimentação de passageiros em que ninguém no mercado acreditava. Ou o estaleiro, que, para não ficar no prejuízo, dependia de o plano exploratório da Petrobras superar as expectativas já superotimistas. Juntas, todas essas iniciativas demandariam até 40 bilhões de reais em investimentos até 2017.[56] Considerando que a dívida já estava em 73 bilhões, não era pouca coisa.

"Talvez esteja na hora de parar de investir e começar a vender alguns ativos", ponderou Paul Altit, ex-diretor financeiro da holding e presidente da Odebrecht Realizações Imobiliárias. Altit era visto internamente como um dos executivos mais medrosos, e suas advertências recebiam sempre um desconto dos colegas mais agressivos. Daquela vez, porém, vários o apoiaram. Especialmente os mais antigos, calejados com os problemas do passado.

Naquele abril de 2014, a Lava Jato já estava nas ruas e, embora não se conhecessem detalhes, nenhum conselheiro ignorava a ligação umbilical do grupo com os esquemas de corrupção no governo. Gilberto Sá fez a pergunta que estava na cabeça de vários deles: "Marcelo, e se vier uma tempestade perfeita? Você está preparado?". Como sempre fazia, Marcelo descartou as preocupações e disse ter total controle da situação. Fiava-se na influência sobre o governo, na blindagem das operações estruturadas e na boa vontade dos banqueiros. Boa parte dos executivos confiava completamente nele e não se abalou. Um grupo menor, porém, saiu da reunião preocupado. Nos corredores, alguns deles ouviram Renato Baiardi comentar numa rodinha: "Não tem como isso não dar merda".

17. Organizando a suruba

Alexandrino Alencar entrou na sala de Marcelo Odebrecht e fechou a porta, com uma expressão assustada. "Pegaram o Youssef!" Marcelo não entendeu. "Quem é Youssef?" Alencar explicou: "O Youssef é um operador forte. Opera para o Janene". O chefe não entendeu bem por que o subordinado lhe dava aquela informação. "Mas o que tem isso? Nenhum de nós esteve com ele." Alencar insistiu: "Como não?! Eu estive com ele, era o doleiro do Janene! Eu estive com Janene, o Márcio Faria também. Esse Youssef é um perigo! Ele já está marcado pelo Banestado". E completou: "Foi ele quem recebeu a grana do contrato de nafta e da fábrica de Paulínia. O pessoal do Luizinho tem as informações". Marcelo ficou olhando para o executivo sem dizer nada. No fundo, não se importou muito. Não era o primeiro doleiro com que a Odebrecht lidava que ia preso e com certeza não seria o último. Além disso, pensava, a organização não fazia pagamentos diretos a pessoas politicamente expostas, como Janene. Era proibido. O esquema era bem montado. Não havia com que se preocupar. Alex não concordava, mas não ficou insistindo. Não era do seu feitio.

A tranquilidade de Marcelo duraria pouco. Ao mesmo tempo que prendia Youssef, a PF conduzia uma varredura em endereços ligados a Paulo Roberto Costa, no Rio de Janeiro. Os investigadores tinham documentos comprovando que o doleiro comprara o Land Rover do ex-diretor da Petrobras.[1] Costa e sua família, porém, sabiam que havia muito mais — e, no desespero com as buscas, acabaram cometendo um erro fatal. Enquanto a PF vasculhava a casa de Costa, suas filhas e seus genros esvaziavam gavetas e armários no escritório,[2] a sete quilômetros dali. Quando os agentes chegaram, perceberam que havia algo estranho. Foi só consultar as gravações de segurança para entender o que era. Três dias depois, a polícia prendeu Paulo Roberto Costa[3] e denunciou suas filhas e seus genros por obstrução de Justiça. Começava ali uma investigação que mudaria a história do Brasil.

A 9 mil quilômetros de distância, num escritório de Lugano, principal cidade do cantão italiano da Suíça, Luizinho Soares não disfarçou o pavor ao saber da notícia. Estava lá com Rodrigo Tacla Duran, justamente para tentar resolver um pepino.[4] O PKB, um dos bancos mais usados pela Odebrecht, havia solicitado que a organização assinasse uma carta admitindo ser a beneficiária final da conta Smith & Nash, que estava em nome de um testa de ferro chamado Barry William Herman.[5] Como todos os bancos suíços, o PKB corria contra o tempo para regularizar contas em nome de pessoas como Herman, que era americano. Os Estados Unidos haviam aprovado em 2010 uma lei para combater a evasão fiscal, o Foreign Account Tax Compliance Act, mais conhecido como Fatca.[6] Pela nova regra, os cidadãos americanos tinham até julho de 2014 para informar ao fisco do país as contas e os valores mantidos no exterior. Do contrário, sofreriam uma série de punições.

A Odebrecht tinha duas opções para acertar a situação de Barry Herman: ou assumia a Smith & Nash ou pagava a multa de 1 milhão de dólares pelo laranja. Havia, porém, um complicador: o nome da organização já constava de um dos formulários usados para a abertura da conta, que tinha a assinatura de Herman. Fora incluído à mão por um dos gerentes do banco, sem a autorização de ninguém da Odebrecht. Depois de alguma discussão, Luizinho e os advogados chegaram à conclusão de que o melhor a fazer era pagar a multa de 1 milhão de dólares, encerrar logo o assunto e torcer para que as autoridades dos Estados Unidos não decidissem investigar. Caso alguém fosse atrás dos detalhes, poderiam negar tudo e acusar o banco de fraude. Não era, contudo, uma opção livre de riscos. Herman também era laranja de várias outras contas da Odebrecht — se fosse alvo de alguma investigação, o problema poderia se ampliar. Aquela era uma decisão para Hilberto Silva tomar, quando voltassem ao Brasil.

Luizinho soube da prisão do ex-diretor da Petrobras pouco antes de embarcar para o Brasil. Já normalmente apavorado, entrou em pânico. Sabia que a própria Smith & Nash havia feito pagamentos a ele[7] — outra coisa que, em tese, não deveria ter ocorrido, uma vez que a conta compunha a primeira camada de offshores, e os pagamentos em regra deveriam sair da quarta camada. Saindo de um nível tão próximo ao das empresas da própria Odebrecht, o pagamento era mais fácil de ser rastreado.

"Hilberto, fodeu. Vamos ter um problema aí", disse Luizinho, ao explicar o caso. A situação era grave. "Não vou pagar 1 milhão de dólares de multa nem por um caralho. Vocês estão com medo? Me dá essa merda que eu assino!", reagiu Bel, que assinou a carta com a data que já estava no papel, incluída pelo banco: 23 de novembro de 2013. A atitude espantou os subordinados. Hilberto assinaria a carta mesmo sabendo que a conta enviara dinheiro a Paulo Roberto Costa? Era um gesto kamikaze, mas eles nada disseram. Como nenhuma opção parecia muito boa ou segura, o fato de alguém ter decidido por eles era, de certa forma, um alívio. Assim, pelo menos, o caso se encerrava rapidamente.

Alexandrino Alencar e a equipe de operações estruturadas não eram os únicos preocupados. Rogério Araújo e Márcio Faria, que haviam negociado a propina de Abreu e Lima com Costa, também estavam em pânico. Especialmente Araújo. Ele e o ex-diretor da Petrobras se conheciam havia décadas, tinham uma relação de camaradagem e dividiam o mesmo operador financeiro, Bernardo Freiburghaus. Ainda na sede da PF, entre um depoimento e outro, Costa conseguiu ligar para o executivo. "Pô, Rogério, eu entrei numa fria com um empresário do Sul, por causa de um carro. Mas vou resolver, tá?" Araújo quis saber do que ele estava falando. Costa não podia responder ao telefone. "Você tem ido à Barra? Dá um pulo lá para a gente conversar." Araújo desligou, inteirou-se do que acontecera e pensou: vai dar merda. Dali em diante, a expressão virou um mantra que ele repetia o tempo todo a Faria — que, por sua vez, procurou Marcelo e alertou que, se fossem investigar o caso a fundo, poderiam chegar na Odebrecht.

Marcelo só começou a se dar conta do perigo poucos dias depois. Naqueles meses, por causa do Fatca, três contas offshore "limpas", usadas só para pagar bônus de executivos, haviam sido detectadas por outro banco, o Pictet. Os advogados que trabalhavam para regularizá-las descobriram a existência do formulário de abertura de conta da Smith & Nash com o nome da Odebrecht e avisaram a diretora jurídica da Odebrecht Industrial, Marta Pacheco. Imediatamente, ela chamou Luizinho e Fernando Migliaccio. Como Soares e Hilberto Silva estavam fora de São Paulo, Migliaccio levou consigo Tacla Duran. "Fernando, isso é muito grave. Vocês sabiam disso? O que estão fazendo para resolver?" A diretora jurídica exigiu que os dois fossem a Lugano e dessem um jeito de conseguir a anulação do formulário.[8] Do contrário, a Odebrecht teria de processar o PKB por fraude e negar ser dona da conta até o final.

Tacla Duran e Migliaccio sabiam que não era mais possível fazer isso, uma vez que Hilberto já havia assumido a titularidade da Smith & Nash. Também sabiam que a conta enviara dinheiro diretamente a uma offshore de Paulo Roberto Costa — outra infração gravíssima às regras do departamento. Por ser uma offshore da primeira camada, ela nunca deveria remeter recursos a políticos ou executivos, e sim a outra firma, que por sua vez enviaria a uma terceira, para só então pagar o beneficiário final. Migliaccio e Tacla Duran, porém, não disseram nada a Marta Pacheco. Hilberto Silva proibira seu pessoal de falar a respeito com gente de fora. Dissera que, se alguém tivesse de contar, seria ele. E prometera fazê-lo, mas até então continuava quieto. O assunto chegou a Maurício Ferro, diretor jurídico da holding, que insistiu para processarem logo o PKB. Os executivos pediram um tempo para resolver a situação sem litígio. Disseram que iam exigir do gerente e do dono do banco que sumissem com o papel comprometedor. Não explicaram como achavam que conseguiriam, mas entre eles comentavam que os homens do PKB já haviam faturado muito em comissões com a Odebrecht. O mínimo que se esperava deles agora era que os salvassem.

Maurício Roberto Ferro não era apenas o cunhado de Marcelo. Era seu homem de confiança. Os dois haviam começado na Odebrecht em meados dos anos 1990, mas só tinham passado a trabalhar juntos na aquisição da Copene, no início dos anos 2000. Foi também nesse período que Ferro começou a namorar Mônica Odebrecht, a irmã a quem Marcelo era mais ligado. Os dois vinham de outros casamentos. Maurício já tinha um filho e teria mais três com Mônica. De temperamento tranquilo, ele curtia esportes, como o cunhado. Era bastante vaidoso: ostentava ternos bem cortados, pele bronzeada e sem rugas e uma farta cabeleira penteada para trás com gel, sem um fio fora do lugar.

A aproximação aconteceu aos poucos. Quando Marcelo desenhou a estratégia de tomada da Copene, Ferro foi enviado para ser o diretor jurídico da empresa e cuidar para que a fusão fosse sacramentada por assembleias e atas.

Nas primeiras brigas com Bernardo Gradin, anos depois, ele atuou como bombeiro e, enquanto foi possível, ajudou a conter a tensão entre as famílias. Marcelo apreciava o jogo de cintura do cunhado e confiava nele para tudo. Inclusive para cuidar de suas filhas, caso morresse. Quando elas ainda eram pequenas, depois de uma viagem por Angola em que o avião chacoalhou a ponto de assustar Isabela Odebrecht, ela insistiu com o marido para que designassem tutores para Rafaella, Marianna e Gabriella. Não tiveram dúvidas ao escolher Mônica e o marido. Era natural, portanto, que ele fosse destacado para gerir aquela crise. Embora não tivessem ainda noção do estrago, sabiam que o caso era sério e, no limite, poderia ameaçar a sobrevivência da organização.

Os executivos que abordaram Maurício cheios de curiosidade, no intervalo da reunião de conselho, no final de abril de 2014, não vislumbravam nada disso. Do lado de dentro, Paul Altit e os velhos parceiros de Emílio pressionavam Marcelo para que pisasse no freio do endividamento e do crescimento. Do lado de fora, eles queriam saber qual era o risco de a empresa ser enredada nas investigações da Lava Jato. A alguns poucos, o diretor jurídico relatou, em linhas gerais, o que estava acontecendo: "Nossa única exposição nessa história é um formulário rasurado que preencheram no PKB com nosso nome. Mas acho que vamos conseguir anular".

Nas semanas seguintes, parecia que Ferro estava certo — e a situação, sob controle. No dia 18 de maio, o ministro Teori Zavascki, relator da Lava Jato no Supremo Tribunal Federal, mandou soltar Paulo Roberto Costa e outros onze presos, entre eles Alberto Youssef.[9] Em sua decisão, o ministro dizia que, como a investigação envolvia parlamentares com foro privilegiado, o juiz Sergio Moro nunca poderia ter tomado decisões sem antes enviar o processo para que a corte superior dissesse onde deveria tramitar. Era exatamente o que Zavascki se propunha a fazer. Enquanto isso, todos os réus deveriam ser soltos.

Ao receber a ordem do Supremo, Moro reagiu. Numa atitude atípica, pediu que o ministro do STF esclarecesse melhor a decisão. E os acusados por tráfico de drogas, também deviam ser soltos?, questionou.[10] Referia-se a um dos réus, René Luiz Pereira, que além de ser doleiro e parceiro de Youssef, tinha sido denunciado por tráfico internacional de cocaína. Zavascki sentiu o golpe e voltou atrás, mandando libertar apenas o ex-diretor da Petrobras.[11] Foi a primeira de muitas vitórias da Lava Jato na corte, bem antes de começar a acumular derrotas. O advogado de defesa de Costa, Nélio Machado, era um velho conhecido das empreiteiras e já havia defendido a Odebrecht em outras ocasiões — como na CPI do Orçamento. Ao livrar o ex-diretor da Petrobras da cadeia, garantiu que para lá Costa não voltaria mais. Anos mais tarde, diria ter tirado essa conclusão das informações que o próprio cliente lhe dera, já que ele havia jurado não ter contas no exterior.[12] Confiante, no dia 10 de junho o ex-diretor da Petrobras compareceu à recém-criada CPI da Petrobras para responder sobre o superfaturamento de obras de refinarias e as suspeitas em torno de Pasadena. Aparentando segurança, firmeza e até certa arrogância, abusou do linguajar técnico para justificar os contratos, e mandou um recado aos ex-parceiros de negócios: "Não me considero homem-bomba de maneira alguma".[13]

Faltou só combinar com os russos. Naquela mesma tarde, do outro lado da praça dos Três Poderes, a segunda turma do STF decidiu por unanimidade devolver a Lava Jato a Moro. Ele, por sua vez, já esperava no Paraná com uma nova ordem de prisão preventiva contra Costa. Os investigadores descobriram que o ex-diretor tinha um passaporte português não informado ao STF e uma conta na Suíça com saldo de 23 milhões de dólares,[14] e alegaram risco de fuga. Agora seria bem mais difícil soltá-lo.

Ao receber o advogado em Curitiba, Costa finalmente confessou que sim, eram dele as contas na Suíça.[15] E o grosso do dinheiro viera mesmo da Odebrecht. Machado procurou a empreiteira para tentar entender como exatamente havia funcionado o esquema e elaborar sua estratégia de defesa. Só então Faria e Araújo contaram a Marcelo e Ferro sobre Bernardo Freiburghaus, de quem, até aquela altura, eles ainda não tinham ouvido falar. Faria e Araújo explicaram que o operador também cuidava das contas de outros funcionários graduados da Petrobras. Com a revelação, o cenário ficava um pouco mais nítido, mas ainda faltavam peças no quebra-cabeça. Não haveria tempo de montá-lo antes do próximo golpe da Lava Jato.

Da cadeia, por intermédio de advogados, vinham notícias de que o outrora poderoso diretor da Petrobras entrara em depressão e tinha frequentes crises de choro. Não conseguia tirar da cabeça a história do operador do mensalão, Marcos Valério Fernandes de Souza. Valério recusara-se terminantemente a contar o que sabia e fora condenado a quarenta anos, quatro meses e seis dias de prisão por formação de quadrilha, corrupção ativa, peculato, lavagem de dinheiro e evasão de divisas.[16] Costa vivia dizendo à mulher, Marici, que não seria o novo Marcos Valério. Ela e as filhas pediam que ele entregasse logo tudo o que sabia e voltasse para casa. Já haviam tido algumas conversas com a advogada Beatriz Catta Preta, que em 2005 negociara a delação premiada de outro operador do mensalão, Lúcio Funaro.

Sem saber das iniciativas de Marici, Nélio Machado dizia aos interlocutores na Odebrecht que não havia chance de delação, até porque tinha certeza de que Costa seria solto logo, por vias legais. Ele tinha pronto um pedido de habeas corpus para apresentar no Supremo e estava confiante.[17] Marici, porém, não se convenceu. Teve a certeza de que Machado não podia cumprir a promessa no final de agosto, quando a PF realizou a sexta etapa da Lava Jato, e fez uma devassa nas empresas de sua filha Arianna, de seu genro Humberto e de um sócio dele, o advogado Marcelo Barboza. Naquele dia, treze firmas ligadas ao trio foram varridas por buscas e apreensões. Ninguém foi preso, mas a mera possibilidade de isso ocorrer desencadeou em Costa um sentido de urgência. Ele mandou chamar Catta Preta, e disse que ia falar. Em 29 de agosto de 2014, o ex-diretor de refino e abastecimento da Petrobras sentou-se diante dos membros da Lava Jato e abriu a caixa de Pandora.

Vistos a partir daquele dia, acontecimentos de poucos meses antes pareciam fatos de uma era geológica distante, como o ameno fim de tarde de maio[18] em que Marcelo e Claudio Melo Filho haviam sido recebidos no Palácio do Jaburu, residência oficial da vice-presidência da República. Na época, a Lava Jato já tinha começado, mas Costa ainda estava em casa, a investigação parecia sob controle e as eleições se aproximavam. Os políticos andavam alvoroçados, ocupados em pôr a campanha na rua. Como se vivessem num universo paralelo ao da fria e (nem sempre) monótona Curitiba, os operadores financeiros se movimentavam sem maiores cuidados. Só na Odebrecht, calculava-se em cerca de trezentos o número de interlocutores envolvidos de alguma forma com o financiamento de candidaturas. Ninguém queria (ou conseguia) perceber o tsunami se formando. Era preciso ganhar as eleições, o que exigia dinheiro.

A campanha à Presidência impunha escolhas incômodas aos executivos da organização. Eles reconheciam que Dilma Rousseff era favorita, mas, se pudessem escolher, não dariam nem um real à candidatura dela. Marcelo preferia Aécio Neves, com quem tinha convergência ideológica e um papo mais fácil, ou Eduardo Campos, de quem se considerava amigo. Acreditava que qualquer um dos dois daria um presidente melhor para a Odebrecht do que a Madame. Emílio, claro, preferia Lula, e até aquele maio de 2014, quando Dilma foi confirmada candidata pelo PT, fez o que estava ao seu alcance para convencer o ex-presidente a reivindicar a candidatura. O movimento "Volta Lula", iniciado em fins de 2013, até tomara algum impulso, mas não decolara por desinteresse do próprio.

Mesmo com meros 35% de aprovação popular,[19] Dilma avisara que disputaria a reeleição, e o ex-presidente preferira não comprar briga. Aos mais próximos, Lula dizia que uma queda de braço entre eles renderia imenso desgaste político em nome de um resultado incerto. Além disso, fazia pouco tempo que havia concluído o tratamento contra o câncer, e temia ficar debilitado. A decisão decepcionou uma parcela do petismo, mas frustrou principalmente os empresários que gravitavam em torno do ex-presidente, que encaravam como um pesadelo a possível reeleição de Dilma. Como não podia impedir a candidatura, Emílio tentava contratar Lula para palestras, para tirá-lo do Brasil, e chegou a pedir que não se engajasse na campanha, na esperança de que aquilo ajudasse Aécio.

Dilma provavelmente nem soube desses detalhes. Mesmo assim, ao trocar o tesoureiro da campanha, escolheu um lulista em que pudesse confiar: Edinho Silva, deputado estadual eleito com os votos de Lula e Marisa. Ao comunicar a troca a Marcelo, Guido Mantega deixou claro que o jogo mudara: "A orientação dela agora é que todos os recursos de vocês vão para a campanha dela. Você não vai mais doar para o PT, você só vai doar para a campanha dela [...]: João Santana, Edinho Silva ou esses partidos da coligação".[20] Havia muito que a relação da Odebrecht com o governo extrapolara preferências pessoais ou ideológicas. Existia uma engrenagem que não podia ser parada de repente. Para a organização, a política era parte do negócio, de modo que as dotações orçamentárias para a campanha de 2014 estavam definidas desde o ano anterior: Dilma poderia contar com os 100 milhões da Braskem, já combinados com Palocci e Mantega; Aécio e Eduardo Campos, com quem a Odebrecht ainda acertaria as doações no caixa um e no caixa dois, seriam pagos por Benedicto Júnior.

A questão era que a vida de Marcelo não era feita apenas de candidaturas presidenciais, mesmo que ele quisesse. Havia situações especiais, políticos amigos da casa. E havia o PMDB. Foi para tratar do apoio ao partido que ele viajou a Brasília para ver Michel Temer naquele final de maio, no Palácio do Jaburu. Nas semanas que antecederam o encontro, Melo Filho negociara com Temer e Padilha uma doação de 10 milhões de reais no caixa dois. Marcelo, porém, tinha outra ideia do que fazer com o dinheiro. Já fazia tempo que Paulo Skaf, seu amigo, presidente da Federação das Indústrias do Estado de São Paulo (Fiesp) e também peemedebista, o atormentava com um pedido de 6 milhões para sua campanha ao governo paulista. O herdeiro gostava de Skaf e queria ajudá-lo, mas o valor estava tão fora dos parâmetros, principalmente considerando as minúsculas chances de vitória, que ele logo avisou que seria difícil convencer alguém na organização a desembolsar tudo aquilo.

Ao saber que Temer e Padilha também estavam passando o chapéu, Marcelo ofereceu uma solução a Skaf: "O Temer está pedindo 10 milhões pro grupo dele. E eu entendo que uma das candidaturas que ele está apoiando é a sua. E ao que tudo indica, vai ter esse dinheiro para o Temer. Se esse dinheiro for para o Temer e ele concordar em dar para você, aí sim".[21] Em paralelo, orientou Claudio Melo a segurar o dinheiro. "Não confirme, que eu quero ver se dos dez a gente toma seis." O jantar no Jaburu era o lance final da negociação — o "*shaking hands*", como dizia Marcelo. Ele tinha de se certificar de que os peemedebistas estavam cientes de suas condições: a Odebrecht daria os 10 milhões ao grupo de Temer, mas 6 milhões eram de Skaf.[22]

Instalados na varanda do palácio, onde o paisagismo de Burle Marx dividia a atenção com um painel em mármore do muralista Athos Bulcão e uma escultura de Alfredo Ceschiatti,[23] deram início ao ritual típico do acasalamento da política com o dinheiro. O vice-presidente caprichou nas análises e nos planos de futuro, no estilo formal e mesoclítico de sempre. Entre uma coisa e outra, agradeceu algumas vezes o apoio da Odebrecht e enfatizou a importância da candidatura de Skaf para o PMDB — o que Marcelo entendeu como sinal de que ele aceitava os termos da doação. Não se falou em cifras até a hora da sobremesa. Segundo Marcelo relatou anos depois, quando Temer deixou a mesa por um momento, ele disse ao deputado: "Padilha, então tá acertado, vamos dar os dez. Mas eu entendo que, dos dez, seis vão para o Paulo". Já Melo Filho contaria uma história diferente, garantindo que Temer assistiu a tudo e participou da conversa. Fosse como fosse, o acordo estava selado.[24]

Com o entorno de Dilma, o herdeiro da Odebrecht já não demonstrava o mesmo estilo impositivo. Mais ou menos na mesma época, ele se encontrou com Guido Mantega, que tinha um pedido a fazer:[25] "Olha, Marcelo, eu preciso de um 'adicional'". Falava, obviamente, de agregar ainda mais dinheiro aos 100 milhões de reais já combinados. Marcelo tentou refugar: "Olha, Guido, não dá. Eu não posso fazer mais doação oficial, porque senão vai ficar muito mais do que para os outros candidatos. Só tenho condição de fazer no limite do que vou dar para Aécio. O resto, só via João Santana". Mantega disse que o marqueteiro não precisava de dinheiro, mas a campanha, sim. Marcelo ainda objetou: "É, mas no caixa dois também não consigo, porque com a Lava Jato está mais difícil movimentar dinheiro". O ministro, porém, já tinha a solução do problema: "Então vamos ver se você consegue doar [oficialmente] para os partidos, porque a gente fechou a coligação e temos certos compromissos". Não eram compromissos quaisquer. O PT precisava pagar 57 milhões de reais aos partidos em troca do apoio a Dilma — 20 milhões dos quais seriam divididos entre o PROS, PRB, PDT e PCdoB. Outros 37 milhões seriam destinados ao PR, ao PP e ao PSD. E Mantega queria serviço completo. Os homens da organização deveriam procurar os líderes partidários em nome da campanha, combinar os pagamentos e entregar o dinheiro.[26]

Dias depois, em 11 de junho,[27] Marcelo recebeu Edinho na Odebrecht para acertar os detalhes da operação. Era horário de almoço, mas ninguém comeu nada. Não imaginavam que, apenas algumas horas depois, Paulo Roberto Costa estaria entrando num camburão pela segunda vez, levado pela Lava Jato.[28] Enquanto ia rabiscando num papel os valores destinados a cada sigla e os nomes dos dirigentes a serem procurados, Edinho explicou que o dinheiro serviria para comprar o tempo de TV para a coligação Com a Força do Povo.

Com oito minutos e vinte segundos diários garantidos de exposição na TV, Dilma já tinha o maior tempo entre os candidatos, em razão do tamanho da bancada do PT na Câmara. Mas os três minutos e dezenove segundos que o apoio de PROS, PDT, PSD e PCdoB somaria fariam toda diferença. Acontece que a coligação tucana tinha, então, cinco minutos e vinte segundos.[29] Se aqueles partidos resolvessem apoiar Aécio Neves e lhe dessem todo o seu tempo, ele alcançaria Dilma. O estrago podia ser grande. A maior parte das pesquisas mostrava que a presidente liderava a corrida no primeiro turno, mas na etapa final o cenário se aproximava do empate.[30]

Edinho tinha pressa. O feirão das coligações estava para se encerrar em 30 de junho, e os caciques partidários não tinham nenhum amor por Dilma. Se demorassem demais a fazer o pagamento, o risco de as legendas baterem no guichê aecista era grande. Ao final da reunião em que Edinho indicou os valores e os interlocutores a serem procurados, Marcelo determinou quem entre os executivos procuraria cada um.

A cobrança foi pesada. Dois dias depois, o próprio Mantega telefonou para o herdeiro. Ele estava no trânsito da avenida Morumbi, indo para casa, numa noite de sexta-feira.[31] "Marcelo, você já fez?", perguntou o ministro. "Guido, não dá, faz só dois dias que a gente falou, não deu tempo ainda", justificou Marcelo. Na segunda-feira, o empreiteiro foi ao gabinete paulistano de Mantega para explicar por que os repasses estavam demorando, mas o ministro já tinha conseguido parte do dinheiro. "Eu já resolvi 37", informou Mantega. Na conversa, Marcelo ficou sabendo que o socorro viera de Joesley Batista, dono do grupo JBS, que nos códigos internos da Odebrecht era chamado de Açougueiro.[32] Mantega refez o pedido: agora, em vez dos 37 milhões, a Odebrecht podia dar "só" os 20 milhões combinados para as primeiras cinco legendas, acrescentando mais 5 milhões à conta de João Santana. A nova instrução, expressa num e-mail pelo herdeiro aos executivos, produziu certa confusão no início. A ponto de Hilberto Silva escrever para Alexandrino Alencar, que estava a par dos detalhes: "Precisamos falar pessoalmente para que eu consiga entender essa suruba".[33] Os dois acabaram não se falando, mas todos foram devidamente informados de suas novas tarefas.

Nas semanas seguintes, o time da Odebrecht trabalhou duro para comprar a coligação de Dilma Rousseff, reunindo-se em saguões de hotel, restaurantes e bares para tratar de pagamentos. Foram designados para a missão aqueles que já tinham negócios anteriores com os políticos em questão. Benedicto Júnior, que era o dono do "relacionamento político-estratégico" com Gilberto Kassab, aplicou 17,9 milhões de reais no PSD, o novo partido do prefeito de São Paulo.[34] Fernando Reis já lidava com Carlos Lupi, presidente do PDT, desde o tempo que ele integrava o comitê de investimentos do Fundo de Garantia por Tempo de Serviço, o FGTS. Os outros contatos ficavam com Alencar — o PRB do pastor Marcos Pereira, o PROS de Eurípedes Júnior e o PCdoB, que destacara o deputado estadual de Goiás Fábio Tokarsky para recolher o dinheiro.

Feitos os acertos, começou a "suruba". Os executivos passavam os valores e o número de parcelas ao setor de operações estruturadas por e-mail, e Maria Lúcia Tavares, de Salvador, organizava as entregas — todas feitas entre julho e outubro de 2014, em São Paulo e no Rio. Ao longo desse período, as investigações da Lava Jato avançaram em ritmo acelerado. Os escudeiros de Marcelo, porém, ignoravam os riscos e agiam como se nada houvesse mudado. A ponto de Alexandrino Alencar entregar os 500 mil reais ao deputado federal Salvador Zimbaldi, enviado pelo presidente do PROS, Eurípedes Júnior, dentro de sua sala no Edifício Odebrecht. É verdade que a ação foi rápida. Zimbaldi, a quem Alencar não conhecia, chegou, disse que estava ali para pegar o dinheiro, abriu uma mala de viagem pequena e acomodou lá dentro os maços que o executivo ia tirando do armário. Em seguida, despediu-se e partiu de carro para Campinas, onde morava. Nunca mais voltaram a se ver.[35]

No caso de Alencar, a missão ia além. Incluía prestar contas e administrar a ansiedade de Edinho Silva, com quem se encontrava em hotéis na região da avenida Paulista ou em escritórios da campanha em São Paulo. Quando queria passar recados a Mantega e à própria Dilma, Marcelo ia junto. Eram papos rápidos, em que o tesoureiro invariavelmente reclamava da lentidão no fluxo do dinheiro. "Estão me ligando, estão preocupados", dizia. Em resposta, ouvia queixas sobre a Lava Jato. "Ela [Dilma] precisa fazer alguma coisa", exortavam Marcelo e Alencar. Apesar da pressão mútua, o fluxo do dinheiro seguiu igualmente lento. E a reação de Dilma à Lava Jato, igualmente nula.

Mas havia ainda outro elemento a perturbar a relação com o governo: Graça Foster. Em 16 de julho, o Ministério Público estadual do Rio de Janeiro denunciou à Justiça seis[36] funcionários da Petrobras e um executivo da Odebrecht, Marco Duran, por irregularidades no contrato internacional de prestação de serviços. A denúncia era toda baseada na auditoria realizada pela própria estatal em 2013, depois da reportagem da *Época* sobre o operador do PMDB. Na ocasião, Graça Foster renegociara o contrato e reduzira seu valor, mas engavetara a auditoria. Com a Lava Jato na praça, o departamento jurídico mandou que o material fosse enviado ao MP e cancelou o contrato. Surpreendido, Marcelo se enfureceu. Primeiro, enviou e-mails com duros protestos a Graça, respondidos de forma igualmente dura e formal, em linguagem de advogado. Nas mensagens, a presidente da Petrobras deixava claro que não moveria uma palha em favor da Odebrecht. No auge da irritação, Marcelo chamou Hilberto Silva: "Sabe de uma coisa? Aquele valor que eu fiquei de liberar, segura". Referia-se ao pagamento pela coligação de Dilma. "A gente dá um caminhão de dinheiro, vem uma série de problemas e o governo não resolve! Pô, não é justo! Essa é a maneira de tratar os parceiros?"[37]

A ordem provocou apreensão na equipe. Em nome dos colegas, Benedicto Júnior argumentou: "Marcelo, você diz que vai pagar. A gente avisa para o pessoal que eles vão receber. Agora você cancela por causa de uma coisa que não tem nada a ver?!". A admoestação fez o herdeiro recuar — em parte. Em 25 de julho, uma semana depois de mandar bloquear o dinheiro, ele escreveu a Júnior: "Liberei os primeiros pagamentos que já tinha aprovado, mas os demais continuam seguros até solução do tema MGF [Maria das Graças Foster]. Assim mostro boa vontade, mas o grande pacote continua preso até MGF sair em nossa defesa e de Marco".[38] Os primeiros pagamentos eram de 24 milhões de reais. E o "grande pacote" era o que faltava para atingir os mais de 100 milhões de reais combinados com Mantega para as eleições de 2014.

A providência, porém, não aliviou o inconformismo. Marcelo achava que o desaforo não podia passar em branco. Depois de alguns dias remoendo a raiva, ele se postou diante do computador e escreveu uma longa carta, arquivada sob o título "Nota Edinho GM PR final.doc". Com quatro páginas e quase 2 mil palavras, era um inventário completo e detalhado da relação com o governo, começando com a cobrança pouco sutil: "A Odebrecht tem sido uma parceira leal do atual governo, assumindo 'diversas missões' e compromissos relevantes de investimentos no país. Entretanto, uma grande parte dos compromissos assumidos pelas outras partes não tem sido concretizada".[39]

Seguiam-se onze situações em que Marcelo julgava que os esforços da Odebrecht não haviam sido devidamente reconhecidos, a começar pelo cancelamento do contrato internacional. A lista incluía o investimento em etanol e o "salvamento da Brenco", a construção do estaleiro na Bahia e do Itaquerão e o adiantamento de recursos para o Parque Olímpico do Rio, além de investimentos na criação de uma empresa de defesa e do ágio recorde pago pela concessão do Galeão. O herdeiro reclamava também de pagamentos pendentes em obras de rodovias e de atrasos na liberação de financiamentos para o exterior. E reivindicava a renegociação do contrato de nafta com a Petrobras em bases mais favoráveis para a Braskem, alegando que a concorrência do gás de xisto americano estava matando a empresa. Em retrospectiva, seria possível dizer que o documento fornecia um mapa dos problemas que levariam a Odebrecht à bancarrota depois da Lava Jato. E servia como um atestado de que a dependência do governo não era apenas muito maior do que Marcelo gostava de admitir — também era tóxica.

A "nota" foi distribuída aos principais executivos da Odebrecht, para que assimilassem o discurso a ser feito nos contatos com o governo, e entregue pessoalmente a Mantega, que recebeu Marcelo junto com José Eduardo Cardozo — a pedido de Dilma. Na conversa, os dois pareciam de fato empenhados em conseguir um acordo com a Petrobras. A verdade, contudo, era que, com a Lava Jato a plena carga, já não se podia fazer mais nada — a não ser tentar parar a operação.

Aquela seria a última campanha da era dos recursos fartos e da soberania odebrechtiana no meio político brasileiro. A organização e a classe política, em especial o PT, estavam prestes a entrar em um acachapante ciclo de prejuízos e derrotas. Duas mortes ocorridas num curto espaço de tempo, durante a campanha, serviram como preâmbulo do novo momento. E abalaram profundamente o espírito de Marcelo.

Foi ele quem comunicou aos subordinados, na noite do sábado 19 de julho, a morte de Norberto Odebrecht. Aos 93 anos, embora abalado pela viuvez recente (sua esposa Yolanda morrera cinco meses antes), Norberto continuava lúcido e dedicado à fundação que levava seu nome. Tinha a energia de um homem de setenta, mas o coração de nonagenário estava comprometido por placas de gordura que demandavam pequenas intervenções, em internações que costumavam ser relativamente rápidas. Daquela vez, porém, ele não aguentou. "Meu avô foi descansar", escreveu Marcelo, num e-mail curto. Nas horas seguintes, vários executivos manifestaram pesar e mandaram abraços. Ele pouco respondeu além de um "obrigado" aqui e ali.

Para a maior parte do time, Norberto era um ícone, mas também uma figura longínqua, parte do passado havia muito tempo. Desde que se afastara da gestão da empresa, limitava-se a comparecer às reuniões anuais e a fazer discursos aos "integrantes" da organização, como chamava seus funcionários. Eles liam seus livros, eram lembrados diariamente de suas frases pelos adesivos colados nas paredes e conheciam de cor a história de como ele resgatara a Odebrecht da falência, nos anos 1940. Aplicavam os conceitos expressados nos livros da TEO no trabalho, mas poucos eram os que tinham de fato convivido com ele.

Para Marcelo, porém, Norberto era avô, professor e pai. Era a ele que recorria sempre que tinha um problema. O fundador da organização era uma das raras pessoas a quem o neto manifestava suas inseguranças. E uma das mais raras ainda que conseguia fazê-lo mudar de opinião. A veneração se estendia à esposa de Marcelo, Isabela, com quem Norberto trocava longas cartas, e às filhas do casal, que o chamavam de biso e todo ano passavam parte das férias com ele, na fazenda. Nos últimos anos de vida do biso, Marcelo e a família passaram o Natal e o Réveillon com ele na ilha de Kieppe. Emílio preferia refugiar-se na casa de praia que havia construído em Camaçari, num condomínio de alto padrão chamado Busca Vida.

O enterro foi concorrido. Duas centenas de pessoas, entre familiares, empregados, executivos mais antigos e políticos locais — como o governador Jaques Wagner, do PT, o deputado Antonio Carlos Magalhães Neto, do DEM, e a senadora Lídice da Mata, do PSB — foram ao cemitério do Campo Santo, onde a elite baiana guarda seus mortos, prestar as últimas homenagens. Nas imagens dos noticiários das TVs locais viu-se Marcelo e o pai ajudando a conduzir o caixão. Uma chuva de pétalas de rosa foi providenciada por um amigo de Norberto para acompanhar a salva de palmas durante o sepultamento.[40]

Anos depois, com a Odebrecht já devastada pelo tsunami da Lava Jato, aquele momento seria revisitado pelos mais próximos como o rompimento do último elo entre Marcelo e Emílio. Até então, as brigas de pai e filho haviam se mantido contidas e intramuros. A Lava Jato arrasaria também com aquele delicado equilíbrio. E Norberto não estava mais vivo para botar panos quentes nas discussões.

Em 13 de agosto de 2014, a diretoria da Odebrecht estava reunida em São Paulo para analisar os resultados do primeiro semestre, quando Claudio Melo chegou com a notícia. O avião que levava Eduardo Campos do Rio de Janeiro ao Guarujá havia caído sobre um bairro residencial de Santos, no litoral paulista. Além do candidato, os outras seis pessoas morreram na queda.[41] O choque foi tão grande que a reunião acabou ali. No mesmo dia, Marcelo e Isabela foram ao Recife prestar solidariedade à viúva, Renata.

Dos três principais candidatos daquela eleição, o pernambucano era com quem Marcelo tinha a relação mais próxima. Se pudesse escolher, Campos seria seu presidente. Um mês antes, ele havia jantado na casa do herdeiro, em São Paulo, para discutir um tema espinhoso,[42] um imbróglio que se arrastava desde o ano anterior. Campos penava para concluir a obra do Centro Integrado de Ressocialização de Itaquitinga, um complexo penitenciário na Zona da Mata. Os trabalhos estavam parados, e o governador pediu que a Odebrecht ajudasse a resolver o caso antes da eleição. Marcelo colocou a empresa do amigo Dermeval Gusmão, a DAG — a mesma que comprou o terreno do Instituto Lula —, para concluir o presídio sem expor o nome da Odebrecht. Com dinheiro da organização, a DAG comprou 95% da empresa que detinha o contrato,[43] mas em pouco tempo descobriu que a situação era bem pior do que se imaginava.

Além de atrasada, a obra tinha muitos problemas. As paredes das celas eram de drywall e as grades não fechavam direito — o que, para uma cadeia, era um desastre. Para completar, o caixa estava zerado. Dos 350 milhões de reais emprestados pelo Banco do Nordeste, 90 milhões tinham sido desviados, distribuídos logo depois de serem depositados aos acionistas como dividendo. Em meados de 2014, a Odebrecht já havia enterrado 50 milhões de reais em Itaquitinga, e não via chance de recuperar o dinheiro com os pagamentos previstos no contrato de concessão. Disposto a se livrar do mico, Marcelo deu a Fernando Reis a missão de arranjar compradores. O jantar, no início de agosto, era para explicar a Campos que tinham interessados em assumir o presídio, mas que só aceitariam fazê-lo se o contrato de concessão melhorasse a remuneração do projeto e a Odebrecht não reivindicasse compensação pelos gastos já realizados. Marcelo disse a Campos que assumiria o prejuízo — mas que ele ainda ia considerar os 50 milhões perdidos como doação à campanha presidencial. Se, mais adiante, conseguisse arrecadar algum extra com a venda, poderia entregá-los à campanha. Do contrário, estariam quites. O governador aceitou, mas mesmo assim continuou pedindo adiantamentos por conta da futura venda. Morreu sem recebê-los.[44]

Eduardo Campos era o que a organização classificava como "cara arrumado". Marcelo o admirava e se identificava mais com ele do que com aliados do Sudeste, como Aécio e Sérgio Cabral. Além de nordestinos, os dois compartilhavam o apego à família, a obsessão por trabalho e o jeito mais simples e despojado. Suas esposas haviam se tornado amigas e se encontravam para jantar. Marcelo alimentava o sonho de ter um presidente tão seu amigo como Lula e FHC haviam sido de seu pai. Sem contar que pagaria qualquer coisa para se livrar de Dilma Rousseff. Se o preço fossem os 50 milhões do presídio de drywall, estava até barato.

18. Uma general autista

Fora da realidade paralela da campanha, o clima na Odebrecht era de apreensão. A segunda prisão de Paulo Roberto Costa havia posto a organização em alerta. No pedido ao juiz, o Ministério Público brasileiro havia utilizado informações vindas da Suíça, segundo as quais o ex-diretor da Petrobras mantinha doze contas no país, com saldo de 23 milhões de dólares.[1] O dinheiro fora bloqueado, e Costa estava sendo formalmente investigado por lavagem de dinheiro pelas autoridades locais, que decerto já conheciam a Smith & Nash. Era questão de tempo até a rede de offshores ser mapeada. A prioridade, portanto, passou a ser anular a investigação brasileira antes que mais dados da Suíça aportassem aqui. O único jeito era o governo agir contra a Lava Jato. Dali em diante, todas as energias seriam voltadas para aquilo.

Esse era o propósito de Marcelo em uma audiência com Dilma, dias depois da morte de Norberto:[2] "Presidenta, minha preocupação hoje é o seguinte, a senhora está vendo essa coisa de Paulo Roberto... Não sei se a senhora sabe, mas nos últimos governos o pessoal usava muito a Petrobras. No nosso caso, por exemplo, a gente acha que tem vasos comunicantes. A gente está sem noção do todo, mas as mesmas contas em que a gente acha que foram pagas coisas da Petrobras parece que também pagaram as contas de João Santana". A presidente parecia não processar a informação: "Ah, não, mas eu não me envolvi". Marcelo insistia:

"Presidenta, eu sei que a senhora não se envolveu. Mas a campanha era sua. E eu garanto que a campanha de 2010 também teve dinheiro de lá [da Petrobras]".

Dilma não gostou da abordagem. Dali por diante, passou a evitar Marcelo a todo custo. Nos círculos mais íntimos do petismo, espalhou-se o zum-zum de que o herdeiro da Odebrecht estava ameaçando a presidente. Ele ficou indignado ao saber daquilo: "Esse pessoal confunde alerta com ameaça. Quem faz ameaça é quem fala que vai retaliar. Eu não vou fazer nada! Só estou alertando que, se continuarem investigando, vão achar!". Para Marcelo, aquela parecia ser a prova cabal de que Dilma era "autista", como ele afirmava. Porém, ele mesmo reconhecia que nenhum político estava levando a sério os riscos com a Lava Jato. Parte achava que, por ter recebido dinheiro em espécie, não haveria provas. Outro grupo, especialmente os da oposição, compartilhava da visão difundida pelo governo de que a operação era dirigida apenas contra o PT. Assim, não viam o que temer. Era o caso, por exemplo, de Aécio Neves. Apesar dos vários apelos de Marcelo, o tucano não trabalhou contra a operação.

O único que parecia realmente preocupado era Lula. Ou pelo menos era o que contavam Emílio e Alexandrino Alencar. "Olha, essa coisa do Paulo Roberto Costa é enorme", eles diziam ao ex-presidente. "É grande, não é uma coisa pequena. Não pense que... Ele [Paulo Roberto Costa] é uma pessoa altamente vulnerável...", alertava Alencar.[3] O temor de que o ex-diretor falasse o que sabia tinha fundamento. Eles conheciam os métodos do juiz Sergio Moro e não tinham confiança de que PRC fosse resistir. "Eu acho que você tem que ver o que fazer... Porque se continuar assim, isso vai estourar", alertavam. Lula, segundo eles, se mostrava apreensivo, reclamava de Dilma e seu time, prometia verificar os riscos e tentar convencer a sucessora a fazer algo no sentido de parar a investigação. Não era simples. Nos bastidores, os auxiliares mais próximos da presidente, os ministros da Casa Civil, Aloizio Mercadante, e da Justiça, José Eduardo Cardozo, a aconselhavam a não se envolver em nenhuma operação abafa. Eles haviam sido escanteados e maltratados por Lula no passado. Não eram poucos os que achavam que, no fundo, torciam para que o ex-presidente fosse alcançado pela operação.

Com os políticos em negação, a Odebrecht tinha que se virar. A prisão de Costa tornara imperativo rever a blindagem dos sistemas do setor de operações estruturadas. A outrora segura Suíça havia se convertido em terreno minado. Era preciso remover os servidores para um lugar menos visado. Coube ao irmão de Luiz Eduardo Soares, Paulo, dono de uma empresa de tecnologia que já prestava serviço ao grupo, encontrar a solução. Ele e Tacla Duran haviam pesquisado as leis de vários países e concluíram que o melhor era rumar para a Suécia.[4] Era lá que ficava a sede da Bahnhof, empresa que abrigava os servidores do Wikileaks, de Julian Assange. O próprio ativista havia transferido seus dados, para protegê-los de uma eventual ação americana, depois de vazar informações secretas da Guerra do Afeganistão. Se a Suécia, que tinha até um Partido Pirata, abrigava Assange com segurança, haveria de protegê-los também.[5]

O novo pouso dos servidores não era seguro apenas no sentido figurado. Era um bunker de verdade, construído no centro de Estocolmo. Ficava dentro de uma instalação nuclear desativada do tempo da Guerra Fria, a trinta metros de profundidade, com portas de aço de meio metro de espessura. Para chegar aos equipamentos, era preciso atravessar várias portas de ferro e até um ambiente projetado para limpar o recém-chegado de sujeira nuclear.[6] Projetado em estilo futurista, com paredes de vidro e sala de reuniões suspensa que lembrava cenário de ficção científica, o data center da Bahnhof era tudo o que eles buscavam. Ainda assim, Paulo Soares adotou um cuidado extra: contratou um terceiro servidor, na Suíça, para ser ponto de passagem na transferência dos dados para a Suécia. Se um dia decidissem rastreá-los, teriam de atravessar mais uma barreira antes de encontrar o esconderijo final.

O problema é que nem tudo podia ser protegido ou apagado. Maurício Ferro e Marcelo Odebrecht compreenderam isso nos primeiros dias de agosto de 2014, quando os advogados da companhia na Suíça enfim descobriram que o tal formulário com o nome da Odebrecht escrito à mão não era a única evidência de que a Smith & Nash era da organização. Havia também a carta de Hilberto Silva assumindo que a empresa era beneficiária da conta, ao qual estava colado até um cartão de visitas do chefe do Departamento de Operações Estruturadas. Aquela informação mudava tudo. Até então, os funcionários do setor de propinas mantinham a versão de que a conta não era oficialmente da empresa, de modo que Ferro e Marcelo ainda acreditavam ser possível processar o banco por fraude. Com a assinatura, a estratégia caía por terra. Ferro imediatamente convocou Luizinho Soares para uma conversa. Ele chegou à casa do diretor jurídico em uma manhã de domingo, levando Tacla Duran a tiracolo. Sentados à mesa de jantar, o executivo e o advogado/ doleiro admitiram, consternados, a falha, mas disseram que fariam os funcionários do banco suíço trocar os formulários por outros limpos. Ferro reagiu com ceticismo. A ideia era mirabolante, ainda mais com a Odebrecht sob escrutínio dos investigadores. Soares e Tacla Duran, porém, prometeram dar um jeito.[7]

Ferro não podia esperar por um milagre. Dias depois da conversa com Luizinho, ele resumiu a situação para Marcelo, que foi digitando no bloco de notas do celular as providências que pretendia tomar:[8] "Assunto: HS/LE. Como estão? Ir para fora já". HS e LE eram Hilberto Silva e Luiz Eduardo, que ele queria que passassem a discutir as estratégias junto com Maurício Ferro. "Foco é lhe proteger", ele escreveu. Em seguida, anotou: "Cuidados meet/pgtos Feira", sobre encontros em que falaria dos pagamentos a João Santana. Outras iniciativas: "internar recursos integrantes", "fechar todas as contas sob risco", "este ano, usar subs, fornecedores etc.", e "proteger nossos parceiros sem aparecermos". O Departamento de Operações Estruturadas deveria fechar as contas, acertar as dívidas com doleiros e fornecedores e, na medida do possível, desaparecer com os rastros da movimentação de dinheiro. E tinham de fazer tudo aquilo fora do Brasil.

"Hilberto, o negócio é grave, vamos encerrar, até para que esse assunto não se espalhe e exponha quem não tenha que ser exposto. E eu acho que vocês têm de ir todos para o exterior para vocês conseguirem trabalhar, porque aqui, na hora em que vocês falarem no telefone, vocês vão ter medo, vai ter medo que sua sala vai estar grampeada. Além do que vocês dormem achando que no outro dia vai ter uma operação com vocês. [...] Se houver uma ordem de prisão, vocês vão voltar. Mas aí volta com aquele planejamento, acalma a família, não é surpreendido", disse Marcelo. Dada a ordem, cabia a Hilberto resolver os detalhes práticos: para onde iriam, de que forma trabalhariam... O herdeiro só fez uma exigência: "Não trabalhem dos Estados Unidos, porque o mesmo processo de monitoramento que existe aqui, existe lá".[9] No final de agosto de 2014, Silva comunicou ao chefe, por e-mail: "Estaremos a partir de 02/09 operando ainda de forma precária da RD".[10] Referia-se à República Dominicana, que tinha uma boa infraestrutura de comunicação e internet, um escritório da empresa para dar algum suporte e estava a duas horas e meia de voo de Miami, onde as famílias ficariam durante a semana. Para não misturar suas atividades com a parte limpa da Odebrecht no país, eles alugaram um escritório separado, com três salas para os executivos e uma sala de reunião pequena.[11] Apesar disso, só Luizinho Soares e Fernando Migliaccio se transferiram de fato. As secretárias Angela Palmeira e Maria Lúcia alegaram ser arrimo de família. Não podiam simplesmente se mudar. Silva, por sua vez, tinha uma sogra doente e, como sua esposa não foi com ele, dividia seu tempo entre a República Dominicana e o Brasil. Não era o esquema ideal, mas o possível. Logo ficaria claro que tampouco era suficiente.

Na manhã de 26 de setembro, o jornal *O Globo* trazia na manchete uma informação perigosa: "Costa diz que recebeu 23 milhões de dólares de empreiteira no exterior". A reportagem não dizia qual empreiteira, mas Marcelo e a companhia sabiam. Na semana seguinte, a *Folha de S.Paulo* descobriu que o ex-diretor da Petrobras tinha afirmado que se tratava da Odebrecht. Ao constatar o estrago, Marcelo encomendou uma resposta dura, via nota oficial, que começava com: "A Odebrecht nega veementemente ter feito qualquer pagamento ou depósito em suposta conta de qualquer diretor ou ex-diretor da Petrobras".[12] Foi o primeiro de uma série de comunicados em que a organização negava "veementemente" tudo o que aparecia contra ela, reabilitando mais um dos itens do manual adotado na crise da CPI do Orçamento. Lula gostou e mandou um recado a Emílio, resumido num e-mail de Alexandrino Alencar: "Solidário à nota do Sérgio Bourroul [diretor de comunicação do grupo] na *Folha*".[13] Por mais veemente que fosse, porém, a negativa não mudaria os fatos.

A grande esperança de empreiteiros e políticos, àquela altura, estava depositada em Márcio Thomaz Bastos, advogado que prestava serviços para a Odebrecht e para a Camargo Corrêa e que atuava como coordenador das defesas das empresas. Vários dos advogados eram ex-sócios ou ex-assessores que ele indicava para os que não podia atender diretamente. Thomaz Bastos — MTB ou God, como seus discípulos o chamavam — era o maior prestidigitador da Justiça brasileira. Com 79 anos de idade e cinquenta de advocacia criminal, cobrava os maiores honorários do Brasil — 20 milhões de reais só da Odebrecht — tinha um jogo de cintura lendário e muito prestígio nas cortes superiores. Ex-ministro da Justiça do governo Lula, havia atravessado com o presidente todo o escândalo do mensalão e o ajudado a chegar inteiro ao segundo mandato. Influenciou a nomeação de ministros do STJ e do STF e reequipou a PF, organizando toda a estrutura de investigação de crimes financeiros e combate à lavagem de dinheiro que agora se punha em marcha contra o PT e as empreiteiras. Não seria exagero dizer que a Lava Jato só existia em razão de seu trabalho como ministro. Ainda assim — ou talvez por isso mesmo —, ele era tido como um dos maiores especialistas em enterrar investigações.

Seu maior feito, reconhecido entre os empreiteiros, havia sido a defesa da Camargo Corrêa na Operação Castelo de Areia, deflagrada em 2009 e encerrada em 2010. Iniciada a partir de uma denúncia anônima, a operação da PF e do Ministério Público Federal em São Paulo prendeu quatro diretores da construtora e começou a descortinar o esquema que agora emergia novamente com o petrolão. Os documentos apreendidos na Camargo indicavam que a empresa usava doleiros e contas fora do Brasil para distribuir dinheiro a autoridades públicas e políticos de sete partidos (PPS, PSB, PDT, DEM, PP, PMDB e PSDB) em troca de contratos em órgãos públicos.[14] Os investigadores recolheram ainda indícios de cartel. Até as obras enredadas no esquema eram as mesmas que depois viriam a ser descobertas pela Lava Jato — como a refinaria Abreu e Lima, que Costa agora confessava ter entregue à própria Camargo e Odebrecht, Queiroz e UTC à custa de propina. Os executivos presos foram denunciados e processados por corrupção e lavagem de dinheiro.

Até que, em 2010, o ministro do STJ Cesar Asfor Rocha acolheu um pedido de liminar dos advogados Celso Vilardi (parceiro de Thomaz Bastos em várias ações), Alberto Zacharias Toron e Carla Domenico, e anulou toda a investigação. Rocha considerou ilegal que a quebra de sigilo e as interceptações telefônicas tivessem sido baseadas em denúncia anônima. A liminar foi confirmada depois, no tribunal, e as provas foram todas descartadas. Ao longo da Lava Jato, surgiriam várias suspeitas e denúncias de acertos subterrâneos para enterrar a Castelo de Areia. Em 2019, quando fechou acordo de delação com a Polícia Federal, Antonio Palocci acusou Asfor Rocha de receber propina para acabar com a investigação. O ex-ministro do STJ negou as acusações e ameaçou processar Palocci.[15] A PF chegou a abrir um inquérito para apurar o caso, mas ele foi suspenso por decisão do próprio STJ.[16]

Marcelo Odebrecht acreditava que a Lava Jato seria a sua Castelo de Areia. A cada vez que se reunia com os advogados, recebia uma longa e complexa explicação sobre as nulidades jurídicas com as quais pretendiam derrubar a investigação antes que o material suíço chegasse oficialmente às mãos dos procuradores brasileiros. Para os causídicos, tais nulidades eram flagrantes. Se a operação ainda não havia sido anulada, ou pelo menos retirada de Curitiba, era apenas por falta de clima político. As manifestações de 2013 ainda estavam frescas na memória, e a Lava Jato havia se convertido em uma variável importante na campanha presidencial. Thomaz Bastos, porém, não via espaço para a tese das nulidades prosperar. Ele logo percebeu que os ventos haviam mudado e que seria muito difícil conseguir que algum juiz ou ministro se dispusesse a tomar qualquer medida contra a Lava Jato naquele clima pré-eleitoral. Não era prudente esperar o fechamento das urnas para agir. A melhor alternativa, disse ele aos empreiteiros naqueles dias, era fazer logo um acordo — ou um acordão, como eles chamavam nos bastidores. Enquanto Paulo Roberto Costa falava em Curitiba, Thomaz Bastos desembarcava em Brasília para uma conversa importantíssima.

Na tarde do dia 30 de setembro,[17] ele foi recebido pelo procurador-geral da República, Rodrigo Janot, para uma reunião reservada. Estava acompanhado do advogado e amigo José Gerardo Grossi. Janot tinha a seu lado o chefe de gabinete, Eduardo Pelella. "Olha, dr. Janot", começou Thomaz Bastos, falando mais pausadamente do que o habitual, talvez já fragilizado pelo câncer que o mataria em poucos meses. "Vamos fazer uma linha de corte", disse, traçando uma linha com a lateral da mão sobre a mesa. "O que passou são fatos do Brasil antigo, práticas do passado. Nós pagamos uma grande multa e tudo isso fica para trás. Mas o país não pode parar." Ainda falando em termos genéricos, ele sugeriu que as empresas estavam dispostas a desembolsar algo como 1 bilhão de reais em multas, num acordo de leniência liderado pelo Ministério da Justiça, e não pelo Ministério Público ou a Polícia Federal.

Janot foi educado, mas deixou claro que não seria possível fechar um acordo sem admitir crimes ou envolver a força-tarefa de Curitiba. "Olha, ministro, a investigação tem sua própria dinâmica. Ela está ocorrendo lá, não temos controle, mas já adianto que responsabilização pessoal tem que ter. Com essa linha que o senhor está traçando, a gente não pode concordar." Houve aí um momento tenso, logo contornado pelo próprio Thomaz Bastos. Ele queria um acordo e ia dar um jeito de consegui-lo. Foi o que disse a Janot, ao despedir-se, confiante e otimista como sempre.[18]

O ritmo da negociação, porém, não alcançava o das investigações. Tampouco tinha o condão de diminuir o interesse da imprensa pelo que se passava nos bastidores da Lava Jato. Os vazamentos se sucediam, operados tanto por membros da força-tarefa como por advogados, ansiosos por enviar recados e prestar serviços a todo tipo de senhor.

Dias depois da *Folha*, a *Época* trouxe uma reportagem de capa com ainda mais detalhes sobre as revelações do ex-diretor da Petrobras. Segundo a revista, ele havia contado que a propina de Abreu e Lima saía do superfaturamento da obra, que estimava ser de 18% a 20%[19] sobre o custo real. E apontara os negociadores da Odebrecht naquele episódio: Márcio Faria e Rogério Araújo. Esses dois pontos da reportagem deixaram Marcelo especialmente furioso. Ele considerava tão inaceitável expor o nome de seus executivos quanto dizer que a Odebrecht superfaturava suas obras. Embora fosse óbvio que ninguém pagaria propina sobre um contrato bilionário sem embutir o valor no preço final, Marcelo e companhia reagiam com exacerbada indignação. Mesmo depois de confessar seus crimes, os homens da Odebrecht nunca admitiram ter inflado preços. Custo político era o máximo a que chegavam. Para alguém que prega lealdade total ao cliente e fala todo o tempo em relação de confiança, superfaturar contratos parecia um pecado até pior do que pagar propina.

Preocupado com o abatimento que a reportagem da *Época* poderia provocar na tropa, Marcelo publicou uma nota dura nos jornais, também enviada por e-mail aos funcionários do grupo. Nela, repetia ter ganhado a licitação para Abreu e Lima de forma limpa e questionava a veracidade da delação de Costa. "A euforia de se publicar notícias de impacto em período eleitoral extrapolou o razoável. Os fatos veiculados baseiam-se em supostos vazamentos de informações protegidas por sigilo judicial, às quais não se pode ter acesso. Com isso, a Organização fica alijada do teor das informações e covardemente impedida de contestar estas inverdades. Neste cenário nada democrático, fala-se o que se quer, sem as devidas comprovações, e alguns veículos da mídia acabam por apoiar o vazamento de informação protegida por lei, tratando como verdadeira a eventual denúncia vazia de um criminoso confesso e que é 'premiado' por denunciar a maior quantidade possível de empresas e pessoas."[20]

A nota resumia a tese que Marcelo passou a brandir, nas inúmeras reuniões que fez com jornalistas e editores naquele período. Justamente por considerar que a Lava Jato era mais uma crise de imagem do que um problema jurídico, o herdeiro intensificou as visitas às redações e conversas com seus interlocutores na imprensa. Sentia que estavam perdendo a guerra da mídia e não entendia como os mesmos que até outro dia o exaltavam como um dos maiores empresários do Brasil agora desciam a borduna na Odebrecht. Na tentativa de angariar empatia, ele passou a admitir reservadamente que todas as empresas doavam dinheiro para campanhas no caixa dois, não só a sua. Marcelo dizia que aquilo era bem diferente de pagar propina — o que, segundo ele, a organização não fazia. Com a cara mais indignada do mundo, afirmava que a Lava Jato queria prender os empreiteiros e deixar soltos os políticos, especialmente os petistas — que, em sua visão, estavam mancomunados com Rodrigo Janot.

Por um curto período, a atuação convenceu algumas cabeças mais simpáticas à Odebrecht. Se havia uma classe mais desmoralizada que a dos empreiteiros, era a dos políticos. O argumento funcionou não só nos papos com gente da imprensa, mas também com banqueiros, sócios, familiares e aliados de vários setores. E foi replicado, em maior ou menor medida, pelos executivos. Eles confiavam no que o chefe dizia: podiam ficar tranquilos porque a Lava Jato não ia chegar a eles.

Para quem estava encastelado em esquemas tão duradouros, era difícil perceber que algo havia mudado no panorama das operações anticorrupção no Brasil. Embora tivesse sido bem-sucedido no caso da Castelo de Areia, Thomaz Bastos já não fora tão eficiente no julgamento do mensalão, que acontecera anos depois, em 2012. O saldo ainda estava fresco na memória dos operadores e diretores da Petrobras agora sob a mira da Lava Jato: dos 37 réus, 24 foram condenados, entre eles um ex-ministro, José Dirceu, e três deputados federais — um do PT, um do PP e um do PR, que também tiveram o mandato cassado. Uma figura em especial habitava o imaginário dos "alvos" de Curitiba: Marcos Valério. O operador do mensalão seguia preso, mas os grandes beneficiários do esquema nada haviam sofrido. Youssef já tinha calculado que, se Costa falasse, a única forma de não mofar na prisão até o fim dos dias seria falar também.

O instrumento da colaboração premiada já era previsto legalmente desde 1990, mas havia ficado ainda mais potente a partir de 2013, quando Dilma Rousseff sancionou a lei das organizações criminosas, regulando os acordos em detalhes e dando segurança aos delatores sobre seus direitos e deveres.[21] A Lava Jato era o primeiro teste da nova lei. E a imagem de Costa voltando para casa, no início de outubro, foi sua melhor propaganda. Os procuradores apostavam que, dali em diante, vários outros alvos o seguiriam. Os advogados que já conheciam o modus operandi de Curitiba também. Era o caso de Celso Vilardi, parceiro de Thomaz Bastos em vários casos importantes. Vilardi havia defendido réus do caso Banestado, comandado por Moro. Sabia que quem delatasse primeiro perdia menos, e passou a tentar convencer a empresa a fazer um acordo. Os defensores de outras empreiteiras, porém, resistiam. Até que a corrente de silêncio começou a ser quebrada — pelos menores.

Os primeiros foram Augusto Mendonça, ex-dono do estaleiro Setal e ainda dono da Setal Óleo e Gás, e seu lobista, Julio Camargo. A Setal ocupava o escalão inferior do cartel, mas ainda assim tinha um arsenal relevante de informações. Os dois delatores deram depoimentos secretos e praticamente simultâneos entre o final de outubro e o começo de novembro de 2014. Mendonça confessou ter pago pelo menos 50 milhões de reais em propinas[22] — dinheiro desviado de três obras em refinarias da Petrobras e da construção de um terminal de tratamento de gás natural no Rio de Janeiro. Contou que Costa repassava parte dos recursos ao PP, de Janene, e colocou na roda mais dois figurões da Petrobras que, segundo ele, recolhiam propinas para o PT, muitas vezes mascarada como doação de campanha: Renato Duque e Pedro Barusco. Foi a primeira vez que alguém admitiu que parte do suborno era pago em forma de doações oficiais a campanhas eleitorais. Quando adotada, a "inovação" pareceu um golpe de mestre, já que doações oficiais eram, em princípio, legítimas. A única forma de comprovar que se tratava de contrapartida por vantagem ilícita seria alguém quebrar o pacto de silêncio.

A revelação de mais impacto, porém, foi a que abriu para a Lava Jato o maior segredo de polichinelo da história da construção civil brasileira: o cartel das empreiteiras.[23] Com riqueza de detalhes, Mendonça explicou que os acertos do "clube", como eles mesmos chamavam, eram registrados sob a forma de tabelas, como resultados de um campeonato de futebol, em reuniões coordenadas por Ricardo Pessoa, da UTC. Contou que o cartel, que começara restrito a seis empresas em 2004, teve de ser ampliado para dezesseis, por exigência do governo. E entregou atas de reuniões, tabelas do "campeonato", planilhas e minutas de contratos para provar o que dizia.[24]

Na Odebrecht, o pessoal percebia que o cerco estava se fechando, mas apenas uma pessoa sabia o que estava de fato acontecendo: Rogério Araújo. Semanas antes, Pedro Barusco lhe enviara um recado por um intermediário, dizendo que ele, Mendonça e Camargo haviam decidido falar. Boa parte dos 67,5 milhões de dólares que o gerente da Petrobras recebera na Suíça tinham vindo da Odebrecht,[25] e ele inevitavelmente teria de entregar o nome de Araújo. O aviso era um sinal de lealdade. Os dois eram amigos de décadas. A pedido de Barusco, o executivo escondeu durante meses uma coleção de 24 garrafas de Romanée Conti, que juntas valiam mais de 240 mil dólares. Na adega, elas ficaram a salvo da Lava Jato, como um seguro para os momentos difíceis que estavam por vir.

Ao receber o recado, Araújo balançou. Com Costa e Barusco colaborando com a força-tarefa, não havia nenhuma chance de ele *não* ser preso. Por outro lado, se fizesse um acordo de delação à revelia da Odebrecht, teria de arcar com os custos de advogados e processos sozinho. Sem contar que fatalmente viria à tona o quanto ele tinha desviado do caixa dois da empresa para suas contas no exterior. Outra coisa que o perturbava era saber que, uma vez delator, ele seria proscrito dos círculos que sempre frequentara. Perderia o respeito dos companheiros de mercado e jogaria na fogueira a organização para a qual trabalhara durante décadas. Depois de muita reflexão, decidiu não fazer delação nenhuma. Mas também não contou aos outros o que estava por vir.

Não era preciso, porém, ter todas as informações de Araújo para saber que vinha algo pesado pela frente. As reuniões com Janot não tinham dado resultado. Os advogados monitoravam o clima entre os concorrentes, e vários deles tinham informantes na Polícia Federal. De um lado e de outro, ouviam que havia mais gente cogitando delatar e que uma grande operação estava para acontecer. Ainda assim, era difícil saber ao certo quem estava falando e o quê. De seu lado, Marcelo continuava batendo na tecla da perseguição política, ao mesmo tempo que tentava convencer o governo a dar um basta na investigação. No frenesi da campanha, era impossível conseguir a atenção plena dos políticos. Tampouco se podia tentar movimentos mais ousados contra a Lava Jato. Qualquer passo em falso podia ser fatal. Agora que o pleito acabara, Marcelo esperava reunir aliados para acabar com a festa dos procuradores.

Dias depois do segundo turno, com Dilma Rousseff já reeleita, Mendonça e Camargo testemunhavam em Curitiba, enquanto o presidente da Odebrecht se encontrava com Palocci e Mantega em São Paulo. Ao sair, escreveu em seu Blackberry um e-mail para Alexandrino Alencar e Maurício Ferro: "Acho que desta vez assustei (e muito) tanto o Italiano, quanto meu amigo. Se convenceram que a trilha chega neles e nela. É como eu suspeitava: ela ainda está convencida que não chega nela. Mas Márcio [Thomaz Bastos] precisa ter o mesmo discurso que eu". Alencar, mais colado do que nunca em Lula, respondeu: "Acho que MTB é fundamental para dar credibilidade, não só por estar acima do bem e do mal e é amigo do amigo do seu pai, além de que pode parecer que nós estamos defendendo nosso rabo".[26] Era isso mesmo o que eles estavam fazendo. Só que, naquele caso, os "rabos" estavam conectados. Se um fosse para o buraco, o outro iria junto.

Preocupado com o que ouvira de Palocci, Marcelo desembarcou em Brasília dias depois para tentar conquistar um novo aliado: Aloizio Mercadante, ministro da Casa Civil já confirmado para o segundo mandato. Mercadante era então o mais influente auxiliar da presidente. Marcelo tinha certeza de que, convencido, seria capaz de fazer Dilma se mexer. O ministro nunca fora do círculo íntimo de amizades da Odebrecht, mas tampouco era um estranho. Seu irmão, o coronel Oswaldo Oliva Neto, era funcionário da organização. Depois de atuar como consultor na associação com os franceses para construir os submarinos, ele vendera sua firma à Odebrecht e se tornara seu executivo.[27] Esperava-se que tal vínculo rendesse, no mínimo, boa vontade.

O ministro recebeu o empreiteiro em sua casa no Lago Sul da capital federal, numa noite de segunda-feira do início de novembro. Marcelo sabia que Dilma vinha se queixando de que ele ameaçava o governo. Na conversa com Mercadante, repetiu que estava apenas fazendo um alerta e usou o argumento de que, se a Lava Jato continuasse, a própria Dilma teria muito a perder: "Vai dar merda. A questão é política, eles vão vir para cima de vocês". Era a enésima vez que Marcelo repetia uma frase com aquele teor a um petista de alto calibre. Ao sair da reunião, escreveu para seu time: "AM entendeu a gravidade. Amanhã ele e ela vão estar com amigo de meu pai que precisa ser enfático". Vinte minutos depois, completou o relato com nova mensagem: "Fica evidente que só eu estou informando a gravidade do tema. Com isto, querendo ou não, eles acabam relativizando minhas colocações. Acho que MTB, por exemplo, não está sendo enfático o suficiente no risco real (ou melhor, certo) de chegar nela. Ainda ficam achando que muitos que fizeram o fizeram em causa própria e têm mesmo que pagar". Maurício Ferro ficou impressionado com o que leu: "A esta altura do campeonato ainda estarem despreocupados é realmente querer ignorar a realidade". Na resposta, Marcelo reforçou: "Todo mundo fica dizendo que 'está tranquilo' para eles... ou pelo menos não pinta o quadro nas cores devidas!".[28]

O esforço era grande, mas os resultados, pífios. Fernando Pimentel contara a Marcelo que, naquela mesma semana, Dilma e Lula haviam falado sobre a Lava Jato em uma longa reunião. Dilma teria ordenado ao secretário pessoal, Giles Azevedo, que monitorasse "com lupa" o andamento da investigação. O ministro disse ainda que tentaria convencer a presidente que ela fosse transferida "para o âmbito federal, em alinhamento com o Ministério da Justiça", acrescentando: "O processo precisa ser interrompido imediatamente".[29]

Quem conhecia bem o raciocínio de Dilma, porém, tinha razões para duvidar do sucesso de tais iniciativas. Em seu entorno, muitos achavam que o fato de Lula ter cogitado se candidatar no lugar dela não tinha sido realmente assimilado. Desconfiavam que ela não se empenhava em conter a Lava Jato por considerar que a operação lhe dava uma chance de se livrar da tutela política do antecessor. Marcelo queria mostrar que, se a lógica era essa, Dilma estava muito enganada. Se continuasse avançando, a Lava Jato chegaria a ela também. Logo depois das conversas com os caciques petistas, ele chamou Silva e Migliaccio. "Vocês têm como me mostrar o quanto a gente já deu no exterior para a campanha da Dilma?" Primeiro, eles disseram que não podiam listar os valores, pois não guardavam registros. Dias depois, apareceram com uma planilha de doações recentes, supostamente recuperada de anotações e de memória. Só por essa lista, os depósitos para contas de João Santana somavam 25 milhões de reais. Marcelo guardou o papel consigo. Aquele tinha destino certo.

Sem a ajuda de Mercadante, o jeito foi apelar a outro aliado, Giles Azevedo. O assessor sempre ajudara Marcelo com informações de bastidores e orientações sobre como agir com a presidente. O favor que ele esperava agora seria um pouco mais difícil. Os dois marcaram um encontro num fim de tarde de sexta-feira, no café de um edifício comercial de Brasília.[30] O empreiteiro chegou com uma lista de treze erros que, em sua opinião, o governo cometera com relação à Lava Jato — que ele chamava de "paper sobre as besteiras feitas". Das treze "besteiras", nove eram ligadas à Petrobras. Uma era: "Petrobras instaurou Comissões Internas de Apuração e encaminhou relatório final para o Ministério Público (mesmo sem indício de crime)". Outra: "Petrobras não tem prestado esclarecimentos à mídia quando procurada sobre as notícias divulgadas, mantendo mentiras, contradições e especulações sem resposta". Mais uma: "Postura da Petrobras de transferir a culpa para os fornecedores e fazer papel de vítima, sem buscar resolver o problema". E por aí seguia. O "paper" cobrava ainda que o governo fosse mais atuante no Judiciário e desse um jeito de controlar as investigações. "Atualmente quinze autoridades estão investigando/processando o assunto, o que demonstra a falta de controle sobre o tema."[31] Giles ouviu tudo e prometeu entregar o papel à presidente. Marcelo despediu-se com a sensação de que não estava sendo ouvido.

Naquele cenário desolador, os advogados ganhavam importância ainda maior. No auge da Lava Jato, a Odebrecht chegaria a ter quarenta deles. Mas nem todos se dedicavam apenas a escrever petições. Em alguns casos, o trabalho "extra-autos" era muito mais relevante. Como o de Pedro Estevam Serrano, causídico ligado ao PT que prestava serviços à Odebrecht havia décadas, mas até então em causas menores, de direito administrativo. Com a Lava Jato, tornou-se peça importante na estratégia de Marcelo — não tanto pelas petições e processos como pelo papel de leva e traz que exercia junto ao ministro da Justiça. Amigo de José Eduardo Cardozo de muito tempo, era tratado nos e-mails internos como Emissário de JEC[32] ou PE, e dele vinham as notícias do que se passava no ministério. Considerando que o ministro Cardozo era um dos mais arredios interlocutores da Odebrecht, o papel de Serrano era fundamental.

Quem também tinha papel sensível era Augusto de Arruda Botelho, um dos mais jovens escudeiros de Márcio Thomaz Bastos. Aos 37 anos, ele presidia o Instituto de Defesa do Direito de Defesa, entidade sem fins lucrativos criada por Thomaz Bastos, e era conhecido entre os pares pelo temperamento impetuoso e pelo estilo de vida boêmio. No início de novembro, ele chegou a Curitiba para uma reunião no escritório de seu parceiro local na defesa da Odebrecht, Rodrigo Rios. Tinha um encontro com dois informantes: o delegado da PF em Curitiba Paulo Renato de Souza Herrera e o advogado Marden Maués.[33] O primeiro chegara a participar de algumas fases da operação, mas depois rompera com o grupo que comandava a superintendência da PF no Paraná e se tornara um crítico da operação. O segundo defendia a doleira Nelma Kodama, presa junto com Alberto Youssef. Os dois haviam se conhecido em salas de espera de interrogatórios e identificado o interesse comum de melar a Lava Jato. Com esse intuito, procuraram Márcio Thomaz Bastos, que enviou Botelho para ouvir o que tinham a dizer.

Depois de alguns encontros improdutivos, em que os dois prometiam fornecer informações bombásticas sem trazer nada de concreto, eles finalmente pareciam ter algo interessante. Maués e Herrera haviam reunido cópias impressas de postagens feitas no período eleitoral por delegados da Lava Jato no Facebook, contrárias ao PT e simpáticas a Aécio Neves. "Alguém segura essa anta, por favor", declarava o delegado Márcio Anselmo, que dera início à Lava Jato, comentando uma matéria em que Lula afirmava que Aécio não era "homem sério e de respeito". Maurício Grillo, chefe da Delegacia de Repressão a Crimes Fazendários e membro da Lava Jato, comentava: "O que é respeito para este cara?". Igor de Paula, que comandava a Delegacia de Combate ao Crime Organizado, postara um editorial da revista britânica *The Economist* defendendo o voto em Aécio. A delegada Erika Marena, chefe da Lava Jato, compartilhara uma notícia sobre o depoimento de Paulo Roberto Costa à Justiça, comentando: "Dispara venda de fraldas em Brasília". Anselmo atalhou: "Haja fraldas".

Botelho voltou a São Paulo animado com o que recolhera, e imediatamente fez o material chegar às mãos da repórter do *Estado de S. Paulo* Julia Duailibi. Tinha esperança de que, uma vez tornadas públicas, as postagens embasassem um pedido de suspeição dos investigadores. Para ele, o material provava que a Lava Jato era uma operação de cunho político e a desculpa de que o governo precisava para afastar delegados e dar outra configuração à equipe. No dia 13 de novembro de 2014, o site do *Estado de S. Paulo* trouxe a manchete: "Delegados da Lava Jato exaltam Aécio e atacam PT na rede".[34]

A publicação foi recebida com euforia na Odebrecht. Pela primeira vez, pareciam ter uma chance de sair das cordas. Em reação à reportagem, o ministro Cardozo prontamente convocou uma entrevista coletiva. Mas suas declarações frustraram os empreiteiros. Em vez de suspender os delegados, como esperavam, ele apenas informou ter pedido à própria PF para investigar o episódio: "Nós jamais podemos admitir a partidarização de nenhuma investigação. A impessoalidade é uma característica das investigações policiais e das ações administrativas e cabe ao Ministério da Justiça verificar".[35] Os procuradores de Curitiba reagiram com uma nota: "Em nosso país, expressar opinião privada, mesmo que em forma de gracejos, sobre assuntos políticos, é constitucionalmente permitido, em nada afetando o conteúdo e a lisura dos procedimentos processuais em andamento".[36] A resposta da Lava Jato era fraca, mas a polêmica parou por aí. A onda de indignação por que a Odebrecht ansiava não aconteceu nem dentro do governo.

O caso ainda repercutia quando um grupo de advogados das empreiteiras aterrissou em Curitiba para uma reunião com a força-tarefa. Eles haviam tido de insistir muito para conseguir espaço na agenda. Entre os membros do MP, a má vontade era grande e o tempo, curto. Eles se preparavam para a maior ofensiva da Lava Jato até então, justamente contra os clientes daqueles mesmos causídicos. Só aceitaram recebê-los para depois não serem acusados de intransigência. Logo no início, Pierpaolo Bottini e Celso Vilardi, da Camargo, Roberto Telhada, da OAS, Alberto Toron, da UTC, e Dora Cavalcanti, da Odebrecht, contaram que Janot havia pedido que fossem a Curitiba consultá-los sobre o acordo proposto por Thomaz Bastos. Disseram que o valor da multa, de 1 bilhão de reais, seria o mais alto já aplicado no Brasil. Mas o que impressionou foi terem dito que Janot estaria de acordo com a proposta.

O pessoal de Curitiba estranhou. O procurador-geral já sabia que eles nunca aceitariam um acordo genérico, sem confissões específicas por empresa ou punição para os executivos culpados. Aos advogados, repetiram a condição. Mas não insistiram no ponto. Previam que a operação do dia seguinte fosse mudar totalmente o rumo da conversa, por isso a encerraram dizendo que iam pensar. Os advogados prometeram enviar uma minuta do acordo, despediram-se e foram para o aeroporto a tempo de pegar o voo para São Paulo.

Horas depois, com o dia amanhecendo, trezentos agentes e cinquenta servidores da Receita Federal cumpriam seis mandados de prisão preventiva, 21 de prisão temporária, nove conduções coercitivas e 49 ordens de buscas e apreensão nos estados de Paraná, São Paulo, Rio de Janeiro, Minas Gerais e Pernambuco, bem como no Distrito Federal. Era a Juízo Final, a 7ª fase da Operação Lava Jato.[37] No espaço de 24 horas, donos e executivos de sete empreiteiras — Camargo Corrêa, OAS, Mendes Júnior, Engevix, Galvão Engenharia, UTC e Iesa — foram para o xilindró. Entre eles, não havia ninguém da Odebrecht. Moro não autorizou a prisão de Márcio Faria e Rogério Araújo, pedida pela força-tarefa. Permitiu apenas buscas e apreensões nas casas deles e nos escritórios da organização.[38] Afora os empreiteiros, o ex-diretor de serviços da Petrobras, Renato Duque, também foi preso, e o lobista Fernando Soares, ou Baiano, que operava para Paulo Roberto Costa e para o PMDB, terminou o dia foragido. Segundo o MP, Duque e Baiano haviam arrecadado 200 milhões de reais em propina. As acusações se baseavam no roteiro fornecido pelas delações de Costa e Mendonça: formação de cartel, corrupção, fraude em licitação, lavagem de dinheiro, sonegação de impostos e organização criminosa.[39]

A cena de Ricardo Pessoa, da UTC, chegando com sua mala de mão à sede da PF em São Paulo, e a foto de Renato Duque sendo levado para o camburão estamparam todos os sites de notícias e telejornais daquele dia. O impacto da operação na opinião pública foi gigantesco. Para muitos, parecia que o país estava mudando de fato. Depois de décadas de desvios, desmandos e chicanas jurídicas, os procuradores da Lava Jato conseguiam colocar os grandes corruptores na cadeia. "Hoje é um dia republicano. O Ministério Público está aqui neste momento com a PF e a Receita dizendo que não há rosto e nem bolso na República. Todos nós somos iguais. Todos os que cometem algum tipo de ilícito devem responder igualmente", declarou Carlos Fernando dos Santos Lima, decano da força-tarefa.[40] A frase dava a medida da importância que os membros da Lava Jato atribuíam à própria missão. Dali em diante, eles passariam a ser vistos como heróis.

Na Odebrecht, a ação produziu efeitos antagônicos. De um lado, a sensação de estarem de fato blindados — reforçada pelo que Sergio Moro escreveu no despacho em que autorizou a prisão dos concorrentes: "Embora haja algumas provas da participação da Odebrecht no cartel de empresas e no pagamento de vantagens indevidas a agentes públicos, ela decorre, por ora, principalmente da palavra dos criminosos colaboradores, sem ainda provas documentais mais robustas que a amparem. No contexto, entendo que, por ora, quanto a eles, não se justifica a decretação da prisão temporária, motivo pelo qual indefiro a medida".[41] Na interpretação de Marcelo e companhia, a falta de provas apontada por Moro se devia à sofisticação de seu esquema em comparação ao das outras empreiteiras, que ainda usavam a emissão de notas frias para fazer caixa dois. Não ia ser fácil pegá-los. Por isso, sempre que algum executivo ou parceiro perguntava, a resposta era a mesma: estamos fora desse rolo, não há provas contra nós.

O que ele pensava, mas não dizia, era a necessidade de agir antes que as provas surgissem. Naquele mesmo dia, enquanto a polícia caçava os concorrentes, Marcelo convocou Fernando Pimentel para uma conversa urgente. Como estava em Belo Horizonte e o papo era confidencial, o governador foi até a sede mineira da Odebrecht para falar por um aparelho de voz sobre IP, tecnologia livre de grampos. Marcelo pretendia levar pessoalmente a lista com os depósitos nas contas de João Santana, mas, diante dos novos acontecimentos, preferiu não esperar. "Pimentel, veja a questão das contas lá, estamos descobrindo que as contas que passaram dinheiro a João Santana podem estar contaminadas por outras remessas. Avisa a presidenta."

Márcio Faria e Rogério Araújo interpretaram o despacho de Moro de forma oposta à de Marcelo: "Eles vão é fazer uma operação maior só para pegar a Odebrecht". Araújo, que sabia que a delação de Barusco estava para sair a qualquer momento, vivia em pânico. Até tudo aquilo começar, ele se mostrava sempre poderoso, autoconfiante e convincente. Agora, na iminência da prisão, parecia a ponto de desmoronar. Assim como outros empreiteiros, passara a dormir fora de casa durante a semana, para evitar a situação humilhante de ser preso de pijama diante da esposa e dos filhos. Também passara a destruir e jogar fora tudo o que pudesse comprometê-los. "Higienizar apetrechos MF e RA", fora a instrução de Marcelo, registrada em seu celular.[42] Ao ouvir aquilo em uma reunião, os advogados desaconselharam qualquer movimento, dizendo que destruir provas era crime e poderia configurar obstrução de Justiça. Não adiantou.

Com ou sem o aval dos advogados, documentos, extratos bancários, pen drives e outros documentos foram apagados. Araújo passou a usar um *thin client*, HD conectado a um servidor remoto, que salvava tudo bem longe do alcance da polícia. Alexandrino Alencar, que antes tinha a sala repleta de fotos com políticos, inclusive Lula, fez uma limpa e deixou apenas retratos de família. Numa noite de maior preocupação, acendeu uma fogueira no quintal de casa e queimou uma montanha de papéis. Hilberto Silva também foi na onda: aproveitou uma passagem por Miami para jogar o laptop no mar, de cima de uma ponte.[43] "Não movimentar nada e reimbolsaremos [sic] tudo e asseguraremos a família" foi a ordem de Marcelo, registrada nas anotações do celular. "Vamos segurar até o fim."[44] Passou a ser parte da missão dos defensores ligar e visitar MF (Márcio Faria) e RA (Rogério Araújo) com frequência, fazendo longas reuniões que não raro serviam apenas para tentar acalmá-los. Colegas passaram a dedicar atenção a Araújo, o mais assustado, chamando-o para caminhar na praia, almoçar ou tomar café, tentando evitar que ele surtasse. Marcelo o convidou para jantar e dormir em sua casa, demonstrando confiança de que não havia risco de prisão.[45]

A única que não se abalava era Dilma Rousseff, agora recém-eleita. No dia seguinte à prisão dos empreiteiros, o ministro da Justiça convocou uma coletiva para manifestar apoio à Lava Jato e tentar desvincular os crimes do governo Dilma. Respondendo a declarações de Aécio Neves e Fernando Henrique Cardoso, que se diziam escandalizados com a extensão do esquema, Cardozo disse rechaçar as afirmações dos que buscavam fazer um "terceiro turno eleitoral". "Não importa se quem é envolvido é ligado ao governo ou à oposição. Não importa se as pessoas que são objeto de investigação têm poder econômico ou não. As investigações prosseguirão, doa a quem doer. O governo não aceitará intimidações, não aceitará qualquer tipo de acusação indevida e continuará garantindo que a lei seja cumprida."[46]

Cardozo ia em direção oposta à da Odebrecht, com suas acusações de perseguição política e vazamentos sem provas. Daí a indignação dos dirigentes da organização, que discutiram o cenário por e-mail. A começar por Fernando Reis: "Cada vez mais tendo a achar que essa inoperância, por mais burra que seja, é proposital!! Fica a impressão que essa turma está vendo a oportunidade de fazer uma faxina e se diferenciar, ainda que isso seja praticamente impossível. A coletiva do JEC hoje deixa isso patente!!". Marcelo relativizou: "Acho que existe sim muita falta de parceria/lealdade, além de um grande egoísmo e 'autismo' por parte dela e do núcleo ao redor dela, mas não creio que seja proposital. Mas vão acabar pagando caro por isto. Algumas batalhas podem até ser vencidas, mas acho que um general autista, egoísta e desleal não tem como sair vivo de uma guerra sangrenta, intensa e que se prolongue". Alexandrino Alencar entrou na conversa: "Vamos lá. Estou muito preocupado, porque acho que ela quer fazer um voo solo, e ele [Lula] se lançou a 2018 de modo a mantê-la sob controle. Neste cenário entra também a Lava Jato, pois ela acredita que chega nele e não nela, aí está a grande confusão, na qual estamos metidos. Alguns que foram presos são da turma dele, só que com fortes ramificações nela, aí mora o perigo".[47] Reis contestou: "Eu estou cada vez mais tendendo a acreditar nesse general autista!!". E Marcelo atalhou: "Ela deve se achar Deus, que com o dilúvio destruiu o mundo para reconstruir de novo". Ao que Maurício Ferro ponderou: "Até Deus precisou combinar com Noé que algumas espécies seriam salvas. No caso dela, não vai sobrar ninguém". Marcelo fechou o diagnóstico: "Só que Deus não era autista…".

* * *

Mas os conflitos não eram exclusividade de empreiteiros e governo. No coração da Lava Jato também reinava a polêmica. Dias depois da operação, Celso Vilardi levou à força-tarefa uma minuta do acordo proposto pelos advogados das empreiteiras e disse que Janot entraria em contato com eles para falar do assunto. A certa altura, a minuta dizia que as empreiteiras poderiam, a qualquer momento, "desistir das obrigações previstas", tornando "sem efeito" eventuais declarações prestadas por seus dirigentes.[48] Os procuradores ficaram indignados. Que tipo de acordo era aquele, em que os criminosos impunham condições aos investigadores? E como assim, "o PGR vai entrar em contato"? Então Vilardi falava por Janot?

Já havia, entre o pessoal de Curitiba, um zum-zum de que Janot era petista e queria aliviar a barra do governo. O documento reforçou a tese e incendiou os ânimos. O procurador-geral almoçava com assessores numa churrascaria quando recebeu cópia do documento pelo WhatsApp, com um aviso de Vladimir Aras, secretário de Cooperação Jurídica Internacional da PGR: Curitiba ameaçava renúncia coletiva contra o "acordão".[49] No dia seguinte, 1º de dezembro, os membros da Lava Jato foram todos juntos a Brasília. Chegaram revoltados e cobrando Janot por discutir um acordo à revelia da força-tarefa. O procurador-geral reagiu furioso: "Não tenho nada a ver com isso, com qualquer merda de acordo! [...] Vocês acham que, se eu fosse fazer um acordo, eu começaria dizendo, como está escrito aqui: 'A Polícia Federal e o Ministério Público Federal', dando protagonismo à polícia, e não ao MPF? Vocês acham que eu começaria assim? Claro que não!".[50] Percebendo que havia passado dos limites, parte do grupo recuou, dando razão a Janot. Ele se despediu irritado, enquanto os membros da Lava Jato foram almoçar com seus assessores num restaurante próximo.

Os advogados das empreiteiras, que também tinham um encontro com Janot naquele mesmo horário, marcado com antecedência, esperavam por ele numa sala próxima ao gabinete. Alguns ali queriam o acordo mais do que nunca. Mas Janot chegou nervoso e nem sequer os deixou falar muito. "Estão vendo aquela sala ali ao lado? Está todo o grupo de Curitiba lá. Eu estou tentando apagar um incêndio enorme ali, causado por esse doutor aqui, ó, Celso Vilardi!", disse ele, apontando para o advogado. "Ele levou um documento lá para a PF de

Curitiba, dizendo que tinha sido costurado comigo e com o José Eduardo [Cardozo], e incendiou os meninos lá embaixo!" Vilardi não se intimidou: "Eu não fiz nada que o senhor não tivesse me pedido". Aos colegas e mesmo aos procuradores, sempre repetiu a mesma coisa: que o procurador-geral sabia do documento, mas, quando se armou a confusão, quis tirar o corpo fora. Janot sempre negou. Depois daquilo, fez-se um silêncio constrangedor. Os defensores encerraram a reunião e saíram da PGR o mais rápido que puderam.

O climão entre Janot e a Lava Jato foi desanuviando aos poucos. Já com as empreiteiras, o diálogo estava encerrado. O grande articulador do acordo, Márcio Thomaz Bastos, já não estava mais vivo para tentar reconstruir as pontes. Morreu de câncer em 20 de novembro de 2014, aos 79 anos. Deixou órfãos uma filha, dois netos, vários discípulos e os empreiteiros nacionais. Dali em diante, era cada um por si.

Enquanto a Camargo Corrêa buscava um acordo avulso com a Lava Jato, a Engevix tomou o caminho oposto: combater a operação. Quatro dias depois da Juízo Final, o advogado Fábio Simantob entrou com uma reclamação no STF pedindo que as investigações saíssem de Curitiba e fossem para a corte superior, em Brasília. "Usurpação de competência" era o argumento central do recurso,[51] segundo o qual Sergio Moro havia escondido do Supremo informações que ligavam o esquema da Petrobras aos deputados federais Luiz Argôlo e André Vargas, para evitar que os processos fossem remetidos à corte superior, a quem cabia julgar políticos com foro privilegiado. De acordo com Simantob, Sergio Moro estava ludibriando a corte ao impedir os delatores de mencionar os nomes de políticos envolvidos em cada fato da investigação, só para não ter de enviar o processo ao STF.

Na prática, a reclamação da Engevix era uma reedição encorpada do recurso de Paulo Roberto Costa, já rejeitado em maio. Na ocasião, Teori Zavascki decidira desmembrar os processos, retendo no STF os casos com envolvimento de parlamentares e deixando os outros procedimentos em Curitiba. Mas o advogado da Engevix dizia que agora a situação era diferente. Dezenas de outros políticos com foro privilegiado, além de Vargas e Argôlo, haviam sido citados pelos delatores e, por isso, não dava mais para separar o processo da Petrobras dos crimes dos políticos. O mais adequado, dizia o defensor, era que toda a Lava Jato fosse julgada em Brasília, no Supremo.

Antes de decidir, Zavascki enviou uma série de perguntas a Moro, que protestou enfaticamente contra o que chamou de "especulação". "É muito fácil, hoje, após as colaborações premiadas, examinar fatos passados um ano atrás, quando ainda não se sabia o tamanho do esquema averiguado na Lava Jato", escreveu. Moro alegou que não deixava os réus citarem políticos com foro privilegiado em respeito ao Supremo e não para esconder qualquer coisa, porque a delação de Costa havia sido enviada na íntegra ao tribunal. O Supremo, dizia ele, já tinha até inquéritos abertos contra Vargas, Argôlo e o ex-presidente Fernando Collor de Mello, acusado de receber propina em contratos da BR Distribuidora. Se quisesse esconder algo do Supremo, disse o juiz, "não faria sequer sentido permitir a referência a agentes políticos como beneficiários de pagamentos".[52]

Tanto os empreiteiros como a força-tarefa entendiam que concentrar os inquéritos no STF equivalia a, se não enterrar, pelo menos impor um ritmo mais lento à Lava Jato. Consideravam que, além de mais morosa, a corte era muito mais sujeita à influência política do que Curitiba. "Esta é uma operação tão importante que tem de vir para Brasília", costumava dizer Márcio Thomaz Bastos quando queria abafar alguma investigação. A lição fora assimilada por seus discípulos.

Calculava-se, então, que Zavascki decidiria sobre a reclamação da Engevix a qualquer momento, mas ele ainda levou meses para dar seu veredito — negativo. Só que, antes disso, em 2 de dezembro, tomou uma decisão que irritou Marcelo ainda mais: libertar Renato Duque.[53] "Vejam a lambança que estão fazendo: acabaram de liberar Duque (para que no desespero não faça delação premiada comprometendo o PT e o governo). Já os executivos das empresas ficam para que, sob a ameaça de delação dos mesmos, as empresas tenham que aceitar o acordo que inocenta o governo",[54] escreveu ele num e-mail. O jeito, pensou, era levar a Dilma a lista de pagamentos a João Santana. "Eu caio, ela cai", escreveu no bloco de notas do celular.[55] Como a presidente se recusava a recebê-lo, Marcelo apelou a Anderson Dorneles, assessor de Dilma, e Beto Vasconcelos, chefe de gabinete dela. "Sei que o momento não é o mais tranquilo para o lado de nossa presidenta, mas precisava realmente ter um encontro com ela vis-à-vis o andamento de alguns projetos/temas. Não pediria este encontro caso não houvesse real necessidade quanto a atualizá-la e buscar sua orientação. Já procurei estar com todas as pessoas possíveis antes de recorrer a ela, mas ficaram algumas pendências relevantes/urgentes. Peço seu apoio e compreensão. Fico no aguardo. Obrigado, Marcelo."[56]

Viviam o momento mais crítico desde o início da Lava Jato. Da cadeia, vinham notícias de que o sócio da OAS Léo Pinheiro chorava muito, estava deprimido e insistia com os advogados em fazer delação. Pinheiro era tão próximo de Lula quanto Emílio, e o ex-presidente ficou preocupado. Segundo o que Okamotto disse a Alencar, num encontro no Instituto Lula, Pinheiro também vinha tocando uma estratégia para derrubar a Lava Jato à parte, junto com Thomaz Bastos. Agora, sem um nem outro, estavam nas mãos do governo, que Okamotto tinha em péssima conta. "Disse que parece o time do Palmeiras, com um elenco medíocre", comentou o escudeiro de Lula, segundo Alencar escreveu num e-mail para Marcelo.[57] Aos aliados políticos que o procuravam, o ex-presidente dizia a mesma coisa. Para ele, Dilma não tinha visão política e estava cercada de incompetentes. Aos mais chegados, criticava abertamente Mercadante e José Eduardo Cardozo, e dizia que passara da hora de tirar Graça Foster da presidência da Petrobras. Estava claro que sua influência sobre a sucessora era cada vez mais limitada.

Em 16 de dezembro de 2014, a segunda turma do Supremo, por onde passavam as ações da Lava Jato, negou outro pedido de transferência da operação para Brasília, com argumento semelhante ao da Engevix, que ainda não tivera o recurso avaliado. Zavascki concluiu não haver indício de que Moro estivesse extrapolando suas atribuições, e os outros ministros o acompanharam — com exceção de Gilmar Mendes, que se ausentou na hora da sessão e não votou.[58] Naquele mesmo dia, o tribunal negou também o pedido de liberdade do vice-presidente da Camargo Corrêa, Eduardo Leite. As derrotas espalharam o desânimo entre os empreiteiros. "Mais uma chance perdida pelo GoV", escreveu Marcelo.[59] O STF estava fechado com a Lava Jato, e talvez nem Dilma nem ninguém fosse capaz de alterar tal cenário.

Restava o último recurso, a lista com as doações a João Santana. Já que Dilma não queria recebê-lo, Marcelo precisava fazer o papel chegar a ela. Por isso, em 17 de dezembro, antes de rumar para Salvador, para o encontro de final de ano da organização, ele fez uma escala em Belo Horizonte para falar com o ministro Fernando Pimentel: "Ó, Pimentel, essas contas de João Santana receberam dinheiro nosso, inclusive para campanhas no exterior. Eu sei que Mônica [Moura] pensa que não há risco, mas não é verdade. Eu não tenho mais como garantir o sigilo. Tente evitar a cooperação com a Suíça, porque eu preciso mapear o tamanho do estrago".

Mais direto impossível. Ao ver a lista com os 25 milhões de reais depositados para Feira, Pimentel tomou um susto. "Vou falar com ela", disse. Dias depois, ele mandou um recado a Marcelo por João Nogueira, diretor de crédito à exportação da Odebrecht. "Ela ficou preocupada com o que viu, porque percebeu que não está de fato blindada. E pediu para o Giles Azevedo saber como exatamente as contribuições haviam sido feitas..."[60] Marcelo esperava uma reação mais enérgica, mas já era melhor do que nada. Se Dilma realmente se mexesse, talvez eles tivessem alguma chance.

Na verdade, Dilma estava se mexendo. Só que não para proteger Marcelo, claro, e sim ela mesma. Na terceira semana de novembro, alguns dias depois da Operação Juízo Final e logo após receber um dos avisos enviados pelo herdeiro da Odebrecht, a presidente pediu que Edinho Silva, o tesoureiro da campanha, procurasse Mônica Moura, esposa de João Santana. "Dilma precisa falar contigo com urgência." Mônica disse que estava de férias em Nova York e voltaria em uma semana. Edinho cortou a conversa: "Não, não! Ela precisa falar com você já!". Mônica se espantou. O que quer que a presidente precisasse dizer, certamente era algo muito sério. Na noite do dia 21 de novembro, pegou um voo para o Brasil. No dia seguinte, foi recebida no aeroporto de Brasília pelo assessor de Dilma, Giles Azevedo, que a levou no próprio carro ao Palácio da Alvorada.[61]

A presidente da República já esperava por Mônica. Levou-a para um passeio nos jardins do palácio, seu local preferido para as conversas que não queria que ninguém ouvisse. O papo seria lembrado com detalhes pela própria marqueteira anos depois, em sua delação premiada.[62] "Eu estou muito preocupada, a Lava Jato está avançando muito, principalmente sobre a Odebrecht. Vocês têm segurança de que a conta de vocês está protegida?", perguntou Dilma. Mônica foi sincera: "Presidente, protegida, protegida eu não sei. É como eu lhe falei. A conta está no nome de uma offshore".

Aos mais próximos, Dilma diria que Mônica garantia não estar preocupada, porque os pagamentos que a Odebrecht fizera no exterior eram todos por campanhas realizadas lá fora — Angola, Venezuela, Panamá — e que os pagamentos pela campanha brasileira haviam sido todos em dinheiro, no Brasil.

Dilma, porém, não estava plenamente segura. Chegou a sugerir que Mônica transferisse as contas para Cingapura, onde tinha ouvido dizer que a quebra de sigilo e a colaboração com outros países eram bem mais difíceis. A presidente queria ter mais controle da situação. "Eu preciso ter um contato com você. As coisas podem evoluir, e eu quero falar com você sempre. Precisamos falar, mas não pode ser por telefone."

A marqueteira, então, teve uma ideia engenhosa: criar um e-mail numa conta Google a que ambas teriam acesso. Sentadas à mesa do escritório pessoal de Dilma, criaram a conta: iolanda2606@gmail.com (segundo Mônica, uma referência à mulher do presidente Costa e Silva). Ela mostrou à presidente como funcionava a área de rascunhos do Gmail e orientou: "Quando a senhora tiver alguma coisa para me mandar, pede para Giles ou Anderson me mandar um recadinho bem besta, que eu já sei que tem alguma coisa que tenho que ver. A senhora escreve a mensagem, mas não envia, não entra na web. Não circula. Quando tiver alguma coisa pra mandar, a senhora escreve lá e deixa, que quando o Anderson ou Giles me mandarem o recadinho, eu entro lá, leio, apago e escrevo a resposta". Assim foi feito. Naquela mesma noite, Mônica embarcou de volta para Nova York.

A presidente talvez não soubesse, mas a trilha que levaria a Lava Jato às contas de Mônica Moura estava se encurtando rapidamente. Enquanto as duas andavam pelos jardins do Alvorada, os procuradores da República Orlando Martello, Eduardo Pelella e Deltan Dallagnol se reuniam com seus colegas suíços em Lausanne. Tinham ido levar dois documentos: o pedido formal de repatriação dos 23 milhões de dólares que Paulo Roberto Costa tinha em suas contas no país (outros 2,8 milhões estavam depositados em Cayman) e o acordo de delação do ex-diretor da Petrobras. Eles já tinham enviado o pedido formal de quebra de sigilo de Costa, por colaboração judicial, em agosto.[63] Mas, ao firmar a delação, Costa autorizou formalmente o Ministério Público a ter acesso aos extratos de suas contas no exterior e as autoridades estrangeiras a fornecerem os documentos brasileiros.[64] Ao final de quatro dias de visita, o procurador Luc Lemgruber entregou um pen drive a Deltan Dallagnol com as informações de Costa, em que constavam os depósitos recebidos da Smith & Nash. A entrega foi registrada em um ofício assinado pelos procuradores dos dois países.[65]

Ao deixar a sede do MP na Suíça, vigiados de perto por repórteres ansiosos, eles confirmaram ter tido acesso a extratos e informações de inteligência, mas disseram ter assinado um acordo de confidencialidade, de modo que não podiam dar mais detalhes. Afirmaram também que não usariam as informações nas denúncias contra os empreiteiros que estavam para ser apresentadas no início de dezembro.[66] Sabiam que, se o fizessem, os alvos da investigação poderiam tentar anulá-la. Preferiram esperar que as informações chegassem oficialmente ao Brasil.

Para Márcio Faria e Rogério Araújo, era uma notícia aterradora. Dias depois, os advogados do grupo na Suíça informaram que o MP já conhecia as contas de Bernardo Freiburghaus, as offshores Klienfeld e Smith & Nash, que haviam alimentado as contas, e mais — os suíços estavam determinados a formalizar o envio oficial da documentação ao Departamento de Recuperação de Ativos do Ministério da Justiça entre janeiro e fevereiro de 2015. O boato de que uma operação de impacto contra a Odebrecht estava para acontecer se espalhou nos meios político e jurídico e entre os próprios empreiteiros — que apelidaram por conta própria a nova fase de Operação Apocalipse.[67]

O encontro anual de 2014 havia sido planejado ao longo de todo o ano para ser grandioso. Por ser o aniversário de setenta anos da Odebrecht, imaginou-se uma enorme festa em Salvador, onde a empresa nascera, e no estádio da Fonte Nova, um símbolo da grandiosidade da organização. Mas a prisão dos empreiteiros havia tornado qualquer ostentação inviável. A alguns dias do evento, a programação de entretenimento foi cancelada. Nada de eventos para as famílias, show de encerramento ou jantar de confraternização na casa de Emílio. A comemoração seria sóbria, como o momento exigia.

Os cerca de oitocentos funcionários que assistiriam às apresentações dos líderes de negócios foram alojados numa tenda armada no estacionamento do estádio. A apreensão era visível nos semblantes e nos discursos. Além do abalo das investigações, havia ainda o fato de que 2014 marcara o início de uma recessão. A economia brasileira estava desacelerando e, apesar de Marcelo destacar em sua apresentação que apenas 0,9% da carteira de novos projetos dependia do dinheiro público, todos ali sabiam que o indicador não refletia corretamente os riscos que corriam. Praticamente tudo o que o grupo fazia dependia, em alguma medida, do governo: as concessões de estradas, aeroportos e hidrelétricas, créditos com o BNDES para esses projetos e para serviços de exportação no exterior, contratos com a Petrobras. Tudo o que eles tinham poderia ruir se a economia tivesse um tombo muito forte ou se o governo desmoronasse com as investigações de Curitiba.

Em sua vez de falar, Márcio Faria não conseguiu se manter impávido como de costume. Ao contrário de vários outros colegas, que só falaram da Lava Jato no cafezinho ou em conversas reservadas, ele era obrigado a abordar o assunto, pelos impactos que já se faziam sentir na engenharia industrial. Àquela altura, a Odebrecht tinha mais de 500 milhões de reais a receber da Petrobras — e, embora ninguém tivesse sido preso, ele e Rogério Araújo já tinham sido alvos de uma ação de busca e apreensão. Ao encerrar sua fala, o chefe da Odebrecht Industrial fez um desabafo emocionado. Disse que os desafios profissionais eram fáceis, difícil era lidar com o impacto da operação sobre as famílias. Acostumados a vê-lo sempre otimista e orgulhoso, os colegas ficaram impressionados.

Marcelo também se emocionou, mas ao lembrar os avós. Não fazia nem seis meses que Norberto havia morrido. Yolanda, a avó, falecera no início do ano. Para aquela audiência angustiada, a sensação era a de que as mortes dos dois haviam ocorrido num passado distante. Para Marcelo, porém, o sentimento de perda ainda era bem presente. Com a voz embargada, ele lembrou os avós e disse que, embora a maioria ali nem sequer conhecesse sua avó Yolanda, ela tivera importância crucial para a organização, ao ter educado toda a família, em especial ele e seu pai. À Lava Jato, dedicou apenas uma menção protocolar: "A empresa e seus integrantes estarão sempre à disposição das autoridades para prestar todos os esclarecimentos que se façam necessários".[68]

Quando o dia terminou, cada um foi para o seu canto — jantar com a equipe, encontrar a família, beber com os amigos ou pegar um avião de volta para casa. Entre os últimos estava Alexandrino Alencar, que saiu da Fonte Nova direto para o aeroporto, para pegar um voo para São Paulo. No trajeto, repassando as cenas melancólicas daquele dia, ele pensava: "A vaca está indo para o brejo". Anos depois, vários dos participantes se refeririam àquele encontro como "a última ceia".

19. Higienizando apetrechos

"*And now, the end is near... And so I face the final curtain.*" Renato Duque dormia tranquilo na poltrona do voo do Brasil para Cingapura quando, brincando com os passageiros da primeira classe, o comissário de bordo começou a cantarolar um trecho de "My Way", clássico eternizado na voz de Frank Sinatra. A cantoria repentina assustou Duque, que acordou sobressaltado, provocando risos nos companheiros de viagem. Acompanhavam o diretor numa visita a estaleiros asiáticos o gerente Pedro Barusco e o diretor da Odebrecht Rogério Araújo, além de outros empresários e funcionários da Petrobras. Depois daquela viagem, Duque passou a ser chamado por eles de My Way. Anos depois, quando duzentos agentes da PF realizaram a 9ª fase da Operação Lava Jato, com buscas e apreensões em quatro estados e 25 empresas, o apelido se tornou nacionalmente conhecido.

My Way foi o nome com que a PF batizou a ação que mirou operadores de Duque nos primeiros dias de fevereiro de 2015.[1] Embora já fosse público que Barusco tinha fechado um acordo de delação premiada e se comprometido a devolver 97 milhões de dólares, ainda não se sabia qual era o conteúdo dos depoimentos. A My Way revelou que Barusco fornecera à investigação o mapa dos pagamentos e desvios praticados por Duque e pelo tesoureiro do PT, João Vaccari.

O momento já era crítico. Um inimigo do governo acabara de ser eleito para presidir a Câmara: Eduardo Cunha. Vencera com facilidade o petista Arlindo Chinaglia, favorito de Dilma. Cunha também era alvo da Lava Jato, que seguia os rastros dos negócios suspeitos realizados na diretoria internacional da Petrobras. Mesmo assim, quatro dias depois de ele assumir, a Câmara criou mais uma CPI para investigar os escândalos na Petrobras. Já era a quarta desde que o PT assumira o governo.[2] Assim como as anteriores, terminaria sem resultados concretos. Porém ajudaria a turbinar a crise política derivada da Lava Jato. Cunha, como os empreiteiros, acreditava que o MP tinha se mancomunado com o governo para pegá-lo. Se era assim, preferia encurralar o governo antes.

Em 10 de março de 2015, Barusco se apresentou à CPI. Diante das câmeras de TV, o ex-gerente admitiu que recebia subornos na Petrobras desde os anos 1990: "Eu comecei em 1997, 1998, uma atitude isolada [...]. A partir de 2003, 2004, houve uma fase onde estava institucionalizado esse recebimento de propina".[3] E repetiu o que já dissera aos investigadores: "O mecanismo envolvia o representante da empresa [...], eu, o diretor Duque e João Vaccari. São os protagonistas, vamos dizer assim. [...] Cabia a mim uma quantia, e eu recebi; e ao PT uma outra quantia, que eu estimo em 150, até 200 milhões de dólares".

O fato que nenhum político ou empreiteiro queria admitir (ou conseguia conceber) era que, naquele momento, não havia ninguém — muito menos Dilma Rousseff ou José Eduardo Cardozo — capaz de controlar os procuradores de Curitiba. Diferente do que acontecera no passado, quando as operações anticorrupção esbarravam em algum obstáculo incontornável, daquela vez parecia que tudo conspirava a favor. As manifestações de rua de 2013 haviam desencadeado um sentimento de revolta contra os políticos e a política, que obviamente incluía o governo Dilma, que enfrentava o início de uma recessão econômica e o enfraquecimento de sua base no Congresso. Além disso, aquele grupo de procuradores jovens, formados em boas universidades do Brasil e com passagens por instituições americanas, não estava interessado em aliviar a barra do governo ou de seus aliados. Sentiam-se numa guerra santa contra a corrupção, em que já haviam perdido várias batalhas. Agora que estavam em vantagem, seria difícil pará-los.

Cardozo, ministro da Justiça, acompanhava as investigações de perto e sabia que tentar interferir poderia ser um tiro no pé. Conseguia ver que tinham avançado bastante, mas não possuía a exata noção do quanto, e tentava se movimentar com cuidado. Nem sempre, porém, conseguia evitar ficar na linha de tiro. No mesmo dia em que a My Way acontecia e que a CPI da Petrobras era criada, ele se reuniu com um grupo de advogados da Odebrecht. Maurício Ferro, Pedro Serrano e Dora Cavalcanti foram tratar de um único assunto: o pedido que o Ministério Público tinha feito à Suíça para obter oficialmente os extratos das contas por onde Costa e Barusco diziam ter recebido propina da Odebrecht.

"Ficamos sabendo que está vindo coisa da Suíça em pen drive, no bolso dos procuradores", reclamou Ferro. "Isso é um absurdo, isso não pode", respondia Cardozo, em concordância. Ferro e Dora queriam uma certidão do Departamento de Recuperação de Ativos e Cooperação Jurídica Internacional, o DRCI, subordinado ao ministério, com todos os detalhes dos trâmites entre Brasil e Suíça.[4] Esperavam encontrar evidências de que a cooperação havia sido ilegal, para pedir sua anulação. A Odebrecht também reclamava que os procuradores se negavam a informar se ela era alvo de investigação e com qual finalidade. "Zé, você já leu mandado de prisão dos caras? É anomalia, arbitrariedade!" Cardozo assentia: "Sim, já li, tá tudo errado! Precisa corrigir, precisa soltar logo!". E disse que ia tentar fazer alguma coisa, mas que eles tinham que saber esperar. Não adiantava querer colocar o governo contra a parede. Ferro entendeu que Cardozo estava falando de Marcelo e de sua incansável campanha, segundo ele, ou chantagem, segundo Dilma, pela intervenção do governo na Lava Jato. E defendeu o cunhado. "Zé, estamos sofrendo consequências práticas! Com nosso nome na imprensa todo dia, a Petrobras bloqueando nossos contratos, os bancos querendo explicação de tudo, cortando nosso crédito... É por isso o desespero de Marcelo!" Cardozo fez que entendeu. "Faz sentido."

O diretor jurídico da Odebrecht saiu animado. Nem desconfiava que, àquela altura, os extratos da Suíça já estavam nas mãos dos procuradores de Curitiba. Aterrissaram no Brasil em 22 de janeiro, traduzidos e juramentados, destinados a provocar um estrago na estratégia de defesa da organização.[5] Em tese, Ferro e companhia ainda podiam conseguir anular o uso dos documentos como prova. Mas o tempo e as chances de isso acontecer eram cada vez mais exíguos. À noite, escreveu a Marcelo: "Melhor reunião que já tive com ele. Pela primeira vez o vi com objetivo e motivado para resolver. Estamos alinhados nas prioridades. Soltar logo. Ficou de atuar. Fiquei com alguns deveres de casa. Precisamos segurar os demais do nosso lado".[6] "Os do nosso lado" a que a mensagem se referia eram, claro, os empreiteiros. Além do pessoal da Odebrecht, representantes da UTC e da Camargo Corrêa haviam procurado Cardozo para dizer que consideravam partir para a delação. E repetiam para quem quisesse ouvir que não perdoavam o governo por ter mexido os pauzinhos para soltar Renato Duque e não ter feito nada para tirar da cadeia Léo Pinheiro ou Ricardo Pessoa. Este último, apontado como o chefe do cartel por Augusto Mendonça, já nem se preocupava em manter o descontentamento circunscrito aos bastidores. Em meados de janeiro, fez chegar à *Veja* bilhetes escritos de próprio punho supostamente para seus advogados, com recados como: "Edinho Silva está preocupadíssimo. Todas as empreiteiras acusadas de esquema criminoso da Operação Lava Jato doaram para a campanha de Dilma. Será se [sic] falarão sobre vinculação campanha × obras da Petrobras?".[7]

O próprio Marcelo avaliava que era questão de semanas até todos cederem à delação. Se falassem, teriam de entregar não só os políticos, mas também os sócios no rachuncho das propinas — Odebrecht incluída. "A coisa está cada vez pior. À beira de um apocalipse. Morte anunciada. A PR [presidente da República], ex [Lula] e todo o PT a esta altura já deveriam estar providenciando asilo em Cuba",[8] escreveu ele num e-mail a Claudio Melo Filho. Marcelo soube que o subordinado ia se encontrar com Jaques Wagner — codinome Polo no sistema da Odebrecht. E pediu que passasse um recado ao ministro: "Ricardo [Pessoa] e César [Mata Pires, da OAS] estão realmente dispostos a entregar todos eles [Lula, JW, Dilma...]. Ilusão alguém achar que morreriam sozinho [sic] quando tudo que fizeram foi sob liderança do governo! A CC [Camargo Corrêa] tb está avançando bem na delação. Não haverá impeachment, teremos em breve ela saindo algemada do Planalto!".[9]

Os encontros de Cardozo com os representantes das construtoras ganharam ares de escândalo dentro do escândalo. Segundo a *Veja*, o ministro havia recebido o advogado Sérgio Renault e o ex-deputado petista pelo Distrito Federal Sigmaringa Seixas para discutir a situação de Pessoa e enviar recados para os empreiteiros se acalmarem.[10] Renault, que havia sido secretário de Márcio Thomaz Bastos no Ministério da Justiça, assumira a defesa da UTC. Já Seixas, conhecido como Sig, era um notório articulador do PT com o Judiciário. Dias depois da reportagem, a *Folha* revelou a reunião com os advogados da Odebrecht.¹¹ Cardozo disse à *Veja* que os recebera porque, sendo chefe da PF, tinha a obrigação de ouvir reclamações sobre a investigação: "Se um advogado vem, me procura dizendo que há alguma ilegalidade [...], é meu dever recebê-lo, senão, eu prevarico".¹² Sergio Moro não engoliu a explicação. No despacho em que negou a liberdade provisória aos empreiteiros presos, o juiz usou a reunião com Cardozo como evidência de que os réus tentavam interferir politicamente para obstruir as investigações. E disse ser "intolerável [...] que emissários dos dirigentes presos e das empreiteiras pretendam discutir o processo judicial e as decisões judiciais com autoridades políticas".¹³ "Mais estranho ainda é que participem desses encontros, a fiar-se nas notícias, políticos e advogados sem procuração nos autos das ações." A reação foi imediata. Alberto Toron, da UTC, disse que o texto era "truculento" e "repugnante", e Dora Cavalcanti, da Odebrecht, afirmou que mostrava o "desprezo [de Moro] pelo exercício pleno da defesa e pela paridade de armas no processo".¹⁴ Para reforçar sua posição, os advogados da Odebrecht enviaram uma petição explicando o episódio a Teori Zavascki e reclamando do "pouco interesse com que as sempre rigorosas autoridades curitibanas conduzem a apuração dos vazamentos criminosos que têm marcado a Operação Lava Jato".¹⁵

Apesar das vitórias da operação no STF e do avanço da investigação sobre as contas do Departamento de Operações Estruturadas, Marcelo continuava encarando a Lava Jato como crise de imagem, mais do que problema jurídico. Tal avaliação tinha a ver, em parte, com a própria dinâmica da operação, inspirada na Operação Mãos Limpas. Em artigo sobre a experiência italiana publicado em 2004 numa revista de textos jurídicos, Sergio Moro registrou: "A publicidade conferida às investigações teve o efeito salutar de alertar os investigados em potencial sobre o aumento da massa de informações nas mãos dos magistrados, favorecendo novas confissões e colaborações. Mais importante: garantiu o apoio da opinião pública às ações judiciais, impedindo que as figuras públicas investigadas obstruíssem o trabalho dos magistrados, o que, como visto, foi de fato tentado".¹⁶ Resumindo: para Moro, a divulgação dos documentos do processo era fundamental para a estratégia de investigação. Na Lava Jato, o juiz recorrera a um expediente inovador. Até a prisão dos empreiteiros, em novembro de 2014, o público em geral (incluindo jornalistas) tinha acesso apenas às decisões, petições e despachos dos processos, registradas no sistema eletrônico da Justiça Federal, o e-proc. Era o procedimento-padrão no Judiciário. Na Operação Juízo Final, porém, Moro decidiu liberar para consulta a íntegra dos pedidos e ordens de busca e apreensão já cumpridas. "Entendo que, considerando a natureza e magnitude dos crimes aqui investigados, o interesse público e a previsão constitucional de publicidade dos processos [...] impedem a imposição da continuidade de sigilo sobre autos. O levantamento propiciará assim não só o exercício da ampla defesa pelos investigados, mas também o saudável escrutínio público sobre a atuação da Administração Pública e da própria Justiça criminal."[17]

Encaixada nas últimas linhas do despacho, parecia uma decisão banal. Na prática, mudava tudo. Os papéis agora tornados públicos traziam as justificativas dos procuradores ou delegados para os pedidos de prisão em que eram incluídos documentos, dados bancários, trechos de depoimentos, diálogos ou e-mails captados durante o inquérito — que antes costumavam ficar sob sigilo e agora forneciam um amplo manancial de histórias e informações. Para facilitar a vida dos jornalistas, a assessoria de imprensa da 13ª Vara da Justiça Federal de Curitiba, onde Moro despachava, fornecia planilhas aos repórteres com os números de todos os processos da operação e suas respectivas senhas de acesso, informando também os nomes dos réus e o resumo de cada ação. Em 2015, toda grande redação do Brasil tinha alguém monitorando diariamente o sistema eletrônico da Justiça e divulgando o teor de cada documento liberado. Isso gerava um fluxo contínuo de notícias que mantinha a operação na boca do povo por dias.

Claro que nem todo documento era público. Moro arbitrava diferentes graus de sigilo para cada prova ou elemento do processo, e portanto havia alguns a que só os procuradores e advogados tinham acesso. Em tese, isso garantia que os dados mais sensíveis fossem protegidos da curiosidade dos repórteres. Era comum, porém, que o material vazasse por outros meios — os próprios procuradores, advogados dos réus, funcionários do Judiciário. Não era a primeira vez que acusadores e acusados usavam a imprensa para tentar manobrar a opinião pública no curso de uma investigação. O que não havia acontecido ainda era as informações serem difundidas ao máximo e de forma oficial pelo próprio juiz do caso.

A estratégia funcionou. O uso massivo da imprensa e das delações premiadas acuava empreiteiros, políticos e governo. De repente, o cenário do combate à corrupção havia mudado, e as formas conhecidas de barrar uma investigação não tinham mais o mesmo resultado. Os alertas de Marcelo refletiam o clima entre os empresários, resumido por um deles ao repórter David Friedlander, da *Folha de S.Paulo*: "As empresas estão umas com medo das outras. Era isso que o Ministério Público queria".[18] O medo tinha fundamento. Quem delatasse primeiro poderia obter mais benefícios, porém arrastaria os outros para o escândalo. Os empreiteiros eram concorrentes, mas também parceiros em obras e serviços. A UTC construía com a Odebrecht duas instalações do Comperj e estava junto com a OAS na obra da refinaria Abreu e Lima. As três eram sócias no estaleiro Enseada do Paraguaçu. Pelo que se dizia nos bastidores, Pessoa, da UTC, já havia até escrito um esboço das revelações que poderia fazer caso conseguisse um acordo de delação premiada, em que deixava claro que não havia sido o único a pagar propina.

Mesmo que se recusassem a abrir a boca, os empreiteiros involuntariamente já haviam implicado os concorrentes. Um exemplo: no material recolhido no escritório de Pessoa, em São Paulo, a PF encontrou anotações em que se lia que a Odebrecht havia pressionado Aécio Neves para que ajudasse a esvaziar a CPI da Petrobras montada no Senado em 2014.[19]

Marcelo conhecia a história das crises pelas quais a Odebrecht passara. Sabia que várias batalhas haviam sido vencidas na mídia. Herdara dos antecessores um bom relacionamento com os donos dos grandes veículos nacionais, que pretendia fazer valer agora. No início de 2015, foi ao Rio de Janeiro falar com João Roberto Marinho, vice-presidente do conselho da Globo. Queria sondar o ambiente e tentar emplacar a ideia de que, se não fosse contida, a Lava Jato acabaria se estendendo para muito além da construção civil, abalando toda a economia. Era um argumento muito em voga, que nos dias seguintes seria repetido em ocasiões públicas por membros do governo, empresários amigos e figuras influentes como Nelson Jobim (que não se apresentava como advogado das empreiteiras, mas havia sido contratado por alguns milhões de reais para tentar ocupar o espaço deixado por Thomaz Bastos).

De tudo o que o herdeiro da Odebrecht havia testado nas incontáveis conversas sobre a Lava Jato, aquele discurso era o que parecia reverberar mais, principalmente junto aos agentes políticos. A conversa com o acionista da Globo, porém, foi decepcionante. Marinho passou a maior parte do tempo falando da viagem que faria nos dias seguintes ao Taiti e não deu muito espaço a discussões aprofundadas sobre a operação. "Ele não está nem aí", comentou o empreiteiro com um subordinado. Ainda assim, no dia seguinte, enviou um e-mail de agradecimento: "Obrigado pelo tempo. O tema é complexo, e sua evolução não é clara. Para mim é importante saber como vocês o enxergam. [...] Forte abraço".[20] Marinho ainda respondeu: "Por tudo que sabemos, haverá investigação na outra instância. Forte abraço". Outra instância, no caso, era o STF, que em algumas semanas receberia as denúncias da Procuradoria-Geral da República contra parlamentares envolvidos no petrolão. A mensagem era uma resposta ao que o herdeiro vinha dizendo em sua campanha anti-Lava Jato: que a operação perseguia apenas os empresários, poupando os políticos. Ao dizer que haveria investigação na "outra instância", Marinho estava afirmando que, até onde ele sabia, os políticos não seriam poupados. Na prática, portanto, a conversa não adiantou muita coisa para Marcelo.

O que preocupava o time da Odebrecht era que a reação de Marinho não era incomum. Meses antes, numa conversa reservada com jornalistas da *Folha de S.Paulo*, Marcelo até admitira ter dado dinheiro para o caixa dois de campanha, numa tentativa de convencê-los de que a prática, usual embora ilegal, estava sendo excessivamente criminalizada. Caixa dois era diferente de propina, dizia, negando ter subornado quem quer que fosse. A mesma abordagem foi adotada com o diretor de redação da *Veja*, Eurípedes Alcântara. Assim como outros interlocutores, naquela época o jornalista se mostrou sensibilizado pelos argumentos do empreiteiro, que imaginou ter conquistado um aliado. A cobertura da revista, porém, não mudou. Era difícil rivalizar com a quantidade e o calibre das revelações da Lava Jato — quase sempre desmentindo o que os empreiteiros diziam.

Sem conseguir convencer na base do argumento, Marcelo resolveu apelar. Ainda não engolira a reportagem da *Época* expondo os nomes e os rostos de Rogério Araújo e Márcio Faria. E, da conversa com João Roberto Marinho, concluíra que nada seria feito para conter aquele tipo de matéria. Resolveu, então, fazer algo por sua conta e risco, recorrendo à experiência do passado que ele mesmo chamou de "armadilha Bisol".[21] Era uma referência à bem-sucedida ofensiva da Odebrecht contra o senador José Paulo Bisol nos anos 1990. O político havia cometido erros na divulgação dos documentos apreendidos com um diretor da empreiteira na CPI do Orçamento, e a Odebrecht os explorara de forma a desqualificar todo o relatório da CPI.

Marcelo queria replicar a iniciativa com a *Época*. Mas precisava que os jornalistas errassem, para poder "desmascará-los". Num e-mail enviado a sete executivos da área de comunicação, do jurídico e da Odebrecht Óleo e Gás, ele sugeriu: "Veja se vcs conseguem produzir esta semana (até 4ª) um 'dossiê' contra nós, com todas as 'offshores' da OOG [Odebrecht Óleo e Gás]. Inclusive com detalhes de algumas transações que possam parecer importantes. Um dossiê que parece que pode 'nos destruir', mas que na prática são todas offshores legais". E perguntou aos assessores de imprensa: "Vcs têm que encontrar alguém (sem ligação conhecida conosco) que possa entregar este dossiê à *Época* na 5ª feira pela manhã (para não dar muito tempo de checar), dizendo que ou publicam na próxima edição ou que vai dar para outro. Pode ser alguém de outra empreiteira 'dizendo que quer nos envolver no rolo todo'. E já preparem a resposta forte [...] de nossa parte para desmoralizá-los totalmente na semana seguinte. Inclusive enviarei nossa resposta a João Roberto Marinho". Finalizando a mensagem, para não deixar dúvida do que pretendia, conclamou: "Precisamos partir para uma guerra de guerrilha!".[22]

A expressão "guerra de guerrilha" vinha sendo largamente utilizada por Marcelo e por Maurício Ferro. O combate à Lava Jato se dava nos mais diversos fronts — e nem sempre respeitava limites éticos. A questão, porém, é que nem todos os subordinados estavam dispostos a tudo. Os assessores de imprensa se opuseram à ideia do dossiê. Mais do que antiética, era perigosa. Temia-se que parte dos leitores não ficasse sabendo, depois, que a papelada era falsa, e acreditasse na denúncia. Ou pior: se os jornalistas descobrissem que a papelada falsa tinha sido plantada pela Odebrecht, seria um tiro no pé. Marcelo insistiu. A situação da organização andava tão complicada que a descoberta de um dossiê falso lhe parecia até um risco aceitável. Os subordinados, porém, foram irredutíveis. A ideia foi abandonada.

Por mais ameaçadora que fosse a Lava Jato, contudo, algo preocupava ainda mais a Odebrecht: o gigantesco rombo acumulado pelos negócios ligados à Petrobras. Desde o final de 2014, a estatal havia suspendido novos contratos com 23 empreiteiras ligadas ao cartel e bloqueara os pagamentos dos contratos já existentes.[23] A medida tomava como base as delações de Paulo Roberto Costa, Alberto Youssef, Augusto Mendonça e Julio Camargo. A petroleira bloqueara não só a construtora, mas todo o grupo. Isso significou que, de uma hora para outra, todas as empresas da organização que tinham negócios com a Petrobras pararam de receber pelos serviços. O veto incluía da Odebrecht Industrial — que construía refinarias, plataformas e módulos, e estava envolvida até a tampa na lama do petrolão —, à Odebrecht Óleo e Gás — que alugava navios e sequer fora citada, mas teve queda de 50% no valor dos títulos negociados no exterior após o bloqueio.[24] A Odebrecht Ambiental, que tampouco havia sido acusada, foi automaticamente impedida de participar de uma licitação na Transpetro.[25]

Vendo que as principais fontes de receita fechavam os cofres, as agências de risco rebaixaram as notas de crédito, o que levou os bancos a dificultar financiamentos às empresas do conglomerado. Nos Estados Unidos, a Braskem foi obrigada pelo Departamento de Justiça a contratar um escritório de advocacia para uma investigação independente sobre as denúncias de Paulo Roberto Costa. Do contrário, poderia sofrer uma devassa ou mesmo ter suspensa a negociação de seus papéis na Bolsa de Nova York.

Mas o estrago maior foi sobre o estaleiro, que estava sem receber os repasses da Sete Brasil desde setembro de 2014. Em dezembro, já dispensara mil funcionários da obra, na Bahia.[26] Se não recebesse logo um aporte, teria simplesmente de parar os trabalhos e mandar todo mundo para casa. A situação não havia sido prevista nem nos piores cenários dos planos de investimento tantas vezes revisados — e que já eram bem pessimistas na época em que Marcelo brigara com os "tios" da Odebrecht para implementá-los. A própria Sete Brasil estava prestes a desmoronar, apesar dos esforços do governo e da própria Dilma Rousseff[27] para salvá-la.

A companhia tinha sido envolvida por Pedro Barusco em sua delação. Segundo ele, o esquema de propinas foi replicado na Sete, o que fez os técnicos do BNDES travarem um financiamento de 3 bilhões de reais, temendo ser responsabilizados em futuros processos. Nem Luciano Coutinho nem Dilma conseguiam demovê-los.[28] "Sete Brasil está um desastre e atrasando faturas há meses, com isto o nosso estaleiro deve parar de vez. Não estamos mais em uma tempestade perfeita, mas um Apocalipse perfeito!", escreveu Marcelo num e-mail.[29]

Acostumado a ver os governos resolverem seus problemas na canetada, ele considerava aquilo um ultraje. E a culpa, em sua visão, era de Graça Foster, que não só se recusava a atender aos pedidos da Odebrecht como estava "incendiando tudo" e "aumentando o rastro de destruição".[30]

Em meio ao tumulto da primeira semana de fevereiro, ao mesmo tempo em que Eduardo Cunha fustigava o governo no Congresso e a Lava Jato apertava o cerco às empreiteiras, Graça afinal deixou a presidência da estatal. Mas, embora fosse consequência do petrolão, sua queda nada teve a ver com Marcelo.

Tudo começou quando a PricewaterhouseCoopers,[31] empresa de auditoria responsável pelos balanços da Petrobras, se recusou a assinar o relatório de 2014 se ele não trouxesse uma estimativa de perdas da estatal com a corrupção. O conselho então autorizou a Price a fazer o levantamento, que deveria contabilizar não só os 3% de propina declarados por Costa e Barusco sobre os contratos — cerca de 4 bilhões de reais —, mas também o prejuízo que a estatal teria se fosse vender os ativos contaminados, como o Complexo Petroquímico do Rio de Janeiro, refinarias e outras instalações. Quando saiu o resultado, Dilma e os ministros que também eram conselheiros se assustaram. Segundo a Price, o prejuízo da Petrobras com o esquema chegava a 88,6 bilhões de reais. Era uma cifra impressionante, quase quatro vezes o lucro da empresa em 2013.[32]

Deu-se, então, um racha: os diretores e os acionistas minoritários queriam seguir com o plano original e incorporar no balanço as perdas calculadas pela auditoria. Dilma e seus conselheiros recusavam-se. Queriam esconder os números do público. Como o governo não cedia, os diretores renunciaram aos cargos. Graça os acompanhou. Só em abril a empresa divulgaria o balanço, calculando em 6,2 bilhões de reais as perdas causadas pela corrupção e atribuindo outros 44,6 bilhões de prejuízos a erros de gestão.[33]

O desfecho foi péssimo para a imagem da Petrobras, mas criou uma oportunidade para Marcelo. Para substituir Graça, Dilma escolheu o presidente do Banco do Brasil, Aldemir Bendine. Até então Bendine — que no mercado era chamado de Dida — estava fora do círculo de relacionamentos do empreiteiro, em primeiro lugar porque não era visto como alguém de fato influente. O Banco do Brasil tinha uma série de regras e comitês que dificultavam manobras políticas. Nas negociações para o financiamento do estádio do Corinthians, os técnicos do banco haviam criado tanta dificuldade que a presidente teve que mandar a Caixa liberar o dinheiro, com a arena já quase pronta. Além do mais, Marcelo tinha acesso ao chefe de Dida, Guido Mantega. Por isso não se esforçara em se aproximar do subordinado. Não que ele não tivesse tentado.

Alguns meses antes, em junho de 2014, Fernando Reis havia sido procurado por um publicitário pernambucano chamado André Gustavo Vieira, que dizia falar em nome de Dida. Os dois marcaram um café num hotel de São Paulo, aonde Vieira chegou com uma lista dos pleitos da Odebrecht ao BB: 600 milhões de reais para o estaleiro, 150 milhões de euros para a compra de uma estatal de coleta de lixo em Portugal e 2,9 bilhões de reais para a Odebrecht Agroindustrial, de etanol. O publicitário/lobista foi direto ao ponto: "O Dida é puto com o Marcelo, porque o Marcelo resolve tudo com o Mantega e quer empurrar tudo goela abaixo. Aí o ministro só dá esporro no Dida, manda ele fazer as coisas e ele não leva nada". Segundo Vieira, Bendine podia fazer com que os pedidos de empréstimo avançassem. "O Dida pode resolver isso tudo aí." Teria, claro, um custo: pelo menos 3% do valor da primeira parcela do financiamento da Agroindustrial, de 1,7 bilhão de reais. Falava-se, portanto, de mais de 50 milhões de reais.[34]

Reis não achou a proposta viável. E não só porque uma propina daquele tamanho era alta até para os padrões da Odebrecht. Uma coisa era pagar 3% sobre o valor de um contrato de serviços, em que se pode embutir o suborno. Isso era tão corriqueiro na organização que tinha até nome: custo político. O dinheiro, afinal, era do contratante. Agora, se os recursos tivessem de sair do financiamento, sobre o qual ainda incidiam juros, a coisa mudava de figura. Além do mais, duvidava que Bendine tivesse o poder de resolver aqueles assuntos sozinho numa instituição tão cheia de comitês e regras, mesmo sendo presidente do banco. Por isso, Marcelo mandou Reis enrolar o lobista e ficar de olho no andamento dos pedidos, para conferir se Bendine tinha mesmo condições de interferir. Reis até chegou a se encontrar com o presidente do BB para discutir o empréstimo para a compra da empresa portuguesa de coleta de lixo, mas a Odebrecht perdeu o leilão de privatização e desistiu do pedido.

Ao final de 2014, com o bloqueio da Petrobras, o financiamento ao estaleiro também se tornou inviável, e Reis concluiu que só mesmo o da Agroindustrial ainda tinha chance de sair. Num encontro com o intermediário de Dida, em São Paulo, ele tentou encerrar a questão: "André, a gente entende que esse é um assunto técnico, ele não tem como interferir, então achamos que não se justifica nenhum pagamento desse tipo. Isso é uma dívida, a Odebrecht não costuma pagar por dívida". Além do mais, havia a Lava Jato. "Os tempos também mudaram. As coisas estão mais difíceis..." Vieira concordou: "É, eu não gosto de como isso está afeiçoando...". Foi a única vez em toda a negociação que se falou na operação que já estava nas ruas, e só por um breve instante. Logo o publicitário esqueceu o risco de ser preso e lançou no ar uma sugestão enigmática: "Pensa melhor, reflete... Eu soube que tem a possibilidade de ele ir morar no Rio de Janeiro, ficar mais importante. Cuidado".[35] Tempos depois, no final de janeiro, Bendine chamou Vieira: "Rapaz, fica tranquilo que agora eu tô indo pra Petrobras. Essas empresas todas têm o seu maior volume de negócio dentro da Petrobras. Então, os caras não vão, de jeito nenhum, criar dificuldade. Eu acho que o ambiente agora acabou ficando melhor". Vieira sugeriu: "Precisamos marcar uma conversa com a Odebrecht".[36]

No final da tarde de 26 de janeiro, Marcelo e Reis foram se reunir com Bendine no edifício do Banco do Brasil, em São Paulo.[37] Entraram pela garagem, para não deixar registros na portaria, e foram encaminhados para a sala de reuniões adjacente ao gabinete da presidência. Dida entrou na sala com uma pasta verde de papelão em que brilhava o brasão da Presidência da República e fez questão de colocá-la sobre a mesa, bem à vista. "Tive algumas reuniões em Brasília, no final de semana. A presidente está muito preocupada com o pessoal que está preso. Parece que estão entrando em desespero. Não queremos isso. A presidente me pediu para discutir com vocês como 'atenuar' os efeitos da Lava Jato. Inclusive o Mercadante me entregou essa nota."

A nota que Bendine tirou da pasta era o resumo do "paper sobre as besteiras feitas", a lista das agruras da Odebrecht enviada semanas antes ao ministro da Casa Civil. A mensagem era claríssima: qualquer movimento que fizessem desaguaria nele, Bendine. "Pois é, Dida", começou Marcelo. "Se você não quer que as empresas façam delação, não corta o crédito, não aperta. O próprio BNDES cortou o nosso crédito! Você já tem os caras presos, e ainda querem asfixiar financeiramente." Marcelo ainda sugeriu que ele mandasse uma mensagem ao setor privado. Algo que indicasse que, no Banco do Brasil, o passivo a ser considerado para fins de financiamento seria só o das empresas investigadas, e não o de todo o grupo. "Se o BB fizer isso, o resto acompanha." Dida assentiu. "Vou transmitir a mensagem a todos."[38]

A conversa durou não mais que meia hora. Marcelo e Fernando Reis já se encaminhavam para a porta de saída quando Bendine se voltou para os dois e, como se lembrasse algo, mencionou o que de fato lhe interessava: "Ah, aquele assunto da Agroindustrial está caminhando!". Os dois agradeceram e se despediram. Onze dias depois, ele assumiu a presidência da Petrobras. Vieira ligou para Reis: "Olha, isso é ótimo, ele agora vai suceder a Graça Foster e agora a caneta dele fica mais pesada!".[39]

Só que o financiamento para a Sete Brasil pagar os estaleiros não saía. Estava difícil contornar os impedimentos colocados pela Controladoria-Geral da União, a CGU, com quem as empreiteiras discutiam um acordo de leniência. No início de fevereiro, os advogados conseguiram consenso em torno de um texto que não seria um "reconhecimento de culpa" nem mesmo sobre os fatos já revelados pela Lava Jato, e sim a admissão de "responsabilidade objetiva" sobre falhas que "pudessem ter ocorrido" em seu controle, causando danos à Petrobras.[40] Marcelo não gostou da ideia. Achava que, mesmo com toda a ginástica semântica, o simples fato de aceitar um acordo já teria efeitos nefastos. "Não nos iludamos, pois, mesmo sem confissão de culpa, haverá impactos imediatos na percepção do mercado financeiro e em nossa imagem, por exemplo, caso venhamos a iniciar formalmente uma negociação destas e ainda mais se fecharmos qualquer acordo",[41] justificou num e-mail a auxiliares. No fundo, ele não queria acordo nenhum.

Parecia inconcebível ao herdeiro que, naquele cenário tão adverso, o governo ainda fosse realmente encurralar a organização num acordo de leniência. "Temos que começar a construir com PE [Pedro Serrano] / Zé [Eduardo Cardozo] para nos tirar desta", pediu a Maurício Ferro.[42] A questão é que as prisões e delações reduziam a margem de manobra da presidente. O que Dilma podia fazer eram afagos públicos aos empreiteiros. Ela fazia. Na primeira reunião ministerial do segundo mandato, a presidente discursou: "Nós devemos punir as pessoas, não destruir as empresas. As empresas, elas são essenciais para o Brasil [...]. Temos de saber fazer isso sem prejudicar a economia e o emprego do país".[43] Em seguida foi a vez do ministro da Defesa, Jaques Wagner, fazer um gesto de desagravo. Numa visita à obra do submarino nuclear construído em Itaguaí com os franceses, ele disse que não estava nem um pouco constrangido com o fato de o escândalo envolver a empreiteira. Declarou que a Odebrecht era motivo de orgulho para o Brasil e repetiu o argumento: "A luta contra a corrupção é ininterrupta, porque onde tem dinheiro tem sedução. Infelizmente é assim em qualquer parte do mundo. Agora, não vamos parar o país para ficar assistindo o espetáculo da investigação".[44]

O curso da Lava Jato, porém, era irrefreável. Dias depois da visita de Wagner, o presidente e o vice-presidente da Camargo Corrêa fecharam acordo de delação premiada com o MP, e o conteúdo dos depoimentos logo começou a vazar. Uma das primeiras histórias a surgir nos jornais foi a da propina desembolsada em troca do contrato de construção da usina de Belo Monte, obra de que a Odebrecht também participava.[45] Ao mesmo tempo, veio à tona um trecho da delação de Alberto Youssef em que ele contava ter recebido parte do suborno pago a José Janene e Paulo Roberto Costa para fechar o contrato de nafta nas condições que a Odebrecht queria.

Em meados de março, a Lava Jato prendeu novamente o ex-diretor da Petrobras Renato Duque e outras quatro pessoas.[46] A décima fase da operação, batizada de Que País É Esse?, avançava sobre desvios em duas refinarias e dois gasodutos da estatal, construídos por OAS, Mendes Júnior e Setal. A Lava Jato havia descoberto contas de Duque em Mônaco, assim como de dois novos operadores, Mário Góes e Adir Assad, que também trabalhara para a Odebrecht. O cerco se apertava — e a preocupação dos executivos aumentava. As varreduras antigrampo, realizadas de quando em quando na organização, foram se tornando mais frequentes, especialmente no 15º andar do edifício-sede, onde ficavam as salas de reunião da diretoria e do conselho e os escritórios de Emílio, Marcelo e dos vice-presidentes. A cada vez, os técnicos reviravam tudo, do forro das salas aos pés das cadeiras giratórias, mas nunca encontraram aparelhos de escuta ambiente ou telefônica, nem câmeras ocultas.[47] Parecia que os investigadores preferiam buscar provas em outros locais.

Alheia ao movimento pró-empreiteiras, a CGU também abriu processo contra dez firmas envolvidas no petrolão, incluindo a Odebrecht. Caso fossem constatados os desvios e a formação de cartel, elas podiam ser banidas de novos contratos com o setor público.[48] Como a Odebrecht não havia feito acordo com a CGU, o processo abriu mais uma frente de combate para Marcelo, que passou a fazer campanha contra a tese de cartel. Para sustentar a argumentação, ele escreveu uma nota dizendo que a investigação havia sido aberta para "proteger o governo de sua culpa na gestão da Petrobras e dos seus ilícitos praticados", tornando as empresas "bode expiatório". "Com toda a diretoria da Petrobras envolvida em captação de recursos, fica claro que a Petrobras dragava as empresas nacionais e internacionais em programas de contratação de serviços para obter recursos para os partidos políticos e para o próprio governo. O governo nomeia toda a diretoria da Petrobras, tem maioria dos assentos no Conselho de Administração e fiscal. As decisões são tomadas no âmbito do conselho e da diretoria, portanto não dá para crer que o governo, acionista controlador, não estava ciente e aliado ao programa que usava as empresas para geração de recursos em proveito próprio."[49] Faltava encontrar alguém que assumisse aquele discurso. Quem quer que fosse, teria de fazer um ataque pesado aos petistas, por isso Marcelo apostou em Aécio Neves. No final de março, ele foi ao Rio de Janeiro entregar o papel ao tucano, esperando que fosse usado para fustigar o governo.

Não foi o que aconteceu. Aécio tinha outra estratégia em mente: provar que a própria eleição de Dilma havia sido fraudulenta, por ter sido financiada pelo petrolão. Naquele contexto, acusar o governo era interessante, mas aliviar a barra das empresas, não. Afinal, se era verdade que um cartel daquele tamanho nunca poderia ter prosperado sem o aval dos gestores públicos, também era fato que tal aval havia custado bem caro às empreiteiras. Qualquer um podia concluir facilmente — e Aécio, que havia recebido seu quinhão, mais ainda — que o cartel só existia porque as construtoras haviam comprado as autoridades. Qualquer atitude que parecesse uma defesa das empresas teria consequências politicamente nefastas. Por tudo o que havia recebido, o tucano deveria temer o avanço das investigações. No entanto, naquele momento, ele parecia se sentir imune às investidas da Lava Jato.

Ao longo dos meses seguintes, as empreiteiras começariam a ceder,[50] até porque não havia outra saída. Mesmo as que não eram tão dependentes de contratos com o Estado sabiam que uma acusação de cartel por parte do governo brasileiro fecharia de vez as torneiras do crédito, não só nos bancos públicos e privados, mas também nos organismos multilaterais, como o Banco Mundial e o Banco Interamericano de Desenvolvimento. Marcelo e a diretora financeira da holding, Marcela Drehmer, saíram num périplo internacional por esses bancos e instituições. Nas reuniões com os gringos, repetiam o mesmo script: que não haviam feito nada de errado, que não haviam pagado propina e que não havia risco de serem envolvidos na Lava Jato. A maior prova, diziam, era que todos os concorrentes estavam presos ou tinham sido denunciados por corrupção, menos a Odebrecht. Os sócios da organização nas subsidiárias também receberam visitas do herdeiro, que garantiu não haver com que se preocupar. Ele foi tão contundente que os parceiros se tranquilizaram.

Marcelo não balançou nem mesmo quando um executivo do grupo UTC,

João Santana, o procurou, a pedido de Ricardo Pessoa. Numa reunião com Marcelo e Maurício Ferro, Santana avisou que o chefe tinha decidido fazer delação e que teria de entregar as propinas pagas em conjunto. Santana trazia um recado de Curitiba: "O pessoal já tem muita informação. Eles gostariam de ter a cooperação de vocês. Talvez seja uma boa conversar". Ambos rechaçaram a proposta. Maurício Ferro baixou uma ordem proibindo os executivos da Odebrecht de conversar com a Lava Jato.

O discurso para o público interno era mais ou menos o mesmo. Tanto Marcelo quanto Emílio diziam que não havia o que temer. A Odebrecht não estava em xeque. E acrescentavam que, caso uma delação se fizesse necessária, "a família vai na frente". Nas conversas sobre o assunto, Marcelo dizia ser contra sacrificar Márcio Faria e Rogério Araújo, mais envolvidos e expostos a uma investigação. Nisso, pai e filho concordavam. "Eu jamais sacrificaria um dos meus", dizia Emílio.

Marcelo e o cunhado tinham razões para tamanha autoconfiança. Embora enfrentasse problemas na Suíça — que eles esperavam poder resolver anulando a cooperação internacional nos tribunais —, a Odebrecht mantinha razoável controle sobre o desenrolar do caso em outras partes do mundo. Era o caso do Panamá, sede da principal offshore usada pela organização para o esquema da Petrobras, a Constructora del Sur. No paraíso fiscal caribenho, muitas das autoridades públicas — a começar pelo próprio presidente, Juan Carlos Varela — eram "amigas" da Odebrecht. Varela havia sido vice-presidente na gestão de Ricardo Martinelli, com quem depois rompera para tentar voo solo. Desde aquela época, frequentava as festas organizadas por André Rabello — que, assim como vários de seus colegas da área internacional, era mais poderoso no Panamá do que muitos políticos. Financiava as campanhas da situação e da oposição e, entre 2009 e 2014, irrigara com 10 milhões de dólares os cofres do Panameñista, o partido do presidente,[51] que tinha entre seus filiados a procuradora-geral Kenia Porcell.[52]

No início de 2015, as fontes de Rabello no governo panamenho contaram ter recebido um pedido de cooperação jurídica do Ministério Público brasileiro. A informação, porém, não o alarmou. Foi o próprio Rabello quem enviou aos colegas da Odebrecht no Brasil uma cópia do pedido enviado ao Panamá. Junto, ia o aviso tranquilizador: que não se preocupassem, porque o pedido não seria atendido.[53]

O que estava absolutamente fora de controle era a batalha pela reputação. A cada momento vazavam novos detalhes das delações — primeiro a de Youssef, depois a de Costa, as dos empreiteiros que já haviam falado e, agora, dos executivos da Camargo Corrêa, segundo quem era a Odebrecht que comandava o cartel. Os jornalistas corriam por fora, descobrindo por conta própria detalhes da relação da organização com os governos petistas — especialmente com Lula. Em meados de abril, o jornal *O Globo* publicou uma reportagem mostrando que, em 2013, o ex-presidente havia viajado a Cuba e à República Dominicana em aviões pagos pela Odebrecht por intermédio da DAG, de Dermeval Gusmão, amigo de infância de Marcelo e seu laranja em outras transações. Segundo a reportagem, Alexandrino Alencar viajava com Lula nos jatos, que a companhia de táxi-aéreo em princípio classificava como sigilosos, para não ter de informar com antecedência quem estaria no avião.[54] Youssef já havia confessado que negociara com Alencar a propina pelo contrato de nafta. Por isso, tanto a Odebrecht como o Instituto Lula tentaram escamotear a história das viagens. Depois, confrontados com as evidências, tiveram de admitir os voos, mas continuaram dizendo que levavam Lula para fazer palestras e promover o Brasil no exterior.

Preocupado com o abatimento que a onda de denúncias poderia provocar nos "integrantes", Marcelo escreveu um comunicado interno, calculadamente vazado para jornais e revistas. "Fui educado em padrões rigorosos e com valores definidos e edificantes, em sua maior parte refletidos na nossa cultura. Para mim, a TEO, com suas crenças e ensinamentos, é mais que uma filosofia empresarial, é uma filosofia de vida." A carta era longa. "Como qualquer cidadão, tenho todo interesse em que a verdade venha à tona e que os reais culpados pelo caso da Petrobras sejam responsabilizados, mas não posso admitir que nossos integrantes e nossa marca sejam expostos e denegridos por afirmações caluniosas, sem comprovação, feitas por criminosos confessos, com claro interesse em obter benefícios penais em um processo questionável de delação." Citando um "desejo contido de envolver a Odebrecht a qualquer custo"[55] por parte da imprensa, Marcelo queria que o ajudassem na defesa da organização — pedido que fazia ainda mais insistentemente aos executivos: "Não pode ser só eu falando, vocês também têm que falar!".

Tal comportamento tornava ainda mais pesado um clima que já era tenso. Com o avanço da Lava Jato, Marcelo foi se tornando ainda mais difícil no trato.

Em geral exigente, mais fechado e muito sério, ele estava cada vez mais impaciente e visivelmente nervoso. Nada saía como ele queria.

Ainda assim, prevalecia uma espécie de autoengano coletivo, vitaminado pelas respostas evasivas do pessoal das operações estruturadas aos superiores, e pela crença interna de que o governo petista não a abandonaria à própria sorte. "Somos muito grandes para quebrar" era uma frase ouvida com frequência no conselho da Odebrecht, enquanto Marcelo e Emílio diziam estar "construindo uma solução". Para reforçar o estado de negação, nos últimos dias de abril o Supremo Tribunal Federal mandou Pessoa, Pinheiro e companhia da cadeia para a prisão domiciliar — criando a sensação de que, mesmo que alguém da Odebrecht fosse preso, logo seria liberado.

As denúncias continuavam, mas as notas em que a empreiteira negava "veementemente" qualquer irregularidade ou malfeito tinham sempre destaque. Assim como indignada entrevista em que Dora Cavalcanti, advogada da Odebrecht, disse à *Folha de S.Paulo* haver uma armação da Lava Jato contra a empresa. Segundo ela, executivos do grupo tinham sido submetidos a um "estado de terror" durante a busca realizada na Operação Juízo Final. Para Dora, era absurdo basear toda uma operação na delação de Youssef, que já estava em seu segundo acordo com o MP. "Achar que ele fala a verdade depois de dez anos de ruptura? Isso é inadmissível."[56]

O barulho, porém, não freava a Lava Jato. No início de maio, Marcelo foi convocado para depor num dos procedimentos abertos pelo procurador-geral da República, Rodrigo Janot. O procurador estava no topo do noticiário por ter pedido a abertura de 21 inquéritos contra 47 políticos com foro privilegiado citados nas delações de Costa e Youssef — a famosa "lista do Janot" —, todos investigados por corrupção, desvio de recursos, peculato e caixa dois.[57] Entre eles estava a senadora Gleisi Hoffmann, que além de ser presidente do PT era também esposa do ex-ministro Paulo Bernardo. Costa afirmava ter entregado 1 milhão de reais desviados da Petrobras a um representante de Gleisi para financiar sua campanha para o Senado em 2010.[58] Marcelo foi a Brasília e, em seu depoimento, negou todas as acusações contra ele e a Odebrecht.[59]

Da sede da PF, Marcelo rumou para o Lago Sul, para o compromisso que realmente o interessava: uma conversa com Dida na casa de André Vieira. O representante de Bendine continuava insistindo na propina pelo financiamento à empresa de etanol. Ele já havia até regateado e concordado em receber 1% da primeira etapa do empréstimo, de 1,7 bilhão de reais. Queria, portanto, 17 milhões. Era uma quantia considerável e, na opinião de Reis, injustificada, uma vez que o dinheiro só fora liberado sessenta dias depois de Dida deixar o cargo. Pelo desenrolar do processo, ele concluíra que Dida não tivera influência alguma. Vieira resolveu então forçar a barra. Achava que, colocando Marcelo frente a frente com Bendine, ficaria difícil negar o pagamento. Não podia, porém, correr o risco de que o presidente da Petrobras fosse gravado pedindo suborno. Assim, bolou um estratagema, que Fernando Reis explicou a Marcelo assim que ele chegou: "O André disse que, durante a conversa, Bendine vai tocar no assunto do empréstimo para a Agroindustrial, e que será a senha para a gente saber que pode negociar com ele".

Quando Dida chegou, os três já o esperavam na varanda. Como chovia muito, um toldo de plástico foi estendido e preso ao chão. À mesa, havia apenas água e café. A conversa girou em torno do bloqueio da Petrobras. Lá se iam três meses de gestão, e o presidente da estatal não conseguia revogá-lo. A situação da Sete Brasil também era periclitante, de quase falência. Sem o dinheiro do BNDES, a companhia não conseguiria pagar os estaleiros. Dida, porém, se mostrava confiante. "Posso fazer a diferença para vocês na Petrobras", dizia, prometendo encontrar uma solução. Até que, do nada, ele deu a senha: "Ah, Marcelo, você viu que o crédito da Agroindustrial saiu, foi aprovado. Tudo bem, né?". Marcelo fez que sim e o papo continuou.

Horas depois, no jato, voltando para São Paulo, Marcelo e Fernando Reis conjecturavam sobre o que fazer. "A pressão está ficando grande e, se ele quiser atrapalhar, ele atrapalha muito", comentou Reis. Marcelo estava conformado: "Olha, Fernando, eu acho que a essa altura a coisa mudou de figura. Quer dizer, o cara é nomeado por ela, presidente na Petrobras, a gente cheio de problemas na Petrobras, Lava Jato, muda de figura! Vamos fazer o seguinte, administra com o André o pagamento. Eu não acho que a gente vai pagar dezessete, mas vamos administrando".[60] No início de junho, Reis finalmente acertou com Vieira um desembolso de 3 milhões de reais, em três parcelas de 1 milhão. A primeira foi paga no dia 17, entregue em dinheiro vivo num apartamento do irmão do publicitário, no bairro paulistano do Paraíso. A Odebrecht continuaria pagando até completar o combinado, mesmo depois da prisão de Marcelo.[61]

Com a estratégia de relações públicas aparentemente arrumada e o presidente da Petrobras devidamente aliciado, daria até para Marcelo pensar que as coisas voltavam ao prumo, não fosse por uma coisa: os advogados da Odebrecht não estavam conseguindo impedir o envio dos dados da Suíça para o Brasil. Tudo indicava que as provas em breve estariam nas mãos dos procuradores de Curitiba. Tentando achar uma saída, ele chegara a se encontrar pessoalmente com Pedro Serrano, advogado que servia de ponte entre a Odebrecht e José Eduardo Cardozo. Pedira que convencesse o ministro da Justiça a tomar uma atitude mais drástica, mas recebia sempre a mesma justificativa para a falta de ação: a de que Dilma estava certa de que não haveria problemas, porque Mônica Moura insistia que o esquema na Suíça era seguro. Marcelo, então, decidiu procurar a marqueteira. Os dois se conheciam pouco, mas estavam umbilicalmente conectados. O futuro de um dependia do destino de outro.

Em meados de maio, Marcelo mandou seu motorista buscar Mônica no apartamento dela em São Paulo e levá-la à sua casa no Morumbi. Lá, repetiu toda a história sobre o perigo da colaboração dos suíços com o Brasil e sobre os riscos que Feira corria. Ela insistia que não havia como ligar a campanha da presidente ao dinheiro da Odebrecht, porque os pagamentos haviam sido feitos em espécie e no Brasil, mas Marcelo achava que não era bem assim, visto que uma parcela havia sido depositada na conta suíça de Mônica e João Santana. Além disso, a Odebrecht havia custeado campanhas em Angola, no Panamá, na Venezuela e em El Salvador. E as mesmas contas que haviam remetido dinheiro ao casal também tinham servido para pagar propina. Como dinheiro não tinha carimbo, a contaminação era inevitável. Marcelo queria que o próprio Santana explicasse a Dilma o tamanho do problema e a convencesse a agir rápido para invalidar as provas. Sua esperança era a de que a presidente acreditaria nele.[62]

Mônica entendeu perfeitamente a situação de Marcelo, mas o marido não quis nem saber de papo. "Eu não vou falar nada disso com ela, não vou fazer! É maluquice dele. Isso não existe." O marqueteiro não fez nada, mas a Odebrecht continuava pressionando, e Mônica decidiu ela mesma tomar uma iniciativa. Na primeira oportunidade em que esteve com a presidente, para a gravação de um vídeo do governo no Palácio do Planalto, ela tocou no assunto. Dilma reagiu com irritação: "Não posso fazer nada! Eu não posso mexer nisso! Eles estão loucos! Como é que vou mexer nisso?!".[63]

***

Como Dilma mexeria naquele vespeiro, Marcelo não sabia. Mas ele não ia sossegar enquanto não conseguisse dizer o que achava que ela tinha que ouvir. A presidente não podia evitá-lo para sempre. No final de maio, ele cavou uma oportunidade, durante uma visita oficial de Dilma ao México para assinar uma série de acordos com o presidente José Peña Nieto. A Braskem tinha uma fábrica no país, e Marcelo era convidado VIP do seminário em que os dois chefes de Estado falaram para empresários. Sentou-se na primeira fileira e, quando ela se preparava para sair, aproximou-se e pediu para conversar em particular. A presidente não teve como negar. Depois de meses de tentativas, Marcelo finalmente teve seus vinte minutos com Dilma. E não economizou nas tintas: "Presidenta, vai dar desgraça… As contas que a gente usou para pagar João Santana estão contaminadas…". Segundo ele, Dilma descartou o alerta: "Ah, não… Não vai dar em nada… Eu estou tranquila…". O empreiteiro insistiu: "Não é assim presidenta, não tem como separar as coisas! Vai dar desgraça! Vai dar desgraça! E aí, presidenta, quando chegarem as informações na Justiça, a senhora vai estar no meio…". Dilma parecia inabalável. "Eu é que estou preocupada com você. Se eu fosse você, tomava cuidado."[64]

Logo entraram na sala os diplomatas que levariam Dilma para o hotel. Na manhã seguinte, uma quarta-feira, ela embarcou de volta para o Brasil. Na sexta-feira, 29 de maio, a PF desencadeou uma operação de porte, designando quatrocentos agentes para ações de busca e apreensão em três estados e no Distrito Federal. Mas a Acrônimo não integrava a Lava Jato. O alvo era o lobista de Fernando Pimentel, Benedito Rodrigues, o Bené.[65] E não havia nenhum diretor da Odebrecht entre os alvos. Marcelo nem sequer foi mencionado na operação, o que o deixou mais aliviado. Já o fato de Dilma ter dito que se preocupava com ele deu certo conforto. Duas semanas depois, ele fez questão de contar essa parte do diálogo a um grupo de executivos que estava em São Paulo para a negociação anual dos bônus sobre os resultados de 2014, e que se reunira em sua casa para uma pizza. "Ela achou que era eu, não era", comentou, à mesa.

Com o relato, Marcelo pretendia comprovar o que gostava de dizer nos círculos mais íntimos: que ele era o único empresário que dizia verdades à presidente. Também sugeria que ela estava preocupada com a empresa e que no momento estavam fora de perigo. A ideia era tranquilizar seus homens de confiança. Mas não funcionou com todo mundo. Márcio Faria, que chegara atrasado ao jantar, nem sequer levou em consideração o relato. Nos últimos tempos, vivia estressado. Passara a dormir em flats e hotéis, para evitar ser preso em casa, e vivia discutindo com Marcelo: "Vocês estão achando que o problema vai ser só comigo? Não vai ser só comigo, não! Esses caras vão fazer uma operação só para a Odebrecht e vão pegar todo mundo aqui!".

No setor de operações estruturadas, os nervos também estavam à flor da pele. Desde o início de 2015, o grupo de Migliaccio, Luizinho e companhia vinha sendo comandado por Felipe Montoro Jens, administrador de empresas que começara a trabalhar na Odebrecht em 2005 e que tinha como cartão de visitas interno o fato de ser neto do ex-governador paulista Franco Montoro. Embora não houvesse sido oficialmente destituído, Hilberto Silva estava fora do jogo. Havia alguns anos que tratava um câncer no cérebro e por vezes se ausentava, mas com a crise toda, sumira de vez. Só se aposentaria no final do ano, porém, na prática, com a chegada de Jens, tirou o time de campo — não sem certo alívio.

A ordem de Marcelo era que Jens desmontasse o departamento e, de preferência, apagasse os rastros das contas no exterior. Por um tempo, o setor de propina continuaria funcionando, embora com menos pagamentos. A prioridade passou a ser saldar as pendências com advogados e procuradores das offshores, doleiros e prestadores de serviço que mantinham servidores e sistemas de softwares. Quando as dívidas estivessem pagas, as contas deveriam ser fechadas, e o dinheiro que sobrasse deveria ser transferido de volta para a Odebrecht. Para isso, foram elaborados contratos fictícios justificando a operação para os bancos. Mas nem todas as instituições aceitavam a papelada e deixavam que se tirasse o dinheiro.

Nos primeiros meses de 2015, várias contas da Odebrecht já haviam sido bloqueadas na Suíça e em Portugal. Além da Lava Jato, outro escândalo que se desenrolava no principado de Andorra complicou a situação da organização. A Banca Privada d'Andorra, ou BPA, um dos enclaves financeiros da organização, havia acabado de sofrer intervenção do governo local, depois que o Departamento do Tesouro americano acusara a instituição de lavar dinheiro para as máfias chinesa e russa.[66] Ao assumir o banco, os liquidantes enviaram informações sobre transações suspeitas a vários países, incluindo o Brasil. Os dados ajudariam a Lava Jato a apertar o cerco em torno da Odebrecht, mas Migliaccio e Luizinho ainda não sabiam disso.[67] O foco era recuperar o dinheiro. Até maio de 2015, eles conseguiram reaver 25 milhões de dólares.

Migliaccio, que na prática era quem comandava o dia a dia, encarava embates frequentes. Primeiro porque, apesar da devassa que a Lava Jato vinha promovendo, não faltava na Odebrecht quem continuasse cobrando o pagamento das despesas já programadas. Quando isso acontecia, ele ficava numa saia justa. Se pedia ajuda a Hilberto, ele o mandava resolver o assunto com Felipe Jens, que por sua vez fingia que não tinha nada a ver com a história. Com jeito, Migliaccio ia equilibrando os interesses, ao mesmo tempo que liquidava o setor. Lá pelo início de junho, quando todos os doleiros haviam sido pagos, ele marcou uma reunião com as secretárias Maria Lúcia Tavares e Angela Palmeira para fechar a contabilidade.[68]

Maria Lúcia e Angela desembarcaram em Miami na manhã do dia 16 de junho, levando pastas com planilhas contendo datas, valores e codinomes ligados aos pagamentos feitos no Brasil e no exterior. Hospedaram-se no Conrad, um hotel de luxo na avenida Brickell, onde se concentravam bancos e empresas financeiras.[69] Por dois dias, reuniram-se com Migliaccio, repassando gastos e checando planilhas. Até que o imponderável aconteceu.

20. A casa cai

"Qual prisão é essa? É aquela dos cinco dias ou é a que pode durar para sempre?" O olhar aflito de Isabela Odebrecht oscilava entre o rosto do marido e os dos policiais de Curitiba que haviam acabado de estender o mandado de prisão para Marcelo.[1] Depois de cerca de três horas de buscas, os nove agentes que vasculhavam cada canto da mansão estavam prestes a encerrar o trabalho, quando, de acordo com a praxe das operações da Polícia Federal, chegou a hora fatal. Até então, ele estava tranquilo, certo de que não passaria de uma busca e apreensão como as já realizadas nas casas de Rogério Araújo e Márcio Faria. Sempre que a esposa e as filhas perguntavam, o herdeiro da Odebrecht dizia que não havia risco de ser preso por crimes relacionados à estatal. "Mas pode haver algo de obstrução de Justiça. É importante vocês entenderem que seu pai está se movimentando, estou tentando ajudar."

"É preventiva", respondeu Anselmo. Ou seja: a que podia durar para sempre. O choque tirou Isabela do prumo. Ela abraçou Marcelo e chorou. Ele segurou as lágrimas. Advogados e agentes se afastaram um pouco. Quando o casal se recompôs, Isabela foi fazer a mala que ele levaria a Curitiba.

Naquele exato momento, mais de duzentos agentes seguiam ritual parecido em São Paulo, Rio de Janeiro, Porto Alegre e Belo Horizonte. Cumpriam oito ordens de prisão preventiva, quatro de prisão temporária e mais nove para conduções coercitivas. Além de Marcelo, Alexandrino Alencar, Márcio Faria, Rogério Araújo e César Rocha, foram presas outras sete pessoas, entre elas o presidente da Andrade Gutierrez, Otávio Azevedo, e os executivos Elton de Azevedo, Antônio Campelo e Paulo Roberto Dalmazzo.[2] Em seu despacho, Sergio Moro os relacionava a formação de cartel, ajuste de licitação, corrupção, lavagem de dinheiro e falsidade ideológica.[3]

Até pouco tempo antes, parecia impossível colocar atrás das grades o príncipe da construção civil e do empresariado brasileiro. Afiados no marketing, os investigadores escolheram para aquela etapa um nome épico — Erga Omnes, expressão usada no direito para dizer que ninguém está acima da lei. Os agentes haviam se preparado para uma série de dificuldades. Temiam, por exemplo, ser impedidos de entrar no condomínio de luxo do bairro do Morumbi onde Marcelo morava, tido como o mais seguro de São Paulo. Um helicóptero foi posto de prontidão para o caso de ele fugir, e a equipe que foi prendê-lo levou até uma viatura blindada, para arrombar o portão se necessário.[4] Mas tudo se desenrolou tranquilamente. Alguns detalhes chegaram a surpreender os federais. Não havia seguranças ou empregados na casa quando chegaram. E, para quem estava acostumado a encontrar Ferraris, Porsches e BMWs nas garagens, os carros de Marcelo pareciam simples demais.

Nem todo mundo reagiu à prisão com choro ou desespero. Alexandrino Alencar, que recebeu a polícia na companhia de uma garota de programa, mandou servir café aos agentes e acalmar o síndico, que surgiu aflito, de roupão rosa, no meio da confusão. César Rocha, gerente da Odebrecht Engenharia Industrial, não estava em casa. Quando os agentes chegaram, flagraram a esposa e a filha do executivo tentando sair de carro, pela garagem, com uma mala cheia de roupas, passaportes e dinheiro.[5] No começo da tarde, ele se entregou, dizendo que estivera perambulando pela cidade. Rogério Araújo e Márcio Faria receberam a polícia em casa, resignados. Já previam aquilo havia tempos. O próprio Marcelo manteve-se impávido, como se estivesse diante de um contratempo passageiro. Em meio à busca, quando um agente quis mostrar um documento ao delegado e chamou "chefe!", ele foi o primeiro a responder. Só então notou que não era com ele.[6] Ao final da manhã, além do herdeiro da Odebrecht, os agentes levavam 32 pen drives, seis HDs externos, quatro cartões de memória, um notebook, um revólver calibre 38 e outros papéis e objetos menos relevantes. O mapa da mina, porém, estava nos catorze celulares repletos de anotações.[7] O telefone que ele usava só foi aberto graças à presteza do agente que ordenou que Marcelo lhe desse a senha. Dessa forma, tiveram acesso rapidamente ao conteúdo. As anotações serviriam ao mesmo tempo como prova e roteiro para as investigações.

Emílio estava com os netos em sua fazenda na região de Ilhéus, no sul da Bahia, quando soube da operação. Mesmo pegando um avião fretado, só desembarcou em São Paulo com a esposa Regina no final da tarde. Nas poucas horas entre a prisão do filho e a chegada do pai, quem tinha que monitorar as buscas foi para a sede da empresa. Executivos que poderiam estar sob risco de prisão foram orientados a não sair de casa até que se esclarecesse o alcance da operação. Alguns funcionários, porém, não receberam nenhum aviso, e ao chegar ao prédio deram de cara com o aparato policial. Foram dispensados. O absoluto silêncio em algumas partes do edifício contrastava com a tensão que dominava os locais por onde se espalhavam os agentes.

Foi uma manhã repleta de pequenas batalhas. Uma se deu em torno da legalidade de uma busca e apreensão nas salas do departamento jurídico. Seus responsáveis protestaram, alegando que as comunicações entre advogado e cliente eram protegidas por sigilo profissional. Moro desempatou a disputa a favor dos defensores. Outra rusga ocorreu quando os delegados pediram o computador de Marcelo. O notebook, que costumava ficar na sala do empreiteiro, não estava nem lá, nem em nenhum outro lugar. Como os policiais diziam que não sairiam dali sem o equipamento, deu-se um impasse. Até que a advogada Dora Cavalcanti surgiu com ele nas mãos, dizendo que tinha sido encontrado numa sala em outro andar.[8]

Os agentes levaram o notebook, mas até acessarem seu conteúdo, ainda levaria muito tempo. Isso porque os laptops da organização só abriam depois de inseridos tokens, chaves em forma de pen drive criadas pelo time de tecnologia justamente para proteger as informações de hackers. Como não sabiam disso, os agentes não pediram os tokens, que depois não foram encontrados. O caso ainda provocaria muita briga na Odebrecht e na força-tarefa, mas o contratempo não impediu o avanço da Lava Jato. Ao deixar o prédio, os furgões pretos da PF repletos de malotes abriam caminho para a derrocada do maior império de engenharia e infraestrutura já construído no Brasil.

Naquela manhã, enquanto esperavam a transferência para Curitiba, os presos foram levados para o auditório da PF em São Paulo. Nem bem chegou, Marcelo se reuniu com os advogados num canto. Dora Cavalcanti e Augusto Botelho haviam levado consigo cópias do despacho de Moro. Rabiscando o papel enquanto lia, falando alto para espalhar sua indignação, ele protestava contra a decisão, que, em suas palavras, era arbitrária e sem pé nem cabeça. Em outra parte do auditório, esperando chegar os hambúrgueres que os agentes tinham ido buscar, Alencar, César Rocha e Otávio Azevedo observavam a cena. A advogada tentava acalmar Marcelo, prometendo que entraria com um pedido de habeas corpus imediatamente. Quando o policial veio dizer que já tinha acabado o tempo para a conversa, o empreiteiro quis continuar e levou uma bronca. No avião que os levaria ao Paraná, cada um foi algemado numa poltrona, ao lado de um agente. Alguns puxaram papo com os federais. Marcelo seguiu calado.

Fosse qualquer outro, suas atitudes, compreensíveis em quem nunca havia sido preso, provavelmente não teriam causado estranheza. Vindas de Marcelo, foram encaradas como empáfia. De todos os alvos, ele havia sido quem mais combatera publicamente a Lava Jato, atacando delatores, procuradores e o próprio juiz. Sua prisão era motivo de catarse para os investigadores.

De manhã bem cedo, o presidente da Odebrecht reuniu seu pessoal na cela. A noite havia sido tumultuada e desconfortável. Como não havia lugar na carceragem, fora necessário acomodar os presos em colchões nos corredores. Marcelo se ofereceu para dormir no chão. Rogério Araújo e César Rocha ficaram no beliche de cimento. Márcio Faria e Alexandrino Alencar foram para outra cela. "Vocês fiquem tranquilos, nós vamos sair logo daqui. Nossos advogados vão entrar com habeas corpus para todo mundo. E eu já combinei que vou ser o último a sair", Marcelo garantiu. Mesmo preso, falava como se ainda tivesse o controle da situação. Rocha, o menos graduado, foi automaticamente convertido em ajudante de ordens. Fazia a lista de pedidos de roupas, comida, livros e miudezas para os advogados, recolhia as cartas dos colegas e esquentava bebidas num apetrecho de ferro conhecido como rabo quente.

Nos andares de cima, os federais completavam o auto de apreensão, vigiados por advogados da Odebrecht e representantes da OAB. Era uma concessão incomum, mas eles temiam o poder da organização e queriam evitar qualquer tentativa de anular a operação. "Foram duas semanas de inferno, porque só se podia abrir um malote com um advogado junto. E eles contestavam o tempo todo os itens incluídos no auto, tentando excluir coisas da lista", lembra um dos envolvidos na elaboração do inventário. Não raro, surgiam atritos que descambavam para brigas ruidosas e ameaças de agressão.

Em outra sala, os peritos analisavam os e-mails da secretária de Marcelo, Darci Luz, e as notas do celular. O retrato que ia se formando impressionava. Estavam diante de alguém que trabalhava de seis da manhã à meia-noite, por vezes enveredando pela madrugada. Que se referia aos interlocutores pelas iniciais, como se falasse sempre em código. Uma personalidade controladora e detalhista, que escrutinava desde os e-mails enviados pela assessoria de imprensa aos relatos de reuniões de executivos e discussões sobre contratos. E anotava absolutamente tudo, até coisas muito pessoais. Enquanto passava o material em revista, o delegado Filipe Pace, o perdigueiro da equipe, pensava: "Esse cara é diferente".

Na cadeia, Marcelo se emocionava com os cartazes de mensagens motivacionais enviados pelas filhas, lia e relia suas cartas e, pelo menos uma vez, foi visto chorando enquanto varria a cela, depois da leitura. Contudo, como cabia a um verdadeiro Odebrecht, fazia o tipo estoico. "Se alguém tiver que ser preso, que seja eu", dizia em casa. E demandava das filhas idêntica postura. Mesmo no dia da prisão, as duas mais novas foram para a escola. Era dia de prova.

Entre um exame e outro, ao saber que o pai havia sido levado pela PF, Gabriella ligou para a mãe. Isabela estava uma pilha, mas segurou a onda. "Deixa eu só te falar uma coisa, você tá me vendo nervosa, filha? Você tomou susto, sua mãe te explicou [...]. Agora, se voltar chorando ou você sair correndo, a gente é culpado. A gente é culpado de alguma coisa?" A menina respondeu: "Não". Isabela seguiu: "Seu pai, o que foi que seu pai te avisou a vida toda? Que, se pegassem alguém dele, ele ia fazer o quê?". Gabriella sabia a resposta: "Ia lá". A mãe prosseguiu: "O dia que ele quis esconder, ele escondeu onde? Ele trouxe Rogério pra casa de quem? Aqui, não foi?! Então, assim, levante seu coração, acalme sua vida. O que seu pai não pode... posso te falar a única coisa que ele pediu? Que vocês estivessem bem. Se seu pai souber que você tirou uma nota baixa por ele...". Ela tinha ido bem na prova. Queria mesmo era saber do pai. "Seu pai? Rapaz, seu pai é empesteado, só de perto pra eu te contar." A filha perguntou a que horas ele voltava. Quando Isabela disse que não voltaria naquele dia, a voz da menina pareceu rarear. "Rapaz, minha filha, reaja. Se você chora aí, a galera vê você com cara de choro, você vai estar dando corda, tá maluco?"[9]

Marcelo demorou a concordar que as filhas fossem vê-lo. Nos primeiros tempos, só Isabela ia, às quartas-feiras, dia de visita. E se despedia sempre em prantos. Ele voltava para a cela abalado, mas não dava corda aos comentários pesarosos dos colegas. "É assim mesmo, é importante para ela descarregar", dizia.

Os escritórios do 15º andar ainda estavam vazios e com ar de casa revirada quando um grupo de executivos se reuniu em torno de Emílio para decidir como reagir ao tsunami. A organização não podia ficar acéfala. Emílio continuava sendo o presidente do conselho, com o mesmo trânsito privilegiado junto a políticos e empresários, mas já não tinha energia para lidar com questões práticas do dia a dia. Além disso, mais do que um comandante, precisavam mesmo era de um advogado. Daí a escolha do diretor jurídico, Newton de Souza, que já era vice-presidente de todos os conselhos de subsidiárias que Marcelo comandava e simplesmente subiu de posto. Para assessorá-lo, criou-se um comitê de crise que se reuniria toda segunda-feira.

Um dos maiores temores de Emílio era passar a impressão de que a organização estava se dobrando. A ordem era manter a "normalidade", pelo menos nas aparências. A Odebrecht era, então, um animal bem diferente de quando ele se retirara da presidência executiva, em 2002. Passara de um grupo de 8,4 bilhões de reais de faturamento e 36,8 mil funcionários para um colosso de 168 mil empregados e receitas anuais em torno de 110 bilhões de reais.[10] Também era muito mais complexa. Além do apoio às famílias dos presos, era preciso tranquilizar funcionários, sócios e principalmente banqueiros. Coube a Souza procurar os sócios da Odebrecht nas subsidiárias — como a cingapuriana Temasek, minoritária da companhia de óleo e gás, ou a Gávea Investimentos, de Arminio Fraga, que também tinha uma fatia da empresa de óleo e gás e 14,5% da empresa de realizações imobiliárias. Emílio foi falar com o sócio controlador do Bradesco, Lázaro Brandão, e com o presidente do Itaú, Candido Bracher. A diretora financeira, Marcela Drehmer, procurou o presidente do Banco do Brasil, Alexandre Abreu, e outros credores.

Todos haviam confiado na garantia de Marcelo de que a Odebrecht estava fora do alcance da Lava Jato. Com a prisão, a situação mudava radicalmente. A missão agora passara a ser convencê-los de que a denúncia não se sustentava e de que era questão de tempo até se conseguir um habeas corpus para seu diretor-presidente. Era uma afirmação arriscada, mas eles achavam que não havia outra saída. Admitir que ninguém sabia ao certo o que aconteceria dali por diante era abrir um flanco perigoso. Como já se sabia na cúpula havia algum tempo, a dívida total da Odebrecht era muito maior do que o aceitável, além de estar toda garantida por cartas de fiança e avais que, ao final, eram tão seguros quanto um precatório do governo — porque, no fundo, era mais ou menos disso mesmo que se tratava, já que mais da metade era de empréstimos com bancos estatais —,[11] e a outra fatia era de avais que a holding havia dado aos projetos das subsidiárias, papéis que não valiam grande coisa, uma vez que não tinha receitas próprias para colocar nas empresas à beira da falência.

Os advogados da Odebrecht acreditaram que não teriam dificuldade em derrubar o pedido de prisão de Marcelo. Na interpretação deles, as duas principais justificativas usadas pelos procuradores não se confirmavam. A primeira, um depósito de 300 mil dólares feito em 2013 pela Odebrecht numa conta de Pedro Barusco na Suíça, nada tinha a ver com propina, como o MP sugeria. Eram, na verdade, rendimentos de títulos emitidos pela Odebrecht que a empresa Canyon View, de Barusco, havia comprado como investimento.[12] Outro ponto que os advogados tratavam como barbeiragem do MP era o uso de um e-mail de 2011 em que um executivo discutia valores de afretamento de sondas a serem apresentados para a Sete Brasil. "Falei com o André em um sobrepreço no contrato de operação da ordem de $20-25 000/dia (por sonda). Acho que temos que pensar bem em como envolver a UTC e OAS, para que eles não venham a se tornar futuros concorrentes na área de afretamento e operação de sondas", escreveu Roberto Ramos, presidente da Odebrecht Óleo e Gás, na mensagem enviada a diversas pessoas, incluindo Marcelo.[13]

Para os procuradores, o e-mail era uma evidência de superfaturamento — conclusão que a empreiteira rechaçava. Segundo a Odebrecht, o termo "sobrepreço" nada mais era do que uma tradução de *cost plus fee*, a taxa de operação que constitui o lucro do dono da sonda, combinado às claras com o cliente. A troca de mensagens completa realmente trazia uma longa e detalhada discussão sobre as condições de construção das plataformas. Já o laudo dos peritos da PF dizia que as informações disponíveis não permitiam afirmar nem que havia superfaturamento nem que não havia.

De tão escorregadio, o assunto foi sendo discretamente abandonado pela própria força-tarefa e por Sergio Moro. Apesar de trazer depoimentos de quatro delatores sobre a participação da Odebrecht no cartel da Petrobras, além de perícias constatando o superfaturamento nas obras e evidências de que Araújo, Faria, Alencar e Rocha tinham negociado e administrado o pagamento de propina, o único elemento a ligar diretamente os crimes a Marcelo era o tal "e-mail sondas". De resto, fiava-se no argumento de que o chefe da organização criminosa tem o domínio dos fatos. Daí por que na Odebrecht se acreditava que não havia muito o que fazer pelos outros executivos, mas que bastaria demonstrar as fragilidades no caso de Marcelo para conseguir tirá-lo da prisão. Tal suposição logo se revelaria pueril.

Acontece que as mudanças no ambiente político e na opinião pública haviam modificado também a forma de interpretar as evidências nas investigações sobre corrupção e lavagem de dinheiro. Nos anos 1990, erros formais de procedimento na busca e apreensão realizada na casa do diretor Ailton Reis permitiram não só desmoralizar Bisol e enterrar a CPI, mas também impedir que o inquérito fosse adiante. Fernando Collor de Mello fora inocentado no Supremo porque os ministros consideraram não haver provas suficientes. A grande maioria dos processos da lavanderia do Banestado espera sentença desde o início dos anos 2000, postergados pela avalanche de recursos e chicanas legais. Vários já prescreveram.[14] A Operação Castelo de Areia foi anulada, apesar das provas abundantes, porque o grampo em que se baseava a investigação fora autorizado com base numa denúncia anônima. Na história dos embates jurídicos em torno dos crimes de colarinho-branco, as chamadas nulidades formais sempre serviram para desmoralizar acusações. Mas a Lava Jato viria a derrubar esse padrão. Tamanha transformação não ocorreria sem traumas, e muito menos sem consequências para Moro e os procuradores da força-tarefa.

Desde então, eles vêm sendo acusados de atropelar o devido processo legal em nome de uma sanha justiceira e missionária. A divulgação de mensagens trocadas via Telegram, no escândalo que ficou conhecido como Vaza Jato, mostrou que Moro e alguns procuradores por vezes extrapolaram, sim, os limites de suas atribuições. Moro frequentemente opinava e orientava as ações de membros da força-tarefa, em conduta que muitas vezes visava facilitar as condenações e era flagrantemente contrária ao código de ética da magistratura nacional. Em outros momentos, os procuradores se julgaram no direito de fazer lobby pela operação junto a políticos e promover a operação com iniciativas como outdoors e até uma estátua em Curitiba (ideia de Deltan Dallagnol descartada pelo próprio Moro).

Nos episódios mais condenáveis, que geraram polêmica até mesmo entre os membros da operação, Moro tornou públicas as gravações de conversas de Dilma Rousseff e Lula captadas após o horário de encerramento da interceptação com autorização judicial, em 16 de março de 2016. Os áudios mostravam que Dilma enviara a Lula o termo de posse ministerial para assumir a Casa Civil "em caso de necessidade", de modo a garantir foro privilegiado ao ex-presidente, num momento em que se temia que ele fosse preso. Embora a atitude de Dilma denotasse a intenção de driblar a Justiça, não só as conversas foram captadas fora do prazo como envolviam autoridade com foro privilegiado, por isso deveriam ter sido encaminhadas ao STF antes de qualquer providência. Na mesma época, a condução coercitiva de Lula para depor no inquérito sobre o triplex construído pela OAS no Guarujá também carecia de base legal, uma vez que ele não havia sido intimado previamente nem se recusado a depor, e tampouco estivesse obstruindo as investigações. Tornou-se célebre também a apresentação do esdrúxulo PowerPoint de Deltan Dallagnol que supostamente visava demonstrar que Lula era o chefe de uma organização criminosa. Houve outros problemas ao longo do tempo. Em geral, motivados pelo voluntarismo e pela crença de que em nome de combater o crime fosse permitido cometer "gols de mão" legais — como se a Lava Jato, por abraçar uma causa nobre, estivesse acima do bem e do mal.

No longo prazo, tais faltas prejudicaram não só a imagem da operação, como o próprio esforço de combate à corrupção no Brasil. Porém, apesar do gol de mão no pedido de prisão de Marcelo e de alguns outros tropeços, as faltas mais graves não foram cometidas no caso da Odebrecht. Tampouco é possível dizer que a Lava Jato avançou por causa dessas infrações ou classificá-la como uma espécie de inquisição ou perseguição gratuita a inocentes. O fato é que os procuradores aprenderam com as derrotas do passado e se prepararam para ganhar as batalhas das nulidades. A sequência de delações cada vez mais reveladoras mostrava que muitos alvos da Lava Jato já haviam entendido que o jogo mudara não só na opinião pública, mas também na prática jurídica. A chamada teoria do domínio do fato, originada na Alemanha e usada no Brasil pela primeira vez no julgamento do mensalão para acusar o ex-ministro José Dirceu,[15] tinha dado frutos. Depois de tudo o que havia sido revelado, parecia impossível acreditar que Marcelo, que se envolvia até em discussões comerciais sobre preço de sondas, não tivesse nenhuma relação com o esquema na Petrobras. A Odebrecht, porém, continuava pretendendo manipular as peças. Os advogados não tinham dúvida ao garantir a Emílio e companhia: em dez dias, Marcelo estaria em casa.

A realidade viria a confrontá-los já na manhã da segunda-feira, 22 de junho, três dias depois da prisão. Quando Marcelo chegou à sala da custódia na carceragem da PF para encontrar os advogados, os agentes pediram para verificar a folha de papel toda preenchida com anotações que ele trazia. Sob o título "Pontos para o HC", ele havia listado, com sua inconfundível e quase ininteligível letra de fôrma, argumentos que queria ver no pedido de habeas corpus para o Tribunal Regional Federal da 4ª Região, responsável pelos processos de Paraná, Santa Catarina e Rio Grande do Sul. As anotações discorriam sobre os títulos de Barusco e outros itens do pedido de prisão, até chegar ao trecho: "Destruir e-mail sondas". Sob a ordem, havia um comentário: "Foi mail RR da Braskem, assim deve conseguir recuperar por lá história da iniciativa André Esteves. Lembrar que naquela época Sete = Petrobras off balance. Portanto ajudar Sete era visto como ajudar Petrobras. Lembrar Sete Brasil era com Enseada e não OOG [Odebrecht Óleo e Gás]".[16]

Ao ler o bilhete, os federais se alarmaram. Marcelo agora estava mandando seus defensores destruírem um e-mail? Ele tinha a audácia de comandar, da prisão, a destruição de provas? Tiraram cópia imediatamente, e disseram que iam encaminhar a Sergio Moro. Marcelo e os advogados protestaram. Diziam que o termo "destruir" queria dizer derrubar o argumento da Lava Jato sobre "o e-mail sondas". Que significava destruir no processo, e não fisicamente. A explicação até fazia sentido. No bilhete, depois da ordem, vinha uma lista de argumentos para sustentar que a mensagem era sobre negociação comercial, e não superfaturamento — o que sugeria uma linha de defesa contra a tese da força-tarefa, e não uma determinação para eliminar ou apagar o e-mail. Mas havia o termo "destruir", e quem o escrevera fora Marcelo, que trabalhara incansavelmente para derrubar a Lava Jato. Não teve jeito. A história rapidamente se espalhou na carceragem, e dois dias depois estava nos jornais, já que o delegado-chefe da investigação, Eduardo Mauat, anexou o bilhete numa petição ao juiz.[17]

"Vocês não entendem! Vocês não entendem!" Os gritos de Marcelo podiam ser ouvidos das celas, a metros de distância. Seria a primeira de muitas discussões aos brados entre o empreiteiro e seus defensores. Às vezes, a gritaria era tanta que os outros presos interrompiam suas próprias reuniões com advogados — como a doleira Nelma Kodama, que certa vez se levantou indignada e voltou para a cela reclamando, ou Otávio Azevedo, da Andrade Gutierrez, que parou a conversa para pedir a Marcelo que baixasse o tom. O alvo da irritação, naquele dia, era Augusto Botelho, que havia se casado recentemente e estava prestes a embarcar para a Rússia em lua de mel. Depois do episódio, sempre que Marcelo começava a gritar e o barulho chegava à carceragem, os colegas de cadeia brincavam que ele estava mandando o sujeito para a Rússia.

Nem os companheiros de Marcelo acreditaram que "destruir e-mail sondas" quisesse dizer outra coisa que não sumir com a mensagem dos arquivos da empresa. Aflito, ele passava o tempo todo se explicando. Os outros ouviam e apoiavam, mas pelas costas diziam que ele havia ido longe demais no embate com a Lava Jato. Prevendo efeitos colaterais sobre os próprios processos, pediam que ele não escrevesse outros bilhetes e nem falasse mais no assunto, a fim de que o imbróglio fosse esquecido. Não adiantou. Em 24 de junho, a prisão temporária de Alexandrino Alencar foi convertida em preventiva. Três dias depois, o habeas corpus de Marcelo foi negado pelo Tribunal Regional Federal da 4ª Região.[18]

"Você é a nossa estrela", começou o delegado Mauat, encarando Rogério Araújo com ar calculadamente cordial. Para o depoimento do executivo, o último da tarde de 17 de julho, haviam colocado a cadeira giratória na cabeceira da mesa e subido o assento ao nível mais alto. Os advogados assistiam à cena em silêncio. "Você sabe muita coisa. Está com a cueca cheia de batom. Pode ser interessante dizer o que sabe...", começou o delegado, demonstrando conhecer bem mais da vida de Araújo do que ele imaginava. "Pense bem. Você já tem uma certa idade, ganhou um neto outro dia mesmo..." O executivo disse que ia pensar. Contudo, desde que Barusco o procurara para avisar que faria delação, já tinha decidido ficar quieto. Se virasse delator, a vida depois da prisão seria ainda mais dura. Seus amigos e parceiros de negócios lhe virariam as costas. Não queria carregar, além da pecha de corrupto, a de traidor. Tampouco lhe parecia interessante abrir para os investigadores as contas em que guardara o dinheiro que juntara por baixo dos panos. A todas as perguntas, invocou o direito constitucional de ficar calado.[19] Na despedida, o delegado Mauat insistiu: "Vou fazer o seguinte: o Newton [Newton Ishii, mais conhecido como o Japonês da Federal] fica à sua disposição. Quando resolver, é só falar com ele que ele te traz aqui".

De volta à cela, Araújo contou: "Eles querem que eu fale, mas eu não vou falar. Vou seguir o grupo". Os parceiros apoiaram, confiantes de que não tardariam a ser libertados. Emílio e os outros atribuíam a decisão à presença de Marcelo: "Se ele não estivesse lá, Rogério teria bem menos cerimônia para fazer a delação".

A confiança de que sairiam logo se mantinha quase que por necessidade. No mundo real, do lado de fora das celas, a situação se complicava cada vez mais. Enquanto os executivos da Odebrecht se recusavam a falar nas oitivas, os concorrentes (e sócios) soltavam o verbo. Depois do pessoal da Camargo Corrêa, foi Ricardo Pessoa, da UTC, quem fechou acordo de delação. Suas revelações abalaram as estruturas do governo Dilma. Entre outras histórias, Pessoa contou que o tesoureiro Edinho Silva o convencera a doar 7,5 milhões de reais à campanha da presidente com um argumento nada sutil: "O senhor tem obras no governo e na Petrobras, então o senhor tem que contribuir. O senhor quer continuar tendo?".[20] O empreiteiro disse ainda ter mandado entregar 2,4 milhões de reais em dinheiro vivo no comitê de Lula à reeleição, em 2006, além de abrir uma conta secreta na Suíça para alimentar a campanha do ex-presidente. Afirmou também que, para não ser convocado a depor na CPI da Petrobras em 2009, ele havia pagado 5 milhões de reais ao líder do PTB no Senado, Gim Argello. E explicou ter dividido com a sócia a propina do Comperj. A Odebrecht pagara Costa e Janene, e ele os 15 milhões de reais que cabiam ao PT.[21]

Mas até mesmo as inconfidências de Pessoa se provariam um mal menor quando, em 20 de julho, Mauat pediu a Sergio Moro o indiciamento dos executivos da Odebrecht, com base no material recolhido nas apreensões. Na peça, ele descreveu em detalhes as anotações encontradas no celular de Marcelo, como "trabalhar para parar/anular (dissidentes PF)" e "higienizar apetrechos", ou "vazar doação campanha?". "Já quanto a Marcelo Bahia Odebrecht, além do caso específico das sondas, o material trazido aos autos aponta para o seu conhecimento e participação direta nas condutas atribuídas aos demais investigados, tendo buscado, segundo se depreende, obstaculizar as investigações."[22] O juiz ainda pediu à Odebrecht que explicasse as anotações, mas o estrago na opinião pública já estava feito. E piorou dias depois, quando o MP fez sua própria denúncia a Moro. Já não precisavam mais recorrer ao "e-mail sonda", porque tinham as notas de Marcelo. E não só. Tinham a quebra de sigilo das contas suíças da Odebrecht, que havia chegado oficialmente ao Brasil — embora de forma meio torta.

Oito dias antes da apresentação da denúncia, o procurador suíço Stefan Lenz, que conduzia as investigações sobre o braço do petrolão em seu país, fez um pedido de cooperação judicial para os colegas do Brasil. Em tese, era um documento simples, um requerimento para interrogatório com uma lista de perguntas a serem feitas a Paulo Roberto Costa, Pedro Barusco, Renato Duque, Jorge Zelada, Nestor Cerveró e Hilberto Silva.[23] Só que, para subsidiar as questões, o suíço incluiu toda a informação disponível na Suíça sobre oito contas ligadas à Odebrecht — até mesmo os formulários assinados por Hilberto Silva provando que a organização era dona de algumas, como a Smith & Nash, Havinsur ou Arcadex. Os extratos atestavam a movimentação de 316 milhões de dólares entre 2006 e 2014. E provavam que pelo menos 14,9 milhões tinham ido parar nas contas de Costa, Duque e Barusco na Suíça — apresentando ainda depósitos das offshores nas contas do diretor internacional da Petrobras, Jorge Luiz Zelada, apadrinhado de Eduardo Cunha e do PMDB.[24] O documento também descrevia de forma precisa o esquema de transferência por seguidas camadas de contas, para fazer a propina chegar "limpa" aos destinatários. Mesmo que ainda faltassem detalhes — e faltavam muitos —, estava claro mesmo que a Lava Jato descobrira o caminho das pedras.

A Odebrecht imediatamente pediu a anulação do uso dos dados como prova. Segundo a companhia, os suíços haviam feito uma "cooperação selvagem", ao fornecer informações à contraparte brasileira antes de completar os ritos previstos nos tratados de cooperação. A questão ainda renderia bastante disputa. Ao final, a Lava Jato acabaria vencendo a batalha. Em fevereiro de 2016, a Justiça suíça considerou irregular a transferência das provas, mas decidiu que o Brasil não tinha responsabilidade sobre o procedimento suíço e, portanto, estava livre para usá-las.[25] Naquele momento, porém, nada disso estava em questão. O que contava era que as contundentes evidências contra a Odebrecht estavam à vista de todos.

A força-tarefa utilizou os documentos em um novo pedido de prisão preventiva. E Moro não só acatou a denúncia original do "e-mail sondas" como decretou a nova prisão.[26] Com uma nova preventiva em vigor, mesmo que conseguissem habeas corpus, eles não poderiam sair da cadeia. Dias antes, Marcelo, seus companheiros de Odebrecht e os executivos da Andrade Gutierrez tinham sido transferidos para o Complexo Médico-Penal de Pinhais, nos arredores de Curitiba, onde ficavam os detentos da Lava Jato. A situação só piorava, mas os advogados ainda acreditavam que podiam anular as provas suíças. Sabiam, porém, que para isso precisavam angariar apoio na opinião pública.

Assim que a nova prisão foi decretada, a Odebrecht convocou sua própria entrevista coletiva, em que caprichou nos ataques a Moro e à força-tarefa. O advogado Técio Lins e Silva comparou a investigação aos inquéritos da ditadura, "demonstração midiática" que "não condiz com o processo democrático". Dora Cavalcanti disse que o pedido do MP se baseava em "interpretações estrábicas, inimaginárias".[27] Chamou a Lava Jato de "reality show judiciário". Também pediu oficialmente que o sigilo das informações enviadas pela Suíça fosse mantido, mas, tanto na entrevista como em sua petição, recusou-se a explicar as contas e as anotações de Marcelo. "Escancarado, desse modo, que a busca da verdade não era nem de longe a finalidade da intimação, a defesa não tem motivos para esclarecer palavras cujo pretenso sentido vossa excelência já arbitrou",[28] escreveu Dora na peça enviada a Moro.

Nos bastidores, a beligerância tinha virado abatimento. Até então, reinava a indignação com o que consideravam arbitrariedade de uma prisão sem provas, um justiçamento do inimigo número um da Lava Jato. Com a revelação das contas, percebeu-se que a investigação avançara muito mais do que imaginavam. Alguns executivos começaram a contemplar mais seriamente a ideia da delação. Fernando Reis, Benedicto Júnior, Claudio Melo, Paul Altit e Newton de Souza passaram a advogar por um acordo, nas reuniões internas. A Camargo Corrêa já tinha feito o seu, e nem precisara falar da Operação Castelo de Areia, por exemplo. Parecia óbvio que, quanto mais cedo cedessem, menos prejuízo teriam.

Emílio e Maurício Ferro, porém, continuavam a evitar o tema. Diziam que só pensariam em delação quando Marcelo saísse da cadeia. Acreditavam que o tão esperado habeas corpus viria das cortes superiores — como já acontecera meses antes, quando Teori Zavascki enviara Ricardo Pessoa e Léo Pinheiro para a prisão domiciliar. "Vamos fazer com o pessoal solto. Agora não tem clima para discutir isso com Marcelo", dizia Ferro. Emílio, por sua vez, recorria a um argumento muito parecido com o do filho para refutar o acordo. "No momento em que começarmos a falar nisso, o poder público e as forças políticas se voltarão contra nós. Delação não é assunto para ser tratado dessa forma", dissera ele em agosto, numa reunião em que se falou claramente em fazer colaboração premiada. Se era para fazer delação, que fosse depois do habeas corpus, para não dar a impressão de que a Odebrecht se vergara. Inútil. Era claro para muitos no governo e no mercado que a organização estava encurralada.

A prisão de Marcelo desencadeara um barata-voa entre os bancos de paraísos fiscais ao redor do mundo, cada um buscando um jeito de escapar do escândalo. Na Suíça, eles enviaram às autoridades pilhas de denúncias sobre contas da Odebrecht. Andorra também fornecera informações ao Brasil e aos Estados Unidos. E até em Antígua, onde a fiscalização era das mais negligentes, era impossível evitar algum escrutínio. O que seria trágico para a Odebrecht, já que pelo Meinl Bank Antigua passava a maior parte do dinheiro clandestino da organização. Se o banco fosse atingido, não haveria salvação para o pessoal de operações estruturadas que se reuniu no hotel St. Regis, numa área turística de alto padrão em Miami, poucos dias depois de Marcelo ter ido para a cadeia.

O núcleo do setor de propinas também estava dividido. Luiz Eduardo Soares, Fernando Migliaccio, Olívio Rodrigues, Vinicius Borin e Marco Bilinski, todos sócios do Meinl Bank, precisavam decidir o que fazer. O clima era pesado. Rodrigues, que se sentia mais vulnerável por não ser oficialmente funcionário da Odebrecht, pressionava por um acordo com a Lava Jato. Luizinho e Migliaccio diziam que não podiam tomar nenhuma atitude sem consultar Maurício Ferro e o novo chefe, Felipe Jens. Como não chegavam a um consenso, um começou a acusar o outro de querer empurrá-lo ao cadafalso. Quase saíram no tapa. Foi o normalmente esquentado Migliaccio quem apelou à racionalidade e acalmou os ânimos. Não adiantava brigar: estavam todos no mesmo barco.[29]

A única alternativa que pareceu viável foi apresentada por Luizinho Soares: "convencer" as autoridades antiguanas a barrar qualquer investigação enquanto eles sumiam com os rastros da movimentação dos recursos. Coube a Luiz França, que era cônsul honorário de Antígua, cuidar do assunto. Ele era amigo do embaixador de Antígua junto aos Emirados Árabes, Casroy James — um jovem diplomata em ascensão, amante de rock e bem-humorado —, e conseguiu que ele os apresentasse ao primeiro-ministro de Antígua, Gaston Browne. Em setembro de 2015, França, Soares, Browne e James tiveram uma rápida reunião no gabinete do governo antiguano. Na conversa, Soares disse que a organização estava preocupada com um escândalo em Antígua. A Odebrecht havia movimentado cerca de 2,6 bilhões de dólares pelos bancos da ilha,[30] e uma investigação poderia abalar a economia local. O ideal, sugeriu Soares, era que Browne não colaborasse com as autoridades brasileiras.[31] Acertaram um pagamento de 3 milhões de euros — e não dólares,[32] para evitar ter de passar pelo sistema bancário americano —, pagos em três parcelas iguais, que sairiam do próprio Meinl Bank para uma conta da organização em Hong Kong e só então voltariam a Antígua, desembarcando em contas indicadas por Browne.

No dia seguinte, França e Soares desembarcaram em Madri para uma reunião com Rodrigo Tacla Duran, que realizaria a operação. Durante o encontro, além de contar que Maurício Ferro e Felipe Jens haviam autorizado o pagamento ao primeiro-ministro, eles disseram também ter uma oferta. A Odebrecht se propunha a pagar a cada sócio do Meinl Bank — França, Bilinski, Borin e Rodrigues (não se sabia, então, que Migliaccio e Olívio Rodrigues eram sócios ocultos do banco) — 350 mil dólares mensais mais 500 mil dólares de ajuda de custo para se mudarem do Brasil.[33] E sugeriram que eles fossem para Antígua, onde comprando um imóvel por esse valor se podia conseguir um passaporte antiguano e um visto de residência. O grupo recebeu a proposta com desconfiança. "Por que o Felipe Jens não está aqui, hein? Quer prova maior de que estamos sendo descartados?!", alguém questionou. Luizinho e Migliaccio ainda tentaram argumentar, mas os parceiros recusaram a oferta.[34]

"Todo mundo nas celas! Está chegando gente nova!", avisaram os carcereiros aos habitantes da galeria 6, onde ficavam os detentos da Lava Jato. Era o início da tarde, e havia três celas preparadas para receber o pessoal da Odebrecht e da Andrade Gutierrez. A praxe nesses casos era que todos esperassem do lado de dentro, enquanto os novatos recebiam as instruções e se instalavam.

A visão daqueles homens, a quem muitos dos presos ali já haviam prestado serviço ou rendido vassalagem, vestidos com o uniforme cinza da cadeia e identificados por números causou certo frisson. Marcelo era o 118065. Otávio Azevedo, o 118064.[35] Os políticos e operadores presentes reagiram com um misto de espanto e ironia. "Agora sim o clube está reunido!", brincavam Adir Assad, o Kibe/Esfiha do Drousys, e Fernando Soares, o Baiano, que operava propinas da Andrade e do PMDB. "Já começa uma obra amanhã!", riam. Assim que os carcereiros fecharam o portão da ala, os presos saíram para receber os novatos. Baiano, Assad, Pedro Corrêa, Renato Duque, João Vaccari, André Vargas e Luiz Argôlo formaram rapidamente uma comitiva de recepção. Além dos homens da Lava Jato, a ala abrigava outros oitenta presos, entre pessoas com diploma universitário ou policiais condenados.[36] Os recém-chegados pareciam um tanto assustados, sem saber o que esperar.

Baiano fez as vezes de mestre de cerimônia. Ofereceu um sanduíche de carne aos recém-chegados, apresentou quem ainda não se conhecia e contou como funcionava a rotina na cadeia. Embora do lado de fora fosse um dos menos poderosos, atrás das grades se revelara um líder. De fala mansa e jeito humilde, ouvia queixas e dava conselhos, ficou amigo dos carcereiros e negociava pleitos do grupo. Todos tinham direito a uma TV, um fogareiro elétrico e um rabo-quente. Mas, nos primeiros dias, quem chegava não tinha nada, e foi Baiano quem conseguiu com os carcereiros uma televisão que havia sido deixada para trás. Com a ajuda dos presos que faziam a manutenção da ala, instalou a fiação e dividiu com o novo grupo fogareiro e comida, até os advogados da Odebrecht levarem suprimentos.

O esforço comoveu Marcelo, que contou o caso a Isabela na primeira carta que escreveu. Ele e Baiano até então não se conheciam, mas se uniram em torno do interesse pela malhação. Improvisaram pesos com garrafas de plástico cheias de areia ou amarradas nas pontas de cabo de vassoura, usavam a cama de cimento como estepe e aproveitavam um cano de ferro do corredor para fazer flexões em barra fixa. Marcelo malhava até seis horas por dia. Enquanto se exercitavam, os dois falavam das famílias e trocavam confidências. Baiano chamava o companheiro de Marcelão, com uma intimidade que nenhum subordinado tinha.

O herdeiro da Odebrecht era o mais calado do grupo. Logo que pôde, organizou uma mesa de trabalho sobre uma cantoneira de cimento. Ali se sentava toda tarde para ler e escrever — principalmente cartas e um diário em folhas de caderno universitário que entregava aos advogados e à esposa nas visitas. Passava as tardes assim, enquanto os outros jogavam baralho, conversavam ou viam TV. Entre estratégias de defesa e recomendações à empresa, ele encaixava relatos corriqueiros. "Acordei mais cedo, mas enrolei até as 6:20 para me levantar", escreveu, em outubro de 2016. "Fiz 2:10 de musculação com pilates, voltando a fazer barra aberta para as costas. Depois whey, alongamento, massagem com bola, activia 0%, banho de gato com lenço umedecido."[37] Incluía também recados carinhosos às filhas, que chamava de "Lindas", e à mulher, "Inha".

De um lado, as cartas driblavam a falta de privacidade nas conversas do parlatório. De outro, organizavam as ideias e o ajudavam a não esquecer os recados que pretendia passar. Metódico, Marcelo numerava todas as páginas. Quando deixou a cadeia, ele havia produzido 7200 páginas.

Um assunto que consumia muita folha de caderno era a gestão da Odebrecht. Apesar de isolado no presídio, Marcelo ainda era oficialmente o diretor-presidente da holding. Newton de Souza era apenas o interino. A situação era insólita, para não dizer esquizofrênica. Faltavam informações para que Marcelo pudesse tomar determinadas decisões. Embora ele tivesse acesso diário a advogados — na maior parte das vezes a irmã, Mônica, ou o cunhado, Maurício Ferro — e direito a visitas semanais que sempre incluíam a esposa e mais alguém, fosse um executivo ou familiar, era impossível controlar o que acontecia. Não era incomum que, embora pensasse ser informado de tudo, o herdeiro acabasse alijado de questões relevantes.

Assim, a organização tinha dois presidentes, mas nenhum com poder suficiente para conduzi-la em seu momento mais difícil. Quem acabava guiando a maior parte das decisões era Emílio.

Em seus seis meses de interinidade, Newton de Souza visitaria Marcelo Odebrecht uma única vez. De resto, recebia as ordens do chefe por bilhete. Um dos destinatários mais frequentes era Daniel Villar, diretor de recursos humanos que na Odebrecht se chamava de "responsável por pessoas". Uma das missões de Villar era comandar a comunicação do grupo, e Marcelo continuava ordenando que ele publicasse notas duras a cada nova reportagem ou denúncia, apesar de tudo o que já havia acontecido e da comprovada ineficácia dos comunicados. Se não faziam o que ele queria, se irritava.

No início de agosto, Marcelo trocou de advogado. Dora Cavalcanti e o sócio, Augusto Botelho, deixaram sua defesa. O herdeiro até se dava bem com Dora, mas tinha constantes rusgas com Botelho. E precisava de um medalhão só para ele. Dora e o sócio passaram a se concentrar no caso de Márcio Faria e das contas da Odebrecht no exterior. No lugar deles, entrou Nabor Bulhões, que tinha sido advogado de Collor e PC Farias nos anos 1990, e nos anos 2000 trabalhara para o Banestado nos processos movidos por Moro, Deltan Dallagnol e companhia. O defensor era novo, mas a estratégia de defesa continuava a mesma. Apenas três dias depois de assumir a causa, Bulhões entregou a Moro um documento em que se concentrava em denunciar o que dizia serem arbitrariedades e desmandos, pouco rebatendo as acusações contra o cliente.[38]

Foi por acreditar que o enfrentamento era a melhor saída que Marcelo cometeu um dos seus maiores erros depois da prisão. Ainda ativa, a CPI da Petrobras marcou para o final de agosto uma bateria de audiências em Curitiba, para colher os depoimentos dos presos da Lava Jato. Não só os executivos da Odebrecht e da Andrade Gutierrez, mas também José Dirceu, Fernando Baiano e os doleiros Alberto Youssef e Nelma Kodama[39] foram convocados. Os parlamentares se deslocariam para Curitiba e ouviriam os réus em sessões televisionadas, que tinham tudo para elevar a temperatura do escândalo.[40] Ao delinear a estratégia para a CPI, os advogados recomendaram aos réus ficar em silêncio. "Já estudamos casos semelhantes, checamos a lei. Vocês não perdem nada se ficarem quietos", explicou Maurício Ferro, que coordenava as defesas. O grupo recebeu a orientação com alívio. Mas Marcelo não se conformava. "Temos que falar! Eu tenho argumentos! Ficar calados vai nos fazer parecer culpados!" Ele não só queria falar, como queria que o treinassem para o depoimento, o que não aconteceu. Os defensores e os colegas de prisão insistiram até o último momento para que ele ficasse em silêncio. Mas nem mesmo Ferro, que além de cunhado e advogado era seu mais próximo interlocutor, foi capaz de convencê-lo.

Era comum, nas CPIs, os parlamentares espinafrarem os depoentes mesmo que não dissessem nada, aproveitando os holofotes para faturar politicamente com a exibição das broncas mais enfáticas no noticiário noturno. Para evitar aquele tipo de situação, Claudio Melo Filho combinou com deputados "amigos" de aliviarem a barra de Marcelo com perguntas que levantavam a bola dele. Mesmo que o herdeiro não respondesse, elas ficariam registradas nos autos.

Antes do depoimento, Melo Filho conseguiu alguns minutos de prosa com o chefe: "O pessoal está atualizado, vai dar tudo certo".

Marcelo estava confiante. Assim que chegou à antessala da CPI, vestindo terno escuro e camisa azul-clara, confirmou que ia falar. O "pessoal" realmente estava bem ensaiado. Luiz Sérgio, do PT do Rio, referiu-se a Marcelo como "um jovem executivo de uma das mais importantes empresas brasileiras", que "realizou as mais importantes obras ou participou das mais importantes obras realizadas por governos de praticamente todos os partidos". À Odebrecht classificou como "tocadora de obra" que se viu "no olho de um furacão".[41] Já o deputado do PT de São Paulo Valmir Prascidelli disse que Marcelo era "daqueles empresários que qualquer estudante de engenharia quer seguir profissionalmente, pela dimensão, pela complexidade, pela atuação no Brasil e fora do Brasil". De tão ostensiva, a bajulação talvez tenha deixado o príncipe à vontade demais.

Depois de adular ainda mais o empreiteiro, contando sobre uma visita a um canteiro de obras em que os funcionários falavam de Marcelo "com um orgulho assim que me marcou", o deputado Altineu Côrtes, do PR, fez a pergunta que assombrava o Congresso: "O senhor pretende fazer ou estuda fazer uma colaboração premiada?". Certamente esperava uma resposta diversa da que recebeu: "Quando lá em casa as minhas meninas tinham uma discussão, falavam e tinham uma briga, uma dizia: *Olha quem fez isso!* Certo? Eu diria o seguinte: eu talvez brigasse mais com quem dedurou do que com aquele que fez o fato".

A declaração apoquentou Nabor Bulhões, que estava sentado ao lado de Marcelo na mesa da CPI. Imediatamente, ele cochichou no ouvido do cliente um alerta captado pela leitura labial exibida horas mais tarde, no *Jornal Nacional*: "Mas, Marcelo, você não tem nenhuma razão para fazer delação! Marcelo, você não tem atos para delatar!".[42] O próprio Côrtes percebeu a gafe e socorreu o depoente: "O senhor usou a palavra dedurar. A minha colocação não é bem essa". E repetiu a pergunta, dando chance de o empreiteiro se emendar: "Senhor deputado, primeiro, para alguém dedurar, ele precisa ter o que dedurar. Esse é o primeiro fato. Isso eu acho que não ocorre aqui". Ao final de uma hora de inquirição, Marcelo deixou o auditório satisfeito. "E aí, foi bom, né?" Os advogados concordaram com sorrisos forçados. Desconfiavam que tivesse sido um desastre. Tiveram certeza ao ver o noticiário da noite e as manchetes dos jornais. A declaração, que naquele contexto ganhava tons mafiosos, seria para sempre lembrada como uma das maiores derrapadas da Odebrecht na Lava Jato.

Acontece que, se para Marcelo "dedurar" não era opção, para os colegas de cadeia, parecia cada vez mais viável. Poucos dias depois de o grupo da Odebrecht chegar ao CMP, Baiano informou aos companheiros que tentaria um acordo com o Ministério Público. Preso havia mais de oito meses, ele decidira ceder à pressão da família depois de ter um pedido de habeas corpus negado no STF. A confiança que ele demonstrava de estar fazendo a coisa certa impressionava os parceiros. Os parentes, cansados, também se juntavam ao coro. E até os carcereiros viviam tocando no assunto. "Quem chega por último toma água suja", diziam. "A Camargo tomou água limpa, a Andrade vai tomar uma água mais ou menos suja. Para vocês vai sobrar a água porca."

Eles balançavam, mas Marcelo continuava contra. Se algum companheiro de prisão o questionava, respondia que não podia impedir ninguém de delatar. "Essa é uma decisão pessoal. Mas eu não vou fazer." Embora na aparência estivesse liberando os subordinados, na prática os constrangia. Pois se ele, que era o chefe, não faria, como iam se aventurar sozinhos, contra a vontade da organização?

Quando Emílio entrou no pátio do CMP para ver o filho, no final de setembro de 2015, Marcelo estava ansioso para resolver um assunto que o incomodava. "Meu pai, você tem que substituir Newton, que ele não tem condições de liderar a empresa. O certo seria colocar três líderes empresariais: você pega um e põe na engenharia, um na de concessões e outro na industrial. E você conduz a organização." Marcelo achava que o grupo estava agindo de forma lenta e acanhada. Não entendia por que eles não conseguiam avançar com as "nulidades" e se exasperava com o fato de que os advogados não cumpriam suas ordens. Não tinham sido poucas as ocasiões em que ele mandara algum deles "para a Rússia". "Pô! Eu tô aqui preso, peço para fazer um negócio, no dia seguinte chega outro e diz que não estava sabendo!" Marcelo queria que a Odebrecht adotasse uma postura mais agressiva. Emílio, porém, preferia recuar.

Desde que Marcelo fora pego, o patriarca ocupava boa parte do tempo visitando banqueiros, políticos e donos de jornais. Começara o périplo com a certeza de que, assim como as outras, aquela crise seria rapidamente superada. "O que estão descobrindo agora é o que sempre reinou no Brasil", dizia, certo de que todos entendiam do que ele estava falando. "Se forem criminalizar as empreiteiras, têm de criminalizar o sistema todo." A reação dos interlocutores, porém, foi mostrando a Emílio que não seria tão fácil contar com o apoio dos aliados de sempre. Tinha a nítida sensação de que só o recebiam por educação. "Já formaram a opinião deles. Não querem ouvir o nosso lado", constatava, com uma ponta de mágoa. Julgava-se credor de todos aqueles barões da mídia que, em algum momento, haviam recorrido a seu dinheiro ou influência, para construir gráficas ou se safar de dificuldades financeiras. Pensava no quanto tinha "ajudado" aqueles políticos e figurões do Judiciário, que agora limitavam-se a concordar com suas queixas e lamentar a sorte da Odebrecht, mas eram lisos na hora de se comprometer com alguma ajuda concreta. "Se esse pessoal, que sempre soube de tudo, continuar nessa hipocrisia, eu estou perdido!"

Por isso chegou ao CMP convicto. "Marcelo, bater não adianta. Temos de parar de brigar!" O filho não aceitava. Para não discutir, Emílio se afastou. Foi conversar com Alexandrino e Márcio Faria. Fez afagos a Rogério Araújo e, findo o horário de visitas, deixou o pátio do presídio sem se despedir do filho. Naquele dia, decidiu não voltar a Curitiba. "E vocês não me tragam mais nada de lá. De mim eles terão tudo o que precisam, mas não quero ficar recebendo pedidos e instruções", ordenou aos advogados. "Não quero me emprenhar pelo ouvido", explicou, usando uma expressão tipicamente baiana para dizer que não se deixaria influenciar. Aos que tinham intimidade o bastante para perguntar, ele explicou: "Eu aqui represento minha família, meus executivos, os acionistas. Represento a organização, e a organização tem que continuar. Não vou abrir mão disso para atender A, B ou C". Se alguém lhe trazia um pedido ou recomendação de Marcelo, nem deixava continuar: "Deixe lá o rapaz, que ele está perturbado".

"Ou faz um acordo, ou não tem como escapar", disse Joana Batista, no parlatório, em meados de outubro. Nos últimos meses, ela tinha deixado a já moribunda negociação do acordo de leniência para integrar o time de defensores da Odebrecht na Lava Jato, junto com o colega Adriano Jucá. Passara a ser a advogada de dentro do grupo que acompanhava o caso de Marcelo, fazendo a interface com Bulhões, Dora Cavalcanti e outros advogados externos, e coordenava pelo grupo a estratégia para os outros réus da companhia. Jucá cuidava da parte internacional dos processos. O time de defensores do grupo na Lava Jato só crescia. Eram então vinte, seis exclusivamente dedicados ao príncipe. Dias antes, Alexandrino Alencar e César Rocha haviam tido as prisões preventivas trocadas por domiciliares. Contudo, no mesmo despacho em que libertara César Rocha, Moro decretara nova prisão preventiva de Marcelo, Márcio Faria e Rogério Araújo. Já era a terceira ordem em quatro meses.[43] Mas não era só por causa do revés que Joana e Jucá chegaram abatidos ao CMP para conversar com o herdeiro.

Na véspera, eles tinham passado a tarde na sede da Odebrecht junto com o resto da equipe, assistindo a Dora Cavalcanti fazer uma apresentação que consideraram aterradora. Ela havia reunido informações sobre os pedidos de cooperação judicial do Ministério Público brasileiro aos governos da Suíça, do Panamá, da República Dominicana, de Antígua e de Andorra. E constatara, pelo teor dos ofícios enviados ao estrangeiro, que os procuradores não só tinham amplo conhecimento do modus operandi da Odebrecht como sabiam de histórias de que nem eles próprios tinham ouvido falar. Marcelo era protagonista de todas elas, a exemplo da investigação sobre o pagamento de propina aos filhos do presidente do Panamá, Ricardo Martinelli. "Mas eu não tenho nada a ver com isso!", protestou ele. "Não importa! O que importa é que está sendo tudo aberto como se você tivesse", respondeu Joana. "Marcelo, é humanamente impossível fazer uma defesa num processo com tantos elementos espalhados por tantos países diferentes. É um arsenal. Não tem condição." Só então ele cedeu: "Pelo que vocês estão falando, realmente é o caso de um acordo. Mas quem pode avaliar isso não sou eu, que estou preso. Façam uma reunião com os líderes empresariais e meu pai. O que a empresa decidir, eu faço".

Pela primeira vez em meses, ele aceitava ao menos falar em delação. Na semana seguinte, ao desembarcar em São Paulo, vinda de Curitiba, Joana se encontrou com Isabela Odebrecht num quiosque do aeroporto de Congonhas. "Bela, você precisa saber disso, porque eu acho que Marcelo tem que fazer uma colaboração. Você precisa me ajudar a convencê-lo. Esperar vai ser um desgaste desnecessário." Isabela quis saber como seria o processo. "Ele vai sair da cadeia?" Joana não sabia responder. "Vai depender de muitas coisas. Mas não tem outro jeito." Isabela ficou preocupada. Do carro, telefonou para a casa do sogro e foi falar com ele. "Vim trazer um recado de Joana. Por tudo que ela nos contou, o melhor seria colaborar." Emílio apenas respondeu: "Agora que você está madura, eu posso dizer: nós vamos colaborar".

A Odebrecht, porém, não era para amadores. Uma coisa era falar o que o interlocutor queria ouvir num momento de pressão. Outra, bem diferente, era começar a trabalhar de fato pela delação. De volta à cela, depois da conversa com Joana, Marcelo chamou Márcio Faria, que queria tanto fazer uma delação que já vinha rascunhando alguns anexos junto com Rogério Araújo. Marcelo contou da conversa e disse que a cúpula da Odebrecht se reuniria para deliberar sobre o assunto. "Márcio, agora temos que segurar, porque a empresa vai decidir."

Dias depois, na sede da Odebrecht, o grupo de advogados internos se reuniu com Newton de Souza, Maurício Ferro e Mônica Odebrecht. Argumentaram que os pedidos de libertação vinham sendo atropelados por novos pedidos de prisão, e que as informações trazidas por Dora Cavalcanti os levavam a deduzir que mais pedidos viriam. Era preciso ter um plano B, argumentavam, acrescentando que Marcelo já tinha dado o aval para discutirem uma delação, na última visita deles ao CMP. "Vocês sabem minha posição", afirmou Newton de Souza, que sempre dissera ser a favor de um acordo. "Mas as coisas não são tão simples. O importante é vocês saberem que já estamos tratando do assunto." O recado da cúpula era claro: "Não se metam, nós vamos cuidar disso".

Aflitos para acelerar o processo de delação, Faria e Araújo pediram a Otávio Azevedo que conversasse com Marcelo sobre a decisão da Andrade Gutierrez de fazer um acordo. Havia tempo que a concorrente vinha conversando com a Lava Jato, mas o próprio Azevedo contou aos colegas de ala que agora estavam perto de se acertar. A Andrade estava em sérios apuros financeiros, ele explicou. Sem um acordo que permitisse à companhia voltar a ter contratos com a administração pública, os bancos fechariam as portas para eles. Pela combinação feita com os acionistas, a empresa faria um acordo de leniência, mas só os executivos assumiriam crimes. Em contrapartida, a empresa pagaria advogados e as multas da delação, além de garantir o salário deles por dez anos. Azevedo achava que a Odebrecht deveria seguir no mesmo caminho, negociando uma delação que envolvesse o menor número possível de pessoas e de assuntos. Mas não tinha a menor vontade de expor sua opinião a Marcelo.

O comportamento autossuficiente do príncipe lhe havia rendido antipatia na cadeia. Duque, por exemplo, só se referia a ele como "aquele que já nasceu sabendo". Azevedo preferia não conversar com ele. "Eu vou falar com esse cara, e ele vai vir com besteiras e vai me aborrecer." Como Araújo e Faria pediam muito, um dia Azevedo resolveu puxar papo, enquanto cada um tomava seu banho de chuveiro. Ele começou a falar do seu caso e tentou engatar a sugestão, mas Marcelo o cortou: "Já sei o que tenho que fazer, cada um sabe de si. Não me interessa esse tipo de informação". Azevedo voltou para a cela furioso. "Não me peçam, que eu não falo mais com esse cara de jeito nenhum!"

No final de outubro, Marcelo percorreu numa viatura da PF os vinte quilômetros que separavam o CMP do edifício da Justiça Federal do Paraná, em Curitiba, para seu primeiro encontro com Sergio Moro, depois de 133 dias na cadeia. Trajava um terno preto e camisa branca com listas pretas. Sabia de cor o que ia dizer. Nas últimas semanas, travara um embate com os advogados, que não queriam nem pensar na possibilidade de repetir o vexame da CPI. Tudo o que a defesa não queria era mais problemas.

Marcelo, porém, não abria mão de falar. Queria dizer ao juiz que sim, sabia de muitas coisas, mas nada sobre a Petrobras, então no centro das denúncias feitas em Curitiba. Queria até declarar que só tratara de doações de campanha com o ex-ministro Guido Mantega — hipótese logo abortada pelos defensores, porque acabaria confirmando as suspeitas da força-tarefa. Como o herdeiro estava irredutível, propuseram que ele se manifestasse por escrito, lendo uma petição que entregaria depois a Moro. Mas ele tinha que prometer que não falaria de improviso. Marcelo aceitou. Achou uma boa solução poder falar sem ter de responder perguntas. Seria do jeito dele.

Só faltou combinar com os russos. Ou com o Russo, já que, anos depois, a Vaza Jato revelou que era assim que os procuradores chamavam Sergio Moro.

"O senhor prefere falar ou o senhor prefere ficar em silêncio?", perguntou o juiz, como fazia no início de todos os interrogatórios, sempre filmados e disponibilizados ao público. Marcelo pediu autorização para fazer "considerações iniciais". Moro aquiesceu. O tom da fala de Marcelo, porém, não era de réu, mas de alguém que cobra satisfações. "Eu queria reiterar que minha intenção é e sempre foi de colaborar com a investigação [...]. Em retribuição a isso, o que eu vi? Prisões preventivas, uma sobre outra, buscas e apreensões, interceptações telefônicas e telemáticas, inclusive de minha família. Inclusive de minhas filhas menores de idade. Quebra de sigilo fiscal e bancário. Bloqueio de bens..."[44] O juiz interrompeu: "As suas filhas não foram interceptadas, sr. Marcelo". O empresário parecia ter decorado sua fala e não queria interrupções: "Se me permite, Vossa Excelência pode depois esclarecer isso...". Moro insistiu: "O senhor está fazendo uma afirmação e eu estou esclarecendo". Marcelo continuou a falar: "Todas as medidas extraordinárias que causam transtorno enorme — não é só à minha família, mas a várias pessoas —, elas foram tomadas em cima de especulações que talvez não tivessem prevalecido se os investigadores tivessem se dado ao trabalho de me ouvir, tá? Olha, mesmo após a extensa devassa que foi feita na minha residência, nas empresas Odebrecht, absolutamente nada ficou provado contra mim. Não surgiu qualquer evidência que justificasse a minha prisão preventiva".

Na prática, ele estava dizendo a Moro que suas decisões eram infundadas e despropositadas. O juiz continuou perguntando. "Essas contas no exterior que o Ministério Público afirma que seriam da Odebrecht?" Marcelo não respondeu. "Vossa Excelência, se o senhor permitir, é importante para mim fazer essas considerações iniciais." Por mais de onze minutos, ele espinafrou a Lava Jato e criticou o trabalho do juiz. Disse ser alvo de "publicidade opressiva" — nome que os teóricos do direito dão à espetacularização dos processos pela mídia. "Mas não deixarei de forma alguma de esclarecer a todos os questionamentos contidos na minha denúncia, tá? Por isso, para melhor expor a minha defesa, eu estou encaminhando por escrito, de forma de-ta-lha-da, mas detalhada, resposta a todos, absolutamente *todos* os fatos que me são imputados, inclusive em relação às anotações pessoais, para que não fique nenhuma dúvida sobre a minha inocência. Certo?" Moro e os procuradores ainda fizeram mais umas perguntas, mas ele repetia sempre a mesma frase: "Isso está respondido por escrito".

As dezenove páginas de "considerações iniciais" eram perguntas e respostas formuladas pelo próprio Marcelo que não respondiam às indagações de Moro ou do Ministério Público. Tampouco esclareciam algo sobre as contas usadas pela Odebrecht para pagar mais de 349 milhões de dólares em propinas. Ao final de quase 23 minutos de tentativas, o juiz encerrou a audiência contrariado.[45] Marcelo, porém, estava satisfeito. "Foi ótimo!", disse aos advogados na saída.

* * *

As cenas do embate em Curitiba, amplamente divulgadas, ainda estavam frescas na memória dos executivos que se encontraram em São Paulo para uma reunião de coordenação que deveria começar com a apresentação do jurídico. A decisão de Teori Zavascki de manter Marcelo preso parecia um sinal eloquente de que o tão esperado habeas corpus não sairia. Menos para Maurício Ferro, que logo no início já disse ter uma boa perspectiva: o julgamento dos pedidos na turma do STJ que analisava os processos da Lava Jato.

Ferro disse que estava "trabalhando seus contatos no STJ" e apostava numa virada de mesa. Emílio, enigmático, sugeriu que também tinha cartas na manga. Não era a primeira vez que se falava em "dar um jeito" no STJ. Em julho, uma tentativa tinha fracassado. Na ocasião, o próprio Emílio tinha pedido ao ex-governador de Goiás Iris Rezende que convencesse a ministra Laurita Vaz, que ele acreditava ter sido indicada para o cargo por influência do governador, a soltar Marcelo com uma liminar no recesso do Judiciário.[46] E passara dias se dizendo confiante de que a ministra "daria um jeito". Nada aconteceu, mas Emílio e Ferro continuavam apostando que, em algum momento, o bom e velho "relacionamento político e estratégico" acabaria funcionando.

Foi Felipe Jens, encarregado de monitorar e desmontar as operações estruturadas, quem cortou a onda dos superiores. "Eu queria dizer que os meninos do Meinl Bank já foram intimados pela PF. Nós não estamos dando apoio e vamos ser pegos", contou. Depois que "os meninos" recusaram a proposta de se refugiar em algum país estrangeiro, a Odebrecht se viu sem meios de convencê-los a seguir suas estratégias. Optou, então, por não pagar seus advogados, temendo se vincular definitivamente do grupo de Antígua. "A gente devia partir para uma delação. Senão, vamos acabar como a maior organização criminosa do mundo." Ao ouvir aquilo, parte dos executivos se apavorou.

"Marcelo sabe disso?", perguntou Paul Altit diretamente a Ferro, que visitava Marcelo toda semana e, junto com Mônica, concentrava a maior parte das conversas e orientações ao cunhado. "Ele conhece essa extensão do Departamento de Operações Estruturadas?", insistiu Altit, que além de ter mais de trinta anos de Odebrecht, tinha criado suas primeiras offshores, quando nem havia o setor de operações estruturadas. As respostas do diretor jurídico eram evasivas. Sempre que se falava em delação, Emílio, Ferro e Newton de Souza respondiam que Marcelo não queria nem ouvir falar no assunto. Para tentar convencer o ex-chefe, os executivos mais próximos propuseram enviar cartas escritas por pessoas em quem ele confiava. A iniciativa não foi adiante. Embora as razões nunca fossem muito claras, sempre alguém dizia que não era o momento de partir para um acordo.

Apesar das tentativas infrutíferas, reinava ainda, especialmente entre Emílio, Ferro e outros assessores próximos, a convicção de que encontrariam uma saída política ou jurídica que os tirasse daquela enrascada — e impedisse a delação que, afinal, não era do interesse da classe política nem de alguns membros do Judiciário. Numa blague comum entre alguns deles, dizia-se que a Odebrecht era "*too big to jail*", ou muito grande para ficar presa. Só com o tempo ficaria patente que não era bem assim. Quando finalmente a organização decidiu se entregar, muitos se questionaram se a resistência não havia sido até mais forte no pai do que no filho. Emílio sempre dizia que aceitava a delação, mas na prática continuava buscando um jeito de não se entregar. Apesar de todas as dificuldades, o patriarca decidiu correr com planos paralelos: enquanto discutia com advogados o que seria uma eventual colaboração da Odebrecht, Emílio buscava uma saída via Judiciário. Ele tinha, ainda, um trunfo, que arquitetava junto com o governo.

O plano para a delação começara a ser desenhado no final de outubro, logo que os primeiros habeas corpus foram negados no STJ e no Supremo. Um dos primeiros a quem Emílio chamou para falar do assunto foi José Carlos Dias, que havia defendido a Odebrecht nos escândalos do Orçamento.[47] Pedro Novis, que poderia vir a ser delator, foi contra. Não gostava de Dias desde muito. O jurista tampouco pretendia se envolver com o petrolão, mas sugeriu o filho, Theodomiro. Apesar do pedigree, Theo Dias não era ainda uma estrela de primeira grandeza no mundo jurídico. Embora tivesse acabado de fazer a delação do operador Milton Pascowitch, ligado a José Dirceu, havia outros advogados mais famosos e influentes. Emílio, porém, não queria alguém já comprometido com outras empreiteiras, como Celso Vilardi, que fechara o acordo da Camargo e estava assessorando a Andrade. Tampouco achava conveniente chamar alguém que tivesse combatido a Lava Jato ou de quem os procuradores pudessem duvidar.

A Odebrecht precisava de alguém com credibilidade em Curitiba. E Dias, brincava-se na organização, era quase um promotor. Dizia-se na força-tarefa que seu escritório era um dos poucos que não pagava propina no meio jurídico — o que, naquele contexto, fazia muita diferença. Como vários dos possíveis delatores preferiam Vilardi, Emílio optou por mantê-lo por perto, contratando-o para prestar consultoria, dar sugestões de estratégia e relatar sua experiência com a Lava Jato. Assim, ele contava aliviar a má vontade do grupo de delatores com Theo Dias — que, tempos depois, ao saber que ele receberia 20 milhões de reais de honorários, apelidaram de Twenty. A má vontade do grupo não mudou a postura de Emílio. Ao final de novembro, estava decidido que se a Odebrecht partisse mesmo para a delação, seria com Twenty.

"É preciso que vocês entendam que uma delação é uma rendição", disse Theo Dias na primeira reunião com Emílio e os assessores mais próximos, tentando afastar a ideia, ainda dominante, de que a organização conseguiria conter suas revelações em apenas alguns temas e poucos colaboradores. "Esqueçam isso", dizia o advogado. "Na hora que sentarem com eles, vocês vão ter de abrir a vida inteirinha." Naquele período, Dias fez várias reuniões com os potenciais delatores para entender com o que estava lidando. Normalmente avessos a quem não fosse da estrita confiança da organização — ainda mais tratando-se de alguém que vinha para arquitetar a rendição —, eles se fechavam em copas e não davam grandes pistas do que poderiam entregar. Ninguém diria nada sem uma ordem expressa de Emílio ou de Marcelo.

Antes de se render definitivamente, contudo, Emílio ainda planejava gastar seus últimos trunfos em Brasília. As negativas aos pedidos de soltura de Marcelo e Otávio Azevedo tinham assustado o entorno de Dilma Rousseff. Nem a presidente nem ninguém na cúpula do governo tinha imaginado vê-los atrás das grades, muito menos por tanto tempo. A possibilidade de Marcelo vir a contar tudo o que sabia aterrorizava políticos de todos os partidos e escalões — não eram poucas as maquinações nos bastidores do Congresso e do Judiciário para tentar "estancar a sangria", como se dizia então. Ao final de outubro, por exemplo, a CPI da Petrobras foi encerrada sem propor o indiciamento de nenhum político e de nenhum executivo importante que já não estivesse preso em Curitiba. A avalanche de críticas que veio a seguir mostrou que a Lava Jato estava mais forte do que nunca. Lula, por sua vez, nunca estivera tão fraco. Alvejado pelas delações de Ricardo Pessoa, Fernando Baiano e da Camargo Corrêa, o ex-presidente foi escanteado por Dilma e passava boa parte do tempo recebendo políticos amigos no Instituto para conversas embebidas em uísque e amargura.[48]

Embora não fizesse exatamente o que Lula queria, Dilma e seu grupo mais próximo se movimentavam. O senador Delcídio do Amaral, líder do governo, José Eduardo Cardozo e o advogado Luís Carlos Sigmaringa Seixas — que a presidente chamava de Old Man —, já vinham pressionando o Judiciário para "soltar algumas pessoas" quando a própria Dilma resolveu tomar uma atitude. Em 7 de julho, ela se encontrou com o presidente do STF, Ricardo Lewandowski, na escala de uma viagem internacional no Porto, em Portugal.[49] A reunião não constava na agenda oficial da presidente, que esperava mantê-la secreta. O assunto era a Lava Jato, mas, quando a imprensa descobriu e começou a especular sobre o que Dilma teria conversado com Lewandowski, Cardozo declarou que haviam falado de salários do Judiciário. Não colou. Em delação premiada, meses depois, Delcídio disse que Dilma pediu ao presidente do Supremo para ajudá-la a conseguir alguns habeas corpus na corte. E que não chegara a mencionar Marcelo e Otávio Azevedo, mas ficara subentendido que eles estavam entre os que deveriam ser soltos. Amaral disse ter ficado sabendo da conversa por Cardozo, segundo quem o magistrado descartou a abordagem. "O Lewandowski chegou a dizer que tinha se desgastado muito na época do mensalão, tinha sido até hostilizado em São Paulo, e não ia se meter na Lava Jato", contou o ex-senador.[50]

O governo então tirou da manga um plano B: o Superior Tribunal de Justiça. Era sobre isso que Dilma queria falar quando chamou Delcídio Amaral para uma conversa num final de tarde ensolarado do sábado 18 de julho de 2015.[51] Era preciso nomear um novo ministro para o STJ, para a vaga deixada por Ari Pargendler, que se aposentara em 2014. O substituto assumiria a relatoria das ações da Lava Jato. Segundo Delcídio, a presidente queria alguém que tivesse "compromisso com o governo". O preferido do ministro da Justiça era o desembargador potiguar Marcelo Navarro, ligado ao presidente do STJ, Francisco Falcão. Mas Dilma estava em dúvida. Queria ter firmeza quanto à fidelidade do candidato. Ainda estava vivo o trauma do mensalão, quando Lula nomeara Luiz Fux para o Supremo contando que ele votaria com o governo, e Fux fizera justamente o contrário.

Delcídio se ofereceu: "Olha, eu tenho estado com ele sistematicamente. Se quiser, eu falo com ele". Dilma autorizou. "Tem de olhar no olho dele!"[52]

Segundo o ex-líder do governo, nos encontros que tiveram, Navarro disse que sabia o que tinha que fazer: "Tenho ciência dos compromissos assumidos". Dias depois, Delcídio foi dar a notícia a Cardozo, que respondeu: "Eu sei que a conversa foi boa, o Falcão me falou". Segundo o ministro da Justiça, o presidente do STJ prometera que, se o relatório de Navarro fosse favorável, ele conseguiria fazer com que os outros o acompanhassem.

Navarro foi nomeado em agosto, assumiu em setembro e, em outubro, os recursos da Odebrecht e da Andrade foram protocolados no STJ. Nas conversas de bastidores, governistas importantes do Congresso, além de Dilma e Cardozo, demonstravam ter confiança de que Marcelo e Otávio Azevedo em breve seriam soltos pelo STJ. O próprio Delcídio chegou a contar ao advogado de Nestor Cerveró, ex-diretor da área internacional da Petrobras preso em janeiro de 2015: "O STJ, ontem eu conversei com o Zé Eduardo. Muito possivelmente o Marcelo na Turma vai sair".[53]

O que Delcídio não sabia era que estava sendo gravado pelo filho de Cerveró, que tentava desesperadamente um acordo com a Lava Jato. Cerveró devia sua nomeação à influência do senador e dividira com ele ganhos apurados com os desvios da Petrobras. Agora que o ex-diretor ameaçava delatar, o senador tentava impedir, dando dinheiro à família e trabalhando para soltá-lo. Delcídio chegara até mesmo a arquitetar um plano de fuga, mas Bernardo Cerveró gravou todas as conversas e entregou ao Ministério Público em troca da libertação do pai. Em 25 de novembro de 2015, Delcídio foi preso em pleno exercício do cargo, por ordem do Supremo.[54] E a divulgação dos áudios em que ele falava do STJ tornou ainda mais improvável a libertação de Marcelo.

No Paraná, contido pelos muros do CMP, Marcelo estava cada vez mais irritado — com advogados que não o obedeciam e não se entendiam, com as ordens que não eram cumpridas, com o tempo que não passava. Em novembro, Maurício Ferro chegou com uma novidade: Emílio havia acabado de liberar o pagamento de 300 milhões de reais para os antigos acionistas da empresa, dentro do cronograma acordado lá em 2000, quando a Odebrecht quebrara pela primeira vez. "Mas isso é um absurdo! Numa situação dessas, meu pai descapitalizar a empresa para atender aos caras dele!", protestou. Maurício Ferro contemporizou: Emílio tinha convicção de que tudo se resolveria em breve. Estavam negociando em Brasília. Havia a saída Navarro, havia conversas com o governo... e havia a delação, que só fariam se Marcelo não conseguisse sair da cadeia.

Para que os planos dessem certo, porém, Ferro disse que Marcelo teria de aceitar algo a que, até então, se recusava: renunciar à presidência da Odebrecht. Em seus votos, os desembargadores e ministros que haviam rejeitado os pedidos de habeas corpus anteriores consideraram que o fato de ele continuar no cargo, mesmo atrás das grades, aumentava o risco de tentar atrapalhar as investigações. Marcelo tinha uma última chance, o julgamento do recurso no STJ. A decisão podia acontecer a qualquer momento. Se ele estivesse fora do cargo, argumentou o cunhado, ficaria mais fácil libertá-lo. Havia, ainda, a questão financeira. Depois das negativas dos tribunais, que vetariam novos créditos enquanto ele continuasse comandando o grupo da cadeia. Os consultores de imagem já tinham até redigido uma carta de renúncia e desenhado uma estratégia para o "*day after*", que Ferro apresentou assim: "Você sai, vai para a fundação, mergulha e fica uns anos. Depois vai voltando aos pouquinhos, limpando a imagem". Atordoado com a ideia de perder o cargo e irritado com tanta gente decidindo seu futuro, Marcelo disse que não queria nada daquilo. "Da minha vida cuido eu."

Só que o pedido de Ferro ia além. Caso as tentativas em Brasília fracassassem, a Odebrecht partiria para a delação. Nesse caso, Emílio queria que Marcelo puxasse a fila.

Marcelo, que antes parecia tão conformado com a ideia de um acordo, agora já não tinha mais a mesma certeza. E pediu para pensar. No dia seguinte, no parlatório, entregou uma carta ao cunhado. "Quanto mais eu penso no que você me falou ontem, mais eu acho (tenho certeza) de que não é uma solução fácil ou viável. É abrir uma caixa de Pandora. Enfrentar a luta continua sendo a alternativa mais fácil e viável. Ademais, nós aqui já suportamos a pior parte e estamos preparados para enfrentar até mais. O que temos é que preparar outros integrantes em risco para enfrentar a mesma jornada. Temos de deflagrar sim, e logo, ações que também minimizem o risco de outros integrantes sofrerem arbitrariedades que estamos sofrendo, uma das quais é o afastamento daquelas pessoas que se considerem em risco. Óbvio que, se algum integrante optar por tomar a iniciativa, a meu ver 'a sangue-frio', e quando se avalia todas as consequências, vamos ter que pragmaticamente apoiar conforme falamos. Mas insisto. Soa algo muito difícil, ainda mais a 'sangue-frio'. Parece inclusive que o acordo daquela empresa [a Andrade Gutierrez] não está evoluindo a contento."[55] Marcelo concluía com um pedido: "Seria bom você voltar aqui amanhã 5ª à tarde para voltarmos a falar sobre o tema. Ou então na 6ª (pós-visita) ou no mais tardar na 2ª à tarde".

Se a ideia de um acordo, meses antes, tinha parecido factível, naquele momento era tudo o que Marcelo não queria. Era como se a percepção do risco representado pelas provas que estavam por chegar de vários países tivesse sido obscurecida pela possibilidade de conseguir um habeas corpus ou uma saída política para a crise. Assim como o cunhado, Marcelo concluiu que a única forma de evitar a delação era sair da prisão. E se para ser libertado ele tinha de renunciar à presidência do grupo, que fosse. Quando Maurício voltou ao CMP, no dia seguinte, o herdeiro tinha capitulado. Pela primeira vez, em meses, ele não estava irritado, mas abatido e emocionado. No dia 10 de dezembro de 2015, numa nota curta e simples, seu afastamento da empresa para a qual havia vivido até aquele dia se formalizava.[56]

A sessão do STJ que julgou o pedido de Marcelo junto com os de Rogério Araújo e Márcio Faria só aconteceu uma semana depois, em 15 de dezembro. Como previsto, Navarro votou a favor da libertação. Mas o resto da turma não o seguiu, e os recursos foram rejeitados. "Os brasileiros não aguentam mais ser apunhalados pelas costas. Já chega!", disse em seu voto o ministro Jorge Mussi.[57] "O Falcão vendeu uma mercadoria que não podia entregar", comentaria Delcídio, meses depois.[58] A história das negociações com o STJ segue inconclusa até hoje. Dilma, Cardozo e os ministros Navarro e Falcão afirmam que o ex-senador construiu uma história falsa utilizando-se de fatos reais. Delcídio mantém até hoje a mesma versão dos fatos. Em 2017, o inquérito foi arquivado a pedido do próprio Ministério Público.[59]

Com o revés jurídico, a última cartada disponível para Emílio dependia da Presidência da República. Aos interlocutores em Brasília, ele dizia que uma delação da Odebrecht não seria "boa para o Brasil". Se todos os que haviam negociado alguma coisa com alguém em Brasília tivessem que falar, a

República não pararia de pé. Se tivesse de haver um acordo, que fosse da pessoa jurídica. Era preciso encontrar um jeito de permitir ao grupo retomar os contratos com o setor público sem desestabilizar o sistema. A lei anticorrupção, sancionada em 2013 pela própria Dilma, estabelecia que, para fechar um acordo de leniência e poder retomar os contratos, a empresa precisava confessar os crimes cometidos, mas não dizia nada expressamente sobre acionistas e diretores. Parecia óbvio que uma coisa levava à outra. Por isso, nos outros acordos com empreiteiras, os diretores e acionistas também tinham feito delação premiada.

Só havia um jeito de impedir aquilo, raciocinaram Emílio e companhia. Mudar a lei. Desde sempre, no Brasil, leis, decretos e medidas provisórias foram comprados nos balcões do Congresso e dos palácios da capital. Emílio se recusava a acreditar que, tendo abastecido tais balcões por tanto tempo, seus antigos parceiros fossem abandoná-lo. Ele estava convicto de que a Odebrecht era grande demais para quebrar, ainda mais naquele contexto de recessão. Além do mais, ele e seus homens podiam pôr o governo abaixo com uma delação. Lula sabia disso, assim como Jaques Wagner, o Polo do sistema de operações estruturadas,[60] que no final de 2015 ocupava a Casa Civil de Dilma Rousseff.

Wagner era mais um dos muitos amigos da Odebrecht. A empreiteira financiara suas campanhas, lhe dera relógios caros e anos depois confessaria ter pagado a ele 82 milhões de reais, somando propina e caixa dois.[61] Nada mais natural do que recorrer a contato tão valioso. "Ministro, o governo precisa agir de forma célere", apelou Emílio, numa audiência no Planalto, no final de novembro. "É preciso criar um mecanismo para proteger as empresas, os empregos…"[62] Na conversa, o empresário não especificou se o "mecanismo" que pleiteava seria uma lei, um decreto ou uma medida provisória. O que ele queria era que fosse rápido.

O governo já tinha pronta uma medida provisória regulamentando a lei anticorrupção. Mas a MP não estava ao gosto da Odebrecht. O texto dizia, por exemplo, que, para fechar qualquer acordo com a União, empresas lenientes tinham não só de assumir crimes, como também indenizar o Estado no valor dos danos causados. Um dos artigos estabelecia inclusive que os "administradores ou dirigentes" poderiam ter de se afastar das empresas por até cinco anos. A organização não queria fazer nada daquilo. Era preciso mudar a redação — e Emílio já tinha pronta uma nota com as mudanças a serem feitas.

O ideal seria não precisar assumir crimes nem afastar dirigentes. A reparação dos danos tinha de ser feita no limite das possibilidades financeiras das empresas. E, diferentemente do texto aprovado no Congresso, que previa que apenas a primeira companhia a confessar determinado crime ganhava a leniência, Emílio queria que todas pudessem aderir sem ter de confessar novos crimes, mesmo que recebessem menos benefícios. O risco político de mexer tanto assim na lei era significativo, mas o governo não podia deixar os empreiteiros no sereno. A outrora poderosa Odebrecht se transformara num pária político, mas o governo não estava em situação melhor.

No início de dezembro, Eduardo Cunha autorizou a abertura de processo de impeachment contra Dilma, sob o argumento de que a presidente havia atrasado repasses a bancos públicos e criado créditos extraordinários por decreto, sem lastro orçamentário, para maquiar o déficit fiscal do governo. Todos sabiam que, embora esse fosse o argumento legal, o processo só caminhava porque Dilma perdera as condições políticas de governar — a ponto de o próprio vice, Michel Temer, passar a trabalhar por sua queda. Além disso, a Lava Jato continuava a toda. Tudo de que o governo não precisava era de uma delação que jogasse faíscas no já explosivo ambiente político.

Em 18 de dezembro, às vésperas do recesso parlamentar, numa solenidade pública com a presença de ministros e empresários, Dilma assinou a medida provisória exatamente na forma pedida pela Odebrecht. A presidente, porém, fez questão de ressaltar que seu texto era "análogo" ao de um projeto que já tramitava no Congresso — na verdade, uma falácia destinada a fazer com que se acreditasse que, sendo os textos semelhantes, não haveria problema em aprovar a MP em vez do projeto de lei. E Dilma queria que isso fosse feito com urgência para "salvaguardar a continuidade da atividade econômica". "A preservação do emprego de brasileiros não pode esperar", ela discursou,[63] para regozijo de Emílio e companhia, que vislumbraram, ali, a salvação.

Estavam enganados. Nas semanas seguintes, Ministério Público e oposição perceberiam o truque e passaram a acusar publicamente o governo de produzir um "incentivo à corrupção".[64] A repercussão foi tão ruim, e a campanha contra a medida, tão forte, que ela acabaria caducando sem ser votada. Àquela altura, porém, Emílio não previa tal desfecho. Ele terminou o ano otimista, achando que não ia precisar mais da delação. E bateu o martelo: qualquer aproximação com o Ministério Público só seria iniciada em 2016.

21. A rendição

Maria Lúcia Tavares estava tomando banho, bem cedo pela manhã, quando o interfone tocou. Correu para atender, enrolada numa toalha. "Polícia Federal", disse a voz do outro lado. "Um momento", ela respondeu. Enquanto vestia às pressas uma calça jeans e uma camiseta, um dos agentes abriu a porta aos chutes. Com a demora, suspeitaram que ela estivesse fugindo. Mas o rosto lívido e a expressão de surpresa da secretária do Departamento de Operações Estruturadas logo desfizeram qualquer desconfiança dos agentes. Em seis anos trabalhando no setor, Lúcia, como a chamavam, nunca contemplara seriamente a possibilidade da prisão. Considerava-se uma simples secretária, a quem cabia conectar pessoas, organizar entregas, preencher planilhas e nunca perguntar nada. Sempre soubera que dinheiro era aquele, não era boba. Mas crescera na organização sendo eficiente e discreta. O que sabia sobre a verdadeira identidade dos codinomes descobrira por força das circunstâncias. Além do mais, era o final de fevereiro de 2016, já fazia meses que Marcelo havia sido preso, e desde então ela vinha tocando sem percalços sua nova rotina como secretária de uma empresa de tratamento de resíduos da Odebrecht no polo de Camaçari. Não imaginava que o departamento estivesse tão próximo de ser descoberto.

Apesar do susto com o arrombamento da porta, Maria Lúcia acompanhou as buscas sem muito alarme, até perceber que haviam recolhido, em meio a pastas e documentos, várias planilhas e uma agenda que ela havia trazido de Miami com a contabilidade do encerramento do setor de propinas.[1] Aí, ela cedeu ao nervosismo. "Eu sei o que fiz, eu vou falar", repetia, ora bem baixinho, ora mais alto, para os policiais que conduziam as buscas. Eles pediram que se acalmasse. Conversariam mais tarde.

Em quase quatro décadas, Lúcia deixara de ser a menina simples que chegara à Odebrecht com uma mão na frente e outra atrás para cobrir as férias de uma datilógrafa, e se tornara uma senhora bem-sucedida e independente. Desde pequena, não gostava de dar satisfação a ninguém. Com o trabalho na organização construíra a própria casa, um sobrado confortável e sempre impecavelmente arrumado, com um carro popular na garagem. Sustentava a irmã e a sobrinha e ganhava um salário relativamente alto, de 19 mil reais mensais (decerto turbinado pela sensibilidade da missão que desempenhava). Não reclamava nunca de ficar até mais tarde no trabalho ou de levar serviço para casa, e raramente tirava férias. Custara-lhe muito conseguir status e conforto. Não seria agora, aos 63 anos, que ela mofaria na cadeia.

A secretária ocupava o mais baixo degrau na hierarquia dos alvos da Lava Jato presos naquele dia 22 de fevereiro de 2016. No topo da pirâmide estavam Mônica Moura, João Santana, o empresário Zwi Skornicki, representante da fabricante de navios cingapuriana Keppels Fels, Benedicto Júnior, Fernando Migliaccio, Vinicius Borin (sócio do Meinl Bank) e Marcelo Rodrigues (irmão de Olívio Rodrigues e sócio dele na corretora). Naquele mesmo dia, Marcelo teve a quarta prisão preventiva decretada. Como já estava preso, seria apenas levado à superintendência da PF em Curitiba para prestar esclarecimentos. A 23ª fase da Lava Jato era das maiores já realizadas até então, com trezentos agentes cumprindo 51 mandados no Rio, em São Paulo e na Bahia.[2] Fora batizada de Operação Acarajé por causa de uma troca de e-mails encontrada no material apreendido no dia da prisão de Marcelo, em que o presidente da Odebrecht Óleo e Gás, Roberto Ramos, pedia a Hilberto Silva para providenciar a entrega de "cinquenta acarajés" no Rio de Janeiro. Na sequência, Silva encarregava Maria Lúcia de fazer o "delivery".

O tal e-mail — que obviamente não tratava de comida — não era, nem de longe, o principal documento a ser revelado naquele dia. Bem mais relevante era um modelo de contrato que Mônica Moura enviara em 2013 a Zwi Skornicki para que ele replicasse, produzindo uma fachada para o repasse de 4,5 milhões de dólares à offshore do casal na Suíça. Pelo documento, era possível ver que o contrato já havia sido usado antes para justificar o recebimento de dinheiro da Klienfeld, offshore da Odebrecht. Com os documentos, a Lava Jato pediu aos americanos os dados da conta da Shellbill e descobriu depósitos de 3 milhões de dólares de offshores da Odebrecht.

Havia mais: vasculhando os e-mails de Fernando Migliaccio, obtidos por quebra de sigilo autorizada por Sergio Moro, o delegado Filipe Pace achara a planilha intitulada "Posição Programa Especial Italiano 31/07/2012 MO", com um sumário dos acertos entre Marcelo e Palocci. O documento tinha sido enviado a partir do e-mail luciat@odebrecht.com — justamente o da secretária do setor de propinas, que ainda não estava entre os alvos da operação programada para dali a alguns dias. Seu nome foi incluído na última hora. Quando deram com os papéis na casa de Maria Lúcia, os investigadores tiveram a certeza de ter encontrado um maná. Impressionados com o que iam recolhendo, eles fotografavam e enviavam pelo celular o material aos colegas de Curitiba — que comemoravam eufóricos cada cópia de planilha.

A ordem de prisão assinada por Moro mandava que Maria Lúcia Tavares fosse levada a Curitiba, mas ela acabou passando a primeira noite na carceragem da PF em Salvador, esperando transferência. Sozinha numa cela abafada no calor de fevereiro, comendo a quentinha da cadeia, Lúcia se desesperou. Quando teve chance de falar com a irmã, disse que talvez não tivesse alternativa senão contar o que sabia. "O que você decidir, eu apoio", respondeu a outra. Ao chegar ao Paraná, em 23 de fevereiro, a secretária estava assustada, com medo por ela e pela família. Mais abalados ainda estavam os executivos da Odebrecht. Naquele dia, perdido em meio ao barata-voa da sede, em São Paulo, um gerente encontrou no corredor o presidente de uma subsidiária, transtornado. "Cara, prenderam a Maria Lúcia!" O interlocutor não sabia de quem se tratava, mas logo ficou sabendo. Entendeu no mesmo momento que as trincheiras da organização na guerra contra a Lava Jato estavam prestes a ruir.

"Vai chegar uma mulher aí na sua cela. Veja se a convence a falar", disse um delegado à doleira Nelma Kodama, hóspede da PF desde 17 de março de 2014.[3] Ex-parceira de negócios e ex-namorada de Alberto Youssef, Nelma fora presa tentando sair do Brasil com 200 mil euros escondidos na calcinha. Já havia sido condenada a dezoito anos de prisão por lavagem de dinheiro,[4] e negociava um acordo de colaboração com a força-tarefa. Nelma ficara conhecida nacionalmente ao cantar "Amada, amante" em seu depoimento na CPI da Petrobras, referindo-se a seu caso com Youssef. O contraste entre a personalidade exuberante e despachada da doleira e o jeito desconfiado e assustado de Maria Lúcia não podia ser mais gritante. Mas a doleira quebrou o gelo ao receber a outra com um abraço e um conselho. "Contei sobre a minha experiência, a verdade do que estava acontecendo e o que eles poderiam fazer com ela e com a família, caso não entrasse em acordo com a PF. Nem mesmo a força de uma empreiteira mundial poderia resolver qualquer situação naquele momento", escreveu em seu livro de memórias.[5] Lúcia agradeceu e disse que ia refletir e pedir a Deus que a iluminasse.

Assim, sob pressão dos dois lados, a secretária prestou dois depoimentos, acompanhada e preparada por advogados enviados pela Odebrecht. No primeiro, negou ter cometido crimes. Disse que os acarajés do e-mail eram comida mesmo, enviada a vários locais do Brasil, e não propina.[6] No segundo, ficou calada até o final. Então, começou a chorar, dispensou o advogado da organização e pediu que lhe indicassem um defensor público. No dia seguinte, o advogado de Nelma Kodama, Juan Dombeck Vieira, se apresentou para representá-la. Então Maria Lúcia começou a falar.

Em dois dias de depoimento, ela explicou em detalhes o funcionamento do departamento de operações estruturadas. Deu os nomes dos doleiros utilizados em cada cidade. Contou que o setor usava dois sistemas exclusivos de troca de mensagens — o Drousys —, e de registros de pagamentos — o My Web Day. E afirmou ter ouvido Migliaccio dizer que alguns pagamentos eram feitos por ordem do chefe, Marcelo Odebrecht.[7] Lúcia confirmou que cada codinome correspondia a um político, agente público ou preposto, mas disse que não conhecia as identidades de quase nenhum deles. Ela só conhecia um apelido, Feira — justamente o de Mônica Moura, com quem por vezes conversava e a quem já entregara dinheiro pessoalmente, no escritório da Bahia.[8]

Na mesma manhã em que uma equipe da PF vasculhava a casa de Maria Lúcia em Salvador, outro grupo apreendia, num apartamento que Benedicto Júnior mantinha em Copacabana, um lote de papéis que era praticamente um glossário de codinomes, identificando mais de duzentos políticos. Só então se soube que, no dicionário secreto da Odebrecht, Eduardo Cunha era o Caranguejo; Eduardo Paes, prefeito do Rio, o Nervosinho; o governador do Rio Sérgio Cabral, o Proximus; Renan Calheiros, presidente do Senado, Atleta; a deputada federal gaúcha Manuela d'Ávila, do PCdoB, Avião.[9] Outras alcunhas ainda permaneceriam indecifradas por um tempo — entre elas, as do "Italiano" e do "Pós-Itália" citados nos e-mails de Marcelo Odebrecht.

Dias antes, ao chegar ao escritório de sua produtora em Santo Domingo, capital da República Dominicana, Mônica Moura tinha aberto o computador e ido direto para a área de rascunhos do Gmail. Era 19 de fevereiro de 2016 e a campanha presidencial do país estava a toda. Seu cliente era o presidente Danilo Medina, que disputava a reeleição em confortável dianteira. Os pensamentos da marqueteira, porém, estavam no Brasil. Havia dias que ela esperava uma resposta para as mensagens que enviara a Dilma. Ao abrir o Gmail, enfim encontrou um recado assinado por Iolanda, codinome da presidente: "O seu grande amigo está muito doente. Os médicos consideram que o risco é máximo. E o pior é que a esposa dele, que sempre tratou dele, agora também está doente, com o mesmo risco. Os médicos acompanham dia e noite".[10] Mônica se apavorou. Algo estava para acontecer e ela precisava saber o que era. Como tinha que apagar o texto do rascunho, copiou-o e salvou num arquivo de Word para mostrar ao marido. Então escreveu: "Existe alguma forma de esses médicos ajudarem nosso amigo?".

Um dia inteiro se passou sem que Dilma respondesse. Na aflição, a marqueteira recorreu ao assessor especial da presidente, Anderson Dorneles. "Preciso conversar com nossos amigos. Cadê?" Dorneles tampouco respondeu. "Avisa a nosso amigo que mandei e-mail, que ele precisa olhar", insistiu. Mônica apelou à esposa dele: "Fale para o Anderson que eu preciso muito falar com ele. Que nossos amigos, que ele sabe quem são, precisam me responder". Até que, afinal, Dilma escreveu. Precisava falar com o casal num telefone seguro. Na noite do dia 21, a presidente ligou do Palácio da Alvorada para a produtora na República Dominicana. "Tem um mandado de prisão contra vocês, assinado, em cima da mesa", disse a presidente, numa clara demonstração de que Dilma não só era informada com antecedência sobre as operações da Polícia Federal como, pelo menos naquele caso, não tinha pudor em vazá-las para os investigados. Santana se desesperou: "Existe alguma forma, alguma coisa que possa ser feita?". A presidente foi direta: "Não, não existe nada. Não há nada que eu possa fazer". O casal passou a noite aflito. De manhã, quando cada um abriu suas redes sociais, soube que a Lava Jato estava nas ruas para prendê-los. Já haviam decidido se entregar. Compraram uma passagem e voltaram para o Brasil.

O carcereiro bateu cedo na cela de Marcelo e mandou que arrumasse suas coisas: "Vamos te levar para a PF". Como tinha televisão na cela, ele já sabia da operação sobre a Odebrecht. Juntou roupas e objetos em duas malas de rodinhas e se despediu dos companheiros. Só ao chegar à superintendência realmente entendeu a gravidade da situação. Na manhã seguinte, escreveu em seu caderno uma carta à irmã e ao cunhado, que entregou à advogada da organização que o assistia em Curitiba: "Maurício e Mônica, peço que transmitam a todos os LES [líderes empresariais] e minha (antiga) OD [referindo-se aos seus antigos subordinados]: Nem consigo imaginar o que vocês estão passando aí fora. São vocês que detêm, além da minha confiança, o conhecimento e as condições para tomar decisões e ações necessárias em prol dos nossos integrantes, de suas famílias e da organização. Confio tanto em seus instintos como na capacidade de avaliação de vocês. Eu apoiarei as decisões que vocês vierem a tomar, sejam elas quais forem, e não podia ser diferente. Os golpes foram, estão sendo e continuarão a ser cada vez mais duros. Vamos baquear, vamos cair, mas também vamos nos reerguer a cada vez e sempre. Estamos juntos e firmes (e não é que nem prego na praia). Um abraço carinhoso que gostaria de dar em cada um".[11] Horas depois, a carta foi fotografada e distribuída aos principais executivos do grupo por mensagem de celular.

No edifício-sede da organização, em São Paulo, um tenso Emílio Odebrecht recebeu Theo Dias para uma reunião de emergência. Desde dezembro, quando tinham combinado de escolher o melhor momento para procurar a força-tarefa, vinham discutindo o assunto sem chegar a nenhuma conclusão. O empreiteiro voltara do recesso de final de ano certo de que o PT estava politicamente fortalecido e que logo a nova regra para acordos de leniência negociada com o governo entraria em vigor. Não perdeu o otimismo nem quando, ainda no plantão do Judiciário, Lewandowski negou mais um pedido de soltura de Marcelo. Pelo contrário.

Naqueles dias, a revista *Veja*[12] publicou uma reportagem sobre a vida dos detentos do CMP, que trazia na capa a foto de Marcelo para o prontuário da cadeia. Pela primeira vez, o ex-todo-poderoso aparecia como presidiário comum, de camiseta de malha, sem óculos, com o cabelo começando a crescer e a barba por fazer. A humilhação pública do filho fez com que Emílio colocasse o jurídico da organização para recolher assinaturas para um manifesto supostamente independente de advogados,[13] comparando a Lava Jato à Inquisição e a um "massacre midiático". Assinado por 105 causídicos, o documento teve ampla repercussão, mas acabou reforçando na força-tarefa a convicção de que a Odebrecht era o inimigo número um a ser combatido. Agora, Emílio e companhia tinham sido atropelados pelos fatos.

"Estou vindo de uma reunião com Emílio para dizer que a Odebrecht vai fazer um acordo", anunciou Theo Dias quatro dias depois da prisão de Maria Lúcia, numa reunião com o MP de Curitiba. Os procuradores mal podiam acreditar no que ouviam. Alguns deles realmente não acreditavam. Depois de tudo o que já tinham visto a Odebrecht fazer, duvidavam de qualquer coisa que viesse do grupo. Antes da reunião, haviam combinado de jogar duro. Mas até eles se surpreenderam com a reação do veterano Carlos Fernando dos Santos Lima, que liderava o grupo: "Se a negociação com a Camargo Corrêa foi um embate entre judeus e palestinos, com a Odebrecht será como se os sobreviventes do Holocausto estivessem negociando com os soldados da Gestapo". Os advogados se espantaram. Não imaginavam que a raiva da força-tarefa fosse tanta, mas tentaram manter a frieza. "Dr. Carlos, essa é apenas uma questão criminal. Nada mais do que isso. Há casos mais fáceis, outros mais difíceis. Só isso", arriscou Dias. Talvez sentindo que havia exagerado, Santos Lima amenizou o tom: "Em princípio, sou a favor de todos os acordos. Qualquer acordo é melhor do que acordo nenhum. Mas a Odebrecht vai ter de cortar na carne". Os outros apoiaram. "Não queremos saber nada que a Odebrecht tem a revelar enquanto não trouxer o anexo zero. Queremos saber todos os policiais que vocês compraram, todos os procuradores, órgãos de imprensa, tudo. É a honra do MP e da PF. Sem isso, a negociação não avança."

O próprio gesto de receber a Odebrecht já era controverso na força-tarefa. As novas prisões, a grande quantidade de evidências obtidas nas apreensões e agora a iminente delação de Maria Lúcia Tavares faziam vários deles acreditarem que não precisavam mais de uma delação. Para esse grupo, que incluía os delegados da PF, por mais demorada que fosse, a investigação acabaria por desvendar todos os crimes da organização, um a um. Prefeririam asfixiar a empresa até a extinção a fechar um acordo e ajudá-la a sobreviver. A menos, é claro, que o acordo fosse a rendição incondicional, como acabara de dizer Santos Lima.

Ao deixar o MP, Dias e sua sócia Eliane Angel estavam desnorteados. Sabiam que seria difícil, mas não esperavam por aquela virulência. Tomaram o avião de volta para São Paulo pensando em como reverter a situação.

No Congresso, o impeachment avançava.[14] As investigações sobre o triplex que a OAS dizia ter dado a Lula, no Guarujá, também estavam todo dia no noticiário. O repórter Flávio Ferreira, da *Folha de S.Paulo*, descobrira em Atibaia que a Odebrecht pagara pelas obras do sítio que o petista também garantia não ser dele.[15] Com o cerco se fechando, Dilma e o PT entraram em colisão interna. Lula se julgava abandonado pela presidente, e o partido se queixava de que o governo não controlava a Polícia Federal. A pressão foi tanta que José Eduardo Cardozo[16] teve de sair do Ministério da Justiça. Dilma o abrigou na Advocacia-Geral da União. Em seu lugar, assumiu o ex-procurador-geral do estado da Bahia, Wellington Lima e Silva, indicado por Jaques Wagner. Para complicar, Maria Lúcia Tavares estava delatando. Temia-se que, mesmo ferida, a Odebrecht ainda pudesse fazer algo contra a Lava Jato, como conseguir a aprovação da MP da leniência encomendada por Emílio.

Em 10 de março, Dias e Elaine conseguiram nova audiência em Curitiba. Daquela vez, levavam com eles um advogado da Odebrecht, Adriano Maia, deslocado da diretoria jurídica da Odebrecht TransPort para comandar internamente os esforços pelo acordo. Maia era cria da casa. Sobrinho de um ex-acionista, amigo de adolescência de dois filhos de Emílio, Mônica e Maurício, era tratado pelo patriarca como membro da família. Comportava-se como um autêntico "Odebrecht boy", como se dizia na força-tarefa. Usava ternos e relógios caros e mantinha o ar altivo de quem estava habituado a mandar. Eles conheciam o estilo e estavam determinados a eliminar até o último traço de orgulho que subsistisse no adversário.

Ao contrário do que se fazia normalmente com os visitantes, recebidos numa sala de reunião simples, mas digna, o trio de advogados foi alojado no apertado escritório de Deltan Dallagnol. Sentados de frente para Dallagnol e de costas para a parede, foram completamente cercados pelos sete procuradores presentes. A cena era intimidadora, e havia certa excitação no ar — uma tensão latente de beligerância que, meses depois, um dos procuradores comparou à "cena do filme *Independence Day,* em que o presidente dos Estados Unidos encontra o alien". Na produção, o alienígena diz querer que todos os humanos morram e lança poderosas ondas cerebrais sobre o mandatário americano, que cai desmaiado. Na reunião, Santos Lima não deixou que os advogados falassem quase nada. Maia ainda tentou: "Olhe, a gente está fazendo um esforço grande para elucidar os fatos. Os temas que trouxemos comprovam isso. Nos deixem falar, no final vocês avaliam se há interesse…". Mas o procurador foi peremptório: "Antes do anexo zero vocês não vão falar. Se é que vai ter próxima reunião".

Havia na atitude um forte componente de ressentimento, mas também boa dose de encenação. Os procuradores preparavam uma nova ofensiva contra o grupo, com base na delação de Maria Lúcia e no material apreendido na Acarajé. O tempo estava a favor deles. Se esperassem mais um pouco, a Odebrecht voltaria de joelhos. Os advogados, que não tinham ideia do que estava para acontecer, insistiam: "Nós temos coisas gravíssimas para contar". Mas Santos Lima era uma muralha: "Doutor, eu sei que vocês estão querendo botar a cenourinha na frente do cavalo. Mas com a gente não vai funcionar". Depois de quarenta minutos em que não se serviu nem um copo d'água, saíram sem qualquer avanço, a não ser a data de um próximo encontro. "Mas que fique claro: isso não é um armistício. Nós não estamos em negociação", decretou o porta-voz do grupo. Daquela forma, mantinham o jogo duro e se preveniam contra uma eventual acusação de traição pelo golpe que viria a seguir.

Na manhã de 22 de março de 2016, os furgões pretos da Polícia Federal estacionaram na frente da sede da Odebrecht pela terceira vez. Os funcionários da recepção, em São Paulo, no Rio ou na Bahia, já conheciam o procedimento. Sabiam como agir para facilitar o trabalho da pf. Apesar do desconforto com a situação, não havia mais susto para a raia miúda. Já para os altos executivos, aquela terça-feira ficaria para sempre marcada na memória. Ao meio-dia, 22 dirigentes da organização estavam sob custódia da Lava Jato — ou presos ou levados para depor coercitivamente. Hilberto Silva, Roberto Ramos, Paul Altit, Fernando Reis, Flavio Faria e Fabio Gandolfo eram apenas alguns deles. Sem contar os agregados do setor de operações estruturadas, como os doleiros Olívio Rodrigues e Alvaro Novis, ou o criador do Drousys, Paulo Soares. Foi um choque. Apesar do trauma que havia representado a prisão de Marcelo, a maior parte dos executivos ainda se julgava longe daquele rolo. A Operação Xepa, como foi batizada a ação, mostrou que ninguém ficaria de fora.

Emílio em geral mantinha a calma, mas naquele dia era o mais abalado. "Porra, estamos negociando, eles vêm e fazem isso!", protestou. "Eles avisaram, Emílio, que não havia garantia de imunidade para nós", explicou Theo Dias. Apesar de saber dos riscos, até ali o patriarca ainda julgava ter alguma margem de manobra. A prisão de seus homens e a devassa no setor de propina demonstravam que era o fim da linha. Na lógica da guerra, quem não se rende, morre. Era hora da rendição.

No final da manhã, na sede da Odebrecht, quem não tinha nada urgente para fazer se aglomerou em torno de uma TV ou de computadores ligados no YouTube, para acompanhar a transmissão da entrevista coletiva da força-tarefa sobre a operação. "Existia uma estrutura profissional de pagamento de propina dentro da Odebrecht",[17] disse a procuradora Laura Tessler. Santos Lima completou: "Existe dentro dessa empresa um sistema inclusive informático de controle desses pagamentos, com distribuição de alçadas. E diversas diretorias envolvidas, não somente ligadas à Petrobras. Temos setores de óleo e gás, ambiental, infraestrutura, estádios de futebol, Canal do Sertão, e diversas outras obras e áreas da Odebrecht". Os procuradores contaram ainda que, num único dia, o setor de Hilberto Silva havia entregado 9 milhões de reais em espécie em vários pontos do país. E que só o doleiro Alvaro Novis chegou a registrar saldo de 65 milhões de reais em sua "conta" com a Odebrecht. Garantiram, ainda, que Marcelo sabia de tudo. "O sr. Marcelo Odebrecht não só tinha conhecimento como comandava toda a sistemática de pagamento de propina", disse Laura Tessler, segundo quem os pagamentos haviam continuado até novembro de 2015.

Quando a entrevista acabou, os "integrantes" buscavam uns nos outros consolo ou explicação para o que haviam acabado de ouvir. Tudo o que haviam feito para defender a organização fora perdido. Estavam abatidos e envergonhados. E, principalmente, com raiva. "Como deixaram as coisas chegarem a esse ponto?" — era o que mais se perguntavam.

Emílio sabia que tinha de responder rapidamente ao ataque. Diante da apoplexia dos executivos, ele mesmo se encarregou de convocar uma reunião em seu escritório, no 15º andar. Todos concordavam que não havia alternativa senão se render. E era preciso fazê-lo de forma enfática e pública, para demonstrar um compromisso sem volta. Redigiu-se então um comunicado intitulado "Compromisso com o Brasil".[18] Nele, a Odebrecht dizia ter tomado a decisão de iniciar uma "colaboração definitiva com as investigações da Operação Lava Jato" em razão das "avaliações e reflexões levadas a efeito por nossos acionistas". Depois de afirmar que o grupo já estava conversando com os investigadores e negociando um acordo de leniência com a União, o texto falava em "contribuir com o aprimoramento do contexto institucional", "preservar os empregos" e "prosseguir no papel de agente econômico relevante". E declarava, magnânimo: "Apesar de todas as dificuldades e da consciência de não termos responsabilidade dominante sobre os fatos apurados na Operação Lava Jato — que revela na verdade a existência de um sistema ilegal e ilegítimo de financiamento do sistema partidário-eleitoral do país —, seguimos acreditando no Brasil".

Não escapou nem aos mais leais parceiros de Emílio que o tom de superioridade do texto beirava o surrealismo — ou, como definiria um executivo, anos depois, resumia as fantasias criadas internamente pela Odebrecht em torno de si mesma. Não se admitiam erros nem se pediam desculpas. Ao falar em "colaboração definitiva", a organização parecia insinuar que nenhuma outra delação havia sido completa — mas agora, graças a ela, tudo seria revelado. E ainda sugeria estar fazendo uma concessão por "acreditar no Brasil", e não por estar encurralada criminal e financeiramente, com duas dezenas de executivos presos.

Nada disso ocorreu a Emílio. Com o texto aprovado e recuperado do susto, ele se considerava de novo senhor da situação. Negociou com Roberto Irineu Marinho, acionista da TV Globo, a leitura do comunicado com exclusividade pelo *Jornal Nacional*. Chegou a alimentar a expectativa de que o noticiário desse mais destaque à nota do que à operação daquele dia. E, como se vivesse um grande momento de sua trajetória, começou a dizer que ia "passar o país a limpo" com a "mãe de todas as delações". Nem na hora de confessar seus pecados a Odebrecht admitia ficar atrás dos concorrentes.

Quem não gostou nem um pouco foram os procuradores. "Como é que vocês fazem um negócio desses?! Estão querendo empurrar uma delação goela abaixo do Ministério Público?! Quem vocês estão pensando que são?!", berrou um deles, indignado, ao telefone com Theo Dias. No dia seguinte, os procuradores responderam com outra nota, também lida no *Jornal Nacional*: "Não existe sequer negociação iniciada sobre acordos de colaboração com executivos ou leniência com o grupo Odebrecht. [...] A simples intenção demonstrada não tem o condão de descaracterizar a contínua ação do grupo Odebrecht em obstruir as investigações em andamento, [...] com a tentativa de destruição de seu sistema de controle informatizado de propina".[19] Dias precisou de paciência e jogo de cintura para contornar a situação. Assegurou que a Odebrecht precisava dar uma satisfação aos bancos e levantar o moral dos funcionários, mas estava disposta a entregar tudo. E tanto falou que conseguiu nova reunião em Curitiba no início de abril.

No novo encontro, os membros da Lava Jato continuavam beligerantes, e foram logo perguntando aos representantes da Odebrecht se haviam trazido o famigerado anexo zero. Sim, foi a resposta. Haviam preparado uma lista de possíveis confissões. Prometeram tratar do "programa de higienização de apetrechos" — e confessaram que, ao longo das investigações, haviam apagado todo o conteúdo de vários aparelhos de celulares e computadores, mencionando também o "programa de desoriginação de capitais" — eufemismo para o esforço de fechar as offshores mundo afora e trazer de volta o dinheiro, apagando os rastros das movimentações financeiras. Santos Lima e parte do grupo respondiam a tudo com ceticismo e muxoxos. Achavam que a Odebrecht estava enrolando com historinhas menores. Queriam saber quem eram os informantes da organização na PF, quantos jornalistas haviam comprado e quantos juízes tinham aliciado.

Os advogados tentavam ganhar tempo. Diziam que estavam fazendo a lição de casa e se mostravam ansiosos para falar de outros temas. Esperavam que, colocando logo Lula, Dilma e companhia na roda, os procuradores iam se distrair. Era a tal "cenourinha". Por isso, assim que possível, Adriano Maia tocou no assunto: "Temos o sítio do Lula, propina para três presidentes da República, senadores, governadores, deputados... e se eu disser para vocês que mesmo depois da prisão do Marcelo a gente estava pagando propina para o presidente da Petrobras?". Não foi possível disfarçar a surpresa. "Agora?!", perguntaram. "Sim", fez Maia. A próxima reunião estava garantida.

Àquela altura, os representantes da Odebrecht já haviam percebido que nem todos eram tão refratários à negociação quanto Santos Lima — especialmente os procuradores de Brasília, que não tinham sido diretamente afetados pelas sabotagens do passado. No encontro seguinte, no início de abril, lançaram a isca. "Viemos tratar do anexo zero, mas me permitam apresentar um índice, porque gostaríamos de saber se estamos no caminho certo. Podemos ler?", perguntou Adriano. Os procuradores saíram da sala para confabular. O aperitivo lançado na reunião anterior deixara parte do pessoal curioso. "Podemos até não seguir adiante, mas antes precisamos saber o que eles têm", diziam os de Brasília. Assessor de Janot, Marcelo Miller defendeu a apresentação da lista num estilo todo próprio: "Tá dizendo que é gostosa? Então tem que mostrar, quero ver!". Os de Curitiba resistiam: "Eles mentem muito". Mas acabaram cedendo. Como era contra abrir qualquer brecha, Santos Lima preferiu se afastar para não atrapalhar as conversas e deixou, ali, a negociação. De volta à sala, baixaram a guarda. "O.k., podem ler os temas gerais, para a gente entender como seria o processo. Mas isso não quer dizer que estamos satisfeitos com o anexo 1." Então Caio Rodriguez, responsável pela delação da pessoa jurídica, passou em revista uma lista de dezoito itens, lidos de forma propositalmente genérica e despretensiosa: "dinheiro para Michel Temer combinado num jantar no Palácio do Jaburu"; "dinheiro para Las Vegas, o assessor especial de Dilma Rousseff, Anderson Dorneles"; "pagamento das obras para o sítio de Atibaia; propina para Aldemir Bendine, codinome Cobra…".

Todos naquela sala sabiam que aquela delação não seria como as outras, em que os réus chegavam com uma lista mais ou menos pronta. Seria um processo de muitas idas e vindas. Em parte porque a engrenagem de corrupção da Odebrecht era a maior já revelada por uma investigação no Brasil. Mas também porque já tinham tantas evidências de tantos crimes que achavam difícil produzir novidades relevantes em pouco tempo. Ao final da leitura, os procuradores deram o veredito. "O.k., vocês podem fazer uma lista de anexos. Mas vão precisar detalhar melhor esses temas", argumentou um deles. "Vocês vão precisar entregar o Drousys", disse outro. "E os crimes da área internacional", atalhou outro. "Anotado", respondeu Adriano Maia.

A reunião seguinte, em meados de abril, foi em São Paulo, no prédio da Procuradoria-Geral da República. Pela primeira vez, parecia que a coisa estava ficando séria. Os procuradores haviam reservado o dia todo só para a Odebrecht. O delegado Eduardo Mauat, um dos mais ativos na Lava Jato até então, também foi chamado. Os advogados tinham trazido os dezoito possíveis anexos com mais detalhes, e estavam determinados a sair dali com um termo de confidencialidade. No ritual das delações, o termo equivalia à oficialização das negociações — e consequentemente um armistício. Nele, a Lava Jato se comprometia a não mais fazer buscas, apreensões ou prisões durante a negociação. Mas ainda não seria daquela vez.

De fato, a lista de anexos era extensa e variada. Cobria desde a compra do apoio dos partidos para a campanha de Dilma, em 2014, até a história das planilhas Italiano e Pós-Itália, passando pela propina paga ao PMDB pelo contrato na Petrobras e pela negociação para a obtenção da obra do submarino nuclear. Os trechos sobre obstrução de Justiça também estavam mais detalhados. Mas restavam dois problemas: o "cardápio" não trazia nada sobre o Judiciário nem os delitos cometidos no exterior.

Quanto aos assuntos do Judiciário, os advogados foram peremptórios: "Não trouxemos porque não há nada a ser contado". Ninguém acreditou, mas, diante da resposta tão incisiva, não insistiram. Era como se o assunto fosse explosivo demais para ser tratado — e não só para a Odebrecht. Quem é que se arriscaria a arrumar uma briga com o Supremo ou com o STJ no momento em que a Lava Jato conseguia tudo o que queria naqueles tribunais? Embora de vez em quando voltassem ao assunto, a Odebrecht sempre dizia que não havia nada a revelar. E os procuradores foram deixando para o final, estudando o melhor momento de dar o bote.

Das mutretas do exterior, porém, eles não abriam mão. "Por que vocês precisam disso? Não é atribuição de vocês. Vocês não podem processar o presidente de Angola, por exemplo", argumentou Maia. "Não podemos, mas podemos enviar os dados por colaboração. Corrupção transnacional é crime no Brasil, e nós temos deveres perante à OCDE [Organização para a Cooperação e o Desenvolvimento Econômico]", argumentou Marcelo Miller, que acabara de negociar um acordo com a brasileira Embraer em conjunto com o Departamento de Justiça americano.[20] Emílio e companhia não tinham a menor intenção de entregar aquela parte do esquema. Se tivesse de enfrentar investigações, processos judiciais, pagar multas e abrir mão de contratos em cada um dos países onde atuava, a Odebrecht não resistiria.

Em 2016, a organização estava em 26 países, e mais de 60% das receitas vinham do exterior. Havia pesados investimentos em curso — como o Gasoduto Sul Peruano, que consumiria 5 bilhões de dólares, financiados por um pool de bancos. A Odebrecht podia suportar os efeitos da delação no Brasil, mas talvez não aguentasse passar por uma confissão internacional. Havia também a preocupação com os funcionários. Como reagiria Nicolás Maduro ao serem revelados os valores distribuídos a ele e seus acólitos na Venezuela? Que tipo de represália poderia desencadear José Eduardo dos Santos, em Angola? Os procuradores rebateram. "Se for só esse o problema, podemos encontrar alternativas, como impor sigilo aos dados por um tempo, para vocês se prepararem e garantirem a integridade física do pessoal. Ou o problema é que a maior parte das receitas da Odebrecht está no exterior?", perguntou Roberson Pozzobon, que assumira a liderança do processo, no lugar de Santos Lima.

O grupo já havia fechado a questão: uma delação da Odebrecht que não trouxesse crimes da área internacional estaria incompleta. "Manter esses contratos vai perpetuar a dinâmica da corrupção. De que adianta confessar tudo aqui, mas continuar fazendo igual lá fora?", disse Miller. E encerrou o assunto: "Vocês vão ter que falar do exterior. Senão, não vai ter delação". Adriano Maia se irritou. "Isso nós não vamos dar", disse. "Então não vamos fechar", respondeu o procurador.

Se para a Odebrecht a delação se mostrava o único caminho, a força-tarefa ainda testava outras opções. Uma delas era a negociação paralela com a OAS, que andava lentamente. Outra era Rodrigo Tacla Duran, advogado e doleiro do setor de operações estruturadas. Tacla Duran não era só um dos principais fornecedores de reais para a Odebrecht, mas também amigo íntimo de Luizinho Soares, o cérebro por trás das offshores. Participara de muita coisa e guardara uma grande quantidade de provas e informações que, mesmo dentro da empreiteira, pouca gente conhecia.

Mas Tacla Duran não operava apenas para a Odebrecht. Sua máquina de fornecer reais rodava também para outras empreiteiras — como a UTC. Seu nome entrara no radar da Lava Jato em março de 2016, quando Ricardo Pessoa e seu diretor financeiro Walmir Pinheiro confessaram ter "gerado" 35 milhões de reais entre 2009 e 2015 para a UTC com as notas frias[21] fornecidas por ele. Pinheiro contou que recebia o dinheiro diretamente do operador, na garagem da empreiteira em São Paulo.

Ao saber que havia sido descoberto, Tacla Duran procurou o Ministério Público, dizendo-se disposto a confessar seus crimes. E para provar que tinha o que agregar à Lava Jato, levou um crachá sem identificação, com o qual costumava entrar no prédio da Odebrecht, além de extratos e documentos do setor de operações estruturadas. Para a força-tarefa, podia ser uma boa jogada, fortaleceria a posição do MP na negociação com a Odebrecht. Pozzobon e o colega Julio Noronha, ambos envolvidos nas conversas com a organização, reuniram-se algumas vezes com ele e ouviram histórias promissoras. Contudo, quando parecia que tinham chegado a um consenso quanto à pena, Tacla Duran disse que precisava sair do país. "Existem provas que eu guardei por segurança em Andorra. Tenho que ir buscar", explicou. Pozzobon e Noronha concordaram e combinaram com o doleiro um encontro em Curitiba, no final de maio, para assinar o acordo.

Na data combinada, porém, Tacla Duran não apareceu. Seu advogado chegou sozinho e disse que o cliente participaria por teleconferência. O doleiro então afirmou que não podia assinar a minuta enviada pelo MP. Argumentou que tinha uma filha pequena e que a pena ainda era muito alta. Disse que não havia cometido crimes graves e que não queria ficar preso nenhum dia. Afirmando estar nos Estados Unidos, desafiou: "Eu não volto mais para o Brasil, e vocês nunca mais vão pôr as mãos em mim".

Os procuradores sabiam que o doleiro vinha tentando entrar no acordo de colaboração da Odebrecht, que pagaria as multas de todos os delatores. Se Olívio Rodrigues entraria, por que não ele? Para a organização até interessava tê-lo sob controle. Pozzobon e Noronha, porém, recusaram. "Ele não era exclusivo de vocês. Trabalhou para a UTC, para a Mendes Júnior e outras empresas. Esse não entra."

Tacla Duran não gostou de ser excluído do grupo da Odebrecht e não queria aceitar as condições impostas pelo MP. Num livro que escreveu sobre a Lava Jato e nunca publicou,[22] ele afirmou que, depois disso, os advogados da empreiteira prometeram recompensá-lo regiamente se ficasse em silêncio e não voltasse ao Brasil. Afirmou também, não só no livro, mas em entrevistas e até em depoimento ao Congresso Nacional, que, antes da interrupção das conversas com a Lava Jato, realizou tratativas para diminuir a pena com um advogado chamado Carlos Zucolotto, dono de um escritório em Curitiba e sócio de Rosangela Moro, mulher do juiz Sergio Moro — que teria se apresentado como intermediário dos procuradores.

Segundo sua versão, Zucolotto teria prometido modificar a pena do regime fechado para domiciliar e reduzir a multa para 5 milhões de dólares. Em troca, o doleiro teria de pagar ao advogado outros 5 milhões de dólares "por fora". A proposta teria sido modificada conforme o combinado, mas ele não quis pagar mesmo assim, alegando que seria obrigado a admitir crimes que não cometera. Tacla Duran chegou a apresentar cópias de mensagens que teria trocado com Zucolotto em um aplicativo, junto com uma perícia contratada por ele, mesmo afirmando que elas não haviam sido fruto de montagem. Não houve perícia independente. Zucolotto nega ter vendido facilidade ao doleiro. Em petição enviada à Procuradoria-Geral de República, o advogado afirmou que Tacla Duran contratou com seu escritório um serviço de busca de "acompanhamento e extração de cópias em execuções finais", apenas para formalizar o vínculo e poder dar veracidade à sua versão[23] — que, segundo os procuradores, é fantasiosa.

Pouco depois de Tacla Duran cortar as conversas com a força-tarefa, Moro decretou sua prisão preventiva e o bloqueio de suas contas em razão dos crimes cometidos no caso da Odebrecht. Como ele estava fora do Brasil, a ordem de prisão não foi cumprida. Em novembro de 2016, Moro ordenou nova prisão, com base no caso da UTC.[24] Só então o doleiro, que estava na lista de procurados pela Interpol, foi preso em Madri, enquanto jantava no Hotel Intercontinental. Passou 78 dias preso e foi liberado para aguardar o julgamento na Espanha. Em fevereiro de 2017, Tacla Duran confessou ao Ministério Público espanhol ter lavado dinheiro para a Odebrecht[25] e operado o pagamento de propina para o presidente do Panamá, Ricardo Martinelli. No Brasil, ainda aguarda julgamento em dois processos, acusado de lavagem de dinheiro e de integrar organização criminosa. Se condenado, poderá ser sentenciado a até dez anos de prisão. Seja como for, Tacla Duran conseguiu o que queria: a Lava Jato não vai pegá-lo. Ele tem nacionalidade espanhola, e o país não extradita seus cidadãos.

O elemento de pressão que a Lava Jato buscava surgiu onde menos se esperava: num posto de fronteira na divisa da Suíça com a França. Foi ali que, em 17 de fevereiro de 2016, policiais pararam um Mercedes Classe E preto com motorista e pediram a identificação do passageiro. Havia uma ordem de prisão contra um brasileiro chamado Fernando Migliaccio, que saíra meia hora antes de um hotel cinco estrelas de Genebra. A brigada financeira já tentara capturá-lo na agência do banco Audi, onde ele acabara de tentar limpar um cofre, mas chegara tarde. Na hora da prisão, Migliaccio tentou resistir. Disse que não assinaria o mandado sem um advogado. Não colou. Enquanto se rendia e entregava os documentos, chegou à conclusão de que havia sido vítima de uma armadilha.[26]

Dias antes, o gerente do banco o chamou e disse que ele tinha de ir à Suíça resolver um problema: suas contas haviam acabado de ser bloqueadas e, se ele não retirasse as oito barras de ouro que estavam no cofre, nunca mais as veria. O executivo pensou um pouco e consultou alguns amigos — entre eles Tacla Duran, que o aconselhou a não ir: "Essa história está estranha. Ele não poderia te avisar de um bloqueio. E o que você vai fazer, vai sair de lá carregando o ouro?".[27] Migliaccio disse que o gerente era seu amigo e que ele daria um jeito. Tinha cidadania italiana, então chegaria pela Itália usando o passaporte europeu. Era só passar a fronteira, ir ao banco e voltar.

Ao chegar à agência, Migliaccio percebeu algo estranho. O gerente o recebeu, pediu que aguardasse um momento e sumiu lá dentro. Aquilo não era normal, pensou Migliaccio. Nunca tinha acontecido antes. Ele é que não ia ficar lá dando mole para o azar. Deu meia-volta, saiu do banco, passou no hotel, fechou a conta e saiu rapidinho. Não fossem os guardas de fronteira, teria escapado.

Migliaccio tinha deixado as barras de ouro para trás, mas levava com ele o tesouro que a Lava Jato procurava: dois notebooks, quatro pen drives, cinco cartões de memória, quatro chips de celular, um BlackBerry, quatro iPhones, um iPad e dois iPods com planilhas, comprovantes de transferências bancárias e arquivos com e-mails que desnudavam um bom naco do funcionamento do setor de operações estruturadas.[28]

Diante do juiz suíço, ele tentou resistir. Protestou que não sabia por que estava sendo preso e pediu que chamassem um advogado da Odebrecht. O juiz explicou que ele seria encaminhado a um presídio em Berna, onde ficaria detido preventivamente por noventa dias. Também explicou que Migliaccio podia chamar a família e pedir que lhe conseguissem um advogado, mas não podia acionar a Odebrecht. A organização, no entanto, era também parte da família de Migliaccio. Seu sogro fora diretor da CBPO durante muitos anos e, em poucos dias, a notícia chegou ao grupo, que contratou os advogados escolhidos pela esposa do executivo — um criminalista suíço conhecido no Brasil por defender o ex-dirigente da Fifa José Maria Marin, e o brasileiro Carlos Chammas. O suíço foi logo explicando que, como em seu país não havia delação premiada e mentir em juízo era crime, o cliente teria que decidir: ou falava a verdade, ou ficava quieto e corria o risco de ser condenado e ficar preso por lá mesmo. Migliaccio, que já defendia uma delação havia tempos, avisou na primeira chance que ia entregar tudo o que sabia.

Em 13 de maio, o executivo começou a falar para a Lava Jato: os procuradores Orlando Martello e Laura Tessler e os delegados Filipe Pace e Renata Rodrigues foram até Berna, capital da Suíça, para saber o que ele tinha para revelar. Logo nos primeiros momentos de conversa, ficou claro que Migliaccio seria não só um delator relevante, mas um forte elemento de pressão na negociação com a Odebrecht. Depois de dois dias de interrogatório, porém, instalou-se o impasse. Como Migliaccio citou a senadora petista Gleisi Hoffmann e o ex-ministro Paulo Bernardo, e nem os procuradores nem os delegados tinham poder para investigar autoridades com foro privilegiado, foi necessário consultar o procurador-geral da República. Rodrigo Janot redigiu às pressas, pelo aplicativo de mensagens Telegram, a autorização para que Martello atuasse em seu nome, logo transformada em documento oficial e enviada à Suíça.[29] Ali firmou-se o acordo. Os depoimentos mesmo só ocorreriam em julho, no Brasil.

A Odebrecht soube que o executivo resolvera falar por seus próprios advogados na Suíça. Embora os defensores de Migliaccio fossem pagos pela empresa, pela lei local, não podiam passar informações a ela. Era também uma questão de estratégia. Se a organização soubesse o que fariam e o que Migliaccio diria, poderia dar um jeito de se antecipar, e o testemunho perderia o valor. Para a companhia, pagar o advogado fazia com que Migliaccio pelo menos não se convertesse em inimigo.

O medo que a empresa tinha de Migliaccio e companhia se justificava. Ao longo de anos, eles haviam funcionado como uma célula à parte, e o segredo com que tinham de agir dificultava qualquer controle. Um episódio recente deixara aquilo bem claro. Logo depois da operação que prendeu Maria Lúcia Tavares, Felipe Jens e Maurício Ferro descobriram que o setor de propinas alugava uma sala secreta num edifício comercial de Salvador. Jens mandou um funcionário de confiança fazer uma busca no lugar, e o que ele descobriu deixou todo mundo de cabelo em pé: uma parede falsa escondia pilhas e pilhas de papéis que continham um alentado arquivo das transações do departamento. Se haviam sido capazes de ocultar aquele lugar e aqueles documentos por tantos anos sem que ninguém sequer desconfiasse, o que mais teriam na manga contra a Odebrecht?

Ainda assim, o grupo continuou pagando os advogados de Migliaccio. Não precisava de mais problemas naquele momento especialmente tenso. Depois de meses negociando, ainda não tinha conseguido o armistício definitivo com a Lava Jato, o que dificultava a renegociação dos empréstimos, a liberação dos créditos nos bancos e o fechamento do balanço. Não adiantava garantir ao mercado que logo teriam um acordo. Dado o histórico da organização, só mesmo um documento convenceria a todos.

Como os advogados sempre diziam que era mais fácil negociar com Brasília do que com Curitiba, Emílio decidiu apelar a Janot. Escreveu uma carta de próprio punho e pediu ao pai de Theo Dias, José Carlos, que fosse entregá-la.[30] Janot recebeu o velho causídico com gentileza e afabilidade, mas reforçou que Emílio e companhia teriam de ceder às exigências de Curitiba. Desde o início de sua gestão, Janot sonhava conquistar o reconhecimento da comunidade jurídica internacional para a atuação do Brasil no combate à corrupção. Com a Odebrecht, estava prestes a conseguir o que poderia vir a ser o maior acordo de colaboração premiada do mundo, e não abriria mão de jeito nenhum.

"Se falar do exterior, a empresa quebra!" era a frase que mais se repetia na Odebrecht a respeito do impasse com a Lava Jato. O problema era que, se não falassem, não havia acordo. E, sem acordo, a Odebrecht também podia quebrar — talvez até antes. Um enfático lembrete da realidade já tinha sido feito em abril, quando William Burke, advogado da organização nos Estados Unidos, informara aos assessores de Emílio que os procuradores americanos tinham uma denúncia por corrupção e lavagem de dinheiro pronta para ser protocolada na corte de Nova York. Segundo Burke, eles tinham reunido uma quantidade considerável de informações e dispunham de um bom manancial para complicar a vida da organização. Burke sabia porque era praxe avisar o representante da empresa para abrir espaço para um acordo. O advogado começou então a sondar o terreno com o Departamento de Justiça em nome da Odebrecht. Só algumas semanas depois, em meados de maio, a negociação ficou séria. Foi quando o gerente do Citibank que cuidava das contas da subsidiária americana telefonou para a Odebrecht e deu um ultimato: "Vocês têm trinta dias para retirar o dinheiro e fechar as contas. Senão, vamos bloqueá-las. Nossa paciência está acabando". Marco Rabello, o financeiro da área internacional, pediu um tempo para resolver o problema. "O.k. Mas, se não resolver, acabou", foi a resposta.

O aviso acionou alerta máximo. Era a maior ameaça à sobrevivência do grupo até ali. Se o Citibank fechasse as contas, todo grande banco do planeta ia se ver obrigado a fazer o mesmo. Na prática, a Odebrecht ia ser excluída do sistema financeiro internacional. A Braskem, que negociava ações na Bolsa de Nova York, seria especialmente penalizada. Não dava nem para imaginar o futuro naquelas circunstâncias. Era preciso agir rápido. Em questão de dias, Burke e o brasileiro Caio Rodriguez estavam diante de procuradores do Departamento de Justiça em Washington. Explicaram que negociavam a delação no Brasil e se dispuseram a fechar acordo semelhante nos Estados Unidos. Os americanos aceitaram a proposta e informaram ao Citibank que tinham uma negociação com a Odebrecht. O banco concordou em esperar o desfecho das conversas, mas era evidente que o cerco estava se fechando. Quanto mais Emílio demorasse a se decidir, mais difícil seria manter a Odebrecht de pé.

"A organização não resiste a mais uma batida policial" era outro mantra daqueles tempos. Foi com ele que Emílio abriu a conversa com os executivos que atuavam no exterior, trazidos de seus respectivos países e reunidos em torno do mesão do 15º andar. Embora o chefe procurasse dar ao encontro um tom de assembleia, a decisão estava tomada. A Odebrecht ia fazer uma confissão ampla dos crimes no estrangeiro, e a força-tarefa manteria as revelações em sigilo por seis meses após a homologação do acordo. Os anexos só seriam enviados aos países interessados caso aceitassem as condições do Brasil, entre elas a do sigilo. Só depois de seis meses os dados poderiam ser divulgados, para dar tempo à empresa de vender ativos ou tirar seu pessoal do país.

Depois que Emílio falou, o chefe da área internacional, Luiz Mameri, pediu a palavra: "Você está me dizendo que meu pessoal também vai ter de se tornar colaborador?". Era aquilo mesmo. E mais: a próxima reunião com a Lava Jato seria em uma semana, e eles teriam que apresentar uma lista de possíveis anexos. O choque foi grande, mas Mameri preferiu ser prático: "Então precisamos chamá-los imediatamente. E você vai ter de explicar isso tudo a eles".

Havia, no ambiente, um ar de revolta contida. Até ali, a cúpula da Odebrecht vinha dizendo que só o pessoal do Brasil — mais especificamente os 22 que já tinham sido presos — teria de participar. A mudança de orientação fazia o número de prováveis delatores passar de quarenta. O vulto que a coisa tomava deixou a todos perplexos, perguntando-se como a situação saíra tanto de controle. No entanto, ninguém se atreveu a confrontar Emílio. Como em tudo o que dizia respeito à negociação, a responsabilidade foi automaticamente atribuída aos advogados. "Caramba, deixaram Emílio vendido! Não contaram a ele a história toda!", comentavam, nos dias seguintes.

Claro que o patriarca previra o mal-estar que a nova ordem causaria. Por isso, pedira ao jurídico que fizesse uma tabela com os crimes e as penas de cada delator da Camargo Corrêa e da Andrade Gutierrez. A se fiar na planilha, não seria o fim do mundo. Nenhum dos concorrentes havia ficado preso. Mas a apresentação não surtiu o efeito desejado. Como as expressões continuavam soturnas, Emílio tentou motivá-los com uma "brincadeira" que os mais velhos já conheciam de outras crises: "Percebo aqui alguns de vocês cheios de preocupação. Rapaz, vocês não podem ter dúvidas! Vou ter que comprar uma caixa de modess e trazer para cá. Porque alguns de vocês estão precisando!".

Não era apenas uma questão de "ser homem", como Emílio queria dizer. A maior parte dos executivos não tinha dinheiro nem patrimônio para arcar com as multas — até porque era certo que eles teriam de entregar à Lava Jato tudo o que haviam recebido no caixa dois e depositado no exterior. Para muitos, a delação poderia significar a falência pessoal. A Odebrecht sabia que, se não cobrisse os custos, a coisa não avançaria. Até porque, também nesse quesito, enfrentava a comparação com as outras empreiteiras. Não estava na planilha, mas todos ali tinham ouvido dizer que a Camargo, primeira a fechar acordo com a força-tarefa, tinha pagado as multas dos executivos e mais 50 milhões de reais para cada; e que a Andrade, a segunda na fila, também pagara a multa e garantira mais dez anos de salário.

O pacote oferecido por Emílio previa pagar as multas de todos, mais plano de saúde e salário por até dez anos — ou até a aposentadoria, o que viesse primeiro. Os executivos que tinham recebido bônus por desempenho em ações poderiam vender todos os papéis de volta à empresa pelo valor de mercado no final de 2015, ainda bastante alto. A organização ainda prometia reembolsá-los pelo patrimônio entregue à força-tarefa. Só aí o pessoal se acalmou. "Pelo menos vão nos garantir financeiramente", comentaram, à saída. Meses depois, a

Lava Jato vetaria a ideia de cobrir os bens perdidos. Naquele momento, porém, o problema não existia. O que importava era que Emílio oferecera a seus homens o conforto de que eles precisavam.

Num par de dias, uma dúzia de diretores e superintendentes do exterior estavam de volta ao Brasil para serem informados a respeito da nova situação. Como já estavam em São Paulo, ficaram para produzir os relatos. Emílio chamou Adriano Maia. "Marca reunião com Curitiba. Estamos prontos."

O acordo de confidencialidade foi fechado no final de maio, numa videoconferência entre a força-tarefa e a Odebrecht. Foram algumas horas discutindo a redação de cada cláusula que aparecia na tela e acertando o texto, enquanto Marcelo Miller redigia as alterações. Quando acabou, os procuradores mandaram o texto final, os advogados redigiram e assinaram. Comemorado internamente como uma grande vitória, o documento não representava apenas um armistício — também colocava a organização na primeira fila das delações, já que até então outras cinco construtoras disputavam um acordo com o MP. A tensão e os embates estavam bem longe do fim. Mas, pelo menos agora, para os executivos da Odebrecht, as sextas-feiras voltariam a evocar apenas a bem-vinda proximidade do fim de semana — e não mais o dia em que aumentam as chances de um policial federal bater à porta da casa deles. Fechado o acordo, foi montado um grupo batizado de "Interlocução MPF — Odebrecht" no aplicativo de mensagens Telegram. E entre eles passaram a se referir à negociação como A Mesa.

A notícia deixou boa parte do Congresso em pânico. O Brasil vivia um momento tumultuado. Dilma Rousseff havia sido afastada da presidência pelo Senado poucos dias antes e esperava o julgamento final do impeachment por crime de responsabilidade. Eduardo Cunha, seu algoz, também estava fora do cargo por decisão do Supremo e enfrentava um processo de cassação que, em alguns dias, tiraria seu mandato. A possível vingança de Cunha e a iminente delação da Odebrecht assombravam toda a classe política — de Michel Temer, que tentava montar um governo de coalizão entre as forças de oposição, a Aécio Neves, que já não se comportava mais como se a Lava Jato não tivesse nada a ver com ele.

Os dois sofriam os efeitos colaterais de um novo escândalo: a divulgação de gravações que o ex-presidente da Transpetro, Sérgio Machado, fizera com várias figuras importantes da cúpula do PMDB e entregara à Lava Jato como parte de sua delação premiada. Numa das conversas, Romero Jucá, agora ministro do Planejamento de Temer, falava em derrubar Dilma para "estancar a sangria" e parar a operação. Em outro áudio, dizia que os tucanos sabiam que estava "todo mundo na bandeja para ser comido", e que Aécio seria o primeiro da fila.[31] O ex-presidente José Sarney comentava: "A Odebrecht vem com uma metralhadora de ponto 100".[32]

22. A Mesa

Com a delação em marcha, o clima na Odebrecht se transformou. O 15º andar, antes um dos mais tranquilos do prédio, normalmente ocupado apenas pelos escritórios do presidente, de alguns vices e salas de reuniões, virou uma fábrica de confissões. Três amplas salas de reunião foram convertidas em ambientes de trabalho com computadores e pilhas de papéis, em que se entrevistavam os potenciais delatores e se redigiam propostas de anexos. Mais de trinta advogados circulavam por ali num único dia, além de executivos, diretores e funcionários. Segundo os procuradores, para ser delator, era preciso ter feito pelo menos duas de três coisas: aprovar pagamentos, negociá-los ou operacionalizá-los. Com base nesses critérios, haviam chegado a duzentos possíveis colaboradores, que iam sendo chamados e ouvidos à medida que os casos eram esmiuçados. No bunker da delação — um corredor com três salas com acesso biométrico — havia computadores em que se podia consultar o Drousys, o sistema informático de registro de codinomes e de troca de mensagens. Apesar do acordo de não agressão com a força-tarefa, a Odebrecht estava escaldada e temia uma ofensiva sobre os arquivos secretos que eram o filé da colaboração. Como já havia uma decisão dizendo que advogados de réus da Lava Jato não poderiam ser alvo de busca e apreensão, foram colocados avisos ostensivos do lado de fora indicando que o espaço era de acesso privativo do departamento jurídico, o que só reforçava a aura de segredo e justificava o apelido de Caverna que os funcionários deram ao local.

Todo aquele movimento animava Emílio, que voltou a exibir o otimismo de outros tempos e a dizer que a colaboração da Odebrecht seria a maior de todas. Os potenciais delatores não demonstravam o mesmo estado de espírito. Muitos se sentiam traídos e vilipendiados pela estratégia de confronto que os levara àquela rendição fragorosa. Outros ainda enfrentavam crises familiares. Tiveram de preparar esposa, filhos e pais para a delação, antecipando, em muitos casos, as histórias de negociatas e de dinheiro circulando em mochilas e malas que viriam à tona. Os que teriam de sair dos países em que viviam também sofriam por ter de deixar para trás amigos, filhos já casados e até netos. E todos tinham a sensação de que a cúpula da Odebrecht manobrava para aliviar a carga sobre Emílio e Marcelo, distribuindo aos outros suas responsabilidades.

Quando se encontravam nos corredores, entre uma reunião e outra,[1] o papo invariavelmente desembocava nos rumos da colaboração. "Pô, vão colocar o Ubiraci na delação! Sacanagem, um senhorzinho humilde como ele, totalmente operacional, não decidia nada!", dizia um. "Você viu que chamaram Emir para colocar na história do sítio? O cara tá fodido, perdendo a visão! Isso não se faz…" Numa reunião, um executivo foi aconselhado a não incluir em seu relato um encontro de Emílio com Lula e Palocci, no Rio de Janeiro, e saiu comentando o caso à boca pequena. Em determinado ponto, Claudio Melo Filho ficou sabendo que Marcelo negava participação em certas negociações com o Congresso. "Se ele não se lembra de mais nada, por que eu vou lembrar?", desafiava, nas rodinhas de conversa. Hilberto Silva, outro que circulava muito pelo 15º andar, falava alto para quem quisesse ouvir: "Marcelo me enchia o saco pelo que tinha no meu laptop, mas anotava tudo no celular. Agora diz que não sabe nada do que acontecia nas operações estruturadas? Quer que eu pague tudo sozinho?!".

O departamento jurídico era alvo da mesma revolta. Nas entrevistas para a elaboração dos anexos, quando relatavam a compra de medidas provisórias ou de editais de licitação, os executivos perguntavam abertamente se os advogados que haviam elaborado os textos entrariam na delação. As respostas eram evasivas, o que deixava o pessoal desconfiado. A tensão causada pela ideia de que o grupo passara a ser comandado pelos interesses do jurídico gerava atritos e crises internas o tempo todo. Não eram poucos os que se referiam aos defensores como uns covardes que se preocupavam mais em "agradar o Ministério

Público" e salvar a própria pele do que em preservar os clientes. A desconfiança permaneceria ao longo de todo o processo — e estaria na origem da guerra que estava para explodir entre Marcelo e Emílio.

Era a hora da verdade também para alguns "gatos gordos". Em meio ao levantamento dos crimes e seus enredos, surgiam histórias que ninguém sabia explicar — e que acabaram levando a descobertas constrangedoras. Uma delas se deu na apuração do anexo sobre as propinas pagas ao longo das negociações para a construção do submarino nuclear. Aquele era um caso obrigatório no cardápio da delação, porque um dos pagamentos fora feito para o almirante aposentado Othon Pinheiro, já citado na delação da Andrade Gutierrez. Outro desembolso havia sido feito ao lobista José Amaro Ramos, amigo de José Serra. João Vaccari também havia levado parte dos recursos. Só que, ao procurar no Drousys os registros de liberações de recursos para o projeto, constatou-se que uma tal de Amiga havia recebido 7 milhões de reais, liberados a pedido de um lobista e assessor da Odebrecht em Brasília: Rubio Fernal.

Funcionário antigo, Fernal era o ex-chefe de gabinete de Eliseu Resende que, no governo Itamar, foi o pivô da queda do ministro — quando se descobriu que, na Odebrecht, pagou diárias do ex-chefe em viagem pelo exterior. Ao setor de operações estruturadas, ao requisitar o pagamento dissera que a Amiga era uma funcionária da Secretaria de Orçamento Federal, a SOF, que controlava as liberações de recursos da União. Mas, quando o convocaram à Caverna para entregar o nome da funcionária e escrever uma confissão, ele capitulou: não havia Amiga nenhuma. O dinheiro era para ele mesmo. Ao levantar o patrimônio do executivo, a direção da Odebrecht descobriu que ele havia adquirido, ao longo dos anos, onze fazendas em Minas Gerais e Goiás, acumulando um patrimônio bem maior do que o salário e os bônus recebidos permitiam.

Fernal, porém, não era um gato gordo comum. Ao longo de décadas, havia operado as relações institucionais de Emílio em Brasília, fazendo a ponte com figuras como José Sarney, ministros, diplomatas e integrantes das Forças Armadas, incluindo alguns almirantes da ativa. Sacrificá-lo, portanto, poderia sair mais caro do que acomodar seus desvios e protegê-lo. Além disso, a obra do submarino era o único contrato da construtora ainda vigente com o governo federal e o único projeto que ainda gerava caixa — cerca de 700 milhões de reais por ano. Ninguém precisava de mais abalos nesse assunto. Foi Emílio quem bateu o martelo: Fernal e a organização diriam à Lava Jato que o dinheiro havia sido pago no caixa dois, a título de bônus e indenização pela saída do grupo, e pagariam a multa para legalizar os valores. Quando o questionei sobre o caso, já em 2020, ele manteve a versão dos bônus.

A formalização do armistício com a Lava Jato garantia o fim das operações, mas não resolvia o problema mais urgente então: dinheiro. A Pricewaterhouse-Coopers, empresa de auditoria que atestava o balanço da Odebrecht havia mais de duas décadas, recusava-se a fazê-lo naquele ano, a menos que a organização registrasse uma provisão para o pagamento de multas bilionárias em razão do acordo.[2] Já se falava em algo perto de 6 bilhões de reais. Fornecer aquela informação ao mercado era o mínimo que a Price podia fazer para não ser acusada de negligência, depois de anos ignorando um dos maiores caixas clandestinos de que se tinha notícia. Acontece que, se o balanço não fosse publicado até junho, os credores da holding poderiam antecipar a cobrança de 2,7 bilhões de dólares em dívidas.[3] O plano de vender ativos para aliviar a situação financeira não deslanchava. Fazia um ano que a organização falava em arrecadar 12 bilhões de reais. Até aquele momento, porém, apenas 500 milhões haviam entrado no caixa. O sufocamento financeiro era iminente. Os bancos não ignoravam a gravidade da situação e decidiram tirar proveito.

Naquele momento, o grande dreno financeiro do grupo era a empresa de etanol, a Odebrecht Agroindustrial. Sua dívida somava 13 bilhões de reais, e só os quatro maiores bancos nacionais — Bradesco, Banco do Brasil, Itaú e Santander — tinham quase 4 bilhões vencendo em junho de 2016. Eram empréstimos da época das vacas gordas, quando a Odebrecht estava no auge e se fazia fila para oferecer dinheiro a Marcelo. Acreditando que o grupo tinha passe livre para os cofres da União, as instituições tinham aceitado garantias prestadas pela própria Odebrecht S.A. — papéis que agora não valiam nada, uma vez que a holding não tinha recursos para cobrir os débitos das subsidiárias. Então, se não socorressem a companhia, os maiores prejudicados seriam os próprios bancos, que teriam de assumir o rombo em seus balanços.

Assim, eles viram no aperto da Agroindustrial a chance de fazer do limão uma limonada: concordavam em postergar o pagamento da dívida, desde que a Odebrecht aceitasse trocar as garantias ruins da holding por ações da Braskem, que tinham valor real e poderiam ser resgatadas em caso de calote. E desenharam uma espécie de hipoteca, em que a Odebrecht entregava as ações da petroquímica, e recebia mais dinheiro para saldar os empréstimos já feitos, trocando as dívidas antigas por novas, com vencimento para dali a alguns anos. Na prática, os bancos emprestariam recursos para que a Odebrecht pagasse a eles mesmos, injetavam algum dinheiro novo e em contrapartida trocavam suas garantias ruins por ações da joia da coroa, a Braskem.

Para os bancos, era um negocião. Já para a organização, nem tanto. A operação previa que o dinheiro da venda dos ativos do grupo deveria ser usado para pagar os novos empréstimos. Nesse caso, os bancos devolveriam as ações da Braskem à organização. Por isso, o financiamento foi anunciado ao mercado como um "empréstimo-ponte". Na prática, estava mais para uma pinguela frágil, que em alguns meses teria de ser substituída por outra. Os cálculos dos assessores financeiros indicavam que os recursos durariam no máximo até o final daquele ano, e não se sabia de quais e de quantas empresas a Odebrecht conseguiria se desfazer. Como o total de dívidas garantidos pelas ações era de 4,7 bilhões de reais e a participação da Odebrecht na Braskem valia 5 bilhões, caso tivessem de executá-las, os bancos assumiriam o controle da petroquímica. Por lei, operações de alienação de controle acionário tinham de ser informadas ao público.[4] Assim, em julho de 2016, ao assinar os contratos, pela primeira vez a Odebrecht S.A. admitiu ao mercado ter concedido avais a uma de suas subsidiárias. E, ao assumir ter alienado o controle de sua principal companhia, expôs o tamanho do nó financeiro que tentava desatar.

Os consultores da Odebrecht tinham resistido à operação. Consideravam perigoso usar uma empresa saudável para garantir as dívidas de outra com problemas, e temiam que a organização acabasse perdendo a Braskem para os bancos. Outro risco, ainda não levado muito a sério, era o de Emílio e companhia serem acusados de fraude a credor — já que, ao trocar garantias ruins pelas ações da Braskem, a Odebrecht estava passando bancos na frente da fila de espólio em caso de uma eventual (e cada vez mais provável) recuperação judicial. Como boa parte do empresariado brasileiro, contudo, Emílio tinha pavor de desagradar os grandes bancos. Dizia que a Odebrecht só sobrevivera às intempéries graças a eles. Se com os bancos era ruim, pior sem eles.

"O momento é totalmente diferente", argumentava o advogado especializado em assuntos societários Eduardo Munhoz, que assessorava o grupo. "A crise nunca foi tão grave. Vocês não estavam com um monte de gente presa e ainda tinham apoio político. Agora o cenário é outro." Não só ele, mas também os outros consultores — como executivos da Lazard e do banco Rothschild — defendiam que o melhor seria pedir uma recuperação judicial da companhia de etanol e aproveitar o prazo legal de carência de 180 dias para renegociar o pagamento das dívidas com descontos. Seria uma forma de segregar o risco por empresa e não contaminar o resto do conglomerado. Para quem estava tão perto da insolvência, rolar uma dívida tão vultosa sem nem sequer tentar um desconto parecia incompreensível. Até porque eram muitas as dívidas vencendo nos próximos meses. Não haveria como rolar todas elas. Havia outras companhias a perigo — como a de Óleo e Gás e o estaleiro, em que a Odebrecht injetara 700 milhões de reais havia pouco tempo, mesmo sem garantia de encomendas.

A quem o confrontava com as más perspectivas, Emílio afastava o mau agouro com o otimismo de sempre. Dizia que certamente conseguiriam vender os ativos e retomar os contratos com o governo assim que fechassem o acordo com a Lava Jato. Além do mais, a recuperação judicial de uma única empresa poderia prejudicar todas as outras. Mesmo que não prejudicasse, com certeza teria um efeito nefasto sobre um grupo muito importante — o dos delatores. Todos sabiam que a Odebrecht ainda precisaria pagar as multas dos delatores à Lava Jato. E não seria pouco dinheiro. Se fosse arrastada para uma recuperação judicial, o pagamento integral das multas, como prometido por Emílio, poderia ser contestado pelos credores. Era preciso, portanto, correr para fechar um acordo antes que a situação financeira se agravasse ainda mais.

Era uma sexta-feira de julho no CMP, dia reservado às visitas da família. Naquela tarde, porém, a visita era familiar, mas o motivo era jurídico. Mônica Odebrecht e Maurício Ferro, que também eram advogados de Marcelo, estavam ali para tratar de um assunto delicado. A negociação com a Lava Jato atingira um novo impasse, e a solução dependia dele. "Marcelo, a força-tarefa exige, como parte do acordo, que todos os possíveis delatores retirem os pedidos de habeas corpus ainda pendentes. Você tem de retirar o seu, caso contrário não vai ter acordo", explicou Mônica. Àquela altura, ele era o único ainda preso e o único que tinha um pedido aguardando parecer. Márcio Faria e Rogério Araújo haviam sido soltos em abril, por decisão da segunda turma do STF,[5] e estavam em prisão domiciliar, com tornozeleira eletrônica. Nabor Bulhões tentava pela sexta vez obter um habeas corpus para Marcelo, argumentando que não havia mais risco de destruição de provas ou interferência no processo, uma vez que os investigadores já tinham em mãos todas as provas e a empresa negociava uma delação.

Ao saber do pedido de Bulhões, os procuradores se revoltaram. Um deles, Antônio Carlos Welter, ligara enfurecido para Adriano Maia exigindo a retirada. Do contrário, abandonariam a negociação. Se queria um armistício, a Odebrecht teria que parar de litigar. Mas Marcelo não queria ceder. Primeiro porque tinha certeza da vitória; segundo, porque sabia ser um troféu cobiçado pela Lava Jato. Tal status sempre havia dificultado as coisas, mas agora ele achava que podia jogar a seu favor. "Não vou abrir mão não. Porque, se eu fizer um acordo preso, aí é que eu não saio mais daqui", disse à irmã.

A exemplo de quando estava "no topo da cadeia alimentar", Marcelo continuava mantendo a postura de levar ao limite qualquer negociação, para vencer pela força ou pelo cansaço. Entesar era a palavra de ordem naqueles tempos. Agora, porém, as circunstâncias eram outras. E, embora os procuradores estivessem de fato ansiosos pela delação do empreiteiro, ninguém mais queria pagar o preço de medir forças com a Lava Jato. Mônica e Maurício apelaram: se ele não cedesse, poderia pôr em risco todo o acordo. Se as negociações fossem interrompidas, o Ministério Público estaria livre para fazer novas prisões de executivos da Odebrecht. A empresa não aguentaria. Marcelo então propôs uma alternativa. "O.k., vamos fazer o seguinte: eu peço pro meu advogado tirar o recurso, desde que vocês garantam com a força-tarefa que eu vou sair quando a gente fechar. Qualquer acordo só será fechado comigo lá fora. Na hora que eles disserem que se comprometem com isso, vocês podem retirar meu pedido." O casal saiu do presídio aliviado. Em 13 de julho de 2016, o pedido foi retirado.[6] O que Marcelo não sabia era que os procuradores nem chegaram a ser informados de suas condições.

No final de junho, os advogados tinham um catatau com quase cem anexos de 45 delatores, pronto para ser discutido com os procuradores da Lava Jato. O quadro era promissor. Deltan Dallagnol o resumiu, por Telegram, a Sergio Moro — "VISÃO GERAL EM 06-06-15: 1. TOTAL DE RELATOS: 98 2. COLABORADORES: 45 3. NÚMERO DE POLÍTICOS: 150 4. POLÍTICOS CUJOS PAGAMENTOS JÁ FORAM LO-

CALIZADOS: R$ 470 MILHÕES (identificado o político beneficiário da propina)". Os nomes: Lula, Dilma, Temer, Eduardo Cunha, Aécio Neves, Serra, Palocci, Alckmin, Mercadante... Todo o espectro político nacional era listado na mensagem. Ela era apenas uma das muitas trocadas entre Dallagnol e Moro, reveladas anos mais tarde, pelo site Intercept. Naquele dia, Moro respondeu a Dallagnol: "Reservadamente. Acredito que a revelação dos fatos e abertura dos processos deveria ser paulatina para evitar um abrupto *pereat mundus*". Referia-se a uma clássica expressão do latim usada no direito, que significa: "acabe-se o mundo, mas faça-se justiça". E finalizou: "Espero que a LJ sobreviva ou pelo menos nós".[7]

Depois de algumas experiências com acordos em que os candidatos a delator prometiam muito, mas na hora dos depoimentos retrocediam, os procuradores passaram a fazer entrevistas prévias, para ter certeza de que o conteúdo dos depoimentos corresponderia ao prometido pelos advogados antes de firmar os acordos. A primeira rodada aconteceu em Brasília, na terceira semana de julho. Uma segunda leva ocorreria em Curitiba, no início de agosto. De cara, os procuradores perceberam que a tarefa seria bem mais difícil do que imaginavam. As histórias eram contadas de forma oblíqua e cheias de eufemismos. Propina era chamada de "ajuda", "apoio" ou "suporte". Dinheiro para caixa dois de campanha, de "contribuição". A levar ao pé da letra o que os odebrechtianos diziam, seria preciso acreditar que todos os pagamentos eram fruto da mais pura generosidade, sem querer nada em troca. Se eles confessavam alguma contrapartida, era sempre em nome de negócios legítimos e de interesse do país. Mesmo rendidos, continuavam se comportando como nos velhos tempos. Daquele jeito a coisa não ia andar, concluíram os procuradores. Era preciso um chacoalhão.

"Vem cá: você tá dizendo que quer casar comigo, mas vem aqui de burca?! Eu não tô pedindo pra vir peladinho, mas pelo menos os peitinhos você vai ter que mostrar!", exortou Marcelo Miller, para susto de Pedro Novis, que tentava explicar suas negociatas com José Serra como se fossem a coisa mais inocente do mundo. Adriano Maia, o advogado da Odebrecht, ficou vermelho. Com os olhos arregalados, o ex-presidente do grupo tentava articular uma resposta, buscando as palavras certas para acalmar o procurador: "Não é isso, doutor, veja bem, é que...". Miller não perdoou: "Esse filme que você tá me trazendo aqui hoje é um desenho do Pica-Pau. A gente quer sexo explícito! Meu jumento, minha vida!".

Quase todos os candidatos a delator eram homens mais velhos e experientes, que no comando da organização haviam se esmerado em interpretar o papel de policial mau. Agora, em posição inversa, muitos tremiam — e não eram poucos os que desmoronavam. É verdade que Miller, com suas metáforas sexuais, caprichava na atuação, protagonizando cenas traumáticas para alguns deles. "Desculpe a demora, fui ali comprar o estoque de KY", disse ao começar uma reunião. Embora nem todos adotassem o mesmo estilo, tornou-se rara a sessão que não terminasse com uma advertência ou uma bronca. "Se o senhor dá uma ajuda para o guarda de trânsito, o senhor ajuda porque o senhor gosta dele ou porque o senhor quer ser liberado? Então o nome disso não é ajuda, é propina!" Era uma advertência frequentemente usada por Sérgio Bruno, com mais ou menos decibéis, conforme o caso — que, mesmo sem conter nenhum palavrão, produzia efeito considerável sobre os depoentes.

Todos haviam sido avisados de que, depois das entrevistas, a Lava Jato diria ao jurídico quais seriam aceitos como colaboradores e quais ainda precisariam "melhorar" seus relatos, sob pena de tomar a famosa e temida "bola preta" e ser excluído do acordo de delação. Nas seguidas reuniões com os advogados, os procuradores diziam quais depoimentos eram "bola verde", "bola cinza" e "bola preta", para que eles soubessem quem precisava "mostrar os peitinhos" à força-tarefa. Tomar uma bola preta era o pior que podia acontecer, já que quem ficasse de fora do acordo sempre estaria sujeito a uma ordem de prisão. Quando a bronca vinha, todos se curvavam, fosse por medo da cadeia ou por arrependimento, embora fossem poucos os sinceramente compungidos. Outrora poderosos e arrogantes, os odebrechtianos choravam como crianças, pediam desculpas e se humilhavam pela aceitação da força-tarefa.

Para os advogados da organização, o teatro era até bem-vindo. Se lidar com o Ministério Público era um enorme desafio, tourear os próprios clientes não era tarefa menos árdua. Nas reuniões preparatórias, não tinham sido poucas as brigas, porque praticamente todos se recusavam até mesmo a admitir que haviam cometido crimes.

Um caso em especial preocupava a equipe: o de Emílio. Diferentemente do resto do time, que se reunia com o jurídico durante a semana, ele marcou um encontro num domingo à tarde, na sede da Odebrecht, para se preparar para a entrevista marcada para o dia seguinte, em Curitiba. À vontade, demonstrava a autoconfiança de sempre, dizendo que ia explicar aos procuradores que o que ele havia feito não era nada diferente do que sempre se fizera no Brasil. Repetia que a natureza de suas relações com Lula e Fernando Henrique Cardoso era legítima e republicana. Os defensores começaram a se preocupar. Se continuasse naquele tom, eles teriam problemas em Curitiba. Até que Emílio, num ato falho, soltou: "Inclusive na conversa que eu tive com os dois, recentemente...". Ao ouvir aquilo, Theo Dias se apavorou: "Seu Emílio, o senhor continua falando com os dois? O senhor não pode fazer isso! Recomendo que o senhor não fale mais com eles, por favor!". O empreiteiro estava, sim, conversando com frequência com os dois ex-presidentes, falando de política e de delações. Mas emendou-se rapidamente diante do advogado lívido, enquanto os outros se entreolhavam constrangidos: "Não, não, isso faz tempo...".

Emílio estava certo de que passaria ileso pela força-tarefa fazendo o que sabia melhor: levar os outros na conversa. Assim que chegou a Curitiba, pediu para ler uma carta. Começou morno, repetindo a narrativa de sempre sobre as mazelas do sistema político brasileiro. Mas terminou apoteótico, afirmando que assumiria todos os crimes. "Eu assumo a minha responsabilidade. Estou no depoimento de cada um dos colaboradores." No fundo, ele não tinha nenhuma intenção de se tornar delator. Quem o conhecia bem sabia que, ao dizer que estava no depoimento de todos, queria dizer que não precisaria prestar o seu próprio. Para os procuradores, porém, soou como música. "É disso que a gente precisa", comemorou Sérgio Bruno. "Que as pessoas assumam suas responsabilidades."

A partir dali, a conversa fluiu. Seguindo o roteiro preestabelecido, Emílio contou sobre seu primeiro encontro com Lula, sobre as negociações para que a Petrobras não interferisse na petroquímica e sobre o processo de formação da Quattor. Mas negou que tivesse comprado favores ou recebido privilégios do ex-presidente. "Deixa eu explicar uma coisa para vocês: o Lula não era nada quando eu conheci ele. Eu fiz o Lula. Ele só chegou aonde chegou por minha causa. E não tenho nenhum problema em dizer isso." Afirmou, ainda, que o ex-presidente o beneficiava por se sentir devedor. "Não era por dinheiro. Eu orientava muito o Lula. Mostrei para ele que não adiantava ser tão radical. Eu, quando gosto de uma pessoa, eu gosto mesmo", completou.

Sabendo das rusgas entre pai e filho, os procuradores assuntaram: "Qual foi a última vez que o senhor falou com Marcelo?". Foi o início de uma longa digressão. Como quem rememora os velhos tempos (e talvez buscando dar uma explicação para o ponto em que haviam chegado), ele contou que o filho havia sido treinado para assumir os negócios da família. E que insistiu para assumir o grupo antes do tempo. "Eu dizia: você não está preparado ainda! Mas o avô protegia", contou, com um riso entre o irônico e o resignado. "Eles eram muito grudados. Marcelo insistiu, o avô concordou, eu não pude mais resistir e estamos aí. Deu no que deu."

Para a Lava Jato, o filho, mais do que o pai, era a grande ameaça. Marcelo tinha sido mentor e articulador da estratégia para minar a operação. Mesmo negociando a rendição, mantinha um ar desafiador e resistente que contrastava com o do resto do time. Os procuradores conheciam sua capacidade argumentativa e seu gênio difícil, e tinham ouvido falar da disciplina e da resiliência que ele demonstrava na cadeia. O herdeiro da Odebrecht era alvo de ressentimento, mas também de temor e respeito. Não estavam lidando com um adversário comum. Por isso, na primeira entrevista para a delação, no início de agosto, decidiram desestabilizá-lo já de saída.

Já sabiam, pelos advogados, que Marcelo não estava disposto a admitir os crimes relacionados à Petrobras. Sempre que tocavam no assunto percebiam que a questão era delicada. Os processos que ele enfrentava estavam todos relacionados a propinas pagas na estatal. Em sua lógica, se assumisse envolvimento com o petrolão, acabaria chancelando os argumentos de Moro para prendê-lo e condená-lo. Muitos não entendiam sua teimosia, já que, fechado o acordo, aquilo não faria a menor diferença. Seria estabelecido um limite máximo para a pena, independentemente da razão e do número de condenações. Por isso, os advogados achavam que o que pesava mesmo era a questão familiar. Antes de ser preso, Marcelo garantira à mulher e às filhas que nunca tivera nada a ver com o petrolão. Admitia ter dado dinheiro de caixa dois a campanhas e ter tentado obstruir a Justiça — mas para defender os companheiros. Corrupção, não. Se recuasse, tiraria delas o argumento para defendê-lo. "É o 'save face' para a família", diziam os mais próximos. Os procuradores, porém, não dariam a ele o salvo-conduto. A ligação da Odebrecht com o petrolão era o que justificava o processo de Marcelo ainda estar em Curitiba. Ele já fora até condenado por Sergio Moro a dezenove anos e quatro meses de cadeia na primeira ação, aberta a partir de sua prisão, em junho de 2015, e que tinha como foco justamente as propinas e os desvios praticados em contratos da Petrobras.[8] Na pauta apresentada pelos advogados para a reunião, o petrolão vinha no final da lista. Era o que Marcelo esperava e para o que ele se preparara. Justamente por isso, os procuradores decidiram inverter a ordem.

"A gente quer saber do assunto da Petrobras", abriu Roberson Pozzobon. Ele e outros seis procuradores sentavam-se em uma fileira de cadeiras na sala da superintendência da PF, normalmente usada para aulas e seminários. Marcelo estava de frente para eles, ladeado pelos advogados. Usava "a fardinha do delator da Odebrecht", na descrição de um dos presentes: calça jeans, camisa de botão e um blazer. Pozzobon reforçou: "A gente *precisa* saber da Petrobras". Marcelo não vacilou: "Eu preciso inclusive esclarecer isso, porque essa delação é o que vai me absolver". A frase surpreendeu os procuradores. "Como é que é? Você quer dizer que não sabia de nada?!", perguntaram. Mesmo para quem já tinha alguma experiência com delatores, aquilo era bizarro. Os próprios advogados haviam incluído o petrolão na lista de anexos. Como então ele não sabia de nada? Marcelo confirmou: "Não, não sabia de nada. Com a Petrobras eu não tenho nada a ver. Eu não sabia dos negócios de Márcio e Rogério. Inclusive fiquei puto quando soube".

Começou mal, pensaram todos. Mas não parou por ali. Para tentar convencê-los de que nunca tinha ficado sabendo dos acertos com Paulo Roberto Costa, Marcelo começou a dizer que o próprio sistema das operações estruturadas tinha sido montado para que as informações ficassem compartimentadas e as contas sujas não contaminassem as limpas. Além de não engolir a história, os membros da força-tarefa já tinham ouvido outros delatores envolverem Marcelo no caso. Os procuradores pressionaram, argumentando que era impossível ele não saber de nada. Iniciou-se uma discussão, e ele foi ficando nervoso. Até perder o controle e começar a berrar. "Não era para eu saber, não era para ter controle! Era um sistema de caixa dois, não tinha registro! Se Hilberto tivesse feito do jeito que era para fazer, não era para ter tido tudo isso! Ele foi um estúpido! Eu dizia que não era para contaminar!"

O clima pesou. Marcelo apoiou-se sobre os joelhos e abaixou a cabeça, derrotado. Os procuradores estavam irritados. "Assim não vai dar. Isso não está dando certo. Vamos fazer uma pausa para o almoço. Vocês conversam e se acalmam. Depois a gente vê se continua ou não à tarde", disse Eduardo Pelella, chefe de gabinete de Rodrigo Janot. Enquanto os procuradores rumavam para um restaurante japonês num bairro próximo à superintendência, Marcelo voltou para a cela com Adriano Maia, Theo Dias e Mônica Odebrecht, contrariado e abatido. Com jeito, a irmã o convenceu de que não era hora de brigar. "Você tem de mostrar para eles a importância de sua colaboração. Se ficar dizendo que não sabe de nada, eles vão te excluir. Você tem de virar essa reunião. Essa reunião está muito ruim."

Na volta do almoço, Marcelo parecia outro. Estava mais calmo e concentrado. Disse que tinha entendido as necessidades dos procuradores e que reconheceria os crimes na Petrobras. Explicou o que eram a planilha Italiano e a Pós-Itália, contou sobre o dinheiro para o PMDB e a compra das legendas para apoiar a candidatura de Dilma em 2014 e deu uma visão geral sobre o que seria seu relato. Apesar do costume incômodo de por vezes se referir a si mesmo na terceira pessoa — e de quase sempre começar suas respostas com um "Não, veja bem" que passava a impressão de que os interlocutores não estavam captando o que ele dizia —, o clima desanuviou. Só uma coisa Marcelo não admitia mesmo: a culpa pelas "ajudas" a Luiz Inácio Lula da Silva. "Eu nunca lidei com Lula. Os negócios de Lula ele resolvia com meu pai."

Ao final daquela rodada de reuniões, advogados e procuradores se reuniram em Curitiba para um balanço. Várias etapas haviam sido superadas. Era preciso definir que cara teria a delação. "Acho que podemos fechar um acordo, se vocês preencherem as lacunas que ainda faltam. Mas tem uma coisa", explicou Pozzobon. "O que é?", perguntou Maia. "O Emílio tem que entrar", respondeu o procurador. Maia ficou muito irritado, e seu rosto se afogueou. "Isso não é possível. Assim vocês vão acabar com toda a liderança da empresa! A Odebrecht vai ficar acéfala! Nós vamos precisar do Emílio quando o acordo for fechado!" De fato, uma delação que obrigasse os principais executivos do grupo a se afastar de suas funções criaria um vácuo de comando na empresa, na pior crise de sua história. Mas o cálculo teria sido mais útil quando a companhia avançava publicamente e nos bastidores contra as investigações. Agora, era tarde para pensar nisso. O que não impedia que Maia, que vinha trabalhando com afinco para manter Emílio longe da delação, perdesse o controle diante da exigência. "Ele não fez nada diretamente! O que ele contou não justifica isso!"

Os procuradores tinham a resposta pronta: "Mas foi Marcelo quem disse que o Lula era assunto do Emílio. O que você quer que a gente faça, se o próprio filho entregou o pai?!".

Maia voltou para São Paulo com o combo de boas e más notícias. Sabia que seria um baque para Emílio. Ele sempre dizia aos executivos que seria o primeiro a se oferecer à força-tarefa e que estava à disposição para a delação, mas no fundo agia como se tivesse certeza de que não seria obrigado a entrar no pacote. Ao saber da exigência, voltou a afirmar que não se furtaria à delação. Contudo, frisava, não era uma questão pessoal. Se ele tivesse que falar — e, por conseguinte, entregar Lula, Fernando Henrique e Michel Temer —, não seria "bom para o Brasil".[9] "Levamos décadas para construir a liderança do Brasil na engenharia", argumentou, e tudo a partir da geopolítica. Sacrificar aqueles aliados seria o mesmo que abrir mão da liderança no continente. E tornaria muito mais difícil a sobrevivência do grupo.

Maia ainda tentou usar o crédito que angariara com a força-tarefa para excluir Emílio da jogada. Foi até o Rio de Janeiro pedir ajuda a Marcelo Miller — que já estava então mais afastado do grupo de Curitiba, negociando à parte a delação do presidente da Transpetro e ex-senador Sérgio Machado. Maia argumentou: "O Emílio é o pilar de sustentação da credibilidade da companhia junto ao sistema financeiro; estamos com situação de liquidez muito complicada, vamos precisar dele quando o acordo for fechado". Miller recorreu à franqueza habitual: "Cara, vou te dizer uma coisa. Sem Emílio não vai ter acordo, e não estou sendo porta-voz de Curitiba. A gente já sabia que ele era o interlocutor do Lula e que o Lula não gostava do Marcelo. Como é que o cara que é interlocutor do Lula não fez nada? Isso simplesmente não é crível!". Maia ainda cogitou que Emílio fosse uma espécie de testemunha VIP, fazendo uma declaração por escrito e recebendo pena simbólica. "Se ele for apenas testemunha, vai ficar sob risco de falso testemunho. Pode aparecer uma prova a qualquer momento. Aí ele toma uma ação penal por corrupção nas costas e vai ser muito pior", rebateu Miller.

Com sua carta e seu jeito carismático, Emílio havia conquistado alguma simpatia entre os procuradores. Mas não o suficiente para deixá-lo de fora. Naqueles dias, depois de uma reunião com Theo Dias só para discutir o caso de Emílio, Julio Noronha relatou aos colegas: "1. Ao que parece eles perceberam que não há como retirar o Emílio do processo e estão trabalhando agora na ideia de trazê-lo como colaborador; 2. Estão encontrando grande dificuldade de convencê-lo disso; 3. Houve indicativos de que Emílio está cogitando admitir que houve a discussão de pautas relevantes da ODE no alto escalão do governo e de que teve ciência/delegou os pagamentos e contribuições do Grupo, inclusive via caixa 2; 4. Ao que parece os principais receios se relacionam com as eventuais condições de um acordo com Emílio e as consequências disso na administração e no crédito do Grupo".[10] Marcelo Miller respondeu em seu estilo direto: "1. Bom. 2. Problema deles. 3. O.k., mas ainda restaria a obstrução, em especial pós-prisão do MO. 4. F...-se". Os colegas concordaram com Miller. Welter completou: "Também concordo. Mas talvez se possa fazer uma limonada, ainda que sem açúcar, colocando no acordo como cláusula a saída da família da administração do grupo". A ideia, porém, não avançou. Até para a força-tarefa pareceu ousada demais.

A pressão sobre Emílio não partia só do Ministério Público. Da cadeia, ao ser informado do estágio das negociações, Marcelo mandava recados pela irmã de que uma eventual omissão do pai (ou de Pedro Novis, que negociara dinheiro de caixa dois para a campanha de Lula) poderia custar caro à organização. Temia ser responsabilizado também pelas transações com o ex-presidente, o que ele não ia admitir. Em 23 de agosto, depois de uma reunião com a irmã sobre o relato que entregaria na semana seguinte, ele escreveu no diário: "Um ponto que a meu ver pode comprometer nosso acordo é o fato de EO [Emílio], confirmando sua covardia e omissão, estar resistindo a colaborar. Com isso fica um hiato nos nossos relatos, pois ficam faltando relatos sobre Lula. Isto vai nos complicar bem (e nos custar muito), podendo até impedir o acordo ou aumentar penas e multas. Isto sem contar que me deixa em uma situação difícil, sem ter como responder muitas vezes sem expor meu pai".[11]

Mas as divergências nos relatos não eram a única razão do conflito com o pai. Ou, como ele dizia, com "EO e sua trupe". Desde a prisão, Marcelo pedia à Odebrecht que transferisse às contas de suas filhas cerca de 35 milhões de reais em bônus atrasados que, depois da prisão, a empresa tinha depositado numa conta de sua irmã Mônica no Santander, para evitar que fossem bloqueados. Ele queria que o dinheiro fosse restituído às filhas o quanto antes. Queria também que a Odebrecht arranjasse um jeito de repassar a Isabela o equivalente a 11 milhões de dólares, metade do que ele tinha preso na Suíça e que considerava dela por direito. "Preciso ter essa prioridade resolvida, sabendo que, não importa o que vier a acontecer, minha família estará segura", escreveu ele no diário.[12] Mas a empresa demorava a fazer as transferências, alegando risco jurídico. Marcelo achava que era pura má vontade. Por isso, ameaçava: "Como continuo sendo preterido a tudo e a todos, só me resta, estando preso, três alternativas para que minha demanda de catorze meses seja finalmente priorizada por EO e sua trupe: greve de fome, o que por motivos óbvios não é o caso... até pela minha hipoglicemia; 'ameaçar' os que estão aí fora, enquanto pago por eles, como fizeram todos os executivos presos. Óbvio que é uma alternativa que não encontra respaldo no meu caráter; fazer boicote, não falar com os advogados, atrasando e perturbando tudo. Que é justamente o que vou fazer caso a missão da Mônica não seja imediatamente resolvida!".

Dos três irmãos de Marcelo, Mônica, com quem desde a adolescência ele tinha uma relação especial de proximidade, era a única que trabalhava na Odebrecht. Embora ela sempre tivesse sido advogada do grupo, nunca tivera posição de comando. Vivia à sombra do pai, do irmão ou do marido. Pouco falava e quase nunca reclamava. Naquele momento decisivo, com o irmão preso e o pai em xeque, ela tinha adquirido outra estatura. Era respeitada pela força-tarefa e pelos colegas do jurídico e bajulada em público pelos executivos da Odebrecht, que a chamavam de Moniquinha, embora entre eles se referissem a ela de forma pejorativa. O pai não disfarçava considerá-la café com leite no contexto das negociações, e deixou isso claro na reunião em que as delações foram revisadas.

Uma das pautas era o papel e a participação de Marcelo nos depoimentos. Parte dos advogados achava que ele deveria assumir uma participação maior nos crimes, de modo a expor menos gente, e outros diziam que o certo seria cada delator fazer o seu, sem imputar ao ex-chefe preso mais crimes do que ele já vinha admitindo. Mônica era quem mais defendia o irmão. Tinham passado por um período de estremecimento, quando ele percebeu que sua condição para retirar o pedido de habeas corpus não havia sido apresentada à força-tarefa, mas Marcelo terminara por perdoá-la, ainda que tivesse passado a rejeitar a presença do cunhado nas visitas.

Na reunião, Emílio ignorava ostensivamente a filha e sua defesa de Marcelo. Ou fingia que não ouvia o que ela estava dizendo e simplesmente se dirigia a outra pessoa ou cortava a fala dela. "Minha filha, já tratei disso com seu marido", falava. Ou: "Filha, as pessoas estão conversando...". Até que ela estourou e se levantou: "Você só ouve os outros! Você não ouve a mim! Eu não aguento mais isso! O senhor me respeite!". E saiu da sala, batendo a porta. Marta Pacheco, também advogada, foi atrás dela. Emílio sorriu, irônico, dando de ombros. Ferro, o marido, ficou imóvel e em silêncio.

Em Curitiba, Marcelo estava cada dia mais irritado. Achava que cediam demais ao MP e defendia criar mais "tensão na mesa". "Eles têm muito interesse na delação, têm que ceder também." Os advogados rebatiam: "Se a gente sair da mesa, com a quantidade de coisas que já têm contra nós, fazem uma nova operação e acabou". As discussões frequentemente terminavam em briga, por isso vários advogados pensavam duas vezes quando tinham que levar ao CMP uma notícia difícil. Se surgia a necessidade, invariavelmente se discutia entre eles "quem é que vai lá acalmar Marcelo". Na maioria das vezes, era Mônica a escalada. À medida que se aproximava a data da negociação das penas, a ansiedade do herdeiro ia aumentando. "Essa semana e a próxima, em tese, serão decisivas. Devemos negociar meu acordo", escreveu no dia 21 de agosto.[13] "Espero estar errado, mas penso que foi um grande erro não ter, como pedi, condicionado a retirada do meu pedido de liberdade a que uma vez fechado o acordo eu poderia ir pra casa. Acho que a força-tarefa vai querer que eu fique mais tempo, e aí quero só ver como vamos nos posicionar em minha defesa."[14]

Do lado de fora, os procuradores não abriam brecha para discutir quais seriam as penas, antes que estivesse fechado o teor dos depoimentos. Sempre que os advogados tentavam falar a respeito da saída de Marcelo, ainda que discretamente, eram desencorajados. Numa ocasião, Miller foi explícito: "Esqueçam. O maior trunfo que nós temos é Marcelo preso". Só que o herdeiro não queria esperar. Achava que, se falasse tudo o que sabia antes de ter a garantia de que seria libertado, mofaria atrás das grades. Preocupava-se com o fato de que, se diminuíssem sua pena (e portanto a sua responsabilidade), teriam de aumentar a de outros colaboradores. "Estaremos preparados para negociar e aceitar que outros venham a cumprir algum tempo em regime fechado? Ou mais uma vez vão todos querer que só eu me sacrifique?"

Pelo menos no caso de seu pai, a resposta à última pergunta era sim. Emílio definitivamente não iria se sacrificar. Depois de muita conversa, a tese de que a empresa precisava dele para sobreviver emplacou na força-tarefa. Nos bastidores, acabaram definindo uma fórmula especial para ele — que não foi colocada no papel, mas combinada em caráter preliminar. Emílio teria pelo menos dois anos após a homologação do acordo para começar a cumprir a pena, de modo que pudesse organizar o grupo para suportar sua saída. Embora poucos soubessem exatamente em que termos a participação do chefe estava sendo acertada, o que se dizia na Odebrecht era que ele faria uma "delação light", algo mais simbólico que efetivo, uma vez que seus crimes eram antigos e muitos já estavam inclusive prescritos.

Marcelo não sabia de nada daquilo. Só nos últimos dias de agosto ele foi informado de que o pai decidira colaborar, e em que termos. Não gostou do que ouviu. Numa longa carta enviada à esposa, ao irmão Maurício e a Mônica,[15] ele escreveu que os relatos de Emílio eram "além de tardios, incompletos, omissos e inverídicos". E explicou: "Não apenas não relata tudo a que meu pai está exposto (já dei ontem à Mônica o 'caminho das pedras' [...]), como principalmente não fala tudo e não aborda corretamente o tema Lula. Meu pai não apenas está se expondo a no futuro ter seu acordo comprometido, como está postergando e comprometendo o nosso acordo. Esse atraso não apenas me deixa mais tempo na prisão, como aumenta o risco econômico-financeiro da organização. Além do que, passa uma mensagem péssima para a força-tarefa, comprometendo nossa credibilidade, e é um mal [sic] exemplo para os demais integrantes que têm que colaborar".

Nas conversas com Mônica, Marcelo argumentava que o pai sempre havia sido o dono da "relação político-estratégica" não só com Lula e Fernando Henrique, mas também com Collor e José Sarney, além do presidente de Angola, José Eduardo dos Santos. Dizia que era Emílio quem negociava com os presidentes diretamente, assim como com Jaques Wagner, Renan Calheiros e Geddel Vieira Lima. Outra figura sobre quem o pai poderia ter algo a acrescentar seria o deputado estadual fluminense Jorge Picciani, possivelmente o político mais poderoso do Rio de Janeiro depois de Sérgio Cabral, que era um notório criador de gado de elite[16] — e com quem, segundo o filho, Emílio fazia diversos rolos usando doação e venda de matrizes para melhoramento genético. Esses assuntos, e muitos outros, ficariam de fora dos anexos de Emílio e permaneceriam recônditos no baú de segredos mantidos a salvo da força-tarefa. Era incrível que, entre centenas de anexos e crimes confessados, ainda restassem coisas escondidas. Mas restavam.

A maior lacuna deixada pelos depoimentos dos delatores era a relação da organização com o Judiciário. Para usar a expressão de Marcelo Miller, não era crível que um grupo que admitia ter subornado presidentes, políticos e autoridades públicas de todos os níveis em doze países — além de encomendar alterações em editais de licitação e comprar medidas provisórias — tivesse atuado de forma completamente limpa em relação a juízes, desembargadores e ministros. Pelo menos em um caso, o da indicação de Navarro Dantas para o STJ, havia suspeitas.[17] Também parecia improvável que nenhum advogado da companhia tivesse se envolvido em alguma negociata, por exemplo as tratativas para obstruir a Justiça. O mais perto que se chegara dos advogados da Odebrecht tinha sido no inquérito que escrutinou os encontros de Augusto Botelho com os dissidentes da PF. Mesmo assim, o inquérito foi arquivado a pedido do próprio Ministério Público Federal, que não viu no episódio provas de crime.[18]

Para esse assunto, o maior alvo da força-tarefa era Maurício Ferro, que estivera ao lado de Marcelo em todas as articulações até a prisão — do Refis da Crise às conversas com Dilma, José Eduardo Cardozo e Nelson Jobim. Ele participara de reuniões com Michel Temer para avaliar formas de "estancar a sangria" e acompanhara Emílio nas tratativas com Jaques Wagner para emplacar a MP da leniência das empresas. Nos depoimentos prévios, os procuradores sempre perguntavam sobre Ferro, mas ninguém dizia nada que pudesse justificar sua inclusão nas delações.

Um episódio, porém, continuava engasgado na garganta dos procuradores. E foi para falar dele que a força-tarefa chamou Maurício Ferro para uma conversa no prédio do Ministério Público de Curitiba. Desde o início das negociações, em março, os procuradores insistiam para que a Odebrecht entregasse à Lava Jato o sistema de controle de gastos do Departamento de Operações Estruturadas que funcionava em uma rede paralela à usada pelo resto da Odebrecht — o My Web Day do B. O Drousys, de troca de mensagens, já havia sido apreendido pelos suíços, e a Odebrecht já se comprometera a entregar os servidores hospedados na Suécia quando fechasse o acordo de colaboração. Várias tabelas e listas de entregas anexadas em mensagens do Drousys já haviam sido recuperadas dos computadores apreendidos. O My Web Day do B, porém, ainda era uma espécie de elo perdido. A Odebrecht vinha dizendo que não podia entregá-lo porque não tinha mais os meios para abri-lo.

Normalmente, para entrar no sistema, era preciso inserir dois tokens semelhantes a um pen drive que, combinados, abriam uma tela onde se digitava um código criptografado. Os procuradores pediram os tokens à companhia, mas foram informados de que eles haviam sumido. Os advogados da Odebrecht diziam que fariam o que fosse preciso para abrir o sistema, contratando os melhores hackers, desde que tivessem acesso a ele. Como não tinham a intenção de deixar ninguém da empresa mexer em nenhum arquivo apreendido até o fechamento do acordo, os procuradores pressionavam os peritos para quebrarem os códigos, mas estava difícil. Eles já haviam inclusive consultado o FBI para perguntar se era possível abrir um sistema com as características do My Web Day, mas os americanos diziam que, naquelas condições, era praticamente impossível.

Naquele início de agosto, em meio às conversas sobre o anexo em que contariam suas iniciativas para tentar barrar a Lava Jato, os procuradores exigiram saber quem havia sumido com os tokens, como e quando. A Odebrecht enviou dois técnicos a Curitiba para explicar o que acontecera. O que eles contaram foi que cada um guardava um dispositivo — mas, depois da prisão de Marcelo, foram chamados por Maurício Ferro e instados a entregá-los. Se alguém sabia onde estavam os tokens era o diretor jurídico da organização.

Naquele mesmo momento, do lado oposto da rua onde ficavam as salas da força-tarefa, Ferro era ouvido por Pozzobon e Julio Noronha a respeito do mesmo episódio. Admitiu ter recebido os dispositivos, mas disse que não estava mais com eles. "Eu destruí os tokens. Vi que as pessoas continuavam usando e poderiam cometer novos crimes, então achei melhor destruir", justificou, na maior tranquilidade. "Eu não vi problema nisso, porque achava que a gente podia reabrir quando quisesse." Ao ouvir aquilo, os procuradores não tiveram dúvidas de que estavam sendo enrolados. Pisando duro, Pozzobon saiu da sala e atravessou a rua em direção ao prédio vizinho em que trabalhavam os peritos. "Ele está dizendo que dá para abrir o sistema quando vocês quiserem. O que vocês me dizem?" Os peritos responderam: "Olha, doutor, nesse ritmo ainda vamos levar uns cem anos para conseguir". Pozzobon ficou irado. Ligou para a sala onde estavam os outros e, esbravejando ao telefone, disse que era melhor Ferro falar a verdade e entregar os tokens. Do contrário, poderia ser processado.

Armou-se um início de confusão. Os outros advogados tentavam acalmar a situação, mas os procuradores ficaram ainda mais indignados. Ao final, já mais calmo, Pozzobon afirmou: "Apesar de ser tardio, de já estarmos na reta final do acordo, a gente entende que esse é um ato ilícito. Caso o senhor assuma os deveres do colaborador, a gente considerará a possibilidade de aceitá-lo, desde que entregue os dispositivos". Ferro nem se abalou: "De forma nenhuma. Eu não entendo que tenha cometido nenhum ato ilícito. Então, não vejo como isso possa ser objeto de colaboração".[19]

Desde o início da negociação, a Odebrecht havia cedido ao MP em quase todos os impasses. Justamente por isso, o silêncio sobre eventuais negociatas com magistrados entrava na contabilidade interna como vitória. Facilitou o trabalho o fato de que, no Judiciário, o modus operandi da corrupção é diferente do adotado na política. Eventuais subornos são pagos por intermédio de escritórios de advocacia, travestidos de honorários, que variam muito, dependendo do profissional. A Odebrecht contratava, todos os anos, centenas de advogados externos para as mais diferentes causas e nas mais diversas cortes. Se a empresa não discriminasse quais contratos haviam servido de veículo para a propina, provar algum crime seria como achar agulha no palheiro.

Para não sair da negociação com as mãos abanando, porém, ao final do processo os procuradores requisitaram da companhia uma lista das principais causas ganhas nas altas cortes, os respectivos contratos com escritórios de advocacia e os valores dos honorários pagos. A empresa resistiu o quanto pode e só entregou as informações perto do prazo final. A lista era fornida, e dela saltavam alguns nomes de filhos de ministros de cortes superiores. Mas, para se chegar a algum lugar, seria preciso uma investigação longa, difícil e, muito possivelmente, infrutífera. Se dependesse só da Odebrecht, juízes, desembargadores e ministros poderiam dormir tranquilos.

Salvar a empresa podia ser uma prioridade para Emílio, mas não era a única. No início de junho, a empresa pela qual os herdeiros de Norberto controlavam a Odebrecht, a Kieppe Participações, fez uma cisão de patrimônio, repassando a uma firma de Emílio em sociedade com os filhos três fazendas e um lote de obras de arte. Tais bens haviam sido assumidos pela Kieppe em 2009, para ajudar a pagar as dívidas que Emílio acumulara. Com a cisão, Emílio assumiu os bens e, em troca, deu aos irmãos as suas próprias ações da holding familiar, diminuindo sua participação.[20] Avaliados em conjunto, os bens que Emílio assumiu tinham valor contábil de 300 milhões de reais. Em tese, pelo balanço de 2015, as ações da Kieppe que ele entregou aos irmãos e sobrinhos tinham esse mesmo preço. Na prática, como a Odebrecht fecharia 2016 com patrimônio líquido negativo, já não valiam quase nada. Com isso, o ativo mais rico da Kieppe logo seriam as próprias fazendas, mas agora elas já não eram mais dos irmãos, só de Emílio. Assim, não poderiam ser reivindicadas por credores em caso de recuperação judicial ou falência da holding dos filhos de Norberto. Numa só tacada, Emílio ficava com os bens mais valiosos da família e ainda os colocava fora do alcance dos credores.

Marcelo só ficou sabendo das mudanças no final de agosto, quando o irmão, Maurício, foi visitá-lo na cadeia, levando os papéis para ele assinar. Em tese, ele também se beneficiava da operação, uma vez que era sócio dos três irmãos na EAO Patrimonial. Mesmo assim, ele não gostou. Na carta que escreveu a Isabela e aos irmãos Maurício e Mônica após a visita, reforçava o que já havia dito na cadeia: "Vejo com mal [sic] olhos, (no sentido de nos expor e ser arriscado empresarialmente) um movimento de cisão parcial da Kieppe vertendo ativos para os acionistas. Ao mesmo tempo que pode ser mal interpretado/exposto, este movimento coloca ativos na propriedade do meu pai (ou minha/ EAO) que a meu ver é ainda mais arriscado e suscetível a bloqueios que a Kieppe. Por fim, um segundo movimento de transferência desses ativos para Kiko [Maurício Odebrecht] pode ser ainda mais questionável".[21]

Na carta, Marcelo explicava que assinaria os papéis, mas que o irmão deveria consultar Nabor Bulhões para ver se era o caso de oficializar as alterações. Queixava-se do pai, que dizia estar iludindo os parentes quanto à real situação das finanças do grupo — "uma irresponsabilidade rumo ao suicídio coletivo". Dava ordens: "Novas dívidas não devem ser contraídas, e devemos ter muito cuidado para não onerar nossos ativos com garantias aos bancos". E lembrava já ter "orientado" que, naquele ano, não se distribuísse participação nos lucros: "Entendo que não haverá nenhum pagamento por parte dos acionistas do ILP agora em setembro, e muito menos haverá mais qualquer pagamento aos acionistas, nem mesmo com relação às ações já vencidas".[22]

Suas determinações foram solenemente ignoradas. No fundo, para parte da organização, Marcelo já era passado. Rei posto, rei morto. Nas cartas, ele alternava autoengano e ressentimento. Se num momento falava como quem imaginava que seria de fato obedecido, em outro caía em si e deixava patentes a raiva e o sentimento de abandono: "Parece que estamos numa guerra onde já no início o comandante foi capturado. Isso, porém, nem é o pior, já que ninguém é insubstituível. O problema que estamos vivendo é que no lugar deste comandante entrou um impostor, incompetente, covarde, omisso e cheio de rabo preso com uma corja que o influencia".

O cansaço e a mágoa eram recorrentes, mas aquele não era um dia qualquer. Antes de entregar a carta aos advogados, Marcelo fez uma anotação histórica, ao pé da folha de caderno: "13:35, Impeachment da Dilma".[23]

Uma semana depois, no início de setembro, Marcelo sentou-se novamente na sala da superintendência da PF para a reunião final com os membros da força-tarefa sobre os anexos de sua delação. Um novo personagem chegava para as negociações naquele dia, o advogado Luciano Feldens. Ex-procurador da República e responsável pela negociação da Carioca Engenharia, Feldens havia sido recrutado por Joana a pedido de Marcelo, que estava especialmente impaciente. Dias antes, após um encontro com os procuradores, ele tinha ouvido Theo Dias dizer que a Odebrecht esperava por sua soltura no fechamento do acordo. E não gostou do "modo frouxo" como o advogado tratara o assunto,[24] chamando de expectativa o que ele queria que fosse um compromisso. Em sua visão, Dias e Maia não podiam ser ao mesmo tempo advogados dele e de seu pai. Havia um conflito de interesses, e talvez por isso seu pleito de ser libertado não avançava. Quando chegaram para a reunião na PF, Dias e Maia foram informados por Joana de que Marcelo tinha um novo advogado, que falaria em nome do cliente.

A missão principal de Feldens ali era extrair da força-tarefa o compromisso de soltar o empreiteiro. Ao longo das negociações, todos tinham sido avisados de que as propostas de pena e as multas de cada um só seriam debatidas depois que os relatos estivessem fechados. Mas Marcelo dizia que, sem o compromisso da liberação, não assinaria nada, e queria que Feldens deixasse aquilo bem claro. Antes de a reunião começar, o defensor ainda tentou preparar terreno, avisando aos procuradores que ia pleitear a libertação do cliente. Foi desencorajado. "Aqui não é ocasião para tratar disso. Se você tocar no assunto agora, vai azedar tudo", avisou Sérgio Bruno.

Feldens, porém, não desistiu. Aproveitou um hiato em que um dos procuradores pediu licença para sair porque tinha que pegar um voo, levantou-se e começou a falar, como se estivesse num tribunal: "Quero aproveitar para fazer um pedido: estou aqui pela Rafaella, por Isabela, por Marianna e por Gabriella.

Para conclamar pela liberdade de Marcelo. Já estamos aqui há meses, ele já fez muitos anexos. Está na hora de considerar a necessidade de ele ir para casa". Os procuradores se enfureceram. Levantando-se, Pozzobon cobrou Maia e Dias: "O que está acontecendo aqui?! Nós já não falamos sobre isso!?". Gesticulando, voltou-se para Feldens: "O senhor está louco?! Estamos aqui há meses, já discutimos isso, o senhor chega e quer voltar a esse assunto? Não é a hora e Marcelo não vai sair. Acordo não é a chave da cadeia".

Aí foi a vez de Marcelo se virar para trás e começar a gritar, com o dedo na cara dos advogados: "Vocês me enganaram! Disseram que eu ia sair na hora do acordo! Dr. Adriano e dr. Theo, vocês vão se ver comigo!". O quiproquó estava formado. Todos gritavam ao mesmo tempo. "Eu fui enganado!", dizia Marcelo. "Eu não vou fazer mais acordo nenhum!" Os procuradores, igualmente alterados, responderam: "Então não faça! Fique aí". E deixaram a sala, escapando aos braços de Feldens, que tentava segurá-los. Enfurecido, Maia foi para cima do advogado: "Você não tinha o direito de fazer esse aparte sem combinar comigo antes! Você está prejudicando o acordo e prejudicando Marcelo. Já tentamos isso e não conseguimos!". O novato revidou, já avançando na direção do outro: "Você me respeite!". Foi preciso os outros intercederem para evitar que a discussão descambasse para o conflito físico.

Dada a situação, os procuradores encerraram a reunião ali mesmo. Não haveria continuação à tarde. "Vocês precisam se rearrumar", disseram. Marcelo se descontrolou novamente e acusou Maia: "Estou nessa situação por sua causa. Isso é culpa sua! Se você tivesse feito o que eu te disse, se tivesse levantado a mesa caso não tratassem da minha liberdade, nós não estaríamos aqui!". Mônica Odebrecht, que assistia a tudo, partiu em defesa do colega: "Isso não é verdade! Você sabe o quanto ele está se sacrificando por nós e pela empresa. Se continuar falando isso, vou romper com você!".

A briga na superintendência ainda ecoava na mente de Marcelo quando ele abriu seu caderno universitário, três dias depois, para escrever mais uma carta aos advogados e à esposa. Já normalmente calado, havia passado os últimos dias ainda mais quieto, ruminando o que acontecera. Quando finalmente colocou os pensamentos no papel, o tom era de amargura. "Gostaria de deixar claro que não acredito em nenhuma teoria conspiratória da organização contra mim, e nem que exista uma tentativa deliberada da organização para me prejudicar. Estou seguro, todavia, de que minha defesa não é prioritária. Estou caminhando, caso não mudemos o rumo do acordo e de minha defesa, para um cenário ainda mais catastrófico."[25] Por isso, ele havia tomado uma decisão: retomar os pedidos de habeas corpus e as tentativas de anular as buscas e apreensões contra ele. "Não posso em absoluto correr o risco de fragilizá-la [a defesa] por conta de um acordo sobre o qual não tenho confiança, ainda mais do jeito que as negociações estão sendo conduzidas pela organização. E mais, não posso correr o risco de ser condenado em 2ª instância (TRF) estando preso."

O que sempre lhe diziam era que voltar a combater a Lava Jato no Judiciário significaria queimar pontes com o MP. Mas Marcelo achava que eles acabariam cedendo. Na carta, afirmava também que abandonaria o silêncio que adotara como regra desde o início das negociações e voltaria a responder às perguntas nos interrogatórios, reativando a metralhadora giratória. Dali em diante, ele chamaria a atenção para, em suas palavras, "algo que até agora evitei ressaltar": que não era o único responsável pelos fatos. "Tudo o que fiz era do conhecimento e alinhadas [sic] com várias outras pessoas na organização, em especial o CCA [comitê do conselho de administração]."[26] Traduzindo: já que o pai e seus parceiros não se empenhavam em salvá-lo, ele faria com que provassem das agruras da Lava Jato, envolvendo seus nomes nas negociatas que estava prestes a revelar. "Este último ponto [a anuência do comitê dos 'tios' a seus crimes] talvez até venha a demandar uma revisão nos meus relatos/anexos", escreveu.

A informação de que Marcelo ameaçava uma revanche deixou a Odebrecht em polvorosa. Conforme os dias se passavam, Joana e Feldens conseguiram convencê-lo de que uma ofensiva contra a Lava Jato poderia sair pela culatra. O habeas corpus ficaria de lado, mas não o revide contra o pai e a cúpula da Odebrecht. Duas semanas depois da briga, enquanto se preparava para retomar a discussão sobre os anexos com a Lava Jato, ele escreveu para a mulher e as filhas: "Já era esperado, e se eu permitisse que o pessoal conduzisse o acordo me deixando para o final, aí sim é que essa pressão em cima de nós seria insustentável. A pressão e o isolamento que estamos (e vocês, principalmente, estão) sofrendo vêm de todos aqueles que, falsamente, diziam que eu era prioridade. São essas pessoas que não querem que eu entese, priorize o meu acordo e saia daqui logo. Afinal, para essas pessoas é melhor atender à demanda por meu sangue da força-tarefa, me entregar numa bandeja de ouro como bode expiatório e troféu para a força-tarefa e, em tese, facilitando o acordo para todos os demais".[27]

Assim como quando estava solto, Marcelo apostava no enfrentamento. Parecia não ter se dobrado às derrotas — ou não aprendera nada com elas. Estava certo ao dizer que era um troféu para a Lava Jato e ao supor que o MP precisava dele para fechar o acordo com a Odebrecht. Maia e Dias diziam, nas reuniões internas, que para os procuradores a participação de Marcelo era essencial. Não só por seu papel na organização, mas também porque, se não participasse, ele poderia tumultuar bastante o processo, principalmente se trabalhasse para desmontar os depoimentos do pai e de outros delatores. Mas o herdeiro tinha suas fragilidades. Sem a Odebrecht, não teria como pagar sua defesa. Também precisava que os outros assumissem parte dos crimes para ajudar a reduzir sua pena. Tinha muito a perder. Contudo, como fizera em todas as disputas de sua vida, iria até o final. "Se cedermos, serei, para conveniência de todas as trupes (EO + Hitler [referência a Moro]), o criminoso-mor da Lava Jato, e ficarei ainda uns bons anos em regime fechado, pagando por todos aqueles da Odebrecht que cometeram ilícitos, os quais continuam no seu bem-bom em liberdade."[28]

Embora falasse no plural, Marcelo tinha em mente uma única pessoa: Emílio. Naqueles dias, o médico da família, Mayense Boulos, o visitou para exames de rotina e insistiu em entregar uma carta antiga do pai, que ele se recusava a receber. O médico garantiu que a carta era "muito carinhosa", mas ele não quis saber. "Eu disse a ele que o que eu preciso de EO são ações e coragem para assumir o que fez, e não de carinho."[29]

23. Aos 46 minutos do segundo tempo

"Isso é um absurdo! Calúnia, isso não existe! É assunto meu, não admito que ninguém trate disso!", protestou Emílio Odebrecht, com o rosto afogueado típico de quando se irritava. Ele passara o dia todo reunido com advogados e delatores para a última etapa da negociação antes do fechamento das penas. Naquele início de noite, fechado numa sala do hotel Windsor de Brasília com um grupo muito restrito de auxiliares, o patriarca tomava pé das exigências de Marcelo para fechar o acordo de delação. Estava tudo no bilhete manuscrito em folha de caderno universitário que o filho entregara horas antes, em Curitiba, à advogada Joana Batista:[1] além do valor da multa, o valor que Marcelo perderia para a Lava Jato também deveria ser coberto, assim como a promissória que ele e Isabela haviam dado em 2015 para a liberação do empréstimo da Caixa ao consórcio que construiria os apartamentos da Vila dos Atletas, no Parque Olímpico do Rio. Queria, ainda, a garantia de que nenhum dos funcionários que o haviam apoiado até ali fossem demitidos. Falava principalmente dos advogados que haviam ficado do seu lado, contra o time jurídico capitaneado por Adriano Maia.

De início, à medida que os emissários de seu filho iam informando as condições, Emílio assentia com a cabeça. Foi só quando ouviu o último item que se alterou: ele deveria compensar os acionistas da Kieppe pela transação em que trocara as fazendas por ações da Odebrecht que não valiam quase nada (dando aos parentes algo como 80 milhões de reais, nos cálculos da época). "A trupe de Emílio, que levou muito dinheiro nos últimos anos, tem que comparecer com algo",[2] Marcelo disse aos advogados. "Isso não", decretou Emílio. O pequeno grupo de auxiliares testemunhou a reação indignada do chefe em constrangido silêncio.

Já seria um assunto delicado em circunstâncias normais. Era um dogma cunhado por Norberto que família e empresa nunca deviam se misturar. Entre os parentes e amigos próximos, Emílio nunca negara que a transação houvesse ocorrido, dizendo que os irmãos e sobrinhos tinham mais era que estar satisfeitos. Afinal, com a troca, ele quitava um empréstimo tomado da própria Kieppe que tinha ficado pendente por anos — e, em paralelo, injetara 60 milhões na Cárdio Pulmonar, da irmã Ilka, e 15 milhões na Riocon, do irmão Eduardo Odebrecht.[3] Todos sabiam que Emílio não deixaria os parentes à míngua. Socorreria quem precisasse, como sempre fizera. Desde, é claro, que se mantivessem sob sua influência — e quietos. Agora, por força daquela situação extrema, vários auxiliares ficavam sabendo que o filho achava que o pai havia enganado os primos.

A cena que os advogados presenciaram horas antes, na superintendência da Polícia Federal em Curitiba, não tinha sido menos dramática. Joana Batista, os colegas Luciano Feldens e Geraldo Villaça e o presidente da Odebrecht Ambiental, Fernando Reis, haviam tomado um jato em Brasília bem cedo, de manhã, para levar a Marcelo a proposta de pena formulada pelos procuradores. Na véspera, dia 5 de outubro, a força-tarefa distribuíra os envelopes com as punições estipuladas para os delatores do grupo no auditório da Procuradoria-Geral da República. Estavam todos em Brasília para aquele momento crucial das negociações. Marcelo era o único ausente, e o único que não podia ficar de fora. Era imperioso consultá-lo.

"É muito pior do que eu esperava!", disse Marcelo, lívido, pondo as mãos na cabeça. Mesmo já tendo sido reduzida em Brasília, nas primeiras conversas com a Lava Jato, sua pena ainda era a mais alta de todas. Seriam dez anos privado de sua liberdade, divididos em quatro etapas: depois de completar dois anos e meio de cadeia, ele ficaria mais dois anos e meio em regime fechado domiciliar, então viriam mais dois anos e meio de semiaberto domiciliar (em que o condenado pode sair durante o dia para trabalhar), e o último período de dois anos e meio em regime aberto (só não se pode sair de casa nos fins de semana). Aquilo significava que ele não poderia sair da cadeia no fechamento do acordo. Mesmo descontado o tempo que já tinha passado preso, ainda teria que ficar mais um ano e meio em Curitiba antes de ir para casa.

Nem nos cenários mais drásticos Marcelo imaginara aquilo. E o pior era que, justo naquele dia, a direção da PF não o autorizara a receber a advogada na sala da custódia, onde podiam conversar livremente. Estavam no parlatório, falando ao telefone separados por um vidro. A restrição era medida de segurança, disseram os federais. O assessor de Palocci, Branislav Kontic, preso dias antes, tinha tentado se suicidar com uma overdose de remédios,[4] e ninguém mais podia ficar longe da vista de um agente. "Joana, eu não posso falar sobre isso assim. Aqui não dá", disse Marcelo.

O impasse só foi resolvido depois do almoço, graças a um pedido de Deltan Dallagnol à chefia da PF local. Quando o grupo afinal se reuniu a sós com Marcelo, ele já estava mais calmo. "Eu não esperava isso. Na minha cabeça, eu sairia para o Natal. Só que esse nem é o problema. Eu aguento. O problema é a família. Bela e as meninas não vão aguentar. Eu preciso ter tranquilidade de que elas vão ficar bem. Por isso, para aceitar o acordo, eu tenho algumas condições", disse ele, estendendo o bilhete que seria lido naquela mesma noite para Emílio, em Brasília.

Todos tentaram consolá-lo. O acordo era ruim, mas não tinha jeito. Por mais que se esforçassem, não melhoraria muito. Luciano Feldens sugeriu que Marcelo tentasse uma autorização para passar o Natal com a família. Nestor Cerveró, ex-diretor internacional da Petrobras preso em 2015, conseguira aquela permissão em seu acordo. Marcelo não quis. "Ir para casa e ter de voltar vai ser muito pior."

Os últimos acontecimentos já haviam feito Marcelo desconfiar de um desfecho ruim. "Não existem coincidências na Lava Jato", ele escreveu numa carta para a irmã, Mônica, e o cunhado, Maurício Ferro, sobre a prisão de Antônio Palocci, dias antes de saber qual era a pena que lhe haviam reservado. A Operação Omertà se baseara principalmente nas evidências colhidas nos computadores da Odebrecht e no celular de Marcelo sobre a planilha Italiano. Ele apostava que o momento fora escolhido a dedo, para mostrar à Odebrecht que a força-tarefa ainda tinha fôlego e arsenal para fustigá-la. O que lhe dava a certeza de que a estratégia adotada pelo grupo era "ingênua, para não dizer imbecil".[5]

Tal avaliação só piorou quando Marcelo soube do conteúdo dos anexos de Hilberto Silva, que complicava ainda mais sua situação junto à força-tarefa. Em seu diário, naquele dia, Marcelo acusou Hilberto de ser "responsável por muito da merda em que nos metemos" e de ter feito "um acordo para me foder no seu relato". Segundo ele, o conteúdo dos depoimentos de Hilberto dava a entender, de forma errada, que o caixa dois da Odebrecht tinha sido criado só em sua gestão — o que não era verdade. Marcelo também achava que, pela forma como colocara os fatos, Hilberto o responsabilizava até mesmo pelas mutretas de que ele não tinha conhecimento, como a compra do Meinl Bank. Ao ser informado por Mônica de como o acordo de Bel havia ficado, ele teve um acesso de raiva. "Não aguentei, explodi e não tive força para mais nada. Todo mundo escutou ou percebeu, e os agentes atônitos e sem jeito, e quando voltei para a galeria todo mundo já estava preocupado comigo."[6]

Ele não conseguia deixar de pensar que a irmã e o cunhado eram responsáveis por toda aquela situação. A raiva e a mágoa que ele sentia dos ex-maiores aliados só crescia. "Não sei se tenho mais nojo disto ou da incompetência e falta de cuidado da empresa, a começar por Maurício e Mônica em me proteger. Não consigo aceitar que tenham colocado com o sacana do Hilberto um advogado que aceitou aquele relato para desgraçar minha vida." Era difícil para ele entender que nem a Odebrecht nem ele tinham a mesma força de outros tempos: "Se eu estivesse solto, com um ente querido preso, há muito esse assunto já estaria resolvido".[7] Marcelo ainda achava que podia forçar a organização a fazer o que ele queria: "A empresa vai avisar a FT [força-tarefa] que antes de fechar minha pena/acordo não dará mais um passo. E nem receberá a proposta de pena dos demais colaboradores". Ele tinha consciência de que podia não ser atendido, mas não lhe restava opção a não ser apelar. "Que caso a decisão seja não cumprir o prometido a mim [...] quero escutar (juntamente) de: EO; minha mãe e meus três irmãos (que caíram no engodo de EO), principalmente Mônica que me fez a promessa pessoalmente; Bela; meus primos (Norbertinho e Duda)."[8]

Sozinho com os advogados na sala da PF, Marcelo constatava que as ordens, os apelos e as ameaças haviam sido em vão. As tratativas com a Lava Jato não tinham sido suspensas para que sua pena fosse negociada. Todas aquelas cartas em folhas de caderno agora serviam apenas como registro de sua impotência. Doía-lhe especialmente a ausência do pai, da irmã e do cunhado. "Infelizmente, não deixa [sic] de ser mais três perdas que tive nesta jornada", escreveu no diário, ao comentar que não conseguira esconder dos advogados a mágoa e a revolta. "É até para meu próprio bem. O melhor que faço é 'desalojar' a mágoa que sinto dos três, substituindo-a por uma indiferença, e que todos eles possam cair logo no meu esquecimento." Tal propósito, porém, se perderia no tempo. A mágoa e o ressentimento, esses, sim, permaneceriam. E cresceriam de forma incontrolável, como um tsunami que arrasta tudo ao redor.

Em Brasília, Emílio, Mônica e Maurício Ferro tampouco tinham vida fácil. Os delatores, vários parentes e os advogados estavam em Brasília para receber as propostas de pena. A organização custeara a viagem e distribuíra o pessoal em dois hotéis, de onde acompanhavam a verdadeira ação, que se desenrolava a cinco quilômetros dali, na Procuradoria-Geral da República. Na quarta-feira, dia 5 de outubro, por volta das quatro horas da tarde, os procuradores perfilaram-se junto à mesa do auditório com seus notebooks e pilhas de envelopes com as penas estipuladas e foram chamando os defensores pelos nomes dos clientes, em ordem alfabética: "advogado do Benedicto Júnior", "advogado do Claudio Melo", e assim por diante. Eles pegavam os envelopes e iam encontrar os clientes. Voltariam à PGR no dia seguinte para discutir caso a caso.

A cúpula e os principais advogados ficaram no Windsor, hotel tradicional na região mais central da capital federal, onde tinham quartos e salas de reunião à disposição, além de um refeitório com TV e bufê variado e um lounge com equipamentos de escritório com secretárias à disposição.[9] Os outros foram alojados no Royal Tulip, antigo Blue Tree, à beira do lago Paranoá — construção moderna e espalhafatosa projetada pelo arquiteto Ruy Ohtake, com fachada futurista preta e vermelha e comodidades como piscina, academia, quadra de tênis, um amplo hall de entrada e um bar onde se concentraram os homens da Odebrecht.

À medida que os advogados iam chegando, foi se instalando o clima de velório. Cada envelope aberto trazia um susto. Até então, a expectativa geral era receber penas relativamente brandas, tanto pela abrangência da delação como pela gravidade dos crimes confessados. O otimismo professado pelas equipes de defesa tinha contribuído para o autoengano. Quando afinal se conheceram as propostas, o baque foi grande. A quase todos havia sido reservada alguma pena em regime fechado, fosse em penitenciária ou em prisão domiciliar. O caso mais radical era o de Paul Altit, o ex-diretor financeiro da holding que montara as primeiras offshores usadas para movimentar o caixa dois — e que, depois, como presidente da Odebrecht Realizações Imobiliárias, liberara o dinheiro da propina para aliados de Guido Mantega pelo investimento no condomínio Parque da Cidade, em São Paulo. Altit, que tinha sido um dos rejeitados pelo relato "fraco" semanas antes, reescrevera os anexos até ficarem mais robustos, aceitáveis para a Lava Jato. E agora os procuradores propunham que ele ficasse um ano encarcerado numa penitenciária. Naquela noite, em menor ou maior grau, todos sentiram o desespero dele. "Foi uma porrada. Os procuradores davam sinais de que estavam gostando dos relatos. Então esperávamos que ninguém, nem mesmo Marcelo, tivesse que cumprir pena de prisão depois do acordo. Imaginávamos penas brandíssimas, em muitos casos só multa", lembra um dos representantes da Odebrecht.

Enquanto vários executivos afogavam as mágoas no bar do Royal Tulip, a cúpula se reunia no Windsor para um balanço da situação. Quando Adriano Maia explicou que as penas e multas eram muito mais altas do que eles esperavam, o primeiro impulso de vários na sala foi sugerir endurecer na negociação e ameaçar abandonar a mesa. Maia foi realista: "Não vamos conseguir, porque há pessoas para as quais o acordo é muito bom". Uma dessas pessoas era Benedicto Júnior, o presidente da construtora no Brasil, que coordenava a distribuição do caixa dois nas campanhas eleitorais. Júnior havia recebido uma pena considerada branda vis-à-vis os crimes confessados e às penas dos outros delatores — sete anos e meio, mas só em regime domiciliar, e um ano e meio em regime fechado. Calculava-se que, caso a negociação fizesse água, Júnior e alguns outros buscariam fechar acordos individuais com a Lava Jato — ou fazer "carreira solo", como se dizia na força-tarefa —, o que certamente deixaria a empresa e os não delatores expostos a novas prisões, processos e condenações.

O jogo da Lava Jato tinha funcionado, e aquilo irritava muita gente na Odebrecht — como Pedro Novis, que teve uma discussão dura com Theo Dias. Embora não com essas palavras, era ele quem expressava de forma mais radical o que vários defensores vinham dizendo aos clientes, pela frente ou pelas costas: tinham que dar graças a Deus pela chance de um acordo. Do contrário, podiam estar todos presos. Naquela noite, materializava-se o que Dias tentava dizer a Emílio desde o início: aquele acordo não se daria em paridade de armas. Uma delação era uma rendição. Negociada, mas ainda assim uma rendição. Em resposta aos protestos de Novis, Dias disse que não adiantava blefar, porque a Odebrecht não tinha alternativa senão aceitar as condições da força-tarefa. "Você parece um membro do Ministério Público!", esbravejou Novis, já exasperado.

Foi apenas um dos bate-bocas da longa e tensa noite, em que parte do time jurídico ia se dedicar a acalmar os mais exaltados, e outra parte, a impor algum senso de realidade aos alienados. No extremo oposto dos que queriam dar uma banana para a Lava Jato, havia quem achasse pertinente pedir vinte dias livres por ano para visitar a avó, uma saída da prisão domiciliar para ir à missa todo domingo ou uma manhã de academia por semana. A eles, os advogados lembravam que não estavam indo para um spa ou uma colônia de férias, mas negociando a punição por crimes confessados. Mesmo assim, ao final alguns até conseguiram exceções — como Hilberto Silva, que ganhou permissão para visitar sua fazenda uma vez por mês, ou o próprio Novis, liberado para vistoriar sua criação de gado de elite no interior de São Paulo por três dias a cada três meses.

A estratégia da Lava Jato era óbvia — pegar pesado para aliviar no final. Para dar às punições alguma lógica, os procuradores fizeram uma planilha classificando os colaboradores por cargo que ocupavam no grupo, tipo de crime, grau de envolvimento, autoridade pública com quem se relacionavam e qualidade dos depoimentos e das provas entregues. Cada item ganhava uma pontuação que ajudava a calibrar a pena. Quanto maior a nota, menor a pena. Mas a racionalidade era relativa. Parte do cálculo tinha a ver com as condições em que ocorrera a negociação.

Era o caso, por exemplo, da pena estipulada para Emílio. Antes mesmo de chegar a Brasília, ele já sabia que poderia esperar dois anos a partir da homologação do acordo para começar a cumpri-la. O trabalho incansável de seus defensores tinha dado resultado. Em Brasília, Emílio foi informado oficialmente de que a proposta da Lava Jato previa aquele prazo de "carência". Depois, ele cumpriria prisão domiciliar por dois anos em regime semiaberto e outros dois anos em regime aberto. Ele ocupava o cargo mais alto da organização, negociara com vários presidentes da República e era evidente que protegia Lula e Fernando Henrique ao dizer que nunca tratara de dinheiro com nenhum dos dois. Tampouco escondia isso dos mais próximos, ao dizer que Lula, FHC e Temer tinham de ser preservados, "para o bem do Brasil". Ainda assim, recebeu pena mais branda do que as que sobrariam para Alexandrino Alencar — sete anos e meio, com um ano e meio em regime domiciliar fechado — ou Pedro Novis — sete anos e meio, um ano dos quais em prisão domiciliar em regime fechado.

Era verdade que, diferentemente de Emílio, Alencar e Novis confessaram ter negociado e pago propinas e dinheiro de caixa dois a diversos políticos. Ainda assim, a discrepância foi notada e muito comentada em conversas reservadas — ou diante de um copo de uísque no bar do Royal Tulip. Na frente de Emílio, porém, ninguém disse nada. Na hora do vamos ver, valia o instinto de sobrevivência. Depois de tudo o que haviam passado, rever o que já estava posto não parecia boa estratégia. Até porque dois casos críticos ocorridos naquele dia tinham servido de alerta de que poderia ter sido bem pior.

Uma hora depois do início da distribuição das penas, dois advogados continuavam sentados no auditório da Procuradoria-Geral da República sem envelope algum: Rodrigo Mudrovitsch, representante de Claudio Melo, e Alexandre Wunderlich, de Alexandrino Alencar. Sem entender o que estava acontecendo, eles foram aos procuradores Pozzobon e Noronha. A explicação foi: "Vocês tomaram bola preta. Os anexos são insuficientes. Seus clientes claramente estão fazendo 'poupança política'. Há outros colaboradores contando coisas que eles não falam. Se é para esconder fatos, a gente não quer". Os advogados se espantaram. "Mas o quê? O que é que eles estão escondendo?" Os procuradores se recusaram a dizer. O jeito era voltar aos clientes e reescrever os relatos para tentar incluí-los no bonde da delação aos 46 minutos do segundo tempo.

A notícia das bolas pretas não abalou apenas os próprios interessados — Claudio Melo, que suava frio e repetia o tempo todo que não queria ser preso, e Alexandrino Alencar, que apelava ao uísque do bar do hotel para segurar o rojão. Durante o processo de negociação, eles iam sendo informados pelos advogados do andamento da classificação de seus anexos pela força-tarefa, que determinava se eles estavam entre os "bola verde", "bola cinza" ou "bola preta". Os avisos serviam como elemento de pressão psicológica. Depois de recebê-los, vários colaboradores haviam se "lembrado" de alguns detalhes ou até apimentado os relatos. Quando se deram conta de que dois deles haviam ficado para trás, muitos tiveram medo de vir a perder o acordo que já estava garantido por algo que dissessem ou fizessem nas conversas sobre a pena. A Lava Jato estava no comando. Muita gente passou a noite sem dormir.

O que se viu no dia seguinte, nas mesas de negociação, parecia mais um mercado persa do que uma discussão técnica sobre a aplicação do Código Penal. Pediam-se alívios variados por causa de uma mãe inválida ou da pouca idade de um filho. Ou uma mudança de regime em razão do bom desempenho nas entrevistas. Tabelas de penas aplicadas a delatores de outras empresas (ou da própria Odebrecht) eram usadas como comparação. O que não tornava as coisas muito mais fáceis, uma vez que reduzir a pena de um poderia levar os procuradores a aumentar a pena de outro. A verdade era que, naquela hora, respeitados alguns limites, contava de tudo um pouco na decisão de conceder benefícios: um bom argumento, a simpatia angariada nas entrevistas, o relacionamento dos procuradores com os advogados.

Também entrou em jogo, naquela etapa, um instrumento de barganha poderoso: dinheiro. Segundo o critério inicial, as multas deveriam corresponder a 30% de tudo o que se havia recebido da empresa no período em que os crimes haviam sido praticados, com limite de no máximo dez anos.[10] Se o sujeito quisesse diminuir a pena, poderia pagar mais multa, literalmente comprando a liberdade. Os advogados de Marcelo, por exemplo, conseguiram transformar quatro anos de cadeia em dois anos e meio aumentando a multa de 30 milhões de reais para 73 milhões — dos 100 milhões que ele afirmava ter recebido da Odebrecht. Ao final de algumas semanas, todas as penas foram reduzidas, e muitos anos de restrição de liberdade se transformaram em dinheiro. Somadas, as multas chegariam a 512 milhões de reais.

Até o fechamento do acordo, os procuradores incluiriam entre os delatores mais 26 funcionários da Odebrecht que não haviam participado da negociação. Seus nomes estavam num conjunto de cartas entregues pela própria companhia no final de setembro, junto com os anexos. Eram documentos em que eles informavam ter tido alguma participação nos episódios revelados na delação, mas diziam que não sabiam se podiam ou não ser considerados criminosos. Assim, colocavam-se à disposição da força-tarefa. Em troca recebiam a garantia de que não seriam presos intempestivamente. As cartas ganharam um apelido entre os executivos: *Love Letters*. Quando se encontravam nas reuniões ou na Caverna, se alguém perguntava: "Você é delator?", havia uma chance razoável de o interlocutor responder: "Não, sou *Love Letter*".

O medo da Lava Jato era tanto, e a ideia de um pacto de não agressão, tão atraente, que vários tentaram virar *Love Letters*. Parte deles foi rejeitada porque seus atos não foram considerados graves o suficiente para entrar no acordo. Mesmo assim, foram entregues ao Ministério Público 147 *Love Letters*, entre as quais foram escolhidos os 26 agregados de última hora. Assim se chegou à lista final de 77 delatores (Fernando Migliaccio, que recebera da Odebrecht os mesmos benefícios dos outros, seria considerado o 78º). Outros 47 executivos viriam a ser incluídos no acordo depois, como lenientes, apenas com o compromisso de fornecer informações que corroborassem os relatos dos demais, sem receber punição.

Depois da reprovação, Claudio Melo Filho e o advogado, Rodrigo Mudrovitsch, se trancaram no escritório, reescrevendo relatos por três dias. Embora tivesse se fingido de morto para o MP, Melo Filho sabia perfeitamente o que estava faltando. Os procuradores haviam perguntado várias vezes sobre a relação da Odebrecht com o presidente do Senado, Renan Calheiros. Não acreditavam que a delação de um dos maiores lobistas em atividade no Congresso Nacional estava completa sem trazer nada sobre um dos políticos mais poderosos da República — ainda mais sendo ele do PMDB, partido que, segundo Marcelo Odebrecht, fazia parte do programa de ação de Melo Filho. O executivo sabia também que, quando falavam em "poupança política", os membros da força-tarefa se referiam a Jaques Wagner e Geddel Vieira Lima, que ao longo dos anos haviam recebido não só relógios caros de presente, mas também dinheiro de campanha no caixa dois e propina propriamente dita.

Os motivos pelos quais Melo Filho havia guardado para si algumas histórias não eram difíceis de perceber. Filho de lobista, ele havia sido criado em Brasília, estudara com filhos de políticos e convivera com vários deles na juventude. Amante do tênis, tinha uma mansão no Lago Sul, onde recebia para almoços, recepções e jantares. Era dono de um restaurante japonês badalado, o Soho — onde, num espaço revestido de preto, com vista para um jardim interno, funcionava um "clube do uísque" em cujas prateleiras garrafas exclusivas de Blue Label esperavam figuras como o senador Gim Argello,[11] agora também no CMP.

Nos bons tempos, o executivo gostava de alardear aos colegas que tinha o

Congresso nas mãos e considerava seu grande legado ter "profissionalizado" as relações que Emílio tinha com os políticos. Entregá-los seria como anular o próprio passado e abrir mão de amigos e da vida social. Para quem estava acostumado a operar nas engrenagens do sistema, era difícil até mesmo acreditar que fosse necessário fazê-lo. Por isso, o primeiro impulso de Melo Filho foi tentar vender aos procuradores a história de um "menino de recados" de chefes poderosos — o que levou os colegas mais sarcásticos a comentar que, na hora H, a fera tinha virado um gatinho. Seu comportamento nas reuniões pré-delação era tão flagrantemente dissimulado que os colegas mais francos provocavam: "Se as coisas foram como você está dizendo, devolva todos os bônus que ganhou! Ou você estava mentindo lá atrás, ou está mentindo agora".

Ao se ver encurralado, porém, Melo Filho adotou um novo discurso — o de vítima. Desde o início da negociação, ele vinha se queixando de que alguns chefes queriam imputar aos menos graduados suas próprias responsabilidades. Expressava um sentimento de traição comum naqueles executivos que haviam se acostumado a ouvir que, na Odebrecht, diante de um grande e importante problema, "cabe ao líder fornecer a cabeça para ser premiado ou decapitado".[12] Agora se sentiam empurrados para o cadafalso por essas mesmas pessoas. Naqueles dias, Melo Filho passou a dizer que, se tinha que entregar seus antigos parceiros, entregaria também quem estava querendo se safar. E incluiu em seus relatos pistas que pensava serem suficientes para o MP querer trazer para a delação gente como Newton de Souza, acionista e CEO da organização, que havia sido diretor jurídico por 27 anos. Aos que perguntavam o porquê da atitude, ele desabafava: "Newton está milionário com o dinheiro que eu trouxe para o grupo. Esses caras me cobravam dia e noite para aprovar MPs, me mandavam minutas, me faziam ir à CPI pegar pen drives com deputados. Agora eu me ferro e eles saem limpos e ricos!".

No primeiro relato, Melo incluiu, à revelia do jurídico, uma troca de e-mails com Marcelo em que Souza (ou NS) era questionado sobre uma negociação envolvendo tributação de atividade no exterior. Foi repreendido por Emílio, mas manteve aquele trecho do anexo. Ao saber que o executivo havia tomado bola preta, Souza não perdeu a oportunidade. No restaurante do Windsor, cercado por delatores e advogados, o CEO deu o recado em tom de desforra e alerta: "Vocês viram? Não adianta apontar o dedo para dentro. Tem que apontar o dedo para fora".

* * *

A negociação com Marcelo se deu em outros termos. Ele podia não ter conseguido travar todo o acordo, mas não havia quem pudesse obrigá-lo a assinar a própria delação. Nas conversas com a força-tarefa, os advogados informavam que ele continuava ameaçando "levantar a mesa" e partir para o litígio caso não o libertassem. Depois de tantos meses negociando, um acordo sem o príncipe da Odebrecht representaria um retumbante fracasso para a Lava Jato. Por isso, embora ninguém considerasse soltá-lo, eles concordaram em fazer algumas concessões. Ainda em Brasília, antes que seus defensores levassem a proposta de pena a Curitiba, os procuradores disseram que, se Marcelo acrescentasse novas informações às que já havia dado, poderiam pensar em conceder-lhe algum benefício. Por exemplo, se ele contasse o que mais sabia sobre a cúpula do PMDB, especialmente no Senado.

De volta a Brasília, os advogados disseram que seu cliente aceitava o acordo desde que ele tivesse duas cláusulas. A primeira, de desempenho: se, nos meses seguintes, trouxesse mais informações, novas provas e novos crimes, sua colaboração seria considerada "efetiva" e ele poderia encurtar o tempo preso em casa de dois anos e meio para um ano e três meses. A segunda cláusula estabeleceria que sua pena se aplicava não só aos crimes já confessados, mas também aos que porventura fossem descobertos. "Como estou sendo processado por onipresença em tudo o que aconteceu na organização e não sei se o pessoal relatou tudo, não posso fechar um acordo que caia só porque algum integrante omitiu algo",[13] argumentou ele num dos bilhetes escritos da cadeia. Aqueles dispositivos não eram comuns na Lava Jato. Mas Marcelo tampouco era um réu comum, mesmo vencido. Os procuradores fecharam negócio.

Contudo, se o problema com a Lava Jato estava resolvido, a cisão com a família permanecia. Certo de que passaria muitos anos sem poder trabalhar, Marcelo estava determinado a tirar da empresa o máximo que pudesse para garantir o conforto dele, da mulher e das filhas e fustigar o pai. Mas não aceitaria ficar apenas na promessa. Por intermédio de Joana, mandou avisar Emílio que só assinaria o acordo quando os valores combinados estivessem depositados nas contas indicadas por ele. "Eu não mais confio em EO, Mônica, Maurício e muitos que hoje lideram a organização; deste modo quero o valor da multa já nas minhas mãos no fechamento do acordo, assim o nosso patrimônio fica preservado, já que o acordo dificulta em muito minha volta ao trabalho", escreveu em seu diário, em 6 de outubro.[14]

Na cúpula da Odebrecht, as exigências eram encaradas como extorsão. Nenhum outro delator recebera o que Marcelo queria. Ele, por sua vez, argumentava que nenhum amargara dois anos e meio de cadeia nem recebera pena tão alta. Marcelo dizia que os delatores das outras empresas não tinham sido obrigados a entregar à Lava Jato mais do que tinham — o que garantia ser o caso dele, uma vez que metade do seu patrimônio era da esposa.[15] Por isso, exigia que a empresa não só pagasse sua multa, como estava combinado com todos os colaboradores, mas também o dinheiro que ele perderia para a força-tarefa. Marcelo tampouco estava a fim de esperar. Queria que o dinheiro ficasse à sua disposição imediatamente, em contas "blindadas"— os 73 milhões de reais da multa numa conta à parte, que acabou sendo a de Rafaella, e os 70 milhões do ressarcimento em uma conta de previdência privada para uso da esposa e das filhas.[16] Tempos depois de tudo acertado, ainda exigiu que os pagamentos fossem comunicados ao Ministério Público, para que depois não tentassem tirar-lhe o dinheiro.[17] A questão era que os procuradores já haviam vetado qualquer outra compensação aos delatores além da multa. Diziam que, se o grupo reembolsasse também o patrimônio perdido, não haveria punição financeira às pessoas físicas. Os advogados não queriam nem ouvir falar em retomar o assunto e criar um novo problema àquela altura do campeonato. Ao final, decidiram fazer o depósito e não contar nada ao MP.

As semanas entre o recebimento da pena e a assinatura do acordo foram uma montanha-russa emocional para Marcelo. Ora ele dizia que não ia mais se importar com a empresa e a atitude de seus adversários: "Se não consigo influenciar, nem fazer nada, de que adianta ficar azucrinando a minha cabeça?"; ora expressava esperança e reconhecia a própria responsabilidade no desfecho do caso: "Tenho certeza, porém, de que vou superar isso, por mais injusto e dolorido que seja. E também por mais que eu me arrependa do que eu também fiz e deixei de fazer, sei que também tenho muita culpa de tudo isto". Depois, reconhecia: "No fundo ainda não absorvi o acordo"; "A forma como fui traído e abandonado pela empresa também é difícil de absorver"; "Tá foda".[18] No final de outubro, dias depois do aniversário de 48 anos, ele recebeu um recado da mãe por um agente da PF. "Verilson no meio da manhã veio me dizer que minha mãe dormiu angustiada, acordou preocupada e ligou para saber se eu estava bem. É como eu disse a Joana, o motivo da angústia dela dorme do lado dela. E se EO não cumprir os compromissos comigo (e continuar só me sacaneando), minha mãe, aí sim, vai ter motivos de sobra pra se preocupar, pois não vou assinar o acordo."[19]

Apesar de tudo, ele ainda sonhava em voltar à Odebrecht: "Eu poderia voltar a atuar como acionista, interagindo com executivos da organização, mesmo sem exercer um cargo executivo o mais cedo possível. Assim, se for do interesse da organização, e a mesma sobreviva até lá, eu poderia escolher alguém da minha confiança para liderar".[20] E alimentava o desejo de vingança: "Reforcei com Fernando [Reis] também a necessidade de fuzilarmos deserdores [sic], ou melhor, ajudarmos a força-tarefa a fuzilá-los. Em uma guerra, se vc não faz isso, só aumenta o número de deserdores [sic]".[21]

A etapa financeira da negociação de Emílio com a Lava Jato teve um desfecho bem menos traumático, mas não se pode dizer que tenha sido fácil. Durante as tratativas, declarou aos procuradores ter recebido 172 milhões de reais no Brasil e mais 148 milhões na Suíça, via caixa dois desde 2006, a título de remuneração variável e dividendos. Mas queria pagar multa de 26 milhões de reais e entregar para a força-tarefa apenas o saldo das contas na Suíça naquele momento: 300 mil dólares. Se aceitassem a proposta, estariam dando a Emílio um benefício que nenhum outro delator tivera. Todos tinham de devolver à União tudo o que haviam recebido da empresa no caixa dois, via Departamento de Operações Estruturadas. Se o dinheiro tivesse sido usado para comprar imóveis, obras de arte ou joias, os bens também deviam ser entregues. Só podia ser descontado o gasto com despesas pessoais, como médicos, cursos ou viagens. Sob qualquer ângulo, portanto, a proposta de repassar só 300 mil dólares à União era um escárnio. Quando Julio Noronha contou a novidade aos colegas no grupo do Telegram, Eduardo Pelella ironizou: "A gente deve para ele, é isso?". Laura Tessler foi mais direta: "Perdeu totalmente o senso do ridículo!".[22]

A questão foi resolvida no final de novembro, numa reunião tensa em Brasília, pouco antes da assinatura dos acordos. Cinco advogados apareceram apenas para discutir a multa e o valor a ser entregue por Emílio à União, munidos de cálculos feitos por consultores de mercado e pareceres jurídicos sustentando a tese dos 300 mil. Os procuradores haviam levantado informações sobre a grande quantidade de quadros e obras de arte que Emílio havia adquirido ao longo dos anos e queriam vê-los incluídos no cálculo dos bens. Já Emílio queria descontar do total a ser restituído à União os 20 milhões de reais que ele havia contabilizado como investimento em uma cachaçaria. Mas a força-tarefa já havia sido alertada pela Receita Federal a respeito da operação, em relação à qual havia suspeita de lavagem de dinheiro. O desconto de 20 milhões não foi aceito. Outra disputa se deu em torno do valor da repatriação de bens que ele realizara em 2016. Aproveitando a anistia aprovada pelo Congresso no auge da Lava Jato, Emílio legalizara os 148 milhões enviados ao exterior via caixa dois e pagara 30% de multa e impostos. Agora, queria descontar o valor repatriado do total a ser confiscado. A Lava Jato só aceitou descontar os impostos. O resto entraria na conta.

Ao final de muita discussão, advogados e procuradores fecharam o valor da multa de Emílio em 69 milhões de reais, mais 21 milhões de dólares de "perdimento". Era um dos valores mais altos, mas ainda assim ele podia se dar por satisfeito. Quem conhecia bem a contabilidade do patriarca conseguiria apontar várias outras fontes de recursos que Emílio não declarara à Lava Jato. Marcelo, por exemplo, contava aos companheiros que todo final de ano o pai recebia 5 milhões de reais em dinheiro vivo em Salvador, entregues pelo Departamento de Operações Estruturadas — que nunca entraram nas contas apresentadas ao MP.

Em meados de novembro, as negociações dos delatores estavam praticamente concluídas. Mas o acordo de leniência da empresa continuava em suspenso. Procuradores brasileiros, americanos e suíços haviam decidido fechar um acordo conjunto — o que era fundamental para a Odebrecht, para evitar que a organização fosse banida do território e do sistema bancário daqueles países. Àquela altura, já haviam sido superados vários obstáculos. A multa a ser paga pela empresa havia sido reduzida de 12 bilhões de reais para 6,9 bilhões, divididos entre a Odebrecht e a Braskem. Era muito mais do que o 1 bilhão proposto pela companhia no início da negociação, em 2016, mas 5,3 bilhões ficariam no Brasil e poderiam ser pagos em 23 anos.

A questão era que americanos e suíços não concordavam sobre como dividir o 1,6 bilhão de reais (equivalentes a 500 milhões de dólares). Os americanos queriam receber a maior fatia, mas o suíços diziam ter sido responsáveis por partes importantes da investigação e também não aceitavam receber menos. Pelo cronograma, a assinatura do acordo deveria se dar em Brasília, nos dias 23 e 24 de novembro. Na data marcada, os delatores foram todos para a capital federal e ficaram de prontidão. Mas brasileiros, americanos e suíços não conseguiam se entender. Para deixar o clima ainda mais tenso, 24 de novembro era Dia de Ação de Graças, o feriado mais importante dos Estados Unidos, e os americanos estavam fora de alcance, em recesso com as famílias. Aí foi a vez de os advogados da organização decretarem: sem acordo com as autoridades americanas, eles não fechariam com os brasileiros.

Pela primeira vez, os procuradores pareciam se sentir mais pressionados e angustiados do que a própria Odebrecht. Estavam prestes a fechar a maior delação premiada do mundo, trazendo à tona segredos de presidentes, ex-presidentes e políticos de todos os calibres em doze países da América Latina e da África. Só no Brasil, mais de duzentos haviam sido citados. Os delatores cumpririam ao todo 353 anos de pena e devolveriam aos cofres públicos, entre multas e confiscos, 1,1 bilhão de reais. Mas a força-tarefa não conseguia finalizar o acordo porque americanos e suíços não se entendia. O final do ano se aproximava, e o Supremo Tribunal Federal, a quem caberia analisar e homologar a delação, entraria em recesso. Se deixassem para janeiro de 2017, o risco de todo o esforço se perder era considerável. Especialmente porque, no Congresso brasileiro, as placas tectônicas da política se movimentavam.

Primeiro, os congressistas haviam tentado aprovar, em regime de urgência, um projeto de lei que era a versão recauchutada da medida provisória da leniência que Emílio tanto buscara no final de 2015. Pelo projeto, governos federal, estaduais ou municipais poderiam fazer acordos diretamente com as empresas, sem passar pela avaliação do Ministério Público, anistiando as pessoas físicas pelos crimes cometidos. Em reação, os procuradores chamaram uma entrevista coletiva para dizer que o projeto "feria de morte" a Lava Jato.[23] A péssima repercussão fez os deputados recuarem. Só que a delação da Odebrecht — cujos detalhes vinham vazando a conta-gotas para a imprensa — continuava pairando como ameaça sobre as cabeças de muitos deles, e a elite do Congresso resolveu tentar uma nova ofensiva.

Dessa vez, incluíram diversas emendas num projeto de lei anticorrupção capitaneado por Deltan Dallagnol — as 10 Medidas contra a Corrupção. As alterações propostas pelos deputados iam em sentido oposto ao pretendido pelos procuradores. Uma delas anistiava o crime de caixa dois. Outra previa a possibilidade de juízes e promotores serem punidos por abuso de autoridade. Outra ainda retirava da lei a figura do "reportante do bem", um delator que não havia participado de esquemas criminosos, mas que, contando tudo o que sabia, poderia ser premiado com até 20% dos valores recuperados.[24] Os procuradores e Moro davam entrevistas contundentes contra as mudanças, mas os congressistas não pareciam propensos a recuar.

Enquanto a Lava Jato se consumia em reuniões e teleconferências infrutíferas, o Congresso votava as emendas contra o projeto. Naquele contexto, fechar logo o acordo da Odebrecht passou a ser questão de vida ou morte. Em teleconferência com os americanos, Dallagnol contou o que se passava no Congresso e disse que a força-tarefa considerava renunciar. Então apelou: "Este pode ser o nosso último dia de trabalho. Por favor, vamos superar esse impasse".[25] No Brasil se dizia que os americanos também tinham suas razões para querer assinar logo o documento. Não queriam perder a chance de fechar o maior acordo de leniência da história ainda no governo de Barack Obama. Trump assumiria em 2017, o comando do Departamento de Justiça seria trocado, e muitos não sabiam se ainda estariam ali no ano seguinte. Ao final, os americanos aceitaram dividir por igual com a Suíça os ressarcimentos da Odebrecht. Naquela mesma noite, o plenário do Senado rejeitou o pedido de urgência para votação do projeto que faria os procuradores abandonarem a Lava Jato.[26]

Aí foi a vez de a Odebrecht vacilar. Enquanto revisavam os últimos detalhes dos documentos, os americanos deixaram claro que, imediatamente após a assinatura, os termos das confissões — expressos num documento intitulado Statement of Facts — seriam publicados no site de seu Departamento de Justiça. Esse tipo de relato era sempre genérico e não trazia os nomes dos envolvidos, mas resumia de forma razoavelmente compreensível os valores, locais e as circunstâncias dos crimes. Além disso, a publicação quebraria o sigilo de seis meses combinado com a Lava Jato para os fatos no exterior. Ao entender o risco que corriam, os advogados da Odebrecht apelaram a todos os que achavam que poderiam interferir em seu favor, de Dallagnol a Janot. Os dois procuraram os americanos em nome da Odebrecht e pediram que esperassem mais um pouco, mas os americanos foram peremptórios. A divulgação do Statement of Facts era obrigação legal e seria feita.

O caso era grave. Era impossível prever os efeitos da divulgação das confissões da Odebrecht, mas certamente não passariam em branco. Só no exterior, haviam sido distribuídos 439 milhões de dólares em propinas. Dos 77 delatores, catorze moravam fora do Brasil. A empresa tinha ativos importantes a preservar no exterior, muitos dos quais estavam sendo vendidos. Houve quem sugerisse assinar o acordo apenas com brasileiros e suíços, e abrir uma nova rodada de negociação com os americanos para tentar obter sigilo — aproveitando, quem sabe, para fechar alguma venda de ativo nesse meio-tempo. A questão era que, se a divulgação do documento podia ser desastrosa, não assiná-lo também podia ser perigoso. Sem acordo com os Estados Unidos, não se podia garantir que os executivos não seriam presos ou que os negócios não seriam afetados.

Uma decisão daquela importância só podia ser tomada pelo próprio Emílio, que o fez no último minuto. Pesou na decisão a avaliação mais otimista, segundo a qual o fato de o relatório só falar dos crimes em termos genéricos bastaria para proteger o pessoal e a empresa. Além disso, ter de passar mais alguns meses negociando parecia ainda pior do que acabar logo com aquele martírio e correr o risco. "Tudo vai ficar bem", dizia Emílio, com sua habitual autoconfiança.

Os acordos dos delatores foram assinados entre os dias 1º e 2 de dezembro, em Brasília, no mesmo auditório da PGR em que eles haviam recebido suas penas. Enquanto eram rubricados, as redações de todo o Brasil receberam uma nota pública intitulada "Desculpe, a Odebrecht errou", que dizia: "A Odebrecht reconhece que participou de práticas impróprias em sua atividade empresarial. Não importa se cedemos a pressões externas. Tampouco se há vícios que precisam ser combatidos ou corrigidos no relacionamento entre empresas privadas e o setor público. O que mais importa é que reconhecemos nosso envolvimento, fomos coniventes com tais práticas e não as combatemos como deveríamos. Foi um grande erro, uma violação dos nossos próprios princípios, uma agressão a valores consagrados de honestidade e ética. Não admitiremos que isso se repita. Por isso, a Odebrecht pede desculpas, inclusive por não ter tomado antes esta iniciativa".[27]

Naquele mesmo momento, em Curitiba, advogados e procuradores assinaram o acordo de leniência da pessoa jurídica. Pela primeira vez, em meses, estavam sorridentes e aliviados. Feita a parte burocrática, todos posaram para fotos e, ao final, trocaram abraços e apertos de mão. O procurador Orlando

Martello arriscou até uma brincadeira com Caio Rodriguez: "Doutor, e se eu te dissesse que o senhor pagou muito mais do que precisava? Que a gente teria aceitado o seu bilhão?". Rodriguez estava contente, mas ainda tenso o bastante para não conseguir reagir à provocação no mesmo tom. "Eu não acreditaria", respondeu, sem graça, e torcendo para não ser verdade.

Só na sala da custódia da Polícia Federal, em outro canto da capital paranaense, o clima era de suspense. Marcelo Odebrecht hesitava diante dos papéis empilhados esperando por sua rubrica. O dinheiro das "meninas" havia sido depositado, mas a promissória da Vila dos Atletas ainda não fora resgatada. Ele estava tão exausto quanto todos os outros e, no fundo, sabia ter tomado um caminho sem volta. Mas temia perder seu maior elemento de pressão sobre a Odebrecht. E repetia aquilo uma e outra vez, justificando à advogada, Joana Batista, por que ainda preferia não assinar. Sem saber o que fazer, entre o desânimo e o pavor de começar tudo de novo, ela apelou: "Marcelo, por mim. Eu te dou a minha palavra que não vou sossegar enquanto não resgatarem essa promissória. Mas assina, por favor. Eu não aguento mais". Ele se aquietou, pensou e só então cedeu. Depois, com uma expressão de tristeza e alívio, abraçou a advogada e agradeceu.

24. Deus perdoa o pecado, mas não o escândalo

Tinha tudo para ser uma manhã comum de fim de ano para os funcionários da Odebrecht. A reunião que costumava marcar o término dos trabalhos em Salvador já tinha acontecido, e estavam todos em recesso. Faltavam quatro dias para o Natal, e mesmo quem morava no exterior já estava de volta ao Brasil para as festas. De repente, o celular de Euzenando Azevedo, que estava no Recife com a família, tocou. Era um repórter de um jornal americano. Queria saber o que ele tinha a declarar sobre o fato de o Departamento de Justiça dos Estados Unidos afirmar que, em sua gestão, a Odebrecht havia distribuído 98 milhões de dólares em propina na Venezuela. Azevedo tomou um susto. Mais ou menos ao mesmo tempo, Jorge Barata, na Bahia, soube que seus planos de voltar ao Peru depois do Réveillon para preparar a sucessão e negociar um acordo com o Ministério Público local tinham ido por água abaixo. Logo, estavam todos se falando ou trocando mensagens, atordoados, sem saber como agir, perguntando-se quando aquilo teria fim.

Na verdade, estava apenas começando. Nas primeiras horas do dia 21 de dezembro de 2016, o site do Departamento de Justiça americano divulgou o conteúdo das confissões em dois relatórios separados — um para os crimes da Braskem e outro para os da Odebrecht.[1] O mundo soube então que desde 2001 a Odebrecht havia pagado 788 milhões de dólares em propinas a presidentes da

República e funcionários dos governos de doze países na América Latina e na África, incluindo o Brasil. A Braskem, outros 250 milhões de dólares. A multa, de 3,5 bilhões de dólares, era a maior já paga por corrupção no planeta — maior até do que a da multinacional alemã Siemens ou da francesa Alstom, que em sua época haviam causado espanto nos Estados Unidos e alhures.

Nos documentos americanos, os fatos eram descritos de forma vaga. Os personagens eram identificados apenas pelos cargos, seguidos de números (*Brazilian official 1*, *Odebrecht official 2*, *Peruvian high official*) e as datas nem sempre eram muito precisas. Ainda assim, os poucos detalhes permitiam vislumbrar o alcance do poder que a empreiteira conquistara no continente, e identificar várias das obras em que se pagara propina. No Panamá, dos 59 milhões de dólares distribuídos, 6 milhões tinham ido para dois "parentes próximos de um alto funcionário do governo". Nenhum panamenho tinha dúvidas de que se estava falando dos filhos do presidente da República Ricardo Martinelli. No México, outros 6 milhões haviam sido dados em 2013 ao alto oficial de uma estatal, em troca da vitória da Odebrecht em licitações. Só podia ser a Pemex, e os projetos só podiam ser as obras das refinarias de Tula e de Salamanca. Na Venezuela, as contas de dirigentes dos governos de Hugo Chávez e Nicolás Maduro haviam recebido 98 milhões de dólares. As campanhas dos dois candidatos à presidência da última eleição colombiana — incluindo o Nobel da paz Juan Manuel Santos — haviam sido irrigadas por dinheiro da Odebrecht. Histórias semelhantes haviam se dado na Guatemala, na Argentina, na República Dominicana, no Equador e no Peru. Na África, os subornos tinham sido de 50 milhões de dólares em Angola e de 900 mil dólares em Moçambique.

No comunicado oficial sobre o acordo, o diretor assistente do FBI, William Sweeney, declarou que um esquema criminoso tão "descarado" merecia fortes punições. "Quando funcionários públicos estrangeiros recebem suborno, ameaçam nossa segurança nacional e o sistema de livre mercado em que atuamos. Só porque estão fora de nossa vista, não quer dizer que estejam fora do nosso alcance."[2]

Deus perdoa o pecado, mas não o escândalo, diz um ditado espanhol muito usado nos países latinos. O que se passou dali em diante foi comprovação do dito popular. Embora não fosse propriamente um segredo que a Odebrecht corrompia agentes públicos, o escândalo provocado pela exposição do esquema e de seus tentáculos varreu a América Latina (na África, houve pouca ou nenhuma reação), e governantes se viram obrigados a tomar providências de impacto para tentar convencer o público de que não tinham nada a ver com *las trampas* da Odebrecht. Quem ainda não tinha investigação em curso envolvendo a empreiteira abriu inquérito imediatamente. Quem já tinha alguma, pôs-se a realizar apreensões. No Equador, policiais entraram encapuzados e armados nos escritórios da empresa; na Venezuela, a polícia marcou hora para recolher os documentos; Panamá e Colômbia suspenderam os contratos em curso e proibiram a empreiteira de disputar novas licitações; na República Dominicana, milhares de manifestantes foram às ruas pedir a expulsão da Odebrecht.

Em nenhum outro país, porém, a reação foi tão forte como no Peru. As autoridades e a imprensa já estavam de olho nas empreiteiras brasileiras. Em 2014, o operador de Alberto Youssef, Rafael Angulo Lopez, confessara ter levado ao país dinheiro de propina da OAS amarrado ao próprio corpo.[3] Em 2015, soube-se que o ex-ministro José Dirceu viajara algumas vezes a Lima, em 2009, para fazer lobby pela Galvão Engenharia e pela Engevix junto a Alan García. Tanto Dirceu como García negavam ter tratado de algo ilícito. A cobertura jornalística dos casos tinha sido intensa, e o Ministério Público local havia aberto inquéritos para apurá-los. Mas as investigações não avançavam, parecendo fadadas a morrer por inanição.

Depois do relatório norte-americano, a coisa mudou de figura. Não era mais possível ignorar que a Odebrecht, a maior potência empresarial estrangeira no Peru, exportara para o país não só serviços e obras, mas também seu modus operandi. Segundo o Departamento de Justiça, a organização havia distribuído pelo menos 29 milhões de dólares em propina ao longo dos governos de Alejandro Toledo (2001-6), Alan García (2006-11) e Ollanta Humala (2011-6). Um único suborno de 20 milhões de dólares fora pago em troca da vitória na licitação de um projeto de infraestrutura em 2005 — que só podia ser a rodovia Interoceânica, xodó de Toledo, licitada por 814 milhões de dólares e finalizada por cerca de 2 bilhões. O documento citava ainda o pagamento de 1,4 milhão de dólares em 2009 pela vitória em uma concorrência na área de transportes — obviamente o metrô de Lima, obra-símbolo de García, contratado por 410 milhões de dólares e concluído por 520 milhões.

Dali em diante, os fatos se sucederam em *fast forward*. No começo de janeiro, uma CPI foi instalada no Congresso. A exemplo do MP brasileiro, os procuradores peruanos montaram uma força-tarefa que desencadeou uma sequência de buscas, apreensões e prisões. O ex-presidente Alejandro Toledo teve a prisão decretada. Ele estava nos Estados Unidos e lá continuou, tornando-se oficialmente foragido. O governo editou um decreto proibindo que empresas condenadas por corrupção fechassem contratos com o Estado. A concessão do Gasoduto do Sul, maior obra da Odebrecht naquele momento, foi cancelada. O governo executou as garantias dadas pela empreiteira no início do contrato — 262 milhões de dólares, um recorde para o país — e ainda bloqueou mais 40 milhões de dólares que a companhia tinha em bancos locais, para garantir que não faltasse dinheiro para pagar as multas. Se todas as medidas fossem mantidas, estaria decretado o fim das atividades da organização no Peru. "Vão ter de vender todos os projetos. Lamentavelmente, eles têm essa tara da corrupção. Terão de ir embora. Acabou",[4] declarou o presidente Pedro Pablo Kuczynski, conhecido como PPK.

No Brasil, a situação também se agravou significativamente. Em 19 de janeiro de 2017, dias antes de decidir sobre a homologação dos acordos da Odebrecht, o relator da Lava Jato no Supremo Tribunal Federal, Teori Zavascki, morreu num acidente de avião. O bimotor em que ele viajava caiu no mar em uma tarde chuvosa em Paraty. O ministro, o piloto e outros três passageiros morreram. Além das teorias conspiratórias sobre um possível atentado disfarçado de acidente, cresceu na força-tarefa e na Odebrecht a preocupação com o rumo dos processos. Após alguns dias de incerteza, a presidente do tribunal, Cármen Lúcia, decidiu usar a prerrogativa do cargo para homologar ela mesma a delação. O conteúdo dos depoimentos e imagens, porém, continuaria em sigilo por um tempo.

Nessa hora, a ajuda veio de onde menos se esperava. A atitude do Peru acendera um sinal de alerta também na Lava Jato. Se outros governos da América Latina seguissem o exemplo, a Odebrecht sucumbiria em poucos meses, e a força-tarefa seria acusada de asfixiar o grupo e suas dezenas de milhares de empregos — além, é claro, de não receber a multa bilionária. Temendo uma possível desmoralização da Lava Jato, o próprio Sergio Moro passou a defender a empreiteira diante de plateias latinas. Em fevereiro, quando foi a Lima fazer uma palestra a magistrados, ele deu um recado: "Por maiores que sejam os delitos, a mudança de postura das empresas representou um grande avanço e foi uma atitude louvável. Por isso, deve-se estimular as que decidem colaborar com a Justiça a reconhecer seus crimes, e não castigá-las mais do que as que não colaboram".[5] Semanas depois, repetiu o discurso na Argentina.

Na mesma época, Janot reuniu em Brasília procuradores de todos os países onde a Odebrecht havia distribuído subornos para explicar os termos da delação (especialmente a cláusula de sigilo) e abriu espaço para uma apresentação dos advogados da empreiteira sobre o que estavam fazendo para saneá-la. Apesar do esforço, até o final de 2017, a Odebrecht só tinha conseguido fazer acordos com cinco países, incluindo o Brasil. O acordo com o Peru, o único fechado depois, só veio em 2019.

Nenhuma daquelas iniciativas, porém, resolvia o principal problema da Odebrecht — dinheiro. A turbulência no Peru veio num momento decisivo. Os 2 bilhões de dólares — cerca de 6,5 bilhões de reais, em valores da época[6] — que o grupo esperava arrecadar com a venda do gasoduto tinham ficado para as calendas, e talvez não se conseguisse mais ver a cor do 1,4 bilhão de dólares esperado pela venda da hidrelétrica de Chaglla, na região central do país.[7] Restava a Odebrecht Ambiental, empresa de saneamento que estava sendo vendida para a holding canadense Brookfield. O negócio, que renderia 878 milhões de dólares, havia sido acertado no final de 2016 e estava por ser fechado.

A cúpula da organização estava diante de um dilema. Para rolar a dívida, no ano anterior os bancos haviam exigido que os recursos arrecadados com a venda de ativos teriam de ser usados para abater os débitos. Só que, se entregasse o dinheiro da venda da Ambiental, naquele momento, o grupo ficaria sem recursos,[8] e o calote e a recuperação judicial da Odebrecht seriam inevitáveis.

Por isso, os assessores financeiros apresentaram um plano a Emílio e seus parceiros: entrar com o pedido de recuperação judicial 24 horas antes do fechamento do contrato. Era uma forma de garantir que o dinheiro fosse automaticamente para o caixa. Seria usado para continuar as atividades e renegociar as dívidas do grupo nos seis meses de carência concedidos no processo de recuperação judicial. A estratégia era que as empresas mais deficitárias entrassem com pedidos específicos de RJ, evitando que a holding tivesse que injetar mais dinheiro nessas companhias e preservando a participação na Braskem.

Tecnicamente, a Odebrecht já estava insolvente. Mesmo que vendesse todos os seus ativos para pagar a dívida, 8,2 bilhões de reais ainda ficariam descobertos.[9] Embora fosse um alívio, o dinheiro da Ambiental não resolvia o problema. E como na recuperação judicial os credores são pagos conforme as possibilidades financeiras da companhia, numa ordem de prioridade estabelecida por lei, certamente quem ficasse ao fim da fila terminaria sem receber nada. Para os assessores financeiros, porém, não havia alternativa melhor para tentar garantir algum futuro à Odebrecht, depois de concluída a renegociação dos débitos. Eles foram enfáticos: sem a recuperação judicial, seria muito difícil sobreviver. Só que aquela não era uma solução popular na cúpula da organização.

A Odebrecht tinha pendurados no sistema financeiro 120 bilhões de reais, somando dívidas das empresas e avais da holding — que, sem lastro, virariam pó no momento em que se pedisse a recuperação judicial. O grupo encolhera para 79 mil funcionários, menos da metade de antes da Lava Jato, e o faturamento de 25,7 bilhões de dólares já era 34% menor do que o de 2015.[10] A construtora, empresa que mais gerava recursos, perdera 4,3 bilhões de dólares em contratos desde o fim de 2016,[11] não conseguia novas obras e já gastara 3 bilhões só para terminar as que já estavam em curso e se manter funcionando. Com o caixa secando, as agências de risco rebaixaram a nota da construtora para cc, reservada a empresas com alto risco de calote. Já haviam se passado doze meses desde a renegociação anterior, e a situação só piorava.

Para Emílio, uma recuperação judicial seria o fim da Odebrecht. "Não podemos fazer isso. Vamos precisar dos bancos!" Apesar de terem conseguido trocar uma parte das garantias ruins por ações da Braskem, os grandes bancos ainda tinham muitos financiamentos ao grupo garantidos por avais que não valiam nada. Mais exatamente 13 bilhões de reais, que, em caso de recuperação judicial, passariam a figurar como rombo nos balanços dessas instituições. Em tese, era um problema deles, e não de Emílio. Instituições financeiras vivem de emprestar dinheiro a pessoas físicas e empresas que, por vezes, quebram. E empregam centenas de analistas, advogados e especialistas justamente para ajudá-los a calcular riscos e se proteger. Se haviam cometido erros de avaliação e concedido créditos sem a devida proteção, deveriam arcar com as consequências. A Odebrecht não seria nem a primeira nem a última construtora a deixá-los pendurados na brocha. Naquele início de 2017, havia cinco empreiteiras em recuperação judicial, e outras cinco iam se juntar à fila nos meses seguintes. Emílio e muitos no grupo, contudo, não viam a situação dessa maneira. Consideravam que uma recuperação judicial daquele tamanho decretaria o fim da Odebrecht. Nas discussões entre os executivos, surgiu uma alternativa: procurar os bancos, explicar a situação e pedir que não retivessem o dinheiro da venda da Ambiental.

A primeira reação dos banqueiros foi de indignação. Eles haviam emprestado quase 5 bilhões de reais ao grupo na pior crise financeira de sua história e no ano seguinte já iam receber um calote? Nas conversas com interlocutores como Candido Bracher e Alberto Fernandes, do Itaú, ou Luiz Trabuco e Lázaro Brandão, do Bradesco, Emílio disse que não tinha jeito. Ele dava sua palavra de que faria o que pudesse para pagá-los, mas, se não liberassem o dinheiro, seria obrigado a entrar em recuperação judicial. Como para banqueiro o que importa é dinheiro, e não palavra, eles deram um jeito de aproveitar a oportunidade. Disseram que cederiam os recursos, desde que a Odebrecht não entrasse em recuperação judicial e ainda incluísse novas dívidas sob a garantia das ações da Braskem. Se Emílio aceitasse a proposta, as mesmas ações que avalizavam uma dívida de 4,7 bilhões de reais passariam a servir de lastro para mais 2,1 bilhões.[12]

Naquele momento, a petroquímica valia 25 bilhões de reais na Bolsa e a fatia da Odebrecht, 9,5 bilhões. O cobertor começava a ficar curto. Além disso, os novos contratos previam uma série de controles sobre futuras vendas e alienações de ativos que aumentavam o risco de a organização ser obrigada a entregar a Braskem num futuro não muito distante.

"Essa operação só faz sentido se vocês estiverem considerando perder a Braskem para os bancos e ficar com a construtora, o que seria uma loucura", disse Eduardo Munhoz aos mais de vinte executivos, consultores e acionistas que se reuniram na sede da organização na manhã do sábado, 22 de abril de 2017. A Lazard preparara uma apresentação mostrando que a proposta dos bancos não só *não* salvaria a Odebrecht da recuperação judicial como, em um ano, eles teriam de partir para a concordata em situação muito pior. Preservar a Braskem, a galinha dos ovos de ouro, fazia muito mais sentido. Mas interromper as tratativas com os bancos e iniciar uma cascata de recuperações judiciais certamente provocaria um novo grande escândalo no mercado. Sem contar que, com várias recuperações judiciais rolando ao mesmo tempo, havia o risco de erros e malfeitos ainda escondidos virem à tona.

Ao final das discussões, já com a tarde de sábado virando noite, Emílio dispensou os consultores e disse que gostaria de deliberar sozinho com seu pessoal. Depois de um dia inteiro de reunião, o patriarca decretou: "A família está disposta a tentar".

Foi essa a decisão que Newton de Souza comunicou na segunda-feira aos assessores financeiros e jurídicos. Ele, que sempre fora contra a recuperação judicial, anunciou vitorioso que haviam optado pelo acordo com os bancos. Os argumentos eram os de sempre: para empresas de engenharia, "RJ"s são um caminho sem volta, e eles achavam que ainda não era o fim da linha. Não só Souza, mas a maior parte da diretoria e do conselho acreditava haver saída para a situação. Ainda estavam tentando vender Chaglla e alguns outros ativos, a economia brasileira começava a se recuperar e se esperava uma melhora nos negócios, especialmente na área imobiliária.

Os assessores não acreditavam no que estavam ouvindo. Deu-se então uma última tentativa de convencer Souza, que rapidamente se transformou em discussão. Os consultores diziam que a Odebrecht estava sendo irresponsável ao entregar aos bancos seu melhor ativo em troca de praticamente nada: "Vocês vão se foder!". Mas era um desperdício de tempo, palavrões e tapas na mesa, uma vez que já estava tudo decidido. O objetivo de Souza ali era apenas comunicar uma decisão. À saída do prédio, ainda incrédulos, os assessores procuravam uma explicação. "Será que ainda tem esqueleto na engenharia? Só isso justifica morrer abraçado à construtora."

Talvez, mas não só. A Odebrecht ainda tinha de pagar os 500 milhões de reais em multas dos 77 delatores — o que provavelmente não conseguiria fazer num processo de recuperação judicial, em que eles iriam para o final da fila dos credores. Além disso, estava pagando participação nos lucros aos principais executivos, além dos salários dos delatores e honorários de seus advogados. Newton de Souza, por exemplo, recebeu 8,4 milhões de reais naquele ano, e levaria mais 4,1 milhões em 2018. Para Emílio, foram pagos 4,1 milhões no final de 2017.[13] Havia ali um conflito evidente. Entre o interesse da empresa e o dos executivos, prevaleceu o último. Embora fossem donos da empresa, tanto Emílio como Marcelo recebiam mais como executivos do que como acionistas. Mais do que uma empresa familiar, a Odebrecht era uma "sociedade de confiança", como definira Norberto.

Assim que fechou com os bancos, Newton de Souza encerrou sua trajetória como executivo. Em maio, assumiu uma cadeira no conselho da organização e passou o comando a Luciano Guidolin, engenheiro de 44 anos com passagens pela área financeira da Braskem e da holding. Souza dizia ter completado seu plano de ação — fazer o acordo com a Lava Jato e preparar a virada de página da Odebrecht. Estava na hora de dar lugar à nova geração, mas tanto para o grupo de assessores que acompanhara a negociação de abril, como para algumas pessoas da própria empresa, parecia haver outro motivo para a decisão: era melhor sair de cena antes que o barco adernasse de forma definitiva.

Vice-presidente de investimentos da holding e ex-vice-presidente de uma das unidades da Braskem, Guidolin era considerado um quadro promissor, mas até a Lava Jato ainda não havia chegado ao primeiro time. Formado em engenharia de produção na Escola Politécnica da USP, com mestrado concluído em Harvard, era tido como "geniozinho" e fazia parte do grupo de "planilheiros" de Marcelo. Nas entrevistas a respeito dele, colegas diziam que Guidolin era a pessoa perfeita para o momento, bom para negociar com credores por ser ponderado e ter o hábito de ouvir antes de tomar decisões.[14] Mas, se não fosse a Lava Jato, ele dificilmente teria subido tão rápido.

Numa organização que valorizava a experiência prática mais do que o conhecimento técnico e a capacidade de decisão, mais do que a ponderação, Guidolin era tudo o que não se esperava de um líder. Sua ascensão era a evidência de um efeito colateral do acordo de leniência: o vácuo de comando. Todos os dirigentes relevantes tinham sido afastados pela Justiça. Emílio trouxe de volta alguns de seus antigos parceiros, gente com mais de quarenta anos de companhia e sessenta de idade, mas muitos flanavam em volta dele sem função definida. Para tentar diminuir o impacto do êxodo, a Odebrecht conseguiu autorização do Departamento de Justiça para manter 26 dos delatores como funcionários, desde que tivessem um programa de ação bem definido, não liderassem equipes nem tivessem contatos com agentes públicos. Isso não evitou que oito das dez subsidiárias do grupo tivessem que mudar de CEO. Na direção da holding, foram quatro baixas.[15] O organograma foi ocupado, na maior parte, por integrantes dos times B e C. Ou eram novos demais, ou haviam sido considerados inaptos para cargos de liderança no passado. Cabia a eles resolver a bagunça deixada pelos mandachuvas. As chances de dar errado não eram pequenas.

***

Emílio Odebrecht chegou à superintendência da PF para sua segunda visita ao filho na última semana de março de 2017, preparado para uma conversa difícil. Fazia um ano e meio que ele e Marcelo haviam se visto pela última vez, no pátio do CMP. Não esperava que a conversa de agora fosse mais fácil. Preferiria não ter ido a Curitiba, mas não tivera opção. Desde que fechara o acordo, a Odebrecht vinha trabalhando para cumprir as exigências do Departamento de Justiça dos Estados Unidos (DOJ). Uma delas era a contratação de dois profissionais especializados para monitorar a implantação de medidas anticorrupção na empresa — os chamados "monitores independentes", que responderiam apenas aos americanos. Outro compromisso era demitir os 51 funcionários que não haviam sido autorizados a continuar trabalhando na organização. Entre eles, Marcelo.[16] Diferentemente do Ministério Público brasileiro, que o proibia apenas de voltar a liderar equipes na empresa e de ter contato com agentes públicos, os americanos exigiram que ele nunca mais voltasse.[17] O encarregado de resolver a situação era o "diretor de pessoas", Daniel Villar, que decidira ir visitá-lo na cadeia para explicar que ele seria desligado. Marcelo ficou sabendo antes e mandara um recado por seus advogados: "Digam a ele que não venha. Na Odebrecht que eu conheço, é o líder que desliga o liderado. Meu líder é meu pai. Se alguém tem que me demitir, é ele".

Pois ali estava Emílio, fechado numa sala da PF de frente para Marcelo. De um lado, o pai ansioso pelo fim das brigas e ameaças. De outro, um filho que se sentia injustiçado e passara meses remoendo mágoas. Além das questões mal resolvidas da delação, as últimas semanas tinham sido de muito estresse por causa do acordo com o DOJ. Marcelo discordava do acerto feito pela empresa e estava revoltado com o fato de não ter sido informado de seu conteúdo com antecedência. A forma como fora retratado no relatório o indignava, e ele achava injusto ter de ser desligado da organização, em suas palavras, "por algo que não fiz". Portanto, queria que o texto do documento fosse modificado antes da audiência em que um juiz federal de Nova York homologaria o acordo.

Marcelo mandara seus advogados fazerem uma nota apontando os erros que ele via no relatório — em especial o trecho que afirmava ter sido ele, *Odebrecht employee 1,* quem, a partir de 2006, mandara criar estruturas financeiras secretas para pagar propinas a agentes públicos.[18] Nele, dizia que não dirigia a holding em 2006 nem tinha mandado criar as offshores — quem criara o esquema tinha sido Paul Altit, sob o comando de Renato Baiardi. Também afirmava que, ao contrário do que dizia o documento americano, ele não aprovava todos os pagamentos. "Eu virei, como previa, o criminoso-mor da Lava Jato, o grande mentor de um esquema que não começou comigo e que não era só eu que tocava!" De fato, não fora Marcelo quem inventara o pagamento de propinas dentro da Odebrecht, e ele tampouco era o único que aprovava despesas. Mas bastava analisar a situação mais friamente para perceber que a mudança ou a supressão daqueles trechos não alteraria sua situação penal. Para o herdeiro, porém, parecia a última chance de redenção.

No primeiro momento, a tarefa de "acalmar" Marcelo tinha sido delegada a Adriano Jucá, o advogado que assinara o acordo em Nova York no final do ano. Ele foi até Curitiba se explicar. Disse que o documento em inglês era uma tradução do que diziam as confissões em português, que todos conheciam. O problema, segundo ele, havia acontecido quando os advogados americanos verteram o texto para o inglês, adaptando o relato à sua maneira. O ex-chefe, porém, não aceitou a justificativa e o mandou "para a Rússia". "Você é um incompetente! Como é que você nem lê o que está escrito no documento que assina?!"

Quando Emílio chegou, a situação não havia melhorado. Pelo contrário. Pouco antes, Isabela e as filhas haviam sido comunicadas pelo consulado americano de que seus vistos haviam sido cassados, em razão das investigações sobre a Odebrecht. Isso significava que elas não poderiam mais entrar nos Estados Unidos. Isabela entrou em pane. Rafaella, a mais velha, iniciara um estágio numa multinacional, e a mãe temia que a falta do visto prejudicasse sua carreira. Foi preciso os executivos da empresa acionarem seus contatos na diplomacia americana e os advogados preencherem uma série de formulários e recursos até elas terem os vistos devolvidos. Em outro momento tenso, um motorista da Odebrecht levou à casa de Marcelo caixas, pastas e objetos que ainda estavam guardados em seu antigo escritório. O gesto já era parte do movimento para demiti-lo. Isabela se revoltou. Considerava uma afronta que, depois de tudo o que havia passado, o marido ainda estivesse sendo "despejado".

Na sala da custódia, a sós, Marcelo argumentou: "Meu pai, veja, o acordo americano mentiu em relação a mim. As pessoas não tiveram cuidado mínimo, me colocaram como o grande *mastermind* do esquema, e ainda escreveram coisas que não são verdade. Eu não posso ser expulso da empresa dessa maneira. Nem a força-tarefa me obrigou a sair". Emílio tentou diminuir a importância da questão: "O acordo é só um detalhe, irrelevante para você ou para a organização". Foi o que bastou para Marcelo explodir. Exaltado, ele se levantou e foi para cima do pai, gritando: "Este detalhe destruiu a organização e incriminou seu filho por muito mais do que eu fiz!". Ao ouvir os gritos, a escrivã que esperava do lado de fora entrou rapidamente na sala e encontrou o filho a ponto de agredir o pai. Constrangido e abalado, Emílio foi para o corredor. Marcelo ficou sozinho com a policial, com a cabeça entre os braços. Passado o susto, o patriarca pediu para voltar. Mas mal passou da porta, de onde fez a promessa que o outro queria ouvir: "Meu filho, esqueça a demissão. Você vai ficar, isso é a palavra de seu pai. Seu pai vai resolver isso. E quem mentiu, se mentiu, vai consertar". Então deu meia-volta e foi embora.

Assim que chegou a São Paulo, Emílio convocou uma reunião com Newton de Souza e outros advogados da companhia. Contou sobre a conversa com o filho — que ele mesmo definiu como "muito ruim". Dizendo que Marcelo se sentia injustiçado, explicou ter prometido que corrigiria as mentiras do acordo.[19] "Eu preciso e quero atender meu filho. Até porque considero injusto que ele pague por algo que não fez. Nós vamos fazer o que pudermos." Os advogados tentaram alertá-lo de que era praticamente impossível conseguir reverter um documento que o DOJ já havia até divulgado. A coisa era tão séria que o texto assinado em dezembro trazia inclusive uma cláusula em que o representante da Odebrecht — Jucá — assumia o compromisso de nunca dar declarações públicas que contrariassem o que estava escrito ali. Emílio não queria saber. "A decisão está tomada. Marcelo não será demitido. Vocês, advogados, que acomodem isso." A seguir, disse que deveriam olhar para a frente e esquecer os erros do passado. Voltando-se para Jucá, falou: "Filho, você vai resolver o assunto. Eu quero voltar a Curitiba em um mês, com tudo feito".

O que se deu nas semanas seguintes foi um embate entre os advogados da Odebrecht e os de Marcelo. Numa teleconferência com brasileiros e americanos de ambos os lados, os representantes da empresa resistiam até mesmo a pleitear a mudança ao DOJ. "Esqueçam. Isso nunca aconteceu nem vai acontecer. Vocês vão ter um desgaste desnecessário com o Departamento de Justiça", afirmou William Burke, pela Odebrecht. Andrew Levine e David O'Neil, do escritório Debevoise & Plimpton, disseram que, se não tentassem mudar o texto, eles mesmos entrariam com um pedido junto ao juiz do caso para retirar Marcelo do acordo, alegando que a companhia mentira em sua autodeclaração. Diante da afirmação de Levine e O'Neil, Burke elevou o tom: "Isso é uma chantagem! É um crime e vocês estão sendo cúmplices! Eu vou ter de estudar uma medida do nosso escritório contra vocês, porque eu não posso participar de uma chantagem contra o meu próprio cliente". Coube aos brasileiros mediar o conflito, pedindo a Burke para tentar o que fosse possível. Os representantes de Marcelo então produziram uma tabela com as mudanças que queriam fazer no acordo e refizeram as entrevistas com delatores (incluindo Hilberto Silva) para "corrigirem" suas declarações. Não adiantou. Segundo Burke, os procuradores receberam a tentativa de modificação como afronta. "Vocês estão querendo voltar atrás no que disseram? Querem rasgar o acordo?" Para não dizer que não haviam feito nada, os advogados da Odebrecht chegaram a enviar uma carta ao DOJ informando das divergências apontadas por Marcelo. Mas o documento não teve nenhum efeito sobre o acordo de leniência já assinado. Na prática, ficou tudo como estava.

Era preciso contar a Marcelo. Mas, dados os antecedentes, Emílio preferiu não voltar a Curitiba. Como os presos da PF tinham direito a uma ligação para a família aos domingos, ele optou por usar a chamada, feita pelo celular de uma das advogadas que visitava o herdeiro diariamente. Era Dia de Páscoa de 2017. Ao receber a notícia, o herdeiro exigiu: "Já que é assim, eu quero que vocês escrevam uma carta reconhecendo que erraram e assumindo o compromisso de continuar tentando convencer o DOJ". E mais: a carta tinha de ser assinada pelos quatro responsáveis por sua "crucificação" nos Estados Unidos: Emílio Odebrecht, Newton de Souza, Maurício Ferro e Adriano Jucá. O documento chegou à cadeia dias depois.[20] Marcelo sabia que não tinha efeito prático, mas guardou o papel como prêmio de consolação. No mesmo dia, o acordo entre o governo americano e a Odebrecht foi sacramentado pelo juiz distrital Raymond Dearie numa audiência na corte do Brooklyn, em Nova York.[21] Não havia o que comemorar. No Brasil, outra avalanche tinha começado.

"Eu não conheço nenhum político no Brasil que tenha conseguido fazer qualquer eleição sem caixa dois. Caixa dois era três quartos [das receitas]. Não existe ninguém no Brasil eleito sem caixa dois. [...] O político que disser que não recebeu caixa dois está mentindo."[22] O modo franco e tranquilo com que Marcelo dizia tais palavras foi apenas um dos aspectos que chocou o Brasil na terceira semana de abril de 2017. Ao autorizar a abertura de inquéritos contra 98 políticos delatados pela Odebrecht,[23] o novo relator da Lava Jato no STF, Edson Fachin, retirou o sigilo da maior parte do material. Tornaram-se públicos centenas de documentos e mais de duzentas horas de depoimentos gravados em vídeo em dezembro de 2016, logo após a assinatura do acordo. Na "lista de Fachin" havia investigações sobre oito ministros de Michel Temer, três governadores, 24 senadores e 39 deputados, sem contar dezenas de prefeitos e ex-prefeitos, deputados estaduais e vereadores cujos inquéritos haviam sido remetidos aos estados de origem. Tentando evitar o pior, Emílio chegou a visitar Roberto Irineu Marinho na sede da Globo, no Rio de Janeiro, e fazer o clássico pedido para que a emissora não "explorasse" a notícia. Não funcionou. Os vídeos foram assunto do noticiário por semanas, não só da Globo, mas de todas as TVs, sites e jornais. Os veículos competiam pela primazia na divulgação dos trechos mais importantes, dedicando atenção especial a Lula e Dilma, assim como a Temer e seus ministros, mas também a Aécio Neves, Sérgio Cabral e Geraldo Alckmin. Ninguém escapava. O Brasil entrou em polvorosa.

"Uma radiografia da corrupção na política nacional", dizia uma das chamadas lidas pelo âncora do *Jornal Nacional*, William Bonner. "O beabá da corrupção. Pai e filho, Emílio Odebrecht e Marcelo, descrevem o lamaçal em que estão mergulhados com políticos. Desvios de bilhões de reais em cofres públicos. Dinheiro de impostos transformados em propina", dizia outra chamada. Os brasileiros estavam mesmerizados, consumiam aqueles vídeos com som ruim e imagens desfocadas como quem assistia à série do momento. O que se viu e ouviu naqueles dias sobre o submundo da corrupção era inédito na história do país. Hilberto Silva calculava terem passado pelo setor de operações estruturadas cerca de 3 bilhões de dólares — ou 10 bilhões de reais, em valores da época. Em outro relato, Fernando Migliaccio contava ter entregado dinheiro em espécie em mochilas a um emissário de Palocci, Branislav Kontic: "Dependendo das notas, cabe até uns dois, três milhões numa mochila".

Os procuradores, afinal, haviam conseguido o filme pornô que almejavam, mesmo quando ficava evidente a dificuldade de alguns em admitir os crimes cometidos. Nesse quesito, Emílio Odebrecht se destacava. Embora seus depoimentos tivessem produzido frases icônicas — como aquela em que ele contava ter dito a Lula que os petistas tinham evoluído de "postura de jacaré" para "postura de crocodilo" no apetite por dinheiro —, na maior parte do tempo ele tratava os conchavos e arranjos de suborno como conversas entre amigos. O tom simpático e bonachão que havia ajudado a suavizar sua situação nas negociações, na TV soava como desbragado cinismo. Os vídeos mostravam que Emílio não só evitava usar a palavra "propina" — como todos os outros —, como se esquivava de detalhar as contrapartidas que exigia. Ele tanto tergiversou que tomou diversas broncas de Sérgio Bruno, escalado para ouvi-lo.

"Agora aqui é hora de jogar limpo. Não é possível que 300 milhões de reais pagos em seis anos seja doação de campanha. Isso aqui, na nossa visão, é considerado propina e crime de corrupção. [...] Quem fez doação de campanha não precisa estar sentado aqui como colaborador", começou ele, diante de um Emílio constrangido, que concordava com a cabeça — e nitidamente torcia para aquele sermão terminar. O promotor, porém, não parava. "Então vamos agora deixar de historinha de conto de fadas e falar as coisas como elas são. Tá na hora de dizer a verdade, a coisa suja como é feita. Não é possível que um ministro da Fazenda fique pedindo dinheiro todo mês para um empresário. Isso não é admissível. Por mais que a gente esteja acostumado com isso, não é o correto. E o senhor sabe disso porque o senhor tem a visão dos Estados Unidos e da Europa como o senhor falou — e lá, eu te pergunto: isso acontece?"[24]

A repercussão dos vídeos demoliu outra premissa otimista de Emílio. Uma de suas frases preferidas durante as negociações era a de que ia passar o Brasil a limpo. Mais de uma vez, ele expressou a expectativa de que a organização seria aplaudida quando o conteúdo da delação viesse à tona. Depois da overdose de corrupção explícita, ficou evidente que não haveria perdão — nem para a Odebrecht, nem para ele.

O abalo foi grande. Nos primeiros dias, os políticos se apressaram em negar — muitos, "veementemente" — o conteúdo dos depoimentos. O presidente Michel Temer teve que ir às redes sociais se defender dizendo que nunca havia recebido doações no caixa dois, e muito menos propina. Analistas políticos e parlamentares apostavam que não haveria como o Congresso adiar mais uma reforma política, fosse qual fosse. Com o financiamento privado já proibido, um projeto instituindo um fundo público para pagar pelas campanhas foi enviado ao Congresso e aprovado em meses. À medida que o tempo ia passando, a delação da Odebrecht foi sendo superada no noticiário por outras novidades da Lava Jato, como a delação de Mônica Moura e João Santana. Os testemunhos do casal, dados em março, começaram a vazar no início de maio. Eles não só admitiam ter recebido pagamentos no caixa dois como informavam que tinham sido avisados por Dilma da operação que os prenderia. Como as revelações de Mônica e Santana tratavam principalmente dos malfeitos do PT, os caciques do governo Temer chegaram a pensar que teriam um respiro. Mas o alívio não demorou muito. Logo seria o novo presidente da República quem estaria nos holofotes.

Em meados de maio, vieram à tona gravações que o dono da JBS, Joesley Batista, tinha feito de conversas com Temer, no Palácio do Jaburu. Os áudios enredavam o presidente em uma trama para calar Eduardo Cunha e seu operador, Lúcio Funaro. Ao ouvir que Joesley estava pagando mesada a Cunha e Funaro para que ficassem calados, Temer respondia: "Tem que manter isso, viu?". Revelados pelo colunista Lauro Jardim, do *Globo*,[25] os diálogos faziam parte do acordo de delação de Batista com a Procuradoria-Geral da República — que trazia relatos de distribuição de propinas a vários políticos, incluindo Aécio Neves e o então presidente do Senado Eunício Oliveira. O acordo em si também trazia uma novidade: as ações controladas, em que a movimentação dos delatores era gravada em vídeo e as notas tinham os números de série registrados pela PF. Foi assim que Rodrigo Rocha Loures, deputado do PMDB do Paraná que trabalhava como assessor de Temer no Planalto, foi flagrado carregando uma mala de rodinhas contendo 500 mil reais por uma calçada de São Paulo. A delação da JBS caiu como uma bomba no Congresso e no mercado. O índice Bovespa caiu 8,8% só naquele dia, levando a Bolsa a suspender as atividades, no que passou para a crônica da Faria Lima como o "Joesley Day". Temer ficou a ponto de renunciar.

Nada disso, porém, impressionou mais os "77 da Odebrecht" do que as condições do acordo. A JBS apresentara à PGR apenas sete delatores, entre eles os donos da empresa, os irmãos Joesley e Wesley, o diretor jurídico, Francisco de Assis e Silva, e o diretor de relações institucionais, Ricardo Saud. O contador e o diretor de tributos também compunham o grupo. A única penalidade imposta pelo Ministério Público era o pagamento de 225 milhões de reais em multas. Nenhum deles ficaria preso nem usaria tornozeleiras eletrônicas. Os "privilégios" de Joesley e companhia calaram fundo entre os delatores da Odebrecht, que haviam amargado o vilipêndio público por um acordo que agora lhes parecia muito ruim. Marcelo, que já achava que a Odebrecht havia cedido demais, ficou furioso, e até Emílio chamou os advogados para saber como Joesley e Wesley tinham conseguido tantos benefícios.

A resposta era previsível: os irmãos Batista não tinham passado anos em guerra contra a Lava Jato. Além disso, anteciparam-se à ação da força-tarefa entregando um fornido cardápio de denúncias, com o presidente da República na bandeja. Entre os delatores, emergiram outras explicações. Uma era a de que Joesley negociara ele próprio sua delação, sem delegar a tarefa a advogados. Outra: os Batista haviam assumido para si todos os crimes, dividindo a responsabilidade com um grupo pequeno de executivos. E, ao contrário do que acontecia na Odebrecht, o diretor jurídico era um dos delatores. Nem mesmo a revelação, tempos depois, de que Marcelo Miller tinha ajudado o escritório que defendia a JBS, antes mesmo de deixar o MP para se tornar advogado[26] — causando um escândalo que ameaçou anular o acordo — amainou a sensação de que haviam feito um mau negócio, delegando as negociações ao jurídico da Odebrecht. "Uma coisa é você negociar seu próprio acordo, como Joesley, Paulo Roberto Costa ou Julio Camargo. Outra, bem diferente, é deixar que os advogados tomem as decisões por você. Na Odebrecht, tudo foi feito por advogados e o Emílio tomou todas as decisões. E quem se saiu melhor foi ele", explicavam os delatores sempre que se referiam ao caso.

A delação da JBS havia diminuído o interesse pelas revelações da Odebrecht. Mas Lula continuava solto, e enquanto houvesse gente precisando acertar suas contas com a Justiça, haveria espaço na Lava Jato para uma delação que implicasse o ex-presidente. Um dos que buscavam uma forma de deixar a cadeia era Antonio Palocci. Ele tentava um acordo com o Ministério Público desde abril, mas sua proposta de delação vinha sendo rechaçada. Os procuradores diziam que ele não apresentava fatos novos que justificassem a concessão de benefícios penais. Em setembro de 2017, já perto de completar um ano de encarceramento, o ex-ministro tentou uma cartada de impacto para convencer a força-tarefa de que sua delação podia fazer diferença para a investigação. Ao depor como testemunha no processo sobre a compra do galpão onde seria construído o Instituto Lula, Palocci não só corroborou para Sergio Moro a história contada pela Odebrecht, como acrescentou detalhes ao que chamou do "livro do relacionamento da Odebrecht com o governo do presidente Lula e da presidente Dilma".

Em quase duas horas de depoimento, Palocci disse que o grupo e os petistas haviam tido "relacionamento intenso" durante anos, envolvendo não apenas dinheiro para campanhas no caixa um e no caixa dois, mas também "benefícios pessoais" aos dirigentes do partido, em especial Lula. E contou sobre a reunião de Marcelo e Emílio com Lula e Dilma no Palácio do Planalto, no último dia do mandato do ex-presidente, em 2010. "Ele levou um pacote de propinas para o presidente Lula que envolvia o terreno do instituto. O sítio para uso da família do presidente Lula, disse que estava pronto. E que tinha, à disposição dele para o próximo período, para fazer as atividades políticas dele, 300 milhões de reais." Segundo Palocci, "foi nesse momento que o dr. Emílio Odebrecht fez um pacto de sangue com o presidente Lula".[27]

A expressão "pacto de sangue" causou furor não só pelo que significava, mas também pelo fato de ser Palocci quem a usava. Era a primeira vez que um petista graduado acusava Lula de corrupção. Embora o movimento reforçasse a versão da Odebrecht, Marcelo se espantou e cobrou o ex-ministro quando cruzou com ele na carceragem da PF: "Palocci, que porra de pacto de sangue é esse?! Você sabe tão bem quanto eu que esse termo aí nunca foi dito!". Palocci riu. "Ah, sabe como é, figura de linguagem. Você sabe como são essas coisas..."

A disposição de Marcelo em apontar as "mentiras e obstruções" dos outros executivos da Odebrecht obedecia a uma estratégia bastante simples. Na guerra contra o pai e o cunhado, ele precisava de aliados. E era evidente que não os encontraria mais nem na empresa, nem no Ministério Público. Naquele momento, sua melhor aposta era uma aliança tática com a Polícia Federal, que ele sabia ter sido contra o acordo desde o início. Mais de uma vez os delegados haviam dito, em público e em conversas informais, que não havia nada que a delação pudesse revelar que já não soubessem ou não tivessem como descobrir por conta própria. Filipe Pace, que descobrira Maria Lúcia Tavares e a planilha Italiano, era um dos mais convictos. Pace defendia, inclusive, que a Odebrecht tinha de acabar, porque não havia reinvenção possível para um grupo tão intrinsecamente dominado pela corrupção.

Em agosto, Marcelo deu aos federais uma oportunidade de questionar o acordo. Pace e Renata Rodrigues, que conduziam os inquéritos sobre a Odebrecht, requisitaram ao MP acesso ao notebook de Marcelo, que havia sido apreendido no dia de sua prisão e continuava intacto. Os delegados sabiam que o equipamento continha informações que não seriam encontradas em nenhum outro local. Marcelo também dizia ter todo o interesse em ajudar a encontrar e-mails, datas e anotações (e enredar seus inimigos nos crimes que já confessara). Mas só era possível acessar os arquivos inserindo os dois tokens que abriam os sistemas da Odebrecht, que por sua vez dizia não ter mais os dispositivos. Sem eles, afirmavam os advogados da organização, nada feito.

Em resposta ao pedido dos delegados, os procuradores disseram que a Odebrecht não havia fornecido nem a senha nem os tokens do computador. E admitiram não ter ideia de como fazer para acessar os arquivos do equipamento. Segundo o MP, seria necessário intimar Marcelo a entregar os dados. Aí foi a vez de o empreiteiro contar que, no dia da prisão, Isabela os havia dado a Marco Simões, um dos advogados da empresa, que por sua vez os dera a Maurício Ferro. Se alguém escondera os tokens, tinha sido o cunhado — que já havia admitido ter destruído também as chaves de acesso do sistema My Web Day do B.

Instalou-se, então, um impasse. A delegada Renata Rodrigues respondeu ao MP dizendo ser "preocupante" que as senhas não tivessem sido exigidas pelo MP como condição para fechar os acordos. "O quadro fático narrado demonstra, no mínimo, ausência de interesse em agir de forma cooperativa por parte da empresa leniente e, em um tom mais grave, sugere a atuação de personagens com objetivo de obstruir as investigações."[28] Nos bastidores, os delegados foram ainda mais duros. Se a Odebrecht não entregasse as senhas e os tokens, a PF pediria a revisão ou talvez até a anulação do acordo. Só aí a companhia cedeu. No início de setembro, enviou dois peritos a Curitiba — que abriram o computador sem grandes dificuldades, usando chaves-mestras adotadas pela equipe de TI para os notebooks distribuídos aos executivos.

Animado pela vitória, Marcelo avançou um pouco mais na estratégia de "perturbar tudo". No início de setembro, ao enviar sua lista de testemunhas de defesa no processo sobre o pagamento de propina ao ex-presidente da Petrobras, Aldemir Bendine, ele incluiu Emílio, Maurício Ferro, Mônica, Newton de Souza e Marcela Drehmer. Era uma óbvia provocação. A rigor, nenhum daqueles personagens tinha envolvimento direto na negociação com

Dida. Mas todos sempre souberam o que era e o que fazia o Departamento de Operações Estruturadas.

"O senhor sabia naquele momento que existia esse setor de operações estruturadas?", perguntou o advogado de André Gustavo Vieira, intermediário de Bendine. Maurício Ferro enrolou: "Havia uma... eu não prestava serviços ao setor de operação estruturadas. Havia no organograma da empresa esse setor, mas eu não prestava serviço, não tinha relações com esse setor".[29] O advogado insistiu, mas Ferro continuou enrolando: "Como disse, eu não prestava serviços, a área jurídica não prestava serviço a esse setor, então eu não tinha familiaridade com as operações do setor de operações estruturadas". Não era verdade. Ele conhecia muito bem o setor. Como diretor jurídico da Braskem, sabia dos contratos fictícios entre a empresa e as offshores da Odebrecht, para justificar o repasse do caixa dois da petroquímica para o da holding. Em 2014, quando Marcelo determinou que o departamento fosse desmontado, foi Ferro quem supervisionou o trabalho. Ele não participara das negociações para o pagamento de propina a Bendine, mas era um dos mais atuantes no esforço anti-Lava Jato.

Parecia claro para a cúpula da Odebrecht que Marcelo (ou alguém em seu nome) tinha se articulado com o advogado de Vieira para que fizesse aquelas perguntas a Maurício Ferro. O herdeiro tinha ido pessoalmente acompanhar os interrogatórios daquele dia. Sua presença não era obrigatória, e ele havia até pedido a Sergio Moro para ser dispensado de comparecer.[30] Aferrado à rotina que havia estabelecido no cárcere, não gostava de assistir a interrogatórios que lhe pareciam "perda de tempo". Entre o pedido e a data do depoimento, porém, mudou de ideia e foi até a 13ª Vara Federal de Curitiba para acompanhar as videoconferências. Sentou-se na última fileira de cadeiras da sala de audiências e assistiu a tudo fazendo gestos, caras e bocas. Não escondeu o inconformismo quando o pai, ao dizer que não sabia das propinas pagas a Bendine, declarou: "Essa questão do nosso dr. Bendine, eu só vim conhecê-lo quando ele esteve na Petrobras".[31] Ao ouvir "nosso dr. Bendine", Marcelo jogou o corpo para trás, batendo na parede de compensado da sala de audiências. Depois, balançou a cabeça para um lado e para o outro, em sinal de desaprovação. O episódio equivalia a um aviso de que, enquanto ele pudesse criar situações de constrangimento, seus inimigos não teriam sossego.

No inventário das mágoas de Marcelo havia um espaço também para a mãe. Habituada ao papel de dona de casa e primeira-dama da Odebrecht, Regina era uma mulher das antigas, cuja principal preocupação era cuidar da família, incluindo aquilo que se costumava chamar de "família Odebrecht": os parceiros do marido e suas esposas, funcionários e executivos. Nos frequentes jantares que Emílio promovia em casa, ela estava sempre supervisionando a cozinha e cuidando para que tudo saísse impecável, mas não se enfronhava nas conversas de trabalho. Nas reuniões de negócios, costumava esperar que os convidados chegassem para cumprimentá-los, e depois saía por uma porta lateral.

Afora um ou outro lobby em favor de executivos amigos ou maridos de amigas, ela não se metia nos assuntos da organização. Mas cultivava uma irritação permanente com a nora. Achava que Isabela por vezes tentava se colocar como primeira-dama da Odebrecht. Isabela, que palpitava em assuntos tão diversos como a decoração da lanchonete do edifício-sede e as atividades das entidades beneficentes ligadas ao grupo, era vista pela sogra como teimosa e entrona. Com Marcelo preso, as coisas ficaram ainda mais difíceis. Ela defendia o marido com fervor, conhecia detalhes dos processos e de episódios que não estavam entrando na delação. Costumava dizer que muitas coisas haviam acontecido em sua casa, debaixo do seu nariz, e não ia fingir que não as vira. Por vezes, era ainda mais inflexível do que o marido. Numa ocasião em que fora cobrar de Emílio que se esforçasse para soltar Marcelo na assinatura do acordo com a Lava Jato, ele ficou surpreso ao constatar o quanto ela estava por dentro das transações com políticos: "Marcelo te conta coisa demais. Eu nunca dei esse tipo de informação a Regina".

Tentar desarmar o filho era o objetivo de Regina quando ela visitou a carceragem da PF em Curitiba, pouco depois do depoimento de Maurício Ferro. Conforme o combinado no acordo de delação, a parte da pena de Marcelo a ser cumprida em regime fechado terminava quando se completasse um ano e meio da prisão, em 19 de dezembro de 2017. O nível de tensão na empresa e na família aumentava à medida que a data da saída se aproximava. Mesmo sem acesso ao computador, ele já vinha sugerindo em depoimentos que não só o pai, mas também Ferro, Adriano Maia e outros executivos da Odebrecht haviam omitido informações da Lava Jato, abrindo brechas para as investigações se voltarem contra eles. Se Marcelo conseguia causar tamanho estresse dentro da cadeia, como seria com ele em casa?

Regina sempre fora muito ligada ao filho, e Emílio dizia que ela o mimava. Ela o visitava com frequência e procurava adotar a postura de sempre nos conflitos entre os dois: manter-se o mais equidistante possível, quando não alheia. O problema era que a situação havia chegado a um ponto extremo. Regina queria que Marcelo parasse a ofensiva. Fora até Curitiba para tentar convencê-lo daquilo que outros não haviam conseguido: fazer com que ele olhasse para a frente e esquecesse o passado. Impossível.

Nem bem a mãe começou a falar, Marcelo voltou a repetir os argumentos de sempre, acrescidos de novos fatos que reforçavam seu ponto de vista. Como a descoberta de que o clipping de notícias da organização excluía notícias prejudiciais a Newton de Souza e Maurício Ferro, mas trazia menções negativas a ele. Ou o fato de que a Braskem negava à sua defesa acesso aos e-mails trocados nos sistemas internos da companhia. Um dos diretores da Odebrecht dera recentemente uma entrevista dizendo que Marcelo nunca mais voltaria a atuar como executivo na organização.[32] E a mãe ainda achava que ele estava falando de passado?

Para Marcelo, a visita de Regina só demonstrava que ela se preocupava mais em proteger seu pai, sua irmã e seu cunhado do que em ajudá-lo. Se, mesmo diante de tudo o que ele dizia ela ainda queria contemporizar, a ele só restava o rompimento. "Minha mãe, não dá para você receber em sua casa a pessoa que está me apunhalando pelas costas! Você tem que escolher! Ou eu, ou eles! Ou você fica do meu lado, ou fica com Maurício e meu pai!" A partir daí, a conversa desandou. Regina simplesmente não conseguia mais argumentar. Marcelo pediu que a mãe não voltasse a Curitiba. Ela saiu da cadeia arrasada. O episódio consumiu várias sessões de terapia, em que a analista de Regina chegou a um diagnóstico: Marcelo era um psicopata. Emílio, que já tratava o filho como "perturbado", passou a dizer abertamente que ele era "doente". "Temos de aceitar", dizia à família e a cada amigo que se propunha a tentar mediar um armistício. "Olhe, vá, tente. Mas tenha em mente que Marcelo é um psicopata."

"Vocês estão diante de um sequestro. O que se faz com um sequestrador? Negocia! Alguém tem de ir lá e ver o que ele quer", exortou o cientista político e consultor de crises Antonio Lavareda, naquele início de dezembro. O assunto que reunira o comitê de comunicação da empresa era um só: como se proteger dos ataques de Marcelo. O temor do estrago que ele poderia causar à imagem da Odebrecht crescia à medida em que se aproximava o fatídico 19 de dezembro. Não era a primeira vez que se discutia o assunto. Nas conversas com assessores, Newton de Souza dizia que era preciso conseguir a publicação de notícias boas, que mostrassem que a empresa estava se reerguendo. Mas, além de não ser fácil, uma vez que a Odebrecht afundava cada vez mais, era impossível competir por espaço com as saborosas informações sobre a disputa de Marcelo com o pai e seus executivos, que havia se tornado pauta obrigatória na cobertura de negócios e nas colunas de notas. Na cúpula da organização, dava-se como certo que as informações vinham de Marcelo e seus aliados — os mesmos que traziam de Curitiba suas exigências e ameaças.

Era preciso produzir uma vacina. Mas, afora algumas notas plantadas pelos adversários, dizendo que o herdeiro estava isolado e não tinha mais influência na organização,[33] não havia muito o que pudessem fazer. Por isso, a pergunta de Lavareda caiu no vazio. E aquela reunião, como tantas outras, terminou sem avanço. No fundo, todos sabiam que a única pessoa que poderia frear o filho era Emílio.

O patriarca não estava parado, mas a vacina que ele buscava não estava na imprensa, e sim na Kieppe. Sabia que Marcelo vinha recebendo a visita de alguns primos e não descartava a possibilidade de um golpe interno, ou até mesmo um acordo qualquer com os Gradin para tentar fazer algo contra ele. Por isso, conversou com irmãos e sobrinhos e fechou os possíveis flancos antes que o filho pudesse avançar. Afora os filhos de uma irmã, Martha, que geriam a parte dela na holding e eram mais próximos de Marcelo que de Emílio, os outros irmãos — Ilka, Norberto e Eduardo — tomaram seu partido. Em setembro, ele aprovou uma mudança no estatuto determinando que o cargo de diretor-presidente da holding seria ocupado sempre por um profissional do mercado, e não membro da família. A nova regra só foi divulgada em 12 de dezembro, uma semana antes de Marcelo deixar a cadeia,[34] num comunicado enviado a todos os funcionários. "Esta decisão representa a vontade do acionista controlador de promover a separação entre a família Odebrecht e a liderança executiva da Odebrecht S.A.", afirmava Emílio no texto. Não que ele tivesse a ilusão de que o filho fosse ficar longe da empresa apenas porque um estatuto mudara. Acreditava, porém, que todos entenderiam o recado: ele estava disposto a resistir e faria o que fosse preciso para manter Marcelo fora da Odebrecht.

A terça-feira em que Marcelo deixaria a cadeia amanheceu nublada em Curitiba. O preso acordou animado. Fez seus exercícios diários, tomou café da manhã e terminou de conferir a mala, que já estava pronta desde a véspera. Depois, vestiu um terno escuro e uma camisa social branca de listras pretas bem fininhas para ir à audiência de soltura. Àquela altura, já havia uma aglomeração de repórteres e equipes de TV na frente da Polícia Federal. Como ninguém sabia ao certo de que forma se daria o ritual, muitos haviam chegado cedo, para não perder nada.

Fazia tempo que o ritmo de operações da Lava Jato vinha diminuindo. A maior parte dos processos iniciados no âmbito da 13ª Vara, comandada por Sergio Moro, já estava sendo julgada em segunda instância ou no Tribunal Regional Federal, sediado em Porto Alegre, ou no Supremo Tribunal Federal, a quem cabia dar destino aos processos contra deputados federais, ministros e outras autoridades com foro privilegiado.

Os ventos no Supremo, aliás, haviam mudado. Da corte máxima só saíam revezes para a operação. O tribunal vinha arquivando inquéritos contra políticos tornados réus em Curitiba, e naquele mesmo dia o ministro Gilmar Mendes determinaria por liminar o fim das conduções coercitivas. Mendes vinha dando seguidos habeas corpus a réus da operação, mesmo tendo conflitos de interesse em alguns casos. Ele fora padrinho de casamento de um dos beneficiados, o dono de empresas de ônibus Jacob Barata Filho. Outro libertado por Gilmar, o ex-bilionário Eike Batista, era defendido pelo escritório em que atuava a esposa dele, Guiomar. Rodrigo Janot havia deixado a Procuradoria-Geral da República e estava sob intenso escrutínio em razão do escândalo provocado pela atuação de Marcelo Miller nos bastidores da delação da JBS. Os erros cometidos pela operação, o avanço dos processos nas cortes superiores e a falta de novidades bombásticas diárias facilitavam a vida dos que pretendiam estancar a sangria.

A movimentação naquela manhã em Curitiba parecia reviver os tempos áureos da operação. Quando Marcelo deixou a carceragem num furgão preto da PF em direção à sede da Justiça Federal, os dois carros do comboio, tocando a sirene para abrir espaço no trânsito, foram seguidos pelos veículos das equipes de reportagem. Depois, enquanto a audiência de custódia se desenrolava do lado de dentro, um grupo de quinze a vinte jornalistas se misturava aos curiosos na calçada. Cinegrafistas trocavam cotoveladas cada vez que um carro com vidros escuros saía pelo portão, querendo uma foto do empreiteiro, enquanto quatro seguranças, três motoristas e quatro assessores de imprensa estrategicamente posicionados dentro e fora do edifício tentavam evitar a captação de qualquer imagem.

Por duas semanas, eles haviam se reunido e estudado rotas e planos de viagem que visavam proteger Marcelo do escrutínio público, de ataques ou de constrangimentos no caminho de casa. Além dos carros com vidro preto, a Odebrecht alugara um jato particular para transportá-lo de volta para casa sem passar pelos grandes aeroportos, onde estaria sujeito a curiosidade e a agressões. Para despistar os repórteres, a Odebrecht também comprara passagens aéreas para ele em voos comerciais. A equipe de segurança deixara ainda um esquema de prontidão para o caso de Marcelo precisar ir para São Paulo de carro. Mas, afora o tumulto que se formou quando agentes encapuzados empunhando fuzis abriram caminho pela pequena multidão, para a passagem dos dois camburões da PF e dois Toyotas Corolla de vidros escuros que levavam Marcelo, nenhum contratempo foi registrado. Pouco tempo depois, à uma da tarde, ele chegou ao hangar 29 do pequeno aeroporto do Bacacheri, na região norte de Curitiba, e embarcou no bimotor fretado de prefixo PR-EAK para o aeroporto de Jundiaí, a uma hora de sua casa.

A verdadeira agitação se dava no espírito de Marcelo, que, embora viajasse calado, vomitou duas vezes durante o voo e desembarcou ainda mareado. Para tentar reduzir o desconforto, ele viajou no banco da frente para São Paulo. Por isso não se deu conta do que sua mãe queria com a advogada, Joana Batista, na ligação que fez durante a viagem: que ele redigisse uma nota pública desmentindo a matéria publicada naquele dia pela *Folha de S.Paulo*, intitulada "Marcelo mira ex-aliados ao deixar a prisão".[35] A reportagem trazia um resumo acurado das acusações que ele fazia a Maurício Ferro e Newton de Souza. Os dois teriam participado das tentativas de obstrução de Justiça e ocultado informações da Lava Jato, além de ter recebido dinheiro não declarado no caixa dois. O pedido caiu no vazio. Marcelo não estava em condições de tratar do assunto. Mesmo que estivesse, dificilmente faria o que queriam, até porque não havia o que desmentir.

Uma das metas que o herdeiro da Odebrecht havia traçado para si era colocar no centro do escândalo aqueles que, em sua visão, haviam se omitido até ali. O pai, o cunhado e seu sucessor eram os primeiros da lista. Ele tinha um estímulo e uma justificativa bastante consistentes — a promessa de que, se melhorasse a própria delação, progrediria mais cedo do regime fechado domiciliar para o semiaberto e poderia passar a sair de casa durante o dia. Agora tinha também uma arma poderosa: uma cópia do HD de seu notebook com mais de 480 mil e-mails, 230 mil anexos e 70 mil documentos[36] que registravam com detalhes seus passos e tratativas com toda a Odebrecht enquanto esteve no comando. O material lhe havia sido entregue pela força-tarefa, para que pudesse pesquisar e completar sua delação — desde que mantivesse o conteúdo em sigilo. Com aquilo, agora podia também fustigar os inimigos.

Perto das quatro da tarde, Marcelo chegou a seu condomínio no Morumbi. Estava num Kia preto, um dos vários carros de vidro escuro que a Odebrecht fez passar pela portaria naquela tarde, para confundir os fotógrafos que se aglomeravam na entrada. Deu certo. Ninguém percebeu sua chegada. Ele só saiu do carro quando já estava dentro da ampla garagem, protegido da vista de curiosos. As três filhas esperavam do lado de dentro. Só Isabela foi recebê-lo. Abraçaram-se e entraram em casa.

25. "Enquanto tiver bala, atire"

A casa havia mudado pouco desde que Marcelo saíra dali para a prisão. Apenas um frigobar e uma máquina de café haviam sido acrescentados à decoração de móveis escuros e sóbrios, no escritório em que ele se refugiava quando precisava ler documentos e pensar. Antes, porém, os períodos passados ali eram bem mais raros, não só porque Marcelo viajava muito, mas também porque procurava reservar o tempo em casa para "as meninas". Até o local onde o espaço estava instalado ajudava a separar o trabalho da família. Por ficar ao lado da garagem, com acesso pela passagem lateral que dava para a porta de serviço, podia-se receber visitas sem que transitassem pelo interior da residência. Mas, se o escritório continuava o mesmo, a rotina seria diferente. Viagens, reuniões, almoços com políticos e compromissos na sede da Odebrecht, antes constantes, deram lugar a um expediente de muitas horas fechado na saleta, preenchido por duas tarefas básicas: ler e estudar os próprios processos e esquadrinhar e-mails. Realizadas por tema, as varreduras alcançavam cerca de mil mensagens por dia, que eram salvas em arquivos específicos ligados aos anexos de sua delação. O acervo continha, ao mesmo tempo, o passaporte para o alívio da pena e as armas de seu próximo combate.

O acordo com a força-tarefa previa que, se fornecesse mais provas e acrescentasse fatos ao que já contara em sua delação, o ex-presidente da Odebrecht poderia reduzir pela metade o período de pena em regime fechado domiciliar. Ou seja: em vez de ser liberado para o semiaberto em junho de 2020, poderia começar a sair de casa de dia, durante a semana, já a partir de março de 2019 — caso o MP avaliasse que sua colaboração havia sido "efetiva", como se dizia na Lava Jato. Tornar a colaboração eficaz passou a ser uma obsessão, como toda meta que Marcelo perseguia. Tamanha dedicação preocupava parte da turma que mandava na empresa. Se o ex-chefe escarafunchasse demais os e-mails, acabaria trazendo à tona a participação em delitos de executivos que não haviam se tornado delatores. Era justamente isso o que Marcelo queria.

O trauma fora grande para a esposa e as filhas de Marcelo. Quando ele foi preso, elas fizeram um pacto: cada uma podia desmoronar um dia. Se uma estivesse deprimida, as outras segurariam a onda. Não era incomum Isabela voltar de Curitiba e se fechar no quarto, sem forças, por um tempo. Certa vez, ao recobrar o ânimo, ela descobriu gastos fora do padrão no cartão de crédito de uma filha e deu uma bronca. Quando entendeu que a jovem tinha feito todas as compras e pagado as contas da casa porque ela simplesmente se esquecera, pediu perdão, sentida. Quando eram as filhas que precisavam de atenção especial, Isabela as acolhia, mas cobrava resiliência. "É o que temos para hoje", dizia. "Tudo um dia passa", reforçava, tentando convencer a si própria. A terapia e os grupos de oração ajudavam. Por mais abalada que estivesse, ela nunca deixara de visitar o marido. Foram 132 viagens nos dois anos e meio de prisão. Depois do retorno, exceto por uma ou outra vez, o período na cadeia não era assunto de conversas familiares. Coisa diferente ocorria com as ações judiciais.

Ao longo do tempo, a surpresa e a estranheza que antes lhes despertavam os assuntos jurídicos converteram-se em familiaridade. Elas agora acompanhavam tudo de perto e sabiam antecipadamente das "novidades" que Marcelo incluiria nos processos. Apoiavam-no incondicionalmente e estavam convencidas de que ele havia sido traído por Emílio, Regina, Maurício e Mônica — com quem também haviam rompido. As filhas ainda mantinham contato eventual com a avó, mas, a quem perguntasse, costumavam dizer que não tinham mais avô. Entre elas, só se referiam aos dois com apelidos que denotavam raiva e desprezo. Criaram para o pai uma nova conta de e-mail em que ele não adotava o nome Odebrecht e reinstalaram no celular o WhatsApp, que antes da prisão ele não usava. A imagem do perfil era de uma citação famosa frequentemente atribuída a Ernest Hemingway: "— Quem estará nas trincheiras ao teu lado? — E isso importa? — Mais do que a própria guerra".

Arregimentar apoios entre os antigos parceiros de Odebrecht era uma das estratégias de Marcelo para a guerra. Pelo acordo com a Lava Jato, além de parentes, advogados e profissionais de saúde, ele podia receber a visita de até quinze pessoas previamente autorizadas pela Justiça. Amigos não entravam na lista, já que Isabela podia receber visitas livremente. Em meados de janeiro, a defesa apresentou dez nomes, de oito delatores e dois dirigentes da Odebrecht: a responsável pelo compliance, Olga Pontes, e o CEO Luciano Guidolin.[1] Ao grupo de Emílio, parecia claro que Marcelo pretendia usá-los para interferir na gestão da empresa. Olga não tinha ligação maior com Marcelo, mas era a diretora de compliance e tinha por dever investigar denúncias de irregularidades. Já Guidolin temia-se que não tivesse firmeza para resistir, por ter sido subordinado direto de Marcelo como diretor financeiro da holding entre 2011 e 2013. Mas a Justiça vetou a inclusão deles na lista, atendendo ao argumento do MP de que, pelos termos do acordo, Marcelo estava proibido de ter contato com outros dirigentes da empresa. "Se o colaborador deve ser afastado de tais cargos e funções de direção, não se mostra adequado que, durante o cumprimento da pena privativa de liberdade, em regime fechado diferenciado, possa manter contato com os atuais diretores do grupo empresarial", escreveu Deltan Dallagnol no recurso aceito pela juíza.[2] A cúpula da Odebrecht comemorou a decisão.

A proibição de contato, porém, não eliminava o desconforto na organização. Sem poder conversar pessoalmente, o ex-chefe escrevia longas mensagens por WhatsApp ou e-mail a Guidolin e Olga, quase sempre com cópia para mais gente na empresa, expondo queixas e opiniões. Não contente, por vezes encaminhava a mensagem a um grupo de aliados que incluía advogados e delatores. Em tese, o propósito era que todos "ficassem na mesma página", ou seja, igualmente atualizados a respeito do que ocorria. Mas servia também para produzir documentação sobre o que se passava, mantê-los coesos e ajudar a fomentar a guerra de narrativas.

Marcelo agora tinha acesso aos próprios e-mails. Mas, sempre que interrogado, fazia questão de registrar que, se pudesse abrir todas as mensagens da Braskem que tivessem relação com seus anexos, poderia fornecer ainda mais informações. Desde que começou a contestar o relatório apresentado ao Departamento de Justiça americano, ainda em 2017, ele pleiteava acesso a tais e-mails, para conferir detalhes e comprovar o próprio depoimento. A empresa se recusou a abrir os arquivos, alegando que nos servidores havia mensagens do departamento jurídico, material protegido pelo sigilo legalmente garantido à comunicação entre advogado e cliente. Um dos advogados era justamente Maurício Ferro, que o cunhado afirmava ter participado da elaboração das minutas do Refis da Crise e de outras medidas em benefício da petroquímica.

O conteúdo dos depoimentos de Marcelo à Lava Jato invariavelmente acabava nos jornais. Para a cúpula da Odebrecht, os vazamentos eram uma forma de pressão para que se afastassem dos cargos não só Maurício Ferro, mas também Newton de Souza, Adriano Maia (que, após a delação, havia assumido a diretoria jurídica da construtora), o advogado da construtora Marco Simões e o vice-presidente de comunicação da holding Marcelo Lyra. Aos mais próximos, Marcelo se referia a eles como "os cinco alvos". Nas mensagens a Guidolin e Olga, ele dizia que, se não fossem afastados, acabariam sendo envolvidos nos crimes já confessados e expondo a empresa a mais investigações e prisões.

Os e-mails e ameaças assombravam a cúpula. Cada notícia publicada deixava Emílio possesso, queixando-se de que nunca na história da organização se havia lavado tanta roupa suja em público. Ele tinha certeza de que Marcelo não estava nem um pouco preocupado com a empresa e só pensava em si mesmo. Intramuros, com um misto de amargor e ironia, o pai só se referia ao filho como O Sniper do Morumbi.

O problema é que eles não pretendiam ceder, mas também não conseguiam fazê-lo parar. Como as tentativas de diálogo haviam fracassado, restava tentar alguma negociação por advogados. No início de janeiro de 2018, como Marcelo insistia em ter acesso aos e-mails da Braskem, os defensores da petroquímica nos Estados Unidos procuraram seus representantes e disseram que não forneceriam acesso ao arquivo todo, porque nenhum réu podia ter acesso a mensagens que não as suas próprias. "Que fato específico ele está procurando? Qual o e-mail? Qual o dado? Nós vamos pesquisar e, se pudermos, entregamos." A proposta só serviu para fomentar a desconfiança. Os prepostos de Marcelo saíram acusando a Braskem de esconder informações, e os da Braskem diziam que ele queria chantagear a empresa.

Dias depois, o próprio Marcelo contra-atacou, numa mensagem para Guidolin e para o presidente da petroquímica, Fernando Musa: "Nesta discussão toda estamos perdendo o foco. Eu mais que ninguém quero o melhor para a

Organização, incluindo a Braskem, até porque se a Organização quebra hoje, eu estou como solidário na maior parte das ações, isto sem contar que é o patrimônio de minha família. O foco deve ser nas seguintes questões que têm que serem respondidas: 1) Por que estas informações estão me sendo censuradas em prejuízo de meu acordo? E provavelmente o acordo da própria Braskem? 2) Quem ganha com esta censura/acobertamento? 3) O que contêm estas informações? 4) As mesmas foram fornecidas às autoridades?".[3]

As mensagens punham a empresa numa sinuca. Ao mesmo tempo que era evidente a tentativa de influir nos rumos da Odebrecht, "fuzilando os desertores", também era fato que alguns tinham escondido informações da Lava Jato. Pedir que Marcelo guardasse segredo não só seria inútil, como também poderia levar à acusação de obstrução de Justiça. Ele sabia do impacto de suas revelações. Mas se o futuro da Odebrecht dependesse de seu silêncio, podiam jogar a toalha. Para ele, era o contrário: suas denúncias visavam salvar a empresa. Por isso, recusava qualquer sugestão de que estava numa cruzada por vingança. Em março, escreveu ao presidente do comitê de compliance, Sergio Foguel, aliado de Emílio na Odebrecht desde os anos 1970: "Não é correto que queiram transformar meus alertas em ameaças. Isto é a antítese de buscar o que é o certo. O que vocês acham que devo fazer? Calar-me, deixando a Organização em risco, mesmo após tomar conhecimento através dos e-mails e outros registros que pessoas, pelo cargo que ocupam atualmente, podem comprometer a Organização, e continuam agindo irresponsavelmente?".[4] Cada denúncia virava objeto de uma investigação interna, necessariamente feita em sigilo — o que exasperava Marcelo. Tanto podia significar uma apuração séria e diligente como facilitar que a sujeira fosse jogada para baixo do tapete. Ele, claro, sempre apostava na segunda alternativa.

Era uma situação esdrúxula. O ex-presidente continuava na folha de pagamento da empresa — e era bem remunerado. Desde a briga na cadeia, em Curitiba, quando Emílio prometera manter seu emprego, tinha garantidos o salário de 115 mil reais, secretária à disposição, motorista e um terminal de voz por IP, o VOIP. Das oitenta providências exigidas pelo DOJ para concluir o acordo, a principal era demiti-lo. Só que Emílio já havia deixado claro internamente que não o faria. Ordenara, inclusive, que arranjassem um jeito de justificar a decisão, o que os advogados obedeceram: passaram a dizer que, na prática, Marcelo já não era mais funcionário da Odebrecht. Tinha uma licença com vencimentos e receberia salário por dez anos, como os outros delatores. Só que os outros recebiam salário como parte do acordo de desligamento — e Marcelo continuava ligado à empresa, com direito a benefícios que os outros não tinham. Os 26 delatores que continuaram na Odebrecht tinham de cumprir um plano de trabalho e mostrar resultados — o que não era exigido dele. Todos sabiam que, em algum momento, teriam de enfrentar a questão da demissão. Mas ninguém queria ser o primeiro a fazê-lo.

O comportamento do ex-chefe dividia a empresa. Parte dos executivos, principalmente os delatores e funcionários mais próximos, o apoiava. Sentiam-se igualmente traídos, oferecidos em sacrifício à força-tarefa por um pequeno grupo que não só escapara de punições, mas se comportava como se não tivesse nada a ver com a história. Havia também os que queriam o ex-chefe de volta, por achar que quem havia sido destacado para reerguer a empresa não tinha liderança, nem capacidade para a missão. No polo oposto, estavam os que diziam que a sanha de Marcelo acabaria por destruir também a Odebrecht. Havia até quem temesse pela saúde de Emílio, que a qualquer momento poderia ter uma crise de estresse ou um ataque cardíaco. Era comum que o herdeiro fosse chamado de Arya Stark, em referência à personagem da série *Game of Thrones* que tem os pais assassinados e dedica a vida a se vingar dos culpados.

Poucos eram os que conseguiam enxergar a situação como resultado de um conjunto de erros cometidos pelos dois grupos. Para esse pequeno contingente, Emílio e companhia haviam sido inábeis, enquanto Marcelo não tinha limites. Ele não aceitaria menos do que a rendição total dos inimigos — se possível, com algum grau de humilhação pública. Só descansaria quando conseguisse expelir a todos, tomando o lugar do pai. O único consenso era o de que ninguém sairia ileso daquela guerra, em que dificilmente haveria um vencedor.

Marcelo não se importava. Mesmo com o império desmoronando à sua volta, ele insistia em se agarrar às ruínas e lutava para não se desligar do mundo que sempre conhecera. No início de 2018, seus interlocutores mais próximos resumiam: "Marcelo quer passar parte da culpa para alguém, para poder voltar. Ele quer o reino de volta".

Era natural, portanto, que uma das coisas que mais mexia com os brios do príncipe fosse ser retratado como símbolo de um passado vergonhoso e, por isso mesmo, não cabia mais no futuro da organização. Ele ainda não tinha engolido o caso dos clippings que censuravam notícias ruins para seus inimigos e ficou furioso com uma nota publicada no *Globo* pelo colunista Lauro Jardim cujo título era "Marcelo Odebrecht aprendeu com os erros?". O texto dizia: "Na cúpula da Odebrecht as ações de Marcelo Odebrecht contra alguns dirigentes do grupo são vistas como sinal de que ele não admite até hoje erros no modo com que conduzia os negócios. Diz um desses dirigentes: 'Marcelo não fez a contrição. No fundo, ele acha que o grande erro que cometeu foi o de não ter feito as coisas de modo a não ser descoberto'".[5]

A publicação o teria irritado de qualquer maneira, mas o caso ficou um pouco pior porque, dias antes, Marcelo recebeu de um aliado na Odebrecht imagens de câmeras de segurança que mostravam o jornalista chegando ao edifício-sede para uma conversa com Newton de Souza e Marcelo Lyra. Certo de que os dois eram as fontes da nota, ele enviou mensagens a Guidolin e a Olga Pontes acusando-os de usar a estrutura da empresa para trabalhar contra a sua reputação e exigindo que o episódio fosse investigado. Tais acontecimentos só reforçavam o caldo de ressentimentos acumulados e deram a Marcelo a certeza de estar sendo perseguido e vilipendiado pelos inimigos.

Regina Odebrecht chegou à casa do filho acompanhada apenas do motorista. Foi recebida também a sós. Os dois não haviam se visto desde a briga em Curitiba. Tinham conversado no Natal, logo após a libertação dele. Ela estava na Bahia e não voltou a São Paulo para vê-lo. Temia não ser bem recebida — e, por um tempo, ouvia de parentes e amigos comuns que era melhor mesmo não aparecer. Até que ela batesse à porta da casa do Morumbi, foi necessária uma delicada costura, feita por amigos da família e por executivos autorizados a visitar Marcelo, que por vezes ele convidava para almoçar. Nessas ocasiões, a família não fazia segredo da mágoa acumulada contra Regina e Emílio — especialmente Isabela. "O problema não sou nem eu, o problema é ela. Todos a abandonaram enquanto eu estava preso", dizia o empreiteiro, explicando por que precisava do aval da mulher antes de receber a mãe em casa. Um dos amigos que mais insistia no encontro costumava responder: "Marcelo, mãe é só uma. Ela um dia vai morrer e você vai ficar com esse peso para o resto da vida". Por fim, ele cedeu.

Todo o esforço, porém, desandou em poucos minutos. O encontro foi praticamente uma repetição do entrevero em Curitiba. "Minha mãe, você assiste meu pai, Maurício e Newton me sacanearem, e depois ainda recebe os dois em sua casa?! Um cara que chama um repórter para falar mal do seu filho, usando a própria empresa?!" Regina mal conseguia responder. Passava o tempo todo repetindo que não queria se meter na briga. "Eu não vou querer que você vá romper com meu pai ou com minha irmã, mas o que não dá é para você optar por pessoas que estão me sacaneando!" Logo se ouviam gritos na sala, antes tão silenciosa. A conversa, que era para ser de reconciliação, foi abreviada.

Dias depois, Regina voltou para tentar retomar o diálogo, apelando para que o filho tentasse compreendê-la: "Me deixe neutra nisso!". Mas ele estava irredutível: "Minha mãe, se essa é a sua posição, então você tomou sua decisão! Porque ao ficar neutra numa briga onde terceiros que estão errados sacaneiam seu filho, você tomou o partido deles!". Ela tentava argumentar: "O que você quer é muito complicado para mim. Eu não posso tomar partido!". Ele não se convencia: "Então se você não pode tomar partido, para mim você já tomou!". Exaustos e baqueados, os dois não tinham mais o que dizer. Marcelo encerrou a questão: "Olha minha mãe, não adianta. Você fez uma opção. Se vai ficar neutra, para mim você escolheu". Foi a última vez que se encontraram.

Pôr fim à briga, porém, não era apenas uma vontade de mãe. A artilharia pública tinha consequências práticas. Para além dos problemas legais que poderia enfrentar caso Marcelo fosse fundo em suas revelações, a organização temia pelo acordo de leniência que tentava fechar, agora com a Advocacia-Geral da União e a Controladoria-Geral da União. Só depois disso poderia voltar a prestar serviços para o Estado — inclusive para a Petrobras. Além disso, o grupo estava envolvido numa complexa renegociação de dívida, que dependia da boa vontade de dois bancos públicos, o Banco do Brasil e o BNDES. Não ajudava em nada que a Odebrecht parecesse sempre prestes a implodir em razão da guerra dos tronos.

A data estipulada por Emílio para deixar a organização estava chegando. Ele havia anunciado que ia se retirar da presidência do conselho no final de abril de 2018, e seu substituto seria Newton de Souza. Para Marcelo, a indicação do desafeto era a garantia de que o pai continuaria controlando tudo e seus "cinco alvos" seguiriam protegidos. A data para a ascensão do rival estava próxima, e ele não perdeu tempo. Em 28 de fevereiro, ao anexar um pacote de e-mails a seu testemunho num processo contra o Instituto Lula, ele incluiu uma mensagem de 2008 sem conexão direta com o caso, mas que falava em propina e tinha Souza entre os destinatários.[6] Na troca de e-mails mencionando uma sugestão de Palocci para que a Odebrecht pagasse propina a Lula por obras conseguidas na Líbia, Marcelo dizia que o lucro dos projetos era baixo e acrescentava: "Não tivemos nenhuma orientação neste sentido de inserir nada para dar aqui".[7] Embora tivesse recebido os e-mails, Souza não respondera.

Em questão de dias, o teor das mensagens estava na *Folha de S.Paulo*, numa reportagem intitulada "Marcelo indica que sucessor na Odebrecht sabia de suborno".[8] No final do mês, a *Veja* publicou que ele encontrara e-mails mostrando que Souza havia recebido 77 milhões de reais (24 milhões de dólares ao câmbio da época) em bônus, via setor de operações estruturadas na Suíça.[9] O empreiteiro negou ser a fonte do vazamento, mas ninguém acreditou. Semanas depois, a *Folha de S.Paulo* informava que "executivos da empresa veem Marcelo como a maior ameaça à companhia".[10]

A ofensiva era voraz. No início de abril, a colunista da *Folha* Mônica Bergamo afirmou que diretores da Odebrecht estavam preocupados com o efeito das denúncias sobre Souza, agora que ele estava prestes a ascender ao conselho.[11] No mesmo mês, Marcelo deu um novo depoimento à força-tarefa, avançando um pouco mais nas revelações. Disse que Ferro, Lyra e Souza podiam dar mais esclarecimentos sobre a propina a Mantega em troca da aprovação do Refis da Crise, porque haviam participado da redação das minutas enviadas e das tratativas com parlamentares para a aprovação da MP.[12] Mesmo vendo o cerco se fechar, Newton de Souza assumiu a presidência do conselho em meados de maio — mas por pouco tempo.

Os ataques de Marcelo perturbavam, porém não eram o único problema. A situação financeira do grupo era crítica, e o noticiário refletia isso. Com raras exceções, sempre que o nome Odebrecht aparecia nos jornais, era ligado a detalhes dos crimes relatados nas delações ou à crise financeira do grupo. Souza se exasperava e dizia à equipe de comunicação: "Quero notícia boa!". Ninguém retrucava. Quando ele virava as costas, alguns resmungavam: "Quer mostrar que a empresa está andando? Traga resultado!".

O ano começara com a notícia de que alguns países que tinham recebido financiamento do BNDES para contratar os serviços da Odebrecht estavam parando de pagar as prestações. Só a Venezuela empurrara ao banco de fomento um calote que já somava 115 milhões de reais e poderia chegar a 800 milhões.[13] O risco de calote a ser coberto pelo Tesouro brasileiro chegava a 2 bilhões de reais. A Odebrecht tinha conseguido fechar acordos de leniência com alguns países, como Panamá, República Dominicana, Guatemala e Equador — o que, em princípio, era uma boa notícia para a organização, uma vez que só depois poderia voltar a operar naqueles locais. Contudo, muitas negociações ainda se arrastavam. Como no México, mercado importante para a Braskem, onde não só não houve acordo, como o governo proibiu órgãos públicos de firmar contratos com a Odebrecht por trinta meses.[14] Mesmo em Angola, onde não houvera investigação, os negócios foram afetados. A repercussão do escândalo teve peso importante na decisão do quase eterno presidente, José Eduardo dos Santos, de sair do cargo e comandar uma transição organizada para um sucessor do mesmo partido, mas sem vínculos com a Odebrecht. A crise provocada pela queda nos preços do petróleo fez o resto do trabalho, e a organização perdeu boa parte de seus contratos no país. Ao final de 2020, só construía em Angola a hidrelétrica de Laúca.

A organização lutava para deixar o passado para trás, tirando inclusive o nome Odebrecht de suas empresas, num movimento inverso ao que fizera quando estava no auge. A Odebrecht Agroindustrial fora rebatizada como Atvos; a Odebrecht Óleo e Gás se tornara Ocyan; a Odebrecht Realizações Imobiliárias tinha virado OR; a Braskem trocara o logo vermelho por um azul; a própria construtora foi rebatizada, meses depois, de OEC. Trocar de nome, porém, não era suficiente para superar determinados obstáculos. As investigações e os processos continuavam em andamento, e a toda hora surgiam novidades que não ajudavam em nada os negócios. Mais de um ano depois do acordo com a Lava Jato, apenas seis das 83 investigações contra parlamentares abertas a partir da delação da Odebrecht haviam se transformado em denúncia. Cinco tinham sido arquivadas, e a sexta, contra o ex-senador Romero Jucá, ainda tramitava no Supremo.[15] Outros 77 casos continuavam em apuração, e rendendo manchetes.

No início de abril de 2018, Lula foi preso pela Lava Jato, depois de ser condenado em segunda instância pelo Tribunal Regional Federal da 4ª Região, no processo em que era acusado de receber um triplex da construtora OAS na cidade do Guarujá — acusações que ele sempre negou. A prisão depois de um ato público midiático foi encarada com um misto de curiosidade, indiferença e alguma preocupação na Odebrecht. O caso não tinha relação com a organização, mas o fato de que Lula ainda era réu em outros processos ligados ao grupo contribuía para que o nome da empreiteira continuasse em alta no noticiário, sempre no espaço destinado à corrupção.

Do ponto de vista financeiro, as perspectivas não eram melhores. A construtora tinha uma dívida de 500 milhões de reais em títulos vencendo no final de abril de 2018, para ser paga no máximo até o fim de maio, e era óbvio para qualquer observador medianamente informado que não teria como pagar. Nem a holding tinha dinheiro para socorrer a companhia. Na verdade, a holding não tinha dinheiro nem para pagar os salários do mês seguinte — mas isso bem pouca gente sabia. Dado o tamanho e a relevância da construtora, se ela desse o calote nos títulos e a organização não cobrisse, ficaria patente que o rei estava nu. Como a holding dera avais para dívidas de todas as empresas, certamente haveria um efeito cascata sobre todo o grupo.

Uma quebra da holding poderia ser fatal, ainda, para as conversas sobre a venda da Braskem. Fazia alguns meses que representantes da holandesa LyondellBasell, a terceira maior produtora de resinas do mundo,[16] conversavam nos bastidores com a Odebrecht para adquirir sua fatia de 38% na petroquímica. Como a Petrobras também estava interessada em vender sua parte, o negócio tinha tudo para ser uma das maiores aquisições do ano. Só que, com as ações da Braskem alienadas para os credores, a derrocada da Odebrecht S.A. certamente tumultuaria o processo.

Um ano depois da última rolagem da dívida, os controladores da organização estavam diante do mesmo dilema — deixar quebrar ou pedir socorro a um preço alto. Não tinha sido por falta de aviso. E continuavam subestimando a gravidade da situação. Recusavam-se a aceitar o *game over* e tentavam arranjar uma solução de última hora — que só podia vir dos próprios bancos, ou de algum fundo especializado em lucrar com ativos em crise. Foi o gestor de um desses fundos que Eduardo Munhoz acionou no início de maio. Daniel Goldberg, sócio-diretor do Farallon, estava em reuniões nos Estados Unidos quando recebeu uma ligação. "Você consegue me arranjar 1 bilhão de reais com base em ações da Braskem?"

Goldberg conhecia bem os meandros da Odebrecht. Desde 2015, quando a crise começara, o fundo já havia comprado alguns ativos do grupo. Era candidato óbvio à operação, tanto que o diretor financeiro, Marco Rabello, tinha feito o mesmo pedido pouco antes. A holding vinha negociando com os bancos uma nova rodada de financiamento, agora de 3,5 bilhões de reais — 900 milhões em dinheiro novo, mais 2,6 bilhões em linhas de crédito. Mas as tratativas iam lentas em razão de divergências entre os bancos sobre como ficaria a ordem de recebimento dos credores após a operação.

A situação já era suficientemente complexa. Até ali, a Odebrecht havia incluído cerca de 6,8 bilhões de reais de dívidas sob as garantias de ações da Braskem. Com a nova leva de empréstimos, o total passaria a 12 bilhões — valor bem próximo aos 14,7 bilhões que valia a fatia da Odebrecht na petroquímica.[17] Em tese, ainda sobraria uma gordura. Só que, contando os 650 milhões de reais em obrigações a pagar nos meses seguintes, mais a multa dos delatores, o que sobrava não dava nem para um ano de subsistência. Para completar, a própria construtora, segunda maior geradora de recursos do grupo depois da Braskem, estava à míngua. Boa parte das obras era para o setor público e ou estava terminando, ou estava parada, ou não dava dinheiro. Sem ganhar novos contratos, a carteira minguava. Aos bancos, jornalistas e analistas de mercado, executivos da empreiteira se diziam confiantes de que conseguiriam mais 10 bilhões de reais em novos projetos até o fim do ano.[18] Mas ninguém botava muita fé.

Dado que o mercado já esperava algum grau de inadimplência por parte da empreiteira,[19] os assessores financeiros achavam que não seria difícil convencer os donos de títulos por vencer a aceitar um desconto no valor da dívida — 50% ou 60%, por exemplo. Assim, preservariam certa capacidade financeira, demonstrando responsabilidade com o caixa da companhia. Essa era a condição da Farallon para emprestar o bilhão à Odebrecht, ficando no final da fila de credores: que o grupo pagasse a dívida com desconto e usasse o resto do dinheiro para a sobrevivência. Não que o fundo fosse um investidor abnegado, pelo contrário: seu CEO certamente tinha uma estratégia para ganhar nos dois cenários, apostando tanto na recuperação da organização como em sua derrocada.

Para Emílio, Souza e companhia, o que incomodava era que o corte nos títulos daria início a um longo processo de reestruturação de dívida — justamente o que a cúpula da Odebrecht queria evitar. Foi então que a negociação com os bancos deslanchou. O BNDES concordou em ceder o lugar na fila de credores ao Itaú e ao Bradesco, que injetariam o dinheiro novo, e os dois bancos aceitaram compartilhar com o Banco do Brasil a dianteira nos recebimentos. Ficou estabelecido que, em troca, o grupo entregaria aos bancos os dividendos da Odebrecht na Braskem, estimados em 2,7 bilhões de reais para 2018. Faltando uma semana para o prazo de vencimento dos títulos da construtora, a Odebrecht tinha que escolher: entregava a Braskem aos bancos ou pegava o dinheiro da Farallon e partia para uma liquidação judicial organizada.

A companhia estava dividida. Para Emílio e Souza, que achavam que em breve entraria mais dinheiro, não era problema ampliar os débitos com os bancos, esticando o cobertor das garantias. Nas reuniões, Emílio frequentemente evocava o bordão "mais coragem do que análise" para justificar sua posição. E lembrava que, no passado, tal postura havia garantido à Odebrecht grandes saltos — como a formação da própria Braskem. "Chegamos até aqui graças aos bancos e ainda vamos precisar deles. Um calote agora pode ser o nosso fim." Também era preciso pagar as multas dos delatores, incluindo ele mesmo. "Assumi um compromisso, não posso deixar todo mundo na mão." Newton de Souza, que tinha 269 milhões de reais para receber, entre bônus e pagamentos por ações revendidas,[20] apoiava.

Para executivos e consultores da área financeira, era evidente que Emílio e Souza estavam cavando um fosso ainda maior, do qual não conseguiriam sair. Na última tentativa de convencê-los a mudar de ideia, Munhoz escreveu um memorando sustentando que a operação só valia a pena se eles tivessem plena confiança de que a construtora ia se recuperar e de que venderiam a Braskem. Nada daquilo estava dado, e as negociações para vender a petroquímica nem sequer tinham sido oficializadas. Se alguma das condições não se concretizasse até o fim de 2018, eles teriam de voltar aos credores sem nada mais para penhorar. "Como vocês vão explicar essa operação daqui a seis meses, quando tiverem que pedir recuperação judicial?", questionava o advogado.

Se a organização entrasse em recuperação judicial, o fato de haver privilegiado os bancos na troca de tanta dívida sem lastro por garantia boa poderia facilmente dar margem a uma acusação de fraude a credor. Os grandes bancos nacionais não eram os únicos com direito àquelas ações da Braskem em caso de calote, mesmo que indiretamente. Havia os bancos peruanos, os próprios detentores de títulos da construtora e outros credores que tinham recebido avais da Odebrecht S.A. Cedo ou tarde, eles acabariam constatando que parte do patrimônio que devia ser reservado para pagá-los havia sido entregue em troca de um fôlego financeiro que podia até resolver a vida de alguns indivíduos, mas claramente não sanava o problema da companhia.

No final de maio de 2018, Emílio e Newton de Souza anunciaram sua decisão. Iam ficar com os bancos. Goldberg foi dispensado. Seguiu-se uma pequena rebelião interna. Pela última vez, Munhoz e executivos do segundo escalão tentaram convencer a cúpula de que a operação com os bancos era uma temeridade. A tensão fez os decibéis subirem. "Vocês vão tomar uma fraude ao credor na testa!", dizia o advogado, alterado. De nada adiantou. Calmos e confiantes, Emílio e Souza garantiram que estava tudo sob controle. A Odebrecht rumava aceleradamente contra o muro, mas o autoengano imperava.[21]

Era hora de voltar ao problema que atormentava a cúpula: Marcelo. Ele já deixara claro que não ia parar de subsidiar a força-tarefa e continuava insistindo com o compliance que seus "alvos" seriam denunciados ou presos. Conforme o estresse foi aumentando, dois deles disseram a Emílio que não esperariam ser abatidos: Adriano Maia e Marcelo Lyra.

O ex-chefe afirmava que, quando era diretor de relações institucionais da Braskem, Lyra negociava contribuições de campanha no caixa dois a políticos das regiões onde estavam instaladas as fábricas. Contra Maia, brandia e-mails registrando os bastidores da disputa com o governo em torno das hidrelétricas do rio Madeira e das tentativas da Odebrecht de conseguir desconto no IPI, em 2009.

Nas mensagens, Adriano Maia aparecia como "dono do relacionamento" com alguém que já era estratégico na época dos fatos, mas que com o tempo se tornara ainda mais relevante: José Dias Toffoli, que havia sido advogado-geral da União no governo de Lula e em outubro de 2009 se tornou ministro do Supremo Tribunal Federal. Em 2007, quando ainda era advogado-geral da União, Toffoli foi um dos interlocutores indicados por Lula para tentar conseguir um acordo entre Dilma e a Odebrecht nas brigas em torno das usinas do Madeira. Daí por que o chamavam, nos e-mails, de "o amigo do amigo do meu pai". Numa das mensagens, de julho daquele ano, Marcelo perguntava aos executivos envolvidos no caso: "Afinal vocês fecharam com o amigo do amigo do meu pai?". Maia apenas respondia: "Em curso".[22]

O conteúdo das mensagens sobre o IPI era mais picante. Além de Maia, estavam entre os destinatários Newton de Souza, Maurício Ferro, Claudio Melo Filho e Bernardo Gradin, que conduziam negociações para um lobby conjunto das empresas interessadas nos benefícios tributários. Como o governo estava dividido, procurava-se o melhor caminho para conseguir as isenções. Marcelo preferia Toffoli, mas avisava: "Estejam alertas ao DGI [sigla usada na organização para propina] decorrente da linha AM [Adriano Maia]. Não costuma ser baixo, até porque o intermediário que me foi qualificado por eles [menção aos advogados contratados pela empresa] para negociar estes temas cobra, e bem, a parte dele". Em outro momento, ao saber que Toffoli vinha criando dificuldades em nome do governo no Supremo, Marcelo escreveu: "AM precisa falar com o amigo. Ele não quer o dele?". Uma hora e meia depois, ao falar sobre os advogados que a Odebrecht contratara para ajudar no caso, Sérgio Renault, Sebastião Tojal e Luiz Tarcísio Teixeira, Marcelo escreveu: "Se for para resolver (o problema que ele criou no S [referência ao Supremo] e os vetos) acho que T [Tarcísio] e R [Renault] valem até mesmo o número da chantagem deles. Depois vamos atrás das demais empresas para tentar repassar algo (antes dos vetos)".[23]

As mensagens pareciam sugerir que houvera um acerto ilícito, mas na prática não provavam nada de forma conclusiva, até porque, no conjunto, ficava claro que o que se negociava com os advogados era uma remuneração por resultado a ser obtido no governo ou no "Olimpo", como se referiam ao Supremo — e a organização, embora tenha conseguido levar a usina de Santo Antônio, fracassou tanto no plano de ficar com as duas hidrelétricas como na disputa do IPI.[24] Só em 2020 Marcelo foi chamado a depor sobre os e-mails. À Procuradoria-Geral da República, disse ter se encontrado com Toffoli e afirmou que o então advogado-geral da União lhe deu "conforto de que os advogados Sérgio Renault e Luiz Tarcísio falavam com a Odebrecht em nome dele".[25] De resto, foi evasivo. Afirmou que tudo o que sabia estava nas mensagens, e que só Adriano Maia poderia esclarecer os termos reais das negociações. Maia sempre negou qualquer pagamento ilegal a Toffoli ou intermediários. Toffoli nunca quis comentar o assunto.

Naquele momento, jogar os nomes de Maia e Toffoli na briga interna da empresa só favorecia Marcelo. Era o suficiente para acuar alguém que ele dizia ter encoberto as iniciativas de obstrução de Justiça conduzidas pelo cunhado. Contudo, diferentemente de Ferro, que a cada ataque considerava mais vital resistir, Maia não via por que continuar. Já vinha pensando em sair desde que fechara o acordo de delação. Tinha 45 anos, uma vida para tocar e não queria sofrer as consequências de um rolo que, no fundo, não era dele. Acertada a saída, Maia fez um pedido a Emílio: "Manda o cara parar. Eu não estarei mais aqui. Vou esquecer a Odebrecht". Dias depois, Emílio voltou com um recado. Ele tinha pedido a emissários para procurar Marcelo, que assentira em baixar as armas. O herdeiro não deixou de entregar os e-mails à força-tarefa. Mas, depois, voltou sua mira em outra direção.

A posse de Newton de Souza na presidência do conselho vinha sendo postergada desde o final de abril. A ideia inicial era que assumisse junto com os quatro conselheiros recrutados no mercado, que preferiam tomar posse quando os acordos com a União estivessem fechados, o que só ocorreu no início de julho de 2018. Nesse meio-tempo, Souza acabou assumindo em meados de maio, mas os ataques de Marcelo tornaram sua permanência insustentável. A Odebrecht não podia começar uma nova fase sob o comando de alguém cada vez mais cercado de suspeitas. Se o MP encampasse as acusações e denunciasse o presidente do conselho por corrupção e lavagem de dinheiro, o estrago seria grande. Daí por que, no primeiro dia de junho, Souza anunciou estar deixando a Odebrecht. Emílio nomeou outro substituto: Ruy Sampaio, fiel aliado de três décadas que desde 2009 administrava a Kieppe Participações.

Dos cinco alvos, quatro estavam fora de combate. Restava apenas Maurício Ferro, que se recusava a deixar o cargo. "Ficando, seremos mais fortes do que se estivermos fora. Só assim conseguiremos evitar as consequências nefastas dos ataques sobre a empresa", argumentava aos parceiros. Eles ainda não sabiam, mas Ferro já fora informado de que as autoridades suíças haviam localizado seis contas ligadas a ele e a um advogado seu amigo, Nilton Serson, por onde haviam transitado ao menos 42 milhões de dólares. Parte do dinheiro, inclusive, havia sido depositada pelo setor de operações estruturadas.[26] Por terem depósitos de origem suspeita, as contas foram sumariamente encerradas pelo banco.

A situação era delicada. A cada reunião com a força-tarefa, os procuradores expressavam sua irritação com a permanência do ex-diretor jurídico na empresa, que aumentava à medida que Marcelo ia apresentando e-mails que demonstravam que o cunhado conhecia o esquema de propinas e, ainda que lateralmente, se envolvia nas negociações. Numa das mensagens, de 2009, Ferro escreveu, ao saber que Marcelo ia se encontrar com Guido Mantega: "No assunto IPI, vale a pena reconfirmar o compromisso da MP e da contrapartida".[27] Em sua defesa, ele dizia que a contrapartida, na verdade, eram as medidas legais que a Odebrecht queria que fossem tomadas como compensação pela perda de alguns benefícios, dado que a MP era genérica e não contemplava alguns pleitos.[28] Marcelo, por sua vez, garantia que não havia outra contrapartida que não os 50 milhões de reais de propina convertidos em dinheiro para o caixa dois da campanha de Dilma Rousseff. Por mais constrangedora que a situação fosse, porém, Ferro não era um executivo comum. Ele não tinha sobrenome Odebrecht, mas seus filhos tinham. O único que podia demiti-lo era Emílio, que fingia não perceber os riscos que corriam. Como ninguém se atrevia a dizer a ele que seu genro tinha de cair fora, Ferro ficou.

Até que, em 10 de agosto, Ferro e Souza foram denunciados pelo Ministério Público por corrupção e lavagem de dinheiro,[29] junto com o ex-presidente da Braskem, Bernardo Gradin, Mantega, Palocci e o próprio Marcelo, no caso das medidas provisórias do Refis da Crise. Como os 50 milhões de reais destinados ao PT haviam sido usados para pagar as despesas de campanha de Dilma Rousseff, João Santana e Mônica Moura também foram denunciados. Não houve pedidos de prisão nem de busca e apreensão.

Agora a coisa tinha mudado de figura. Ferro se tornara réu em um processo por crimes supostamente cometidos na Odebrecht. Como advogado experiente, sabia que tinha de sair, mas não estava a fim. Engendrou-se, então, uma gambiarra. Ele renunciou às funções como diretor, mas continuou com o cargo de assessor para assuntos ligados aos acionistas, e manteve a sala. Embora a empresa tivesse imediatamente deslocado para seu lugar o diretor jurídico da construtora, Maurício Bezerra, Ferro continuou participando de reuniões e conversas, como conselheiro de Emílio. A situação causou desconforto na equipe. Nem Bezerra queria ser um avatar do ex-chefe, nem os subordinados aceitavam o duplo comando. O arranjo, porém, foi efêmero. Marcelo logo soube e fulminou o cunhado — não só junto ao compliance, mas fazendo a informação chegar aos jornais.[30] Ferro então capitulou — à sua maneira. Não avisou que estava de saída nem se despediu de ninguém. Simplesmente parou de aparecer no edifício-sede, onde se tornou visita eventual.

A saída de Ferro abria espaço para a solução de outra questão intrincada: a entrega do relatório anual de informações financeiras da Braskem ao órgão regulatório do mercado de ações americano, a Securities and Exchange Commission (SEC). Conhecido como formulário 20-F, o documento era essencial para a companhia continuar listada na Bolsa de Nova York. O prazo para a apresentação do 20-F de 2017 havia vencido em maio de 2018, mas já era agosto e a Braskem não conseguia protocolá-lo sem o aval da PricewaterhouseCoopers (que também tinha sido auditora da Petrobras). Como avalista dos relatórios do grupo por décadas, a Price também tivera sua imagem afetada pelos escândalos. Afinal, como um caixa dois tão portentoso — 250 milhões de dólares só na Braskem — tinha passado despercebido a uma das maiores firmas de auditoria do mundo?

Agora não dava mais para a Price se fazer de morta. Se o que os e-mails de Marcelo sugeriam fosse verdade, havia boas chances de a Lava Jato descobrir novos crimes. E, mesmo que as suspeitas não tivessem fundamento, era preciso dar uma resposta aos investidores, porque elas estavam em todos os jornais. Assim, a Price pediu à Braskem documentos internos para verificar o real envolvimento de Souza, Ferro e Lyra nas denúncias de Marcelo. Mas a companhia resistia, alegando que a Price queria extrapolar suas funções. Por causa disso, a Price se negava a assinar o formulário, colocando em risco não só a presença da petroquímica na Bolsa americana, como as negociações para a venda da companhia à holandesa LyondellBasell.

O primeiro choque de realidade veio em outubro de 2018. Faltavam poucas semanas para vencer o prazo de pagamento de 11,5 milhões de dólares de juros aos detentores de uma leva de títulos da construtora. Era muito pouco, perto dos 3 bilhões de dólares que a empreiteira tinha pendurados em papéis mundo afora.[31] E fazia apenas seis meses que a Odebrecht concluíra a renegociação com os bancos, garantindo que, até o final do ano, entrariam mais recursos. Contudo, num lance surpreendente até para muita gente de dentro, eles foram obrigados a reconhecer que não pagariam a fatura, porque o dinheiro simplesmente tinha acabado. Tudo o que ainda havia no caixa estava comprometido com salários e manutenção de obras. Mesmo que houvesse alguma sobra, de nada adiantaria. Outras dívidas venciam nas semanas e nos meses seguintes, e a holding não tinha mais como ajudar. Todo o dinheiro injetado pelos bancos tinha sido consumido como capital de giro e em outros pagamentos — como as multas da Lava Jato.

Aquele desfecho até estava nos cenários pessimistas do advogado Munhoz. Ele só não esperava que fosse tão rápido. Quando se perguntava ao pessoal da construtora como fora possível, eles garantiam ter avisado a cúpula de que o dinheiro não daria para chegar até o final do ano, mas que tinham sido ignorados. Já Guidolin afirmava que suas previsões haviam sido feitas com base nos dados da construtora. Se agora elas estavam fazendo água, era porque ele tinha sido mal informado. Ninguém queria assumir a paternidade da barbeiragem bilionária, mas não dava para negar que era o fim da linha. Em 26 de novembro, quando todos os prazos se esgotaram, a empreiteira anunciou o calote e abriu negociações para uma versão mais branda de recuperação judicial — a recuperação extrajudicial.

Na recuperação extrajudicial — que, apesar do nome, também precisa ser autorizada pela Justiça — a empresa fica igualmente protegida por seis meses contra execução das dívidas, mas pode fechar um acordo diretamente com os credores, sem mediação de um juiz ou do Ministério Público — desde que tenha o aval dos responsáveis por pelo menos 60% dos valores devidos. Embora as regras do processo fossem simples, as consequências do anúncio não o eram. Não havia na Odebrecht quem não soubesse que, a partir dali, a concordata do grupo era questão de tempo. Resgatou-se então o programa de recuperação judicial apresentado por Munhoz em 2017, que se tornou o único caminho possível. Para não dar na vista, os executivos inventaram um codinome para o plano: projeto Paraty, pelo fato de as iniciais de "recuperação judicial" serem as mesmas do estado do Rio de Janeiro. Pelo jeito, a criatividade para os codinomes tinha entrado em decadência junto com a companhia.

"Então vocês admitem que estão violando nosso contrato? Vocês terão de cuidar disso", fulminou o representante do DOJ, Chris Cestaro, sem alterar a voz. Sentado no centro da mesa retangular, ele encarava friamente a comitiva da Odebrecht. Estavam fechados na sede do departamento, em Washington, numa tarde ensolarada do início de outubro de 2018, para a segunda revisão anual do acordo. Cestaro tinha acabado de reconhecer alguns avanços — como a nomeação de conselheiros independentes, a aprovação de um novo código de ética, a saída de Emílio do conselho e a implementação de novos sistemas de controles financeiros. Mas não engolia a permanência de Marcelo na empresa. "Ele tem que sair", exortou o procurador.

Os advogados repetiam o discurso do ano anterior: na prática, Marcelo tinha apenas uma licença remunerada. Ele não trabalhava na Odebrecht, por isso não estavam violando o acordo. Cestaro não aceitou a argumentação. "Nós entendemos de forma diferente, e vocês sabem disso. Se não resolverem esse assunto, consideraremos o acordo rompido." Era uma ameaça grave: sem acordo, o DOJ estaria liberado para usar as confissões e provas já fornecidas para exigir punições contra a Odebrecht na Justiça, confiscando ativos e prendendo os executivos. Bezerra e Guidolin escapavam como podiam. "Estamos tentando, mas essa é uma agenda do controlador." Ao deixarem a sede do DOJ em direção ao hotel, embora zonzos com a bronca, respiravam aliviados. "Ganhamos mais um ano." Sabiam, porém, que tinha sido a última vez. Da revisão final, no ano seguinte, não passariam.

Semanas depois, 160 executivos se juntaram no auditório do edifício-sede, em São Paulo, para a reunião de final de ano da Odebrecht em que o ponto alto seria um comunicado de Emílio: a família havia escolhido Maurício Odebrecht, o filho mais novo, fazendeiro, para o lugar reservado a Marcelo desde o nascimento. Naquele momento, Maurício assumiria o cargo de vice-presidente da Kieppe, e até 2020 ia se preparar para substituir o pai no comando da família. O arranjo inédito procurava demonstrar para o público interno e externo que Marcelo não voltaria.

O caçula de Emílio sempre foi o filho menos ligado à empresa. Seu negócio era a fazenda, a criação de gado nelore e as cachaças. Marcelo sempre dizia que Maurício gastava dinheiro e tempo demais com bois e vacas, quando deveria estar ajudando a tocar o negócio da família. Marcelo reclamava tanto que, anos antes, Maurício havia aceitado trocar todas as suas ações da Odebrecht por mais participação nos negócios agropecuários, para dirimir o conflito.

Apesar dos entreveros que vinham desde a juventude — Maurício era boêmio e descontraído, tinha quatro filhos com três mulheres diferentes e não queria saber da empresa; Marcelo era careta e reservado, casara-se com a primeira namorada séria e só pensava na Odebrecht —, o período na prisão aproximara os dois. Naquele momento, o fato de Maurício não ter envolvimento com a "sacanagem" de Emílio lhe dava algum crédito com o irmão mais velho. Por isso, no início Marcelo não se queixou da escolha de seu nome. "Melhor ele do que meu pai", dizia aos primos que o apoiavam, filhos de sua tia Martha.

O clima era parecido com o de 1998, quando Emílio assumiu o comando, em meio ao que então era a maior crise da história da Odebrecht. Assim como naquela época, não havia luxo. Salgadinhos, café e água ornavam uma mesa grande, em torno da qual as rodinhas de conversa se espalhavam no intervalo do encontro de uma única tarde. As conferências de dois dias já não faziam sentido. Nem o espaço ocupado pela holding era o mesmo. Com o esvaziamento, o 15º andar, antes centro nervoso das decisões, fora dividido em salas de reuniões compartilhadas.

Todo o material das apresentações era baseado na ideia de recomeço. Vivia-se a expectativa da posse de Jair Bolsonaro, um presidente de extrema direita que faturara politicamente com o sucesso da Lava Jato e com o antipetismo, fomentado pelos escândalos protagonizados por Lula, Dilma e companhia. Depois da eleição, o próprio Sergio Moro aceitou o convite para ser ministro da Justiça e deixou o cargo de juiz. O Brasil embicava em direção a uma era de aversão ao lulismo e seus satélites. Só Emílio ainda acreditava ser possível abrir canais de relacionamento no governo, contratando lobistas entre militares e apostando na antiga ligação da Odebrecht com os fardados que sustentavam politicamente o novo presidente. Para todos os outros, era evidente que, sob Bolsonaro, a Odebrecht não tinha a menor chance.

Quem apertou o gatilho para a recuperação judicial, porém, não foi o governo Bolsonaro. Em última análise, foi a atitude leniente da própria Braskem na administração de outra crise — a de Alagoas. Fazia um ano que um tremor de terra registrado num bairro de classe média próximo ao centro de Maceió provocara rachaduras nos prédios e no asfalto, assustando os moradores e obrigando dezenas de famílias a se mudar. Enquanto geólogos, físicos e químicos da região consideravam a hipótese de que os abalos de 2,5 graus na escala Richter tivessem sido causados pela mineração de sal-gema (material usado na fabricação do pvc), conduzida pela Braskem na cidade, os danos se espalharam por outros bairros, e a prefeitura decretou situação de emergência, requisitando ajuda federal para amparar centenas de desabrigados. Estudos do Serviço Geológico do Brasil sobre as causas do problema haviam sido iniciados, uma cpi tinha sido criada na Câmara Municipal, e o Tribunal de Justiça do estado iniciara um processo de mediação entre a Braskem e os moradores.[32]

Contra tudo isso, a companhia exibia laudos encomendados a peritos privados, garantindo que a mineração de sal-gema não tinha nada a ver com o problema. Até que, no final de abril de 2019, técnicos do Serviço Geológico do Brasil atestaram que a atividade era, sim, a causa dos buracos que ameaçavam tragar três bairros, onde viviam 32 mil pessoas.[33] Por causa disso, a comissão da Câmara cogitou mandar prender os dirigentes da Braskem por prestar informações falsas, e a empresa foi obrigada a suspender as operações. Ato contínuo, a Justiça bloqueou o pagamento dos 2,7 bilhões de dividendos previstos para abril de 2019.[34]

Sem condições de avaliar a extensão do estrago, a LyondellBasell desistiu de adquirir a Braskem.[35] O risco era alto demais. A petroquímica havia entrado num ciclo de baixa, e os holandeses preferiram usar o dinheiro para recomprar as próprias ações e esperar para vendê-las quando o mercado voltasse a se expandir. Em meio a tudo isso, o último prazo para a apresentação do formulário 20-F venceu sem que a companhia conseguisse entregá-lo, levando à suspensão das vendas de seus papéis na Bolsa de Nova York. O fiasco do negócio deixou a Odebrecht sem alternativas. Todos os planos de recuperação haviam sido ancorados na perspectiva de venda da Braskem. A hidrelétrica no Peru acabara de ser vendida, mas o dinheiro já fora todo para os bancos que financiaram a obra, para os fornecedores e para o pagamento das multas do acordo de leniência fechado com o governo peruano. A Odebrecht estava à beira da falência, e os credores imediatamente começaram a tentar garantir pelo menos uma parte do espólio.

Um dos mais agressivos era a Caixa Econômica Federal, agora sob direção bolsonarista. O banco estatal tinha decidido executar a dívida da construção do Centro Administrativo de Brasília desde março, quando a Odebrecht falhou no pagamento de uma das parcelas do empréstimo. O novo presidente da Caixa, Pedro Guimarães, era visto entre os grandes banqueiros como alguém instável, em quem não se podia confiar. O fato de ser genro de Léo Pinheiro, sócio e ex-presidente da OAS, só agravava o quadro. Entre os concorrentes, ninguém entendia por que ele queria apertar o botão e detonar tudo, manchando os balanços de vermelho e arriscando-se a não receber nada em caso de falência.

No fundo sabiam que, se não fosse a Caixa, algum outro credor acabaria tomando aquela atitude. A recuperação judicial, com seus seis meses de carência, tinham se tornado a única maneira de sobreviver. Ainda assim, os executivos pareciam estar buscando uma forma de ganhar tempo. Alegavam que, antes da "viagem para Paraty", ainda precisavam resolver um assunto ou outro, fazer uma última tentativa de negociação, e com isso iam adiando a partida em mais alguns dias. As reuniões inconclusivas já exasperavam advogados e assessores financeiros, que imaginavam estar de novo gastando energia à toa, quando o próprio Emílio cortou a embromação. "Vamos entrar logo. A empresa está preparada", decretou na primeira semana de junho.

Um e outro na sala ainda fizeram menção a obstáculos e dificuldades que precisavam ser superados, mas Emílio não quis saber. "É para fazer." Uma ausência chamou a atenção dos assessores e executivos que se reuniam em torno do patriarca: Maurício Ferro, que mesmo oficialmente fora do grupo tinha participado de todo o processo. Ainda era segredo para muitos ali que ele havia sido pilhado em transações heterodoxas com dinheiro recebido da Braskem por um advogado desconhecido do departamento jurídico.

Em 17 de junho de 2019,[36] a Odebrecht S.A. protocolou seu pedido de recuperação judicial na 1ª Vara de Falências de São Paulo. No dia 19 de junho, dia em que se completavam quatro anos da prisão de Marcelo, começava a maior recuperação judicial da história do Brasil. Além da holding, 21 subsidiárias pediram proteção à Justiça contra os credores (só a Braskem e a construtora, que tentava a recuperação extrajudicial, ficaram de fora). As dívidas do grupo somavam 98,5 bilhões de reais. Desses, 14,5 bilhões estavam garantidos por ações da Braskem, e, portanto, não entrariam na negociação judicial. Outros 33 bilhões eram empréstimos feitos entre as subsidiárias, que seriam resolvidos internamente. Sobravam 51 bilhões de reais em dívidas sem lastro, a maior parte deles pendurada em bancos públicos.

Mesmo conseguindo incluir 3 bilhões de reais sob a garantia da Braskem, o BNDES ainda tinha 7 bilhões a receber da Odebrecht. O Banco do Brasil, que também incluíra 3 bilhões sob a mesma garantia, ainda amargaria um rombo de 4,8 bilhões. O tombo da Caixa, sem garantia alguma, era de 4,1 bilhões — sem contar outros 3 bilhões de reais em participações nas empresas do grupo Odebrecht.[37] Até o pagamento das multas da leniência teria de ser renegociado.[38] Correndo atrás do prejuízo, o Tribunal de Contas da União decretou o bloqueio de 1,1 bilhão de reais em bens e ativos de Emílio e Marcelo, para garantir o ressarcimento de eventuais prejuízos aos órgãos públicos.[39] O cenário que os Odebrecht tanto haviam temido ocorrera, e não sobrara nem uma réstia de esperança a que pudessem se agarrar.

Na manhã nublada de 21 de agosto de 2019, agentes da PF bateram à porta de Maurício Ferro.[40] Tinham um mandado de busca e apreensão e orientações especiais para trazer todo e qualquer pen drive que encontrassem na casa. Portavam ainda um mandado de prisão temporária, concedido pelo juiz Luiz Bonat, sucessor de Moro na 13ª Vara Federal de Curitiba. Depois de ter recebido os documentos da Suíça, a Lava Jato havia conseguido localizar, nos e-mails recolhidos ao longo da investigação, mensagens em que Ferro e Fernando Migliaccio combinavam o envio de 8,5 milhões de dólares do setor de operações estruturadas para uma conta sua na Suíça.[41] Como o genro de Emílio havia repatriado 136 milhões de reais no programa de anistia aberto pelo governo em 2016,[42] ter recebido tal valor no exterior não era exatamente um problema. Mas a conta usada para receber o dinheiro se mantivera escondida mesmo depois da repatriação. Além disso, a mensagem provava que, ao contrário do que sempre declarara, Ferro sabia o que era o setor e o que ele fazia — tanto que recebia dinheiro por ele. Tais evidências deram aos procuradores o que precisavam para ir à forra por algo que ainda não tinham engolido: a recusa de Ferro a se tornar delator durante a negociação do acordo com a Odebrecht.

O pedido de prisão preventiva, que o juiz converteu em temporária, baseava-se em depoimentos de técnicos da própria companhia, que diziam ter entregue a Ferro os tokens que davam acesso ao sistema de registro de pagamentos no caixa dois, o My Web Day do B. Como o sistema continuava impenetrável, eles sustentaram que, ao esconder as famigeradas chaves, Ferro obstruíra a Justiça.

A operação também expunha em detalhes uma descoberta feita pouco antes por uma auditoria contratada pela própria Braskem, depois que os documentos da Suíça tinham vindo à tona: um advogado chamado Nilton Serson, que tinha um contrato de prestação de serviços com a Braskem, repassara pelo menos 6 milhões de dólares às offshores de Maurício Ferro. Na auditoria, a companhia descobriu que Serson tinha recebido 78 milhões de reais entre 2005 e 2013 — mas, mesmo depois de vasculhar quase mil documentos, não encontrou prova de que os serviços tivessem sido de fato prestados.[43] Somando os valores que Ferro havia recebido no caixa dois e os serviços de Serson, chegava-se a 118 milhões de reais. Entre as razões elencadas para pedir a prisão, a força-tarefa mencionava as tentativas de obstrução de Justiça, os e-mails sobre as negociações de créditos tributários e o recebimento dos recursos do setor de operações estruturadas.

Serson, que também teve a prisão temporária decretada, estava nos Estados Unidos e se apresentou cinco dias depois em Curitiba. Além dele e de Ferro, foram incluídos naquela fase da Lava Jato (a 63ª) Guido Mantega, Bernardo Gradin e Newton de Souza. O MP também pediu a prisão do ex-ministro, alegando que a descoberta de duas contas dele na Suíça, com saldo de 1,9 milhão de dólares,[44] poderia indicar a intenção de fugir. O juiz não deu a prisão, mas mandou Mantega usar tornozeleira eletrônica. Gradin e Souza sofreram apenas busca e apreensão.

O espanto com as revelações sobre Maurício só não superava a surpresa geral quanto à reação de Emílio. Lá se iam três meses do final da auditoria externa, Ferro estava preso e não se ouvia nenhuma palavra do patriarca sobre o caso. Ele fora informado das suspeitas, concordara com a abertura das investigações da Braskem e soubera dos resultados em primeira mão. Mas não externara emoção. Pedira apenas que o genro tivesse todas as oportunidades de se explicar e se defender.

A postura de Emílio fez brotar diversas teorias na Odebrecht, especulando que ele talvez já soubesse de tudo havia mais tempo, ou até que tivesse sido cúmplice dos desvios. Nada disso se confirmou e, com o tempo, o falatório esvaneceu. Depois de solto, Maurício Ferro passou a dizer aos mais próximos que os 8,5 milhões de dólares recebidos do setor de operações estruturadas eram bônus pendentes de outros anos, pagos quando ele se transferiu da Braskem para a holding. O ex-diretor jurídico reclamava de nunca ter sido ouvido na investigação interna conduzida pela petroquímica, mas tanto ele como Serson admitiram que 30% do dinheiro recebido da Braskem pelo advogado voltava para as contas de Ferro como comissão, ou *"finders fee"*, como eles chamavam.[45] Para os aliados de Emílio, aquilo tudo era no mínimo muito esquisito. A eles, Emílio se dizia decepcionado, mas em privado pedia ao genro que se defendesse, se preciso contestando Marcelo abertamente — porque achava que, no fundo, os ataques do filho visavam atingi-lo.

Maurício Ferro foi enviado à mesma carceragem da PF em Curitiba onde Marcelo estivera. Na falta de celas individuais, como a lei garante aos advogados, os agentes o deixaram isolado na sala do parlatório, onde tantas vezes os cunhados tinham se reunido.[46] Nas ocasiões em que se misturou aos outros presos, manteve-se quieto. Mas não parecia abatido. Nos depoimentos, dizia não ter cometido crime nenhum. O período atrás das grades não durou. Duas semanas após a prisão, o ministro do Supremo Tribunal Federal Gilmar Mendes atendeu a um recurso da defesa de Mantega e tirou de Curitiba o processo, por entender que a investigação sobre o Refis da Crise não tinha relação direta com o petrolão. O caso foi remetido à Justiça Federal de Brasília, e o juiz Luiz Bonat mandou soltar Ferro e Serson.[47]

Maurício Ferro não seria o último ex-executivo da Odebrecht a ser preso pela Lava Jato. No final de novembro de 2019, o ex-presidente da Braskem, José Carlos Grubisich, foi detido nos Estados Unidos. Estava na mira do DOJ desde que se recusara a participar do acordo de delação. Ao sair da organização, tinha ido presidir a companhia de celulose do grupo J&F, de Joesley Batista, onde sua gestão rendeu outra investigação por suspeita de fraudes em negócios com fundos de pensão. Até então, tinha conseguido escapar da cadeia. Amante da boa vida, fartamente exibida pela esposa nas redes sociais, o ex-CEO foi preso ao desembarcar no aeroporto de Nova York, acusado de violar a lei anticorrupção americana. A prisão também tinha como base o fato de que, ao participar do desvio de 250 milhões de dólares do caixa da Braskem para as contas secretas do setor de operações estruturadas, Grubisich tinha falsificado a contabilidade da companhia e assinado certificações falsas à SEC, a agência reguladora do mercado financeiro americano. Depois de 22 dias na cadeia, pagou fiança de 30 milhões de dólares e foi liberado para cumprir pena de prisão domiciliar nos Estados Unidos,[48] onde permanecia até outubro de 2020.

Quase dois anos depois de concluída, a delação da Odebrecht ainda reverberava no Brasil e no exterior. A condenação de Lula por corrupção e lavagem de dinheiro no caso do sítio de Atibaia, em fevereiro de 2019, tinha sido um dos desdobramentos mais previsíveis. Preso havia quase um ano em Curitiba, àquela altura o ex-presidente ainda respondia a outros seis processos, três deles derivados da delação da Odebrecht.[49] Como fizera desde o começo, negava todas as acusações.

A negativa pura e simples era também o recurso dos ex-mandatários peruanos, que foram caindo um a um. O primeiro tinha sido Ollanta Humala, preso junto com a esposa, Nadine, em 2017. Solto em 2018, ele aguardava o julgamento em casa. Pedro Pablo Kuczynski, que renunciara ao cargo em 2018 para escapar do impeachment e foi preso em abril de 2019, estava em prisão domiciliar. Alejandro Toledo, que morava nos Estados Unidos, foi detido em julho de 2019 pela Justiça americana e posto em prisão domiciliar no país. Alan García suicidou-se em abril de 2019, ao saber que a polícia estava do lado de fora de sua casa com uma ordem para prendê-lo, por receber propina da Odebrecht. Os ex-presidentes do Panamá, Ricardo Martinelli, e do Equador, Rafael Correa, também eram investigados em seus países.

A notícia se espalhou pelos celulares e ramais da Odebrecht: Marcelo estava no prédio, circulando pelos andares, falando com as pessoas e abraçando antigos subordinados. Chegara de surpresa, vindo diretamente da audiência em que o juiz federal Alessandro Diaféria lhe concedera a progressão do regime fechado domiciliar para o semiaberto. Daquele 12 de setembro de 2019 em diante, ele podia sair durante a semana entre sete da manhã e dez da noite — sempre usando tornozeleira —, mas tinha de ficar em casa à noite, fins de semana e feriados. Uma vez por semana, bateria ponto no setor de infraestrutura do Foro da Justiça Federal de São Paulo, onde trabalharia em cálculos de engenharia e financeiros para as obras da repartição. Ditadas as regras da nova fase, Marcelo entrara no carro e ordenara ao motorista para ir à Odebrecht.

Ao chegar, por pouco não esbarrou com o pai, que passara a manhã no escritório e tinha saído meia hora antes para almoçar. A irmã tampouco estava no prédio. Para muitos, a presença de Marcelo ali, num momento em que a organização rumava para um final melancólico, parecia indicar que a crise ainda tinha solução. Apesar de ser visto como um chefe duro, fechado e arrogante, boa parte da tropa reconhecia nele alguém que, em odebrechês, "fazia acontecer". Todos sabiam o quanto custara ao grupo aquela habilidade, mas a situação era tão crítica que não era estranho alguns sentirem saudade.

Por duas horas e meia, o ex-presidente da Odebrecht bateu de sala em sala. Muitos o abraçavam, alguns choravam, outros diziam que ele tinha de voltar. No setor administrativo, depois de cumprimentar motoristas, recepcionistas e seguranças, recebeu de um funcionário a placa com seu nome que costumava ficar na porta da antiga sala. "Dr. Marcelo, eu guardei isso aqui para quando o senhor voltasse." O ex-chefe recebeu a placa emocionado, em meio a aplausos.

Ao deixar o prédio, no final do dia, Marcelo tinha razões para acreditar que virara o jogo. Eliminara seus "alvos", conseguira a progressão de pena, sentia-se querido pelos funcionários. Depois de jantar fora com as filhas e a mulher pela primeira vez em quatro anos, escreveu um e-mail para os primos, os tios, o pai e os irmãos, que começava com "Cara família". Disse que tinha encontrado na Odebrecht um clima de desalento e tristeza, e que tinha ouvido de muita gente que faltava o "olho do dono". Contou ter sentido que, à medida que caminhava pelos corredores, "o ambiente se transformava com o renascimento de alguma esperança". E emendou: "Se eu tinha alguma dúvida sobre assumir o risco e o desgaste natural de um retorno após quatro anos afastado, esta dúvida desapareceu após a acolhida que tive de todos os integrantes. Ao ver no olhar deles aquele fio de esperança renovado, senti-me não apenas energizado, mas impelido a retornar".[50]

Marcelo sabia que o DOJ o queria fora e que o acordo com a Lava Jato, embora não o proibisse de voltar a trabalhar na Odebrecht, o impedia de atuar em áreas que tivessem contratos com o poder público. Seu retorno, portanto, era mais um sonho do que uma possibilidade real. Na carta, porém, o herdeiro afirmava que a decisão dependia só dele e da família. E provocava Emílio, ao sugerir que a gestão do pai estava matando a organização. Só ele, Marcelo, poderia salvá-la. "Podemos estar vivendo nosso último sopro de vida, e, portanto, nosso último suspiro de esperança, nossa última possibilidade de sobrevivência, bem como de salvar algum patrimônio familiar, e, neste contexto, me coloco à disposição da nossa família para ajudar no que for preciso, tanto no âmbito da Kieppe, quanto da Organização."

Era um lance ousado. Marcelo e o pai haviam passado todo o ano se estranhando — e a briga se estendera ao irmão, assim que ele começara a atuar como vice-presidente da Kieppe. Logo que assumiu o cargo, Maurício Odebrecht procurou Marcelo para tentar negociar sua saída da companhia. Marcelo obviamente reagiu mal, aproveitando para se queixar do pai por não ter uma postura mais firme quanto ao cunhado, Maurício Ferro. "Enquanto ele for genro de Emílio, a Odebrecht não vai fazer nada", teria dito o irmão, segundo o relato que o próprio Marcelo incluiu tempos depois, numa petição judicial.[51] Foi uma das últimas conversas entre eles.

A visita à Odebrecht e a carta à família deixaram Emílio furioso. Sua resposta veio três dias depois, por uma nota endereçada aos "integrantes". Embora começasse manifestando "nossa alegria pela progressão de regime de meu filho Marcelo", gastava a maior parte do texto lembrando que a Odebrecht tinha agora uma nova política de governança, que separava a família da empresa, e reforçava que "os cinco núcleos familiares herdeiros do nosso fundador Norberto Odebrecht [...] decidiram que meu filho Maurício Bahia Odebrecht é meu sucessor como mandatário da Kieppe".[52] Era fácil captar o sentido da mensagem: quem mandava na organização era Emílio, ponto-final. A Braskem havia finalmente chegado a um acordo com a Price em torno do formulário 20-F e voltara a ter ações negociadas na Bolsa de Nova York,[53] o que diminuía o potencial destrutivo de Marcelo e, consequentemente, sua capacidade de barganha. Ele tinha plena consciência disso, mas não pretendia abandonar o combate.

"Eu não tenho mais nada a perder", disse Marcelo a Luciano Guidolin, numa das visitas que fez naquela época. Depois de ser autorizado a sair de casa, Marcelo passara a ir à empresa vez ou outra. Em suas próprias contas, foram onze visitas entre setembro e dezembro de 2019.[54] Sempre que podia, dava uma passada na sala de Guidolin, que considerava um aliado — desde que saíra da cadeia, os dois vinham se reaproximando. "Errado, Marcelo", respondeu o CEO da Odebrecht. "Você tem ainda muito a perder: o seu patrimônio e o da sua família, os pagamentos que você recebe todo mês. As coisas podem ficar muito piores." Marcelo ignorava aquele tipo de alerta. Repetindo um dos mantras preferidos do avô, dizia que tinha que buscar o que era certo, e impedir que o pai destruísse a Odebrecht. Não se importava se a briga se tornasse ainda mais cruenta.

Depois de várias batalhas periféricas, havia chegado o momento de Marcelo enfrentar o pai diretamente. Entre outubro e novembro de 2019, ele enviou e-mails e cartas a executivos e advogados da organização, levantando suspeitas sobre as operações realizadas na Odebrecht S.A. e na Kieppe desde 2016. Nas correspondências, cobrava do pai explicações sobre a alienação fiduciária das ações da Braskem — também questionada judicialmente pelos Gradin e por José Carlos Grubisich, que se apresentava como credor da companhia. Questionava se Emílio havia esclarecido aos parentes as condições em que fazendas da holding tinham sido transferidas para a empresa, acusando o pai de trocar ativos avaliados em 600 milhões de reais por ações que, na época, já não valiam mais nada.[55]

Marcelo também questionava o investimento de 60 milhões de reais no hospital de sua tia Ilka e de mais 15 milhões na criação de cavalos manga-larga de Norberto Júnior. Queria explicações também sobre a transferência de obras de arte que faziam parte do patrimônio da Kieppe para uma empresa só de Emílio em 2018 — que o patriarca repassou integralmente aos outros filhos uma semana antes da recuperação judicial. Embora tivessem sido avaliadas em 13,7 milhões de reais nos documentos da transação, Marcelo dizia que as 247 pinturas e esculturas deviam valer mais de 100 milhões.[56] "Causa, no mínimo, estranheza, quando não suspeição, que justamente a pessoa que manda (e bem sabemos o poder quase absoluto do mandatário) [...] seja quem tenha agora menos a perder com os destinos da Odebrecht, já que tem a maior parte de seu patrimônio [...] fora do risco (e fora da RJ)",[57] ele escreveu em uma mensagem enviada no final de novembro ao advogado da Kieppe, a Guidolin, ao compliance da Odebrecht e a Eduardo Munhoz. Estava claro que pretendia constrangê-los a tomar providências. A resposta, porém, foi o silêncio.

Embora Marcelo reforçasse no texto que o novo presidente do conselho, Ruy Sampaio, tinha participado das operações quando era diretor da Kieppe, na empresa se avaliava que não cabia fazer nada a respeito. Diziam que a companhia controlada não podia investigar o que era feito na holding controladora. Munhoz também julgou que o imbróglio não lhe dizia respeito, por considerar que as transações não teriam relação com eventuais bloqueios de bens da Odebrecht S.A. Restavam os tios, mas, com exceção do núcleo familiar de Martha, nenhum tinha incentivo para confrontar Emílio. Mantinham-se fiéis ao acordo forjado por Norberto, segundo o qual só o mandatário cuidava da empresa, provendo à família o necessário para viver sem preocupações, exigindo confiança e obediência em troca. Por décadas, os dividendos aos acionistas eram fixados em torno dos 100 milhões de reais, independentemente do resultado dos negócios. Desse total, 60 milhões eram divididos anualmente entre os Odebrecht. Quem faturava alto quando a organização dava resultado eram os executivos, que Marcelo estimava terem recebido 1 bilhão de reais com a revenda de ações à companhia e participação nos lucros entre 2007 e 2014. Se Emílio e Marcelo tinham um padrão de vida mais alto do que os outros Odebrecht era por serem executivos, não por serem donos.

Sempre fora assim. Os irmãos de Emílio nunca haviam se preocupado com governança, não faziam perguntas sobre corrupção, tampouco questionavam a estratégia de endividamento desenfreado de Marcelo. Sempre se mantiveram quietos. Não seria agora que iam fazer escândalo. Os filhos de Martha eram um caso especial. Tinham herdado do pai, Paulo Bastos de Queiroz, uma divergência insolúvel com Emílio, da época em que ele fora executivo do grupo. Mas não podiam fazer muita coisa. Por mais que Marcelo tentasse transformar a disputa numa guerra familiar, no fundo tratava-se mesmo de um duelo entre ele e o pai.

Emílio conhecia o filho. Sabia que, a qualquer momento, suas acusações chegariam à imprensa. Até porque a tensão entre os dois estava prestes a escalar mais um degrau. Pressionado pelo DOJ e pela proximidade da data para a revisão final do acordo, o conselho da Odebrecht decidiu, em 30 de outubro de 2019, ordenar que fossem tomadas as providências que faltavam para o grupo ser considerado quite com a Justiça americana. A principal era a demissão de Marcelo. Aos seus interlocutores fora do grupo, Ruy Sampaio sempre disse que Emílio não participou da decisão de mandar Marcelo embora, mas não foi bem assim. Mesmo com a nova governança, o patriarca ainda interferia de forma decisiva nos rumos da Odebrecht e fora consultado também nesse caso. Só que, no novo cenário, segurar a demissão já não fazia mais sentido. Já não era mais uma "agenda do controlador".

Assim que o conselho aprovou a demissão, Ruy Sampaio chamou Luciano Guidolin e repassou a ordem. No final de novembro, eles tinham de enviar um relatório ao DOJ mostrando que todas as condições do acordo haviam sido atendidas. E no documento tinha de constar o desligamento de Marcelo. "Precisamos entender que ele só tem 2,79% da Odebrecht, uma empresa que está em recuperação judicial, de que dependem 40 mil pessoas... Nenhum acionista é maior do que a organização! Marcelo é um colaborador qualquer, não pode ficar em casa recebendo salário com um séquito de funcionários enquanto a empresa atravessa uma crise desse tamanho", justificou Sampaio. Guidolin, que já vinha dando sinais de estar mais próximo de Marcelo do que de Emílio, nunca teve a menor intenção de demitir o ex-chefe, mas não disse nada.

Ruy Sampaio era, ele próprio, um alvo do Sniper do Morumbi. Em 34 anos de Odebrecht, sempre fora aliado de Emílio. De todos os que se diziam amigos do patriarca, era provavelmente um dos que mais conhecia seus segredos. Segundo Marcelo, até demais. Nas últimas mensagens ao compliance, o herdeiro vinha dizendo que Sampaio era o verdadeiro dono do codinome RLS, que, nas planilhas do setor de operações estruturadas, designava o responsável pela liberação dos 700 mil reais de caixa dois usados na reforma do sítio de Lula em Atibaia. Afirmava que Sampaio operava o caixa dois pessoal do pai, e que nessa condição havia recebido milhões de reais da equipe de Hilberto Silva. Havia até um relatório de perícia contratada pelo próprio ex-presidente Lula no processo do sítio, indicando que o RLS mencionado era Ruy Lemos Sampaio.[58] A sigla de fato era usada internamente nas referências a ele, mas o CEO sempre negou tudo. O compliance da Odebrecht abriu uma investigação sobre o caso, porém encerrou-a tempos depois dizendo não ter encontrado prova das acusações.

Prevendo a tormenta, Emílio aceitou que Renato Baiardi, a quem Marcelo ainda chamava de tio, tentasse marcar uma conversa entre pai e filho. Baiardi tinha visitado Emílio em São Paulo, em meados de novembro, e o encontrara nervoso, dizendo que Marcelo era um psicopata que queria destruir a Odebrecht. Para o pai, aquelas acusações já não eram mais coisa de *sniper*, e sim de terrorista. Ele já liberara Sampaio para revidar. Baiardi pediu: "Emílio, me permita chegar a uma solução". E passou os quinze dias seguintes tentando costurar um acordo. A primeira reação de Marcelo foi de ceticismo. "Baiardi, acho que eu e meu pai, com todas as mágoas que existem, nunca mais vamos nos entender." Mas, já que era para fazer um acordo, ele disse que gostaria de encontrar Emílio pessoalmente. O pai, traumatizado com o que vivera em Curitiba, recusava-se. Dizia que só veria o filho quando tivessem chegado a um mínimo de consenso em torno do que seria combinado. Marcelo então começou a elencar condições, que foram sendo descartadas, até sobrar uma: substituir Ruy Sampaio por alguém da confiança de ambos. O pai mandou dizer que topava conversar. Aí foi a vez de Marcelo desistir. Em sua última conversa com Baiardi, afirmou que Isabela não concordava com o acordo. Não confiava que o sogro honraria a promessa.

Chegou o final de novembro e Marcelo continuava na Odebrecht. Sampaio chamou Guidolin e foi direto: "Você terá de demiti-lo até o dia 15 [de dezembro]. Senão, eu vou ter de assumir". O CEO não cumpriu a ordem, e no dia 17 renunciou. O conselho, então, escolheu um novo presidente, José Mauro Carneiro da Cunha — ex-presidente da telefônica Oi, então conselheiro independente da holding e da Braskem —, e Sampaio assumiu a presidência executiva do grupo.[59] No dia seguinte, viajou para Salvador. Foi comunicar a demissão pessoalmente aos acionistas da Kieppe.

Até então, Marcelo sentia que a pressão era grande, e que algo estava para acontecer. Mas só naquela noite, ao saber da reunião de Sampaio com a família, teve a certeza de que seria mesmo demitido. Na última tentativa de se contrapor ao pai e mostrar que ainda podia representar a organização, ele aceitou dois dos inúmeros pedidos de entrevista que recebera desde que saíra da cadeia, um da *Folha de S.Paulo* e outro do *Globo*. À *Folha*, concentrou-se em defender os financiamentos do BNDES para as obras no exterior, dizendo que o único empreendimento bancado por razões ideológicas havia sido o porto de Mariel, em Cuba.[60] Ao *Globo*, foi mais longe. Expôs não só as divergências com o pai e o cunhado como também a história, mil vezes contada intramuros, de que defendera a delação já em 2015, mas não fora ouvido. Negou a existência de um departamento de propinas, que chamava de "folclore". Disse que os abalos provocados pela pressa em fechar o acordo com o DOJ, derivado de "interesses escusos", haviam sido o principal motivo para a derrocada. "Se isso não tivesse ocorrido, a Odebrecht hoje estaria viva." E falava como se ainda fosse o comandante: "Primeiro temos que vencer o desafio da recuperação judicial, e levantar o moral de nossa tropa, voltando a valorizar a nossa cultura empresarial. Tinha um antigo diretor nosso que dizia: 'Enquanto tiver bala, atire'. E é isso que temos que fazer".[61]

Se pretendia virar o jogo, Marcelo fracassou redondamente. Jogou mais lenha na fogueira da briga com o pai e criou mais arestas com Sampaio. Com o fim das conversas com Baiardi, eles haviam novamente voltado a se digladiar por cartas e mensagens a intermediários e à família. Marcelo continuava a exigir explicações sobre as transações da Kieppe. E, elevando o tom das mensagens, chegara inclusive a questionar a presença da irmã no grupo, lançando suspeitas de que Mônica e o pai poderiam ser cúmplices dos desvios perpetrados por Ferro. Ele sabia que, mesmo depois do que acontecera, o cunhado ainda frequentava a casa de praia de Emílio, o que o enfurecia ainda mais.

O pai já não se preocupava mais com as reações de Marcelo, mas Regina temia pelo futuro do filho. No mesmo dia em que Sampaio anunciou aos acionistas da Kieppe que o demitiria, em Salvador, ela escreveu à mão um bilhete, fotografado e enviado por celular: "Uma mãe nunca deve desistir de fazer o melhor para o bem de sua família. Estou tentando, mas é muito difícil".[62] Ela ainda pediu ao filho para procurar o pai, mas ele se recusou: "Meu pai não diz o que ele quer de mim, vou conversar com ele para quê?".

Marcelo estava especialmente irritado com a recente demissão de seu assessor de imprensa. O fato de ele ter começado a dar entrevistas em que falava contra Emílio certamente não ajudava, mas o assessor, Zaccaria Junior, estava fazendo justamente o que seus superiores lhe haviam pedido: "apoiar" Marcelo, como se dizia na Odebrecht. Para o herdeiro, o que estava em curso era um expurgo — não só dele, mas de todos os seus aliados. Marcelo fez uma denúncia de perseguição ao compliance, que abriu uma investigação e interrompeu o processo de demissão. Mas ele ainda não estava satisfeito.

Na manhã em que Ruy Sampaio se preparava para demiti-lo, a *Folha de S.Paulo* trazia uma reportagem sobre uma autodeclaração que Marcelo enviara ao MP, reconstituindo os bastidores de sua briga com os "alvos" e listando todas as acusações que ele vinha fazendo nos últimos meses, desde a suspeita de participação do CEO na liberação dos recursos para o sítio de Atibaia até o detalhamento dos desvios na Kieppe.[63] A batalha agora era em campo aberto. O revide não demorou.

O desligamento do ex-presidente do grupo, que antes seria justificado pela necessidade de atender ao DOJ e às restrições financeiras da companhia, ganhou outro contorno. Na manhã de 20 de dezembro, pouco antes de enviar a carta de demissão, Sampaio mandou reescrevê-la, acrescentando o seguinte trecho: "Foi constatado que o senhor vem afirmando publicamente a existência de infundadas irregularidades praticadas pela Odebrecht e por superiores hierárquicos, o que caracteriza mau procedimento, ante a inequívoca quebra de confiança necessária à relação de emprego, além de atos que lesam a honra e a boa fama da Odebrecht S.A. e de superiores hierárquicos".[64]

A estratégia, portanto, não previa apenas expelir o ex-presidente do grupo, mas também dominar a narrativa sobre a demissão, antes que Sampaio também fosse abatido pelo Sniper. Mas Marcelo ainda tinha aliados na empresa. Sampaio precisava passar um recado ao público e ao próprio Marcelo de que o jogo de ameaças havia chegado ao fim. Depois de ler a *Folha,* rumou para a sala de reuniões onde daria uma entrevista ao *Valor Econômico.* A entrevista já estava marcada, mas ganhou outro teor. Ao invés de falar em off, como planejara, ele falou em on. Por quase quatro horas, Sampaio exibiu seu arsenal à repórter Graziella Valenti. No dia seguinte, o jornal trazia a manchete: "Odebrecht acusa ex-CEO Marcelo de chantagear a empresa".[65]

Na reportagem, o novo CEO dizia que Marcelo havia recebido 240 milhões de reais da organização para fechar a delação. A soma incluía os pedidos da época do acordo — 73,4 milhões de reais da multa e 70,1 milhões de reembolso pelo patrimônio entregue à União. Mas também agregava exigências que ele foi fazendo depois, ameaçando cancelar tudo. Primeiro, Marcelo disse que não usaria o depósito feito pela empresa para pagar a multa, alegando que ia precisar dos recursos para pagar o imposto de renda.[66] Assim, a Odebrecht teve de pagar ela mesma a multa. Os 23 milhões que fechavam a conta equivaliam à metade do dinheiro que Marcelo tinha guardado com Mônica Odebrecht à época da prisão. Ele ainda reivindicava 69,8 milhões de reais em créditos trabalhistas na recuperação judicial. Somando tudo, a Odebrecht desembolsaria 310 milhões. Nenhum outro delator havia ganhado tanto, e muitos deles só ficaram sabendo das negociações pelo jornal. Sentindo-se traídos e usados pelo ex-chefe, foram aos poucos se afastando, e mesmo os que antes o apoiavam incondicionalmente contra os aliados de Emílio preferiram se calar.

Para provar que Marcelo chantageara a empresa, Sampaio exibiu os bilhetes enviados da cadeia com as condições para fechar a delação (só não contou que os pagamentos tinham sido aprovados pelo conselho e consignados em contratos assinados por Newton de Souza, Daniel Villar e a própria Mônica Odebrecht). Comparou o herdeiro a um "garoto que tem a bola, mas está impedido por qualquer razão de jogar. Então ele fura a bola e diz: se eu não posso jogar, ninguém joga". Disse que Marcelo fez o grupo crescer à custa do endividamento excessivo, por um projeto de poder. E atacou: "Marcelo tem razão quando diz que não foi a Lava Jato que trouxe a Odebrecht a essa situação. Não foi mesmo. Foi a gestão dele, o esquema de corrupção liderado por ele". No dia seguinte, com a reportagem na praça, Sampaio ligou para Emílio: "Estou aqui com ela [a carta] na minha frente para assinar, escanear e mandar por e-mail". O amigo de trinta anos respondeu lacônico: "Faça o que é o melhor para a organização". Só então Sampaio enviou o e-mail a Marcelo comunicando sua saída do grupo.

* * *

A demissão e a exposição pública de seus bilhetes deixaram Marcelo transtornado. Além de considerar uma traição do pai, que prometera não demiti-lo, o fato de Isabela e as filhas terem sido citadas contribuiu para tirá-lo do prumo. Quem falava com Marcelo naqueles dias logo recebia por mensagem a sequência de denúncias enviadas ao compliance contra Ruy Sampaio. Ele acusava o adversário de quebrar a confidencialidade dos contratos com a Odebrecht para receber os recursos, e pelo que chamava de "atos de rancor e vingança". Se ele agora estava vulnerável, a culpa era dos familiares que tinham colocado Sampaio no cargo. E encerrava dramático: ele faria o que a família quisesse, desde que os ataques cessassem.

O fato de suas filhas estarem na berlinda fez com que Marcelo mudasse de tom e de tática. À mãe, ele enviou diversas mensagens de celular, algumas de áudio, acusando o pai e Ruy Sampaio de quererem destruir a vida das netas. Nelas, dizia que o executivo estava distorcendo os fatos, tirando seus bilhetes do contexto. Afinal, o próprio pai lhe escrevera cartas prometendo garantir o futuro das meninas, tudo havia sido negociado com a empresa. A mãe respondeu com uma carta apelando pela conciliação e pedindo uma trégua. Ela respondeu: "Filho, precisamos sair de cena, nós e toda a família, para que seu pai possa se concentrar em buscar desfazer tudo o que estava programado e logo em seguida, muito breve, ajustar com todos indispensáveis o futuro da organização ODB, da Kieppe e de toda a família. Quanto ao seu, será entre você e seu pai".[67]

O modo como Regina colocava as coisas deixava Marcelo ainda mais agastado. A pedido de Emílio, ela já havia antecipado ao filho que seria difícil reverter a demissão, por causa do DOJ. Nesse contexto, ele encarava toda conversa sobre conciliação como uma forma de fazê-lo se calar sem levar nada em troca. Marcelo queria garantias concretas — no caso, de que a justa causa seria revista e que poupassem suas filhas de mais exposição e eventuais investigações. No Natal de 2019, enfurnado no escritório com seus papéis e arquivos, ele escreveu uma longa carta aos pais, declarando-se disposto a um acordo: "Quando um filho sublima tudo, e suplica por duas prioridades tão relevantes para ele como fiz hoje, não pode escutar que uma governança, que foi destroçada — e não impediu os graves atropelos e violações de conduta recentes — seja agora usada como desculpa para não remediar os danos causados. Ainda mais sabendo que estes atropelos e violações podem chegar a representar perdas irreparáveis em terceiros, no caso suas netas, decorrentes de uma absurda e vergonhosa quebra de sigilo contratual, fiscal e bancário que violou qualquer governança".[68]

Mesmo tendo sido ele quem exigira que a Odebrecht depositasse o dinheiro nas contas da esposa e das filhas, Marcelo provavelmente imaginava que seu pai fosse engolir os ataques para não expor as netas. Talvez até por isso tivesse ido tão longe. Agora encontrava-se num abatimento que não sentira desde os tempos de cadeia. "Mesmo nas piores guerras existem armas que são proibidas e são consideradas crimes de guerra. Quando se atingiu diretamente, e da forma que foi feita [sic], as minhas filhas, suas netas, foi justamente uma arma destas que foi usada",[69] ele escreveu para a mãe. "O que assisti nos últimos dias foi um louco, cheio de rancor e ódio, legitimado por vocês, fazer, enfurecido, o maior estrago que já vi na relação entre pais e um filho. Podemos não ter amor e convívio, mas não precisamos ter rancor e discórdia, ainda mais na escala que assisti estes últimos dias."

Para encerrar, Marcelo informava ter contratado duas advogadas para negociar um acordo em seu nome. E apelava: "Espero que saibamos jogar o jogo em que um ganha, sem que o outro precise perder. E, mais relevante ainda, que saibamos que não faz nenhum sentido um perder, sem que seja, pelo menos, para o outro ganhar. Espero que saibamos evitar a discórdia, mesmo sem conseguir o convívio, e deixar de lado o rancor, mesmo que o amor continue ausente".

Nos meses seguintes, não faltou quem tentasse intermediar uma trégua entre pai e filho, sem sucesso. Ao mesmo tempo em que entrara com um processo trabalhista contra a Odebrecht e uma ação de calúnia e difamação contra Ruy Sampaio, Marcelo enviava recados ao pai nos bastidores, reivindicando que revertesse a demissão no conselho. Sabia que, com compliance e tudo, Emílio ainda manobrava as decisões na empresa, e achava que ele lhe devia aquilo. O pai refutava as afirmações. Dizia estar disposto a uma conciliação, mas sustentava que qualquer acordo tinha que se dar no âmbito da família, e não da empresa. Dessa forma, nenhuma tentativa de diálogo avançava. Com os documentos que tinha, Marcelo acreditava que não seria difícil vencer a Odebrecht na Justiça e reverter a demissão por justa causa. Logo descobriria ter dado um passo decisivo em direção à derrota.

No dia 4 de março de 2020, uma das filhas de Marcelo foi tentar pagar uma despesa com o cartão de débito e não conseguiu. Havia algo estranho. A conta deveria ter saldo. Ao pesquisarem o que havia acontecido, a surpresa. Naquela manhã, o juiz Eduardo Pellegrinelli, da 2ª Vara Empresarial de São Paulo, atendera a um pedido da Odebrecht S.A. e ordenara o bloqueio em caráter liminar de 143,5 milhões de reais das contas de Isabela, Rafaella, Gabriella e Marianna Odebrecht. O valor era a soma dos recursos depositados pela organização nas contas delas para Marcelo fechar o acordo de delação. Em sua decisão, o juiz acatou o argumento da Odebrecht de que os pagamentos eram irregulares e tinham sido feitos à base de chantagem. A empresa dizia ainda que tentaria anular os contratos e bloquear os outros bens da família — incluindo a casa onde moravam em São Paulo e um apartamento em Salvador, que também já haviam sido transferidos para as filhas.[70]

Diante do choro e da revolta da mulher e das filhas, o Sniper se viu derrubado. Indignado, telefonou para a mãe, exigindo que o pai desse um jeito de desfazer o bloqueio o quanto antes. Segundo o que Marcelo mesmo relatou à Justiça, meses depois, Regina respondeu: "Você agora concorda em conversar com seu pai?".[71] Marcelo explodiu de raiva. Dali em diante, passou a falar com a mãe apenas por mensagens, em que exigia uma solução. Numa delas, enviada no início de janeiro, escreveu um longo desabafo:

> Meu pai fez um acordo comigo, minha mãe foi a fiadora, minha irmã assinou, duas gestões da empresa aprovaram e acompanharam os pagamentos, os monitores externos do MPF e autoridades americanas acompanharam por mais de três anos tudo. Compliance idem. Neste ínterim se descobre que seu genro roubou [a] empresa em 200 milhões, dinheiro que passou pela conta de sua filha. Nada ocorre e vocês ainda o recebem em sua casa de braços abertos. Fica comprovado que seu genro e outros mentiram e manipularam as informações que prejudicaram tanto a mim e a empresa. E que continuaram a obstruir as investigações para prejudicar meu acordo.
>
> Tudo isto provado.
>
> Vocês vão descumprindo todas as promessas não assinadas que fizeram comigo: ou se esquece[m] que inclusive em carta meu pai dizia que eu voltaria para a empresa? Vocês acompanham o sacrifício que fiz pela empresa, sendo bode espiatorio [sic] de algo que você sabe [que] começou muito antes de mim e sempre foi

liderado por meu pai. Todos os que se beneficiaram com bilhões ficam livres por eu ter pago o pato por todos. Eu e minha família.

Neste ínterim quase nenhum apoio de vocês.

E de repente vocês não apenas me atacam, como vão atrás de suas netas bloqueando não apenas as contas e poupanças delas, como até a casa?

Sabendo que tudo que estão alegando é mentira até porque foi tudo acompanhado e aprovado por vocês.

Você ainda consegue se olhar no espelho?

Você ainda consegue se justificar?

Dito tudo isto, por escrito, pois não tenho condições emocionais para falar, insisto que precisamos colocar de lado qualquer emoção e focar em Bela e meninas, inocentes de tudo e que estão tendo sua vida destruída publicamente como já o foi a minha. E temos que fazer isto hoje, ou melhor ontem.

O que Marcelo queria, porém, já não era mais possível. Ao aprovar a ação contra ele, o conselho da Odebrecht autorizara a empresa a se colocar como vítima de um crime e buscar a reparação dos valores. Desistir da causa não era impossível — Emílio controlava duas cadeiras de um conselho que agora tinha cinco membros, portanto bastava convencer um dos conselheiros a desistir. Mas era mais complicado. Algum credor poderia querer questionar os administradores na Justiça, por ter abandonado o processo depois de se declarar vítima de roubo. Além do mais, ao autorizar a ação contra o filho, o pai já havia decidido que não teria volta. Nas mensagens que enviava a Marcelo, deixava claro que daria o dinheiro de que ele precisasse. "Vocês não deixarão de ter o suporte financeiro de seus pais e ajuda para construirmos um futuro",[72] dizia uma delas. Na decisão da empresa, porém, Emílio afirmava que não se meteria. Era seu jeito de mostrar ao filho que ele tinha sido definitivamente derrotado. Com o dinheiro bloqueado e o tempo tomado por depoimentos, petições e liminares, Marcelo já não tinha mais condições emocionais e práticas de planejar uma reação.

Nos primeiros dias, Isabela e as filhas enviaram as contas da casa para Regina e Emílio, o que para Marcelo era o extremo da humilhação. Para não ter de se dobrar ao pai, ele pediu dinheiro a amigos da família. Ao saber disso, em 19 de março Emílio escreveu uma carta, fotografada e enviada por mensagem de celular: "Desça do pedestal e peça a seus pais as necessidades de sobrevivência da família, enquanto persistir as ações entre a Organização e você, e sobre as quais, já disse várias vezes, não interferiremos".[73]

Naquele final de março, já fazia semanas que tentavam escolher os mediadores para negociar um acordo. Mas nem sobre isso conseguiam concordar. O único que tinham conseguido nomear — um antigo executivo do grupo chamado Kevin Altit —, desistiu em pouco tempo, dizendo que a missão era impossível. Sentindo-se asfixiado, Marcelo tinha até mandado dizer que aceitaria qualquer condição para que a ação de bloqueio de bens fosse retirada. Só queria as filhas fora do processo. Contudo, rejeitou a única solução que lhe propuseram — elas sairiam do imbróglio judicial se transferissem todo o dinheiro para o nome dele, mantendo os recursos bloqueados até a decisão da Justiça. A solução atendia o pedido de exclusão de sua família da ação, mas deixaria a esposa e as filhas sem nada — o que ele nunca admitiria. Marcelo respondeu que um acordo só era bom quando os dois lados cediam um pouco. Em sua visão, por aquela proposta, ele entregava tudo e a empresa não perdia nada.

Depois de anos de batalha, o herdeiro da Odebrecht estava exaurido financeira e emocionalmente. Nas mensagens aos "bombeiros" — como ele chamava os poucos amigos que ainda tentavam ajudar — frequentemente chorava, implorando por uma saída. Chamava o pai de mentiroso e repetia só querer o que Emílio havia lhe prometido em Curitiba. Pedia que o pai se apresentasse ao juiz e dissesse que ele não havia chantageado ninguém, e que o dinheiro depositado nas contas bloqueadas pertencia a suas filhas. "Falar a verdade perante o juiz! É só isso que estou pedindo, um pai ir pra frente do juiz pra falar a verdade!", apelou, aos prantos, a um amigo.

Do outro lado, Emílio respondia por mensagens enviadas do celular de Regina, em que se mostrava igualmente inflexível. "Você está colhendo o que você plantou",[74] escreveu ele, no final de março. Aquela guerra se tornara um cipoal desprovido de razão, uma espécie de entropia da qual, aos poucos, amigos e parentes foram se afastando, para evitar serem consumidos.

Cada vez mais solitário e sem recursos, Marcelo voltou toda a sua energia para o litígio contra o pai e a Odebrecht. A exceção eram as horas passadas avaliando as planilhas de custo da repartição em que prestava serviços, uma vez por semana, e os depoimentos aos processos da Lava Jato. A memória prodigiosa, a disciplina e a disposição para escrever longas mensagens continuavam as mesmas. Ajudavam-no a engordar os arquivos dos processos contra a Odebrecht com a mesma velocidade com que, em outros tempos, ele rodava o mundo e os gabinetes de Brasília, impondo seu poder e sua vontade. Aquele que um dia havia sido um dos empresários mais poderosos do continente, tratado com mesuras por políticos e mandatários de toda a América Latina, agora se consumia em processos e dívidas.

Marcelo Odebrecht tornara-se um personagem deslocado no tempo e no espaço. Não era mais poderoso, nem tampouco o criminoso número um do Brasil. Perdera os elos com a empresa pela qual vivera e o lugar de honra na família de que, no passado, havia tido tanto orgulho. Ainda assim, continuava se comportando como o vencedor de outros tempos. Estoico e orgulhoso, certo de que estava com a razão, encarava tudo como uma jornada heroica que, não importava quanto demorasse, ainda o levaria à vitória. Vira e mexe revisitava no celular, por razões práticas ou nem tanto, as mensagens recebidas da mãe. Uma delas saltava aos olhos, dolorida: "Filho, o tempo sem uma equação é contra todos nós".[75]

Epílogo

Um dia comum na vida de Marcelo Odebrecht tem sempre uma sessão de natação de cerca de uma hora na piscina de casa, de manhã ou na hora do almoço. No resto do tempo, ele se fecha no escritório para ler documentos e escrever e-mails e petições. Seguem-se telefonemas, reuniões on-line com advogados e, eventualmente, conversas com jornalistas. Quando não está cuidando das ações a que responde na Lava Jato, o assunto é Odebrecht. Mais especificamente, Emílio Odebrecht — ou apenas Emílio, como o filho se refere ao pai. "Quando na história da humanidade você já viu um pai fazer o que ele fez com um filho?", Marcelo costuma perguntar. É uma indagação retórica, porque ele não espera resposta. Nada abala a certeza de que o pai quer tê-lo sob cabresto, asfixiando-o financeiramente. "Eles contam com o fato de que eu quebro antes de ganhar o processo."

O processo é a disputa em torno do dinheiro depositado em nome da mulher e das filhas — 144 milhões de reais como reembolso pela multa e pelo dinheiro perdido para a Lava Jato. Quando a Odebrecht conseguiu o bloqueio judicial desses valores, Marcelo recorreu, e no início de agosto o juiz do caso liberou o dinheiro.[1] Dois dias mais tarde, porém, um desembargador do Tribunal de Justiça suspendeu a medida.[2] O herdeiro recorreu de novo. Aguarda, agora, uma resposta a esse novo recurso, e o início de uma arbitragem para dirimir o conflito, como era previsto no contrato que ele fechou com a empresa, na época dos pagamentos. Mas ninguém sabe quando e como isso ocorrerá. De um lado, Emílio e a Odebrecht. De outro, Marcelo, Isabela e as filhas. Como na arbitragem é comum que as partes se encontrem em audiências, ainda haverá momentos de tensão entre eles.

O ex-empreiteiro mais poderoso do Brasil continua morando na mesma casa, usa o mesmo carro importado e tem reservas financeiras, compostas principalmente por dinheiro que pediu emprestado de acionistas e ex-colegas de empresa, como os Baiardi e os Villar — algumas centenas de milhares de reais, nos últimos meses, para custear as despesas da casa e os advogados. Depois de um mês pagando os boletos do filho, Emílio mandou dizer que iria parar. Propôs-se a custear a faculdade das netas. Marcelo não aceitou.

O mergulho nos processos se somou ao isolamento social em razão da pandemia de coronavírus, e ao afastamento dos ex-executivos que tentam seguir a vida, mantendo a mínima ligação possível com a organização. Como a diretoria administrativa da Justiça Federal de São Paulo, onde Marcelo tem que prestar serviços, está fechada por causa da quarentena, ele não tem ido cumprir essa parte da pena. Só sai de casa para audiências e compromissos judiciais. Como em maio, quando foi à sede do Ministério Público Federal em São Paulo depor numa investigação que causaria um racha entre o procurador-geral da República nomeado por Jair Bolsonaro, Augusto Aras, e os membros da Lava Jato. Era um procedimento aberto em razão dos e-mails que mencionavam o relacionamento de Adriano Maia com o ex-advogado-geral da União e atual ministro do Supremo, José Dias Toffoli. O assunto é sensível para o magistrado. Em abril de 2019, na presidência da corte, o próprio Toffoli havia determinado a censura à reportagem da revista *Crusoé* sobre e-mails que Marcelo entregara ao MP com menções a ele — "o amigo do amigo de meu pai".[3] Em setembro de 2020, a *Crusoé* voltou à carga, publicando os vídeos e áudios do testemunho do empreiteiro sobre os e-mails.

Seis anos depois de seu início, a Lava Jato agonizava, mergulhada em polêmicas. Sergio Moro já não era mais juiz, nem ministro. Encastelado em Curitiba, esperava a conclusão do inquérito que apura se Jair Bolsonaro interferiu na Polícia Federal para proteger a si próprio e sua família, aberto após sua saída do ministério. Deltan Dallagnol deixara a operação para se dedicar ao tratamento de uma filha pequena que apresentou problemas no desenvolvimento motor. Àquela altura, já recebera uma advertência por uma entrevista à rádio CBN em que criticou o Supremo Tribunal Federal[4] e uma censura do Conselho Nacional do Ministério Público.[5] Foram decisões tomadas em resposta a cinco reclamações disciplinares contra Deltan por, entre outras coisas, dar palestras em eventos privados ou usar o Twitter para criticar decisões do STF. A Procuradoria-Geral da República passara a investigar os membros da força-tarefa, e Augusto Aras participava de lives com advogados anti-Lava Jato para prometer que o "ativismo judicial" do MP havia acabado.

O jogo tinha virado, mas a delação da Odebrecht continuava repercutindo no Brasil e no exterior. Em julho, procuradores da Lava Jato em São Paulo denunciaram o senador José Serra por lavagem de dinheiro, em razão das transações com recursos recebidos da organização na Suíça, e realizou busca e apreensão em residências e escritório ligados a ele.[6] Em setembro, foi a vez do ex-prefeito do Rio de Janeiro Eduardo Paes, novamente candidato, pelo DEM, receber a visita da polícia, numa ação em que o Ministério Público estadual buscava elementos para investigar pagamentos de 10,8 milhões de reais feitos pela Odebrecht para suas campanhas no caixa dois.[7] Outra investigação apurava ainda depósitos de 5,8 milhões de dólares em contas supostamente indicadas por Paes no exterior.[8] Na mesma semana em que a força-tarefa de Curitiba denunciou Lula, Antônio Palocci e Paulo Okamotto por receberem 4 milhões de reais da Odebrecht para a criação do Instituto Lula,[9] a Polícia Federal recomendou ao Supremo Tribunal Federal o indiciamento do senador Renan Calheiros pelo recebimento de 500 mil reais em caixa dois do Departamento de Operações Estruturadas.[10]

Fora do Brasil, o caso Odebrecht também continuava ecoando. Os dois filhos do ex-presidente panamenho Ricardo Martinelli foram presos em julho, na Guatemala, a pedido da Justiça americana. São acusados de lavagem de dinheiro, e de receber subornos da Odebrecht e de outras empresas durante o governo do pai.[11] No Peru, a ex-primeira-dama Nadine Heredia foi condenada em setembro a cumprir pena em prisão domiciliar, acusada pelos procuradores peruanos com base na delação de Jorge Barata, que confessou ter entregado dinheiro vivo a Nadine e recebido privilégios para a Odebrecht no contrato da obra do Gasoduto do Sul.[12] Humala, que assim como a mulher passou nove meses em prisão preventiva entre 2017 e 2018, aguarda julgamento nesse mesmo processo.[13]

Mas é no México, onde os efeitos da Lava Jato chegaram com atraso, que reside a última ameaça à sobrevivência da Odebrecht. Nos primeiros dias de agosto, assim que foi homologada a recuperação judicial, a organização anunciou o início do processo de venda de sua parte na Braskem, mas a tranquilidade não durou. Dias depois, Emilio Lozoya, ex-presidente da estatal mexicana de petróleo, a Pemex, assinou uma confissão bombástica. Um dos delatados pela Odebrecht, Lozoya foi preso na Espanha em fevereiro de 2020, e em julho foi extraditado para o México, onde fez acordo de colaboração premiada. Ele admitiu ter recebido dinheiro para caixa dois de campanha e subornos da Braskem, que é sócia da Pemex numa fábrica no país. E implicou nos crimes confessados três ex-presidentes mexicanos — Enrique Peña Nieto e Carlos Salinas, do Partido Revolucionário Institucional, o PRI, e Felipe Calderón, do Partido Ação Nacional, o PAN.[14] O presidente do México, Andrés Manuel López Obrador, eleito em 2018 com uma plataforma anticorrupção e ameaçando punir a Odebrecht, ganhou ainda mais motivos para isso. E os potenciais candidatos a comprar a Braskem, que já temiam o impacto do passivo acumulado em Maceió, ficaram ainda mais ariscos.

Nada disso abalou o ânimo de Emílio. O patriarca continua expressando a confiança de sempre no futuro da organização. Em setembro de 2020, depois de meses em isolamento social em seu apartamento paulistano, Emílio foi à Bahia cuidar dos preparativos de um grande leilão de gado de sua fazenda. Embora fizesse parte do grupo de risco para o novo coronavírus, por ter 75 anos, ser obeso e cardiopata, abriu uma exceção para a viagem. Da fazenda, migrou para o condomínio nos arredores de Salvador, onde tem uma casa de praia, para passar algumas semanas. O prédio construído por Norberto para abrigar toda a família, no bairro de Caminho das Árvores, já estava vazio, aguardando que definissem seu destino. A propriedade chegou a ser vendida para a construção de um loteamento, mas os filhos de Martha Odebrecht conseguiram suspender o negócio por liminar, e o assunto ainda estava pendente até a conclusão deste livro. O último Odebrecht que ainda vivia lá, Eduardo, teve que pedir dinheiro a Emílio para comprar outro local para morar. Com a entrada da Kieppe em recuperação judicial, junto com a holding da Odebrecht, a família hoje é ainda mais dependente do patriarca.

No final de 2020, o grupo Odebrecht tinha treze empresas em recuperação judicial (algumas só de papel), além da construtora, rebatizada como OEC, e seis outras que não entraram em recuperação — como a Braskem e a Ocyan, ex-Odebrecht Óleo e Gás. Empregava, ao todo, 34 mil pessoas em dez países, incluindo o Brasil. Em 2019, faturou 78 bilhões de reais, dos quais 77% vinham da Braskem.[15] Pelo acordo de recuperação judicial, a petroquímica destina ao grupo apenas 20% dos dividendos a que teria direito. O resto vai para os credores (em 2019, uma parcela já foi reservada para o pagamento das indenizações de Maceió). A construtora, com 5,1 bilhões de reais em receitas, respondia por 6% do faturamento. Lucro, nenhum. Tinha em carteira apenas duas grandes obras — a hidrelétrica angolana de Laúca, em fase de conclusão, e o submarino nuclear em construção no Rio de Janeiro. O resto eram projetos bem menores, como uma usina fotovoltaica de 2,5 MW em Pernambuco[16] e a duplicação de uma rodovia estadual no Paraná.[17]

Ainda assim, Emílio e os outros acionistas ocupam parte do seu tempo em uma missão sui generis: ajudar a elaborar a visão 2030 da organização. Agora, em vez de comparecer a longas pajelanças em auditórios de hotéis, dão seus palpites em reuniões virtuais e entrevistas a uma consultoria contratada para esse fim. Se, como de costume, prevalecer a opinião de Emílio, o documento final dirá que não apareceu, no cenário nacional, nenhum concorrente forte o bastante para superar a Odebrecht em capacidade de execução e eficiência. Para o patriarca, quando o Brasil voltar a investir em infraestrutura, fatalmente surgirão oportunidades.

Tamanho potencial, porém, depende de a empresa convencer o mercado e o governo de que realmente mudou suas práticas. Embora a organização afirme ter virado a página e adotado uma nova cultura, de ética e transparência, o ambiente interno continua tumultuado. Em junho, o conselho de administração da Braskem decidiu recomendar aos acionistas a abertura de uma ação de responsabilidade civil contra Maurício Ferro, para tentar reaver os valores pagos ao advogado Nilton Serson.[18] Até o início de outubro, a assembleia não havia sido convocada. A petroquímica tem até o fim de 2020 para cumprir todas as condições firmadas no acordo com o Departamento de Justiça e encerrar suas pendências com o governo dos Estados Unidos. Em agosto, a chefe do setor de compliance da construtora, Margarida Smith, discordou da indicação de um executivo listado como leniente pela Lava Jato para comandar a empresa. Acabou saindo, oficialmente por razões pessoais.

A velha guarda, que já não tem mais compromisso com o discurso corporativo, faz uma análise bem mais crua das perspectivas da Odebrecht. Acredita que ela foi excessivamente penalizada por uma operação que destruiu as empresas do setor sem acabar com a corrupção, e agora teria duas opções: tornar-se a "freira na zona", a única empresa correta em uma atividade cuja essência não mudou, ou adequar-se ao novo momento político, econômico e regulatório do Brasil. É, em suma, um dilema comum a todas as outras empreiteiras atingidas pela Lava Jato, que na Odebrecht ganha contornos mais evidentes. Mas ainda não está claro se e como a organização pode se adaptar a essa nova realidade.

Até porque, perante sua maior sócia e cliente, a Petrobras, a Odebrecht não se reabilitou. O caso de Alagoas deflagrou novas disputas, com a estatal acusando a organização de esconder a extensão do estrago e demorar demais para demitir o CEO Fernando Musa, que esteve no comando durante a crise. Até agora, a previsão de gastos com indenizações em Maceió já chega a 8,3 bilhões de reais. Depois do desastre (que na Braskem é chamado de "fenômeno geológico"), a Petrobras passou a pressionar a Odebrecht pela unificação das duas categorias de ação em uma única, com direito a voto, de forma a facilitar a venda desses papéis no mercado e a saída definitiva da estatal da sociedade.

A organização, porém, resiste. No início de 2020, Ruy Sampaio e o novo CEO da Braskem, Roberto Simões, foram visitar o presidente da Petrobras, Roberto Castelo Branco, para tentar demovê-lo da ideia. Castelo Branco recebeu-os no edifício-sede construído pela própria Odebrecht, no centro do Rio de Janeiro. Ele foi didático. Diante dos apelos dos sócios, os conduziu até um janelão de vidro de onde se podia observar o bairro de Santa Teresa e apontou para o casario antigo encarapitado no morro. "Vocês estão vendo ali, aquelas casas maravilhosas? São verdadeiros palacetes, e o lugar é espetacular: clima aprazível, bem mais ameno do que aqui embaixo, uma vista linda... e, no entanto, não valem nada. Sabem por quê? Porque, quando você olha para trás, tem uma favela, traficantes e criminalidade. A vizinhança é uma merda! A Braskem é a mesma coisa. É uma das maiores petroquímicas do mundo, uma empresa global que domina o mercado brasileiro. Deveria ser um ativo muito vendável, realmente único. Não é, por que a Odebrecht está lá."

Ao final de 2020, catorze dos 78 delatores da Odebrecht cumpriam algum tipo de pena restritiva de liberdade. Todos os outros ainda esperavam sentença ou apelavam de suas condenações. Como a remuneração mensal não entrou na lista de débitos da recuperação judicial, eles continuavam recebendo normalmente. Um dos colaboradores, Emyr Costa, que pagou as despesas da obra do sítio de Atibaia, foi inocentado pelo juiz de primeira instância.

Marcelo é um caso à parte. Mesmo expelido do grupo, ele ainda se refere à Odebrecht como "nós". Acha que a organização foi uma vítima — primeiro da sanha dos políticos e, depois, da Lava Jato. E não acredita em recuperação. A quem pergunta, diz que a falência virá em três anos ou menos. E acrescenta que o culpado pela derrocada é Emílio, que o empurrou para o sacrifício. Por isso, Marcelo não se arrepende de ter rompido com os pais. "Para mim, eles estão mortos." Seu único remorso é o acordo com a Lava Jato. "Hoje tenho certeza de que não deveria ter feito." O herdeiro da Odebrecht não faz terapia. "Você já viu alguém que está numa guerra parar para fazer terapia?" E se alguém pondera que talvez seja importante pensar no futuro, vislumbrar um horizonte para quando a briga acabar, ele responde, seco: "Eu não tenho horizonte".

Rio de Janeiro, 1º de outubro de 2020

Agradecimentos

É quase impossível embrenhar-se tão intensamente na história e na vida de outras pessoas sem deixar para trás um pedaço da nossa própria vida. Por três anos, Vinícius, Gabriel e Marina e abriram mão da minha presença nas férias, nos finais de semana e em inúmeras ocasiões para que eu pudesse me dedicar ao "livro da Odebrecht". Meu irmão, João, também foi extraordinariamente solidário. Eles me apoiaram sempre que pensei que não ia dar, e nunca duvidaram que eu conseguiria.

Se João Moreira Salles, Fernando de Barros e Silva e André Petry algum dia duvidaram, tiveram a generosidade de não me contar. Dos três, só recebi incentivos, conselhos valiosos e o essencial: tempo. Tenho com eles uma dívida impagável. Da mesma forma, nunca poderei ser grata o bastante pelo olhar atento, crítico e generoso do querido Manoel Francisco Brito, o Kiko. Nem pelos conselhos e toques preciosos de Lauro Jardim. Ao longo de todo o processo, Luiz Schwarcz e Otávio Marques da Costa foram só paciência e entusiasmo.

O esmero de Simone Costa, misto de pesquisadora, checadora e terapeuta, está em cada página. Eduardo Sá e Clerismar Longo agregaram o carinho, o esforço e as sacadas que fizeram diferença em momentos cruciais. Elisangela Prado foi a companheirona que resolveu todos os pepinos informáticos, sem se preocupar com dia ou hora.

Elio Gaspari, Laura Diniz, Matias Spektor, Renata Agostini, Graziella Valenti, Thiago Bronzatto, David Friedlander, Daniel Haidar, Kennedy Alencar, Gustavo Gorriti e Roberto Lopes me cederam um pouco (ou muito) de seu tempo, de suas dicas e de seus guardados para ajudar a construir esta história. André Pascoal, Bruno Carazza, Cândida Silva, Pedro Campos, Roberto Villa, Christianne Machiavelli, Liana Fontenelle, Marcio Polidoro e Zaccaria Junior, cada um à sua maneira, estiveram entre os tantos que me conduziram pelos caminhos necessários para que eu pudesse chegar o mais perto possível dos fatos.

A lista só ficaria completa e justa se eu pudesse incluir todos os que aceitaram me contar o que sabiam, o que viram e o que sentiram. Pelas mais diversas razões, isso não é possível, mas vocês sabem quem são. Espero que saibam também o quanto eu os agradeço.

Notas

PRÓLOGO [pp. 25-30]

1. Relatórios Anuais Odebrecht 2008 e 2014.

1. MARCELO SOBE [pp. 31-45]

1. Guilherme Barros, "Emílio deixa comando da Odebrecht; vice da Rhodia assume petroquímica", *Folha de S.Paulo*, 13 dez. 2001, p. B5.
2. Relatório Anual Braskem 2002 e 2005.
3. Relatório Anual Braskem 2007.
4. Ricardo Balthazar, "Família tenta manter força na Odebrecht", *Folha de S.Paulo*, 23 jan. 2011, p. B6.
5. Claudia Jardim, "Odebrecht: 'Usina trabalhou acima da capacidade'", *BBC Brasil*, 24 set. 2008. Disponível em: <www.bbc.com/portuguese/reporterbbc/story/2008/09/080925_odebrecht_equador_cq.shtml>; e e-mail de Marcelo Odebrecht para Luiz Mameri em 29 ago. 2008.
6. E-mail de Fernando Bessa em 29 ago. 2008.
7. E-mail de Marcelo Odebrecht a Luiz Mameri, Fabio Gandolfo, Adriano Jucá e Roberto Dias em 31 ago. 2008. "Que vou, vou. Acho importante para reforçar o apoio ao pessoal", escreveu ele.
8. E-mail de Marcelo Odebrecht em 3 set. 2008: "Hoje ainda não conseguimos confirmar o novo (3º) pedido de detenção de nosso pessoal e eventual aumento da lista, que poderia ter outros ainda aqui (os das listas anteriores estão todos em Lima). Por volta das 15h (17h Brasil)

563

talvez saibamos a origem/objetivo dos post-its com os nomes de nosso pessoal na tela do computador da imigração. Celso Amorim e embaixador entraram no circuito e ligaram para as partes daqui reclamando e dizendo que uma ação de detenção desta, sem amparo legal, teria consequências catastróficas".

9. E-mail de Marcelo Odebrecht para sua equipe em 9 set. 2008.

10. Norberto Odebrecht, *Sobreviver, crescer, perpetuar*: Tecnologia empresarial Odebrecht. v. 1, p. 44.

11. Letícia Sander e Fabiano Maisonnave, "Correa telefona a Lula para amenizar crise", *Folha de S.Paulo*, 23 nov. 2008, p. A23.

12. Elio Gaspari, "A perigosa diplomacia das empreiteiras", *Folha de S.Paulo*, 26 nov. 2008, p. A7.

13. A Odebrecht só voltaria a atuar no Equador em 2010, depois de uma negociação com um homem de confiança de Rafael Correa que custou à Odebrecht 6 milhões de dólares — e que, anos mais tarde, figuraria na delação premiada dos executivos da empreiteira à Lava Jato.

14. Palestra de Marcelo Odebrecht no 18º Congresso Nacional de Jovens Empreendedores e 3º Encontro Nordestino de Empresas Juniores, 21 nov. 2012. Disponível em: <https://www.youtube.com/watch?v=cX4TZTZxi9Y>.

15. Relatório Anual Odebrecht 2000 e 2008.

16. Marcelo Odebrecht em apresentação durante a Reunião Anual da Odebrecht na Costa do Sauípe, em 21 dez. 2008. Vídeo cedido pela assessoria de imprensa da Odebrecht.

2. NA LAMA, DE TERNO BRANCO [pp. 46-59]

1. Pedro Henrique Pedreira Campos, *Estranhas catedrais: as empreiteiras brasileiras e a ditadura civil-militar, 1964-1988*. Niterói: EdUFF, 2014.

2. Dados confirmados pela gerência de imprensa da Petrobras, por e-mail, em 30 jul. 2018. Valor em dólar atualizado em jul. 2020 pelo site <www.bls.gov/data/inflation_calculator.htm>.

3. "Construtora Odebrecht fará a primeira unidade do aeroporto supersônico", *Jornal do Brasil*, 1º Caderno, 2 jun. 1971, p. 15. Disponível em: <memoria.bn.br/DocReader/030015_09/33262>. As correções dos valores deste livro foram feitas em julho de 2020 pelo IGP-DI (FGV), Calculadora do Cidadão do Banco Central do Brasil. Disponível em: <www3.bcb.gov.br/CALCIDADAO/publico/corrigirPorIndice.do?method=corrigirPorIndice>.

4. "Galeão 1975: aeroporto para jumbos e concordes", *Jornal do Brasil*, Caderno B27, maio 1970, p. 4. Disponível em: <http://memoria.bn.br/docreader/030015_09/9053>.

5. "Empresas firmam contrato para construir obras civis do aeroporto supersônico", *Jornal do Brasil*, 1º Caderno, 2 jul. 1971, p. 10. Disponível em: <http://memoria.bn.br/DocReader/030015_09/35321>.

6. "Cinco grandes indústrias nucleares querem construir usina de Angra dos Reis", *Jornal do Brasil*, 1º Caderno, 26 ago. 1970, p. 14. Disponível em: <memoria.bn.br/docreader/030015_09/13955>.

7. "A questão nuclear: Relatório da Comissão Parlamentar de Inquérito do Senado Federal, Resolução 69/78", *Diário do Congresso Nacional*, sec. II, suplemento do n. 104, Brasília, 17 ago. 1982. Como os valores apurados pela CPI foram somados ao longo de anos, sem que o relatório

tenha discriminado quanto foi pago em cada ano, não foi possível converter ao valor presente. Optamos pela proporção.

8. Nota de July Isensée na coluna Sociedade do jornal *A Tarde*, 18 fev. 1975, p. 8.

9. "Sá, Ângelo Calmon de", verbete, FGV CPDOC. Disponível em: <www.fgv.br/cpdoc/acervo/dicionarios/verbete-biografico/sa-angelo-calmon-de>.

10. "Geisel convida A. Carlos para presidir Eletrobras no lugar de M. Bhering", *Jornal do Brasil*, 1º Caderno, 7 nov. 1975, p. 4. Disponível em: <memoria.bn.br/DocReader/030015_09/130806>.

11. Paulo Henrique Pedreira Campos, *Estranhas catedrais: as empreiteiras brasileiras e a ditadura civil-militar, 1964-1988*, op. cit.

12. Rafael Vaz da Motta Brandão, *O negócio do século: O acordo de cooperação nuclear Brasil- -Alemanha*, dissertação de mestrado em história apresentada ao programa de pós-graduação em História da Universidade Federal Fluminense, Niterói, 2002, p. 76. Disponível em: <www.historia. uff.br/academico/media/aluno/1222/projeto/Dissert-rafael-vaz-da-motta-brandao.pdf>.

13. Relatório Anual 1975 Itaipu Binacional; Carlos Alberto Luppi, "Consórcio terá 20 empresas", *Jornal do Brasil*, 1º Caderno, 11 jul. 1975, p. 14; "Pool assina segunda com Itaipu", *Jornal do Brasil*, 1º Caderno, 4 out. 1975, p. 14.

14. Emílio Odebrecht, *Suceder e ser sucedido: Desafios e aprendizados de uma geração de empresários*. Rio de Janeiro: Versal, 2015, p. 60.

15. "Atomgeschäft: Milliarden-Pleite in Brasilien?", *Der Spiegel*, 18 set. 1978.

16. "Simonsen refuta as denúncias do *Der Spiegel*", *Jornal do Brasil*, 1º Caderno, 19 set. 1978, p. 17. Disponível em: <memoria.bn.br/DocReader/030015_09/186693>.

17. "Nuclebrás denuncia campanha contra o acordo nuclear", *O Globo*, 20 set. 1978, p. 20.

18. "CPI vai ouvir John Cotrin", *O Globo*, Economia, 3 out. 1978, p. 22.

19. "Odebrecht não se julga favorecido em Angra", *O Estado de S. Paulo*, 18 abr. 1979, p. 6.

20. "A questão nuclear: Relatório da Comissão Parlamentar de Inquérito do Senado Federal", *Diário do Congresso Nacional*, 17 ago. 1982, p. 207.

21. Ibid., p. 220; "Odebrecht fez consórcio irregular com Hochtief", *Jornal do Brasil*, Economia, 1º Caderno, 25 out. 1978, p. 16. Disponível em: <memoria.bn.br/docreader/030015_09/188582>.

22. "Cals explica decisão de romper com Odebrecht", *O Estado de S. Paulo*, Geral, 4 ago. 1981, p. 37.

23. "Começa a seleção para Angra III", *O Estado de S. Paulo*, Geral, 4 ago. 1981, p. 37.

3. APOCALIPSE PERFEITO [pp. 60-82]

1. Emílio Odebrecht, *Suceder e ser sucedido*, op. cit., p. 56.

2. Ibid., pp. 53 e 60.

3. Depoimento da repórter Glória Maria sobre a queda do viaduto Paulo de Frontin, em 1971, Arquivo da Memória Globo. Disponível em: <globotv.globo.com/rede-globo/memoria- -globo/v/depoimento-gloria-maria-queda-do-viaduto-paulo-de-frontin-1971/2790303>.

4. "Plataforma desaba e mata oito na ponte Rio-Niterói", *O Globo*, Geral, 25 mar. 1970, p. 14.

5. "Operário é morto sob concreto", *Jornal do Brasil*, 1º Caderno, 26 out. 1972, p. 28. Disponível em: <memoria.bn.br/DocReader/030015_09/70670>.

6. Emílio Odebrecht, *Suceder e ser sucedido*, op. cit., pp. 56 e 65.

7. Mensagem de Norberto Odebrecht aos funcionários da empresa na reunião geral de 23 dez. 1977.

8. Emílio Odebrecht, *Suceder e ser sucedido*, op. cit., p. 54.

9. Ibid., p. 99.

10. Ibid., p. 25.

11. Ibid., p. 26.

12. Termo de depoimento nº 6 de Pedro Novis na petição nº 6830.

13. Ibid.

14. Ibid. e Tatiana Farah, "Paulo Maluf, 80: um dicionário de malfeitos", *O Globo*, 26 ago. 2011.

15. Fausto Macedo, "Caso Paubrasil: TRF decide hoje destino do processo", *O Estado de S. Paulo*, Política, 9 maio 1994, p. 8.

16. "Empresa de sapateiro recebeu R$ 16,1 mi", *Folha de S.Paulo*, Cotidiano, 12 maio 2002, p. C3; e Roberto Cosso, "CBPO justifica despesa de R$ 26 mi com notas frias", *Folha de S.Paulo*, Brasil, 1 set. 2002, p. A4.

17. "El proyecto Colbún", vídeo de Endesa disponível em: <www.youtube.com/watch?v=ELJe8rDy6Gk>.

18. "Interesses do Brasil no Chile", *A Tarde*, 10 nov. 1979, p. 9.

19. Telegrama "Da Embaixada em Santiag/Em 28/12/79/Sec-Excl-Urgentissimo/G/SG/ Hidrelétricas de Colbun-Machicura/Tel 950", pp. 1-6, documento confidencial do Ministério das Relações Exteriores, cedido à autora pelo jornalista Elio Gaspari.

20. Despacho "Secreto-Exclusivo — Informação para o senhor presidente da República. Data: 09 de janeiro de 1980", documento confidencial do Ministério das Relações Exteriores. Cedido à autora pelo jornalista Elio Gaspari.

21. Documento confidencial do Ministério das Relações Exteriores, cedido à autora pelo jornalista Elio Gaspari.

22. "Asesorías, consultorías, contratistas, proveedores", em Proyecto Colbún — Centrales Colbún y Machicura, de la Empresa Nacional de la Electricidad S.A. (Endesa), filial Corfo", 1985, p. 56.

23. "Os arquivos de Delfim", *IstoÉ Dinheiro*, 19 nov. 2003. Disponível em: <www.istoedinheiro.com.br/noticias/economia/20031119/arquivos-delfim/21379>.

24. Dezesseis anos depois, ele ganharia um dos maiores prêmios para escritores em língua portuguesa, o Camões.

25. Serviço Nacional de Informações — Agência Central — Informação nº 68/52/AC/82. Assunto: Execução de obras de usina hidrelétrica em Angola — Construtora Norberto Odebrecht, 19 ago. 1982, p. 4. Documento classificado como confidencial, disponível no Arquivo Nacional.

26. Termo de colaboração nº 4 de Emílio Odebrecht na petição nº 6664.

27. Ministério das Minas e Energia. Divisão de Segurança e Informações. Informação nº 40/208/82. Assunto: cooperação entre Brasil e Angola. Resumo da reunião do dia 13 set. 1982 no Ministério das Relações Exteriores.

28. Natalia Viana e Eliza Capai, "Em Angola, a Odebrecht no espelho", Agência Pública, 22

fev. 2016. Disponível em: <apublica.org/2016/02/em-angola-a-odebrecht-no-espelho>; Relatório Anual Odebrecht 2015.

29. "Relação de parceiros", documento entregue por Maria da Conceição Andrade ao deputado Jorge Solla (PT-BA), que o repassou à CPI da Petrobras.

30. Lista fornecida por Maria da Conceição Tavares em junho de 2016.

31. Entrevista com Maria da Conceição Andrade em junho de 2016.

32. Ibid.

33. Janio de Freitas, "Concorrência da ferrovia Norte-Sul foi uma farsa", *Folha de S.Paulo*, Capa, 13 maio 1987.

34. "Revelada a fraude, concorrência é anulada", *Folha de S.Paulo*, Economia, 14 maio 1987, p. A19.

35. Janio de Freitas, "Escândalo da concorrência na ferrovia Norte-Sul completa 30 anos", *Folha de S.Paulo*, Poder, 13 maio 2017, p. A10.

36. "O governo descarrila", *Veja*, n. 976, 20 maio 1987, p. 22.

37. Ibid.

38. "Um jogo de faraós e empreiteiros", *Veja*, n. 976, 20 maio 1987, pp. 30-7.

39. Informações disponíveis no site da Valec: <www.valec.gov.br/ferrovias/ferrovia-norte-sul>.

40. Janio de Freitas, "Escândalo da concorrência na ferrovia Norte-Sul completa 30 anos", op. cit.

41. Clayton Netz, "O voo livre do tocador de obras", *Exame*, ano 22, n. 3, 7 fev. 1990, pp. 46-53.

42. Ibid.

4. NO OLHO DO FURACÃO [pp. 83-105]

1. Emílio Odebrecht, *Suceder e ser sucedido*, op. cit., p. 68.

2. Denyse Godoy, "A Odebrecht e o futuro", *Exame*, edição n. 1164, ano 52, n. 12, 27 jun. 2018, pp. 20-9; confirmado por apuração da autora.

3. Relato feito pelo próprio executivo, cujo nome será mantido em sigilo.

4. Mario Sergio Conti, *Notícias do planalto*. São Paulo: Companhia das Letras, 1999; confirmado por apuração da autora.

5. Informações apuradas pela autora.

6. Entrevista de Luis Octavio da Motta Veiga à autora.

7. "Eu não quis colaborar", *Veja*, ed. 1239, ano 25, n. 25, 17 jun. 1992, pp. 7-11; Processo de impeachment contra o presidente da República: diversos, n. 12, 1992, v. 2, pp. 1310-22. Disponível em: <www2.senado.gov.br/bdsf/handle/id/518943>.

8. Datafolha. Disponível em: <media.folha.uol.com.br/datafolha/2013/05/02/aval_pres_01061992.pdf>.

9. "Collor nega volta ao passado no Ministério", *O Estado de S. Paulo*, Política, 14 abr. 1992, p. 4.

10. "'O PC é o testa de ferro do Fernando'", *Veja*, ed. 1236, ano 25, n. 22, 27 maio 1992, pp. 18-22.

11. Luis Costa Pinto, "Tentáculos de PC", *Veja*, ed. 1234, ano 25, n. 20, 13 maio 1992, pp. 16-20.

12. Marcelo Tognozzi, "Sou vítima de uma armação", *Jornal do Brasil*, 1º Caderno, 24 maio 1992, p. 12. Disponível em: <memoria.bn.br/DocReader/030015_11/61220>.

13. Relatório final da Comissão Parlamentar Mista de Inquérito (CPI do PC), 1992, p. 141.

14. Em valores de 1996, segundo o relatório do Inquérito Policial n. 01.113/92, SR/DPF/DF, 21 maio 1996, p. 29.

15. "PC legalizou dólar com título da dívida", *Jornal do Brasil*, Capa, 9 jul. 1992.

16. Entrevista do delegado Paulo Lacerda à autora.

17. Relatório final da Comissão Parlamentar Mista de Inquérito (CPI do PC), 1992, p. 113.

18. "Cartilha viciada", *Veja*, ed. 1247, ano 25, n. 33, 12 ago. 1992, pp. 80-1; "Câmara não moraliza as licitações", *Jornal do Brasil*, Política e Governo, 15 abr. 1993, p. 4. Disponível em: <memoria.bn.br/DocReader/030015_11/87019>.

19. Lei nº 8666, 21 jun. 1993. Disponível em: <www.planalto.gov.br/ccivil_03/leis/L8666compilado.htm>.

20. Entrevista com Juca Kfouri em junho de 2018.

21. Fernando Valeika de Barros, "Sangue, ouro, lama", *Playboy*, ano 17, n. 205, pp. 50-3, 114-8.

22. Ibid.

23. Ibid.

24. "O tamanho do rombo", *Veja*, ed. 1255, ano 25, n. 41, 30 set. 1992, pp. 46-53.

25. Foram 56 inquéritos desmembrados do inquérito-mãe nº 01.191/92 e 57 inquéritos autônomos a partir de requisições da Justiça Federal ou da Procuradoria-Geral da República.

26. Luiz Orlando Carneiro, "Juízes confirmam pena do Senado a Collor", *Jornal do Brasil*, 17 dez. 1993, p. 4. Disponível em: <memoria.bn.br/DocReader/030015_11/106088>.

27. Ricardo Balthazar e Rosa Costa, "Collor e PC são absolvidos pelo Supremo", *O Estado de S. Paulo*, Política, 13 dez. 1994, p. 4.

28. Lei n. 9.034, de 3 de maio de 1995.

29. "Dirceu Carneiro entrega notificação de afastamento do presidente Collor", *Jornal Nacional*, 2 out. 1992. Disponível em: <globoplay.globo.com/v/2158877>.

30. "Constrangimento marca saída de Haddad", *O Estado de S. Paulo*, Economia e Política, 2 mar. 1993, p. 2.

31. "Resende, Eliseu", verbete, FGV CPDOC. Disponível em: <fgv.br/cpdoc/acervo/dicionarios/verbete-biografico/eliseu-resende>.

32. "Itamar suspende empréstimo para obra no Peru", *O Estado de S. Paulo*, Política, 5 maio 1993, p. 4.

33. Cristiana Lôbo, "Coluna do Estadão", Política, 4 maio 1993, p. 6.

34. Suely Caldas, "Prioridade de Resende favorece empreiteira", *O Estado de S. Paulo*, Geral, 4 maio 1993, p. 5.

35. Sônia Mossri e Gustavo Krieger, "Maria da Glória negociou dívidas de países latinos", *Folha de S.Paulo*, Brasil, 15 maio 1993, p. 6.

36. Otto Sarkis, "Maria da Glória vai depor na PF", *Folha de S.Paulo*, Brasil, 15 maio 1993, p. 5.

37. "Ex-ministro diz que foi humilhado", *O Estado de S. Paulo*, Política, 21 maio 1993, p. 2.

38. Entrevista com o ex-delegado da Polícia Federal Magnaldo Nicolau em agosto de 2018.

39. Luis Costa Pinto, "A casa do espanto", *Veja*, ed. 1317, ano 26, n. 49, 8 dez. 1993, pp. 36-40.

40. Policarpo Jr., "O burocrata abre a mala da corrupção", *Veja*, ed. 1310, ano 26, n. 42, 20 out. 1993, pp. 20-7.

41. Especial "Arquivo Secreto", *Folha de S.Paulo*, 3 dez. 1993, pp. A1-A4.

42. Ibid., p. A3.

43. Ibid., pp. A1-A4.
44. "Poder à sombra do Executivo", *Jornal do Brasil*, 11 dez. 1993, p. 4. Disponível em: <memoria.bn.br/DocReader/030015_11/105569>.
45. Especial "Arquivo Secreto", *Folha de S.Paulo*, 3 dez. 1993, p. A1.
46. "Inocêncio exigirá retratação de Lula", *Jornal do Brasil*, Política e Governo, 11 set. 1993, p. 2. Disponível em: <memoria.bn.br/DocReader/030015_11/97978>.
47. Luis Costa Pinto, "A casa do espanto", op. cit., p. 36.
48. Fernando de Barros e Silva e José Roberto de Toledo, "Passarinho tem crise de hipertensão", *Folha de S.Paulo*, Brasil, 3 dez. 1993, p. 5.
49. "A indignação dos envolvidos", *Jornal do Brasil*, 3 dez. 1993, p. 3. Disponível em: <memoria.bn.br/docreader/030015_11/104775>; Bob Fernandes, "Bisol sofre ameaças e ataques de deputados", *Folha de S.Paulo*, Brasil, 3 dez. 1993, p. 6.
50. "Leia o relatório da Subcomissão de Patrimônio", *Folha de S.Paulo*, Brasil, 2 dez. 1993, p. 4.
51. Antonio Carlos Seidl, "Odebrecht se diz vítima de 'complô das estatais'", *Folha de S.Paulo*, Brasil, 3 dez. 1993, p. 4.
52. Bob Fernandes, "Ação de Bisol ameaça CPI, diz Benito", *Folha de S.Paulo*, Brasil, 5 dez. 1993, p. 10.
53. "Nova gráfica da *Folha* é inaugurada hoje", *Folha de S.Paulo*, 4 dez. 1995, p. 3.
54. Ao final do período, em 2004, como ainda restavam créditos da empreiteira com a *Folha*, as duas partes concordaram em quitar a dívida com a publicação de um suplemento de doze páginas contando a história da Odebrecht, que nem sequer estava nos planos da empreiteira.
55. Hildegard Angel, "O brunch de FH no Parque Gráfico do *Globo*", *O Globo*, 2º Caderno, 13 jan. 1998, p. 3.
56. Termo de colaboração nº 22 de Emílio Odebrecht na petição nº 6715.
57. "Empreiteiras do esquema PC preparam estratégia de defesa", *Jornal do Brasil*, Política e Governo, 23 fev. 1994, p. 4. Disponível em: <memoria.bn.br/docreader/030015_11/110843>.
58. Flávio Ribeiro de Castro, "Odebrecht quer atuar mais no exterior", *O Estado de S. Paulo*, Economia, 25 maio 1994, p. 40.

5. O NOVO AMIGO [pp. 106-18]

1. Termo de depoimento nº 4 de Emílio Odebrecht na petição nº 6664.
2. Ibid.
3. Ibid.
4. Termo de depoimento nº 12 de Emílio Odebrecht na petição nº 6780.
5. Demonstrações financeiras da Odebrecht S.A. publicadas no *Jornal do Brasil* de 15 mar. 1985, 1º Caderno, pp. 24-6.
6. Fernando Molica, "Lula xinga Itamar e Eliseu em Minas", *Folha de S.Paulo*, Brasil, 8 maio 1993, p. 8; Jorge Antônio Barros, "Tudo começou com Eliseu", *Jornal do Brasil*, 11 maio 1993, p. 3.
7. Segundo documento apreendido na casa de Ailton Reis, diretor da Odebrecht, sob o título "Notas para reunião de 28/09/93", os deputados eram classificados pela empresa em três grupos: "Grupo I: Deputados amigos que nos apoiam em CPIs, projetos, emendas etc. sem cobrar e espe-

ram por apoio nas eleições. Grupo II: Deputados que estão em postos-chaves [sic] no Congresso, tais como: presidente da Câmara, líder do governo, líder de partido (lideranças de um modo geral [sic]/ Comissão de Orçamento) etc. Grupo III: Oposição — Necessitamos de composição com alguns, em função de reduzir áreas de agressão". Citado em "Documentos apreendidos listam 350 nomes", *Folha de S.Paulo*, 3 dez. 1993, p. A2 Especial.

8. Luiz Maklouf Carvalho, "Mercadante só virou ministro com Dilma", *O Estado de S. Paulo*, Política, 20 mar. 2016, p. 8.

9. Guilherme Evelin, "Emendas de Bisol têm valor superfaturado", *O Estado de S. Paulo*, 28 jun. 1994, p. 4.

10. "Buaiz também recebeu doação da Odebrecht", *Jornal do Brasil*, Política e Governo, 29 nov. 1994, p. 5. Disponível em: <memoria.bn.br/DocReader/030015_11/130711>.

11. Bartolomeu Rodrigues, "Doação da Odebrecht provoca crise no DF", *O Estado de S. Paulo*, Política, 28 nov. 1994, p. 6.

12. Ricardo Amaral, "Lula acha normal ajuda de empreiteira", *O Estado de S. Paulo*, Política, 30 nov. 1994, p. A6.

13. "PT revela: Itaú e OAS ajudaram Lula", *O Globo*, O País, 1 dez. 1994, p. 3.

14. Maurício Dias, "Odebrecht confirma doação à direção do PT", *Jornal do Brasil*, Política e Governo, 2 dez. 1994, p. 3. Disponível em: <memoria.bn.br/DocReader/030015_11/130868>.

15. Ibid.

16. "CSN privatizada deu R$ 800 mil a Brizola", *Jornal do Brasil*, Política e Governo, 2 dez. 1994, p. 3.

17. Emílio Odebrecht no termo de depoimento nº 3 da petição nº 6794, realizado em 13 de dezembro de 2016 à Procuradoria-Geral da República.

18. Termo de depoimento nº 1 de Alexandrino Alencar na petição nº 4406.

19. Termo de depoimento nº 17 de Alexandrino Alencar na petição nº 6841.

20. Denise Paraná, *A história de Lula: O filho do Brasil*. Rio de Janeiro: Objetiva, 2009.

21. Termo de depoimento nº 17 de Alexandrino Alencar na petição nº 6841, complementado por apuração da autora.

22. Ibid.

23. Termo de depoimento nº 4 de Emílio Odebrecht na petição nº 6664.

24. Termo de depoimento nº 3 de Pedro Novis na petição nº 6664, complementado por apuração da autora.

25. Termo de depoimento nº 5 de Emílio Odebrecht na petição nº 6664.

26. Rennan Setti, "Em 2002, dólar chegou a R$ 3,99", *O Globo*, 30 set. 2014. Disponível em: <oglobo.globo.com/economia/em-2002-dolar-chegou-r-399-14088329>.

27. "Leia íntegra da carta de Lula para acalmar o mercado financeiro", Folha Online, 24 jun. 2002. Disponível em: <www1.folha.uol.com.br/folha/brasil/ult96u33908.shtml>.

28. Termo de depoimento nº 4 de Emílio Odebrecht na petição nº 6664.

29. Depoimento de Pedro Novis no âmbito da ação penal nº 505493288.2016.4.04.7000/PR.

30. Termo de depoimento nº 3 de Pedro Novis na petição nº 6664.

31. Prestação de contas do Partido dos Trabalhadores em 2002 ao Tribunal Superior Eleitoral.

6. QUESTÃO DE SOBREVIVÊNCIA [pp. 119-34]

1. Contrato de Associação entre a Petróleo Brasileiro S/A e a OPP Petroquímica, empresa do Grupo Odebrecht, para a Constituição da Companhia Nacional de Produtos Petroquímicos (CNPP), em Paulínia, São Paulo. Documento obtido pela autora.

2. Fernando Henrique Cardoso, *Diários da Presidência: 1997-1998* (volume 2). São Paulo: Companhia das Letras, 2016, p. 319.

3. "Rennó diz que não responde a diretores", *Gazeta Mercantil*, 27-28 jul. 1997, p. A4.

4. Fernando Henrique Cardoso, *Diários da Presidência*, op. cit., v. 2, p. 337.

5. "Discurso na solenidade de assinatura de ato relativo ao Polo Petroquímico do Planalto Paulista e de anúncio de investimentos da Ford", 9 set. 1997. Biblioteca da Presidência. Disponível em: <http://www.biblioteca.presidencia.gov.br/presidencia/ex-presidentes/fernando-henrique-cardoso/discursos/1o-mandato/1997/09-de-setembro-de-1997-discurso-na-solenidade-de-assinatura-de-ato-relativo-ao-polo-petroquimico-do-planalto-paulista-e-de-anuncio-de-investimentos-da-ford/view>.

6. Fernando Thompson, "Petrobras fortalece grupos nacionais", *Jornal do Brasil*, Economia, 22 set. 1997, p. 14. Disponível em: <memoria.bn.br/DocReader/030015_11/213619>.

7. Ricardo Grinbaum e David Friedlander, "Contrato de pai para filho", *Veja*, ed. 1514, n. 38, 24 set. 1997, pp. 120-1.

8. Suely Caldas, "A Petrobras em tempos de FHC", *O Estado de S. Paulo*, Economia, 31 maio 2009, p. 33.

9. Antenor Nascimento Neto, "Por baixo do pano", *Veja*, ed. 1515, ano 30, n. 39, 1 out. 1997, pp. 106-11.

10. Roberta Paduan, *Petrobras: Uma história de orgulho e vergonha*. Rio de Janeiro: Objetiva, 2016. Uma dessas plataformas, concluída pela própria Petrobras, foi a P-36, que explodiu no mar em março de 2001, causando onze mortes.

11. Fernando Henrique Cardoso, *Diários da Presidência: 1999-2000* (volume 3). São Paulo: Companhia das Letras, 2017, p. 139.

12. Termo de depoimento nº 3 de Emílio Alves Odebrecht na petição nº 6794.

13. Fernando Henrique Cardoso, *Diários da Presidência*, op. cit., v. 3, p. 261.

14. Quando Fernando Henrique assumiu, em 1994, a pasta era denominada Ministério da Indústria, do Comércio e do Turismo. Em 1999, passou a ser Ministério do Desenvolvimento, da Indústria e do Comércio Exterior.

15. Fernando Henrique Cardoso, *Diários da Presidência*, op. cit., v. 3, pp. 240-1.

16. Id., *Diários da Presidência: 1995-1996* (volume 1), São Paulo: Companhia das Letras, 2015, p. 538.

17. Id., *Diários da Presidência*, v. 2, p. 134.

18. Antenor Nascimento Neto, "Por baixo do pano", *Veja*, 1 out. 1997, ed. 1515, ano 30, n. 39, pp. 106-11.

19. Giorgio Romano Schutte, *Elo perdido: Estado, globalização e indústria química no Brasil*. São Paulo: Annablume, 2004, p. 157.

20. Ibid., p. 219.

21. "A pipoca explode", *Veja*, ed. 1329, ano 27, n. 9, 2 mar. 1994, pp. 87-8.

22. Relatórios Anuais Odebrecht 1996 e 1997.
23. Márcio Raposo, "Odebrecht diz que lidera ou desaparece", *Gazeta Mercantil*, 12 jun. 1997.
24. Em 4 de fevereiro de 1992, Hugo Chávez foi um dos líderes que tentaram derrubar o presidente Carlos Andrés Pérez em um golpe de Estado. Chávez, que era tenente-coronel, foi julgado e condenado por rebelião militar e ficou preso de 1992 a 1994.
25. Em 1998, segundo dados do Ministério da Indústria, Comércio Exterior e Serviços, a Venezuela gastou 706,2 milhões de dólares em compras do Brasil.
26. Depoimento de Euzenando Azevedo, dentro do acordo de colaboração com o Departamento de Justiça dos Estados Unidos, item 12.13, "Relação do grupo com Chávez", obtido pela autora.
27. "Resumo das relações Brasil-Venezuela", telegrama diplomático de 16 mar. 2009; Filipe Coutinho, "Exclusivo: Os documentos da Odebrecht que o Itamaraty quis esconder", *Época*, 16 jun. 2015.
28. Disponível em: <www.youtube.com/watch?v=tmZ8GWfX6DQ>.
29. "Segunda ponte sobre o rio Orinoco inaugurada por Lula e Chávez", G1, 13 nov. 2006. Disponível em: <g1.globo.com/Noticias/Mundo/0,,AA1348954-5602,00-SEGUNDA+PONTE+SOBRE+O+RIO+ORINOCO+INAUGURADA+POR+LULA+E+Chávez.html>.
30. Liège Albuquerque, "Fernando Henrique fecha 6 acordos de petróleo com governo venezuelano", *O Estado de S. Paulo*, Economia, 8 abr. 2000, p. 53.
31. Depoimento de Euzenando Azevedo, dentro do acordo de colaboração com o Departamento de Justiça dos Estados Unidos, item 12.13, "Relação do grupo com Chávez", obtido pela autora.
32. Denise Chrispim Marin e Liège Albuquerque, "Chávez elogia Odebrecht em Manaus", *O Estado de S. Paulo*, Internacional, 1 out. 2008, p. 15.
33. O convênio valia para os países-membros da Associação Latino-Americana de Integração (Aladi) exceto Cuba: Argentina, Bolívia, Brasil, Chile, Colômbia, Equador, México, Paraguai, Peru, Uruguai e Venezuela, além da República Dominicana.
34. Foi mantida uma redução para contratos de até 100 mil dólares.
35. Julia Duailibi, "Lula e FHC se reúnem como 'bons amigos'", *Folha de S.Paulo*, Brasil, 15 nov. 2003, p. A13.

7. O PRÍNCIPE [pp. 135-40]

1. *Caras*, ed. 61, 1995.
2. Norberto Odebrecht, *De que necessitamos?* Salvador: P&A, 2007, p. 41.

8. MAIS CORAGEM DO QUE ANÁLISE [pp. 141-56]

1. Relatórios Anuais Odebrecht 1998 e 1999.
2. Relatório Anual Odebrecht 1999.

3. Emílio Odebrecht, *Suceder e ser sucedido*, op. cit., p. 124.

4. Para os setenta anos, ver "Instrumento de consolidação do acordo de acionistas da ODBINV S.A."; para os três anos de carência, comunicação interna de Newton de Souza para Emílio Odebrecht, em 4 jan. 2001, documento 4 anexo à contestação de Graal Participações LTDA, Vitor Calixto Boulhosa, Bernardo Afonso de Almeida Gradin e Miguel de Almeida Gradin ao processo nº 0020723-42.2011.805.0001, 08/09/2011.

5. Ibid., p. 16.

6. Emílio Odebrecht, *Suceder e ser sucedido*, op. cit., p. 261.

7. Ibid., p. 266.

8. Ibid., pp. 291-7.

9. Relatório Anual Odebrecht 2000.

10. Felipe Patury e David Friedlander, "Governo arma plano para Ultra levar Copene", *Folha de S.Paulo*, 27 mar. 2001, p. B11.

11. "Ultra ofereceu US$ 822 milhões por Copene", *O Estado de S. Paulo*, 16 dez. 2000, p. B9; David Friedlander, "Como a Copene encalhou na madrugada", *Folha de S.Paulo*, 17 dez. 2000.

12. Felipe Patury e David Friedlander, "Governo arma plano para Ultra levar Copene", op. cit.

13. Edmundo M. Oliveira e Viviane Mottin, "Ultra não aparece, Odebrecht fica com a Copene", *O Estado de S. Paulo*, Economia, 26 jul. 2001, p. B9.

14. Apresentação da área de relações com investidor da Copene à Bolsa de Valores de Nova York, em março de 2002.

15. "BC marca data para novo leilão da Copene", *Folha de S.Paulo*, Dinheiro, 27 abr. 2001, p. B6.

16. Ata da 442ª reunião do conselho de administração da Copene, realizada em 24 abr. 2001. Documento obtido pela autora.

17. Guilherme Barros, "BC ajuda Odebrecht, diz grupo Ultra", *Folha de S.Paulo*, Dinheiro, 4 maio 2001, p. B5.

18. Ney Hayashi da Cruz, "BC nega irregularidades na venda da Copene", *Folha de S.Paulo*, Dinheiro, 5 maio 2001, p. B6.

19. Coluna Painel S.A., *Folha de S.Paulo*, 5 maio 2001, p. B2.

20. Sonia Racy, "Cunha versus Cunha", coluna Direto da Fonte, *O Estado de S. Paulo*, Economia, Dinheiro, 5 maio 2001, p. 28.

21. Coluna Painel S.A., *Folha de S.Paulo*, Dinheiro, 9 maio 2001, p. B2.

22. Gerson Camarotti e Isabel Braga, "Governo promete manter imparcialidade", *O Estado de S. Paulo*, 9 maio 2001, p. B9.

23. Apresentação da área de relações com investidores da Copene à Bolsa de Valores de Nova York, em março de 2002.

24. Termo de colaboração nº 3 de Pedro Novis na petição nº 6664; termo de colaboração nº 5 (anexo consolidado) de Emílio Odebrecht na petição nº 6664.

25. "Odebrecht-Mariani leva Copene, sem ágio", *Folha de S.Paulo*, Dinheiro, 26 jul. 2001, p. B5.

26. "Como o clã Odebrecht triunfou", *IstoÉ Dinheiro*, 21 jul. 2001. Disponível em: <www.istoedinheiro.com.br/noticias/negocios/20010721/como-cla-odebrecht-triunfou/23554>.

27. Relatório Anual Braskem 2002.

28. "Petrobras compra Pérez Companc por US$ 1,027 bilhão", Agência Estado, 17 out. 2002.

Disponível em: <economia.estadao.com.br/noticias/geral,petrobras-compra-perez-companc--por-us-1-027-bilhao,20021017p39462>.

29. Prospecto definitivo de oferta pública de distribuição primária de ações preferenciais classe A de emissão da Braskem, 1º abr. de 2004.

30. Gerson Camarotti, "FHC passa o chapéu", *Época*, ed. 234, 11 nov. 2002. Disponível em: <revistaepoca.globo.com/Revista/Epoca/0,,EDR53647-6009,00.htm>.

9. NOVA ORDEM [pp. 157-74]

1. Termo de colaboração nº 5 de Emílio Odebrecht na petição nº 6664.

2. Costábile Nicoletta, "SDE condena item abusivo de acordo da Petrobras", *O Estado de S. Paulo*, Economia, 7 maio 1999, p. 41; Viviane Mottin, "Cade limita união da Petrobras com a OPP", *O Estado de S. Paulo*, Economia, 2 mar. 2000, p. B8.

3. Entrevistas de Rogério Manso à autora em 2019.

4. Fernando Henrique Cardoso, *Diários da Presidência*, v. 3, p. 241.

5. Termo de colaboração nº 5 de Emílio Odebrecht na petição nº 6664.

6. Ibid.; anexo 4B em dados de corroboração ao termo de colaboração nº 4 de Pedro Novis na petição nº 6664.

7. Termo de colaboração nº 4 de Pedro Novis na petição nº 6664; termo de colaboração nº 9 de Alexandrino Alencar na petição nº 6664.

8. Elio Gaspari, "Privataria, versão 2.01", *Folha de S.Paulo*, Brasil, 11 jan. 2004, p. A10.

9. "Janene, José", verbete, FGV CPDOC. Disponível em: <www.fgv.br/cpdoc/acervo/dicionarios/verbete-biografico/jose-mohamed-janene>.

10. Painel, *Folha de S.Paulo*, Brasil, 6 dez. 2004, p. A4.

11. Termo de declarações prestado por Pedro Corrêa no Procedimento Investigatório Criminal nº 1.25.000.003350/2015-98. Disponível em: <politica.estadao.com.br/blogs/fausto-macedo/wp-content/uploads/sites/41/2016/09/3_COMP14-PEDRO-CORREA-SOBRE-ROGERIO--MANSO-MENSALAO-E-LAVA-JATO.pdf>.

12. Entrevistas de Rogério Manso à autora; termo de colaboração nº 8 de Pedro Corrêa.

13. Pelo regimento da Câmara, as votações só podem prosseguir após a apreciação das medidas provisórias. Enquanto houver uma MP pendente de votação, nada mais pode ser votado.

14. Termo de colaboração nº 8 de Pedro Corrêa.

15. Ibid.

16. Termo de colaboração nº 10.1 de Alexandrino Alencar na petição nº 6796.

17. Chico Santos, "Petrobras vai inverstir US$ 1,95 bi em plataformas e novos navios", *Folha de S.Paulo*, 20 dez. 2003. Disponível em: <https://<www1.folha.uol.com.br/fsp/dinheiro/fi2012 200316.htm>.

18. Juliana Rangel, "Consórcio vence P-51 e pode ficar com a P-52", *Folha de S.Paulo*, Dinheiro, 8 set. 2003, p. B10.

19. Termo de colaboração nº 6 de Márcio Faria na petição nº 6735.

20. Ibid.

21. Ibid.

22. Depoimento de Jorge Barata ao Ministério Público brasileiro, em 15 dez. 2016, dentro do acordo de colaboração com o Departamento de Justiça dos Estados Unidos (DOJ). Trechos disponíveis em: <www.idl-reporteros.pe/barata-confiesa-alejandro-toledo>.

23. Ibid.

24. Chico Santos, "BNDES distribui crédito a países vizinhos", *Folha de S.Paulo*, Dinheiro, 7 maio 2003, p. B4.

25. "BNDES aprova financiamento de R$ 517 milhões para projeto de desenvolvimento sustentável no Acre", nota do BNDES de 14 abr. 2008. Disponível em: <www.bndes.gov.br/wps/portal/site/home/imprensa/noticias/conteudo/20080414_not059_08>.

26. Entrevista com Gustavo Guerra García em Lima, no Peru, em abril de 2017.

27. Depoimento de Jorge Barata ao Ministério Público brasileiro, em 15 dez. 2016, dentro do acordo de colaboração com o Departamento de Justiça dos Estados Unidos (DOJ). Trechos disponíveis em: <https://www.idl-reporteros.pe/barata-confiesa-alejandro-toledo/>.

28. Sandra Balbi, "Brasileiros construirão rodovia no Peru", *Folha de S.Paulo*, Dinheiro, 24 jun. 2005, p. B8.

29. Depoimento de Jorge Barata ao Ministério Público brasileiro, em 15 dez. 2016, dentro do acordo de colaboração com o Departamento de Justiça dos Estados Unidos (DOJ). Trechos disponíveis em: <https://www.idl-reporteros.pe/barata-confiesa-alejandro-toledo/>.

30. Sandra Balbi, "Brasileiros construirão rodovia no Peru", op. cit.

31. Ibid.

32. Kátia Brasil, "Toledo diz para Lula ter coragem", *Folha de S.Paulo*, 9 set. 2005.

33. Rafael Cariello, "Petista espera mais 'tranquilidade'", *Folha de S.Paulo*, Brasil, 10 ago. 2002, p. A6.

34. Chico Santos, "Petrobras vai investir US$ 1,95 bi em plataformas e novos navios", *Folha de S.Paulo*, 20 dez. 2003. Disponível em: <www1.folha.uol.com.br/fsp/dinheiro/fi2012200316.htm>.

35. "Discurso do presidente da República, Luiz Inácio Lula da Silva, na visita à exposição e cerimônia comemorativa dos 60 anos da Organização Odebrecht", Brasília, 9 nov. 2004. Disponível na Biblioteca da Presidência.

36. Mensagem do presidente do Conselho de Administração, Emílio Odebrecht, na reunião anual em Sauípe, 22 dez. 2004.

10. DECOLANDO [pp. 175-93]

1. Termo de colaboração nº 2 de Pedro Novis na petição nº 6796.

2. Termo de depoimento nº 52 de Alberto Youssef na petição nº 5245, complementado por apuração da autora.

3. Termo de colaboração nº 10.1 de Alexandrino Alencar na petição nº 6796.

4. "Braskem e Petroquisa anunciam constituição da Petroquímica Paulínia S.A.", comunicados e fatos relevantes, Braskem, 16 set. 2005. Disponível em: <www.braskem.com.br/RI/detalhe-comunicados-e-fatos-relevantes/braskem-e-petroquisa-anunciam-constituicao-da-petroquimica-paulinia-sa>.

5. Termo de colaboração nº 10.1 de Alexandrino Alencar na petição nº 6796; termo de colaboração nº 2 de Pedro Novis na petição nº 6796.

6. "Doleiro envolvido no caso Banestado é preso no Paraná", *O Estado de S. Paulo*, Nacional, 3 nov. 2003, p. A8.

7. "Delação premiada, parceira dos promotores", *O Estado de S. Paulo*, Política, 6 set. 2004, p. 7.

8. Departamento de Justiça americano (DOJ), "Braskem Plea Agreement", p. B8. Disponível em: <www.justice.gov/opa/press-release/file/919906/download>.

9. Termo de colaboração nº 10.1 de Alexandrino Alencar na petição nº 6796; termo de colaboração nº 2 de Pedro Novis na petição nº 6796.

10. "Discurso do presidente da República, Luiz Inácio Lula da Silva, na cerimônia de lançamento da pedra fundamental da planta de polipropileno da Petroquímica Paulínia S.A.", Paulínia (SP), 2 fev. 2007, documento disponível na Biblioteca da Presidência.

11. Termo de colaboração nº 2 de Pedro Novis na petição nº 6796.

12. Termo de colaboração nº 28 de Ricardo Pessoa.

13. Roberta Paduan, *Petrobras*, op. cit.

14. A atualização do parque de refino da estatal já estava em curso desde as gestões anteriores. No período dos presidentes Reichstul e Gros, a Petrobras investiu cerca de 1 bilhão de dólares ao ano na modernização das refinarias, uma das somas mais elevadas entre as grandes petroleiras.

15. Ricardo Brandt, Fausto Macedo e Mateus Coutinho, "Delator afirma que cartel de empreiteiras na Petrobras era 'autônomo'", *O Estado de S. Paulo*, 3 fev. 2015. Disponível em: <politica.estadao.com.br/blogs/fausto-macedo/delator-afirma-que-cartel-de-empreiteiras-na-petrobras--era-autonomo>.

16. Termo de colaboração nº 1 de Márcio Faria na petição nº 6735.

17. Resposta enviada por e-mail pela Gerência Executiva de Sistemas de Superfície, Refino, Gás e Energia (SRGE), em 11 mar. 2019, a partir de solicitação à ouvidoria-geral da Petrobras.

18. Discurso do presidente da República, Luiz Inácio Lula da Silva, na cerimônia de assinatura de atos de cooperação entre Brasil e Venezuela em 14 fev. 2005. Disponível na Biblioteca da Presidência.

19. Estatísticas de Comércio Exterior, Série Histórica: 1997 a 2019, Balança Comercial e Corrente de Comércio: acumulado, dados do Ministério da Economia.

20. Denise Chrispim Marin, "Lula assina 19 acordos e comemora 'rota de solidez'", *O Estado de S. Paulo*, Política, 15 fev. 2005, p. 8.

21. Pedro Soares e Elvira Lobato, "BNDES libera 22% de recursos à Venezuela", *Folha de S.Paulo*, Dinheiro, 12 fev. 2005, p. B7.

22. Cláudia Trevisan, "Geopolítica alavanca empresas na região", *Folha de S.Paulo*, Dinheiro, 14 ago. 2005, p. B7.

23. Termo de colaboração nº 22 de Fernando Reis na petição nº 6767.

24. Termos de colaboração nº 17 e 18 de Milton Pascowitch. Disponível em: <politica.estadao.com.br/blogs/fausto-macedo/wp-content/uploads/sites/41/2015/08/EVENTO-138--OUT22-DELA%C3%87%C3%83O-PASCOWITCH-TERMO-17-E-18-PAGAMENTOS--ESPECIE-DIRCEU.pdf>.

25. Anexo 15.2 do termo de colaboração nº 22 de Fernando Reis na petição nº 6767.

26. Termo de colaboração nº 21.1 de Alexandrino Alencar na petição nº 6751.
27. Anexo 4 ao termo de colaboração nº 4 de Pedro Novis na petição nº 6664.
28. E-mail de Luiz Mameri, 12 jul. 2005; e-mail de André Amaro, 14 jul. 2005, em: Relatório de Análise de Polícia Judiciária nº 124/2016, pp. 6-7. Referência: IPL 1985/2015-4, SR/DPF/PR, Operação Lava Jato. Disponível em: <politica.estadao.com.br/blogs/fausto-macedo/wp-content/uploads/sites/41/2017/02/Odebrecht-Trem-Sarmiento-DGI.pdf>.
29. E-mail de Luiz Mameri, 9 jul. 2005, ibid., p. 8.
30. E-mail de Marcelo Odebrecht, 11 jul. 2005, ibid., p. 7.
31. Ibid.
32. E-mail de Luiz Mameri, 12 jul. 2005 e e-mail de André Amaro, 14 jul. 2005, ibid., pp. 6-7.
33. Catia Seabra, "Empresário cedeu avião citado no caso Cuba", *Folha de S.Paulo*, Brasil, 4 nov. 2005, p. A6.
34. Mario Cesar Carvalho, "Colnaghi usou Proex ao exportar para Angola", *Folha de S. Paulo*, Brasil, 28 nov. 2005, p. A6.
35. Policarpo Junior, "O homem-chave do PTB", *Veja*, n. 1905, 18 maio 2005, pp. 54-61.
36. Renata Lo Prete, "Contei a Lula do 'mensalão', diz deputado", *Folha de S.Paulo*, Brasil, 6 jun. 2005, p. A5.
37. Rubens Valente, "Caseiro detalha idas de Palocci à 'casa do lobby'", *Folha de S.Paulo*, Brasil, 16 mar. 2006, p. A11.
38. "Caseiro protesta contra violação de sigilo", *Folha de S.Paulo*, Brasil, 18 mar. 2006, p. A5.
39. Termo de colaboração nº 4 de Pedro Novis na petição nº 6751.
40. Termo de colaboração nº 1 de Hilberto Silva na petição nº 6664.
41. Termo de colaboração nº 43 de Marcelo Odebrecht na petição nº 6664.
42. Termo de colaboração nº 1 de Luiz Eduardo Soares na petição nº 6664.
43. Anexo nº 6 de Hilberto Silva na petição nº 4387.
44. Termo de colaboração nº 1 de Luiz Eduardo Soares na petição nº 6664.
45. Termo de colaboração nº 1 de Hilberto Silva na petição nº 6664.
46. Termo de colaboração nº 1 de Fernando Migliaccio na petição nº 6533.
47. Termo de colaboração nº 2 de João Santana na petição nº 6890.
48. Ibid.
49. Termo de colaboração nº 3 de Mônica Moura na petição nº 6890.
50. Termo de colaboração nº 3 de Pedro Novis na petição nº 6664, termo de colaboração nº 1 de Pedro Novis no inquérito nº 4428.
51. Termo de colaboração nº 2 de João Santana na petição nº 6890.

11. O PRÍNCIPE NA TRINCHEIRA [pp. 194-216]

1. Acórdão 602/2008, Tribunal de Contas da União, 9 abr. 2008. Disponível em: <pesquisa.apps.tcu.gov.br/#/documento/acordao-completo/*/KEY:ACORDAO-COMPLETO-43212/DTRELEVANCIA%20desc/0/sinonimos%3Dfalse>.
2. Julia Duailibi e Giuliano Guandalini, "O governo dá sua cartada", *Veja*, ed. 1993, 31 jan. 2007, pp. 58-60.

3. Renée Pereira, "Investidor rejeita Furnas em leilão do rio Madeira"; Leonardo Goy, "Governo teme entrave jurídico", *O Estado de S. Paulo*, 11 jul. 2007, p. 16.

4. Informação confirmada por cinco fontes protegidas por sigilo.

5. Gustavo Porto, "Odebrecht vende 33% da área de álcool a grupo japonês", *O Estado de S. Paulo*, 31 out. 2007, p. B15.

6. Relatório Anual Odebrecht 2007; Fábio Borges, "A presença de construtoras brasileiras no Peru nos governos de Fernando Henrique Cardoso e Lula (1995-2010): aproximações e conflitos", *Paiaguás: Revista de Estudos sobre a Amazônia e o Pacífico*, v. 1, n. 1, fev.-jul. 2015, p. 19

7. Marcos Emílio Gomes, "O troféu de guerra só quer paz", *Veja*, ed. 1300, 11 ago. 1993, pp. 84-5.

8. Julio Wiziack e Agnaldo Brito, "Cemig compra energia de Santo Antônio", *Folha de S. Paulo*, Dinheiro, 11 maio 2009, p. B8.

9. Termo de colaboração nº 3 de Henrique Valadares no inquérito nº 4433.

10. "A fórmula Odebrecht", *IstoÉ Dinheiro*, 19 dez. 2007. Disponível em: <www.istoedinheiro.com.br/noticias/investidores/20071219/formula-odebrecht/26881>.

11. Leonardo Goy, Lu Aiko Otta, Gerusa Marques e Wellington Bahneman, "Odebrecht vence leilão do Madeira", *O Estado de S. Paulo*, Economia, 11 dez. 2007, p. B1.

12. "A fórmula Odebrecht", *IstoÉ Dinheiro*, op. cit.

13. "Odebrecht vence leilão do Madeira", *O Estado de S. Paulo*, Economia, 11 dez. 2007, p. B1.

14. Termo de colaboração nº 15 de Marcelo Odebrecht na petição nº 6715.

15. Termo de colaboração nº 6 de Paulo Cesena na petição nº 6715.

16. Ibid.

17. E-mail de Paulo Cesena, 5 ago. 2009, disponível no anexo nº 6B de Paulo Cesena na petição nº 6715.

18. Termo de colaboração nº 6 de Paulo Cesena na petição nº 6715. A *CartaCapital* afirma tratar-se de empréstimos regulares.

19. Termo de colaboração nº 5 de Olívio Rodrigues na petição nº 6694.

20. Ibid.

21. Termo de depoimento nº 2 de Hilberto Silva na petição nº 6694; para o recolhimento de dinheiro em espécie nas vendas para os bares, termo de depoimento nº 10 de Luiz Eduardo Soares na petição nº 6694.

22. Termo de colaboração nº 9 e anexo nº 10 de Luiz Eduardo Soares na petição nº 6694.

23. Termo de colaboração nº 9 de Luiz Eduardo Soares na petição nº 6694.

24. Anexo nº 10A e termo de colaboração nº 9 de Luiz Eduardo Soares na petição nº 6694.

25. Termos de colaboração nº 3 e nº 7 de Maria Lúcia Tavares.

26. Andréa Michael e Hudson Corrêa, "PF prende petistas acusados de comprar dossiê anti-Serra", *Folha de S.Paulo*, Brasil, 16 set. 2006, p. A4.

27. Termo de colaboração nº 9 de Luiz Eduardo Soares na petição nº 6694.

28. Ibid.

29. Ricardo Brito, "Vai sobrar para o mordomo". *Veja*, n. 1989, 30 dez. 2006, pp. 38-40.

30. Termo de colaboração nº 5 de Pedro Novis no inquérito nº 4428.

31. Em sua delação, Carlos Henrique Barbosa Lemos contou que as empresas vencedoras do leilão do trecho Sul do Rodoanel tiveram de ratear 30 milhões de reais destinados ao caixa

dois de campanha eleitoral do PSDB. Termo de colaboração disponível em: <static.poder360.com.br/2018/02/depoimento-carlos-henrique-barbosa-lemos.pdf>.

32. Termo de colaboração nº 24 de Benedicto Júnior e termo de colaboração nº 1 de Roberto Cumplido no inquérito nº 4428, complementado por apuração da autora.

33. Termo de colaboração nº 1 de Roberto Cumplido no inquérito nº 4428.

34. Ibid. e termo de colaboração nº 24 de Benedicto Júnior no inquérito nº 4428.

35. Anexo nº 5 e termo de colaboração nº 5 de Pedro Novis no inquérito nº 4428.

36. Norberto Odebrecht, *Sobreviver, crescer e perpetuar*: Tecnologia empresarial Odebrecht, v. 1, p. 44.

37. Termo de colaboração nº 7 de Henrique Valadares no inquérito nº 4384.

38. Anexo ao termo de colaboração nº 7 de Henrique Valadares no inquérito nº 4384.

39. Anos depois, em delação premiada, o senador petista Delcídio do Amaral contou que a influência de Dimas Toledo impressionou até o presidente da República, que teria dito, segundo Delcídio do Amaral: "Eu assumi e o JANENE veio pedir pelo DIMAS. Depois veio o AECIO e pediu por ele. Agora o PT, que era contra, está a favor. Pelo jeito ele está roubando muito!". Termo de colaboração nº 4 e anexo nº 5 de Delcídio do Amaral na petição nº 5952. Disponível em: <politica.estadao.com.br/blogs/fausto-macedo/wp-content/uploads/sites/41/2016/03/308950183.pdf>.

40. Termo de colaboração nº 2 de Henrique Valadares no inquérito nº 4436.

41. Ibid.

42. Ibid.

43. Aécio Neves sempre negou ter atuado em favor da Odebrecht no caso das hidrelétricas. Nos processos em que foi acusado, disse que as contribuições de campanha da organização não envolviam contrapartidas.

44. Segundo Valadares, um desses amigos era Alexandre Accioly, dono da academia Bodytech e companheiro de balada do governador, que teria emprestado o nome de Accioly anotado a lápis e os dados de uma conta em Cingapura. Accioly negou.

45. E-mail de Marcelo Odebrecht, 20 maio 2008, em Relatório de Análise de Polícia Judiciária nº 675, IPL 2255/2015-4, SR/DPF/PR, Operação Lava Jato, p. 25.

46. Termo de colaboração nº 7 de Henrique Valadares no inquérito nº 4384.

47. Termo de colaboração nº 10 de Henrique Valadares no inquérito nº 4384.

48. E-mail de Marcelo Odebrecht, 20 maio 2008, em Relatório de Análise de Polícia Judiciária nº 675, IPL 2255/2015-4, SR/DPF/PR, Operação Lava Jato, p. 25.

49. Claudia Safatle, "União pode assumir obra no Madeira, diz Dilma", *Valor Econômico*, 4 ago. 2008, p. A3.

50. Anos depois, em 2013, a ex-assessora de Dilma na Casa Civil, Erenice Guerra, fechou um contrato de consultoria com a Suez Energia, o que reavivou as suspeitas de que o time de Dilma teria atuado em favor da Suez.

51. Daniel Rittner, "Odebrecht e Suez elevam tom das acusações", *Valor Econômico*, 12 ago. 2008, B9.

52. Termo de colaboração nº 1 de Henrique Valadares no inquérito nº 4436.

53. Ibid.

54. Proposta de Fiscalização e Controle nº 47/2008. Disponível em: <www.camara.leg.br/

proposicoesWeb/prop_imp;jsessionid=2DFEF75657B325B2788F6E02171FEE19.node2?idProposicao=404244&ord=1&tp=reduzida>.

55. Reunião Ordinária nº 1763/08, Comissão de Fiscalização Financeira e Controle, Câmara dos Deputados, 10 dez. 2008.

56. "Odebrecht esclarece sua posição sobre Jirau", nota oficial da empresa publicada no *Estado de S. Paulo*, 11 dez. 2008, p. A7.

57. "Números — Leilão da UHE Santo Antônio", Aneel, p. 2. Disponível em: <www2.aneel.gov.br/arquivos/PDF/kit%20imprensa%20site.pdf>.

12. "TUDO QUE É FÁCIL, NÃO É PARA NÓS" [pp. 217-36]

1. Termo de colaboração nº 10 de Hilberto Silva na petição nº 6664.
2. Termo de colaboração nº 5 de João Santana na petição nº 6890.
3. Termo de colaboração nº 10 de Hilberto Silva na petição nº 6664.
4. Termo de colaboração nº 4 de Fernando Migliaccio na petição nº 6533.
5. Denúncia do MP, disponível em: <www.mpf.mp.br/pr/sala-de-imprensa/docs/lava-jato/denuncia-joao-santana-e-marcelo-odebrechth>; relatório da PF: <politica.estadao.com.br/blogs/fausto-macedo/wp-content/uploads/sites/41/2016/03/39_REL_FINAL_IPL2.pdf>.
6. Relatório Anual Odebrecht 2009.
7. Kennedy Alencar, "Lula exige manutenção da ortodoxia", *Folha de S.Paulo*, Brasil, 28 mar. 2006, p. A4.
8. "Crédito-prêmio do IPI foi extinto em 1983, decide Gilmar Mendes", *Consultor Jurídico*, 11 abr. 2008. Disponível em: <www.conjur.com.br/2008-abr-11/credito-premio_ipi_foi_extinto_1983_decide_ministro>.
9. Lu Aiko Otta, "Câmara aprova MP que trata do crédito-prêmio do IPI", *O Estado de S. Paulo*, 6 ago. 2009. Disponível em: <economia.estadao.com.br/noticias/geral,camara-aprova-mp-que-trata-do-credito-premio-do-ipi,414261>.
10. "STF vota pela extinção do crédito-prêmio de IPI em 1990 (Leia o voto do relator)", Notícias STF, Supremo Tribunal Federal, 13 ago. 2009. Disponível em: <portal.stf.jus.br/noticias/verNoticiaDetalhe.asp?idConteudo=111886&ori=1>.
11. Lu Aiko Otta, "Lula veta artigos da lei sobre crédito-prêmio", *O Estado de S. Paulo*, 29 ago. 2009. Disponível em: <economia.estadao.com.br/noticias/geral,lula-veta-artigos-da-lei-sobre-credito-premio,426496>.
12. E-mail de Marcelo Odebrecht, 13 ago. 2009, relatório da Polícia Judiciária nº 124/2016, GT/LAVAJATO/DRCOR/SR/DPF/PR, p. 47.
13. Termo de colaboração nº 10 de Emílio Odebrecht no inquérito nº 4437.
14. Termo de colaboração nº 6 de Marcelo Odebrecht no inquérito nº 4437.
15. Departamento de Justiça americano, "Braskem Information", itens 41-3. Disponível em: <www.justice.gov/opa/press-release/file/919901/download>.
16. Termo de colaboração nº 1 de Hilberto Silva no inquérito nº 4383.
17. Segundo planilha constante no anexo 1 de Hilberto Silva, petição nº 4383.
18. Termo de colaboração nº 1 de Hilberto Silva no inquérito nº 4383.

19. Ligia Guimarães, "Lula se emociona ao assistir pela primeira vez a sua cinebiografia", G1, 29 nov. 2009. Disponível em: <g1.globo.com/Noticias/Politica/0,,MUL1396266-5601,00-LU LA+SE+EMOCIONA+AO+ASSISTIR+PELA+PRIMEIRA+VEZ+A+SUA+CINEBIOGRAFIA. html>; Nathalia Passarinho e Débora Miranda, "Primeira-dama e ministros vão a lançamento de filme sobre Lula", G1, 17 nov. 2009. Disponível em: <g1.globo.com/Noticias/Politica/0,,MUL138 2809-5601,00-PRIMEIRADAMA+E+MINISTROS+VAO+A+LANCAMENTO+DE+FILME+ SOBRE+LULA.htm>.

20. Rubens Valente e Paulo Gama, "Patrocinadores de 'Lula' têm verba federal", *Folha de S.Paulo*, Brasil, 20 nov. 2009, p. A8; Débora Miranda, "O G1 já viu: 'Lula, o filho do Brasil'", G1, 18 nov. 2009. Disponível em: <g1.globo.com/Noticias/Cinema/0,,MUL1383025-7086,00-O+G+JA +VIU+LULA+O+FILHO+DO+BRASIL.html>.

21. Nathalia Passarinho e Débora Miranda, "Primeira-dama e ministros vão a lançamento de filme sobre Lula", op. cit.

22. E-mail de Marcos Wilson, 1 ago. 2008, obtido pela autora.

23. Em 2006, um consórcio de vinte empresas entregou a reforma do Palácio da Alvorada. Cada uma pagou 920 mil reais pela obra, que foi de dezembro de 2004 a março de 2006. Pedro Dias Leite e Eduardo Scolese, "Lula reabre Alvorada e sugere nova reforma", *Folha de S.Paulo*, Brasil, 7 abr. 2006, p. A10.

24. E-mail de Marcos Wilson, 1 ago. 2008, obtido pela autora.

25. E-mail de Marcelo Odebrecht, 1 ago. 2008, obtido pela autora.

26. E-mail de Marcos Wilson, 3 ago. 2008, obtido pela autora.

27. "Em delação, Palocci diz que mandou empresa usar dinheiro de propina para financiar filme de Lula feito por Roberto D'Ávila", G1, 24 jan. 2019. Disponível em: <g1.globo.com/pr/parana/noticia/2019/01/24/em-delacao-palocci-diz-que-mandou-empresa-usar-dinheiro-de--propina-para-financiar-filme-de-lula-feito-por-roberto-davila.ghtml>.

28. "Empresas dizem que não há conflito de interesses", *Folha de S.Paulo*, Brasil, 20 nov. 2009, p. A8.

29. Ana Carolina de Souza, "Rui Ricardo Diaz, de 'Lula, o filho do Brasil', fala do presidente", *Extra*, 12 dez. 2010. Disponível em: <extra.globo.com/tv-e-lazer/rui-ricardo-diaz-de-lula-filho-do-brasil-fala-do-presidente-388122.html>.

30. Termo de colaboração nº 13 de Luiz Eduardo Soares na petição nº 6687.

31. Thiago Bronzatto e Murilo Ramos, "Força-tarefa da Lava Jato caça o misterioso doleiro que guarda o dinheiro do Petrolão", *Época*, 20 fev. 2015. Disponível em: <epoca.globo.com/tempo/noticia/2015/02/forca-tarefa-da-lava-jato-caca-o-bmisterioso-doleirob-que-guarda-o-dinheiro-do-petrolao.html>.

32. Termo de depoimento nº 13 e anexo nº 5 de Luiz Eduardo Soares na petição nº 6687.

33. Em 2009, a Petrobras previa investir 43,4 bilhões de dólares na área de abastecimento até 2013. O plano de negócios incluía a conclusão das obras das refinarias Abreu e Lima e Comperj, além de uma unidade no Rio Grande do Norte, a Premium I, no Maranhão, e a Premium II, no Ceará. Ver: "Petrobras detalha Plano de Negócios 2009-2013", *Petrobras Imprensa*, 26 jan. 2009. Disponível em: <www.agenciapetrobras.com.br/Materia/ExibirMateria?p_materia=6098>.

34. As investigações da Lava Jato levaram a outros nomes: Fernando Soares, conhecido como Fernando Baiano, Jorge Luz, antigo lobista que também operava para o PMDB, o próprio

genro de Paulo Roberto Costa, Humberto Mesquita, e um negociador grego chamado Georgios Kotronakis.

35. Termo de colaboração nº 4 de Márcio Faria na petição nº 6863.

36. Inaugurada parcialmente em 2014, a refinaria Abreu e Lima já tinha custado 40 bilhões de reais até aquele ano — um acréscimo de 900% sobre o valor inicial do contrato. Ver: "Refinaria Abreu e Lima gastou bilhões a mais sem estudos", *Veja*, 15 maio 2014. Disponível em: <veja.abril.com.br/economia/refinaria-abreu-e-lima-gastou-bilhoes-a-mais-sem-estudos>. Em 2016, o TCU apontou superfaturamento de 1,3 bilhão de reais somente nos quatro contratos ganhos por Odebrecht, OAS, Camargo Corrêa e Queiroz Galvão em 2009. TC 016.119/2016-9 do Tribunal de Contas da União.

37. Termo de colaboração nº 10.2 de Alexandrino Alencar na petição nº 6796.

38. Comissão Interna de Apuração da Petrobras, DIP Dabast 46/2015 de 17 mar. 2015, Protocolo de Registro na Segurança Empresarial nº 021/2015, Relatório Final. Disponível em: <politica.estadao.com.br/blogs/fausto-macedo/wp-content/uploads/sites/41/2017/05/comissao-interna-depuaracao-petrobras-2_ANEXO332.pdf>.

39. Termo de colaboração nº 10.2 de Alexandrino Alencar na petição nº 6796.

40. Em 2015, as obras do Comperj foram paralisadas. Em 2020, a Petrobras rebatizou o complexo de Polo GasLub Itaboraí e iniciou estudos para implantar uma fábrica de lubrificantes onde antes seriam instalações de refino de petróleo. A estatal também retomou as obras para finalizar a unidade de processamento de gás natural. Ver: Nicola Pamplona, "Petrobras rebatiza Comperj para tirar 'mancha de corrupção'", *Folha de S.Paulo*, 18 maio 2020. Disponível em: <www1.folha.uol.com.br/mercado/2020/05/petrobras-rebatiza-comperj-para-tirar-mancha-de-corrupcao.shtml>.

41. A Suzano valia 1,2 bilhão de reais, mas a Petrobras pagou 2,7 bilhões e ainda assumiu a dívida de 1,4 bilhão — totalizando 4,1 bilhões. Naquele momento, as petroquímicas vinham sendo vendidas pelo equivalente a seis ou sete vezes sua geração de caixa. A Petrobras pagou doze vezes o caixa. Informações disponíveis no anexo nº 5 e no termo de colaboração nº 5 de Emílio Odebrecht na petição nº 6664.

42. Termo de colaboração nº 5 de Emílio Odebrecht na petição nº 6664.

43. Ibid.

44. Para fechar a negociação, Costa, Janene e Mário Negromonte (do PP baiano e que viria a ser ministro das Cidades do governo Dilma) cobraram 18 milhões de reais em propina. Palocci também recebeu 1,7 milhão de reais, justificados por um contrato de consultoria de sua empresa, a Projeto. Rubens Valente, "Empresa sob investigação na Operação Lava Jato pagou R$ 1,7 mi a Palocci", *Folha de S.Paulo*, 10 maio 2015, p. A5; termo de colaboração nº 30 de Alberto Youssef na petição nº 5245. Disponível em: <www.jota.info/wp-content/uploads/2015/03/%C3%8Dntegra--Youssef.pdf>.

45. O BNDES entraria no negócio com 500 milhões de reais. A Unipar venderia sua parte por 870 milhões e sairia do negócio.

46. Termo de colaboração nº 42 de Marcelo Odebrecht na petição nº 6795.

13. BOCA DE JACARÉ [pp. 237-63]

1. Relatório anual Atvos 2010-2011, p. 15. Disponível em: <https://www.atvos.com/wp-content/themes/atvos/assets/arquivos/relatorios-anuais/RA_2010.2011.pdf>; "BNDES divulga comunicado sobre consolidação no setor de etanol", 19 fev. 2010. Disponível em: <www.bndes.gov.br/wps/portal/site/home/imprensa/noticias/conteudo/20100219_brencoeth>.

2. Termo de depoimento nº 40.1 de Marcelo Odebrecht na petição nº 6734.

3. Petrobras, Plano de Negócios 2010-2014.

4. "Recebimento de propostas para construção e afretamento de sondas", comunicado da Petrobras, 26 nov. 2010. Disponível em: <mz-filemanager.s3.amazonaws.com/25fdf098-34f5-4608-b7fa-17d60b2de47d/comunicados-ao-mercadocentral-de-downloads/9ae6a05a65cd78d7f33c6ad1d1465deb8f57393ac3a81fc1109482192f332a61/recebimento_de_propostas_para_construcao_e_afretamento_de_sondas.pdf>.

5. Ana Clara Costa, "Sete Brasil, a nova empresa da Petrobras", *Veja*, 25 nov. 2010. Disponível em: <veja.abril.com.br/economia/sete-brasil-a-nova-empresa-da-petrobras>.

6. A relação dívida líquida/Ebitda (geração de caixa) da Petrobras havia crescido de 0,38 para 1,09, e chegou a 5,1 em 2015. Dados colhidos em José Mauro de Morais, "Petrobras: Crise financeira e de credibilidade e recuperação recente", *Radar* n. 53 do Ipea, out. 2017, p. 20. Disponível em: <repositorio.ipea.gov.br/bitstream/11058/8111/1/Radar_n53_Petrobras.pdf>.

7. Relatório final da CPI da Petrobras, Câmara dos Deputados, out. 2015, p. 360. Disponível em: <www2.camara.leg.br/atividade-legislativa/comissoes/comissoes-temporarias/parlamentar-de-inquerito/55a-legislatura/cpi-petrobras/documentos/outros-documentos/relatorio-final-da-cpi-petrobras>.

8. André Vieira, "Que tal nascer com 82 bilhões de dólares?", *Época Negócios*, 3 abr. 2012. Disponível em: <epocanegocios.globo.com/Informacao/Acao/noticia/2012/04/que-tal-nascer-com-us-82-bilhoes.html>.

9. Segundo o ODS-Petrodata's RigBase. Disponível em: <www.offshore-mag.com/drilling-completion/article/16755218/reviewing-the-world-offshore-rig-market>.

10. Para data e assunto da deliberação interna da Odebrecht: proposta de deliberação 20/10 aprovada pelo conselho de administração da Odebrecht, mencionada nas propostas de deliberação 37/11 e 18/12 sobre o mesmo tema. Documento constante do anexo nº 40.1B da petição nº 6734.

11. Estimativas internas dão conta de que até 2014 o total gasto pela Odebrecht apenas com a recompra de ações chegaria a 1 bilhão de reais.

12. Cristine Prestes e Mônica Scaramuzzo, "Quanto vale o grupo Odebrecht?", *Valor Econômico*, 23 ago. 2011.

13. Felipe Patury, "Separação litigiosa", *Veja*, n. 2199, 12 jan. 2011, p. 62; Renata Agostini, "Não queremos sair da Odebrecht", *Exame*, 25 ago. 2011. Disponível em: <exame.com/revista-exame/nao-queremos-sair-da-odebrecht>.

14. Ivo Ribeiro, "Odebrecht e família Gradin chegam a acordo e encerram litígio de dez anos", *Valor Econômico*, 24 set. 2020. Disponível em: <https://valor.globo.com/empresas/noticia/2020/09/24/odebrecht-e-familia-gradin-chegam-a-acordo-e-encerram-litigio-de-dez-anos.ghtml>.

15. Termo de colaboração nº 2 de Márcio Faria no inquérito nº 4383.

16. Thiago Bronzatto, Alana Rizzo, Ricardo Della Coletta e Filipe Coutinho, "Cerveró diz ao MP que contrato em Pasadena rendeu propina à campanha de Lula", *Época*, 12 set. 2015. Disponível em: <epoca.globo.com/tempo/noticia/2015/09/cervero-diz-ao-mp-que-contrato-em-pasadena-rendeu-propina-campanha-de-lula.html>.

17. Termo de depoimento nº 2 de Márcio Faria e termo de depoimento de nº 1 de Rogério Araújo no inquérito nº 4383.

18. Termo de depoimento nº 1 de Rogério Araújo no inquérito nº 4383.

19. Termo de depoimento nº 54 de Paulo Roberto Costa.

20. Malu Gaspar, "Feito para dar errado", *Veja*, n. 2368, 9 abr. 2014, pp. 64-5.

21. Sabrina Valle, "Petrobras apura ágio de 1600% da Odebrecht", *O Estado de S. Paulo*, Economia, 10 nov. 2013, p. B6.

22. Termo de depoimento nº 2 de Márcio Faria no inquérito nº 4383.

23. Ibid.

24. Ibid.

25. Termo de depoimento nº 1 de Rogério Araújo no inquérito nº 4383.

26. Ver e-mail de Maria da Glória Rodrigues na p. 20 da denúncia em face de Luiz Inácio Lula da Silva, inquérito nº 4342, Ministério Público Federal, documento nº 473/2018-REFD.

27. Termo de depoimento nº 26 de Emílio Odebrecht na petição nº 6738.

28. Em depoimento à CPI do BNDES, Paulo Bernardo negou ter negociado propina com a Odebrecht para aumentar a linha de crédito para Angola, e disse que nunca conversou com Marcelo Odebrecht sobre esse assunto.

29. Termo de colaboração nº 4 de Marcelo Odebrecht na petição nº 6738, complementado por apuração da autora.

30. Termo de colaboração nº 4 de Marcelo Odebrecht na petição nº 6738.

31. Para os valores, ver denúncia nº 473/2018-REFD, inquérito nº 4342.

32. Termo de depoimento nº 28 de Fernando Reis na petição nº 6738.

33. Ver e-mail de Maria da Glória Rodrigues na página 20 da denúncia em fase de Luiz Inácio Lula da Silva, inquérito nº 4342, Ministério Público Federal, documento nº 473/2018-REFD.

34. Anexo 10B (Conta 1 — Posição programa especial Italiano) ao termo de colaboração nº 10 de Hilberto Silva na petição nº 6664.

35. Termo de colaboração nº 7 de Benedicto Júnior na petição nº 6764, complementado por apuração da autora.

36. Termo de colaboração nº 7 de Benedicto Júnior na petição nº 6764.

37. Termo de colaboração nº 5 de Pedro Novis no inquérito nº 4428 e termo de colaboração nº 24 de Benedicto Júnior no inquérito nº 4428, complementado por apuração da autora.

38. Termo de depoimento nº 7 de Benedicto Júnior na petição nº 6764.

39. João Roberto Martins Filho, "O projeto do submarino nuclear brasileiro", *Contexto Internacional*, Rio de Janeiro, v. 33, n. 2, pp. 277-314, jul.-dez. 2011. Disponível em: <www.scielo.br/scielo.php?script=sci_arttext&pid=S0102-85292011000200002>.

40. Termo de colaboração nº 7 de Benedicto Júnior na petição nº 6764, complementado por apuração da autora.

41. Termo de colaboração nº 7 de Benedicto Júnior na petição nº 6764.

42. Termo de colaboração nº 1 e anexo AC de Fabio Gandolfo na petição nº 6764.

43. Mariana Sallowicz, "Justiça condena ex-presidente da Eletronuclear a 43 anos de prisão", *O Estado de S. Paulo*, 3 ago. 2016. Disponível em: <politica.estadao.com.br/noticias/geral,justica-condena-ex-presidente-da-eletronuclear-a-43-anos-de-prisao,10000066863>.

44. Termo de depoimento nº 5 de Marcelo Odebrecht na petição nº 6764.

45. Termo de colaboração nº 7 de Benedicto Júnior na petição nº 6764.

46. Termo de depoimento nº 14 de Marcelo Odebrecht na petição nº 6780.

47. Depoimento de Antonio Palocci nos autos do processo nº 506313017. Disponível em: <www.youtube.com/watch?v=IeKDUTg6J8A>.

48. Ana Luiza Albuquerque, "Marcelo Odebrecht pediu a empresário sigilo total sobre compra de 'prédio institucional'", *Folha de S.Paulo*, 4 jul. 2018. Disponível em: <www1.folha.uol.com.br/poder/2018/07/marcelo-odebrecht-pediu-a-empresario-sigilo-total-sobre-compra-de-predio-institucional.shtml>.

49. Tânia Monteiro, "Lula diz que Belo Monte será construída com ou sem consórcios", Agência Estado, 8 abr. 2010. Disponível em: <economia.estadao.com.br/noticias/negocios,lula-diz-que-belo-monte-sera-construida-com-ou-sem-consorcios,12925e>.

50. Termo de colaboração nº 5 de Antonio Palocci. Disponível em: <politica.estadao.com.br/blogs/fausto-macedo/wp-content/uploads/sites/41/2019/01/167_TERMOAUD2-TERMO-5-BELO-MONTE.pdf>.

51. Ibid.

52. Ibid.; Cleide Carvalho e Dimitrius Dantas, "Palocci negociou propina de Belo Monte para PT e PMDB, diz delator", 31 out. 2016. Disponível em: <oglobo.globo.com/brasil/palocci-negociou-propina-de-belo-monte-para-pt-pmdb-diz-delator-20390567>.

53. Ibid.

54. "Consórcio Norte Energia vence o leilão de energia da Usina Hidrelétrica Belo Monte", Aneel, 20 abr. 2010. Disponível em: <www2.aneel.gov.br/arquivos/PDF/Release%20-%20Resultado%20do%20leil%c3%a3o%20-%2020%20de%20abril%20ap%c3%b3s%20o%20leil%c3%a3o.pdf>.

55. Caio Quero, "Entenda a polêmica envolvendo a usina de Belo Monte", BBC Brasil, 20 abr. 2010. Disponível em: <www.bbc.com/portuguese/noticias/2010/04/100419_belomonte_qandanovo_cq>; "A conta fictícia de Belo Monte", *O Estado de S. Paulo*, 23 abr. 2010. Disponível em: <www.estadao.com.br/noticias/geral,a-conta-ficticia-de-belo-monte,542002>.

56. Renée Pereira, Leonardo Goy, "Três maiores empreiteiras construirão Belo Monte", *O Estado de S. Paulo*, 14 ago 2010. Disponível em: <economia.estadao.com.br/noticias/geral,tres-maiores-empreiteiras-construirao-belo-monte,594852>.

57. Petição de Marcelo Odebrecht referente ao ofício nº 1280/2019 — IPL 1365/2015-4 SR/PF/PR, p. 6, e e-mail de Marcelo Odebrecht enviado a Henrique Valadares, Augusto Roque, José Bonifácio, 12 ago. 2010, complementado por apuração da autora.

58. Termo de colaboração nº 3 de Marcelo Odebrecht na petição nº 6664, complementado por apuração da autora.

59. Termo de colaboração nº 10 de Hilberto Silva na petição nº 6664.

60. Termo de colaboração nº 3 de Marcelo Odebrecht e termo de colaboração nº 29 de

Emílio Odebrecht na petição nº 6664; termo de colaboração nº 13 de Marcelo Odebrecht na petição nº 6780.

61. Termo de colaboração nº 13 e nota constante do anexo 13E de Marcelo Odebrecht na petição nº 6780.

62. Termo de colaboração nº 4 de Emílio Odebrecht na petição nº 6664.

63. Colenda 8ª Turma do Egrégio Tribunal Regional Federal da 4ª Região — Apelação Criminal nº 5021365-32.2017.404.7000, p. 44. Disponível em: <www.conjur.com.br/dl/mpf-sitio-atibaia.pdf>.

64. Dos dez candidatos petistas ao governo estadual, cinco foram eleitos.

65. Tribunal Superior Eleitoral, AIJE nº 1943-58.2014.4.6.00.0000/DF, termo de transcrição, depoente Marcelo Bahia Odebrecht, 1 mar. 2017, p. 122.

66. Segundo o delator Claudio Melo, valores incluem doação oficial e caixa dois. Anexo pessoal disponível em: <static.poder360.com.br/2016 dez. Delacao-ClaudioMelo-Odebrecht-dez2016.pdf>.

14. PACTO DE SANGUE [pp. 264-73]

1. Termo de colaboração nº 12 de Mônica Moura na petição nº 6890.
2. Termo de colaboração nº 6 de Mônica Moura na petição nº 6890.
3. Ibid.
4. Ibid.
5. Termo de colaboração nº 1 de Luiz Eduardo Soares na petição nº 6664.
6. Michael Smith, Sabrina Valle e Blake Schmidt, "No One Has Ever Made a Corruption Machine like This One", *Bloomberg Businessweek*, 8 jun. 2017. Disponível em: <www.bloomberg.com/news/features/2017-06-08/no-one-has-ever-made-a-corruption-machine-like-this-one>.
7. Termo de colaboração nº 1 de Luiz Augusto França.
8. Michael Smith, Sabrina Valle e Blake Schmidt, "Como funcionava a máquina de corrupção da Odebrecht", *Bloomberg/Exame*, 10 jun. 2017. Disponível em: <exame.com/negocios/jamais-uma-maquina-de-corrupcao-como-esta-havia-sido-descoberta>.
9. Até hoje o número exato de contas utilizadas pela Odebrecht no exterior permanece incerto. A lista de contas apresentada pelo executivo Luiz Eduardo Soares à Lava Jato continha 64 contas, distribuídas em quatro camadas de offshores. Apuração do Consórcio Internacional de Jornalistas Investigativos (Icij, na sigla em inglês) chegou a um total de 159 contas.
10. Termo de colaboração nº 1 de Luiz Eduardo Soares na petição nº 6664.
11. Dados da Transparencia Venezuela. Disponível em: <transparencia.org.ve/project/odebrecht-informe-odebrecht-2018>.
12. Fabio Serapião e Adriana Fernandes, "Operador movimentou R$ 1,8 bilhão em seis bancos", *O Estado de S. Paulo*, 18 ago 2018. Disponível em: <economia.estadao.com.br/noticias/geral,operador-movimentou-r-1-8-bilhao-em-seis-bancos,70002461714>.
13. Termo de colaboração nº 1 de Luiz Eduardo Soares na petição nº 6664.
14. Anexo 23 — Termo de declarações nº 15 de Adir Assad; Anexo 24 — Termo de declarações nº 13 de Marcelo Abbud; Anexo 25 — Termo de declarações nº 4 de Samir Assad; Anexo 26

— Termo de declarações nº 00 de Adir Assad. Disponível em: <www.mpf.mp.br/pr/sala-de-imprensa/docs/denuncia-paulopreto>.

15. Relatório Anual Odebrecht 2010, p. 19.

16. Discurso do presidente da República, Luiz Inácio Lula da Silva, durante a apresentação do balanço de quatro anos do Programa de Aceleração do Crescimento (PAC), 9 dez. 2010. Disponível em: <www.biblioteca.presidencia.gov.br/presidencia/ex-presidentes/luiz-inacio-lula-da-silva/discursos/2o-mandato/2010/09-12-2010-discurso-do-presidente-da-republica-luiz-inacio-lula-da-silva-durante-a-apresentacao-do-balanco-de-quatro-anos-do-programa-de-aceleracaodo-crescimento-pac>.

17. Robson Bonin, "Popularidade de Lula bate recorde e chega a 87%, diz Ibope", G1, 16 dez. 2010. Disponível em: <g1.globo.com/politica/noticia/2010/12/popularidade-de-lula-bate-recorde-e-chega-87-diz-ibope.html>.

18. Termo de colaboração nº 13 de Alexandrino Alencar na petição nº 6780.

19. Termo de colaboração nº 11 de Emílio Odebrecht na petição nº 6780.

20. Depoimento de Emyr Costa na ação penal nº 5021365-32.2017.4.04.7000. Disponível em: <www.youtube.com/watch?v=vdlVF5xgp6g>.

21. Termo de depoimento nº 11 de Carlos Armando Guedes Paschoal na petição nº 6780.

22. Termo de colaboração nº 2 de Emyr Costa na petição nº 6780.

23. Ibid.

24. Depoimento de Frederico Barbosa na ação penal nº 5021365-32.2017.4.04.7000.

25. Anexo nº 5 de Marcelo Odebrecht na petição nº 6780.

26. Anexo 11A ao termo de colaboração nº 11 de Emílio Odebrecht na petição nº 6780.

27. Termo de depoimento nº 11 de Emílio Odebrecht na petição nº 6780.

15. SERVINDO AO REI [pp. 274-93]

1. Termo de colaboração nº 34 de Marcelo Odebrecht na petição nº 6664, complementado por apuração da autora.

2. Juliana Cardilli, "Estádio custará R$ 350 milhões, diz presidente do Corinthians", G1, 30 ago. 2010. Disponível em: <g1.globo.com/sao-paulo/noticia/2010/08/estadio-do-corinthians-custara-r-350-milhoes.html>.

3. Termo de colaboração nº 34 de Marcelo Odebrecht na petição nº 6664.

4. Entrevista com Luis Paulo Rosenberg em março de 2018.

5. Ibid.

6. Almir Leite, "Andrés garante: obras em Itaquerão começam em abril", *O Estado de S. Paulo*, Esportes, 17 mar. 2011, p. E4.

7. Termo de colaboração nº 34 de Marcelo Odebrecht na petição nº 6664.

8. Andrés Sanchez, *O mais louco do bando*. São Paulo: G7 Books, 2012, pp. 185-6.

9. Ricardo Brandt, Julia Affonso, Luiz Vassallo e Fausto Macedo, "'Vocês têm que fazer o estádio, olha quantas coisas você ganha aqui, pô'", *O Estado de S. Paulo*, 8 maio 2017. Disponível em: <politica.estadao.com.br/blogs/fausto-macedo/voces-tem-que-fazer-o-estadio-olha-quantas-coisas-voce-ganha-aqui-po>.

10. Ver no vídeo disponível em: <www.youtube.com/watch?v=GygssEEKg7s>.

11. Termo de colaboração nº 34 de Marcelo Odebrecht na petição nº 6664.

12. Entrevista com Luis Paulo Rosenberg, ex-diretor de marketing do Corinthians, em março de 2018; "Acidente mata 2 e Fifa avalia que abertura da Copa não corre risco", *O Estado de S. Paulo*, Esportes, 28 nov. 2013, p. A32.

13. Termo de depoimento nº 34 de Marcelo Odebrecht na petição nº 6664.

14. Luciano Trindade, "Odebrecht confirma acordo com o Corinthians por dívida da arena", *Folha de S.Paulo*, 13 set. 2019. Disponível em: <www1.folha.uol.com.br/esporte/2019/09/odebrecht-confirma-acordo-com-o-corinthians-por-divida-da-arena.shtml>.

15. Termo de colaboração nº 13 de Alexandrino Alencar na petição nº 6780.

16. Depoimento de Emyr Costa na ação penal nº 5021365-32.2017.4.04.7000. Disponível em: <www.youtube.com/watch?v=vdlVF5xgp6g>.

17. "Presidente do Panamá diz que Lula deveria ser 'presidente do mundo'", *Exame*, 21 maio 2011. Disponível em: <exame.abril.com.br/mundo/presidente-do-panama-diz-que-lula--deveria-ser-presidente-do-mundo-2>.

18. "Lula participa de inauguração de área de lazer no Panamá", EFE, 20 maio 2011. Disponível em: <noticias.uol.com.br/ultnot/efe/2011/05/20/ult1808u160915.jhtm>.

19. Palestra "Os desafios da América Latina", Hotel Sheraton Atlapa, Cidade do Panamá, 20 maio 2011. Informação disponível no Relatório de Palestras 2011/2015, LILS — Palestras, Eventos e Publicações, mar. 2016.

20. Termo de depoimento nº 12 de Alexandrino Alencar na petição nº 6780.

21. Bernardo Mello Franco, "Em primeira palestra, Lula vira garoto-propaganda de empresa", *Folha de S.Paulo*, Poder, 3 mar. 2011, p. A9.

22. Relatório de Palestras 2011/2015, LILS — Palestras, Eventos e Publicações, mar. 2016.

23. De Brasemb Havana para Exteriores em 3 jun. 2011 (LMS), Brasil-Cuba, Lula, Visita a Havana, 31 maio-2 jun. 2011, n. 00598.

24. Luciano Trigo, "A juventude de José Dirceu, em uma biografia de muitas vidas", G1, 16 jun. 2013. Disponível em: <g1.globo.com/platb/maquinadeescrever/2013/06/16/a-juventude-de-jose-dirceu-em-uma-biografia-de-muitas-vidas>.

25. Patricia Grogg, "Mariel: uma aposta de presente e futuro", *Granma Internacional*, 17 set. 2014. Disponível em: <www.granma.cu/idiomas/portugues/cuba-p/17sept-Mariel.html>.

26. "Puerto de Mariel: la vitrina capitalista cubana que aún no funciona", BBC, 13 out. 2015. Disponível em: <www.bbc.com/mundo/noticias/2015/10/151013_economia_demoras_puerto_mariel_lf>.

27. Flávia Marreiro, "Cuba viveria 'choque tremendo' sem Chávez, diz economista", *Folha de S.Paulo*, 2 abr. 2012. Disponível em: <www1.folha.uol.com.br/mundo/2012/04/1070062-cuba-viveria-choque-tremendo-sem-chavez-diz-economista.shtml>. "Venezuela y Cuba profundizam cooperación en educación, deporte e salud", *Así Somos*, 14 dez. 2018. Disponível em: <vtv.gob.ve/cooperacion-educacion-deporte-salud-cuba-venezuela>.

28. Termo de depoimento nº 17 de Emílio Odebrecht na petição nº 6780.

29. "Relatório de Análise AEX/Decex2, 2013/0017", 16 abr. 2013, BNDES; "Considerações anexas à IP nº 2010/0160 de 27/10/2010", BNDES. Documentos obtidos pela autora via Lei de Acesso à Informação.

30. Em agosto de 2020, Cuba ainda devia ao Brasil 476 milhões de dólares pelo empréstimo de Mariel. Dados da página de Transparência do Banco Nacional de Desenvolvimento (BNDES) — Apoio à exportação de serviços de engenharia. Disponível em: <www.bndes.gov.br/wps/portal/site/home/transparencia/consulta-operacoes-bndes/contratos-exportacao-bens-servicos-engenharia>.

31. Flávia Marreiro, "Pré-visita de Lula, Chávez libera verba a construtora", *Folha de S.Paulo*, Mundo, 3 jun. 2011, p. A18. Vídeo disponível em: <www.youtube.com/watch?v=ASMZtf-QQz4>.

32. Depoimentos de Alessandro César Dias Gomes e de Euzenando Azevedo, dentro do acordo de colaboração com o Departamento de Justiça dos Estados Unidos (DOJ). Item 12.13, "Relação do grupo com Chávez", obtido pela autora.

33. Joseph Poliszuk, Patricia Marcano, Maolis Castro, "La obra maestra de la corrupción de Odebrecht fue digna de una galería de arte", 19 ago. 2018. Disponível em: <https://armando.info/Reportajes/Details/2478>.

34. Joseph Poliszuk (Armando.Info) e Romina Mella (IDL-Reporteros), "Suiza abre la caja negra del virrey de Odebrecht en Venezuela", 13 ago. 2018. Disponível em: <www.idl-reporteros.pe/suiza-abre-la-caja-negra-del-virrey-de-odebrecht-en-venezuela>.

35. Ángel Bermúdez, "Como funciona o sistema de energia na Venezuela e por que entrou em colapso", BBC News Mundo, 12 mar. 2019. Disponível em: <www.bbc.com/portuguese/geral-47535831>.

36. Fernando Mello e Flávia Foreque, "Lula levou diretor da Odebrecht em viagem oficial à África", *Folha de S.Paulo*, 24 mar. 2013. Disponível em: <www1.folha.uol.com.br/poder/2013/03/1251454-lula-levou-diretor-da-odebrecht-em-viagem-oficial-a-africa.shtml>.

37. A concorrência para o aeroporto foi vencida pela Andrade Gutierrez, custou 370 milhões de dólares e não teve financiamento do BNDES. A obra foi concluída em 2012.

38. "Alvo de investigação, sobrinho de Lula é processado por calotes em série", *Veja*, 28 maio 2016. Disponível em: <veja.abril.com.br/politica/alvo-de-investigacao-sobrinho-de-lula-e-processado-por-calotes-em-serie>.

39. IPL nº 17 out. 2015, SR/DPF/DF, Ministério Público Federal. Disponível em: <www.conjur.com.br/dl/denuncia-lula-bndes-odebrecht.pdf>.

40. IPL nº 17 out. 2015, SR/DPF/DF, Ministério Público Federal, Procuradoria da República no Distrito Federal, 2º Ofício de Combate à Corrupção.

41. Em junho de 2020, o Tribunal Regional Federal da 1ª Região trancou a ação penal contra Taiguara por corrupção, lavagem de dinheiro, tráfico de influência e organização criminosa. Os desembargadores consideraram não haver elementos para embasar a ação contra o sobrinho de Lula. O ex-presidente e Marcelo Odebrecht ainda respondem a processo sobre o caso na 10ª Vara Federal de Brasília. Constança Rezende e Eduardo Militão, "Tribunal arquiva ação contra sobrinho de Lula e pode beneficiar petista", UOL, 9 jun. 2020. Disponível em: <noticias.uol.com.br/politica/ultimas-noticias/2020/06/09/tribunal-arquiva-acao-contra-sobrinho-de-lula-e-pode-beneficiar-petista.htm>.

42. Termo de colaboração nº 24 de Emílio Odebrecht na petição nº 6738.

43. Termo de colaboração nº 30 de Emílio Odebrecht na petição nº 6842.

44. Termo de colaboração nº 19 de Alexandrino Alencar na petição nº 6842.

45. Rodolfo Viana, "Touchdown da Zelotes", *piauí*, 8 jul. 2017. Disponível em: <piaui.folha.uol.com.br/touchdown-da-zelotes>.
46. Bela Megale, "O dono do jogo", *Folha de S.Paulo*, Poder, 11 out. 2015, p. A11.
47. Processo nº 0074802-27.2016.4.01.3400, 10ª Vara Federal, 16 dez. 2016. Disponível em: <politica.estadao.com.br/blogs/fausto-macedo/wp-content/uploads/sites/41/2016/12/DECIS%C3%83O-Recebimento-da-Denuncia.pdf>.
48. Termo de depoimento nº 16 de Marcelo Odebrecht no inquérito nº 4430.

16. VIVENDO PERIGOSAMENTE [pp. 294-314]

1. União da Indústria de Cana-de-Açúcar, entidade representativa dos empresários de açúcar e álcool.
2. Termo de colaboração nº 32 de Marcelo Odebrecht no inquérito nº 4437.
3. Lilian Sobral, "Por que a economia brasileira decepcionou em 2012", *Exame*, 4 dez. 2012. Disponível em: <exame.abril.com.br/economia/por-que-a-economia-brasileira-decepcionou-em-2012>.
4. "Estoque da dívida pública soma R$ 2 trilhões em 2012", *Veja*, 5 fev. 2013. Disponível em: <veja.abril.com.br/economia/estoque-da-divida-publica-soma-r-2-trilhoes-em-2012>.
5. Adriana Fernandes e João Villaverde, "Dilma edita hoje MP com novas desonerações na folha de pagamentos", *O Estado de S. Paulo*, Economia & Negócios, 5 abr. 2013, p. B1.
6. Marcelo Odebrecht não tinha como saber, mas, até julho de 2014, Dilma ainda concederia doze pacotes de desoneração fiscal. João Villaverde, "Os 30 pacotes de Dilma", 29 jul. 2014. Disponível em: <economia.estadao.com.br/blogs/joao-villaverde/os-30-pacotes-de-dilma>.
7. "Dilma discute com usineiros pacote para desonerar etanol", Agência Reuters, 22 abr. 2013. Disponível em: <g1.globo.com/mundo/noticia/2013/04/dilma-discute-com-usineiros-pacote-para-desonerar-etanol-4.html>.
8. Termo de colaboração nº 17 de Marcelo Odebrecht no inquérito nº 4437.
9. Eduardo Piovesan, "Câmara aprova MP que dá incentivo a produtores de etanol e à indústria química", Agência Câmara de Notícias, 27 ago. 2013. Disponível em: <www.camara.leg.br/noticias/412890-camara-aprova-mp-que-da-incentivo-a-produtores-de-etanol-e-a-industria-quimica>.
10. "Shale Gas: Impact on the Petrochemical Industry", *ChemViews*, 5 fev. 2013. Disponível em: <www.chemistryviews.org/details/ezine/4315321/Shale_Gas_Impact_on_the_Petrochemical_Industry.html>.
11. Lei nº 12.859 de 10 de setembro de 2013, originada da medida provisória nº 613, de 7 de maio de 2013. Disponível em: <www.planalto.gov.br/ccivil_03/_Ato2011-2014/2013/Lei/L12859.htm>.
12. Termo de colaboração nº 16 de Marcelo Odebrecht no inquérito nº 4437.
13. Ibid.
14. Zarattini e Vaccarezza sempre afirmaram que as doações recebidas da Odebrecht em suas campanhas foram legais.

15. "Previ compra empreendimento imobiliário da Odebrecht por R$ 817 milhões", *Veja*, 5 nov. 2012. Disponível em: <veja.abril.com.br/economia/previ-compra-empreendimento-imobiliario-da-odebrecht-por-r-817-milhoes>.
16. Termo de colaboração nº 2 de Claudio Melo Filho no inquérito nº 4382.
17. Termo de colaboração nº 5 de Claudio Melo Filho no inquérito nº 4431.
18. Ibid.
19. Ibid.
20. Termo de colaboração nº 5 e anexo nº 5 de Claudio Melo Filho no inquérito nº 4431. A propósito da delação da Odebrecht, Rodrigo Maia sempre sustentou que as declarações dos delatores são falsas e os inquéritos que investigam o caso serão arquivados. Até a conclusão deste livro, o inquérito sobre sua relação com a Odebrecht estava parado na Procuradoria-Geral da República. Kelli Kadanus, "Inquérito da Lava Jato contra Rodrigo Maia está há um ano na gaveta da PGR", *Gazeta do Povo*, 3 ago. 2020. Disponível em: <www.gazetadopovo.com.br/republica/inquerito-maia-pgr-gaveta/>.
21. Ibid.
22. Quando a delação de Melo Filho se tornou pública, Eunício Oliveira negou ter recebido dinheiro da Odebrecht.
23. E-mail de Marcelo Odebrecht, 29 ago. 2013, anexo pessoal de Claudio Melo Filho, p. 48. Disponível em: <static.poder360.com.br/2016/12/Delacao-ClaudioMelo-Odebrecht-dez2016.pdf>.
24. "Dilma luta para convencer empresários a investir", Reuters, 4 mar. 2013. Disponível em: <www1.folha.uol.com.br/mercado/2013/03/1240325-dilma-luta-para-convencer-empresarios-a-investir.shtml>.
25. Anexo nº 26A de Marcelo Odebrecht na petição nº 6732 e e-mail de Marcelo Odebrecht.
26. Thiago Herdy, "Fernando Pimentel recebeu R$ 2 milhões por consultorias", *O Globo*, 3 dez. 2011. Disponível em: <oglobo.globo.com/brasil/fernando-pimentel-recebeu-2-milhoes-por-consultorias-3378813>.
27. Malu Gaspar, *Tudo ou nada: Eike Batista e a verdadeira história do Grupo X*. Rio de Janeiro: Record, 2014, p. 395.
28. Termo de colaboração nº 8 e anexo nº 8 de João Nogueira na petição nº 6732.
29. O Cofig, Comitê de Financiamento e Garantia das Exportações, que avaliava tecnicamente os pedidos, ficava subordinado à Camex.
30. Termo de colaboração nº 8 de João Nogueira na petição nº 6732.
31. Ibid.
32. Ibid.
33. Anexos 8I e 8ZA de João Nogueira ao termo de depoimento nº 8 na petição nº 6732.
34. Embora Bené Rodrigues tenha fechado um acordo de delação com a PGR e confirmado a intermediação de repasses a Pimentel, o ex-ministro sempre negou ter recebido dinheiro de forma ilícita da Odebrecht.
35. Anexo 1A de João Carvalho Filho na petição nº 6681.
36. Anexo 1B de Marcelo Odebrecht no inquérito nº 4325. Denúncia nº 227637/2017, GTLJ/PGR. Disponível em: <www.mpf.mp.br/pgr/documentos/Inq4325_dennciaecotaalterado.pdf>.
37. A concessão do título foi proposta pelo vereador petista Francisco Chagas, em 2011.

"Projeto de decreto legislativo nº 103/2011." Disponível em: <www.radarmunicipal.com.br/proposicoes/projeto-de-decreto-legislativo-103-2011>. Em 2016, depois da Lava Jato, o título foi retirado por outro decreto legislativo, dos vereadores Gilberto Natalini (PV), Fernando Holiday (DEM) e Rinaldi Digilio (PRB). "Projeto de decreto legislativo nº 02-00109/2016." Disponível em: <natalini.com.br/dev/wp-content/uploads/2020/02/109-2016.pdf> e <natalini.com.br/dev/wp-content/uploads/2020/02/109-2016.pdf>.

38. Marcelo Odebrecht, "Viaje mais, presidente", *Folha de S.Paulo*, Opinião, 7 abr. 2013, p. A3.
39. Termo de colaboração nº 41 e anexo nº 41A de Marcelo Odebrecht no inquérito nº 4383.
40. Ibid.
41. Argentina, Estados Unidos, Paraguai, Uruguai, Chile, Colômbia, Bolívia, Equador e Japão.
42. Anexo nº 41 de Marcelo Odebrecht no inquérito nº 4383.
43. Relatório de Auditoria Interna R-9265/11, out. 2012.
44. Anexo nº 41B de Marcelo Odebrecht no inquérito nº 4383.
45. Termo de colaboração nº 41 de Marcelo Odebrecht no inquérito nº 4383.
46. Diego Escosteguy, Flávia Tavares, Marcelo Rocha, Murilo Ramos e Leandro Loyola, "As denúncias do operador do PMDB na Petrobras", *Época*, 9 ago. 2013. Disponível em: <epoca.globo.com/tempo/noticia/2013/08/denuncias-do-boperador-do-pmdbb-na-petrobras.html>.
47. Termo de colaboração nº 1 de Rogério Araújo no inquérito nº 4383.
48. Sabrina Valle, "Petrobras apura ágio de 1.600% da Odebrecht", Agência Estado, 10 nov. 2013. Disponível em: <economia.estadao.com.br/noticias/geral,petrobras-apura-agio-de-1600--da-odebrecht,169762e>.
49. Termo de colaboração nº 1 de Hilberto Silva no inquérito nº 4383.
50. Ibid.
51. Anexo nº 3 de Marcos Grillo na petição nº 6764.
52. "Receita da Odebrecht S.A. cresce 16% e atinge R$ 96,9 bilhões em 2013", release Odebrecht, 24 abr. 2014. Disponível em: <www.odebrecht.com/pt-br/comunicacao/releases/receita--da-odebrecht-sa-cresce-16-e-atinge-r-969-bilhoes-em-2013>.
53. Thiago Bronzatto, "A Odebrecht vai perder tudo o que investiu em etanol?", *Exame*, 17 fev. 2014. Disponível em: <exame.abril.com.br/revista-exame/perda-total-2>.
54. "BNDES aprova financiamento de R$ 6,1 bilhões para hidrelétrica Santo Antônio, no rio Madeira", Imprensa BNDES, 17 dez. 2008. Disponível em: <www.bndes.gov.br/wps/portal/site/home/imprensa/noticias/conteudo/20081218_not232_08>.
55. João Domingos, "Atraso em linhas de transmissão piora cenário", *O Estado de S. Paulo*, 9 jan. 2013. Disponível em: <economia.estadao.com.br/noticias/geral,atraso-em-linhas-de--transmissao-piora-cenario-imp-,982142>.
56. Fábio Pupo, "Odebrecht vai investir até R$ 40 bilhões", *Valor Econômico*, 7 abr. 2014.

17. ORGANIZANDO A SURUBA [pp. 315-31]

1. Ação penal nº 5026212-82.2014.4.04.7000/PR.
2. Gerson Camarotti, "Imagens mostram ação da família de Paulo Roberto Costa para

ocultar provas", Blog do Camarotti, G1, 16 abr. 2014. Disponível em: <http://g1.globo.com/politica/blog/blog-do-camarotti/post/imagens-mostram-acao-da-familia-de-paulo-roberto-para-ocultar-provas.html>.

3. "PF prende ex-diretor da Petrobras em operação contra lavagem de dinheiro", G1, 20 mar. 2014. Disponível em: <http://g1.globo.com/politica/noticia/2014/03/pf-prende-ex-diretor-da-petrobras-em-operacao-contra-lavagem-de-dinheiro.html>.

4. Trecho de Rodrigo Tacla Duran, "Testemunho — o que sei sobre a Odebrecht e a Operação Lava Jato", s.n.p., p. 36, corroborado por apuração da autora.

5. Procuradoria Pública Federal da Suíça, "Pedido de cooperação jurídica internacional em matéria penal — Requerimento para tomada de depoimentos e levantamento de provas", processo nº SV.15.0775-LEN, Berna, 16 jul. 2015.

6. Sobre o Foreign Account Tax Compliance Act (Fatca), disponível em: <https://www.treasury.gov/resource-center/tax-policy/treaties/pages/fatca.aspx>.

7. Ministério Público Federal, "Distribuição por dependência aos autos nº 5031505-33.2014.4.04.7000", força-tarefa da Operação Lava Jato, 23 jul. 2015. Disponível em: <https://politica.estadao.com.br/blogs/fausto-macedo/wp-content/uploads/sites/41/2015/07/1_PET-1-mpf-contas-suicas.pdf>.

8. Rodrigo Tacla Duran, "Testemunho — o que sei sobre a Odebrecht e a Operação Lava Jato", s.n.p., pp. 38-9, corroborado por apuração da autora.

9. Felipe Luchete, "Ministro Teori manda soltar todos os presos na Operação Lava Jato", Consultor Jurídico, 19 maio 2014. Disponível em: <https://www.conjur.com.br/2014-mai-19/ministro-teori-manda-soltar-todos-presos-operacao-lava-jato>.

10. Ofício nº 8326518, ação penal nº 5026212-82.2014.404.7000/PR.

11. Cleide Carvalho e Carolina Brígido, "Ministro do STF diz que mudou de opinião após alerta de juiz sobre risco de fuga dos presos", O Globo, 20 maio 2014.

12. Vladimir Netto, Lava Jato. Rio de Janeiro: Primeira Pessoa, 2016, posição 911 de 7201 do Kindle.

13. Ata circunstanciada da 8ª Reunião da Comissão Parlamentar de Inquérito destinada a apurar irregularidades envolvendo a Petrobras, 10 jun. 2014. Download disponível em: <http://www.petrobras.com.br/lumis/portal/file/fileDownload.jsp?fileId=8AB31FB246AA980D0146C-F0B6BF775DA>.

14. Decreto de prisão nos autos do processo nº 5040280-37.2014.4.04.7000/PR; Daniel Haidar, "Polícia investiga se Paulo Roberto Costa cometeu crime na compra de Pasadena", Veja Online, 11 jun. 2014. Disponível em: <https://veja.abril.com.br/brasil/policia-investiga-se-paulo-roberto-costa-cometeu-crime-na-compra-de-pasadena>.

15. Vladimir Netto, Lava Jato, posição 1008 de 7201 do Kindle.

16. "Plenário conclui julgamento dos embargos de Marcos Valério", Notícias STF, 28 ago. 2013. Disponível em: <http://www.stf.jus.br/portal/cms/verNoticiaDetalhe.asp?idConteudo=246841>.

17. Vladimir Netto, Lava Jato, posição 1058 de 7201 do Kindle.

18. 28 de maio, segundo o termo de colaboração nº 25 e o anexo nº 8.3 de Marcelo Odebrecht no inquérito nº 4462.

19. "Para 35% dos brasileiros, governo de Dilma Rousseff é ótimo ou bom", Ibope, 23 maio

2014. Disponível em: <https://www.ibopeinteligencia.com/noticias-e-pesquisas/para-35-dos--brasileiros-governo-de-dilma-rousseff-e-otimo-ou-bom>.

20. Audiência de Marcelo Odebrecht, Secretaria Judiciária — Coordenadoria de Acórdãos e Resoluções (Coare), 1º mar. 2017, pp. 42-3. Disponível em: <https://politica.estadao.com.br/blogs/fausto-macedo/wp-content/uploads/sites/41/2017/04/MARCELOOD1.pdf>.

21. Termo de colaboração nº 25 de Marcelo Odebrecht no inquérito nº 4462.

22. Sobre esse caso, a defesa de Michel Temer confirma que ele participou do jantar, mas que todas as doações de campanha recebidas da Odebrecht foram legais e declaradas.

23. Ilan adi Brito, "Conheça o Palácio do Jaburu, atual residência do vice-presidente", *Casa Vogue*, 15 maio 2016. Disponível em: <https://casavogue.globo.com/Interiores/casas/noticia/2016/05/conheca-o-palacio-do-jaburu-atual-residencia-do-presidente-interino.html>.

24. Termo de colaboração nº 25 de Marcelo Odebrecht no inquérito nº 4462.

25. Termo de colaboração nº 23 e anexo nº 8.1 de Marcelo Odebrecht no inquérito nº 4432.

26. Ibid.

27. Anexo nº 23A de Marcelo Odebrecht no inquérito nº 4432.

28. Cássio Bruno, Germano Oliveira, Julianna Granjeia e Antonio Werneck, "Ex-diretor da Petrobras Paulo Roberto Costa é preso no Rio", *O Globo*, 11 jun. 2014. Disponível em: <https://oglobo.globo.com/brasil/ex-diretor-da-petrobras-paulo-roberto-costa-preso-no-rio-12811221>.

29. Justiça Eleitoral, Anexos da Resolução nº 23.429/2014 (Instrução nº 783-95) — Utilização do horário gratuito de propaganda eleitoral. Disponível em: <http://www.justicaeleitoral.jus.br/arquivos/tse-anexos-a-resolucao-23-429-2014-utilizacao-do-horario-gratuito-de-propaganda-eleitoral>.

30. Em fevereiro de 2014, Dilma tinha 47% das intenções de voto contra 17% de Aécio Neves, segundo o Datafolha. Em maio, ela tinha 37%, contra 20% do tucano. O mesmo instituto indicava que a diferença entre os dois no segundo turno estava diminuindo: Dilma tinha 50% das intenções de voto em abril e caíra a 47% em maio; Aécio avançara de 31% para 36%.

31. Termo de colaboração nº 23 de Marcelo Odebrecht no inquérito nº 4432.

32. Termo de colaboração nº 23 e anexo nº 8.1 de Marcelo Odebrecht no inquérito nº 4432.

33. Anexo 14A de Hilberto Silva na petição nº 6664.

34. Termo de colaboração nº 50 de Benedicto Júnior no inquérito nº 4401.

35. Termo de colaboração nº 11 de Alexandrino Alencar no inquérito nº 4432.

36. Denúncia — proc. MPRJ nº 2013.01226070, 16 jul. 2014. Disponível em: <https://politica.estadao.com.br/blogs/fausto-macedo/wp-content/uploads/sites/41/2015/07/2_COMP4-denuncia-do-rio-zelada.pdf>.

37. Termo de colaboração nº 23 de Marcelo Odebrecht na petição nº 6664.

38. Anexo 13A de Hilberto Silva na petição nº 6664.

39. Anexo 23F de Marcelo Odebrecht na petição nº 6664.

40. "Corpo do empresário Norberto Odebrecht é enterrado em Salvador", *O Globo*, com Agência A Tarde, 20 jul. 2014. Disponível em: <https://oglobo.globo.com/economia/corpo-do--empresario-norberto-odebrecht-enterrado-em-salvador-13318732>.

41. "Eduardo Campos morre em Santos após queda do avião em que viajava", G1, 13 ago. 2014. Disponível em: <http://g1.globo.com/sp/santos-regiao/noticia/2014/08/eduardo-campos--morre-apos-queda-do-aviao-em-que-viajava.html>.

42. Termo de colaboração nº 29 na petição nº 6706.

43. Giovanni Sandes, "PPP de Itaquitinga terá outra empresa no comando", *Jornal do Commercio*, 31 jan. 2013. Disponível em: <https://jc.ne10.uol.com.br/canal/economia/pernambuco/noticia/2013/01/31/ppp-de-itaquitinga-tera-outra-empresa-no-comando-71940.php>.

44. Termo de colaboração nº 19 de Fernando Reis e termo de colaboração nº 28 de Marcelo Odebrecht na petição nº 6706.

18. UMA GENERAL AUTISTA [pp. 332-58]

1. Despacho do juiz Sergio Moro no pedido de prisão preventiva nº 5040280-37.2014.404.7000/PR, em 11 jun. 2014. Disponível em: <https://www.conjur.com.br/dl/ex-diretor-petrobras-preso-novamente.pdf>.

2. Agenda da presidente Dilma Rousseff, 25/7/2014. Disponível em: <http://www.biblioteca.presidencia.gov.br/presidencia/ex-presidentes/dilma-rousseff/agenda/agenda-da-presidenta/2014-07-25?month:int=7&year:int=2014>.

3. Informação nº 014/2019 — DRCOR/SR/PF/PR, Ref: IPL 2255/2015 — SR/PF/PR, p. 30.

4. Anexo de Paulo Soares sobre criação do Draftsystems e Drousys. Disponível em: <https://politica.estadao.com.br/blogs/fausto-macedo/wp-content/uploads/sites/41/2017/12/71_ANEXO2-DEPOIMENTO-ESCRITO-PAULO-DA-ROCHA-SOARES-CRIADOR-DO--DROUSYS.pdf>.

5. John D. Sutter, "WikiLeaks Now Storing Files in 'James Bond' Bunker", CNN, 2 dez. 2010. Disponível em: <http://edition.cnn.com/2010/TECH/innovation/12/02/wikileaks.cave.server/index.html>.

6. "Tour of Bahnhof AB Facility with CEO Jon Karlung", RCR *Wireless News*, 3 nov. 2014. Vídeo disponível em: <https://www.youtube.com/watch?v=s4E_Qdpc9S0&t=58s>.

7. Rodrigo Tacla Duran, "Testemunho — o que sei sobre a Odebrecht e a Operação Lava Jato", s.n.p., p. 40, corroborado por apuração da autora.

8. Anexo nº 46A de Marcelo Odebrecht na petição nº 6729.

9. Termo de colaboração nº 46 de Marcelo Odebrecht na petição nº 6729.

10. Anexo nº 25A de Hilberto Silva na petição nº 6729.

11. Termo de colaboração nº 25 de Hilberto Silva na petição nº 6729.

12. "Odebrecht nega acusação e diz que notícia é leviana", *Folha de S.Paulo*, Poder, 2 out. 2014, p. A4.

13. Ofício nº 0918/2019 — IPL 2255/2015-4 SR/PF/PR, p. 506.

14. Wálter Nunes e Felipe Bächtold, "Operação anulada antecipou características da Lava Jato", *Folha de S.Paulo*, Poder, 1º mar. 2017.

15. "Ex-presidente do STJ chama Palocci de 'delinquente' e anuncia processos", *Veja*, 7 nov. 2019. Disponível em: <veja.abril.com.br/politica/ex-presidente-do-stj-chama-palocci-de-delinquente-e-anuncia-processos/>.

16. AgRg no habeas corpus nº 553.345 — SP (2019/0380520-8), decisão, 18 mar. 2020. Disponível em: <file:///C:/Users/simon/Downloads/STJ%20HC%20553345%20Asfor%20-%20suspens%C3%A3o%20do%20ipl.pdf>.

17. Relatório de Análise de Polícia Judiciária nº 102/2019 — DRCOR/SR/PF/PR.

18. Vladimir Netto, *Lava Jato*, posição 2076 de 7201 do Kindle; Rodrigo Janot, Jaílton de Carvalho e Guilherme Evelin, *Nada menos que tudo*. São Paulo: Planeta do Brasil, 2019, pp. 55-6; corroborado por entrevistas feitas pela autora.

19. Diego Escosteguy e Marcelo Rocha com Filipe Coutinho e Flávia Tavares, "Na delação premiada, Paulo Roberto Costa revela que os contratos da Petrobras eram superfaturados entre 18% e 20%", 3 out. 2014. Disponível em: <https://epoca.globo.com/tempo/eleicoes/noticia/2014/10/na-delacao-premiada-paulo-roberto-costa-revela-que-os-bcontratos-da-petrobrasb-eram-superfaturados-entre-18-e-20.html>.

20. "Nota de esclarecimento, Release Odebrecht, 4 out. 2014. Disponível em: <https://www.odebrecht.com/pt-br/comunicacao/releases/nota-de-esclarecimento-04102014>.

21. Maria Luiza Rezende Pereira, "Delação premiada e a Operação Lava Jato", Jus.com.br, mar. 2017. Disponível em: <https://jus.com.br/artigos/56713/delacao-premiada-e-a-operacao-lava-jato>.

22. Termo de colaboração nº 2 de Augusto Mendonça. Disponível em: <https://politica.estadao.com.br/blogs/fausto-macedo/wp-content/uploads/sites/41/2014/12/529_TERMO-TRANSCDEP3.pdf>.

23. "Leia a íntegra das delações que fizeram ruir o cartel das empreiteiras", *O Estado de S. Paulo*, 3 dez. 2014. Disponível em: <https://politica.estadao.com.br/blogs/fausto-macedo/leia-a-integra-das-delacoes-que-fizeram-ruir-o-cartel-das-empreiteiras>.

24. Auto de apreensão, 3 nov. 2014. Disponível em: <https://politica.estadao.com.br/blogs/fausto-macedo/wp-content/uploads/sites/41/2015/02/contratosaugusto.pdf>.

25. "MP anuncia repatriação de R$ 182 mi desviados por ex-gerente da Petrobras", G1, 11 mar. 2015. Disponível em: <http://g1.globo.com/politica/operacao-lava-jato/noticia/2015/03/mp-anuncia-repatriacao-de-r-139-mi-de-ex-gerente-da-petrobras.html>; termo de colaboração nº 7 de Pedro Barusco. Disponível em: <https://politica.estadao.com.br/blogs/fausto-macedo/wp-content/uploads/sites/41/2015/02/858_ANEXO2.pdf>.

26. Relatório de Análise de Polícia Judiciária nº 102/2019 — DRCOR/SR/PF/PR, p. 8.

27. Claudio Dantas Sequeira, "O poderoso coronel Oliva", *IstoÉ*, 1º jun. 2011. Disponível em: <https://istoe.com.br/139254_O+PODEROSO+CORONEL+OLIVA>.

28. Relatório de Análise de Polícia Judiciária nº 102/2019 — DRCOR/SR/PF/PR, pp. 11-2.

29. E-mail de Marcelo Odebrecht constando da denúncia nº 227637/2017 — GTLJ/PGR, inquérito nº 4325/DF, p. 151. Disponível em: <http://www.mpf.mp.br/pgr/documentos/Inq4325_dennciaecotaalterado.pdf>.

30. Sobre a reunião de Marcelo Odebrecht com Giles Azevedo, ver Relatório de Análise de Política Judiciária nº 102/2019 — DRCOR/SR/PF/PR, p. 23.

31. Relatório de Análise de Política Judiciária nº 102/2019 — DRCOR/SR/PF/PR, p. 24.

32. Ibid., pp. 62-3.

33. IPL 737/2015-SR/DPF/PF, p. 14.

34. Ibid., p. 15.

35. Rafael Moraes Moura, "Ministro manda investigar delegados da Lava Jato", *O Estado de S. Paulo*, 13 nov. 2014. Disponível em: <https://politica.estadao.com.br/noticias/geral,ministro-manda-investigar-delegados-da-lava-jato,1592354>.

36. Mateus Coutinho, "Procuradores saem em defesa de delegados da Lava Jato", *O Estado de S. Paulo*, 13 nov. 2014. Disponível em: <https://politica.estadao.com.br/noticias/geral,procuradores-saem-em-defesa-de-delegados-da-lava-jato,1592297>.

37. Mario Cesar Carvalho e Rubens Valente, "Ex-dirigente da estatal forneceu roteiro de prisões de empresários", *Folha de S.Paulo*, Poder, 16 nov. 2014, p. A8.

38. Mandados de busca e apreensão (crime) nº 8834465, nº 8834467 e nº 8834468; pedido de busca e apreensão criminal nº 5073475-13.2014.404.7000/PR.

39. Fausto Macedo e Ricardo Brandt, "Ex-diretor da Petrobras e 3 presidentes de empreiteiras são presos; Veja a lista", *O Estado de S. Paulo*, 14 nov. 2014. Disponível em: <https://politica.estadao.com.br/blogs/fausto-macedo/lava-jato-cumpre-mandados-de-prisao-veja-quem-sao>.

40. Coletiva de imprensa — Operação Lava Jato, 7ª Fase (Juízo Final). Vídeo disponível em: <https://www.youtube.com/watch?v=OZP_QlSk5jc&feature=youtu.be>.

41. Pedido de busca e apreensão criminal nº 5073475-13.2014.404.7000/PR. Disponível em: <https://politica.estadao.com.br/blogs/fausto-macedo/wp-content/uploads/sites/41/2014/11/empreiteiras-preventiva.pdf>.

42. Anexo 45A de Marcelo Odebrecht na petição nº 6676.

43. Termo de colaboração nº 26 de Hilberto Silva na petição nº 6729.

44. Anexo 45A de Marcelo Odebrecht na petição nº 6676.

45. Em telefonema, Isabela Odebrecht menciona, em conversa com a filha Gabriella, que Marcelo recebeu Rogério em casa no dia da Operação Juízo Final. Ver Representação por monitoramento telefônico e telemático — Relatório final — Operação Lava Jato Fase XIV — Erga Omnes. Distribuição por dependência ao IPL 1041/2013-SR/DPF/PR, pp. 4-5.

46. Rafael Miotto, "Cardozo diz que oposição tenta usar Lava Jato como '3º turno eleitoral'", G1, 15 nov. 2014. Disponível em: <http://g1.globo.com/sao-paulo/noticia/2014/11/cardozo-diz-que-oposicao-tenta-usar-lava-jato-como-palanque-eleitoral.html>.

47. Relatório de Análise de Polícia Judiciária nº 102/2019 — DRCOR/SR/PF/PR, p. 30.

48. Rodrigo Janot, Jaílton de Carvalho e Guilherme Evelin, *Nada menos que tudo*. São Paulo: Planeta do Brasil, 2019, p. 57.

49. Rodrigo Janot e Jaílton de Carvalho, *Nada menos que tudo*, posições 784-93 de 3647 no Kindle; apuração da autora.

50. Ibid., posição 811 de 3647 no Kindle.

51. Reclamação da defesa de Gerson de Mello Almada ao Supremo Tribunal Federal — distribuição por dependência à reclamação nº 17.623, 18 nov. 2014. Disponível em: <https://politica.estadao.com.br/blogs/fausto-macedo/wp-content/uploads/sites/41/2014/11/reclama%C3%A7%C3%A3o.pdf>.

52. Rubens Valente, "Juiz diz ao STF que argumento de empresas contra ele é 'especulação'", *Folha de S.Paulo*, 2 dez. 2014. Disponível em: <https://www1.folha.uol.com.br/poder/2014/12/1556521-em-resposta-juiz-diz-que-argumento-de-empresas-contra-ele-e-especulacao.shtml>.

53. "Ministro do STF revoga prisão preventiva de Renato Duque", *O Estado de S. Paulo*, 2 dez. 2014. Disponível em: <https://politica.estadao.com.br/noticias/geral,ministro-do-stf-revoga-prisao-preventiva-de-renato-duque,1601280>.

54. Relatório de Análise de Polícia Judiciária nº 102/2019 — DRCOR/SR/PF/PR, pp. 82-3.

55. Anexo 45A de Marcelo Odebrecht na petição nº 6676.

56. Relatório de Análise de Polícia Judiciária nº 102/2019 — DRCOR/SR/PF/PR, p. 84.
57. Ibid., p. 88.
58. Eduardo Bresciani, "Turma do STF mantém na Justiça Federal do Paraná ações da Operação Lava Jato", *O Globo*, 16 dez. 2014. Disponível em: <https://oglobo.globo.com/brasil/turma-do-stf-mantem-na-justica-federal-do-parana-acoes-da-operacao-lava-jato-14850704>.
59. Relatório de Análise de Polícia Judiciária nº 102/2019 — DRCOR/SR/PF/PR, p. 84.
60. Termo de colaboração nº 3 de João Nogueira na petição nº 6676.
61. Termo de colaboração nº 14 de Mônica Moura na petição nº 6890. Disponível em: <www.youtube.com/watch?v=RFGIQcn5pd8>.
62. Ibid.
63. Solicitação de assistência jurídica internacional em matéria penal à Suíça em 4 de agosto de 2014. Ver: Ofício 825/2015/CGRA-DRCI-SNJ-MJ (documento eletrônico e-Pet nº 1279503 com assinatura digital).
64. Cláusula 7ª da parte III — condições da proposta. Termo de acordo de colaboração premiada, p. 8. Disponível em: <https://s.conjur.com.br/dl/acordo-delacao-premiada-paulo-roberto.pdf>.
65. Vladimir Aras e Deltan Dallagnol, "As provas da Suíça", originalmente publicado no JOTA, 16 nov. 2015. Disponível em: <https://vladimiraras.blog/2015/11/24/as-provas-da-suica>.
66. Deborah Berlinck, "Lava Jato: Procuradores trazem ao Brasil 'caixa-preta' de contas bancárias na Suíça", *O Globo*, 28 nov. 2014. Disponível em: <https://oglobo.globo.com/brasil/lava-jato-procuradores-trazem-ao-brasil-caixa-preta-de-contas-bancarias-na-suica-14686466>.
67. Mônica Bergamo, "Empreiteiras querem poder contestar apuração para fazer delação premiada", 25 nov. 2014. Disponível em: <https://www1.folha.uol.com.br/colunas/monicabergamo/2014/11/1552451-direito-de-questionar-investigacao-trava-acordo-entre-empreiteiras-e-mp.shtml>.
68. Sonia Racy, coluna "Direto da Fonte", *O Estado de S. Paulo*, Caderno 2, 20 dez. 2014, p. C2. Disponível em: <https://cultura.estadao.com.br/blogs/direto-da-fonte/bye-bye-2014/>.

19. HIGIENIZANDO APETRECHOS [pp. 359-82]

1. Fábio Fabrini e Andreza Matais, "Nona fase da Lava Jato é batizada de 'My Way'", *O Estado de S. Paulo*, 5 fev. 2015. Disponível em: <https://politica.estadao.com.br/noticias/geral,-nona-fase-da-lava-jato-e-batizada-de-my-way,1629935/>; "Nova etapa da Operação Lava Jato movimenta o meio político", *Jornal Nacional*, 5 fev. 2015. Disponível em: <http://g1.globo.com/jornal-nacional/noticia/2015/02/nova-etapa-da-operacao-lava-jato-movimenta-o-meio-politico.html>.
2. Ato de criação da Comissão Parlamentar de Inquérito (CPI) destinada a investigar a prática de atos ilícitos e irregulares no âmbito da Petrobras entre os anos de 2005 e 2015. Câmara dos Deputados, 5 fev. 2015. Disponível em: <https://www2.camara.leg.br/atividade-legislativa/comissoes/comissoes-temporarias/parlamentar-de-inquerito/55a-legislatura/cpi-petrobras/conheca-a-comissao/criacao-e-constituicao/AtodeCriao.pdf>.

3. Giovana Teles, "Barusco: propina passou a ser institucionalizada depois de 2003", *Jornal da Globo*, 10 mar. 2015. Disponível em: <http://g1.globo.com/jornal-da-globo/noticia/2015/03/barusco-propina-passou-ser-institucionalizada-depois-2003.html>.

4. Flávio Ferreira, Catia Seabra e Severino Motta, "Empreiteira pediu a ministro munição para contestar provas", *Folha de S.Paulo*, Poder, 20 fev. 2015, p. A4.

5. Ofício nº 825/2015/CGRA-DRCI-SNJ-MJ (documento eletrônico e-Pet nº 1279503 com assinatura digital).

6. Relatório de Análise de Polícia Judiciária nº 102/2019 — DRCOR/SR/PF/PR, p. 113.

7. Rodrigo Rangel, "Meio desabafo, meio ameaça", *Veja*, ed. 2408, ano 48, n. 2, 14 jan. 2015, pp. 38-43.

8. Relatório de Análise de Polícia Judiciária nº 102/2019 — DRCOR/SR/PF/PR, p. 99.

9. Ibid., p. 108.

10. "O feitiço e os feiticeiros", *Veja*, 18 fev. 2015, pp. 42-9.

11. Flávio Ferreira, Catia Seabra e Severino Motta, "Empreiteira pediu a ministro munição para contestar provas", op. cit.

12. "É absolutamente normal", *Veja*, 18 fev. 2015, p. 49.

13. Despacho/decisão do então juiz Sergio Moro em resposta ao "Pedido de liberdade provisória com ou sem fiança nº 5002763-61.2015.4.04.7000/PR". Disponível em: <https://www.conjur.com.br/dl/moro-intoleravel-discutir-lava-jato.pdf>.

14. "Despacho de Moro é truculento, diz advogado", *Folha de S.Paulo*, Poder, 19 fev. 2015, p. A5.

15. "Odebrecht envia petição ao STF para explicar reunião com Cardozo", *Folha de S.Paulo*, 19 fev. 2015. Disponível em: <https://www1.folha.uol.com.br/poder/2015/02/1592185-defesa-da-odebrecht-envia-peticao-ao-stf-para-explicar-reuniao-com-cardozo.shtml>.

16. Sergio Fernando Moro, "Considerações sobre a operação Mani Pulite", *Revista CEJ*, Brasília, nº 26, pp. 56-62, jul.-set. 2004. Disponível em: <https://www.conjur.com.br/dl/artigo-moro-mani-pulite.pdf>.

17. Despacho/decisão do então juiz Sergio Moro em resposta ao pedido de busca e apreensão criminal nº 5073475-13.2014.404.7000/PR. Disponível em: <https://www.conjur.com.br/dl/decisao-prisoes-lava-jato-operacao.pdf>.

18. David Friedlander, "Camargo Corrêa já admite assumir culpa no esquema", *Folha de S.Paulo*, Poder, 25 jan. 2015, p. A6.

19. Rubens Valente e Gabriel Mascarenhas, "Empreiteira procurou Aécio para esvaziar CPI, indica anotação", *Folha de S.Paulo*, 9 dez. 2014. Disponível em: <https://m.folha.uol.com.br/poder/2014/12/1559558-empreiteira-procurou-aecio-para-esvaziar-cpi-indica-anotacao.shtml>; A Comissão Parlamentar Mista de Inquérito (CPMI) do Senado sobre a Petrobras foi instaurada em 27 de maio de 2014. Depois de sete meses, aprovou-se o relatório final pedindo o indiciamento de 52 pessoas e o aprofundamento das investigações em dezessete empresas, incluindo a Odebrecht. Documento disponível para download no link: <http://www.petrobras.com.br/lumis/portal/file/fileDownload.jsp?fileId=8A16DC644B42E4E1014BB7D66C1B7EC4>.

20. Relatório de Análise de Polícia Judiciária nº 102/2019 — DRCOR/SR/PF/PR, pp. 100-1.

21. Anexo nº 45A de Marcelo Odebrecht na petição nº 6676.

22. Fausto Macedo e Julia Affonso, "Odebrecht convocou executivos para 'guerra de guer-

rilha'", *O Estado de S. Paulo*, 13 out. 2015. Disponível em: <https://politica.estadao.com.br/blogs/fausto-macedo/odebrecht-convocou-executivos-para-guerra-de-guerrilha>.

23. "Abertura de comissões para análise de aplicação de sanção administrativa e bloqueio cautelar", Comunicado Petrobras, 29 dez. 2014. Disponível em: <https://petrobras.com.br/fatos-e-dados/abertura-de-comissoes-para-analise-de-aplicacao-de-sancao-administrativa-e-bloqueio-cautelar.htm>.

24. Anexo 2B do termo de colaboração nº 31 de Fernando Reis na petição nº 6646.

25. Ibid.

26. João Pedro Pitombo, "Estaleiro fornecedor da Petrobras demite mil trabalhadores na Bahia", *Folha de S.Paulo*, 12 dez. 2014. Disponível em: <https://www1.folha.uol.com.br/mercado/2014 dez. 1561279-estaleiro-fornecedor-da-petrobras-demite-mil-trabalhadores-na-bahia.shtml>.

27. Murilo Ramos, Thiago Bronzatto e Diego Escosteguy, "Governo tenta salvar a insolvente Sete Brasil", *Época*, 6 mar. 2015. Disponível em: <https://epoca.globo.com/tempo/noticia/2015/03/governo-tenta-salvar-binsolvente-sete-brasilb.html>.

28. Ibid.

29. Relatório de Análise de Polícia Judiciária nº 102/2019 — DRCOR/SR/PF/PR, p. 99.

30. Ibid.

31. Malu Gaspar, "A cifra que desafia Bendine", *Veja*, 18 fev. 2015, pp. 52-5.

32. Em 2013, o lucro líquido da Petrobras atingiu 23,6 bilhões de reais. "Resultado do quarto trimestre de 2013", Petrobras, 25 fev. 2014. Disponível em: <https://mz-filemanager.s3.amazonaws.com/25fdf098-34f5-4608-b7fa-17d60b2de47d/central-de-resultadoscentral-de-downloads/023cb6d9db9956e137a5fadd32980df107e7b70775a2c1ce5836522b07dc855d/rmf_4t13_ifrs.pdf>.

33. "Resultado do quatro trimestre de 2014", Petrobras, 22 abr. 2015. Disponível em: <https://api.mziq.com/mzfilemanager/v2/d/25fdf098-34f5-4608-b7fa-17d60b2de47d/7d4560fd-ed28-7579-2ce9-d1d52abf3a38?origin=1>.

34. Termo de colaboração nº 1 e anexo nº 1 de Fernando Reis na petição nº 6646.

35. Ibid.

36. Depoimento de André Gustavo Vieira da Silva no âmbito da ação penal nº 503526315. Disponível em: <https://politica.estadao.com.br/blogs/fausto-macedo/veja-o-depoimento-do-operador-de-bendine>.

37. Anexo nº 1.1 de Fernando Reis na petição nº 6646.

38. Termo de colaboração nº 36 de Marcelo Odebrecht e termo de colaboração nº 1 de Fernando Reis na petição nº 6646, complementado por apuração da autora.

39. Sentença da ação penal nº 5035263-15.2017.4.04.7000/PR, p. 43. Disponível em: <http://www.mpf.mp.br/grandes-casos/lava-jato/entenda-o-caso/curitiba/acoes/processo-penal-66/sentenca/arquivo>.

40. Relatório de Análise de Polícia Judiciária nº 102/2019 — DRCOR/SR/PF/PR, p. 121.

41. Ibid., p. 119.

42. Ibid., pp. 118-9.

43. Leandro Prazeres, "Devemos punir as pessoas, não destruir as empresas, diz Dilma sobre Petrobras", UOL, 27 jan. 2015. Disponível em: <https://noticias.uol.com.br/politica/ultimas-

-noticias/2015/01/27/devemos-punir-as-pessoas-nao-destruir-as-empresas-diz-dilma-sobre--petrobras.htm>.

44. Paula Ferreira, "Jaques Wagner diz que Odebrecht é motivo de orgulho para o Brasil", *O Globo*, 24 fev. 2015. Disponível em: <https://oglobo.globo.com/brasil/jaques-wagner-diz-que--odebrecht-motivo-de-orgulho-para-brasil-15425961>.

45. Mario Cesar Carvalho, "Lobão levou propina de R$ 10 mil, diz delator", *Folha de S. Paulo*, Poder, 7 mar. 2015, p. A9.

46. Dos cinco presos na décima fase da Lava Jato, três tinham mandado de prisão preventiva e duas eram prisão temporária.

47. Anexo nº 45B de Marcelo Odebrecht ao termo de colaboração nº 45, na petição nº 6676.

48. "CGU abre processos contra mais dez empresas investigadas na Lava Jato", G1, 11 mar. 2015. Disponível em: <http://g1.globo.com/politica/operacao-lava-jato/noticia/2015/03/cgu--abre-processos-contra-mais-dez-empresas-investigadas-na-lava-jato.html>.

49. Relatório de Análise de Polícia Judiciária nº 102/2019 — DRCOR/SR/PF/PR, p. 121.

50. A Setal Óleo e Gás fechou acordo de leniência com o Cade em março de 2015; a Camargo Corrêa, em julho do mesmo ano.

51. Anexo 12.10, fato 12.10.2 do Acordo de Leniência da Odebrecht.

52. Porcell renunciou em 2019, após a divulgação de conversas de WhatsApp com Varela mostrando que os dois combinaram a pena a ser imposta a Rabello para não atrapalhar os processos no Brasil. Ver "Procuradora-geral do Panamá renuncia após citação em escândalo da Odebrecht", Poder360, 15 nov. 2019. Disponível em: <https://www.poder360.com.br/justica/procuradora-geral-do-panama-renuncia-apos-citacao-em-escandalo-da-odebrecht>.

53. Rodrigo Tacla Duran, "Testemunho — o que sei sobre a Odebrecht e a Operação Lava Jato", s.n.p., p. 46, corroborado por apuração da autora.

54. Thiago Herdy, "Lula e o 'voo sigiloso' pago pela Odebrecht", *O Globo*, O País, 12 abr. 2015, p. 10.

55. Fábio Pupo, "Em carta, presidente da Odebrecht pede 'união' a funcionários", *Valor Econômico*, 8 abr. 2015. Disponível em: <https://valor.globo.com/politica/noticia/2015/04/08/em-carta-presidente-da-odebrecht-pede-uniao-a-funcionarios.ghtml>.

56. Mario Cesar Carvalho, "Há uma armação contra a Odebrecht, diz advogada", *Folha de S.Paulo*, Poder, 1º maio 2015, p. A5.

57. "Ministro Teori Zavascki autoriza abertura de inquérito e revoga sigilo em investigação sobre Petrobras", Notícias STF, Supremo Tribunal Federal, 6 mar. 2015. Disponível em: <http://www.stf.jus.br/portal/cms/verNoticiaDetalhe.asp?idConteudo=286808>.

58. Termo de colaboração nº 9 de Paulo Roberto Costa. Disponível em: <http://media.folha.uol.com.br/poder/2015/03/11/termo-de-colaboracao-009.pdf>.

59. Ricardo Brandt, Julia Affonso e Fausto Macedo, "'Não recebi privilégios do governo', diz Marcelo Odebrecht", *O Estado de S. Paulo*, 23 jun. 2015. Disponível em: <https://exame.com/brasil/dono-da-odebrecht-diz-nunca-ter-recebido-privilegios>. Em 19 de junho de 2018, a Segunda Turma do STF absolveu Gleisi Hoffmann, Paulo Bernardo e o empresário Ernesto Kugler — acusado de ser o emissário do casal para receber o dinheiro — de lavagem de dinheiro e corrupção. Gabriela Coelho, "Por 'provas raquíticas', 2ª Turma do STF absolve senadora Gleisi Hof-

fmann", *Conjur,* 19 jun. 2018. Disponível em: <https://www.conjur.com.br/2018-jun-19/maioria--segunda-turma-stf-absolve-gleisi-hoffmann>.

60. Termo de colaboração nº 36 de Marcelo Odebrecht na petição nº 6646.

61. Termo de colaboração nº 1 de Fernando Reis na petição nº 6646.

62. Termo de colaboração nº 14 de Mônica Moura na petição 6890. Disponível em: <https://www.youtube.com/watch?v=RFGIQcn5pd8>.

63. Ibid.

64. Termo de colaboração nº 2 de Marcelo Odebrecht na petição nº 6664.

65. Vianey Bentes, "PF cumpre 90 mandados de busca para combater esquema de lavagem", TV Globo, 29 maio 2015. Disponível em: <http://g1.globo.com/distrito-federal/noticia/2015/05/pf-faz-operacao-para-combater-esquema-de-lavagem-de-dinheiro.html>.

66. Jesús García, "Andorra interviene BPA por blanqueo de capitales", *El País,* 10 mar. 2015. Disponível em: <https://elpais.com/economia/2015/03/10/actualidad/1426004884_146211.html>.

67. Termo de colaboração nº 2 de Fernando Migliaccio na petição 6533. Disponível em: <https://static.poder360.com.br/2017/05/fernando-migliaccio-delacai.pdf>.

68. Operação Lava Jato Fase 23. Autos de apreensão de documentos nº 192/2016. Anexo 33 da ação penal nº 019727-95.2016.4.04.7000.

69. Operação Lava Jato Fase 23. Autos de apreensão de documentos nº 192/2016, item nº 6, processo nº 5003682-16.2016.4.04.7000.

20. A CASA CAI [pp. 383-417]

1. Jorge Pontes e Márcio Anselmo. *Crime.gov: Quando corrupção e governo se misturam.* 1. ed. Rio de Janeiro: Objetiva, 2019, p. 22; entrevista com o delegado da Polícia Federal Márcio Anselmo.

2. "PF prende presidentes das duas maiores empreiteiras", *Folha de S.Paulo,* Poder, 20 jun. 2015, p. A4.

3. Despacho/decisão sobre pedido de busca e apreensão criminal nº 5024251-72.2015.4.04.7000/PR, assinado pelo juiz Sergio Moro em 15 jun. 2015.

4. Jorge Pontes e Márcio Anselmo, *Crime.gov,* op. cit., p. 22; entrevista com o delegado da Polícia Federal Márcio Anselmo.

5. Representação por monitoramento telefônico e telemático — Relatório final — Operação Lava Jato Fase 14 (Erga Omnes), p. 6. Disponível em: <https://politica.estadao.com.br/blogs/fausto-macedo/wp-content/uploads/sites/41/2015/08/relatoriointerceptacoesodebrecht.pdf>.

6. Jorge Pontes e Márcio Anselmo, *Crime.gov,* op. cit., p. 19.

7. Auto circunstanciado de busca e arrecadação. Auto nº 5024251-72.2015.4.04.7000/PR. Mandado de busca nº 700000796211.

8. Representação por monitoramento telefônico e telemático — Relatório final — Operação Lava Jato Fase 14 (Erga Omnes), p. 8. Disponível em: <https://politica.estadao.com.br/blogs/fausto-macedo/wp-content/uploads/sites/41/2015/08/relatoriointerceptacoesodebrecht.pdf>.

9. Vladimir Netto, *Lava Jato,* posição no Kindle 3810 de 7201; "Executivo se escondeu na casa de Odebrecht durante buscas, diz PF", *O Estado de S. Paulo,* 14 ago. 2015. Disponível em:

<https://politica.estadao.com.br/blogs/fausto-macedo/executivo-se-escondeu-na-casa-de-odebrecht-durante-buscas-diz-pf/>; Representação por monitoramento telefônico e telemático — Relatório final — Operação Lava Jato Fase 14 (Erga Omnes), p. 4. Disponível em: <https://politica.estadao.com.br/blogs/fausto-macedo/wp-content/uploads/sites/41/2015/08/relatorio-interceptacoesodebrecht.pdf>.

10. Relatório Anual Odebrecht 2001 e 2014.

11. Maria Luiza Filgueiras, "O risco Odebrecht", *Exame*, 12 ago. 2015. Disponível em: <https://exame.com/revista-exame/o-risco-odebrecht>.

12. Representação por autorização de busca e apreensão, pela decretação de prisão cautelar de investigados e outras medidas, Operação Lava Jato (Fase 14, Erga Omnes), p. 125; Decisão do TRF-4 sobre Habeas Corpus HC 5023725-56.2015.404.0000 5023725-56.2015.404.0000, 25 jun. 2015.

13. Representação por autorização de busca e apreensão, pela decretação de prisão cautelar de investigados e outras medidas, Operação Lava Jato (Fase 14, Erga Omnes), p. 100.

14. Deltan Dallagnol, *A luta contra a corrupção: A Lava Jato e o futuro de um país marcado pela impunidade*. Rio de Janeiro: Primeira Pessoa, 2017, posição 6 de 329 no Kindle.

15. Pedro Canário, "Domínio do fato não dispensa provas do envolvimento do réu", *Consultor Jurídico*, 29 abr. 2014. Disponível em: <https://www.conjur.com.br/2014-abr-29/dominio-fato-nunca-dispensou-provas-envolvimento-reu-teori>.

16. Julia Affonso, Fausto Macedo e Ricardo Brandt, "'Destruir e-mail sondas', pede Marcelo Odebrecht na prisão", *O Estado de S. Paulo*, 24 jun. 2015. Disponível em: <https://politica.estadao.com.br/blogs/fausto-macedo/destruir-e-mail-sondas-pede-marcelo-odebrecht-na-prisao>.

17. Ofício nº 3679/2015 — IPL 1315/2014-4 SR/DPF/PR, 24 jun. 2015. Disponível em: <https://politica.estadao.com.br/blogs/fausto-macedo/wp-content/uploads/sites/41/2015/06/120_OFICIO_C1-marcelo-odebrecht.pdf>.

18. "Operação Lava Jato: TRF4 nega habeas corpus a Marcelo Odebrecht", página de notícias da Justiça Federal — Tribunal Regional Federal da 4ª Região, 29 jun. 2015. Disponível em: <https://www.trf4.jus.br/trf4/controlador.php?acao=noticia_visualizar&id_noticia=11118>.

19. Termo de declarações de Rogério Araújo, IPL nº 1315/2014, 17 jul. 2015. Disponível em: <https://politica.estadao.com.br/blogs/fausto-macedo/wp-content/uploads/sites/41/2015/07/rogerio-araujo-dep.pdf>.

20. Robson Bonin, "Os arquivos do delator", *Veja*, 8 jul. 2015, pp. 38-49.

21. Id., "À sombra do empreiteiro", *Veja*, 1º jul. 2015, pp. 38-49.

22. Relatório parcial. Inquérito policial nº 1315/2014-4-SR/DPF/PR, 20 jul. 2015. Disponível em: <https://politica.estadao.com.br/blogs/fausto-macedo/wp-content/uploads/sites/41/2015/07/124_REL_FINAL_IPL1-indiciamento.pdf>; anexo 45A de Marcelo Odebrecht na petição nº 6676.

23. Pedido de cooperação jurídica internacional em matéria penal — Requerimento para tomada de depoimentos e levantamento de provas. Assinado por Stefan Lenz, procurador público federal da Suíça, 16 jul. 2015.

24. Distribuição por dependência aos autos nº 5049557-14.2013.404.7000 (IPL originário), 5071379-25.2014.4.04.7000 (IPL referente à Odebrecht), 5024251-72.2015.404.7000 (Busca e Apreensão Odebrecht) e conexos, Ministério Público Federal, Procuradoria da República no

Paraná, força-tarefa da Lava Jato, 24 jul. 2015. Disponível em: <https://politica.estadao.com.br/blogs/fausto-macedo/wp-content/uploads/sites/41/2015/07/Den%C3%BAncia_Odebrecht-final-assinada.pdf>.

25. Bela Megale, Graciliano Rocha e Fábio Zanini, "Corte suíça considera irregular envio ao Brasil de provas contra Odebrecht", *Folha de S.Paulo*, 2 fev. 2016. Disponível em: <https://www1.folha.uol.com.br/poder/2016/02/1736248-corte-suica-considera-irregular-envio-ao-brasil-de-provas-contra-odebrecht.shtml>.

26. Bela Megale e Graciliano Rocha, "Juiz torna Marcelo Odebrecht réu por corrupção e lavagem de dinheiro", *Folha de S.Paulo*, 28 jul. 2015. Disponível em: <https://m.folha.uol.com.br/poder/2015/07/1661527-juiz-aceita-denuncia-e-presidente-da-odebrecht-vira-reu-por-corrupcao-e-lavagem.shtml>.

27. "'Foi um 'espetáculo midiático', afirma defesa da Odebrecht", *Folha de S.Paulo*, Poder, 25 jul. 2015, p. A6; Lino Rodrigues e Ana Paula Machado, "Defesa da Odebrecht considera novas denúncias do MP um 'estardalhaço midiático'", *O Globo*, 24 jul. 2015. Disponível em: <https://oglobo.globo.com/brasil/defesa-da-odebrecht-considera-novas-denuncias-do-mp-um-estardalhaco-midiatico-16956563>.

28. Petição referente ao pedido de busca e apreensão criminal nº 5024251-72.2015.4.04.7000, 27 jul. 2015. Disponível em: <https://politica.estadao.com.br/blogs/fausto-macedo/wp-content/uploads/sites/41/2015/07/defesaodebrecht.pdf>.

29. "Testemunho — o que sei sobre a Odebrecht e a Operação Lava Jato", Rodrigo Tacla Duran, s.n.p., p. 43, corroborado por apuração da autora.

30. Fernando Castro, "Odebrecht comprou banco para pagar propina no exterior, diz delator", G1, 20 jun. 2016. Disponível em: <http://g1.globo.com/pr/parana/noticia/2016/06/odebrecht-comprou-banco-para-pagar-propina-no-exterior-diz-delator.html>.

31. Termo de colaboração nº 1 de Luiz Augusto França. Disponível em: <https://politica.estadao.com.br/blogs/fausto-macedo/wp-content/uploads/sites/41/2016/07/551_TERMOTRANSCDEP10-luiz-franca-red.pdf>; depoimento ao juiz Sergio Moro na ação penal nº 501972795.2016.4.04.7000/PR.

32. Beatriz Bulla, Fabio Serapião e Rafael Moraes Moura, "Empresa quis subornar premiê de Antígua", *O Estado de S. Paulo*, Política, 22 dez. 2016, p. A6.

33. Rodrigo Tacla Duran, "Testemunho — o que sei sobre a Odebrecht e a Operação Lava Jato", s.n.p., pp. 27-8; depoimento de Luiz França na ação penal nº 501972795.2016.4.04.7000.

34. Acta de declaración de Rodrigo Durán Tacla, Fiscalía Especial de la Corrupción y la Criminalidad Organizada, Madri, 13 fev. 2017; Rodrigo Tacla Duran, "Testemunho — o que sei sobre a Odebrecht e a Operação Lava Jato", s.n.p., p. 28.

35. Robson Bonin, "A rotina dos internos do pavilhão 6", *Veja*, 8 jan. 2016. Disponível em: <veja.abril.com.br/politica/a-rotina-dos-internos-do-pavilhao-6/>.

36. Wálter Nunes, *A elite na cadeia: O dia a dia dos presos da Lava Jato*, 1. ed. Rio de Janeiro: Objetiva, 2019, pp. 84-5 e 90.

37. Diários de Marcelo Odebrecht, 24 out. 2016, p. 4078, obtidos pela autora.

38. Defesa protocolada por Bulhões & Advogados Associados S/S na 13ª Vara Federal de Curitiba, referente à ação penal nº 5036528-23.2015.4.04.7000/PR, 10 ago. 2015.

39. "CPI ouve José Dirceu e mais quatro depoentes hoje, em Curitiba", Câmara dos Deputa-

dos, 31 ago. 2015. Disponível em: <https://www.camara.leg.br/noticias/468671-cpi-ouve-jose-dirceu-e-mais-quatro-depoentes-hoje-em-curitiba>.

40. CPI da Petrobras — Audiência Pública, reunião nº 1630/2015. Foro da Seção Judiciária do Paraná, 1º set. 2015. Transcrição disponível em: <https://www.camara.leg.br/internet/sitaqweb/TextoHTML.asp?etapa=11&nuSessao=1630/15>.

41. Ibid.

42. "Marcelo Odebrecht diz, na CPI da Petrobras, que não tem o que dedurar", *Jornal Nacional*, 1º set. 2015. Disponível em: <http://g1.globo.com/jornal-nacional/noticia/2015/09/marcelo-odebrecht-diz-na-cpi-da-petrobras-que-nao-tem-o-que-dedurar.html>.

43. Despacho/decisão no âmbito da ação penal nº 505137967.2015.4.04.7000/PR, 19 out. 2015. Disponível em: <https://www.conjur.com.br/dl/moro-seguir-stf-decretar-prisao-marcelo.pdf>.

44. "Assista ao depoimento de Marcelo Odebrecht ao juiz Sergio Moro", *O Estado de S. Paulo*, 30 out. 2015. Disponível em: <https://politica.estadao.com.br/blogs/fausto-macedo/veja-o-depoimento-de-marcelo-odebrecht-ao-juiz-sergio-moro>.

45. "Assista ao depoimento de Marcelo Odebrecht ao juiz Sergio Moro", *O Estado de S. Paulo*, 30 out. 2015. Disponível em: <https://politica.estadao.com.br/blogs/fausto-macedo/veja-o-depoimento-de-marcelo-odebrecht-ao-juiz-sergio-moro>.

46. Leandro Mazzini, "Patriarca faz périplo aéreo pela libertação de Odebrecht", Blog Coluna Esplanada, 24 ago. 2015. Disponível em: <https://colunaesplanada.blogosfera.uol.com.br/2015/08/24/patriarca-faz-periplo-aereo-pela-libertacao-de-odebrecht/?mobile>; apuração da autora.

47. "Empreiteira explica contribuições", *Jornal do Brasil*, p. 4, 2 dez. 1993. Disponível em: <http://memoria.bn.br/DocReader/030015_11/104725>.

48. Malu Gaspar, "O delator", *piauí*, ed. 117, jun. 2016. Disponível em: <https://piaui.folha.uol.com.br/materia/o-delator-delcidio-do-amaral>.

49. Gerson Camarotti, "Fora da agenda, Dilma tem encontro reservado com Lewandowski em Portugal", Blog do Camarotti, G1, 9 jul. 2015. Disponível em: <http://g1.globo.com/politica/blog/blog-do-camarotti/post/fora-da-agenda-dilma-tem-encontro-reservado-com-lewandowski-em-portugal.html>; termo de colaboração nº 1 e anexo nº 1 de Delcídio do Amaral na petição nº 5952. Disponível em: <https://www.conjur.com.br/dl/delacao-premiada-delcidio-amaral.pdf>.

50. Entrevista à autora em abril de 2016.

51. Trecho do depoimento de Delcídio do Amaral disponível no link: <https://www.youtube.com/watch?v=lXfo-XP-_Oc>; termo de colaboração nº 1 da petição nº 5952, p. 112. Disponível em: <https://www.conjur.com.br/dl/delacao-premiada-delcidio-amaral.pdf>.

52. Malu Gaspar, "O delator", *piauí*, n. 117, jun. 2016. Disponível em: <https://piaui.folha.uol.com.br/materia/o-delator-delcidio-do-amaral>.

53. Ver p. 13, disponível em: <http://media.folha.uol.com.br/poder/2015/11/25/degravacao_1.pdf>.

54. Cerveró só foi solto sete meses depois, em 24 de junho de 2016.

55. Carta de Marcelo Odebrecht para Maurício Ferro, 9 dez. 2015, 2 folhas, obtida pela autora.

56. "Marcelo Odebrecht formaliza seu afastamento da Odebrecht S.A.", Release Odebrecht,

10 dez. 2015. Disponível em: <https://www.odebrecht.com/pt-br/comunicacao/releases/marcelo-odebrecht-formaliza-seu-afastamento-da-odebrecht-sa>.

57. Gustavo Aguiar e Julia Affonso, "STJ nega liberdade a Marcelo Odebrecht", *O Estado de S. Paulo*, 15 dez. 2015. Disponível em: <https://politica.estadao.com.br/blogs/fausto-macedo/stj-nega-liberdade-a-marcelo-odebrecht>.

58. Malu Gaspar, "O delator", *piauí*, ed. 117, jun. 2016. Disponível em: <https://piaui.folha.uol.com.br/materia/o-delator-delcidio-do-amaral>.

59. Felipe Recondo e Márcio Falcão, "STF arquiva inquérito contra ministro do STJ na Lava Jato", Jota, 6 set. 2017. Disponível em: <https://www.jota.info/paywall?redirect_to=//www.jota.info/justica/pgr-pede-arquivamento-de-inquerito-contra-ministro-do-stj-06092017>.

60. Anexo 10 de Claudio Melo na petição 6662.

61. Anexo 10 de Claudio Melo na petição 6662; Julia Affonso, "Wagner recebeu R$ 82 milhões, diz PF", *O Estado de S. Paulo*, Política, 27 fev. 2018, p. A6.

62. Termo de colaboração nº 15 de Emílio Odebrecht na petição nº 6662.

63. Discurso da presidente da República, Dilma Rousseff, durante assinatura da Medida Provisória do Acordo de Leniência, Palácio do Planalto, 18 dez. 2015. Disponível em: <http://www.biblioteca.presidencia.gov.br/presidencia/ex-presidentes/dilma-rousseff/discursos/discursos-da-presidenta/discurso-da-presidenta-da-republica-dilma-rousseff-durante-assinatura-da-medida-provisoria-do-acordo-de-leniencia-palacio-do-planalto>.

64. Andréia Sadi, "Procurador vê 'incentivo à corrupção' se Congresso der anistia a empreiteiro", *GloboNews*, 18 jan. 2016. Disponível em: <http://g1.globo.com/politica/operacao-lava-jato/noticia/2016/01/procurador-ve-incentivo-corrupcao-se-congresso-der-anistia-empreiteiro.html>.

21. A RENDIÇÃO [pp. 418-41]

1. Mandado de busca e apreensão nº 700001567282, auto de apreensão de documentos nº 210/201; auto de apreensão de mídia nº 167/2016.

2. "PF deflagra 23ª fase da Lava Jato — Acarajé", Comunicação Social da Polícia Federal do Paraná, 22 fev. 2016. Disponível em: <http://www.pf.gov.br/agencia/noticias/2016/02/pf-deflagra-23a-fase-da-lava-jato-acaraje>.

3. Nelma Kodama e Bruno Chiarioni, *A imperatriz da Lava Jato: A vida da doleira que originou a maior operação de combate à corrupção no Brasil*. São Paulo: Matrix, 2019, posição 965 de 2009 no Kindle.

4. Sentença, ação penal nº 502624305.2014.404.7000, 13ª Vara Federal Criminal de Curitiba. Disponível em: <https://www.conjur.com.br/dl/sentenca-grupo-nelma-kodama.pdf>.

5. Nelma Kodama e Bruno Chiarioni, *A imperatriz da Lava Jato*, op. cit., posição 993 de 2009 no Kindle.

6. Depoimento citado na representação pela prorrogação da prisão temporária de Mônica Moura, João Santa e Maria Lúcia Tavares, 26 fev. 2016. Disponível em: <https://politica.estadao.com.br/blogs/fausto-macedo/wp-content/uploads/sites/41/2016/02/148_REPRESENTACAO_BUSCA1-PRORROGA%C3%87%C3%83O.pdf>.

7. Termo de colaboração nº 8 de Maria Lúcia Tavares.

8. Termo de colaboração nº 4 de Maria Lúcia Tavares.

9. Julia Affonso, Mateus Coutinho, Ricardo Brandt e Fausto Macedo, "Cunha é 'caranguejo', Eduardo Paes é 'nervosinho': a lista de codinomes da Odebrecht", *O Estado de S. Paulo*, 23 mar. 2016. Disponível em: <https://politica.estadao.com.br/blogs/fausto-macedo/cunha-e-caranguejo-jarbas-e-viagra-a-lista-de-codinomes-da-odebrecht>.

10. Termo de colaboração nº 14 de Mônica Moura na petição nº 6890. Depoimento disponível em: <https://www.youtube.com/watch?v=RFGIQcn5pd8>.

11. Carta de Marcelo Odebrecht a Mônica Odebrecht e Maurício Ferro, 27 fev. 2016, obtida pela autora.

12. Robson Bonin, "Os internos do pavilhão 6", *Veja*, 13 jan. 2016, pp. 32-41.

13. "Em manifesto, advogados comparam Lava Jato à inquisição", *Congresso em Foco*, 15 jan. 2016. Disponível em: <https://congressoemfoco.uol.com.br/especial/noticias/em-manifesto-advogados-comparam-lava-jato-a-inquisicao>.

14. Impeachment da Presidente Dilma Rousseff — DCR nº 1/2015: Denúncia por Crime de Responsabilidade. Registro das sessões na Câmara dos Deputados. Disponível em: <https://www2.camara.leg.br/atividade-legislativa/plenario/discursos/escrevendohistoria/destaque-de-materias/impeachment-da-presidente-dilma>.

15. Flávio Ferreira, "Odebrecht fez obra em sítio ligado a Lula, diz fornecedora", *Folha de S.Paulo*, Poder, 29 jan. 2016, p. A4.

16. "José Eduardo Cardozo deixa o comando do Ministério da Justiça", *Jornal Nacional*, 29 fev. 2016. Disponível em: <http://g1.globo.com/jornal-nacional/noticia/2016/02/jose-eduardo-cardozo-deixa-o-comando-do-ministerio-da-justica.html>.

17. 26ª fase da Lava Jato — Xepa — Coletiva de imprensa, 22 mar. 2016. Disponível em: <https://www.youtube.com/watch?time_continue=8&v=Wfx0XhdWKd0&feature=emb_logo>.

18. "Compromisso com o Brasil", release Odebrecht, 22 mar. 2016. Disponível em: <https://www.odebrecht.com/pt-br/comunicacao/releases/compromisso-com-o-brasil>.

19. "MPF-PR diz que não há nenhuma delação em andamento com a Odebrecht", *Conjur*, 23 mar. 2016. Disponível em: <https://www.conjur.com.br/2016-mar-23/mpf-nao-nenhuma-delacao-andamento-odebrecht>.

20. Em outubro de 2016, a Embraer aceitou pagar 206 milhões de dólares de multa aos Estados Unidos e outros 13,5 milhões de dólares ao Brasil. Dois anos depois, concordou em pagar 7,04 milhões de dólares à República Dominicana. Três executivos confessaram ter pago propina para obter contratos também nos Emirados Árabes Unidos e na África do Sul.

21. Termo de colaboração de Ricardo Pessoa, 17 mar. 2016; termo de colaboração de Walmir Santana, 17 mar. 2016 e pedido de busca e apreensão criminal. Distribuição por dependência aos autos nº 5071379-25.2014.4.04.7000. Disponível em: <https://politica.estadao.com.br/blogs/fausto-macedo/wp-content/uploads/sites/41/2016/11/1_INIC1.pdf>.

22. Rodrigo Tacla Duran, "Testemunho — o que sei sobre a Odebrecht e a Operação Lava Jato", s.n.p., p. 64.

23. Petição da defesa de Carlos Zucolotto à Procuradoria-Geral da República, 8 jun. 2020.

24. Mandado de prisão nº 700002715606.

25. Acta de declaración de Rodrigo Durán Tacla, Fiscalía Especial de la Corrupción y la Criminalidad Organizada, Madri, 13 fev. 2017.

26. Termo de depoimento de Fernando Migliaccio na ação penal nº 505493288.2016.4.04.7000/PR. Disponível em: <https://www.youtube.com/watch?v=4UIp6YHPoUc>.

27. Entrevista com Tacla Duran em fevereiro de 2020.

28. Jamil Chade, "Para cada US$ 1 milhão em propina, Odebrecht lucrava US$ 4 milhões em contratos, diz Suíça", *O Estado de S. Paulo*, 27 dez. 2016. Disponível em: <https://politica.estadao.com.br/blogs/fausto-macedo/para-cada-us-1-milhao-em-propina-odebrecht-lucrava-us-4-milhoes-em-contratos-diz-suica/>.

29. Rodrigo Janot, Jaílton de Carvalho e Guilherme Evelin, *Nada menos que tudo*, op. cit., p. 142, complementado por apuração da autora.

30. Rodrigo Janot e Jaílton de Carvalho, *Nada menos que tudo*, op. cit., posição 2045 de 3647 no Kindle.

31. Rubens Valente, "Em diálogo, Jucá fala em pacto para deter avanço da Lava Jato", *Folha de S.Paulo*, Poder, 23 maio 2016, p. A4.

32. Id., "Delação da Odebrecht é 'metralhadora de ponto 100', diz Sarney em áudio", *Folha de S.Paulo*, 25 maio 2016. Disponível em: <https://www1.folha.uol.com.br/poder/2016/05/1775028-delacao-da-odebrecht-e-metralhadora-de-ponto-100-diz-sarney-em-audio.shtml>.

22. A MESA [pp. 442-67]

1. Isaias Ubiraci Chaves Santos, que se tornou delator.

2. "Odebrecht em impasse com auditores por balanço de 2015", Coluna Radar, *Veja*, 15 maio 2016. Disponível em: <https://veja.abril.com.br/blog/radar/odebrecht-em-impasse-com-auditores-por-balanco-de-2015>.

3. Maria Luíza Filgueiras, "Paralisada, Odebrecht perde o bonde da Lava Jato", *Exame*, 28 maio 2016. Disponível em: <https://exame.com/revista-exame/paralisada-odebrecht-perde-o-bonde-da-lava-jato>.

4. Comunicados e fatos relevantes: Ações da Braskem em garantia, 19 jul. 2016. Disponível em: <https://www.braskem.com.br/RI/detalhe-comunicados-e-fatos-relevantes/acoes-da-braskem-em-garantia>; Graziella Valenti, "Braskem é dada em garantia a bancos", *Valor Econômico*, 20 jul. 2016. Disponível em: <https://valor.globo.com/empresas/noticia/2016/07/20/braskem-e-dada-em-garantia-a-bancos.ghtml>.

5. Renan Ramalho, "STF mantém Marcelo Odebrecht preso e tira da cadeia ex-executivos", G1, 26 abr. 2016. Disponível em: <http://g1.globo.com/politica/operacao-lava-jato/noticia/2016/04/stf-mantem-marcelo-odebrecht-preso-e-manda-soltar-ex-executivos.html>.

6. Bela Megale e Mario Cesar Carvalho, "Por delação, Odebrecht retira pedido de liberdade", *Folha de S.Paulo*, Poder, 18 jul. 2016, p. A4.

7. "Leia os diálogos de Sergio Moro e Deltan Dallagnol que embasaram a reportagem do Intercept", The Intercept Brasil, 12 jun. 2019. Disponível em: <https://theintercept.com/2019/06/12/chat-sergio-moro-deltan-dallagnol-lavajato>.

8. Ação penal nº 503652823.2015.4.04.7000/PR, 13ª Vara Federal de Curitiba. Sentença

proferida em 8 mar. 2016. Disponível em: <https://politica.estadao.com.br/blogs/fausto-macedo/wp-content/uploads/sites/41/2016/03/sentencaOdebrecht.pdf>.

9. Informação confirmada por diversas fontes.

10. Ricardo Balthazar (*Folha de S.Paulo*) e Paula Bianchi (The Intercept Brasil), "Lava Jato poupou donos da Odebrecht de medidas duras para fechar delação", *Folha de S.Paulo*, Poder, 22 set. 2019, pp. A4 e A6.

11. Diários de Marcelo Odebrecht, 23 ago. 2016, p. 3597, obtidos pela autora.

12. Ibid., 16 ago. 2016, p. 3552, obtidos pela autora.

13. Ibid., 16 ago. 2016, p. 3552, obtidos pela autora.

14. Ibid., 21 ago. 2016, p. 3585, obtidos pela autora.

15. Ibid., 31 ago. 2016, pp. 3655-660, obtidos pela autora.

16. Informações apuradas pela autora com diversas fontes.

17. Termo de colaboração nº 1 de Delcídio do Amaral na petição nº 5952, complementado por apuração da autora.

18. Despacho/decisão — inquérito nº 5015645-55.2015.4.04.7000/PR, 18 dez. 2017. Acolhe a promoção de arquivamento proposta pelo Ministério Público Federal em relação ao inquérito policial nº 0737/2015-SR/DPF/PR (evento 504).

19. Informações apuradas pela autora com diversas fontes.

20. Instrumento da 17ª alteração e consolidação do contrato social da Kieppe Participações e Administração Ltda, Protocolo na Junta Comercial da Bahia: 16/664982-1, 1º jul. 2016.

21. Diários de Marcelo Odebrecht, 31 ago. 2016, p. 3655, obtidos pela autora.

22. Ibid., p. 3659.

23. Ibid., p. 3660.

24. Ibid., p. 3657.

25. Ibid., 12 set. 2016, p. 3746, obtidos pela autora.

26. Ibid., p. 3748.

27. Ibid., 19 set. 2016, p. 3804, obtidos pela autora.

28. Ibid., p. 3803, obtidos pela autora.

29. Ibid., 22 set. 2016, p. 3833, obtidos pela autora.

23. AOS 46 MINUTOS DO SEGUNDO TEMPO [pp. 468-86]

1. O envio do bilhete foi registrado nos diários de Marcelo Odebrecht, 6 out. 2016, pp. 3945-8, obtidos pela autora.

2. Diários de Marcelo Odebrecht, 6 out. 2016, p. 3948, obtidos pela autora.

3. E-mail de Marcelo Odebrecht constante na petição de José Carlos Grubisich Filho, incidente processual nº 0087169-55.2019.8.26.0100 ref. recuperação judicial do Grupo Odebrecht, 21 jan. 2020, p. 139.

4. Estelita Hass Carazzai e Bela Megale, "Assessor de Palocci preso na Lava Jato tenta suicídio e é transferido", *Folha de S.Paulo*, 6 out. 2016. Disponível em: <https://www1.folha.uol.com.br/poder/2016/10/1820500-assessor-de-palocci-tenta-suicidio-e-e-transferido-de-presidio.shtml>.

5. Diários de Marcelo Odebrecht, 28 set. 2016, pp. 3879 e 3880, obtidos pela autora.

6. Diários de Marcelo Odebrecht, 30 set. 2016, p. 3891, obtidos pela autora.

7. Ibid., 2 out. 2016, p. 3906, obtidos pela autora.

8. Ibid., 3 out. 2016, p. 3919, obtidos pela autora.

9. Beatriz Bulla e Fabio Serapião, "Hotel de Brasília vira QG de delação da Odebrecht", *O Estado de S. Paulo*, Política, 8 out. 2016, p. A4.

10. Ricardo Balthazar, "Poder econômico ajudou delatores da Lava Jato a obter penas mais brandas", *Folha de S.Paulo*, Poder, 17 mar. 2019, p. A4.

11. Tahan e Juliana Cavalcante, "Claudio Melo Filho: o lobista de Brasília que colocou na bandeja a cabeça de 51 políticos", *Metrópoles*, 4 jun. 2017. Disponível em: <https://www.metropoles.com/distrito-federal/politica-df/claudio-melo-filho-o-lobista-de-brasilia-que-colocou-na-bandeja-a-cabeca-de-51-politicos/amp>.

12. Norberto Odebrecht, *De que necessitamos?* Salvador: P&A, 2007, p. 44.

13. Diários de Marcelo Odebrecht, 6 out. 2016, p. 3946, obtidos pela autora.

14. Ibid., p. 3947.

15. Ibid., 25 out. 2016, p. 4085, obtidos pela autora.

16. Tutela cautelar antecedente — liminar — processo digital nº: 1018459-29.2020.8.26.0100, fls. 397.

17. Petição de Marcelo Odebrecht ao processo nº 1040278-22.2020.8.26.0100, p. 5, fls. 3165.

18. Diários de Marcelo Odebrecht, 13 out. 2016, p. 4007, obtidos pela autora.

19. Ibid., 25 out. 2016, p. 4085, obtidos pela autora.

20. Ibid., 6 out. 2016, pp. 3948-9, obtidos pela autora.

21. Ibid., p. 3949.

22. Ricardo Balthazar (*Folha de S.Paulo*) e Paula Bianchi (The Intercept Brasil), "Lava Jato poupou donos da Odebrecht de medidas duras para fechar delação", *Folha de S.Paulo*, 22 set. 2019, pp. A4 e A6.

23. Ricardo Brandt, Fausto Macedo e Julia Affonso, "O projeto de lei da leniência que 'fere de morte a Lava Jato'", *O Estado de S. Paulo*, 10 nov. 2016. Disponível em: <https://politica.estadao.com.br/blogs/fausto-macedo/o-projeto-de-lei-da-leniencia-que-fere-de-morte-a-lava-jato>.

24. "O passo a passo para desfigurar o pacote anticorrupção", *Veja*, 30 nov. 2016. Disponível em: <https://veja.abril.com.br/politica/o-roteiro-da-camara-para-desfigurar-o-pacote-anticorrupcao>.

25. Deltan Dallagnol, *A luta contra a corrupção*, op. cit., posição 4458 de 6306 no Kindle.

26. Até o fechamento deste livro, o projeto estava parado na Comissão de Constituição e Justiça.

27. "Desculpe, a Odebrecht errou", release divulgado pela Odebrecht, 1º dez. 2016. Disponível em: <https://www.odebrecht.com/pt-br/comunicacao/releases/desculpe-a-odebrecht-errou>.

24. DEUS PERDOA O PECADO, MAS NÃO O ESCÂNDALO [pp. 487-512]

1. "Odebrecht and Braskem Plead Guilty and Agree to Pay at Least $3.5 Billion in Global Penalties to Resolve Largest Foreign Bribery Case in History", release Departamento da Justiça dos Estados Unidos, 21 dez. 2016. Disponível em: <https://www.justice.gov/opa/pr/odebrecht-and-braskem-plead-guilty-and-agree-pay-least-35-billion-global-penalties-resolve>.

2. Ibid.

3. Robson Bonin, "Delivery internacional", *Veja*, 31 dez. 2014, pp. 48-51.

4. Meses depois, em dezembro de 2017, um delator da Odebrecht revelou ter pago 782 mil dólares à empresa de consultoria de Kuczynski quando ele era ministro da Fazenda de Toledo. A denúncia levou à abertura de um processo de impeachment no Congresso. Em março de 2018, quando a imprensa divulgou vídeos mostrando aliados de PPK trocando verbas e cargos por votos a favor do presidente, ele renunciou.

5. Malu Gaspar, "Uma história do Peru", *piauí*, n. 130, jul. 2017. Disponível em: <https://piaui.folha.uol.com.br/materia/uma-historia-do-peru>.

6. Cynthia Decloedt, "Odebrecht está prestes a vender ativo no Peru", *O Estado de S. Paulo*, Economia, 5 nov. 2016, p. B15.

7. "Odebrecht, en aprietos en Perú", Reuters, 16 mar. 2017. Disponível em: <https://www.prensa.com/impresa/economia/Odebrecht-aprietos-Peru_0_4711778860.html>.

8. "Odebrecht S.A. anuncia venda do Negócio Ambiental para Brookfield Brazil Capital Partners LLC e BR Ambiental Fundo de Investimento em Participações", release Odebrecht, 28 out. 2016. Disponível em: <https://www.odebrecht.com/pt-br/comunicacao/releases/odebrecht-sa-anuncia-venda-do-negocio-ambiental-para-brookfield-brazil-capital>.

9. ODBINV S.A., Demonstrações contábeis, 31 dez. 2016, p. 15.

10. Relatório Anual Odebrecht 2016 e 2017.

11. Renata Agostini, "Em 3 meses, carteira de obras da construtora Odebrecht encolhe 20%", *Folha de S.Paulo*, Mercado, 2 abr. 2017, p. A19.

12. Petição de José Carlos Grubisich Filho, incidente processual nº 0087169-55.2019.8.26.0100 ref. recuperação judicial do Grupo Odebrecht, 21 jan. 2020, p. 61; Graziella Valenti, "Odebrecht 'queima' Braskem em acordo", *Valor Econômico*, 18 maio 2018. Disponível em: <https://valor.globo.com/empresas/noticia/2018/05/18/odebrecht-queima-braskem-em-acordo.ghtml>.

13. Petição de José Carlos Grubisich Filho, incidente processual nº 0087169-55.2019.8.26.0100 ref. recuperação judicial do Grupo Odebrecht, 21 jan. 2020, p. 31.

14. Josette Goulart, "Odebrecht escolhe novo presidente", *O Estado de S. Paulo*, 12 maio 2017. Disponível em: <https://economia.estadao.com.br/noticias/negocios,odebrecht-sa-anuncia-luciano-guidolin-como-novo-presidente,70001777359>.

15. Renata Agostini e Ricardo Balthazar, "Reorganização da Odebrecht dá poder a novos e velhos aliados", *Folha de S.Paulo*, Mercado, 29 jan. 2017, p. A17.

16. Ver Odebrecht Information (DOJ), p. 26. Disponível em: <https://www.justice.gov/opa/press-release/file/919911/download>.

17. Gustavo Schmitt, "Acordo com justiça dos EUA impede Marcelo Odebrecht de voltar ao trabalho", *O Globo*, 13 set. 2019. Disponível em: <https://oglobo.globo.com/brasil/acordo-com-justica-dos-eua-impede-marcelo-odebrecht-de-voltar-ao-trabalho-23947352>.

18. Privileged & Confidential — Attorney-Client Work Product — Key Issues Regarding the U.S. Criminal Informations, 15 mar. 2017, 6 pp., documento obtido pela autora.

19. E-mail de 27 mar. 2017, obtido pela autora.

20. Documento de retificação de informações prestadas pela Odebrecht ao Departamento

de Justiça dos Estados Unidos, assinado por Emílio Odebrecht, Maurício Ferro, Newton de Souza e Adriano Jucá, 17 abr. 2017, obtido pela autora.

21. "Após acordo com Justiça dos EUA, Odebrecht pagará multa de US$ 2,6 bilhões em caso de corrupção", G1, 17 abr. 2017. Disponível em: <https://g1.globo.com/politica/operacao-lava-jato/noticia/juiz-dos-eua-aprova-multa-de-us-26-bi-para-odebrecht-em-caso-de-corrupcao.ghtml>.

22. Termo de colaboração nº 24 de Marcelo Odebrecht no inquérito 4423.

23. "Ministro Edson Fachin autoriza abertura de inquéritos ligados a delações da Odebrecht", Imprensa — Supremo Tribunal Federal, 11 abr. 2017. Disponível em: <http://portal.stf.jus.br/noticias/verNoticiaDetalhe.asp?idConteudo=340649&ori=1>.

24. Termo de colaboração nº 12 de Emílio Odebrecht na petição nº 6780. Disponível em: <https://www.youtube.com/watch?v=tNLWLeGOLKc&index=146&list=PLxm8fZOqHYCIGwNhE-29wmi4vMjvoPIA5>; "Delator explica a relação dos ex-ministros Guido Mantega e Antonio Palocci com a Odebrecht", *Jornal Nacional*, 14 abr. 2017. Disponível em: <https://globoplay.globo.com/v/5803491>.

25. Lauro Jardim, "Dono da JBS grava Temer dando aval para compra de silêncio de Cunha", *O Globo*, 17 maio 2017. Disponível em: <https://oglobo.globo.com/brasil/dono-da-jbs-grava-temer-dando-aval-para-compra-de-silencio-de-cunha-21353935>.

26. Renan Truffi, "Marcelo Miller recebeu R$ 450 mil de escritório de advocacia no caso JBS", *O Estado de S. Paulo*, 28 nov. 2017. Disponível em: <https://politica.estadao.com.br/blogs/fausto-macedo/marcelo-miller-recebeu-r-450-mil-de-escritorio-de-advocacia-no-caso-jbs>.

27. Depoimento de Antonio Palocci na ação penal nº 5063130-17.2016.4.04.7000. Disponível em: <https://www.youtube.com/watch?v=76Py4DzuxD0>.

28. Despacho da Polícia Federal, Superintendência Regional do Paraná, assinado pela delegada Renata da Silva Rodrigues, 7 ago. 2017.

29. Depoimento de Maurício Ferro na ação penal nº 5035263-15.2017.4.04.7000/PR. Disponível em: <https://www.youtube.com/watch?v=tLlMH_9hh9Q>.

30. Petição referente à ação penal nº 5035263-15.2017.404.7000/PR, assinada pelos advogados A. Nabor A. Bulhões e Eduardo Sanz, 26 set. 2017.

31. "Emílio Odebrecht diz que não sabia de propina a Bendine na Petrobras", G1, 31 out. 2017. Disponível em: <https://g1.globo.com/pr/parana/noticia/emilio-odebrecht-diz-que-nao-sabia-de-propina-a-bendine-na-petrobras.ghtml>.

32. Marcelo da Fonseca, "'Faxina' na Odebrecht vai excluir até o herdeiro Marcelo", *Estado de Minas*, 10 set. 2017. Disponível em: <https://www.em.com.br/app/noticia/economia/2017/09/10/internas_economia,899176/faxina-na-odebrecht-vai-excluir-ate-o-herdeiro-marcelo.shtml>.

33. "Odebrecht acredita ter antídotos para barrar interferência de Marcelo nos negócios do grupo", *Folha de S.Paulo*, Painel, 27 dez. 2017. Disponível em: <https://painel.blogfolha.uol.com.br/2017/12/27/odebrecht-acredita-ter-antidoto-para-barrar-interferencia-de-marcelo-nos-negocios-do-grupo>.

34. "Acionista define novo modelo de governança para o Grupo Odebrecht", release Odebrecht, 11 dez. 2017. Disponível em: <https://www.odebrecht.com/pt-br/comunicacao/releases/acionista-define-novo-modelo-de-governanca-para-o-grupo-odebrecht>.

35. Mario Cesar Carvalho, "Marcelo mira ex-aliados ao deixar a prisão", *Folha de S.Paulo*, Poder, 19 dez. 2017, p. A8.

36. Julia Affonso, "Leia mais de mil páginas de e-mails de Marcelo Odebrecht", *O Estado de S. Paulo*, 3 set. 2018. Disponível em: <https://politica.estadao.com.br/blogs/fausto-macedo/leia-mais-de-mil-paginas-de-e-mails-de-marcelo-odebrecht>.

25. "ENQUANTO TIVER BALA, ATIRE" [pp. 513-53]

1. Ricardo Brandt, "Odebrecht pediu visitas de executivos do grupo", *O Estado de S. Paulo*, Política, 6 fev. 2018, p. A4.

2. Ibid.; requisição do MPF pelo indeferimento da inclusão dos nomes de Luciano Guidolin e Olga Pontes na lista de visitantes a Marcelo Odebrecht, autos nº 5025461-27.2016.4.04.7000, 15 jan. 2018. Disponível em: <https://politica.estadao.com.br/blogs/fausto-macedo/wp-content/uploads/sites/41/2019/02/102_PET1-lista-pedido.pdf>.

3. Mensagem encaminhada a executivos da Odebrecht por WhatsApp no dia 7 de janeiro de 2018, à que a autora teve acesso.

4. Mensagem encaminhada por e-mail a Sergio Foguel em 14 de março de 2018, obtida pela autora.

5. Lauro Jardim, "Marcelo Odebrecht aprendeu com os erros?", *O Globo*, 18 mar. 2018. Disponível em: <https://blogs.oglobo.globo.com/lauro-jardim/post/marcelo-odebrecht-aprendeu-com-os-erros.html>.

6. Mario Cesar Carvalho, "Marcelo indica que sucessor na Odebrecht sabia de suborno", *Folha de S.Paulo*, Poder, 6 mar. 2018, p. A4.

7. E-mail enviado por Marcelo Odebrecht a Alexandrino Alencar, Emílio Odebrecht, Pedro Novis e Newton de Souza, em 12 de novembro de 2008, anexado à ação penal nº 5021365-32.2017.4.04.7000.

8. Mario Cesar Carvalho, "Marcelo indica que sucessor na Odebrecht sabia de suborno", op. cit.

9. Mauricio Lima, "Odebrecht encontra R$ 77 mi de 'bônus' para Newton Sousa", *Veja*, 30 mar. 2018. Disponível em: <https://veja.abril.com.br/blog/radar/odebrecht-encontra-r-77-mi-de-bonus-para-newton-sousa>.

10. Mario Cesar Carvalho, "Executivos da Odebrecht veem Marcelo como a maior ameaça à companhia", *Folha de S.Paulo*, Mercado, 25 mar. 2018, p. 3.

11. Mônica Bergamo, "Fogo cruzado entre Marcelo Odebrecht e sucessor preocupa diretores da empresa", *Folha de S.Paulo*, 3 abr. 2018. Disponível em: <https://www1.folha.uol.com.br/colunas/monicabergamo/2018/04/fogo-cruzado-entre-marcelo-odebrecht-e-sucessor-preocupa-diretores-da-empresa.shtml>.

12. Wálter Nunes e Felipe Bächtold, "Depoimento de Marcelo implica chefia da Odebrecht", *Folha de S.Paulo*, Poder, 17 maio 2018, p. A6.

13. Vinicius Neder e Adriana Fernandes, "BNDES corre risco de calote de US$ 2 bi de Angola, Venezuela e Moçambique", *O Estado de S. Paulo*, 6 jan. 2018. Disponível em: <https://econo-

mia.estadao.com.br/noticias/geral,bndes-corre-risco-de-calote-de-us-2-bi-de-angola-venezuela-e-mocambique,70002140857>.

14. "México proíbe que governos façam negócios com a Odebrecht por 30 meses", *Folha de S.Paulo*, 18 abr. 2018. Disponível em: <https://www1.folha.uol.com.br/mercado/2018/04/mexico-proibe-que-governos-facam-negocios-com-a-odebrecht-por-30-meses.shtml>.

15. Rubens Valente e Reynaldo Turollo Jr., "Delação da Odebrecht gera poucos resultados em um ano", *Folha de S.Paulo*, Poder, 29 jan. 2018, p. A4.

16. Graziella Valenti e Stella Fontes, "LyondellBasell avalia Braskem em 41,5 bi em oferta à Odebrecht", *Valor Econômico*, 24 maio 2018. Disponível em: <https://valor.globo.com/empresas/noticia/2018/05/ 24/lyondellbasell-avalia-braskem-em-r-415-bi-em-oferta-a-odebrecht.ghtml>.

17. Talita Moreira, "Odebrecht fecha empréstimo de R$ 2,6 bilhões com Bradesco e Itaú", *Valor Econômico*, 22 maio 2018. Disponível em: <https://valor.globo.com/empresas/noticia/2018/05/22/odebrecht-fecha-emprestimo-de-r-26-bilhoes-com-bradesco-e-itau.ghtml>.

18. Renata Agostini e Renée Pereira, "Odebrecht busca recursos para pagar R$ 500 milhões a credores", *O Estado de S. Paulo*, Economia, 9 fev. 2018, p. B10.

19. Ibid.

20. Recuperação judicial da Odebrecht S.A. Edital e lista de credores disponível em: <https://www.odebrecht.com/sites/default/files/edital_odb.pdf>.

21. Talita Moreira, "Odebrecht fecha empréstimo de R$ 2,6 bilhões com Bradesco e Itaú", op. cit.

22. Diego Escosteguy, "Exclusivo: Odebrecht fez pagamentos a Toffoli quando ele era advogado-geral da União, disse Marcelo Odebrecht à PGR", Vortex Media, 10 jul. 2020. Disponível em: <https://vortex.media/justica/36651/exclusivo-odebrecht-fez-pagamentos-a-toffoli-quando--ele-era-advogado-geral-da-uniao-disse-marcelo-odebrecht-a-pgr>.

23. Ibid.

24. Ibid.

25. Rodrigo Rangel e Luiz Vassallo, "O ministro e as empreiteiras", *Crusoé*, 10 set. 2020. Disponível em: <crusoe.com.br/secao/reportagem/o-ministro-e-as-empreiteiras/>.

26. Informações Espontâneas — Suíça/Brasil — Operação Lava Jato (Construtora Norberto Odebrecht S.A.). Ofício nº 1447/2018/CGRA-DRCI-SNJ-MJ, Brasília, 12 mar. 2018.

27. Pedido de prisão preventiva nº 5039848-42.2019.4.04.7000/PR (Operação Carbonara Chimica).

28. Resposta de Maurício Roberto de Carvalho Ferro à ação penal nº 5033771-51.2018.4.04.7000, 27 jun. 2019, p. 56.

29. Ana Luiza Albuquerque, "Procuradoria denuncia Mantega e Palocci sob acusação de corrupção e lavagem", *Folha de S.Paulo*, 10 ago. 2018. Disponível em: <https://www1.folha.uol.com.br/poder/2018/08/procuradoria-denuncia-mantega-e-palocci-por-corrupcao-e-lavagem--de-dinheiro.shtml>.

30. Lauro Jardim, "A 'nova' Odebrecht e seus antigos executivos", *O Globo*, 14 out. 2018. Disponível em: <https://blogs.oglobo.globo.com/lauro-jardim/post/nova-odebrecht-e-seu-antigos-executivos.html>.

31. João Sorima Neto e Leo Branco, "Odebrecht não paga 11,5 milhões de dólares em juros de títulos emitidos no exterior", *O Globo*, 26 nov. 2018. Disponível em: <https://oglobo.globo.

com/economia/odebrecht-nao-paga-us-115-milhoes-em-juros-de-titulos-emitidos-no-exterior-23260661>.

32. "Braskem afirma que não é responsável pelas rachaduras no Pinheiro", Canal do Tribunal de Justiça de Alagoas no YouTube, 24 jan. 2019. Disponível em: <https://www.youtube.com/watch?v=K4S8J3vuGIw>.

33. "Estudos sobre a instabilidade do terreno nos bairros Pinheiro, Mutange e Bebedouro, Maceió (AL) — Relatório síntese dos resultados nº 1 (volume I), CPRM, 29 abr. 2019. Disponível em: <http://www.cprm.gov.br/publique/media/gestao_territorial/riscos_geologicos/relatorio-sintese.pdf>.

34. "Pagamento de dividendos da Braskem é suspenso por desembargador", Reuters, 15 abr. 2019. Disponível em: <https://br.reuters.com/article/petroquimica-braskem-dividendos--idBRKCN1RR2G8-OBRBS>.

35. "Lyondell desiste de compra da Braskem, controlada pelo grupo Odebrecht", Poder360, 4 jun. 2019. Disponível em: <https://www.poder360.com.br/economia/lyondell-desiste-de--compra-da-braskem-controlada-pelo-grupo-odebrecht>.

36. "Recuperação Judicial da Odebrecht S.A." Disponível em: <https://www.odebrecht.com/pt-br/comunicacao/recuperacao-judicial-da-odebrecht-sa>.

37. Graziella Valenti e Talita Moreira, "Odebrecht faz a maior recuperação judicial do país", *Valor Econômico*, 18 jun. 2019. Disponível em: <https://valor.globo.com/empresas/noticia/2019/06/18/odebrecht-faz-a-maior-recuperacao-judicial-do-pais-de-r-985-bilhoes.ghtml>.

38. Julioa Wiziack e Raquel Landim, "Em recuperação, Odebrecht quer renegociar leniência", *Folha de S.Paulo*, Mercado, 19 jun. 2019, p. A11.

39. Voto revisor do Tribunal de Contas da União — TC 036.129/2016-0, 18 jun. 2019.

40. Katna Baran, "Lava Jato mira desafetos de Marcelo Odebrecht suspeitos de propina ao PT", *Folha de S.Paulo*, Poder, 22 ago. 2019, p. A6.

41. Despacho/decisão: pedido de prisão preventiva nº 5039848-42.2019.4.04.7000/PR (Operação Carbonara Chimica), 9 ago. 2019.

42. Nota nº 269/2019 — RFB/Copes/Diaes — Receita Federal, 20 ago. 2019.

43. Ofício nº 1447/2018/CGRA-DRCI-SNJ-MJ. Assunto: Informações Espontâneas — Suíça/Brasil — Operação Lava Jato (Construtora Norberto Odebrecht S.A.), Brasília, 12 mar. 2018.

44. Despacho/decisão: pedido de prisão preventiva nº 5039848-42.2019.4.04.7000/PR (Operação Carbonara Chimica), 9 ago. 2019.

45. Termo de declarações de Maurício Ferro, 22 ago. 2019; termo de declarações de Nilton Serson, 28 ago. 2019.

46. Coluna de Mônica Bergamo, *Folha de S.Paulo*, Ilustrada, 30 set. 2018, p. C2.

47. Paula Reverbel e Pedro Venceslau, "Gilmar tira de Curitiba ação de Mantega", *O Estado de S. Paulo*, 4 set. 2019. Disponível em: <https://politica.estadao.com.br/blogs/fausto-macedo/gilmar-tira-de-curitiba-caso-de-mantega>.

48. "Ex-presidente da Braskem pagará fiança de US$ 30 milhões para deixar prisão", Poder360, 12 dez. 2019. Disponível em: <https://www.poder360.com.br/lava-jato/ex-presidente--da-braskem-pagara-fianca-de-us-30-milhoes-para-deixar-prisao>.

49. Até a conclusão deste livro, Lula ainda respondia a cinco processos. Foi condenado a doze anos e um mês de prisão pelo caso do triplex do Guarujá, em janeiro de 2018. Em setembro de 2020,

foi arquivada a ação que relacionava os recursos repassados a Taiguara Rodrigues aos financiamentos que a Odebrecht recebeu do BNDES para obras em Angola. Ver: Sabrina Freire, "Lula pode ser julgado em 6 processos em 2020", Poder360, 28 dez. 2019. Disponível em: <https://www.poder360.com.br/lava-jato/lula-pode-ser-julgado-em-6-processos-em-2020/>; "Tribunal arquiva ação contra Lula na Justiça Federal em Brasília", Poder360, 1º set. 2020. Disponível em: <https://www.poder360.com.br/justica/tribunal-arquiva-acao-contra-lula-na-justica-federal-em-brasilia>.

50. E-mail obtido pela autora.

51. Petição de Marcelo Odebrecht, de 25 jun. 2020, autos da ação anulatória movida pela Odebrecht S.A. e ODBINV S.A. (processo nº 1040278-22.2020.8.26.0100), p. 10.

52. Bela Megale, "A resposta de Emílio à visita surpresa de Marcelo à Odebrecht", O Globo, 15 set. 2019. Disponível em: <https://blogs.oglobo.globo.com/bela-megale/post/resposta-de-emilio-visita-surpresa-de-marcelo-odebrecht.html>.

53. "Braskem voltará a ser negociada na NYSE na próxima quinta-feira", Investing.com, 22 out. 2019. Disponível em: <https://economia.uol.com.br/noticias/investing/2019/10/22/braskem-voltara-a-ser-negociada-na-nyse-na-proxima-quinta-feira.htm>.

54. Renée Pereira, "'Houve uma escalada de rancor e vingança por parte de Ruy Sampaio', diz Marcelo Odebrecht", O Estado de S. Paulo, 21 dez. 2019. Disponível em: <https://economia.estadao.com.br/noticias/geral,houve-um-escalada-de-rancor-e-vinganca-por-parte-de-ruy-sampaio-diz-marcelo-odebrecht,70003133240>.

55. Petição de José Carlos Grubisich Filho ao processo nº 1057756-77.2019.8.26.0100, pp. 11-2.

56. Petição de Marcelo Odebrecht, de 25 jun. 2020, autos da ação anulatória movida pela Odebrecht S.A. e ODBINV S.A. (processo nº 1040278-22.2020.8.26.0100), p. 14.

57. E-mail enviado por Marcelo Odebrecht em 26 de novembro de 2019. Conteúdo apurado pela autora.

58. Parecer técnico pericial divergente feito pela defesa de Luiz Inácio Lula da Silva, referente à ação penal nº 5021365-32.2017.4.04.7000/PR.

59. Ver sobre conselho e diretoria da Odebrecht em: <https://www.odebrecht.com/pt-br/governanca/conselho-e-diretoria>; "Odebrecht anuncia troca da presidência do grupo", G1, 17 dez. 2019. Disponível em: <https://g1.globo.com/economia/noticia/2019/12/17/odebrecht-anuncia-anuncia-troca-da-presidencia-do-grupo.ghtml>.

60. Bruna Narcizo, "Lula pediu para que a Odebrecht fizesse um projeto em Cuba", entrevista da 2ª, Folha de S.Paulo, 9 dez. 2019, pp. A22-A23.

61. Thomas Traumann, "Década de rupturas: 'Desde os anos 80, a Odebrecht fazia pagamentos não declarados', diz Marcelo Odebrecht", O Globo, 17 dez. 2019. Disponível em: <https://oglobo.globo.com/brasil/decada-de-rupturas-desde-os-anos-80-odebrecht-fazia-pagamentos-nao-declarados-diz-marcelo-odebrecht-24142454>.

62. Petição de Marcelo Odebrecht, 25 jun. 2020, autos da ação anulatória movida por Odebrecht S.A. e ODBINV S.A. (processo nº 1040278-22.2020.8.26.0100), p. 25.

63. Bruna Narcizo, "Marcelo Odebrecht acusa o pai de levar empresa à recuperação judicial", Folha de S.Paulo, Mercado, 19 dez. 2019, p. A21.

64. "Comunicado de dispensa por justa causa", 20 dez. 2019, obtido pela autora.

65. Graziella Valenti, "Odebrecht acusa ex-CEO Marcelo de chantagear empresa", Valor Econômico, 20 dez. 2019. Disponível em: <https://valor.globo.com/empresas/noticia/2019/12/20/odebrecht-acusa-ex-ceo-marcelo-de-chantagear-empresa.ghtml>.

66. Graziella Valenti, "Marcelo Odebrecht pagou imposto sobre multa do MPF", *Valor Econômico*, 16 jan. 2020. Disponível em: <https://valor.globo.com/empresas/noticia/2020/01/16/marcelo-odebrecht-pagou-imposto-sobre-multa-do-mpf.ghtml>.

67. Petição de Marcelo Odebrecht, 25 jun. 2020, autos da ação anulatória movida por Odebrecht S.A. e ODBINV S.A. (processo nº 1040278-22.2020.8.26.0100), p. 30.

68. Carta obtida pela autora.

69. Mensagem de WhatsApp obtida pela autora.

70. Pedido de reconsideração de decisão na ação cautelar de protesto contra alienação de bens ajuizada contra Marcelo Odebrecht e outros, processo nº 1012161-24.2020.8.26.0002.

71. Petição de Marcelo Odebrecht, 25 jun. 2020, autos da ação anulatória movida por Odebrecht S.A. e ODBINV S.A. (processo nº 1040278-22.2020.8.26.0100), p. 32.

72. Ibid.

73. Carta manuscrita enviada por Emílio Odebrecht a Marcelo em 19 de março de 2020, obtida pela autora.

74. Petição de Marcelo Odebrecht, 25 jun. 2020, autos da ação anulatória movida por Odebrecht S.A. e ODBINV S.A. (processo nº 1040278-22.2020.8.26.0100), p. 31.

75. Ibid.

EPÍLOGO [pp. 554-60]

1. "Justiça desbloqueia bens de Marcelo Odebrecht", Poder360, 5 ago. 2020. Disponível em: <www.poder360.com.br/justica/justica-desbloqueia-bens-de-marcelo-odebrecht/>.

2. Bela Megale, "Justiça volta a bloquear R$ 143 milhões em bens de Marcelo Odebrecht", *O Globo*, 7 ago. 2020. Disponível em: <blogs.oglobo.globo.com/bela-megale/post/justica-volta-bloquear-r-143-milhoes-em-bens-de-marcelo-odebrecht.html>.

3. Rodrigo Rangel e Mateus Coutinho, "O amigo do amigo de meu pai", *Crusoé*, 1º abr. 2019. Disponível em: <crusoe.com.br/secao/reportagem/o-amigo-do-amigo-de-meu-pai/>.

4. "CNMP aplica penalidade de advertência ao procurador da República Deltan Dallagnol", Notícias, CNMP, 26 nov. 2019. Disponível em: https://www.cnmp.mp.br/portal/todas-as-noticias/12705-cnmp-aplica-penalidade-de-advertencia-ao-procurador-da-republica-deltan-dallagnol?highlight=WyJkYWxsYWdub2wiXQ==>.

5. "Plenário do CNMP aplica pena de censura a membro do MPF", Notícias, CNMP, 8 set. 2020. Disponível em: <https://www.cnmp.mp.br/portal/todas-as-noticias/13454-plenario-do-cnmp-aplica-pena-de-censura-a-membro-do-mpf?highlight=WyJkYWxsYWdub2wiXQ==>.

6. "Lava Jato de SP denuncia José Serra e filha por lavagem de dinheiro e deflagra operação para avançar a novas etapas das investigações", Notícias, MPF, 3 jul. 2020. Disponível em: <http://www.mpf.mp.br/sp/sala-de-imprensa/noticias-sp/lava-jato-de-sp-denuncia-jose-serra-e-filha-por-lavagem-de-dinheiro-e-deflagra-operacao-para-avancar-para-novas-etapas-das-investigacoes>. No dia da operação, o agora senador José Serra divulgou nota à imprensa afirmando que a busca e apreensão foram "medidas invasivas e agressivas". O envio dos extratos de Serra ao Brasil foi retardado durante dois anos em vista de recursos apresentados por sua defesa à Justiça suíça.

7. Arthur Guimarães, Marco Antônio Martins e Mariana Queiroz, "Ministério Público Eleitoral acusa Eduardo Paes de ter recebido R$ 10,8 milhões da Odebrecht em vantagens indevidas via caixa 2", G1, Rio de Janeiro, 8 set. 2020. Disponível em: <https://g1.globo.com/rj/rio-de-janeiro/noticia/2020/09/08/eduardo-paes-recebeu-r-108-milhoes-em-propina-da-odebrecht-diz-mp.ghtml>.

8. Italo Nogueira e Júlia Barbon, "Depósito no exterior vira investigação criminal contra Eduardo Paes, candidato a prefeito no Rio de Janeiro", *Folha de S.Paulo*, 8 set. 2020. Disponível em: <https://www1.folha.uol.com.br/poder/2020/09/pre-candidato-eduardo-paes-vira-reu-e-e-alvo-de-buscas-por-suspeitas-de-corrupcao-no-rio.shtml>. A defesa de Eduardo Paes afirma que ele nunca teve contas no exterior e nega que tenha aceitado propina para facilitar ou beneficiar os interesses da Odebrecht. Segundo ele, todas as doações recebidas da empreiteira foram legais.

9. Paulo Roberto Netto, "Lava Jato denuncia Lula, Palocci e Paulo Okamotto por lavagem de R$ 4 milhões da Odebrecht", *O Estado de S. Paulo*, 14 set. 2020. Disponível em: <https://politica.estadao.com.br/blogs/fausto-macedo/lava-jato-denuncia-lula-palocci-e-paulo-okamotto-por-lavagem-de-r-4-milhoes-da-odebrecht/>.

10. Márcio Falcão e Fernanda Vivas, "PF conclui inquérito e aponta 'evidências robustas' de caixa 2 de Renan em doações da Odebrecht", G1, 14 set. 2020. Disponível em: <g1.globo.com/politica/noticia/2020/09/14/pf-conclui-inquerito-e-aponta-caixa-2-de-renan-em-doacoes-da-odebrecht.ghtml>.

11. Mónica Palm, "Abogado de los hermanos Martinelli Linares señala que no hay fecha para la extradición a Estados Unidos", *La Prensa*, 14 set. 2020. Disponível em: <www.prensa.com/judiciales/abogado-de-los-hermanos-martinelli-linares-senala-que-no-hay-fecha-para-la-extradicion-a-estados-unidos>.

12. "Caso Humala: Lo que confesó Jorge Barata", IDL — Reporteros, 26 fev. 2018. Disponível em: <www.idl-reporteros.pe/videos-exclusivos-caso-humala-lo-que-confeso-jorge-barata/>.

13. "Corte peruana decreta prisão domiciliar para esposa do ex-presidente Humala por caso Odebrecht", UOL Notícias, 18 set. 2020. Disponível em: <noticias.uol.com.br/ultimas-noticias/afp/2020/09/18/corte-peruana-decreta-prisao-domiciliar-para-esposa-do-ex-presidente-humala-por-caso-odebrecht.htm>.

14. Jacobo García, "El exdirector de Pemex acusa a tres expresidentes de México de recibir sobornos de Odebrecht", *El País*, 20 ago. 2020. Disponível em: <elpais.com/mexico/2020-08-20/el-caso-odebrecht-sacude-los-cimientos-de-la-politica-mexicana.html>.

15. Relatório anual Odebrecht 2019 e relatório anual Braskem 2019.

16. "Com tecnologia de ponta embarcada, UFV Ribeirão se aproxima da conclusão", Notícias, OEC, 8 jul. 2020. Disponível em: <www.oec-eng.com/pt-br/noticias/com-tecnologia-de-ponta-embarcada-ufv-ribeirao-se-aproxima-da-conclusao>.

17. "Iniciadas obras de duplicação da Rodovia dos Minérios (PR)", Comunicação, OEC, 19 dez. 2019. Disponível em: <www.oec-eng.com/pt-br/noticias/iniciadas-obras-de-duplicacao-da-rodovia-dos-minerios-pr>.

18. Graziella Valenti, "Braskem vai cobrar R$ 230 milhões de genro de Emílio Odebrecht na Justiça", *Exame*, 29 set. 2020. Disponível em: <exame.com/exame-in/braskem-vai-cobrar-r-230-milhoes-de-genro-de-emilio-odebrecht-na-justica/>.

Créditos das imagens

pp. 1 (acima), 11, 12, 22, 23, 25 (abaixo), 26 (acima), 28, 31 (abaixo) e 32: Acervo pessoal

p. 1 (abaixo): Carlos Namba/ Abril Comunicações S.A.

p. 2: Bia Parreiras/ Exame

p. 4 (acima): Arquivo/ Agência O Globo

p. 4 (abaixo): Nelio Rodrigues/ Abril Comunicações S.A.

p. 5: Xando Pereira/ Caras

p. 6 (acima): Domingos Tadeu de Oliveira Pinto/ Acervo Pres. F. H. Cardoso

p. 6 (abaixo): Getúlio Gurgel/ Acervo Pres. F. H. Cardoso

p. 7 (acima): Rose Brasil/ Agência Brasil

p. 7 (abaixo): Marlene Bergamo/ Folhapress

p. 8 (acima): IDL – Reporteros

p. 8 (abaixo): Victor Ch. Vargas/ Caretas

p. 9 (acima): Bruno Alencastro/ Sul21

p. 9 (abaixo): Robson Ventura/ Folhapress

p. 10 (acima): Wilson Dias/ Agência Brasil

p. 10 (abaixo): Foto disponível na petição 6780 do STF, documento anexo ao termo 20 de Alexandrino Alencar

p. 13: Beto Riginik

p. 14: Lula Marques/ Folhapress

p. 15 (acima): Roberto Stuckert Filho/ PR/ Biblioteca da Presidência

p. 15 (abaixo): Ismael Francisco

p. 16 (acima): Jorge William/ Agência O Globo

p. 16 (abaixo): Documento disponível na ação penal 5019727-95.2016.4.04.7000, anexo 23

p. 17 (acima): Emil Nordin

p. 17 (abaixo): Ricardo Mazalan/ AP Photo/ Glow Images

p. 18 (acima): Paulo Lisboa/ Folhapress

p. 18 (abaixo): Vagner Rosario/ Abril Comunicações S.A.

pp. 19 e 20 (acima): Geraldo Bubniak/ AGB/ Estadão Conteúdo

p. 21: Giuliano Gomes/ Folhapress

p. 24: Junior Pinheiro/ Folhapress

p. 25 (acima): Fábio Serapião/ Estadão Conteúdo

p. 26 (abaixo): Frame do vídeo da delação disponível em: https://www.youtube.com/watch?v=tNLWLeGOLKc&t=1572s

p. 27: Bruno Santos/ Folhapress

p. 29 (acima): Marcelo Gonçalves/ Sigmapress/ Folhapress

p. 29 (abaixo): Foto disponível no documento nº 049/2019-LJ/DELECOR/DRCOR/SR/PF/PR, parte do mandado de busca e apreensão ao endereço de Mauricio Ferro

p. 30: Silvia Costanti / Valor/ Agência O Globo

p. 31 (acima): Claudio Belli/ Valor/ Agência O Globo

Índice remissivo

10 Medidas contra a Corrupção (projeto de lei), 483-4

Abdenur, Roberto, 78
ABN-Amro, 145
Abreu, Alexandre, 388
Abreu e Lima, refinaria (PE), 229, 317, 337, 339, 365
Acarajé, Operação, 419, 426, 436
Acioli, Ana, 94
Acrônimo, Operação, 380
Advocacia-Geral da União, 425, 520, 526-7
Afeganistão, Guerra do, 334
África, 74, 144, 218, 300, 483, 488-9
Agência Nacional de Águas, 214
Alcântara, Eurípedes, 366
Alcindo Vieira (construtora), 50
Alckmin, Geraldo, 206-7, 276, 449, 500
Alemanha, 55, 57, 391
Alencar, Alexandrino, 26, 30, 112-4, 117, 119, 157, 159, 161-2, 164, 175-7, 182, 226-7, 229-31, 269-70, 279-80, 282, 288-9, 291, 315, 317, 325-6, 333, 336, 343, 349-50, 358, 376, 384, 386, 390, 393, 405, 475
Alencar, José (empresário), 116
Alencar, Marcelo, 121
Almeida, Cecílio do Rego, 92
Alstom, 40, 208, 488
Altit, Paul, 178, 257, 314, 319, 396, 409, 426, 473, 497, 552
Alusa, 241
Alves, Henrique, 247-8, 308
Alves, João, 99, 104
Amaral, Delcídio do, 249, 412-3, 415
Amaral, Roberto, 91
Amaral, Sérgio, 133
Amaro, André, 185, 306
Amazônia, 55, 194, 257
América Latina, 33, 39, 124, 132, 144, 155, 168-9, 173, 182, 185, 218, 264, 283, 285-6, 300, 483, 488-90, 553
Amorim, Celso, 42
Andorra, 189, 267, 381, 397, 405, 433
Andrade Gutierrez, 26, 28, 47, 55, 79, 85-6, 92, 128, 171, 182, 185, 198, 210, 241, 258-9,

275, 384, 393, 396, 398-9, 401, 403, 406, 410, 413, 415, 439, 444
Andrade, Maria da Conceição, 76-9, 84
Andrade, Sérgio, 91, 198-9
Aneel (Agência Nacional de Energia Elétrica), 199, 201, 214, 216
Angel, Eliane, 425
Angola, 42, 45, 72-6, 93, 98, 108, 184-6, 189, 225, 249-52, 261, 264, 267, 272, 287-8, 300, 308, 319, 355, 379, 431-2, 459, 488, 522
Angra 1 (usina nuclear), 49, 54-5, 58
Angra 2 (usina nuclear), 55-9
Angra 3 (usina nuclear), 55-6, 59, 255
Angulo Lopez, Rafael, 489
"Anões do orçamento", escândalo dos (1993), 99-100, 410
Anselmo, Márcio, 346
Antígua e Barbuda, 205, 266, 398, 405, 409
Antigua Overseas Bank (AOB), 203-4, 266-8
Apocalipse, Operação, 60, 357, 368
Aquapolo, 183
Aquino, Paulo Cezar Amaro, 233
Aras, Augusto, 555-6
Aras, Vladimir, 351
Araújo, Aluísio Rebelo de, 65-6
Araújo, Rogério, 26, 30, 166, 228, 247, 249, 309, 317, 320, 339, 342, 347, 349, 357-9, 366, 375, 383-4, 386, 390, 394, 404-6, 415, 447, 453
Arcadex (offshore), 395
Arena (Aliança Renovadora Nacional), 57, 79
Arena Pernambuco (Recife), 275, 277
Argello, Gim, 394, 477
Argentina, 121, 124, 182, 300, 303, 488, 491
Argôlo, Luiz, 352-3, 399
Arias, José Domingo, 264
Arraes, Miguel, 100
Arredondo, Sergio, 71
Assad, Adir, 268-9, 373, 399
Assad, Samir, 268
Assange, Julian, 334
Assis e Silva, Francisco de, 502
Astra Oil, 248

Atibaia, sítio em (SP), 270-1, 280-2, 425, 430, 539, 544-6, 560
Atkinson, 72
Atvos (ex-Odebrecht Agroindustrial), 522
Auler, João, 176
Áustria, 189
Autopista Nacional (Cuba), 284
Avalanche, Operação, 203, 206
Azevedo, Elton de, 384
Azevedo, Euzenando, 129-32, 244, 285-6, 312, 487
Azevedo, Giles, 194, 344-5, 355-6
Azevedo, Otávio, 28, 259, 384, 386, 393, 399, 406, 411-3

Bacia de Campos (RJ), 86, 165-6
Bahnhof, 334
Baiardi, Renato, 57, 61, 83-4, 90-1, 121, 127-8, 130, 153, 187-8, 221, 237, 238, 243, 245, 287-8, 307, 314, 497, 544-5
Banca Privada d'Andorra (BPA), 381
Banco Central, 88, 94, 97, 101, 129, 133, 144-5, 147-9, 151, 171, 202
Banco do Brasil, 53, 70, 75, 88, 149, 278, 280, 297, 369, 371, 388, 445, 520, 525, 536
Banco do Nordeste, 277, 330
Banco Econômico, 144-5, 147, 151
Banco Interamericano de Desenvolvimento, 374
Banco Mundial, 374
Bancoop, 252
Banestado, escândalo do (2003), 177, 315, 341, 390, 401
Barata, Jorge, 167-8, 170-1, 487, 556
Barata Filho, Jacob, 510
Barbassa, Almir, 232
Barbosa, Frederico, 270-1
Barboza, Marcelo, 321
Barreto, Fábio, 225-6
Barros, Caio, 61
Barros, Fernando Valeika de, 92
Barusco, Pedro, 166, 178, 341-2, 349, 359-61, 368-9, 389, 392-3, 395
Basell, 157

Basf, 157
Bastos, Márcio Thomaz, 336-8, 340-1, 343, 345-7, 352-4, 362, 365
Batista, Eike, 42, 226-7, 244, 302, 510
Batista, Joana, 27-8, 404-6, 464, 466, 468-70, 479, 481, 486, 511
Batista, Joesley, 302, 325, 502-3, 538
Batista, Wesley, 502-3
Bechtel, 144
Belaúnde, Fernando, 73
Belluzzo, Luiz Gonzaga, 202-3
Belo Monte, hidrelétrica de (PA), 213, 257-60, 373
Bendine, Aldemir (Dida), 369-71, 377-8, 430, 505-6
Benedicto Júnior, 42, 204-5, 207, 212, 215, 244, 249, 253-4, 261-2, 277, 279, 311, 322, 325, 327, 396, 419, 421, 472-3
Bergamo, Mônica, 521
Bernardes, Fátima, 41
Bernardo, Paulo, 226, 250-2, 377, 436
Bertin, 260
Berzoini, Ricardo, 259
Bessa, Fernando, 40
Bezerra, Maurício, 529, 532
Bilinski, Marco, 203, 266, 397-8
Bisol, José Paulo, 99, 102-3, 110, 366, 390
Bittar, Fernando, 270, 281
BNDES (Banco Nacional de Desenvolvimento Econômico e Social), 41-2, 88, 122, 126-7, 132, 144-5, 148, 154, 168-9, 173, 181-2, 199, 201, 216, 226, 233, 236-8, 250, 260, 275-7, 283-4, 286, 296, 304, 313, 358, 368, 371, 378, 520, 522, 525, 536, 545
Bolívar, Simón, 173, 181-2
Bolívia, 42, 123, 134, 162, 169
Bolsa de Nova York, 152, 368, 438, 530, 534, 541
Bolsa Família, 282, 287
Bolsonaro, Jair, 533, 555
Bonner, William, 41, 500
Borges, Wando, 96
Borin, Vinicius, 266, 397-8, 419
Bornier, Felipe, 215

Botelho, Augusto de Arruda, 345-6, 386, 393, 401, 460
Botelho, Fernando Arruda, 90
Bottini, Pierpaolo, 347
Boulos, Mayense, 467
Bourroul, Sérgio, 336
Bovespa, índice, 129, 502
BR Distribuidora, 353
Bracher, Candido, 388, 493
Bradesco, 156, 241, 388, 445, 493, 525
Brandão, Lázaro, 156, 388, 493
Brasfels, 172
Brasília, 47, 71, 80, 85, 88-9, 98, 110, 120, 129-30, 144, 157, 171, 190, 202, 209, 211, 217-9, 226, 228, 233, 249-51, 257, 263, 278, 284, 292, 297-8, 302-4, 323, 338, 343-4, 346, 351-5, 371, 377, 411, 414-6, 430, 437, 444, 449, 468-70, 472, 474, 477, 479, 481, 483, 485, 491, 534, 538, 553
Braskem, 34-5, 37-8, 114-5, 117, 153-5, 157-9, 161-2, 175, 178, 181, 183-4, 222-4, 228-36, 245-6, 295-6, 299, 306-7, 311, 322, 327, 368, 380, 392, 438, 445-46, 482, 487-8, 491-3, 495, 506, 508, 515-7, 522-6, 529-30, 533-5, 537-8, 541-2, 545, 557-9
Bratke, Osvaldo, 65
Brenco, 237-9, 242, 290, 327
Brito, Manuel Francisco do Nascimento, 104
Brito, Raimundo, 121, 123
Brookfield (holding canadense), 491
Browne, Gaston, 398
Buaiz, Vitor, 110
Buarque, Cristovam, 110
Budweiser, 292
Buenos Aires, linha de trem em, 303
Bulcão, Athos, 323
Bulhões, Nabor, 401-2, 447, 463
Bumlai, José Carlos, 256-9, 270-1
Burke, William, 437-8, 498-9
Burle Marx, Roberto, 210, 323

Cabral, Milton, 58
Cabral, Sérgio, 263, 330, 421, 459, 500

623

Cade (Conselho Administrativo de Defesa Econômica), 158, 197, 236
caixa dois, 67-8, 78, 90, 94, 111, 114, 177-8, 183, 191-2, 202, 206, 212, 224-5, 249, 262, 267, 271, 286, 302, 310, 312, 322-4, 340, 342, 348, 366, 377, 416, 439, 445, 449, 452-3, 456, 471, 473, 475, 477, 481-2, 484, 499, 502, 504, 506, 511, 526, 530, 536-7, 544, 556-7
Caixa Econômica Federal, 85, 100-1, 187, 277-8, 280, 468, 534-5
Caldas Filho, Oscar Americano de, 65
Caldas Neto, Oscar Americano de, 65, 68
Caldera, Rafael, 130-1
Calderón, Felipe, 557
Calderón, Guillermo, 97
Calheiros, Renan, 263, 298, 300, 421, 459, 477, 556
Calmon de Sá, Ângelo, 53, 56
Camaçari, polo petroquímico de (BA), 53, 65, 106-7, 144-5, 151, 153, 175, 329, 418
Câmara Brasileira da Indústria da Construção, 91
Câmara de Comércio Internacional, 42
Câmara dos Deputados, 148, 161-3, 193, 209, 214, 247, 262, 298-300, 324, 360
Camargo Corrêa, 47, 49, 55, 62, 64, 91-2, 128, 171, 176, 182, 185, 196, 198, 200, 211, 226, 228-30, 241, 257-8, 260, 336-7, 347, 352, 354, 362, 373, 376, 394, 396, 403, 412, 424, 439
Camargo, Julio, 341, 368, 503
Camargo, Mário Pimenta, 65
Camargo, Sebastião, 92, 306
Camex (Câmara de Comércio Exterior), 302-4
Caminho das Árvores, prédio no (Salvador, BA), 557
Campelo, Antônio, 384
Campos, Eduardo, 263, 278, 322, 329-31
Campos, Renata, 330
Campos Júnior, Wilson, 80
Canal do Panamá, 257, 283
Canhedo, Wagner, 87
Canyon View, 389

Caoa, 228, 292
Capanda, hidrelétrica de (Angola), 73-5, 77, 98, 250
Caracas, metrô de (Venezuela), 130, 285
Caras (revista), 135-6
Cardeal, Valter, 200, 212
Cardio Pulmonar (hospital de Ilka Odebrecht), 469, 542
Cardoso, Dirceu, 57
Cardoso, Fernando Henrique, 79, 91-2, 98, 102, 104, 107, 111, 115, 117, 119-26, 130-4, 145, 147, 154-6, 158-9, 162, 169, 172-3, 181, 206, 255-6, 282, 298, 331, 350, 451, 455, 459, 474
Cardoso, Levi, 48
Cardoso, Ruth, 123, 125
Cardozo, José Eduardo, 328, 333, 345-6, 350, 352, 354, 360-3, 372, 379, 412-3, 415, 425, 460
Caribe, 283
Carioca Engenharia, 183, 185, 464
Carneiro da Cunha, José Mauro, 545
Carneiro, Higino, 184
"Carta ao povo brasileiro" (Lula), 116
Carta, Manuela, 202
Carta, Mino, 202
CartaCapital (revista), 202-3
Carter, Jimmy, 70
Carvalho, Clóvis, 124
Carvalho, Gilberto, 159, 226-7, 256, 269
Carybé (Hector Julio Páride Bernabó), 31, 45
Castelo Branco, Humberto, 46-7
Castelo Branco, Roberto, 559
Castelo de Areia, Operação, 337, 340, 390, 396
Castro, Fidel, 283
Castro, Raúl, 283-5
Catta Preta, Beatriz, 321
Cavalcanti, Dora, 347, 361, 363, 377, 385-6, 396, 400, 404-6
Cavalcanti, Maviael, 102
Cayman, ilhas, 356
Caymmi, Dorival, 52-3
CCR (Convênio de Pagamentos e Créditos Recíprocos), 133

Celso Daniel, 116
Cemig, 198, 209
Central Nuclear Almirante Álvaro Alberto *ver* Angra 1 (usina nuclear)
Centro Integrado de Ressocialização de Itaquitinga (PE), 330
Cervejaria Petrópolis, 292, 311
Cerveró, Nestor, 395, 413, 470
Ceschiatti, Alfredo, 323
Cesena, Paulo, 202-3
Cesp, 120-1
Cestaro, Chris, 531-2
Cetenco, 47, 50, 55, 85, 259
Chaglla, hidrelétrica de (Peru), 491, 494
Chávez, Hugo, 41, 129-33, 181, 267, 283-6, 488
Chesf (Companhia Hidrelétrica do São Francisco), 200, 211, 260
Chico, Frei (irmão de Lula) *ver* Silva, José Ferreira da (Frei Chico)
Chile, 69-72, 121
China, 294, 382
Chinaglia, Arlindo, 214, 360
Chiriboga, Luis, 78
Christiani-Nielsen, 50
Cide (impostos sobre a gasolina), 290
CIDS (Certificados de Incentivo ao Desenvolvimento), 276, 279-80
Cingapura, 165, 172-3, 239, 356, 359, 388, 419
Círculo Operário da Bahia (Salvador), 51
Citibank, 437-8
Citigroup, 145
Clinton, Bill, 282
Coaf (Conselho de Controle de Atividades Financeiras), 95
código de conduta da Odebrecht *ver* Tecnologia Empresarial Odebrecht (TEO)
Coelba (Companhia de Eletricidade do Estado da Bahia), 77
Cofig (Comitê de Financiamento e Garantia das Exportações), 304
Coimbra, Marcos, 85
Colbún-Machicura, hidrelétricas de (Chile), 69, 71-2
Colina (grupo armado de esquerda), 301

Collor de Mello, Fernando, 83-90, 94-8, 101, 109, 113, 125, 172, 353, 390, 401, 459
Collor, Pedro, 87-9, 94
Colnaghi, José Roberto, 185-6
Colômbia, 40, 124, 127, 488-9
Com a Força do Povo (coligação), 324
Comissão de Valores Mobiliários (CVM), 86
Comitê de Financiamento às Exportações (CFE), 96
commodities, 45, 132, 174, 220
Companhia Brasileira de Projetos e Obras (CBPO), 47, 49, 55, 65-8, 97, 108, 127, 153, 435
Companhia de Notícias (assessoria de imprensa), 123
Companhia Siderúrgica Nacional (CSN), 156, 222
Comperj (Complexo Petroquímico do Rio de Janeiro), 229, 231-2, 234, 365, 369, 394
Complexo Médico-Penal do Paraná (CMP), 25, 29, 396, 403-7, 413, 415, 423, 447, 458, 477, 496
"Compromisso com o Brasil" (comunicado da Odebrecht), 428
Concept (agência de marketing), 291
Conde, Luís Paulo, 214
Congresso Nacional, 57, 79, 90, 100-3, 108, 112, 123, 162-3, 214, 216, 222, 295, 297-9, 302, 360, 411, 417, 425, 433, 440, 477-8, 484, 501; *ver também* Câmara dos Deputados; Senado
Conselho de Segurança na ONU, 181
Conselho Nacional do Petróleo (CNP), 47
Consórcio Propeno (UTC-Odebrecht), 181
Constran, 68, 79
Constructora del Sur, 375
Contern, 259
Controladoria-Geral da União (CGU), 372-3, 520
Copa do Mundo (2014), 222, 242, 274-5, 290, 305
Copene (Companhia Petroquímica do Nordeste), 33, 106, 144-54, 318
Copesul, 145

Cordeiro, Miriam, 109, 198
Coreia do Sul, 239-40
Corrêa, Pedro, 162-3, 399
Correa, Rafael, 38-42, 44, 213, 539
Correia, Genebaldo, 99
Correia Neto, Alberto, 185
Correios, 186-7
Côrtes, Altineu, 402
Corumbá, hidrelétrica de (GO), 136, 138-9
Cosan, 222
Costa, Arianna, 321
Costa, Emyr, 270-1, 281, 560
Costa, Francenildo dos Santos, 187, 221
Costa, Gal, 36
Costa, Humberto, 249
Costa, Marici, 321
Costa, Paulo Roberto, 162-4, 175, 178-80, 228-34, 315-21, 324, 332-3, 337-42, 346-8, 352-3, 356, 361, 368-9, 373, 376-7, 394-5, 453, 503
Costa e Silva, Artur, 46, 96, 356
Coteminas, 116
Coutinho, Lafaiete, 85
Coutinho, Luciano, 126, 232, 234-8, 276, 278, 286, 368
Couto e Silva, Golbery do, 75, 107
Covas, Mário, 106-7, 120-1
CPFL Energia, 200
CR Almeida, 79, 92
Credicorp, 266
Credit Suisse, 246
Credit Suisse First Boston, 142
crise asiática (1997), 129
crise do México (1994), 127
crise global (2008), 234, 290, 294
Crusoé (revista), 555
Cuba, 283-4, 288, 300, 362, 376, 545
Cubillos, Hernán, 70
Cunha, Álvaro, 33, 112, 119, 121, 128, 140, 148-50, 152
Cunha, Eduardo, 86, 214, 247-9, 308-9, 360, 369, 395, 417, 421, 440, 449, 502
Cunha, Paulo, 146-8, 150-1

CUT (Central Única dos Trabalhadores), 122, 252

D'Ávila, Manuela, 422
D'Ávila, Roberto, 226-7
DAG (empresa), 330, 376
Dager Gaspard, Héctor, 286
Daiha Blando, Antônio Carlos, 137-9
Dallagnol, Deltan, 356, 391, 401, 425-6, 448-9, 470, 483-4, 515, 555-6
Dalmazzo, Paulo Roberto, 384
Dan On, Avraham (Avi), 167-8, 170
Dantas, Navarro, 460
Darzé, Paulo, 31
DCNS (estatal francesa), 253-4
Debevoise & Plimpton, 498
Delfim Netto, 53, 73, 258-9
Delgado Parker, Hector, 77
Delgado, Luis, 285-6
Departamento de Justiça dos Estados Unidos (DOJ), 232, 368, 431, 437-8, 484, 487, 489, 495-6, 498-9, 515, 517, 531-2, 538, 540, 543, 545-6, 548, 558
Departamento de Operações Estruturadas (setor de propinas da Odebrecht), 27, 78, 114, 177, 188, 203, 205, 217, 219, 228-9, 249, 265, 269, 271, 286, 334-5, 363, 409, 418, 435, 460, 481-2, 556
Departamento Nacional de Estradas de Rodagem (DNER), 52, 96
DGI (Despesas Gerais Indiretas), 311
Diaféria, Alessandro, 539
Diários da Presidência (Cardoso), 123, 125, 131, 159
Dias, Giocondo, 73
Dias, José Carlos, 410, 437
Dias, Roberto, 73, 182
Dias, Theodomiro (Theo), 410-1, 423-5, 427, 429, 437, 451, 454-5, 464-5, 473
Diaz, Rui Ricardo, 228
Dirceu, José, 111, 161-5, 182-3, 186-7, 195, 283, 287, 340, 391, 401, 410, 489
Dirceu, Zeca, 183

ditadura militar (1964-85), 46, 56-7, 68, 70-1, 73-4, 81, 254, 301, 396
dividendos dos acionistas da Odebrecht, 543
Domenico, Carla, 337
Dornelles, Anderson, 194, 304-5, 353, 356, 422, 430
Dow Chemical, 117, 121, 144
Doyle, Hélio, 110
Dragão, Operação, 269
Drehmer, Marcela, 374, 388, 505
Drousys (sistema criptografado da Odebrecht), 205, 218, 229, 232, 286, 304, 399, 421, 427, 430, 442, 444, 460
Drucker, Peter, 51-2
Duailibi, Julia, 346
Dulce, irmã, 51
Dunga (futebolista), 43
Duque, Renato, 165-6, 179-80, 341, 347-8, 353, 359-60, 362, 373, 395, 399, 407
Duran, Marco, 326
Dutra, José Eduardo, 122, 158-61, 163-4

EAO Patrimonial, 463
EBX (grupo), 42, 226-7
Economist, The (revista), 222, 346
Eisa, 241
El Salvador, 217-8, 264, 379
El Troudi, Haiman, 285
Eletrobras, 53, 58, 96, 122, 161, 197, 200
Eletronuclear, 255
Eletrosul, 200
elevado Paulo de Frontin, desabamento do (Rio de Janeiro, 1971), 62
Emirados Árabes, 72, 398
Empreiteiro, O (revista), 49
Engesa, 69-71
Engevix, 183, 347, 352-4, 489
Enseada do Paraguaçu (estaleiro), 239, 365
EPC (Empresa de Participações e Construções), 89, 180
Época (revista), 309, 326, 339, 366-7
Equador, 31, 38-42, 44-5, 78, 88, 97, 133, 167, 182-3, 213, 215, 220, 300, 488-9, 522, 539
Escosteguy, Diego, 309

Espanha, 434, 557
Estádio do Corinthians (São Paulo), construção do, 272-80, 327, 369
Estado de S. Paulo, O (jornal), 97, 105, 346
Estados Unidos, 39, 50, 72-3, 75, 91, 93, 97, 139, 181, 248, 278, 283, 316, 335, 368, 381, 397, 426, 433, 437-8, 483, 485, 487-8, 490, 496-7, 499, 501, 516, 524, 537-9, 558
Estaleiro Atlântico Sul, 241
Estrada do Pacífico *ver* Interoceânica (rodovia)
Estre Ambiental, 226
ETH (empresa de etanol), 237
ETH Bioenergia, 37, 290
Etileno XXI, 296
Eurípedes Júnior, 325-6
Exame (revista), 82
Exergia, 287-9

Fachin, Edson, 500
Fadigas, Carlos, 228, 233, 299-300
Falcão, Francisco, 412-3, 415
Farallon, 524-5
Faria, Flavio, 426
Faria, Márcio, 26-7, 30, 164-6, 180, 212, 228-9, 244, 247-8, 308, 315, 317, 320, 339, 347, 349, 357-8, 366, 375, 381, 383-4, 386, 390, 401, 404-6, 415, 447, 453
Faria, Walter, 204-6
Farias, Paulo César (PC), 84-90, 94, 103, 401
Farol da Colina, Operação, 188
Fastracker Global Trading, 266
Fatca (Foreign Account Tax Compliance Act), 316-7
FBI (Federal Bureau of Investigation), 461, 488
Federação das Indústrias do Estado de Minas Gerais, 302
Federação Única dos Petroleiros, 122
Feffer, Max, 120
Feldens, Luciano, 464-6, 469-70
Fels Setal, 165
Fernal, Rubio, 96, 444
Fernandes, Ottoni, 283
Fernandes, Sérgio Bruno, 450-1, 464, 501
Ferreira, Antônio, 77, 84, 117, 187, 191

Ferreira, Flávio, 425
Ferreira, Luiz Francisco, 59
Ferreira, Ruy, 61
Ferro, Maurício, 233, 318-20, 334-5, 343, 350, 361, 367, 372, 375, 396-8, 400-1, 406, 409-10, 413-5, 423, 436, 447-8, 458, 460-1, 470-2, 479, 499, 505-8, 511-2, 514, 516, 520-1, 527-30, 535-8, 541, 547, 558
ferrovia Norte-Sul, 79-80, 108
FGTS (Fundo de Garantia por Tempo de Serviço), 100, 241-2, 325
Fiesp (Federação das Indústrias do Estado de São Paulo), 323
Fifa (Federação Internacional de Futebol), 275, 435
Figueiredo, João, 69-71, 73, 75, 96-7, 107
Filippi Júnior, José de, 205-6
Fincastle Enterprises, 266
Flecha de Lima, Paulo Tarso, 75
Foguel, Sergio, 65, 221, 244, 517
Folha de S.Paulo (jornal), 79, 81, 97, 103-4, 109, 134, 148, 151, 210, 305, 336, 339, 362, 365-6, 377, 425, 511, 521, 545-6
Fonte Nova, estádio da (Salvador), 275, 277, 357-8
Forbes, 92
Força Aérea Brasileira, compra de caças para a, 292
fortunas do Brasil, cinco maiores, 92
Fortune (revista), 143
Fortune House, construção do (Miami), 139
Foster, Graça, 307-9, 326-7, 354, 369, 372
Fraga, Arminio, 133, 144-5, 147-8, 388
França, 253-4, 434
França, Eriberto, 94
França, Luiz, 266, 398
Franco, Itamar, 57, 95-8, 109, 123, 172, 215, 444
Freiburghaus, Bernardo, 228-9, 317, 320, 357
Freitas, Janio de, 79
Friboi *ver* JBS (grupo)
Friedlander, David, 365
Fujimori, Alberto, 168-9
Funaro, Lúcio, 321, 502

Fundação Getulio Vargas (FGV), 62, 221
Fundação Odebrecht, 51, 127
Fundo da Marinha Mercante, 173, 240
Funes, Maurício, 217-8, 264
Furlan, Luiz Fernando, 117-8
Furnas Centrais Elétricas, 56, 58, 77, 96, 195, 197-8, 200-1, 209-10, 212, 214
Fux, Luiz, 412

Gabrielli, José Sérgio, 233-6, 240, 308
Gaia (empresa), 259
Galeão, construção do aeroporto do (RJ), 48-9, 55, 62, 65, 313, 327
Galvão Engenharia, 347, 489
Gama, Benito, 103-4
Gandolfo, Fabio, 40, 426
García, Alan, 77, 489, 539
Gasoduto do Sul, 490, 556
Gasoduto Sul Peruano, 432
Gaspari, Elio, 42
Gávea Investimentos, 388
Gazeta Mercantil (jornal), 105, 129
GE (empresa americana), 306
Gedeon, Eduardo, 40
Geisel, Ernesto, 46, 48-9, 53-4, 56, 73-4, 107
Genoino, José, 102
Gerdau, 129, 141, 156
Gerdau, Jorge, 156, 306
Germano, João Pinto, 287
Geyer, Frank, 233-4, 236
Glas, Jorge, 38-9
Globo, O (jornal), 105, 302, 336, 376, 502
Globo, Organizações, 104, 141, 365-6
Globo, Rede, 298, 428, 500
Gmail, conta de Dilma no, 356, 422
GOL (empresa aérea), 292
Goldberg, Daniel, 524, 526
golpe militar (1964), 46
Gomes da Costa (sardinhas), 126
Gomes, Walter Caymmi, 52
Gonçalves, Reinaldo, 93
Gradin, Ana, 245
Gradin, Bernardo, 37, 143, 224, 231, 233-4, 236, 245-6, 319, 527, 529, 537, 542

Gradin, Miguel, 245-6
Gradin, Vítor, 37, 64, 142-3, 187, 245, 542
Graña y Montero (empreiteira peruana), 167
Grande feira, A (tela de Carybé), 31
Greybearn, 229
Grillo, Marcos, 225, 310-1
Grillo, Maurício, 346
Gros, Francisco, 154-5
Grossi, José Gerardo, 338
Grubisich, José Carlos, 34-5, 37-8, 152-3, 157, 159, 175, 177-8, 231, 538, 542
Grupo Petrópolis, 203-5
Guarujá, apartamento no (SP), 212, 391, 425, 523
Guatemala, 300, 488, 522, 556
Guedes, Alexandre da Cunha, 51
Guerra Fria, 74, 334
Guerra, Erenice, 258-9
Guerreiro, Ramiro Saraiva, 70
Guidolin, Luciano, 495, 515-6, 519, 531-2, 541-5
Guimarães, Pedro, 534
Guiné Equatorial, 286-7
Gusmão, Dermeval, 257, 330, 376

Haddad, Fernando, 280
Haddad, Paulo, 95
Hartung, Paulo, 263
Havinsur (offshore), 395
Hemingway, Ernest, 515
Henriques, João Augusto, 247, 249, 309
Henry, Pedro, 162
Hereda, Jorge, 277-8
Heredia, Nadine, 539, 556
Herman, Barry William, 316
Herrera, Paulo Renato de Souza, 345-6
Hidroservice, 49
Hochtief, 59
Hoffmann Bosworth (construtora), 50
Hoffmann, Gleisi, 262, 377, 436
Hogar, Mário, 201
Honduras, 300
Hong Kong, 129, 398
Hoya, 205
Humala, Ollanta, 489, 539, 556

Humberto (genro de Paulo Costa), 321
Hyundai, 228

Ibama, 211-4
Imposto sobre Produtos Industrializados (IPI), 35, 222-3, 261, 296, 526-7, 529
Inglaterra, 33, 127
Iniciativa para a Integração da Infraestrutura Regional Sul-Americana (IIRSA), 132, 169
Instituto FHC, 155, 256
Instituto Lula, 256, 261, 289, 291, 330, 354, 376, 412, 503, 521, 556
Interbrand, 306
Intercept, The (site), 449
Interoceânica (rodovia), 167-71, 173, 489
Interpol, 434
Ipiranga (grupo gaúcho), 117, 120, 145, 233
Ishii, Newton (Japonês da Federal), 394
Israel, 167
IstoÉ (revista), 125, 192
Itaipava (cerveja), 203-6, 268
Itaipu, hidrelétrica de, 54-5, 64-5, 257
Itália, 435
Itamaraty, 39, 42, 78, 182, 215, 301
Itaquerão *ver* Estádio do Corinthians (São Paulo), construção do
Itaú, 110, 388, 445, 493, 525

J. A. Jones (consultoria americana), 50
James, Casroy, 398
Janene, José Mohamed, 161-4, 175-9, 228-32, 315, 341, 373, 394
Janot, Rodrigo, 338, 340, 342, 347, 351-2, 377, 430, 436-7, 454, 484, 491, 510
Japão, 93, 248, 277
Jardim, Lauro, 502, 519
JBS (grupo), 226-7, 302, 325, 502-3, 510
Jefferson, Roberto, 186, 210
Jens, Felipe Montoro, 381-2, 397-8, 409, 436
JHSF, 292
Jirau, usina de (RO), 199-200, 209-16, 258
Jobim, Nelson, 365, 460
Jornal do Brasil, 88, 104-5, 112

Jornal Nacional (telejornal), 28, 41, 402, 428-9, 500
JPMorgan, 133
Jucá, Adriano, 27, 404-5, 497-9
Jucá, Rodrigo, 298
Jucá, Romero, 214, 263, 298-300, 441, 522
Juízo Final, Operação, 347, 352, 355, 364, 377
Jurong, 241
Justiça Eleitoral, 94

Kassab, Gilberto, 276, 280, 325
Keppel Fels, 165
Keppels, 241, 419
Kfouri, Juca, 92-4
Kibe, Operação, 268
Kieppe (holding), 43, 141, 462-3, 468-9, 509, 528, 532, 540, 542, 545-6, 548, 557
Kieppe, ilha de (Bahia), 32, 51, 138, 329
Kirchner, Cristina, 303
Klabin, 156
Klienfeld (offshore), 266, 357, 420
Kodama, Nelma, 345, 393, 401, 420-1
Kontic, Branislav, 470, 500
Kubitschek, Juscelino, 47
Kuczynski, Pedro Pablo, 490, 539

La Miel, hidrelétrica de (Colômbia), 127
La Torre, Ángel de, 78
Lacerda, Paulo, 89
Lamazière, Georges, 148
Lando, Amir, 94
Laúca, hidrelétrica de (Angola), 76, 522, 558
Lauria, Ângelo, 249
Lava Jato, Operação, 26, 28-9, 69, 77, 105, 109, 114, 124, 136, 227, 232, 246, 249, 255, 259, 262, 280, 296, 310, 314, 319-21, 324, 326, 328-9, 332, 337-48, 350-6, 358-63, 365-7, 369-70, 372-8, 380-2, 385-6, 388, 390-3, 395-9, 401-2, 404-6, 409-13, 417, 419-20, 423-6, 428-9, 431-7, 439-42, 444-5, 447-8, 450, 452, 460-1, 466-71, 473-4, 476-7, 479-84, 490, 492, 495, 497, 500-3, 506-7, 510-1, 514-7, 522-3, 530-1, 533, 536-8, 540, 547, 553-60

lavagem de dinheiro, 95, 177, 268, 292, 332, 337, 348, 384, 390, 420, 434, 437, 459, 482, 528-9, 556
Lavareda, Antonio, 508-9
Lavicen (empresa-fantasma), 68
Lazard, 447, 493
Legacy, 203, 205
Lei de Concessões, 123
Leite, Eduardo, 354
Lemme, Emílio Cláudio, 58
Lenz, Stefan, 395
Levine, Andrew, 498-9
Lewandowski, Ricardo, 412, 423
LFT Marketing Esportivo, 292
Líbia, 72, 521
Lima, Carlos Fernando dos Santos, 348, 424-7, 429-30, 432
Lima, Geddel Vieira, 99, 102, 148, 263, 459, 477
Lima, Lúcio Vieira, 299
Lima, metrô de (Peru), 489
Lima e Silva, Wellington, 425
Lins e Silva, Técio, 396
Lisbôa, Barachisio, 126
Lisbôa Filho, Barachisio, 126
Lobão, Edison, 77, 208-9, 211-2, 259, 309
Lofrano, Ana Elizabeth, 99
Lomanto Júnior, 53
López Obrador, Andrés Manuel, 557
Loures, Rodrigo Rocha, 502
Lowestoft (Inglaterra), 139
Lozoya, Emilio, 557
Lúcia, Cármen, 490
Luiz Sérgio, 402
Lula da Silva, Luís Cláudio, 289, 291-2
Lula da Silva, Luiz Inácio, 26, 36-7, 41-2, 102-3, 106-18, 126, 133-4, 149-50, 155-7, 159-65, 168-9, 171-4, 178-9, 181-2, 184, 186-7, 191-3, 195, 197-8, 201-3, 205-6, 212-3, 215-8, 221-4, 226-8, 232-5, 239-40, 242-3, 249-52, 254-8, 260-2, 264, 269-74, 278-92, 295, 297-8, 304-5, 322, 331, 333, 336, 343-4, 346, 349-50, 354, 362, 376, 391, 394, 412, 416, 425, 429, 443, 449, 451, 454-6, 459,

474, 500, 503-4, 521, 523, 526, 533, 539, 544, 556
Lula da Silva, Marisa Letícia, 226, 256-7, 269-72, 322
Lula, o filho do Brasil (filme), 225-8
Lupi, Carlos, 325
Lustosa, Eliane, 149
Luz, Darci, 387
LyondellBasell (empresa holandesa), 523, 530, 534
Lyra, Marcelo, 516, 519, 521, 526, 530

Mabel, Sandro, 214
Macedo, Araripe, 49
Maceió, tremor de terra em (2018), 533, 557-9
Machado, Mauro Marcondes, 292
Machado, Nélio, 320-1
Machado, Sérgio, 441, 455
Madeira Energia S/A, 201
Madeira, hidrelétricas do (RO), 194-201, 209, 216, 274, 526
Madeira, ilha da (Portugal), 189
Maduro, Nicolás, 432, 488
Magalhães, Antônio Carlos, 53-4, 58-9, 78, 121, 123, 127, 192
Magalhães, Luís Cláudio de Almeida, 58, 121-2
Magalhães, Rafael de Almeida, 120
Magalhães, Roberto, 101
Magalhães Neto, Antonio Carlos, 329
Maia, Adriano, 425-6, 429-32, 440, 448-9, 454-5, 464-5, 467-8, 473, 507, 516, 526-8, 555
Maia, Rodrigo, 263, 299
Maiman, Josef, 167, 170-1
Maionchi, Alberto, 65
Maksoud, Henry, 49
Malan, Pedro, 71, 124
Malucelli, 259
Maluf, Paulo, 68, 161
Mameri, Luiz, 39-40, 185, 244, 252, 303-4, 438
manifestações de junho (2013), 338, 360
Manso, Rogério, 158-64
Mantega, Guido, 202, 221-4, 294-7, 300, 302, 322, 324-8, 343, 370, 407, 473, 521, 529, 537-8

Maputo, projeto de BRT em (Moçambique), 304
Maracaibo, shopping de (Venezuela), 130
Marca II (obra de irrigação peruana), 168
Marcondes & Mautoni Empreendimentos, 292
Marena, Erika, 346
Mariani (grupo), 114, 117, 145-8, 151
Mariani, Pedro Henrique, 117
Mariel, porto de (Cuba), 283-4, 304, 545
Marília (prima de Sérgio Andrade), 198
Marinho, João Roberto, 104, 365-7
Marinho, Roberto Irineu, 104, 428, 500
Marítima, 123
Martello, Orlando, 356, 436, 486
Martinelli, Ricardo, 264, 281, 375, 405, 434, 488, 539, 556
Martins, Franklin, 282
Martins, João Carlos, 68
Mascarenhas, José, 128
Mata, Lídice da, 329
Mauat, Eduardo, 392-4, 431
Maués, Marden, 345-6
Mautoni, Cristina, 292
MDB (Movimento Democrático Brasileiro), 57; *ver também* PMDB (Partido do Movimento Democrático Brasileiro)
Medeiros, Otávio, 69
Médici, Emílio Garrastazu, 46
Medina, Danilo, 422
Meinl Bank, 266-7, 286, 397-8, 409, 419, 471
Meirelles, Henrique, 171
Meirelles, Irineu, 194, 196, 201
Mello, Zélia Cardoso de, 88
Melo, Claudio (pai), 297-8
Melo Filho, Claudio, 249, 263, 297-300, 309, 321, 323, 329, 362, 396, 401-2, 443, 477-8, 527
Mendes Júnior, 47, 50, 55, 62, 64, 79, 86, 91, 347, 373, 433
Mendes, Gilmar, 222, 354, 510, 538
Mendes, Guiomar, 510
Mendes, Murilo (empresário), 91
Mendonça, Augusto, 176, 341-2, 348, 362, 368
Mendonça, Duda, 116, 191-2

Mendonça, Luiz de, 300
mensalão, escândalo do (2005), 171, 182-3, 186, 191, 202, 209-10, 252, 320-1, 336, 340, 391-2, 412
Mercadante, Aloizio, 99, 102, 110, 205, 333, 343-4, 354, 371, 449
mercado financeiro, 35, 86, 108, 116, 152, 190, 221, 372
Mercosul, 130
Messer, Dario, 188
Metrô de Caracas, 130, 285
Metrô de Lima, 489
Metrô de São Paulo, 42, 208
Metrô do Recife, 80
México, 127, 291, 296, 300, 380, 488, 522, 556-7
Migliaccio, Fernando, 190, 204, 218-9, 225, 228, 261, 265, 267-9, 318, 336, 344, 381-2, 397-8, 419-21, 434-7, 477, 500, 536
Miguel Jorge (executivo), 117
"milagre econômico" brasileiro (anos 1970), 48
Miller, Marcelo, 430-2, 440, 449-50, 455-6, 458, 460, 503, 510
Minha Casa Minha Vida, 191, 222
Ministério da Fazenda, 88, 97, 124, 184-5, 202, 221-2, 251, 295, 501
Ministério da Justiça, 338, 344, 346, 357, 362, 425, 533
Ministério das Relações Institucionais, 164, 226
Ministério de Minas e Energia, 47, 59, 121, 161, 208, 309
Ministério do Desenvolvimento, 124, 133, 147, 295, 301
Ministério do Planejamento, 250
Ministério dos Esportes, 278
Ministério dos Transportes, 79, 96
Ministério Público, 27-8, 68, 122, 211, 213, 280, 288, 292, 326, 332, 337-8, 344, 348, 351, 356, 361, 365, 375, 403, 405, 408, 413, 415, 417, 428, 433-4, 443-4, 448, 450, 456, 460, 467, 474, 477, 483, 487, 489, 496, 502-4, 529, 531, 546, 550, 555-6
Miranda, Mário, 249
Mitsubishi, 292

MMC Automotores, 292
Moçambique, 304, 488
Montesinos, Vladimiro, 169
Montoro, Franco, 69, 123, 381
Moraes, Olacir de, 68
Morais, Antônio Ermírio de, 90
Morales Bermudez, Francisco, 73
Morales, Evo, 42
Moro, Rosangela, 433
Moro, Sergio, 26, 319-20, 333, 341, 347-9, 352-4, 363-4, 384-6, 390-2, 394-6, 401, 405, 407-8, 420, 433-4, 448-9, 452, 467, 484, 490, 503, 506, 510, 533, 536, 555
Motta, Sérgio, 111
Motta Veiga, Luis Octavio da, 86-7, 94
Moura, Mônica, 192-3, 217-9, 264, 355-6, 379, 419, 421-2, 501-2, 529
Movimento Popular de Libertação de Angola (MPLA), 74
Mudalen, Jorge Tadeu, 99
Multitrade, 65
Mundial Aerotáxi, 89
Munhoz, Eduardo, 446, 493, 524, 542
Musa, Fernando, 516, 559
Mussi, Jorge, 415
My Way, Operação, 359, 361
My Web Day (sistema de pagamentos da Odebrecht), 189, 421, 460-1, 505, 536

nafta, 35, 158, 162, 175, 229-32, 235, 296, 315, 327, 373, 376
Nassif, Luis, 104
Navarro, Marcelo, 412-5
Nazário, Ronaldo (jogador), 276
Nebot, Jaime, 78
Neoenergia, 226
Neves, Aécio, 209-10, 263, 274, 303, 322, 324, 330, 333, 346, 350, 365, 374, 440-1, 449, 500, 502
Neves, Tancredo, 96
Niemeyer, Oscar, 210
Nogueira, Armando, 104
Nogueira, João, 301-2, 355
Nogueira, Paulo, 104

Nogueira, Ruy, 301
Noronha, Julio, 433, 455, 461, 481
Norquisa, 146, 150
Novis, Álvaro, 205, 244
Novis, Pedro, 34-8, 44-5, 61, 66-9, 91, 115-7, 124, 127-8, 153, 157, 173, 175, 178, 184, 186-7, 192, 197, 205-6, 208, 220-1, 226-7, 237, 238, 410, 427, 449, 456, 473-5

O'Neil, David, 498-9
OAS S.A., 54, 85, 91, 110, 180, 182-3, 226, 229, 239, 241, 347, 354, 362, 365, 373, 389, 391, 425, 432, 489, 523, 535
Obama, Barack, 182, 484
Obiang, Teodoro, 287
OCDE (Organização para a Cooperação e o Desenvolvimento Econômico), 431
Ocyan (ex-Odebrecht Óleo e Gás), 522, 558
Odbinv (Odebrecht Investimentos), 142
Odebrecht Agroindustrial, 300, 313, 370, 445, 522
Odebrecht Ambiental, 368, 469, 491-2, 493
Odebrecht Energia, 208
Odebrecht Engenharia Industrial, 26, 384
Odebrecht Industrial, 317, 368
Odebrecht Infraestrutura, 42
Odebrecht Óleo e Gás, 144, 246, 367-8, 389, 392, 419, 447, 522, 558
Odebrecht Petroquímica, 33, 112, 128, 140, 143-4, 148
Odebrecht Realizações Imobiliárias, 257, 314, 473, 522
Odebrecht TransPort, 425
Odebrecht, Eduardo, 60, 469, 509, 557
Odebrecht, Emil, 50
Odebrecht, Emílio, 26, 29-30, 32-6, 43, 45, 50, 60-1, 63, 66-7, 75, 82, 84-90, 98, 104-8, 111-2, 114, 116-9, 123-6, 128-9, 132, 135-6, 138-9, 142-3, 149, 151-2, 154-7, 159, 161, 171, 173-4, 179-80, 187-8, 193, 197-8, 209, 212-3, 215-7, 223, 233, 236-7, 242-3, 245, 250, 258, 260-1, 269-74, 277-9, 283-4, 288-9, 291, 298, 312, 319, 322, 329, 336, 354, 357, 373, 377, 385, 388, 392, 396-7, 400, 403-4, 409-10, 414, 416-7, 423-5, 427-8, 431, 437-40, 443-4, 447, 450-1, 455-9, 467-70, 472, 474-5, 479, 481-2, 485, 492-4, 496, 498-501, 504-5, 507-8, 512, 514, 517-20, 525-6, 528-30, 532-3, 535-8, 540-1, 543, 545, 547-52, 554-5, 557-8
Odebrecht, Gabriella, 140, 319, 387, 464, 550
Odebrecht, Ilka, 60-1, 469, 509, 542
Odebrecht, Isabela, 29-30, 32, 40, 135-6, 139, 202, 278, 319, 329-30, 383, 387-8, 399, 405, 452, 456, 459, 463-4, 468, 497, 505, 507, 512, 514-5, 519, 540, 544, 548, 550-1, 554-5
Odebrecht, Marcelo, 25-7, 29, 31, 34-5, 38-41, 43-4, 61, 135-6, 138, 143-5, 147, 149-51, 164, 168-70, 173, 180, 182-5, 187, 189, 191, 195-8, 200, 202-3, 208-9, 211-3, 215, 222-4, 226, 231, 234, 236-40, 242-3, 246, 248, 253, 255-7, 260-1, 271, 273-8, 283, 289, 291, 294-5, 297, 300-1, 303-5, 307-8, 312-5, 318-9, 321-30, 334-7, 343-4, 349-50, 353, 355, 358, 361, 365-8, 371, 373-81, 383-4, 386-9, 391-3, 396-7, 399-400, 402-5, 407-9, 411, 413-5, 421-4, 427, 443, 448, 452-4, 457, 463-71, 478-80, 482, 486, 494, 497-9, 504-5, 507-8, 510-3, 515, 517-9, 527-9, 532-3, 536, 538, 540-1, 543, 546-9, 553-4, 560
Odebrecht, Márcia, 29, 61
Odebrecht, Marianna, 140, 319, 464, 550
Odebrecht, Martha, 60, 509, 533, 542-3, 557
Odebrecht, Maurício, 61, 136, 425, 459, 463, 532-3, 541
Odebrecht, Mônica, 61, 318-9, 400, 406, 409, 423, 425, 447-8, 454, 456-7, 459, 465, 471-2, 479, 508, 514, 545, 547
Odebrecht, Norberto, 9, 27, 32, 37, 44, 46, 48-53, 57, 60-1, 63, 69, 80-1, 84, 92-4, 96, 108, 124, 126, 128, 135-9, 142, 147, 179, 220, 328-9, 541-2, 557
Odebrecht, Rafaella, 140, 319, 464, 480, 497, 550
Odebrecht, Regina, 29, 61, 135, 139, 385, 480-1, 507-8, 511, 514, 519-20, 546, 548-52, 560
Odebrecht, Yolanda, 51, 135, 328, 358
Odebrecht Júnior, Norberto, 60, 509, 542

OEC (novo nome da Odebrecht), 522
offshores, 178, 189-90, 203, 205, 266-8, 310, 317-8, 332, 355, 357, 367, 375, 381, 395, 409, 420, 429, 432, 473, 497, 506, 537
Ohtake, Ruy, 472
Oi (telefônica), 226, 545
Okamotto, Paulo, 110, 256, 279, 282, 354, 556
Okinawa, refinaria de (Japão), 248
Olimpíadas (2016), 222
Oliva Neto, Oswaldo, 343
Oliveira, Dilton, 200
Oliveira, Eunício, 300, 502
Omertà, Operação, 470
ONU (Organização das Nações Unidas), 181
OPP Petroquímica, 127
Opportunity (banco), 149
OR (ex-Odebrecht Realizações Imobiliárias), 522
Orinoco, pontes do (Venezuela), 131-2, 267, 285

PAC (Programa de Aceleração do Crescimento), 191, 195, 211, 269
Pace, Filipe, 387, 420, 436, 504-5
Pacheco, Marta, 317-8, 457-8
PAC-SMS (contrato da Petrobras), 247, 307, 309
Padilha, Eliseu, 298, 323
Paes Mendonça (supermercados), 126
Paes, Eduardo, 263, 421, 556
Paiva Chaves, Armando Malan de, 71
Paiva Chaves, João Batista Malan de, 71
Palmeira, Angela, 336, 382
Palocci, Antonio, 116-7, 149, 159, 182, 184-7, 191-3, 195, 202, 221-4, 226-7, 250-2, 255-9, 261-2, 265, 271, 278, 290, 293, 322, 337, 343, 420, 443, 449, 470, 500, 503-4, 521, 529, 556
Panamá, 27, 183, 257, 264, 267, 281, 283, 288, 355, 375, 379, 405, 434, 488-9, 522, 539
Parque da Cidade, torre comercial no (São Paulo), 297, 473
Parque Olímpico do Rio, construção do, 327, 468
Partido Ação Nacional (PAN, México), 557

Partido Panameñista, 375
Partido Pirata (Suécia), 334
Partido Revolucionário Institucional (PRI, México), 557
Pasadena, refinaria de (Texas, EUA), 248, 309, 320
Paschoal, Carlos Armando, 270
Pascowitch, Milton, 410
Passarinho, Jarbas, 57, 102
Paubrasil (empresa-fantasma), 68
Paula, Igor de, 346
Paulínia, polo petroquímico de (SP), 119, 121-3, 125, 129, 145, 155, 158-9, 175-6, 178, 229-30, 235, 315
PCdoB (Partido Comunista do Brasil), 73, 324-5, 422
PDS (Partido Democrático Social), 96
PDT (Partido Democrático Trabalhista), 79, 324-5, 337
Pegorino, Natalício, 151
Peixe (fabricante de conservas), 126
Pelegrini (contador da Itaipava), 204
Pelella, Eduardo, 338, 356, 453, 481
Pellegrinelli, Eduardo, 550
Pemex, 488, 557
Peña Nieto, José, 380, 557
Pepetela (Artur Carlos Maurício Pestana dos Santos), 74
Pereira, Marcos, 325
Pereira, René Luiz, 319
Pereira, Silvio, 175
Pérez Companc, 154-5
Peru, 73, 96-7, 108, 167, 169-71, 182, 251, 300, 487-91, 534, 556
Pessoa, Ricardo, 166, 179-80, 341, 348, 362, 375, 377, 394, 396, 412, 432
Petrobras, 26, 42, 46-9, 61, 75, 86-7, 93, 114-5, 119-23, 125, 129-30, 144-5, 149, 153-5, 157-66, 172, 175-6, 178-81, 195, 212, 221, 227-36, 239-42, 247-8, 251, 253, 260, 296, 307-9, 311, 314-7, 319-21, 326-8, 332-3, 336, 339-42, 344-5, 347, 352, 354, 356, 358-62, 365, 367, 369-79, 390, 392, 394-5, 401,

407, 411, 413, 421, 427, 429, 431, 451, 452-4, 470, 505-6, 520, 523, 559
petrolão, escândalo do, 337, 366-9, 373-4, 395, 410, 452-3, 538
petróleo, 39, 45, 47, 54, 66, 73-5, 123, 127, 131-2, 172, 174, 176, 179, 230-1, 250-1, 283, 522, 557
Petros (fundo de pensão), 149, 155
PFL (Partido da Frente Liberal), 100, 102-3, 121, 123, 127, 192
PHS (Partido Humanista da Solidariedade), 215
Picciani, Jorge, 459
Pignato, Vanda, 218
Pimentel, Fernando, 295, 301-4, 344, 348-9, 354-5, 380
Piñedo, Alejandro, 306-7
Pinheiro, Léo, 354, 362, 377, 535
Pinheiro, Othon Luiz, 254-5, 444
Pinheiro, Walmir, 432
Pinochet, Augusto, 69-71
Pinto, Edmundo, 192
Pires, Carlos, 90
Pires, César Mata, 54, 91, 362
Piva, Pedro, 156
Pizzolatti, João, 163
PKB (banco), 316, 318-9
PL (Partido Liberal), 163
Plano Real, 98, 102
Playboy (revista), 92-3, 110
PMDB (Partido do Movimento Democrático Brasileiro), 69, 79, 91-2, 96, 99-100, 148, 163, 209, 214, 247-9, 259, 263, 298, 302, 307-9, 323, 326, 337, 347, 395, 399, 431, 441, 454, 477, 479, 502
Polícia Federal, 28, 89-90, 95, 99, 188, 199, 203, 288, 292, 337-8, 342, 346, 348, 351, 377, 383, 389, 418, 425-6, 469-70, 486, 496, 504, 510, 536, 538, 555-6
Polidoro, Márcio, 306-7
ponte Rio-Niterói, obra da, 62
Ponte, Luis Roberto, 91
Pontes, Olga, 515, 519
Porcell, Kenia, 375
Porto, Márcio, 200-1

Portugal, 73, 189, 287-8, 370, 381, 412
poupança, confisco da (1990), 94
Pozzobon, Roberson, 432-3, 453-4, 461, 465, 475
PP (Partido Progressista), 162-4, 177, 179, 228, 230, 324, 337, 340-1
PPB (Partido Progressista Brasileiro), 161-2
PPR (Partido Progressista Reformador), 99
PR (Partido da República), 324, 340, 402
Prascidelli, Valmir, 402
PRB (Partido Republicano Brasileiro), 324-5
pré-sal, 240-2, 290
Previ (fundo de pensão), 149, 155, 297
PricewaterhouseCoopers (empresa de auditoria), 369, 445, 530
Procuradoria-Geral da Fazenda Nacional (PGFN), 252
Procuradoria-Geral da República (PGR), 351-2, 366, 430, 469, 472, 475, 485, 502, 510, 527, 556
PROS (Partido Republicano da Ordem Social), 324-6
PSB (Partido Socialista Brasileiro), 99, 102, 329, 337
PSD (Partido Social Democrático), 324-5
PSDB (Partido da Social Democracia Brasileira), 99-100, 121, 123-4, 126, 184, 205-7, 209-10, 268-9, 303, 324, 333, 337, 374, 441
PSUV (Partido Socialista Unido da Venezuela), 132
PT (Partido dos Trabalhadores), 26, 90, 99, 101-4, 107-18, 122, 134, 149, 156-9, 163, 165-6, 172, 175, 179, 183-4, 186, 191-3, 202, 205-6, 209-10, 214, 218, 221, 224, 226, 238, 240-1, 249-51, 253, 255-6, 259-65, 269, 280, 282-3, 290, 295, 297, 302, 304, 308-9, 322, 324, 328-9, 333, 337, 340-1, 343-6, 351, 353, 359, 360, 362, 374, 376-7, 394, 402, 423, 425, 436, 500-2, 504, 529
PTB (Partido Trabalhista Brasileiro), 163, 186, 394
PTC (Partido Trabalhista Cristão), 214

Qualicorp, 292
Quattor, 233-6, 238, 451

Que País é Esse?, Operação, 373
Queiroz Galvão, 79, 171, 185, 229, 241, 260
Queiroz, Paulo Bastos de, 543
Quércia, Orestes, 85

Rabello, André, 375
Rabello, Marco, 438, 524
Rabelo (construtora), 47
Ramos Ronceros, José, 77
Ramos, José Amaro, 208, 253-5, 444
Ramos, Pedro Paulo Leoni (PP), 85, 93
Ramos, Roberto, 389, 419, 426
Reagan, Ronald, 71
Rebelo, Aldo, 164
Receita Federal, 89-90, 95, 204, 347-8, 482
recuperação judicial, 280, 446-7, 463, 491-4, 525, 531, 533, 535, 542-3, 545, 547, 557-9
Refis da Crise, 223-4, 297, 460, 516, 521, 529, 538
Reiq (Regime Especial da Indústria Química), 295, 297
Reis, Ailton, 98-103, 188, 390
Reis, Fernando, 183-4, 187, 215, 244, 249, 325, 330, 350, 370-2, 378, 396, 426, 469, 481
Reis, Luiz Fernando dos Santos, 183
"Relance" (canção), 36
Renault, Sérgio, 362, 527
Rennó, Joel, 120-1, 123
República Dominicana, 27, 133, 183, 264, 267, 300, 335, 336, 376, 405, 422, 488-9, 522
Resende, Eliseu, 95-6, 98, 109, 444
Revap (Refinaria Henrique Lage), 179, 181
Rezende, Iris, 409
Rhodia, 34
Ribeiro, José Geraldo, 100
Ricupero, Rubens, 215-6
Riocon, 469
Rios, Rodrigo, 345
Rocha, Asfor, 337
Rocha, César, 26, 384, 386, 390, 405
Rocha, Luís, 80
Rodarte, João, 123, 226
Rodoanel (São Paulo), 207-8, 253

rodovia SP 225 (Araraquara), construção da, 208
Rodrigues, Benedito (Bené), 302-4, 380
Rodrigues, Marcelo, 419
Rodrigues, Maria da Glória, 97, 251, 300
Rodrigues, Olívio, 190, 203-5, 266-7, 397-8, 419, 427, 433
Rodrigues, Renata, 436, 505
Rodriguez, Caio, 430, 438, 486
Rodríguez, Eduardo, 171
Rosa, Sérgio, 149
Rosenberg, Luis Paulo, 276-7
Rothschild (banco), 447
Rousseff, Dilma, 28, 159, 194-7, 200-1, 209-15, 223, 232, 235, 238-40, 242-3, 247-8, 257-8, 260, 262, 269, 271-3, 278-80, 284, 287, 289-95, 298, 300-5, 307, 309, 321-8, 331-3, 340, 342-4, 350, 353-6, 360-2, 368-9, 372-4, 379-80, 391, 394, 411-3, 415-7, 422, 425, 429-31, 440-1, 449, 454, 460, 464, 500, 502, 504, 527, 529, 533
Rússia, 73-4, 382, 393

Sá, Gilberto, 152, 221, 244, 314
SAAB (empresa sueca), 292
Sadia, 117
Saipem, 165
sal-gema, mineração de, 534
Salinas, Carlos, 557
Salles, Mauro, 153
Salomão, Luiz, 79
Sampaio, Ruy, 244, 528, 542-9, 559
San Francisco, hidrelétrica de (Equador), 38
Sanchez, Andrés, 276, 279
Santa Teresa, casarões de (Rio de Janeiro), 559
Santana, João, 191-3, 218, 264, 322, 324-5, 332, 335, 344, 349, 353-5, 375, 379-80, 419, 501-2, 529
Santander, 117, 241, 445, 456
Santo Antônio, usina de (RO), 194, 198-9, 201, 209, 213, 216, 258, 313
Santos, José Carlos Alves dos, 99
Santos, José Eduardo dos, 74, 76, 250, 252, 287, 432, 459, 522

Santos, Juan Manuel, 488
Santos, Taiguara Rodrigues dos, 287-8
São Bernardo do Campo (SP), 107, 225, 270
Sarkozy, Nicolas, 254
Sarmiento, obras de (Argentina), 303
Sarney, Fernando, 77
Sarney, José, 78, 80, 83, 171, 209, 441, 444, 459
Sarney, Roseana, 77, 100
Sarney Filho, José, 77, 102
Saud, Ricardo, 502
Sauvageot, Philippe, 254
Saylan, Sabi, 167, 170
Schahin, Milton, 227
SDE (Secretaria de Direito Econômico), 158-9, 197, 236
Sebrae (Serviço Brasileiro de Apoio às Micro e Pequenas Empresas), 256
Secretaria Extraordinária de Comércio Exterior, 116
Securities and Exchange Commission (SEC), 530, 538
Segunda Guerra Mundial, 51, 167
Senado, 97-8, 102, 107, 111, 122, 171, 208, 210, 214, 262, 298, 300, 365, 377, 394, 421, 440, 477, 479, 484, 502
Senise, José Eduardo, 117
Serra da Pipoca (subsidiária alimentícia da Odebrecht), 126
Serra, José, 69, 117, 192, 205-6, 208, 253, 444, 449, 556
Serrano, Eduardo, 302
Serrano, Pedro Estevam, 345, 361, 372, 379
Serson, Nilton, 528, 537-8, 558
Serviço Geológico do Brasil, 534
Serviço Nacional de Informações (SNI), 69, 75
Setal, 165, 176, 341, 373
Sete Brasil (empresa), 241, 368, 372, 378, 389, 392
setor de propinas da Odebrecht *ver* Departamento de Operações Estruturadas
Seven Oaks, barragem de (Califórnia, EUA), 127
Shell, 157
Shellbill, 420
Sheng, Wu-Yu, 268-9

Sigmaringa Seixas, Luís Carlos, 362, 412
Silva, Edinho, 322-7, 355, 362, 394
Silva, José Ferreira da (Frei Chico), 113-4
Silva, Orlando, 278
Silva Filho, Hilberto Mascarenhas da (Bel), 187-91, 193, 205, 217-8, 224-5, 228, 252, 254, 257, 261, 265-9, 310-2, 316-8, 325, 327, 334-5, 349, 381-2, 395, 419, 426-7, 443, 453, 471, 474, 499-500, 544
Simantob, Fábio, 352
Simões, Marco, 505, 516
Simon, Pedro, 92
Sinatra, Frank, 359
Sinclair, Santiago, 70
Sindicato dos Metalúrgicos, 113
Singer, André, 157
Skaf, Paulo, 323
Skornicki, Zwi, 419
Slim, Carlos, 278
SLP Engineering, 139
Smith & Nash (offshore), 316-8, 332, 334, 356-7, 395
Smith, Margarida, 558
Soares, Delúbio, 117, 210
Soares, Fernando (Baiano), 347-8, 399, 401, 403, 412
Soares, Luiz Eduardo (Luizinho), 178, 189, 206, 228, 262, 266-7, 269, 316-8, 334-6, 381, 397-8, 432
Soares, Paulo, 334, 427
Sobrenco, 62
Sócrates, José, 287
Sonangol, 250
Souza, Newton de, 29, 152, 233, 244, 311-2, 388, 396, 400, 403, 406, 409, 478, 494, 498-9, 505, 508-9, 511, 516, 519-21, 525-30, 537
Souza, Paulo Vieira de (Paulo Preto), 207, 268-9, 311
Spiegel, Der (jornal), 55-7, 59
Steinbruch, Benjamin, 156
Suarez, Carlos, 91
submarino nuclear, construção de (Itaguaí, RJ), 372, 431, 444, 558
Sudbrack, Roberta, 155-6

637

Sudene (Superintendência do Desenvolvimento do Nordeste), 47, 99
Suécia, 334, 460
Suez (empreiteira belga), 200-1, 211, 213-5, 226
Suíça, 27, 33, 139, 142, 153, 189, 228, 253, 267-8, 286, 316, 320, 332-4, 342, 355, 357, 361, 375, 379, 381, 389, 394-7, 405, 420, 434-6, 456, 481, 484, 521, 536-7, 556
Superior Tribunal de Justiça (STJ), 28, 246, 336-7, 409-10, 412-5, 431, 460
Supervia, 242
Suplicy, Eduardo, 90, 102
Supremo Tribunal Federal (STF), 35, 95, 148, 202, 222, 319-20, 336, 352-4, 363, 366, 377, 391, 403, 412, 447, 483, 490, 500, 510, 526, 538, 556
Surita, Teresa, 298
Sustenta Energia, 292
Suzano (grupo), 120, 122, 145, 147, 233-4
Sweeney, William, 488

Tacla Duran, Rodrigo, 268, 316, 318, 334-5, 398, 432-5
Tailândia, 104
Tang, Ignacio Milán, 287
Tápias, Alcides, 147
Tavares, Maria Lúcia, 76-7, 84, 189, 205, 219, 326, 336, 382, 418-21, 424-6, 504
TBG (Transportadora Brasileira Gasoduto Bolívia-Brasil), 162
Technopromexport (TPE), 73, 75
Tecnologia Empresarial Odebrecht (TEO), 27, 41, 52, 72, 137, 139, 143, 176, 208, 329, 376
Teixeira, Luiz Tarcísio, 527
Teixeira, Maria da Glória Rodrigues, 97-8
Teixeira, Roberto, 256-7, 280-1
Teles, Aluísio, 248
Telhada, Roberto, 347
Temasek, 388
Temer, Michel, 247-8, 259, 298, 308-9, 323, 417, 430, 440-1, 449, 455, 460, 474-5, 500-2
Tenenge, 86, 127, 164
Tesouro Nacional, 80, 105, 151, 169, 522

Tessler, Laura, 427, 436, 481
TNT (energético), 292
Tocoma, hidrelétrica de (Venezuela), 285-6
Toffoli, José Dias, 526-8, 555
Tognozzi, Marcelo, 88
Tojal, Sebastião, 527
Tokarsky, Fábio, 325
Toledo, Alejandro, 167-71, 489-90, 539
Toledo, Dimas, 209-10
Tom Zé, 36
Toron, Alberto Zacharias, 337, 347, 363
Touchdown (torneio), financiamento do, 291-2
Trabuco, Luiz, 493
Trans-Expert, 205
Transpetro, 368, 441, 455
Trasvase Santa Elena (Equador), 78, 88
Três Marias, hidrelétrica de, 65
Tribunal de Contas da União, 536
Trident (offshore), 266
Trikem, 127-8
triplex da OAS, caso do ver Guarujá, apartamento no (SP)
Triunfo, parque petroquímico de (RS), 117
Tropicalistas, 36
Trump, Donald, 484
túnel Ayrton Senna, construção do (São Paulo), 68
TV Bahia, 54

Ubiraci (Bira), sr., 189, 270, 443
Ueki, Shigeaki, 59
Ultra (grupo), 120, 145, 147-51
União Soviética, 73
Unipar, 112, 233-6
Universidade Federal da Bahia, 61, 138
Uruguai, 254
UTC (empreiteira), 166, 179, 181, 183, 239, 241, 268, 337, 341, 347-8, 362-3, 365, 374, 389, 394, 432-4

Vaccarezza, Cândido, 297
Vaccari Neto, João, 249, 252-3, 255, 265, 308-9, 359, 399, 444
Valadares, Henrique, 208-9, 214-6, 244

Vale s.a., 258, 305
Valec, 79
Valenti, Graziella, 547
Valério, Marcos, 320-1, 340
Valor Econômico (jornal), 547
Varela, Juan Carlos, 375
Vargas, André, 352-3, 399
Vasconcelos, Beto, 353
Vasconcelos, Jarbas, 100
Vasp (Viação Aérea São Paulo), 87
Vaz, Laurita, 409
"Vaza Jato" (divulgação de mensagens do Telegram), 390
Veja (revista), 80-1, 87-8, 99, 122-3, 125, 186, 362-3, 366, 423-4, 521
Veloso, Caetano, 36
Venezuela, 41-2, 45, 129-33, 181, 184, 189, 264, 267-8, 283, 285-6, 312, 355, 379, 432, 487-9, 522
Venturini, Danilo, 69
Viana, irmãos, 262
Viana Filho, Luís, 53
Vieira, André Gustavo, 370-2, 377, 506
Vieira, Cláudio, 85
Vieira, Eduardo Eugênio Gouvêa, 120-2
Vila dos Atletas, apartamentos da (Rio de Janeiro), 468, 486
Vilardi, Celso, 337, 341, 347, 351-2, 410-1
Vilela Filho, Teotônio, 99
Villaça, Geraldo, 469
Villar, Daniel, 400, 496
Villar, Luiz, 61, 221, 238
Vincenzi, Raul de, 70

"Visão 2010" (documento da Odebrecht), 143, 145
"Visão 2020" (documento da Odebrecht), 221
Vivosant, 268
Volkswagen, 117
Votorantim, 90, 110, 129

Wagner, Jaques, 241, 263, 278, 329, 362, 372, 416, 425, 459-60, 477
Weinstein, Gideon, 167, 170
Weinzierl, Peter, 266-7
Welter, Antônio Carlos, 448, 456
Werlang, Sérgio, 149
Westinghouse, 50
Whitaker, José Luís, 69
Wikileaks, 334
Willian, Carlos, 214
Wilson, Marcos, 226-7, 306

X (grupo), 302
Xepa, Operação, 427
xisto, gás de, 296, 327

Youssef, Alberto, 177-8, 188, 228, 315, 319, 340, 345, 368, 373, 376-7, 401, 420-1, 489

Zaccaria Junior, 546
Zarattini, Carlos, 297
Zavascki, Teori, 319, 352-4, 363, 396, 409, 490
Zelada, Jorge Luiz, 395
Zelotes, Operação, 292
Zimbaldi, Salvador, 326
Zucolotto, Carlos, 433-4
Zylbersztajn, David, 120-1

ESTA OBRA FOI COMPOSTA PELA SPRESS EM MINION E IMPRESSA EM OFSETE
PELA LIS GRÁFICA SOBRE PAPEL PÓLEN SOFT DA SUZANO S.A.
PARA A EDITORA SCHWARCZ EM NOVEMBRO DE 2020

A marca FSC® é a garantia de que a madeira utilizada na fabricação do papel deste livro provém de florestas que foram gerenciadas de maneira ambientalmente correta, socialmente justa e economicamente viável, além de outras fontes de origem controlada.